国家级教学团队
东北财经大学财务管理专业系列教材
国家级一流本科课程教材

刘淑莲 任翠玉 主编

高级财务管理 第4版

Advanced Financial Management

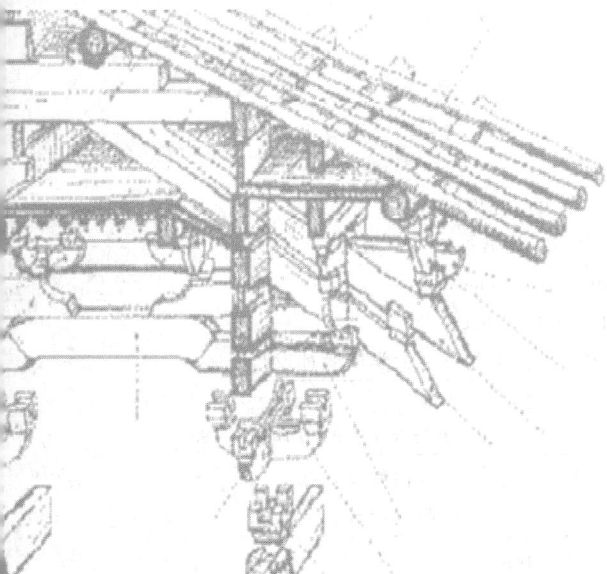

东北财经大学出版社
Dongbei University of Finance & Economics Press
大连

图书在版编目（CIP）数据

高级财务管理 / 刘淑莲，任翠玉主编．—4版．—大连：东北财经大学出版社，2023.8（2025.8重印）

（东北财经大学财务管理专业系列教材）

ISBN 978-7-5654-4911-6

Ⅰ.高…　Ⅱ.①刘…②任…　Ⅲ.财务管理-高等学校-教材　Ⅳ.F275

中国国家版本馆CIP数据核字（2023）第144122号

东北财经大学出版社出版

（大连市黑石礁尖山街217号　邮政编码　116025）

网　　址：http://www.dufep.cn

读者信箱：dufep@dufe.edu.cn

大连金华光彩色印刷有限公司印刷　东北财经大学出版社发行

幅面尺寸：170mm×240mm　　字数：548千字　　印张：27

2023年8月第4版　　2025年8月第3次印刷

责任编辑：高　铭　孔利利　周　慧　　责任校对：张　华

封面设计：原　皓　　版式设计：原　皓

定价：59.00元

教学支持　售后服务　　联系电话：（0411）84710309

如有印装质量问题，请联系营销部：（0411）84710711

总　序

随着知识经济和信息经济时代的到来，加之经济全球化趋势的日益凸显，社会对财务管理理论、财务管理实践和财务管理人才培养都提出了更高的要求。因此，高等院校必须为社会培养更多符合其特定要求的财务管理人才。教育部于1998年设立“财务管理”本科专业以来，越来越多的普通高等院校设立了这一专业。在这种背景下，编写一系列理论融合实际、符合中国国情的优秀的财务管理专业教材，对于培养财务管理人才的重要性是不言而喻的。为此，国家级教学团队——东北财经大学会计学院财务管理系于2005年组织骨干师资力量，由本团队资深教授担纲，编写并出版了本院第一套财务管理专业系列教材，包括《财务管理基础》《企业财务管理》《高级财务管理》《投资管理》《资产评估》等五部教材。

第一套财务管理专业系列教材一经推出，就得到了广大读者的厚爱，为许多高等院校所广泛选用，并针对本套教材的体系结构、知识组合和内容界定提出了许多富有建设性的意见。这也坚定了我们进一步完善财务管理专业系列教材的信心与决心。2006年以来，国内外的环境发生了显著的变化，尤其是新企业会计准则、新《企业财务通则》以及《企业内部控制基本规范》的颁布，使得原有教材的部分内容需要修改与更新。美国金融危机的爆发，也促使社会公众认识到风险管理尤其是金融衍生投资风险管理的重要性，财务管理教材需要与时俱进，及时反映这一时代背景的深刻变化。另外，东北财经大学2005年被列为首批资产评估全国学科建设基地院校，并于2006年在财务管理专业下设置了“资产评估专门化”方向，因此，原有的财务管理专业系列教材已经无法满足本科教学的需要，针对“资产评估专门化”方向的人才培养特点，非常有必要增加一些专业教材。

基于此，我们对原有的财务管理专业系列教材进行了全面修订，并以新版的形式呈现在读者面前，分别是《财务管理基础》《公司理财》《高级财务管理》《证券投资》《资产评估》等五部教材；同时，新编了《财务学》《资产评估原理》《企业价值评估》《房地产评估》等四部教材。

与第一套财务管理专业系列教材相比，本套教材呈现以下几个特点：

1. 体系更加完整。本套教材中，《财务管理基础》《公司理财》《资产评估》《企业价值评估》为财务管理专业（含“资产评估专门化”方向）通用专业教材；《资产评估原理》《房地产评估》是“资产评估专门化”方向所特有的专业教材；《高级财务管理》则作为非“资产评估专门化”方向的财务管理专业学生的选用教材；《财务学》是除财务管理专业之外的其他专业学生学习财务学相关知识的教材。这样的体系安排可满足不同方向、不同层次、不同专业学习财务管理相关知识的教学需要。

2. 内容更加全面。依据企业会计准则、《企业财务通则》和《企业内部控制基本规范》等一系列最新规范制度，结合国内外实务的最新动态，吸收读者反馈的合理建议，在保持原系列教材基本体系、特色与优点的基础上，我们在新系列教材中尽可能地反映了财务管理、资产评估理论和实务的最新进展。

3. 更加突出实务。鉴于目前我国高等院校的大部分财务管理专业本科毕业生均走向社会从事实务工作，因此，在教材中除了强调基本概念和基本原理以外，更重要的是培养学生的操作能力。本套教材更加强调理论结合实际，更加强调基本方法的运用和基本技能的掌握，穿插了大量真实的案例，突出案例教学。

4. 体例更加合理。每一部教材不仅列出了本章学习目标、学习要点和主要概念，归纳和总结了主要知识点之间的相互联系，还配有大量的习题与案例，供教师教学和学生自学使用。

东北财经大学财务管理专业系列教材是国家级教学团队——东北财经大学会计学院财务管理系全体教师共同劳动的结晶，尤其凝聚了众多资深教授和专家多年的经验和心血。当然，由于我们的经验与人力有限，教材中难免存在不足乃至缺陷，恳请广大读者批评指正。

我们的工作尚处于一个开端处，本次再版修订推出的教材仅仅是一个新的起点，而不是终点。随着社会的进步、经济的发展和环境的变化，我们将适时修订，使东北财经大学财务管理专业系列教材不断地与时俱进，及时跟踪反映学科的最新进展。

第4版前言

关于高级财务管理的研究内容，目前理论界并没有达成共识。现有的教学实践主要沿着两条主线进行：一条主线是以金融理论为基础，将公司财务决策与公司战略相结合，特别注重金融资产定价、金融工具设计、金融机构对公司价值的影响。其主要代表作是：格林布莱特和蒂特曼的《金融市场与公司战略》[①]。虽然这本书并没有冠以“高级财务管理”的名称，但作者指出，“该书对财务理论、经验和实践进行了深入的分析”。另一条主线是以契约理论为核心，将公司财务决策与公司治理相结合，注重信息不对称和代理冲突对财务活动和财务关系的影响。其主要代表作是：让·梯若尔的《公司金融理论》[②]。在这本书中，作者以契约理论和信息经济学为基础，通过一个统一的框架，成功地将公司财务和契约、激励和控制权等分散理论整合起来，为财务管理专业的学生提供了一本标准的高级财务管理教科书。作者在前言中写道：“本书主要从理论与实证两个方面，讨论了公司的高级财务政策与战略，特别是针对美国的非金融公司进行了详尽的分析和研究。”

事实上，大多数商学院在讲授高级财务管理的内容时，通常以“高级公司财务”或“高级财务管理”作为课程名称，一般不提供专门的高级财务管理教材，以一本介绍公司财务的教材作为参考书，然后从中找出许多在高级课程中才涉及的具体的专题进行讨论。有的学校提供一些课堂笔记、研究论文、学术专著作为相关专题的参考教材，例如，美国商学院主讲教师通常采用《公司财务变革》[③]或者《新公司财务：理论与实务》[④]。这些书主要汇集了《应用公司财务期刊》（The Journal

---

① GRINBLATT，TITMAN. Financial Markets and Corporate Strategy［M］. New York：McGraw-Hill Irwin，2004.

② TIROLE. The Theory of Corporate Finance［M］. Princeton：Princeton University Press，2010.

③ STERN，CHEW. The Revolution in Corporate Finance［M］. 4th ed. Hoboken：John Wiley and Sons Ltd，2003.

④ CHEW. The New Corporate Finance：Where Theory Meets Practice［M］. New York：McGraw-Hill Irwin，1993.

of Applied Corporate Finance）上的文章，主要由美国商学院的财务学教授撰写，并去掉了数学或计量检验模型。这些文章涉及的专题主要包括：资本市场效率、财务战略、实物期权、资本结构与股利政策、公司融资、风险管理、并购与重组、公司治理、国际财务等。2003年，由美国教授约瑟夫等撰写的《高级公司财务：政策与战略》①为学生提供了一本有组织地、全面地讨论公司高级财务政策与战略的教材，特别针对美国的非金融公司进行了详尽的分析和研究。

在我国，随着财务管理专业课程体系的改革，许多学校将财务管理课程设置为初级、中级和高级3个层次，但课程体系涵盖的内容相差较大。翻阅这些教材可以发现，初级财务管理和中级财务管理类似于国外的公司理财Ⅰ和公司理财Ⅱ，或者说初级财务管理是公司理财的基础教材，而不是财务管理专业的基础教材；高级财务管理与国外较为相似，是对公司财务研究领域的拓展和延伸。但是，到底拓展或延伸哪些内容，学术界并未达成共识。为了保持与《财务管理基础》《中级财务管理》等教材的相关性和独立性，大部分教材都是以公司财务理论为核心，采用各种专题形式来介绍高级财务管理的理论与实务的。本书作者根据多年“高级财务管理”课程的授课经验，将单个专题性内容、期刊文章和阅读材料等零散的知识组织起来，作为教材出版，以满足教学需求。

为实施科教兴国战略，强化现代化建设人才支撑，党的二十大报告中强调：坚持以人民为中心发展教育。加强基础学科、新兴学科、交叉学科建设，加快建设中国特色、世界一流的大学和优势学科。深化教育领域综合改革，加强教材建设和管理，完善学校管理和教育评价体系，健全学校家庭社会育人机制。推进教育数字化，建设全民终身学习的学习型社会、学习型大国。根据党的二十大报告提出的人才培养要求，教材建设是专业人才培养的基础。为培养一批既懂财务技术，又具有全球视野的复合型、创新型财务管理专业人才，我们重新修订了《高级财务管理》教材，更新和补充了培养学生财务思维的内容和方法，帮助学生提升专业素养。

本书将高级财务管理分为10章，并且在第3版的基础上，对第1章内容重新撰写；对其他章节的内容、相关数据、案例进行了更新和增删。同时，在各章新增了“课堂拓展”栏目，将教学内容与思政教育相结合：在第1章增加了“知识资产账户与复利效应”“跟着NASA学决策”；在第2章增加了“不要把鸡蛋放在一个篮子里吗?”；在第3章增加了“创业企业股权如何设置?”；在第4章增加了“全面实行注册制：促进资本市场与实体经济的良性互动”；在第5章增加了“国资委启动国有企业对标世界一流企业价值创造行动”；在第6章增加了“‘一带一路’促进海外并购发展”“并购重组政策调整 ”；在第7章增加了“市场基础牢靠 功能有效发挥”“让期货更好服务实体经济”；在第8章增加了“制造业核心竞争力从何而来”；

① OGDEN.Advanced Corporate Finance：Policies and Strategies［M］. Upper Saddle River：Prentice Hall，2002.

在第9章增加了“内部资本市场效率与现金持有水平”“明确功能定位 引导合规经营”；在第10章增加了“投资必须关注被投资方的感受”。

各章的基本内容如下：

第1章以财务决策为主线，阐述财务管理目标、研究内容和工具；分析财务系统的要素、连接、目标的关系，运用系统思维探求驱动系统变化背后的“因果关系”；利用大概率思维处理风险和不确定性；采用杠杆思维，用小成本撬动大资源；利用杠铃思维，通过不确定性获利。遵循数据化原则、多模型原则、工程师思维原则、利益相关原则进行财务决策，实现公司长期可持续发展。

第2章在介绍费雪分离定理和财务决策法则的基础上，简要回顾了在理想市场条件下影响公司财务决策的相关理论；通过分析资本资产定价模型、M-M资本结构理论和期权定价模型的发展轨迹和研究思路，说明同一理论或学说在公司财务领域的应用，以及各种理论的内在逻辑和相互印证关系。

第3章放松了完善市场条件的假设，简要介绍信息不对称及其财务信号传递作用，公司各利益主体（如股东与管理者、股东与债权人、大股东与小股东）之间的代理冲突；分析公司财务与公司治理的内在逻辑，以及解决代理冲突的内部治理机制和外部治理机制等问题。

第4章简要介绍企业不同生命周期的融资方式，说明IPO、股权再融资的发行条件、新股发行的定价方法及定价过程；分析IPO和股权再融资的发行过程和发行费用；讨论债券的信用评级与债券选择、债券的发行程序，便于读者掌握在债券发行过程中的定价与分销问题。

第5章在分析投资决策、竞争战略与价值创造关系的基础上，从股东权益的视角提出经济增加值和市场增加值的评价标准，利用财务战略矩阵将价值创造与现金余缺联系起来，并从EVA和竞争战略两个不同的角度进一步分解了价值驱动因素，最后阐述了价值创造体系在价值管理中的作用。

第6章在介绍并购类型和并购浪潮的基础上，分析总结了并购效应的理论并找出相关的经验证据，以此了解并购发展的必然性。在了解了并购动机之后，简要介绍了企业并购价值评估的思路，了解并购定价的理论依据，然后对并购融资和对价方式进行了总结，最后介绍了在国外比较常见，在我国也应引起关注和重视的敌意收购以及相关的防御策略。

第7章在介绍衍生工具的基本概念和分类的基础上，简要介绍了衍生工具的功能，重点阐述了利用衍生工具管理商品价格风险、利率风险和汇率风险的基本策略和方法。

第8章以财务危机的内涵与特征为研究起点，对财务危机的宏观与微观影响因素予以阐述，以阶段论、业务范畴论和性质论的研究视角，对公司财务危机的共性特征进行研究与探讨，以此推演出财务危机共性特征的财务表现；同时对财务危机预警的经典方法——多元判定分析模型和多元逻辑模型进行理论阐述，并结合我国上市公司的特点进行预警应用研究，以使读者掌握财务危机及其预警的理论和应用方法。

第9章在阐述企业集团组织结构与财务管理体制基本特征的基础上，从企业集团投资管理、筹资管理和财务控制3个方面阐述了企业集团财务管理的重要内容，目的是解决企业集团投资决策的科学性、资源配置的效率性和控制评价的合理性等问题。

第10章首先介绍跨国公司财务管理的环境及特征，根据外汇的相关概念及汇率决定理论，从跨国公司角度出发，说明跨国公司资本预算的方法、跨国公司的融资管理以及跨国公司内部资本转移管理的相关内容。

从教材结构看，第1章至第3章为基础篇，第4章至第10章为专题篇。

第1章以财务决策为主线，阐述了财务决策系统、财务决策思维、财务决策原则等。第2章、第3章分别介绍了在理想资本市场、非理想资本市场条件下的财务理论（基于诺贝尔经济学奖中有关金融经济学的相关理论）。书中描述了各种模型及公式，其目的在于通过各种模型及公式说明财务理论（如CAPM、M-M、B-S）之间的内在联系，并通过数据分析说明这些模型的应用过程。

第4章至第10章是专题部分，其中第4章至第6章主要从资本市场融资、投资决策（包括并购活动）方面说明财务决策的相关问题；第7章、第8章从风险的角度讨论衍生产品与财务危机预警等问题；第9章、第10章则从公司组织特征角度研究企业集团财务和跨国公司财务的问题。

书中内容设置积木化，各章内容既相互联系，又独立成篇，便于根据实际需要组织教学以及学生自主学习。本书作为财务管理专业系列教材之一，书中的一些内容，特别是在第2章、第3章中对各种财务理论的内在逻辑和相互印证关系的描述，与财务管理专业系列教材《公司理财》既相互独立，又相互联系。感兴趣的学生也可以将财务管理专业配套教材《公司理财》作为一本参考教材，以便更好地理解本书内容。

本书可以作为MBA、MPAcc和本科高年级学生“高级财务管理”课程的教材，也可以作为财务管理专业、会计学专业硕士研究生的参考教材。本书的章节顺序可作为本课程的一般授课顺序，教师也可根据学生的实际情况变更次序或根据需要作某些增删。MBA、MPAcc和本科高年级的学生可更加注重专题部分的内容以及教材中的案例分析；财务管理专业、会计学专业硕士研究生，可重点关注本书的理论分析以及实证检验的相关结论。

在教学中，书中各章设置的讨论题、案例分析可用于课堂讨论、小组作业或现场报告。为方便学习和理解，在做完各章讨论题和案例分析后，学生可以扫描二维码，了解相关的讨论题指引和案例分析指引。在教学组织中，学生可组成若干5~7人的小组，在主讲教师的指导下，按特定题目各抒己见，然后展开讨论，互相切磋。这样就为学生提供了平时在课堂中难以得到的自我表现机会。案例分析提供了解析过程，有利于学生自己动手、下载数据、查阅文献、设计方案、分析论证、撰写报告，随着课程的进度进行相关的案例分析，使案例分析成为课堂教学和自我测试的一个必要环节。本书各章所选案例具有较强的代表性，注意各章知识的融会贯通，益于学生把握财务知识的总体框架。

需要说明的是，本书假设学生已经学习了“经济学”“概率论与统计学”“管理学”“会计学”“公司财务”等课程。这些先修课程有助于学生加深对本书内容的理解。但是，先修课程并非至关重要。为学习方便，本书对前续课程中的有关概念已经做了铺垫性说明。书中的许多内容曾作为“高级财务管理”课程的授课内容，并且在使用过程中不断进行修订和补充。

2023年，OpenAI语言生成人工智能工具的出现送给人类一个巨大的工具或杠杆。利用ChatGPT，使“一对一”提问式学习成为可能。“得到”APP创始人罗振宇认为，人类的学习将进入一个全新的“轴心时代”。从某种角度上看，人工智能或将重现“孔子-苏格拉底-释迦牟尼”时代的知识状态：个体知识在对话的过程中不断扩展，人类的学习状态向“轴心时代”回归。

ChatGPT作为一个工具，能为你产生多少价值，关键在于你提问的质量。有句话说：“有多少好答案，在等待一个好问题。” 2023年兴起了一个新词——“提示工程”（Prompt Engineering），其中有一部分内容就是这方面的工作。本书的目的就是给你提供一个底层的知识结构，给你学习财务知识的一个Prompt，使你知道向ChatGPT问什么，才能得到所要的答案。借助ChatGPT这个工具杠杆，放大学习效应，积蓄越来越多的财务知识。

全书由刘淑莲教授、任翠玉教授主编。各章具体分工如下：第1章至第3章由刘淑莲教授撰写，第4章由宋淑琴副教授撰写，第5章由熊伟副教授撰写，第6章由唐睿明教授撰写，第7章、第9章由任翠玉教授撰写，第8章由秦志敏教授撰写，第10章由罗菲副教授撰写，最后由刘淑莲教授、任翠玉教授对全书进行修改和总纂。

任何一部教材的架构和写作都源于作者的知识积累和创造，更源于前人的研究成果和贡献。本书在写作过程中，参阅了国内外许多财务专家、学者的理论和实证研究的最新成果，他们的思想和观点对本书的完成极为重要。为了反映这些专家和学者的贡献，我们对书中引用的观点或案例尽可能标注了相应的出处。由于相关的论文和专著非常多，加上我们不可能对所有的问题都详细讨论，因此，书中列出了相关的部分参考书目。感兴趣的读者可以进一步阅读相关文献，以便获得更多的信息。在本书出版之际，对于这些专家和学者的学术成果，我们再次表示诚挚的敬意！

感谢东北财经大学出版社的支持，感谢责任编辑高铭、孔利利、周慧等在本书编辑出版过程中所付出的辛勤劳动，他们的支持和帮助使本书增色许多并得以顺利出版。

在本书的写作过程中，虽然穷尽了作者在这一领域教学与实践的积累，许多地方反复推敲，几易其稿，但限于水平和时间，书中难免有许多疏漏和不当之处。谨以此书献给理论界与实务界的理财专家，献给在这一领域学习与探索的未来的理财专家。你们的批评和建议将是本书再次修订的重要依据。

刘淑莲　任翠玉

2023年5月

目　录

第1章

财务决策

学习目标

◇ 熟悉系统的要素、连接、目标的关系以及系统思维的本质和作用
◇ 了解概率思维、杠杆思维、杠铃思维在财务决策中的作用
◇ 熟悉数据化分析方法，采用多模型和认知工具进行决策
◇ 掌握解决问题“七步成诗法”的基本内容和注意问题
◇ 熟悉公司利益相关者的思想，了解利益相关者权力与利益分析法

耶鲁大学教授威廉·戈兹曼认为，金融技术就是一个我们自己建造的时间机器。它不能在时间的轨道上移动我们的身体，但是可以移动我们的金钱。[①]例如，银行存款是把现在的金钱挪到未来使用；房屋按揭贷款是把未来的金钱挪到当下使用。金钱在时空中的“自由流动”改变了人们现在或将来的经济地位，也改变了人们的思维方式。金融技术不但让金钱可以跨越时间，还可以跨越空间，让金钱流向到效率最高的地方。

金钱在时空的流动是通过金融工具或金融契约完成的。金融契约类似一个“中介”，在两类人中寻找平衡：一类是期望将未来价值折成现在价值的人；一类是期望将现在价值转换成未来价值的人。契约用一种使双方互惠的方式将现在与将来联结在一起，通过时间重新配置资源价值。

借助威廉·戈兹曼的观点，财务管理（或称公司金融）的本质是实现资源到价值的转化。作为一种跨期管理活动，财务管理具有两个特点：时间性和不确定性；存在三个关键行为：在时间上重新配置资源；在时间上重新配置风险；在时间上重新配置资本。

在时间上重新配置资源：将资源投入到具有增长价值的项目上，本质上是购买

① 戈兹曼．千年金融史［M］．张亚光，熊金武，译.北京：中信出版社．2017：10.

时间不同的未来价值。因此，投资收益率可以被看作时间的价格，它不仅均衡跨期财富的供给和需求，也平衡投资者和消费者、生产者之间的需求。

在时间上重新配置风险：风险和不确定性与财务活动相伴而生。财务管理中的各种工具都用来为风险定价，以便在财务决策中进行风险规避、风险转移、风险承担。重新配置风险的目的在于管理风险、应对不确定性。

在时间上重新配置资本：公司发展不仅依靠内部积累的资本，而且要在金融市场上发售股票和债券，从银行取得贷款，重新配置投资所需的资本。

总之，作为一种跨期管理活动，财务管理一方面通过资源的流动和重组实现资源的优化配置，为公司的未来创造价值；另一方面通过金融工具的创新和资本来源的调整实现资本的扩张和增值，实现从资源到价值的转化。

本章以财务决策为主线，阐述财务管理目标、研究内容、工具。分析财务系统的要素、连接、目标的关系，运用系统思维探求驱动系统变化背后的"因果关系"；利用大概率思维处理风险和不确定性；采用杠杆思维，用小成本撬动大资源；利用杠铃思维，通过不确定性获利。遵循数据化原则、多模型原则、工程师思维原则、利益相关原则进行财务决策，实现公司长期可持续发展。[①]

1.1 财务管理概述

1.1.1 财务管理定义

财务管理是从资源到价值转化，实现目标的行为。这一定义隐含了两层含义：一是财务管理的内容：通过资源的取得、使用和分配，实现价值创造和价值分享；二是实现公司目标。图1-1描述了财务管理的研究内容、工具和目标。

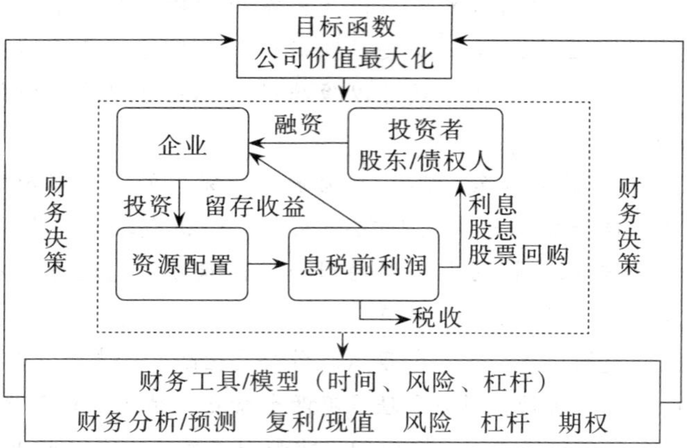

图1-1　财务管理框架

① 本章对财务管理内容做了一次梳理，增加了财务决策的思维方式和决策原则，明确财务决策有一个总体框架和决策要求。如果你希望进一步了解有关内容或术语，可参阅本系列《公司理财》有关章节，阅读本章中提供的延伸阅读文献。

1.1.2　公司目标与财务决策类型

关于公司的目标，学术界和实务界众说纷纭、莫衷一是。从传统的利润最大化、股东财富最大化，到公司价值最大化、利益相关者价值最大化，争论的边界不断扩大。本章采用主流公司理论观点，将公司价值最大化作为公司的目标函数。

根据财务管理的定义，财务决策主要包括投资决策、融资决策和股利分配决策。

投资决策帮助公司进行稀缺资源配置，主要表现为：一是创造增长价值的战略决策，如引进一条新的生产线。二是营运资本的经营决策，如建立一套新型的、高效的营销体系，是否向客户提供信用，维持多少库存量等，这些营运资本决策最终属于投资决策。三是并购与资产剥离的扩张性决策。投资决策的基本准则是：为公司创造增量价值，即投资于净现值大于零的项目。

融资决策帮助公司筹措投资所需要的资金，主要表现为：一是平衡内部资本和外部资本；二是平衡股权资本与债务资本；三是平衡风险规避与风险承担。融资决策的基本准则是：降低融资成本与风险，保持合理的财务弹性。

股利分配决策帮助公司决定是否向股东派发股利，主要表现为：一是如果公司拥有净现值大于零的投资项目，则应少发，或不发放现金股利；二是如果公司缺少投资机会，则应将公司创造的价值返还给投资者。股利分配决策的基本准则是：平衡股利支付与再投资、再融资、预期增长之间的关系。

1.1.3　财务决策工具

作为跨期管理活动，历史数据是预测未来商业世界的基本依据，这就要求财务管理者必须具备量化过去、计算未来、构建决策模型的能力。图 1–1 列示了主要的财务管理的工具/模型。

财务分析是最常用的业绩评价工具。分析人员通过对财务数据和相关信息进行汇总、计算、对比说明，分析公司的经营成果和财务状况，揭示财务数据的相互关系，为财务预测提供信息。

财务预测是公司价值评估的基础数据。根据历史信息、财务分析、基本假设、预期增长率等参数预测未来，并将财务预测信息转化为公司价值信息，为公司决策提供依据。

现值模型是资产定价的评估模型。财务决策的本质就是给时间定价，即将未来不同时点的价值或现金流量，按风险调整折现率调整为现在价值。或者说，财务决策就是投资（或购买）时间不同的未来价值。

风险与收益模型是风险评估工具。风险与商业世界如影随形，财务决策就是利用风险评估工具衡量风险与收益、衡量融资风险与成本、衡量当前和未来的风险与机会。

杠杆模型是寻找价值增长的驱动因素的工具。在财务管理中，用小成本撬动大资源，比如，通过经营杠杆放大息税前利润，通过财务杠杆放大净利润。当然，杠杆具有双刃性，既能放大收益，也能放大损失。

期权定价模型是灵活性、对冲性决策工具。公司的投资活动、融资活动隐含着一系列的选择权或期权。在投资决策中，根据新信息选择扩大投资、缩减投资、延期投资、放弃投资项目；在融资决策中，可以设计和评价具有不同选择权的证券(认股权证、可转换债券、可赎回债券)；在风险管理中，规避利率风险和外汇风险的衍生品等都表现为一系列的期权。

1.2 财务决策系统

1.2.1 系统的定义

根据德内拉·梅多斯的观点，系统并不仅仅是一些事物的简单集合，而是一个由一组相互连接的要素构成的、能够实现某个目标的整体。这一定义表明任何一个系统都包括三个要件：要素、连接、功能或目标。[①]

例如，对一只机械手表来说，表盘、表针、背后的几百个零件，就是这个系统的“要素”；这几百个零件之间是如何衔接、咬合的，就是“连接”；机械手表的基本功能是计时。再如，公司作为一个系统，它的要素是各种资源（如人、财、物）组成的部门，这些部门自身也可视为一个独立的子系统。各部门或子系统之间通过公司的使命和远景、作业流程、规章制度等产生连接；各部门或子系统相互作用，共同完成公司的目标。

一个系统分为三层：最底层是各种要素，是系统中可观察的部分；中间层是要素和要素之间的连接或关系网络，是系统中无法观察的；顶层是系统的功能和目标，它是系统存在的使命或理由。这里的功能是指非人类系统，比如一栋大厦是一个系统，它的功能是提供给人类居住和使用的场所；目标是指和人类相关的系统，例如一个球队是一个系统，它的目标是赢得比赛等。

在系统中，要素是显性的，而关系和目标却并不明显，但它们却是至关重要的，甚至是起决定性作用的。例如，一辆经出厂检测合格的汽车，如果把它的零件拆解开堆在一起，那就是一堆废铁。这是因为，零件虽然在，但是零件之间的连接和关系不在了，而由这些连接关系构成的一辆车的功能和价值，也不复存在了。又如，石墨和金刚石，两者的组成要素完全一致，但由于连接方式的不同，呈现了完全不同的属性。因此，连接是系统的核心，改变要素未必能改变系统性能，改变连接往往更有效。

---

① 梅多斯. 系统之美：决策者的系统思考，练就洞明世事的慧眼［M］. 邱昭良，译.杭州：浙江人民出版社，2012：8.

财务决策可以看作是一个资源相互连接、相互作用，且能够实现目标的系统。在这一系统中，系统的要素主要是指投资决策、融资决策、股利决策；系统中的各种要素通过财务模型或决策工具连接，各决策系统既相对独立又相互作用；财务决策的目标是为公司创造增量价值。公司财务决策各要素间的连接关系如图1-2所示。

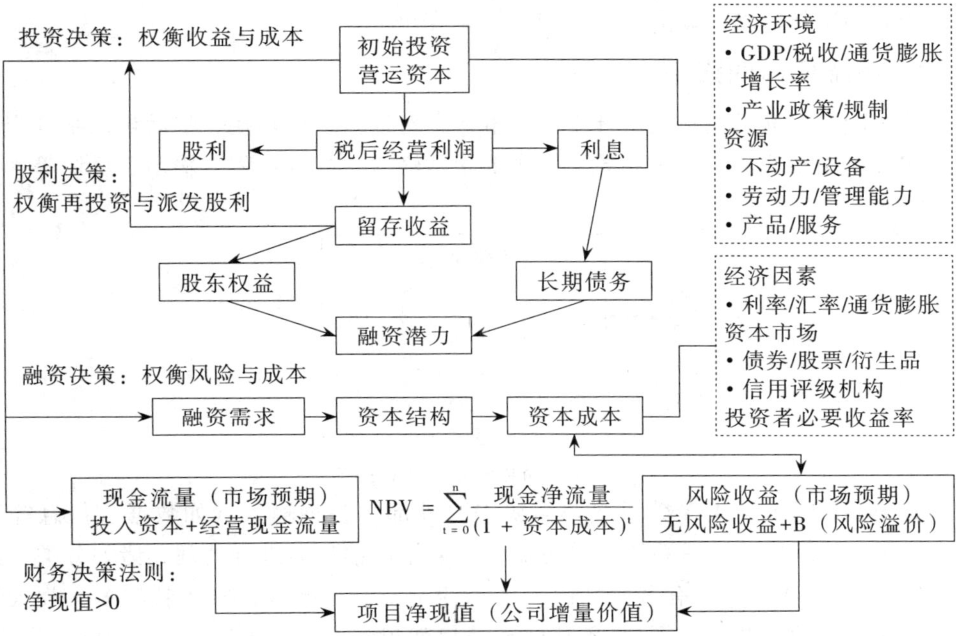

图1-2 财务决策系统框架

财务决策系统中要素或变量间的关系是根据不同的财务模型，通过加、减、乘、除等符号将变量连接起来。

例如，资产=负债+股东权益；利润=收入-成本；所得税=税前利润×所得税税率；股利支付率=每股股利÷每股收益等。

又如，净现值公式至少包含了三种关系：除法、加法、指数，同时涉及了至少三个变量：现金净流量、资本成本、项目期限。

从图1-2中可以看出，公司通过投资和经营活动创造的利润，扣除利息、所得税、股利后，剩余部分转为公司的留存收益，用于未来投资机会的储备资金，同时也增加了股东权益，提高了公司的外部融资能力。同样，利息的多少取决公司的债务总额和利率的高低。根据未来的投资机会，不仅要确定融资总额，而且要根据信用评级等确定资本结构或负债率，根据投资者要求的必要收益率确定资本成本。投资、融资、股利决策的最终目的是创造增量价值。

在财务决策系统中，投资决策、融资决策、股利决策之间既相互独立、又相互联系。在投资决策中，筹措项目的资本是项目实施的重要条件。在融资中，满足投资需求的资本，既要保持总额平衡，又要保证期限匹配。如果公司存在着较多的投资机会，其经营现金又不足以满足投资需要，或者减少股东支付，增加留存收益；或者从外部筹措资本（发行债券、优先股、普通股）。因此，在投资既定的情况下，公司的股利决策可以看作融资决策的一个组成部分。如果公司已确定了投资方案和目标资本结构，那么意味着公司资本需要量和负债比率是确定的，这时公司需要改变股利决策、增发新股，或者减少资本支出。

1.2.2 系统反馈回路

系统的运行通常是从外部环境获得输入，对输入进行转换，然后再以某种产出的形式反作用于环境。一个系统运行主要包括输入、处理过程、输出、反馈等，如图1-3所示。

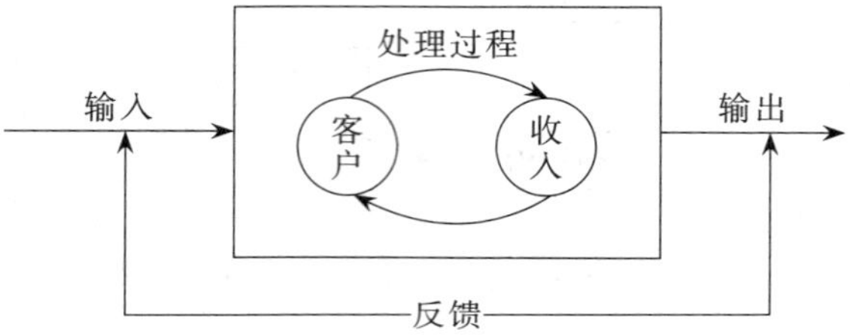

图1-3　简化的系统运行模式

如图1-3所示，大多数系统都需要来自外部的各种输入（如数据、信息等），以维持系统的运作。然后系统需要对输入的数据、信息等进行处理（诸如分类、组合、加工等）。图1-3中有客户和收入两个变量。客户越多，收入就越多，收入越多，公司对客户提供的产品/服务越好，客户就越多……将处理的结果通过图表等方式输出，为财务决策提供依据。由于构成系统的各子系统之间存在很多相互关联，它们往往会形成许多反馈，导致系统行为发生各种变化或演进，因此，系统需要根据不同反馈回路进行调节。从某种程度上可以说，正是由于系统反馈回路的存在，系统才能表现为一个有效运作的整体。

这里的反馈回路是指系统中各要素的变化引起的信息流动，如各种要素或变量随着时间的变化而变化。当某一个存量的变化影响到与其相关的流入量或流出量时，就形成一个反馈回路。假设你在银行有一笔定期存款，按复利定期收到利息，利息的多少取决于你账户中的存款余额和利率。账户余额（存量）会影响利息的多少，而利息作为一个流入量，又会使下一年的账户余额增加。按照这种算法，你每年收到的利息并不是一个固定的数值，而是随着上一年账户余额增减的变动数值（假设利率不变）。从存款金额（因）→利息（果）→存款金额（因），形成了一个简单的反馈回路，如图1-4所示。

反馈回路是系统运行方式的核心。一个要素或关系的变化经常会改变其他要素或关系，并反过来影响到自身。因此，这个系统中的关系是相互的或循环的，而不是单向的。一个系统的反馈回路有：增强型、调节型、滞后效应。

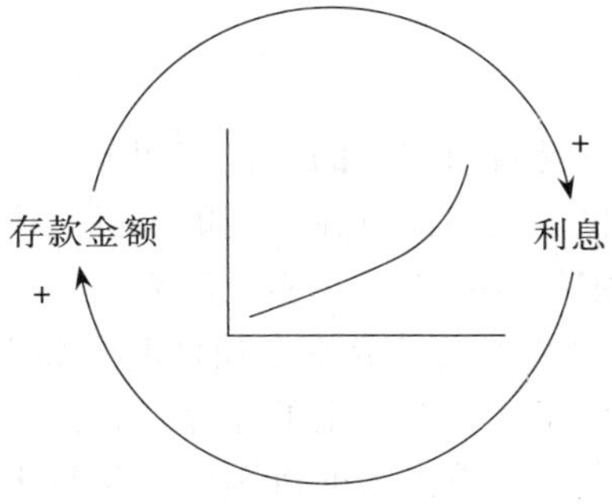

图1-4　银行存款的因果回路

1）增强型反馈回路

增强型反馈回路是指对系统中的要素有增强其原始态势的作用。根据方向不同，增强型反馈回路表现为正增强型反馈回路和负增强型反馈回路两种方式。如果某一方向上的变化所导致的作用力增强，产生了同一方向的进一步变化，反馈回路就是自我放大的正增强型反馈。如果变化激发的作用力抵消了最初的变化，并将系统推回到了类似于原初位置的某种状态，那么反馈回路就是抑制性的负增强型反馈。正增强型反馈回路一般称为越来越好的“良性循环”，如复利效应、指数性增长等；负增强型反馈回路称为越来越差的“恶性循环”。例如，1929—1933年美国经济危机的成因是市场信心崩塌形成的连锁反应：信心崩塌—银行挤兑—银行倒闭—流动性全面紧缩—资金链断裂—破产倒闭—市场更加恐慌，从而形成了一个不断恶化的状态。

2）调节型反馈回路

在不同时间或条件下，增强型反馈回路会碰上一些限制因素，使其成长趋势受到限制或逆转。在这种情况下，通过调节型反馈回路，消除这些变化对系统的影响，让系统的行为趋向于一个目标值或维持在某个稳定的状态。从某种程度上讲，正是调节型反馈回路，使系统具有自我纠错能力以及稳定的适应力。

任何一个调节反馈回路都需要具备三个要素：预期目标、检测机制，以及一系列校正机制，例如，对于国家经济系统来讲，市场这只“看不见的手”，就是通过一系列的调节反馈回路起作用的。又如，如果通货膨胀率偏离目标值（约为3%），央行就会利用利率等工具进行调节。再如，公司的负债管理、现金管理、存货管理都可以看作一个系统，在不同的情况下，都存在向目标负债率、目标现金持有量、目标存货量进行调节，使这些变量达到相对稳定、平衡的状态。所以，调节型反馈回路通常被当作解决问题的机制，例如，项目管理中的“监控环节”，利率、汇率风险管理中的对冲交易、防止恶意收购的“毒丸计划”等都可看作一个调节型反馈机制。

调节型反馈回路让系统具有了容错性和稳定性。运用反馈，你不需要精确的事先设计，只需要随时观察实际情况，并不断根据实际情况与目标的差距进行调整，就能达成目标。

3）滞后效应

系统中要素间的调节不是瞬间完成的，任何调节行为都有一定的时间差，即滞后效应，例如，公司通常将负债率保持在一定的范围之内，当实际负债率偏离目标值的上下限时，会采取一定的方式调整。实证研究表明，目标负债率调整有一至二年的时滞，因为股价的波动性和交易成本会使即时调整并不现实而且成本高昂。① 又如，一家汽车经销商的仓库，它有一定的库存量，流入量是从各家工厂订货交付的汽车，流出量是销售给客户而被提走的汽车。由于每天到货交付的数量和销售量不可能完全匹配，而且每天客户的购买量也很难预测，因此，汽车经销商需要保持一定的库存。为防止供应商偶尔出现交货延迟或其他意外情况，经销商还需要多保持一些额外的库存作为缓冲。

【课堂拓展】　　知识资产账户与复利效应

知识资产账户相当于一个系统，知识点就是系统中的要素，随着“要素”数量的增加，新知识点与存量知识相互“连接”，知识资产账户可按下式描述：

知识资产账户=知识点（要素）+连接

根据这一公式，知识资产账户就像是一个偌大的网络图，每个知识点之间都有关联，每新增一个知识，就像是在这个网络图中增加一个新节点，这个节点又和其他节点相连，关联的数量越多，这个网络的总信息量增加得也就越多，那么知识资产账户的量就会按复利的方式作指数增长，如图1-5所示。

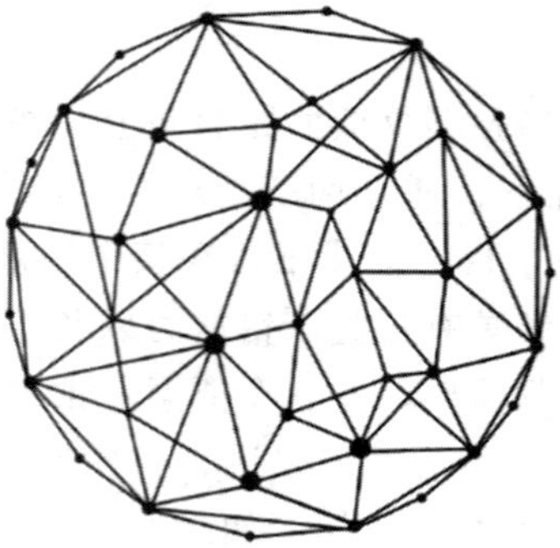

图1-5　知识资产账户网络连接

知识资产账户模型本来是没有复利效应的，但是由于其中某个环节的数值增长到一定程度之后，这个模型突然拥有了复利效应，即当前增加的能力可以叠加到下次使用，如金钱、知识、能力等。这时知识资产账户就从“加法运算”到“幂律运算”，即：

$Y=c(1+x)^{t}$

① MARTYNOVA M, RENNEBOOG L. What determines the financing decision in corporate takeovers: Cost of capital, agency problems, or the means of payment? [J]. Journal of Corporate Finance, 2009, 15 (3): 290-315.

假设当前的知识资产为1，每天增长1%，一年后的知识资产账户是初始账户的37.78倍。复利效应的本质是裂变，非线性成长，当规模积累到一定程度，就会涌现出完全超乎想象的东西。那么，如何用系统思维使你的知识资产账户呈现出复利增长的态势？

第一，增加“要素”。复利效应依赖规模，如银行存款的初始存款，知识资产账户原有的知识存量，随着时间（t）的推移，账户中的存款或知识就会呈现出指数增长的态势。

AI时代，面对新知识、新信息的涌现与恐慌，许多人每天孜孜不倦地粘贴、收藏。事实上，大多数都是收藏即封藏，粘贴即冷冻。这样做的结果收获的是一堆完全经不起审计的知识和信息，而自己的知识资产账户上靠谱的“净资产”越来越少。①

AI时代，学习平台和工具等资源快速迭代，机器学习和人类学习也以前所未有的速度发展着。知识的获得从传统的学校教育到借助ChatGPT提问式自学成为可能，至少对一部分具体知识，它可以做学习时的1对1教师。ChatGPT能为你产生多大的价值，关键在于你提问的质量。事实上，“有多少好答案，在等待一个好问题”，会问好问题其实是个稀有能力，不仅需要非常高的主动思考能力，也需要积蓄更厚的底层知识。

第二，建立“连接”。为了使知识资产账户产生复利效应，可以采用脑图工具或读书笔记，建立“第二脑”，使你新学到的知识和你原有的知识存量发生一次关联，这样，这个新学到的知识就不是孤立存在，而是在你知识存量里“长”出来了一个新概念，或将新知识“缝”到存量知识上。下一个新知识又会被“缝”到存量知识上……新知识与知识存量关联如图1-6所示。

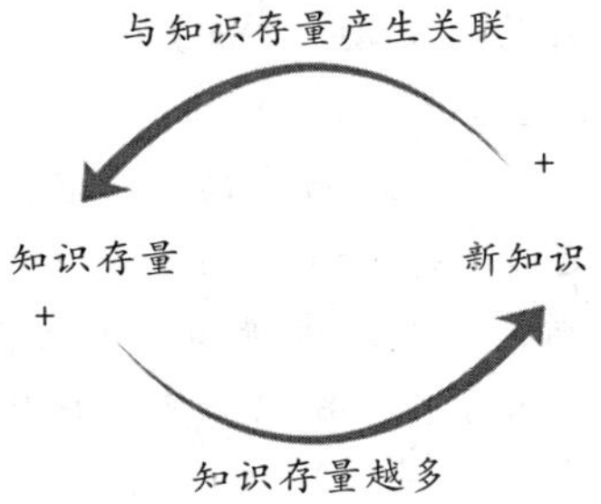

图1-6 新知识与知识存量的关联

让知识建立连接，不仅可以找出知识与知识之间的关系，而且要找出关系背后的规律。假设你想知道影响产品毛利的因素，一种方法是根据毛利的计算公式找出变量间的关系：

毛利 = 销售量 × 单价 - 销售量 × 单位成本

① 吴伯凡．伯凡日知录：提高你的知识账户的“净资产”［EB/OL］．［2021-02-05］.https：//www.dedao.cn/course/article？id=R2Mo65zY4QZ3Vnme1KqEdNAa98jGBO&source=search

上述公式用“乘号”和“减号”反映了销售量、单价、单位成本之间的关系，同时还隐含了公司不同的战略。在销售量一定的情况下，提高产品毛利：要么提高产品价格，要么降低产品成本。从战略上说，如果产品价格高于竞争对手，则可能缘于差异化战略；如果产品成本低于竞争对手，则可能缘于成本领先战略。这样你至少记住了有关毛利三方面的内容：一是影响毛利的三因素；二是提高价格或降低成本，这是一个提高效率的战术问题，属于正确地做事；三是差异化策略或成本领先策略，这是一个提高效益的战略问题，属于做正确的事。

让知识建立连接的另一种方式就是经常“调用”账户里的知识资产，解释现实问题。

英国诗人克里斯蒂娜的《谁见过风》中写道：谁也没有见过风，无论是你，无论是我，当树叶沙沙作响，那是风在吹拂。用这首诗来理解“市场”这个概念，是非常贴切的。我们每天都可以观察到股票市场价格涨跌起伏，可谁能准确地说出市场是什么样子？你只能够从商业世界的繁荣和萧条、股票价格的波动，这些现象中找到市场的痕迹。就像你只能从树叶的沙沙作响中找到风的证据一样。

你可能听过：一阵风吹过，寺庙中悬挂的幡就飘动起来。两个僧人争论，一个说是“风在动”，一个说是“幡在动”。这话被经过的惠能禅师听到了，惠能说：“不是风动，不是幡动，仁者心动。”事实上，风在动，幡在动，心也在动，三者都在动。这里“都动”的说法是从整体上对一个事物从不同角度的一种判断，只有把它们放在相互关联、互为因果的整体视域中，才能表现出事物存在的整体风貌和本质特征。也就是说，是风在“使动”，幡在“被动”，心在“意动”；三者的动与不动不是孤立的、静止的，而是相互关联、互为因果的。“风动、幡动、心动”也可以用以解释股市。在股票市场中，商业世界的繁荣和萧条（风动），引起股价涨跌（幡动），导致投资者的买卖行为（心动）。如果你是一个投资者，那么你认为“风动”“幡动”“心动”哪一个最重要？

在知识系统中，知识点是显性的，而连接不明显，但却是至关重要的。在知识学习中，让知识建立连接就是用新知识激活存量知识，通过关联把相对碎片化的知识连接起来，用存量知识理解新知识，用新知识记住存量知识。这就是“一生二、二生三、三生万物”之意。日积月累，知识资产账户就会变成每天可以获得红利的知识资产银行。

1.3 财务决策思维

1.3.1 系统思维

系统思维本质上是一种整体性的思维方式，即从整体的观点发现系统中的关键影响因素，探究它们之间的相互连接以及动态的反馈，找到驱动系统行为变化背后的相互依存关系，使系统整体与部分和谐相处、共同发展。

1）系统总体大于部分之和

如果把构成系统的各要素的特性看成“1”，那么：1+1>2。其原因在于构成系统的各个要素不是相互独立的，而是相互关联、相互作用的。一部分要素及其相互关系的变化会导致系统的其他部分发生变化，使系统的整体具有大于部分的特性和行为状态。

波士顿的中央隧道工程是一条穿过市中心的长达5 000多米的隧道，项目花费了140亿美元（相当于最初预算的3倍多），并成了美国有史以来最昂贵的公路项目。①

中央隧道工程包括许多子项目：挖掘深沟、浇筑混凝土隧道、设计排水系统、建造墙壁和“顶盖”。如何预测工程项目的成本？如果将各子项目成本简单相加构成总成本存在什么问题？这种预测方法假设隧道工程遵循着正态分布，即各个项目之间相互独立，不会彼此影响。像挖掘地沟、设计墙壁、建造顶盖，各做各的，互不影响。在初期规划时，每个步骤的成本都是固定的，并没有留出太多的余地。但是，在施工现场，一个环节出现问题会影响另一个环节，例如，顶盖出了一些问题，你就得拆除原有的顶盖。这就意味着你要破坏墙壁，墙壁里的线管，也得重新铺。每个环节环环相扣，最终，一个小问题，演变成了一组相互制约的大问题。事实上，隧道工程项目各子项目是相互影响、相互制约的，项目总成本大于子项目成本之和，即整体大于部分之和。根据系统思维，应在项目前期分析子项目成本间的相互影响、动态作用，为项目成本、风险控制等留出更多的余地。

2）系统思维工具：因果关系

在系统结构里，几乎任何两个要素之间的连接都隐藏着一定的规则，其中最重要的规则就是客观存在的因果关系。借助要素的信息与线索，找出事情发生的原因，使深藏于要素间的“因果”关系浮现出来，从而有助于对系统运行进行干预或调节，实现一些根本性的创新与变革。

日本丰田公司遇到一个问题时，让基层员工连续问五个为什么，又称5Why分析法，挖出这个问题的根本原因，例如，如果发现工厂车间的地上漏了一大片油，常规的处理方式就是先清理地上的油，最多再检查一下，机器哪个部位漏油，换掉有问题的零件。但是按照丰田的思路，会引导员工继续追问：为什么地上会有油？因为机器漏油了；为什么机器会漏油？因为垫圈裂化了；为什么垫圈裂化？因为垫圈质量不好；为什么要用质量不好的零件？因为价格比较低；为什么要采购价格低的零件？因为节省采购成本，是采购部门的绩效考核标准。问了五个为什么，漏油的根本原因就找到了，如图1-7所示。

① 佩奇. 模型思维［M］. 贾拥民，译. 杭州：浙江人民出版社，2019：12.

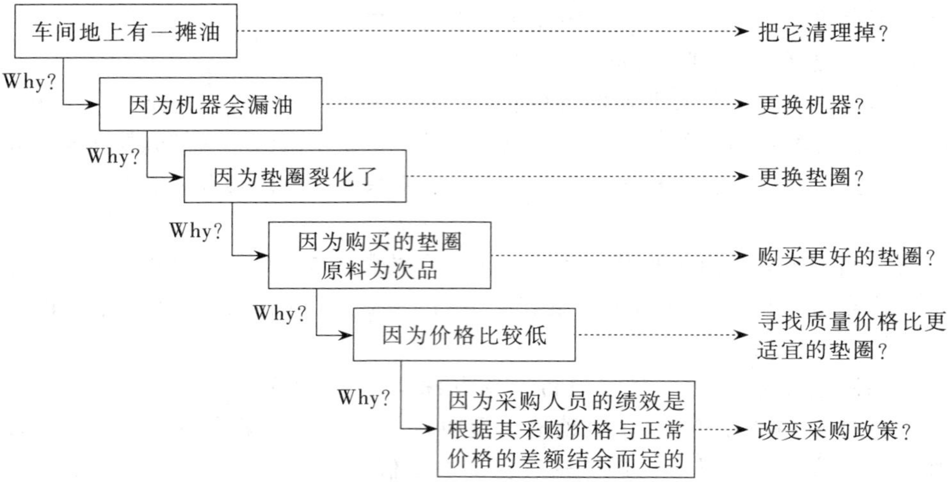

图1-7　5Why分析法

5Why分析法从结果着手，沿着因果关系链条，顺藤摸瓜，直至找出原有问题的根本原因。在前四个为什么后都可以找到相应的解决方案，如更换有问题的零件等，这些方案是典型的从要素层面解决问题，没有找到系统深层次问题。经过五个为什么后，才发现车间油渍问题的最终原因竟然是采购绩效考核政策。解决问题的方案就是改变对采购部门的绩效考核标准。

上述分析表明：当系统出现了某种状况，从表面的要素问题，可以找出更深层的连接和功能问题。解决系统中的问题通常不是改变要素（因为要素常常在变），而是改变它们之间的连接关系或改变规则。

3）某一部分最优对整体不一定有利

在一个系统之中，部分是为整体服务的。对某一个部分优化，必须注意部分优化是否实现了整体优化。有时把某一个部分最优化了，对整体不一定有利。有位管理学家举了个例子，如果把现代汽车的发动机换成劳斯莱斯的发动机，未必是最好的，甚至这台现代汽车可能根本就发动不起来。同理，公司招聘，不同的岗位应匹配不同的人才。只有将最合适的人放在最合适的位置上，才能人尽其用。如果低岗高配，如将类似打印这种事务岗安排了一个硕士研究生，虽然学历水平提高了，但也提高了人工成本。从整体上看，这样做可能有损公司的经营业绩。现在有些公司将一些事务性工作都外包给其他公司，从而使拿着高薪的公司员工就只需要专注在能够创造价值的工作上。虽然业务外包出去会产生一定的花费，但从整体的公司价值考虑，这样做要划算得多。

运用系统思维方式看待和分析问题及其成因，主要注意三个方面：一是系统总体大于部分之和。要从整体理解部分，既见树木，又见森林。二是注重探求驱动系统变化背后的“因果关系”，也就是关键驱动力及其相互依存关系。三是某一部分最优对整体不一定有利。

1.3.2　概率思维

概率思维是一种数据管理思维，被管理的对象不是数据，而是各种随机事件和不确定性因素。概率思维作为一种决策工具，可以帮助人们处理风险和不确定性。巴菲特就是采用简单的概率算法获得收益的。他说："用亏损的概率乘以可能亏损的金额，再用获利的概率乘以可能获利的金额，最后用获利的结果减去亏损的结果。"以概率计算为基础的决策远胜于人的直觉，甚至专家在他的专业领域的直觉也比不上一个简单的概率计算。

1）概率分析

采用概率分析可以更好地理解数据之间的关系和规律，进行有效的预测和决策，概率分析在财务决策中的应用主要有以下三个方面。

（1）概率分布信息库。许多公司在制定发展战略的时候，不仅对历史数据进行回顾性分析，还通过建立概率分布信息库，对未来进行模拟分析。如某咨询公司合伙人史蒂夫·塔尼为一家医药公司开发了一个复杂的仿真模型，这个模型不仅能够针对每一种药物，模拟出其不确定的市场需求的概率分布，还能够进一步揭示出不同需求之间的相互关系。[①]史蒂夫认为，对公司所面临的风险进行模拟，能够带来越来越多的利益。

建立概率分布信息库，可以为公司提供更准确的预测和决策，例如，利用历史数据和市场趋势来预测销售额的概率分布，从而制定合理的库存策略；利用供应商的交货时间和质量记录来计算延误和退货的概率分布，从而评估供应商的风险和可靠性；利用客户满意度调查结果和投诉记录来估计顾客流失的概率分布，从而制定提高服务质量的措施等。

（2）决策树分析：决策树是一种可视化工具，可以帮助公司确定各种情况下的最佳行动方案。在决策树中，每个节点代表一个决策或结果，每个分支代表一个可能的选项或结果。通过概率计算每个结果的预期值，公司可以更好地了解可能的结果及其可能性，并做出更明智的决策，例如，在项目投资决策中，先模拟影响净现值的各因素的概率分布，然后通过对投资项目中关键决策因素进行多次随机抽样，得到多种可能的预测结果，进而评估项目的风险和收益概率。

（3）风险管理：利用概率模型估算各种风险事件的可能性和损失程度，制定相应的风险管理策略。例如，对公司的利率风险、汇率风险、商品价格风险等，可以通过概率分析，评估风险大小，确定风险对冲和规避等管理策略。

假设目前公司面临美元升值、人民币贬值的汇率风险，将公司承受的损失设为 L，人民币贬值发生的概率设为 p；如果要采取风险对冲预防汇率风险，将风险对冲支付的成本设为 c。那么，公司是否应该提前采取风险对冲策略？一个简单的答案是：

---

① 萨维奇. 被平均的风险：如何应对未来的不确定性［M］. 刘伟，译.北京：中信出版社. 2019：9.

当 $c<p\times L$ 时，应该采取风险对冲策略为风险做好准备。

$p\times L$，也就是损失乘以发生损失的概率，是这个风险带给公司的“预期损失”。只要预期损失大于风险对冲的成本，预防就是值得的。反之，则不值得采取对冲措施。

2）新信息与贝叶斯定理

在不确定的环境下，事件发生的概率会随着新信息的出现不断变化，这时需要应用贝叶斯模型调整概率和决策思路。贝叶斯模型是指对一个随机事件或要解决的问题，首先根据已有的知识、决策者的预判或者专家的意见主观估计一个基础概率（先验概率）；然后根据新信息不断调整对一个随机事件发生概率的判断，即运用贝叶斯模型将先验概率转化为后验概率，这个后验概率又可以变成下一次推理的先验概率。这样经过不断的试错和纠错的迭代循环，就可能得到理想的结果。贝叶斯模型可以被总结为：大胆假设、小心求证、不断调整、快速迭代。

贝叶斯模型的价值在于，当观测数据不充分时，它可以将专家意见和原始数据进行综合，以弥补测量中的不足，例如，炮兵在射击时会使用贝叶斯模型进行瞄准。炮弹与子弹不同，它的飞行轨迹是抛物线，瞄准的难度更大，因此他们会先根据计算和经验把炮管调整到一个可能命中的瞄准角度（先验概率），然后再根据炮弹的实际落点进行调整（后验概率），这样在经过2～3次射击和调整后炮弹就能够命中目标了。

1968年5月，美国海军天蝎号核潜艇在大西洋亚速海海域失踪。军方通过各种技术手段调查无果，最后不得不求助于数学家John Craven。Craven提出的方案使用了贝叶斯模型，他召集了数学、潜艇、海事搜救等各个领域的专家，共同研究出一张海域概率图，一边掷骰子一边通过贝叶斯模型搜索某个区域，然后根据搜索结果修正概率图，再逐个排除小概率的搜索区域，最终指向一个“最可疑区域”。几个月后，潜艇果然在爆炸点西南方的海底被找到了。①

AI的第一课，都是从贝叶斯定理开始的。因为大数据、人工智能和自然语言处理中都大量用到了贝叶斯模型。利用AI进行财务决策可采用两步法：用AI进行预测，用人的判断决策。AI不能超过人的判断，人也不应该专断AI的预测。如AI预测的天气预报告诉你明天下雨的概率是30%，那么面对这样一个概率，下雨的损失是不是可以接受的，是否带伞，这是人的判断和决策。

3）大概率思维

大概率思维本质上是通过观察和分析历史信息，最大化自己在未来成功的概率。这里的“大概率”，未必非常精确，但是在大方向上是正确的。大概率思维遵循的基本原则就是：寻找条件，提高概率，坚持长期做大概率获胜的事，例如，人工智能阿尔法狗，每一步棋都计算自己赢棋的最大概率，从而战胜了人类。对它而

① 量子学派. 公式之美［M］. 北京：北京大学出版社，2020：239.

言，每一个决策点都是独立的，它都会科学地寻找最大获胜概率。对于创业来说，成功的平均概率可能只有1%，但如果创造者拥有核心竞争力，如关键技术或专利、稀缺资源、差异化战略等，创业成功的概率就会大大增加。公司创业中的快速试错，一旦发现正期望值的机会，就努力大规模复制，这其实也是一个贝叶斯更新的过程。

大概率思维背后的道理是：如果决策的每一步都按照能够大概率取得成功的策略采取行动，那么长期来看，就会最大化成为赢家的可能，例如，根据复利公式，如果每天增长1%，那么365天可增加37.8倍；如果每天降低1%，那么365天则变成0.03倍。

$$1 \times (1 + 1\%)^{365} = 1.01^{365} = 37.8$$

$$1 \times (1 - 1\%)^{365} = 0.99^{365} = 0.03$$

表面上看每天增长1%和每天降低1%这两个“概率”相差无几，但只要加入“时间”这一个变量，长期结果就会大不一样——只要有1%的概率优势，长期来看，势必会造成赢者通吃的局面；而只要有1%的概率劣势，长期来看，输光就是个必然的结果。像保险公司，价值投资理论，本质上都是这个道理。

学会和掌握大概率思维的要领，需要尽量多地收集历史数据，从变化的数据中发现相对不变的规律；利用概率工具处理和分析数据；充分利用优势，把大概率思维转化为行动的关键节点，看淡短期波动，坚持长期视角。

1.3.3　杠杆思维

杠杆思维是指利用现有资源或能力，找到推动事情发展的高效率因素，并将此运用到关键节点，用小成本撬动大资源。杠杆思维是人类文明发展过程中最基本的驱动力之一，大到金融投资、公司顶层设计，小到买房、找工作都隐含着杠杆思维。

1）支点与杠杆

阿基米德说，给我一个支点，我就能撬动整个地球。这句话隐含着两个关键词：支点和杠杆。这里的“支点”是根据公司战略确定的核心优势，这些优势具有可复制性、持续性，且难以被替代。“杠杆”是实现战略的工具，一旦确定支点，就要找到关键资源，以小力撬动大力，实现公司的战略目标。在实践中，公司需要不断发掘和优化自己的“支点”，并寻找适合的杠杆加以利用。

常见的杠杆主要有资本、影响力、人脉资源、时间等。

资本：利用金融工具、合约、制度、市场，将社会上的资金组织和聚集起来，投放到效率更高的项目中，使公司获得快速增长机会。公司贷款、个人房屋贷款都具有这种放大效应。资本杠杆是有方向的，可能是收益最大化，也可能是损失最大化。

影响力：互联网杠杆是提高影响力最好的方法，例如，网络直播会加快信息传播的速度，扩大传播的范围，许多直播带货者就是通过网络效应扩大了影响力。同样，一个产品的用户数越多，该产品对用户的价值就越大，反过来又能吸引更多用户使用该产品。这就是著名的“梅特卡夫定律（Metcalfe's law）：产品的价值等于用户数量的平方。产品用户数一旦达到临界规模，触发网络效应，公司就能通过规模经济赢得巨大的成本优势。

人脉资源：作为一种稀缺的社会资源，人脉资源是撬动大资源的核心力量。如果你想进入一个新领域，最快的办法就是结识一位该领域最有名气的人，这样可以迅速认识更多这个领域的人，又如，大公司招聘常用的方式就是内推，通过朋友或内部人推荐，获得这个机会的概率就会增大。人和人之间的关系是一个不断连接，不断网络化的过程。处于人际网络中的关键节点，既可以获得更多的资源，又能发挥最大的影响力。在互惠互利的世界，获得更多人脉资源最好的方法就是你能配得上你想要的资源。

时间：巴菲特说，人生就像滚雪球，最重要的是发现很湿的雪和长长的山坡。这个观点就很好地诠释了应该如何用好时间这个杠杆。一是要发现自己的能力圈，找到可以实现复利的事情，把目标放在这件事上。二是坚持下去，时间就会带来巨大的回报。

除上述四个杠杆外，安迪·格鲁夫提出了管理杠杆率这一概念：他认为经理人的每一项管理活动对整个组织都有或多或少的影响。至于对整体产出的影响有多大，则在于这些活动的杠杆率大小。这个管理杠杆率就是影响力杠杆，安迪·格鲁夫提出了经理人的产出公式：

经理人的产出=他直接管辖部门的产出+他间接影响所及部门的产出

经理人增加产出的重要方法是进行那些能够带来更多产出的管理活动，即高杠杆率活动，这里的杠杆率是“各单项管理活动所带来的产出”[①]，因此，经理人产出公式也可写作：

经理人的产出=组织产出的总和=杠杆率A×管理活动A+杠杆率B×管理活动B+…

在这个等式中，经理人所从事的每一项管理活动（管理活动A、B……）对整个组织都有或多或少的影响。而对整个产出的影响有多大，则取决于这项活动的杠杆率大小。一个经理人的产出便是这些乘积的加总。显而易见，为了有较高的产出，经理人应该把精力放在杠杆率较高的活动上。

在财务管理中，主要有经营杠杆和财务杠杆。前者反映了销售量和息税前利润的关系，后者反映了息税前利润和净利润的关系。在其他因素不变的条件下，息税前利润变动率大于销售量变动率，这一现象称为经营杠杆。在负债比率、利率不变的情况下，净利润变动率大于息税前利润变动率，这一现象称为财务杠杆。事实上，财务杠杆是两步利润放大过程的第二步，第一步是经营杠杆放大了销售量变动

① 格鲁夫. 格鲁夫给经理人的第一课［M］. 巫宗融，译.北京：中信出版社，2017：8.

对息税前利润的影响；第二步是利用财务杠杆将前一步导致的息税前利润变动对净利润变动的影响进一步放大。经营杠杆和财务杠杆的共同作用，使净利润变动率大于销售量变动率，这一现象称为总杠杆。

杠杆思维可以帮助我们找到推动事情发展的决定性因素。在上述例子中，息税前利润和净利润的关键驱动变量或杠杆是销售量。公司可以通过调整业务战略、产品策略、营销策略等方式，寻找市场机会，只要销售量这个杠杆足够长，就能扩大销售收入，实现利润的放大效应。

2）借力思维

借力思维是杠杆思维的一种表现形式。在商业世界里，一个公司的成功不在于它拥有多少资源，而在于能调动多少资源为我所用。资源越充沛，资源利用越有效，公司核心竞争优势的放大效应就越强。

公司的增长方式有两种：一种是依赖自身的积累，通过商品经营创造利润并使之转化为资本，实现内涵式增长。另一种是通过资本经营，利用金融市场发行股票和债券、取得银行借款，为放大竞争优势提供资金保证，或者借助并购重组等外部扩张的方式，实现外延式增长。两种增长方式如图1-8所示。

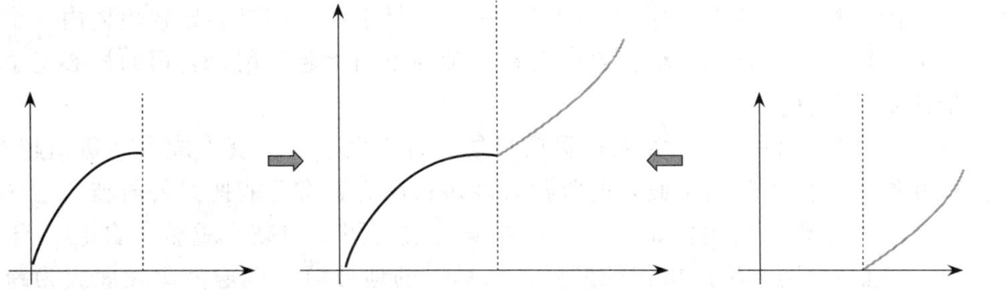

图1-8　公司增长模式

以海信集团为例，该集团1994年的总资产为5.3亿元，到1996年年底，资产扩大到15.35亿元。奇迹是怎么创造的？当时的海信集团总裁周厚健说，要用“资本家”的眼光来看待资产和市场。他认为在现代市场竞争中，单靠商品经营的集约化只能带来公司规模缓慢增长，只有当公司跳出商品经营的圈子，从商品市场转向产权市场，把眼界从本公司的有限资产扩展到社会上丰富的存量资产时，公司才会进入一个更广阔的发展天地，才会产生质的飞跃和突破。

在中国资产兼并史上，最经典的案例之一是携程兼并运通。2000年，成立7个月的携程网收购了已运营2.5年的运通。当时的运通年盈利逾百万元，已经是这个行业的龙头老大，而携程的经营收入还不到运通的1/4。为什么运通这条大鱼会被一条小鱼吃掉呢？关键在于融资速度，携程比运通抢先拿到了风险投资。拿到资金后最好的办法就是把行业的龙头公司买下来，自己成为行业龙头。

借力就是要利用一切资源（人才/团队、资本、品牌/影响力等）放大竞争优势。这里的资源不仅指公司现有的资源，而且包括借用社会上的资源，例如，耐克、苹果等公司，没有完全属于自己的工厂，但他们整合了世界各地的生产商替他们生产产品，然后贴上自己的品牌出售，获得高额收益。又如，网络平台的出现，借助虚拟经济这一杠杆，推动实体经济的发展，使借别人的资源赚钱成为可能。滴滴并没有自己的车，但是它可以让全世界许多辆车为它赚钱。Airbnb并没有自己的房间，但它可以让家家户户把房间贡献出来，这就是杠杆资产。任何一个指数型组织所运营的最重要的东西都不是资产，而是数据，如亚马逊不是出售货品，而是匹配这些货品的数据和信息。

事实上，人类生存的最大杠杆就是科技进步。蒸汽机、电脑、通信技术的发明，都让人类获得了更大的能力。2023年，OpenAI语言生成人工智能工具的出现，送给人类一个巨大的工具或杠杆，使我们学习、科研、创作、编程、数据分析、商业预测变得更快捷、更准确。

3）硬核思维

杠杆的核心是放大效用，但杠杆效用是双向的，不仅可以放大收益，也可能放大损失或风险。发挥杠杆效用要有一个支点，即公司核心竞争力。如果缺少这个支点，多长的杠杆都不能发挥作用。如果这个支点是虚的，甚至会导致短期内一个虚幻的放大效应。也就是说，杠杆效应要在正确的方向上起作用，公司的核心竞争力是一个必要的条件。

以公司负债经营为例，如果投资项目的收益率大于负债资本成本，负债越多，财务杠杆作用越大，归属于股东的收益就越多；反之就有可能拖累公司破产。

2021年1月海航集团发布公告，法院对海航集团实施破产重整。自1993年创业至今，海航集团经历了28年的发展，从单一的地方航空运输公司发展成为跨国企业集团。海航系秉着一种“用别人的钱来办自己的事”的投资精神，进行了40宗跨境并购，交易总金额超400亿美元，其并购的领域主要涉及航空、物流、餐饮、酒店、租赁、办公楼等。公司“买买买”的资金主要来自银行贷款、发行债券和配套的融资，结果使得海航陷入债务危机，加之受新冠疫情冲击，导致海航“自救”无果。

又如，创业公司通过出让股份获得私募股权投资，希望借助资本杠杆，获取资金，解决了公司创业发展阶段的融资难题。但私募资金的投资者不仅要求更高的溢价，而且会提出各种限制性条款，可能迫使公司放弃一些有利的投资机会，甚至导致创业者完全放弃其股权，退出自己创办的公司。

1.3.4 杠铃思维

杠铃两头重，中间轻，举重运动员除了有力量，还要掌握好平衡才能将杠铃举起来。杠铃思维是一种将注意力集中在两个截然不同的事物上的思考方式，它可以被用于不同的领域，如投资、生活和工作等。

1）杠铃策略：押注两端、抛弃中间

杠铃策略是塔勒布在《反脆弱》[①]提出的一种投资组合的方法。塔勒布认为，未来是不确定的，很难通过金融模型进行预测和估值，为防止意外事件导致投资亏损，可采用分散的杠铃投资组合，以平衡投资组合的风险与收益。这一投资组合可表示为：

杠铃投资组合 = 极度安全的资产+高风险高收益的资产

式中，极度安全的资产（如政府债券等）占总资产比例为90%，高风险高收益的资产（如股票、房地产、比特币等）占总资产比例为10%左右。这一组合的目的是在保证安全的前提下，用很少的资金去博更大的收益，如进行期权、期货等金融衍生品交易。这个策略的中间部分是空的，换句话说，杠铃投资组合中没有中等风险或"平均"投资，仅仅采取的是大部位的稳健投资以及小部位的激进投资。塔勒布提出的杠铃投资组合如图1–9所示：

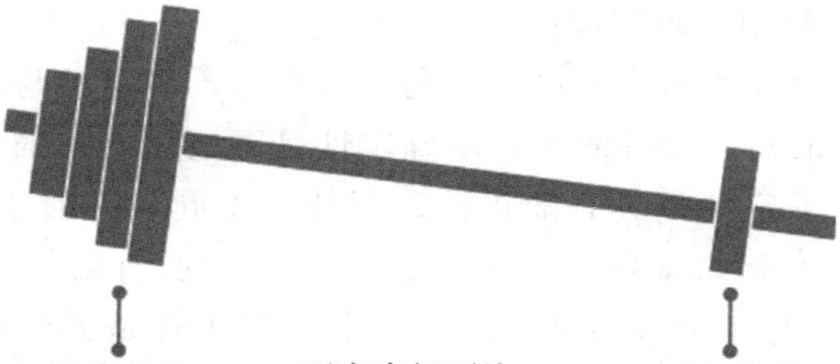

图1–9　杠铃投资组合

采用杠铃策略进行资产配置，其方法是：押注两端，抛弃中间。这里的两端，一端是极端的风险厌恶，一端是极端的风险偏好。为什么要在两端下注，而放弃中等风险和中等收益的资产？这是因为大多数人认为中等风险的投资品虽然不能获得最大收益，但也不会损失本金。事实上，中等风险投资品的收益是固定的，但风险是不确定的，如信托、非保本理财、主体信用不保证的债券等，这类资产的收益有限，风险敞口，有可能损失全部的本金。假设某种信托的年化收益率为8%～10%，有些投资者既不知道信托的底层资产是什么，又没有仔细阅读合同的规定（合同里从来没说过保本）。当经济环境好时，这类投资品会刚性兑付；当环境发生较大变化时，这类资产的信用风险就会完全暴露，导致投资亏损。因为大多数信托的本质是债权，债权的最大问题在于完全依赖债务人的信用，投资经营得好，投资者的收益是得到当时承诺的8%～10%，一旦债务人投资的项目失败，那么投资者就可能面对100%本金的亏损。

① 塔勒布. 反脆弱［M］. 雨珂，译.北京：中信出版社，2014：1.

事实上，追求稳定的中等收益潜藏着极大的风险。因为每个当下的决策都是建立在一定的假设条件下，即使当下的假设是合理的，也会被世界的随机性所打破。此外，即使预测是正确的，如果时机不对，那么结果也是错的。这不仅因为未来事件的不确定性，而且要知道它们发生的时间也很难。

杠铃策略可以看似一个保本策略。假设投资者用90%的资金投资于无风险资产，年化收益率为3%~4%，每年获得一个固定的收益。剩下10%的资金购买期权，由于期权费或权利金是固定的，只要付出的期权费等于无风险资产投资或固定收益产品收到的固定收益，那么期权费是投资的最大亏损额，即投资者亏损的仅是无风险资产投资（90%）的固定利息，但投资获利在理论上是无限的，这就是利用了杠杆策略的原理，形成了变向保本策略。这种投资组合的一个类比说法是，用银行存款的利息购买双色球。当然也可以将剩余的资金（10%）进行某项风险投资，投资的最大损失仅是投资者资产总额的10%。

2）杠铃策略：利用不确定性获利

杠铃策略的目的是利用不确定性获利。这里的不确定性与风险不同，风险是可以用概率描述的未知，如掷骰子；不确定性是不能用概率描述的未知，如黑天鹅事件。风险和不确定性都具有随机性，但特点不同，掷骰子的概率是已知的，而黑天鹅出现的概率是未知的。风险可以通过展示所有结果的概率分布来表达（比如转动一次轮盘的结果）的不确定性。黑天鹅事件是无法描述的极端不确定性，因为我们不知道接下来会发生什么，不清楚什么时候发生。即使根据历史数据建立的各种模型，也很难预测未来。2008年金融危机爆发前，许多金融分析师构建的各种模型，几乎没有预测出潜在的危机。塔勒布认为，这些模型假设投资收益呈正态分布。事实上，投资收益的概率分布具有“肥尾”特征。或者说，极端事件（如2008年经济衰退）的可能性要比我们假设收益率呈正态分布所预期的可能性大得多。这些极端事件一旦发生，令投资者措手不及，从而遭受重大损失。

由于人性特点和认知偏差，人们无法预测和避免黑天鹅事件的发生。而杠铃策略是所有不确定性问题的解决方案。在黑天鹅事件面前，杠铃策略最吸引人的一点是它弥补了罕见事件的风险无法计算和评估的问题，从建立杠铃的那一刻开始，投资的最大损失就已确定，但高风险投资很可能会带来超出期望的收益。

对于投资者来说，与其学习如何预测未来，不如学习如何平衡投资组合。塔勒布建议把钱分为两部分：将其中的大部分投入非常安全的领域；而将剩下的资金投入高风险的投机性业务，如期权产品，放大杠杆效应。这样，既可以保证大部分资金的安全，同时还有投机性资金来赌黑天鹅事件的出现。比起一般的中等风险的投资策略，杠铃策略的平均风险差不多，但却可以从黑天鹅事件中获益。

事实上，塔勒布就一直采用这样的投资策略。他认定股市一定会因为某个黑天鹅事件而崩盘，只不过他不知道时间，所以他几十年如一日地坚持买入价格很低的认沽权证，也就是看空市场的操作。在漫长的市场平稳期，这个操作会让他持续不断地亏点小钱，他称之为“流血策略”；一旦黑天鹅事件发生，股市崩盘，就可以获得极高的收益，这个收益足以弥补之前几年、几十年甚至是几百年的小额损失。塔勒布指出，随着全球化的深入，全球金融机构不断合并，连为一体，由此导致的连锁反应将大大提高金融体系的脆弱性。这就意味着，黑天鹅事件一旦发生，造成的后果会比以往更严重。当然，对掌握了杠铃策略的人来说，也意味着更大的机会。2008年美国次贷危机的发生，对很多人来说可能都是毁灭性的风险，但是塔勒布大量做空了次贷危机的衍生品，收获颇丰。

3）杠铃思维的应用

在商业世界中，杠铃思维可以帮助公司在风险和收益之间取得平衡，在短期投资和长期之间取得平衡，在稳定性和创新性之间取得平衡。公司可以将经营战略分为两个部分：一部分是稳定性策略，如提供稳定的产品和服务，以保持现有客户的满意度和忠诚度。另一部分是创新性策略，如推出新产品和服务，以吸引新客户并扩大市场份额。这样，公司可以在保持稳定性的同时，不断寻求新的增长机会。杠铃思维就是在做好主业的基础上，安排一些资源去试错，这样才能找到新机会。

杠铃思维也可以被用来处理不同的问题。如果你是一个创业者，收入波动很大，风险较高，这个时候需要想办法给自己建立一个稳定的保底收入来源。不要把所有储蓄全部投入到创业项目中，留一些以备极端情况发生，或者在其他公司担任职业顾问。采用这种杠铃策略，不会因为创业失败而一无所有。

同样，在工作中，你可以将注意力集中在日常任务和长期目标上，以确保既能够完成当前的任务，又能够实现长期的职业发展。在时间管理方面，可以拿出80%的时间先去处理“紧急重要的事情”；剩下20%去处理其他的事情。这样不至于让自己一旦遇到突变而措手不及。

总之，在稳定的变化缓慢的环境中，追求中间是一个不错的策略，但在快速变化，黑天鹅频出的不确定性环境中，中间策略反而是最危险的，而杠铃策略通过平衡两个极端反脆弱，让你从不确定性中获益。

1.4 财务决策原则

1.4.1 数据化原则

数据化原则就是以数据驱动的决策方式，具体是指通过数据采集、数据分析、数据建模等工具，发现问题、挖掘原因，建立模型，将模型转化为科学决策依据。

1）数据收集

数据并不局限于狭义上的“原始数字”，一切可以分析的信息都可称为信息，包括文字、代码、图形等。

（1）数据来源

传统上数据主要来源于：调研、实验、文献检索、组织实体（如政府、证券交易所、监管机构和私营公司等）保存的记录。随着网络化的发展，基于大数据方法的数据来源和渠道增多，网络交易数据、网上信息发布、社交媒体数据、智能设备使用产生的数据如位置信息、交通流量监控、卫星灯光数据等，有主动产生的数据，也有被动留下的痕迹。这些在一定程度上对依靠政府、组织、公司等机构发布数据、设计调查问卷获取数据的传统方法做了有力补充，从而极大拓展数据来源并且方便了数据使用者。

财务决策的数据来源主要有：反映经营成果和财务状况的财务报表及相关数据；公司所在行业的经济特性、竞争状况、关键成功因素；从金融市场中获取股票价格变动数据和交易（买卖价差和交易量）数据；从国家数据发布的经济发展数据，如GDP、通货膨胀率、利率、汇率、就业率、经济景气指数等。此外，管理者年度报告、董事长信函、工作报告、财经新闻、新闻发布、网站等，以及其他专业性机构，如投资咨询服务机构、行业性协会、证券交易所等提供的有关数据。

（2）数据收集误差

当获得的数据值不等于真实值或实际值时，则意味着收集的数据发生误差。在这种情景下，使用错误的数据可能比根本不用任何数据更糟。这类错误可能发生在许多方法中。

① 调研和问卷中的偏差。在调研中，访谈者可能会发生记录错误，或受访者回答问题时可能曲解了问题从而做出了错误的回答。当进行问卷调查时，有可能是问卷设计模糊或存在理解歧义，使问卷结果难以反映问答的目的。

② 样本选择偏差。当进行数据采集时，一般是从总体中抽取样本来获得对总体的认识。样本选择必须遵循随机取样的原则。但是，在某些情况下，为了得到某种预期结果，研究者对样本的观测数据进行有意的挑选，导致样本选择偏差。

③ 幸存者偏差。这一偏差是指当研究者出于某种原因忽略被排除在外的那部分数据时所带入的偏差。假设你根据过去10年上市公司的财务数据研究公司破产风险。这种做法忽略了一个残酷现实，即那些破产或被收购的上市公司都被挤出了市场。由于没有将此类公司的财务数据计算在内，因此样本的统计结果被显著拉高了。

④ 噪声和错误。在计算机数据时代，随着人们越来越少地采用手动输入数据的方式，即使是在管理最为严格的数据库中，也依然存在数据输入错误，其中有些错误的严重程度大到足以影响你的研究结论。

⑤ 数据缺失。造成数据缺失的原因可能是数据不可得或数据未被录入数据库中。解决这个问题的办法是删除与缺失数据相关的观察结果，但这样不仅会减小你

的样本量，还可能会引入偏差（比如当部分样本子集中的数据缺失情况比另一部分样本子集的缺失情况更多时）。

在收集数据中要注意各渠道数据的交叉验证，多方向假设并进行验证。为提高数据收集和分析的效率和准确性，可以利用一些先进的技术和工具，例如，利用数据挖掘和抓取工具，自动从网站和数据库中获取大量财务数据；运用数据分析软件（如Excel、R、Python等），进行数据清洗、统计分析和可视化等操作，以提高分析效率；利用人工智能和机器学习技术，自动识别并纠正数据收集中的问题，从而提高数据质量。

2）数据分析

在财务决策中，当面对一个大样本数据的时候，分析人员通常从问题描述开始，然后对数据进行理解，再进行模型构建，并根据结果采取相应行动。分析不仅是简单地计数或使用基本的数学，而是利用我们对过去的了解来预测和优化未来。分析是将数据转化为切实可行的措施的艺术和科学。

（1）描述分析：平均值和标准差

分析人员通过图表或数学方法，对数据资料进行整理、分析，并对数据的分布状态、数字特征进行估计和描述，以反映数据的集中趋势和离中趋势。其中：均值、中位数、众数体现了数据的集中趋势；极差、方差、标准差体现了数据的离散程度；偏度、峰度体现了数据的分布形状。

在财务分析中，最常使用的指标是平均值和标准差。平均值是指所有数据点的平均值，标准差是指随机数偏离平均值的程度。如果数据并不是均匀地围绕平均值分布的，则该平均值不是最能代表该样本的统计量，在这种情况下可以估计一下样本的中位数（样本中按数值大小排列位于正中间的数据点）或者众数（样本中出现得最频繁的数据点）。此外还有一些概括统计量可体现样本的数据分布情况，包括衡量样本数据分布对称性的偏度和衡量样本数据偏离均值频度的峰度。

如果数据是连续型数据，即数值可以是最小值和最大值之间的任何值，那么可以对这些数据进行分组，并计算每组中的数据量，然后将结果用直方图表示。如果直方图呈现标准化概率分布（正态分布、对数正态分布、指数分布等），就可以根据标准化概率分布的特征对被分析数据做出统计学评价。

（2）相关分析/回归分析：探究关系

相关关系是客观现象存在的一种非确定的相互依存关系，即自变量的每一个取值，因变量由于受随机因素影响，与其所对应的数值是非确定性的。相关分析中的自变量和因变量没有严格区别，可以互换。因果关系（Causality或Causation）是一个事件（即“因”）和第二个事件（即“果”）之间的作用关系，其中后一事件被认为是前一事件的结果。一般来说，一个事件是很多原因综合产生的结果，而且原因都发生在较早的时间点，而该事件又可以成为其他事件的原因。

相关关系和因果关系都是客观存在的，相关关系通过变量统计分析，确定其相关程度，因果关系的确定性主要依靠人的主观判断和验证。相关关系不一定存在因果关系，如信用等级较高的人，发生交通事故的概率会较低；网络用户对上市公司股票的日常搜索查询语句的数量与该股票的交易量有关……因果关系肯定存在相关关系，如价格会影响销量，价格与销量有因果关系，从数据上一定会判断出价格和销量呈相关性。

回归分析是利用一个变量来预测另一个变量的变化。回归分析主要有线性回归和逻辑回归两种，例如，采用线性回归分析股票价格与市场因素（如市场利率、国内生产总值、通货膨胀率等）之间的关系，预测未来的股票价格等。逻辑回归分析主要处理二元因变量的关系，例如，采用逻辑回归进行信用评分、破产预测、股票市场的涨跌趋势。

通过回归分析，你可以找到最适合这两个变量相关程度的回归线。图1-10描述了同仁堂与上证综指月收益率（2012年11月至2017年10月）的拟合回归线。

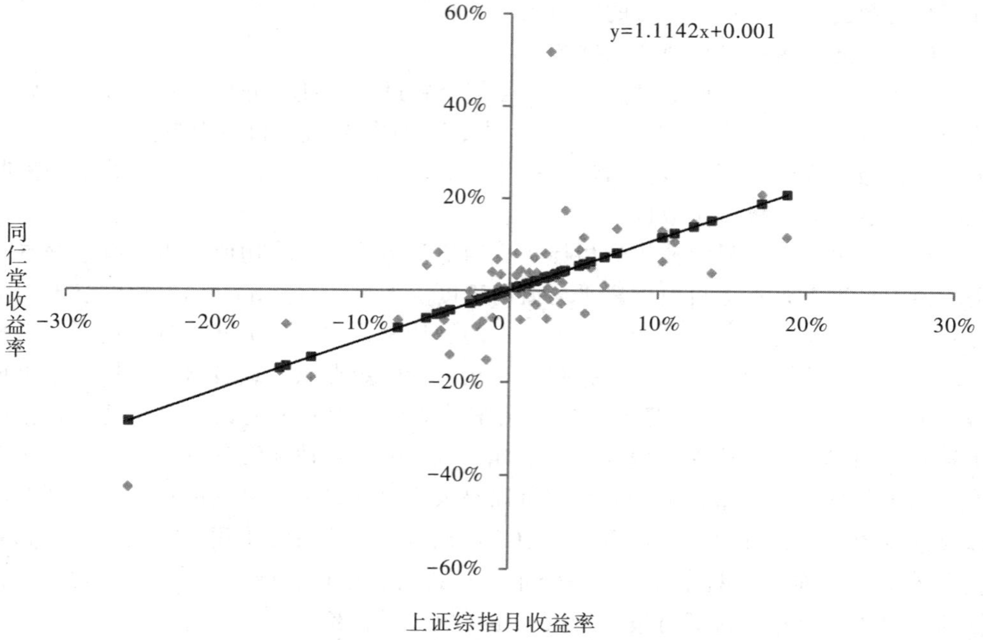

图1-10　同仁堂与上证综指月收益率回归线

根据图1-10，同仁堂与市场组合收益率回归统计数据分析如下：回归线截距为0.001，回归线斜率=1.1142，表明如果市场平均收益率每上升1%，同仁堂收益率上升1.1142%；如果市场证券收益率每下降1%，同仁堂收益率将下降1.1142%。

回归分析最大的优点在于它可用于多个变量，即分析一个因变量与多个自变量之间的关系。如果要研究公司的市盈率与风险性、增长率和利润率之间的关系，就可以进行多元回归分析，将市盈率作为因变量，将风险性、增长率和利润率作为自变量。

需要注意的是，回归分析的结果受数据质量、模型假设等多种因素影响，因此在应用时需要谨慎处理。

(3) 决策分析：风险评估

决策分析主要有概率分析、贝叶斯分析、模拟分析（蒙特卡罗法）等。其中，概率分析主要应用在风险评估和决策分析中；贝叶斯分析是根据已知信息来更新未知事件的概率，主要用于处理不确定性和风险，提高决策准确性。蒙特卡罗法是一种基于随机抽样的计算方法，它可以用来模拟复杂问题的概率分布，主要适用于各种领域，如金融、工程、物理等。

数据分析的本质是透过数据寻找其背后隐含的信息和规律，构筑或解释模型，并利用验证后的模型进行现时预测。最后，根据数据分析得出的结论，采用图表等方式呈现结果。

3）数据分析中的问题

数据分析工具可以帮助我们实现多种分析，但它是一柄双刃剑，有可能会出现“输入的是垃圾，输出的也是垃圾”的情况。根据商业和金融领域的数据分析状况，主要存在三个问题：

(1) 算术平均值的局限性

尽管现在已经开发出了各种数据分析工具，但是，大部分的商业和投资决策依然建立在简单的算术平均值的基础上。很多投资者称某公司股票价格低是因为该公司的市盈率低于行业平均值，或者某公司债务过高是因为该公司的负债率高于市场平均值。

算术平均值是一个简单的统计量，不能涵盖数据分布的全部信息，采用平均值有时不能展示数据的分布情况。过度依赖平均值，有可能得出错误的判断。假设有两个公司A和B，它们的市盈率都为15。然而，进一步观察发现，公司A的市盈率分布在10~20之间，而公司B的市盈率分布在1~29之间。尽管两者的平均值相同，但公司B的风险明显更高，因为其市盈率波动更大。

假设有两个基金经理，初始投资均为100万元，连续4年的投资业绩，如表1-1和图1-11所示。

表1-1 两种投资风格收益率与账户余额

经理	第0年	第1年	第2年	第3年	第4年	算术平均
明星经理		100%	-50%	100%	-50%	25%
普通经理		10%	10%	10%	10%	10%
明星经理账户	100.00	200.00	100.00	200.00	100.00	
普通经理账户	100.00	110.00	121.00	133.10	146.41	

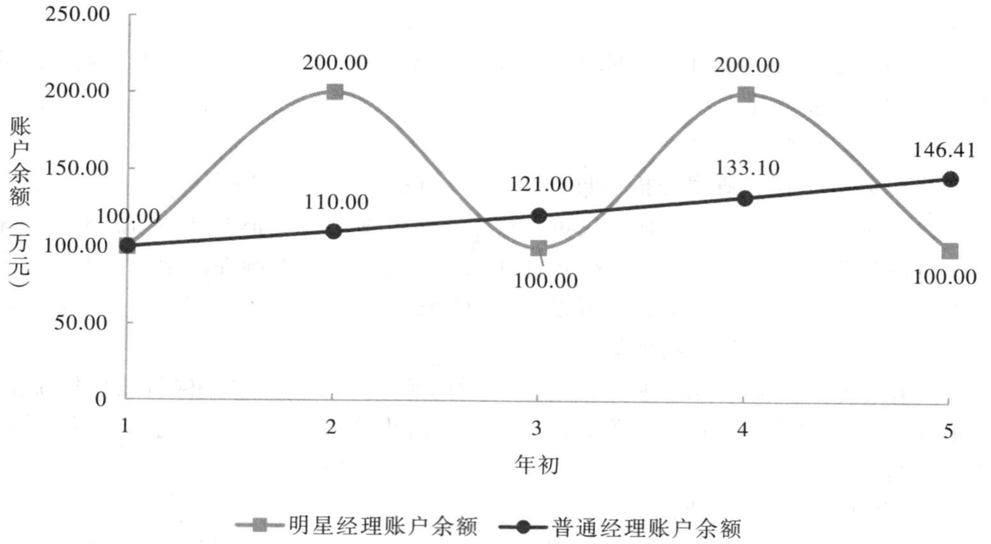

图1-11　两种投资风险的账户余额

从表1-1中可以看出，明星经理的平均收益率（25%），大于普通经理的平均收益率（10%）。但从4年后的账户余额分析，投资于明星经理的账户余额为100万元，实际收益率为0；普通经理的账户余额为146.41万元，实际收益率为46.41%。

从明星经理的业绩看，第一年的业绩翻了一番，第二年又赔了一半，第三年又翻番，第四年又赔一半，经历4年以后，又回到了原点，账户还是100万元。这意味着明星经理并没有给投资者带来真正的投资收益，第一、三年赚的钱，在第二、四年又赔回去了。考虑到在实际操作过程中投资者还要支付的基金管理费，其实是赔钱了。

从普通经理的业绩看，虽然每年投资收益率只有10%，但是4年之后投资者的100万元涨到了146.41万元，投资收益率是46.41%。

为什么采用算术平均值评估与采用投资者的账户余额评估结论相反？从计算公式看，算术平均值主要采用的是加法运算，即：

$$\bar{r}_{AM} = \frac{100\% - 50\% + 100\% - 50\%}{4} = 25\%$$

这个计算本身没有错，那么错在哪里呢？错就错在不应该用算术均值来考虑投资收益，而应该用几何均值。因为投资收益是要一年年累积的，累积的时候用的是乘法，对应的是几何均值，即：

$$\begin{aligned}\bar{r}_{GM} &= \left[(1+100\%)\times(1-50\%)\times(1+100\%)\times(1-50\%)\right]^{1/4}-1 \\ &= 0\end{aligned}$$

仍以明星基金经理为例，第1年赚了100%，第2年赔了50%。用算术均值的话，平均收益率是25%，看起来是挣钱了。实际上，第1年赚的钱，第2年全赔回去了。如果采用几何均值，算出来是第1年的200%，乘以第2年的50%，结果得到1，就是不赚不赔。这样就避免了算术均值的误导。所以，计算多年投资收益率的时候，一定要用几何均值，不要用算术均值。以后挑选基金，看基金的历史收益，是看几何均值，而不是看算术均值。

明星基金经理为什么最后不赚钱呢？因为赚的钱都赔回去了。这个例子意味着在投资中不赔钱很重要。巴菲特有两个投资原则：第一，不要亏损；第二，不要忘记第一个原则。

假设上例中的明星经理各年投资收益率分别为50%，-50%，50%，-50%，4年后，按算术平均值和几何平均值计算的明星经理的投资收益率是多少？

（2）并非所有的数据都是正态分布

正态分布是一种简捷的分布形式，只需平均值和标准差这两个参数就可以概括其全部特征。但是，现实中的大部分数据都并非呈正态分布，特别是商业和金融领域的数据。股票价格、市场波动等通常是偏态分布，即极值（正的或负的）出现的频率较高。只考虑正态分布的情况，我们会低估极值发生的概率，从而导致在风险管理和投资决策上出现错误。基于正态分布的模型容易低估这些尾部风险，从而导致投资者和管理者面对突发风险时准备不足。

为了避免决策错误，在进行数据分析之前，通过可视化数据来观察数据的分布形态。直方图、箱线图等图表可以帮助我们发现数据的偏态、离群点和尾部特征，从而更好地选择适合的分布模型。

图1-12描述了正态分布的基本特征，正态分布的中心轴是模型的均值μ，而标准差σ则体现为在曲线下的面积。在图1-12中，随机变量出现在平均值左右一个标准差的面积或概率为68.26%；随机事件出现在平均值左右二个标准差的概率为95.44%；随机事件出现在平均值左右三个标准差的概率为99.74%。也就是说越远离均值μ越无限趋近于x轴。根据高盛的风险模型（风险价值法），超过3σ的事件每两年会发生一次；超过5σ的事件自冰河时期以来仅发生过一次；超过7σ或8σ的事件从宇宙大爆炸以来仅发生过一次；超过25σ的事件则根本无法想象。

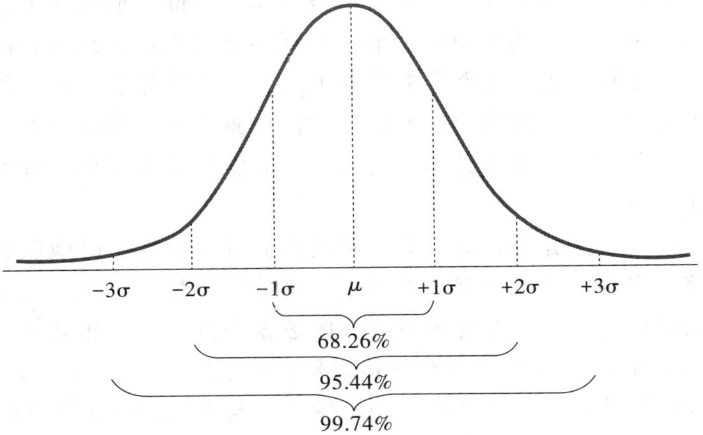

图1-12　正态分布

如果在某种分布下发生超过3σ的概率比正态分布大，则称为"厚尾分布"。在图1-13中，当x远离均值μ时，厚尾分布趋近于x轴的速度显著慢于正态分布。

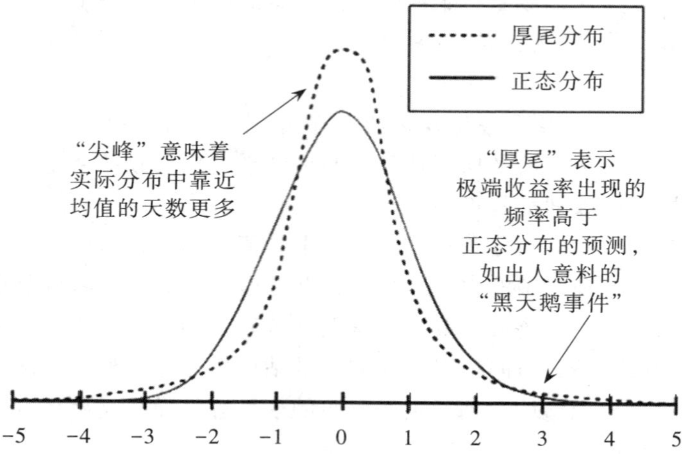

图1-13　正态分布和厚尾分布

1987年美国股市的崩盘，耶鲁大学的计算表明这是一个偏离均值25个标准偏差的事件，很难想象这个小概率事件竟然发生了。又如，1998年美国长期资本管理公司（LTCM）的破产，就是被1998年俄罗斯的金融风暴这样的小概率事件压死的。据LTCM的测算，这种事情的发生，相当于"六到七个标准差之外的事件"。

（3）异常值问题

影响数据分布的重要原因是数据中的异常值问题。数据大小的中心就是均值，数据位置的中心就是中位数。这两个最常用的平均数，最理想的状况是均值和中位数差不多，最好相等。异常值或极端值会让数据大小的中心到位置的中心距离增加，从而使得数据使用者产生误解或者错误判断。假设一家公司的股票价格在过去一年中的平均价格为100元/股，但在某个月份中，该公司的股票价格突然飙升到1 000元/股。如果这个价格是由于某个异常事件引起的，如公司发布了一份虚假的财务报告，导致投资者对该公司的前景产生了错误的看法，那么这个价格就是一个异常值。在财务预测和决策中，异常值可能会导致数据分析结果出现偏差，从而误导决策。

因此，在进行数据分析之前，应该对数据源进行检查，以确保数据的准确性和完整性。使用多种统计方法来分析数据，例如中位数、众数、标准差等。这些方法可以帮助识别异常值，并提供更准确的数据分析结果。如果异常值对数据分析产生了负面影响，那么可以考虑将其剔除。但剔除异常值很可能会导致偏差，因为与事先假设不符的异常值会被率先删除，而与事先假设相符合的异常值则保留了下来。

4）数据分析支持公司从被动决策向主动决策转变①

陈道斌在《数据分析即未来：企业全生命周期数据分析应用之道》一书的译者序中指出：全球著名的数据分析软件服务商SAS公司发布的“公司分析能力进阶图”，从分析方法复杂度和企业竞争优势两个维度，将公司数据分析能力分为支持被动决策和支持主动决策两大类共八个等级，如图1-14所示。

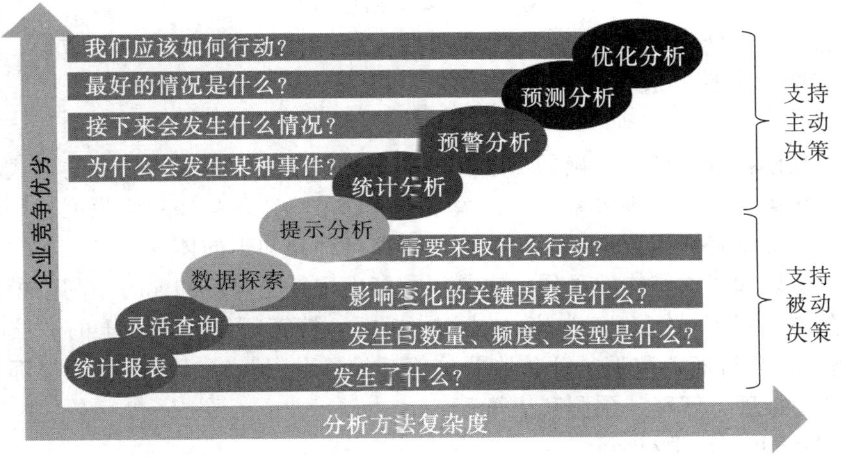

图1-14　数据分析能力进阶：从支持被动决策到支持主动决策

为了实现“通过数据分析建立竞争优势”的目标，公司要求数据分析师具备“熟悉业务、了解数据、精通工具”的精湛能力，希望数据分析模型具有“源于业务、服务业务、高于业务”的应用价值。

1.4.2　多模型原则

模型是经验的抽象集合，是认知复杂世界的一种简化方式。模型通常表现为公式、定律、图表、结构化语言等形式。掌握模型，可以快速提高人们对复杂世界的理解、解释、推理和预测的能力。

1）认知结构

认知结构包括四个层次：数据、信息、知识、智慧，从层次结构看，智慧高于知识，知识高于信息、信息高于数据，如图1-15②所示。

认知层次结构的最底部是数据，它是原始的、未编码的事件、经历和现象。数据既可以是一长串的0和1，也可以是时间戳，或是页面之间的链接等。

① 纳尔逊．数据分析即未来：企业全生命周期数据分析应用之道［M］．陈道斌，万芊，译．北京：机械工业出版社，2020：6.

② 佩奇．模型思维［M］．贾拥民，译．北京：机械工业出版社，2019：12.

凯莱赫，蒂尔尼．人人可懂的数据科学［M］．张世武，黄元勋，译．北京：机械工业出版社，2019：10.

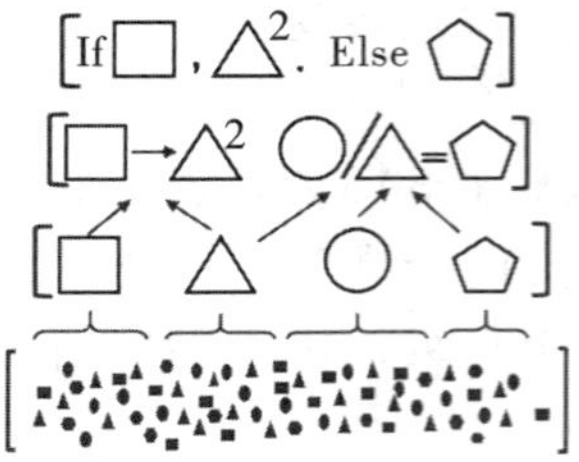

图1-15 认知层次结构

信息是经过处理、归类、分析后的数据，例如，单项财务指标是数据，财务报表是将资产、负债、股东权益、收入、成本、利润、现金等数据“连接”起来的信息。

知识是已被验证的、正确的信息。用知识组织信息，呈现为模型的形式，表现信息间的相关关系、因果关系和逻辑关系，例如市场竞争的经济学模型、网络的社会学模型、资本资产定价模型、价值评估模型等都是知识的体现。

智慧是认知层次结构的顶层。它是识别和应用相关知识的能力。利用模型组织和解释数据，已经成了经济学家、财务分析师、精算师等专业人士的“核心竞争力”，例如，分析商业数据、评估股票价值、投资融资策略、风险管理等都需要应用模型进行推理、解释、预测和决策等。

2）多模型、跨学科

统计学大师乔治·博克斯曾经说过，所有的模型都是错的。它们只在特定的尺度上成立。假如只用一个模型观察世界，就会让真理成为公式的牺牲品。所以，要想理解真实世界，我们需要的不是模型，而是多模型。因为每一种模型都有各自的假设或前提，如果假设与现实有差异，那么解释力度就会发生偏差。如果采用多个模型，使不同模型提供的观点和含义相互交织，让模型之间相互“对话”，探索不同模型之间的重叠和差异，例如，当进行股票价值评估时，评估人员可采用折现现金流量法、市盈率法、剩余价值法等多种模型，各种模型计算的结果相互印证，以便寻找最可能的价值区间，提高模型预测和决策的能力。

2008年10月9日，冰岛的货币冰岛克朗（króna）急剧贬值。当时的软件巨头甲骨文公司（Oracle）的财务主管埃里克·鲍尔（Eric Ball），刚刚处理了国内住房抵押贷款危机带来的冲击。由于甲骨文公司持有数十亿美元的海外资产，冰岛的危机引起了鲍尔的关注。鲍尔先后考虑了两种模型：金融崩溃的网络传染模型以及供给和需求的经济学模型（价格变化的幅度与市场冲击的大小相关）。2008年，冰岛的国内生产总值仅为120亿美元，只相当于麦当劳6个月的销售收入。事后，鲍尔回忆当时的思考过程：冰岛的经济规模比美国弗雷斯诺市还要小，不需采取什么措施。在这个例子中，鲍尔评估了两个可能有用的模型，然后选择了一个更好的模型。鲍尔拥有正确的信息（冰岛很小），选择了正确的模型（供需模型），并做出了一个明智的选择。

查理·芒格认为，每个学科都是从一个独特的角度去切入了解这个世界，都是一个摸象的瞎子。要对世界有真实的了解，就必须掌握多个学科的核心思维方式；把多种学科的知识结合起来的复式框架，有了这个框架，就可以更好地认清事物，分析问题，解决问题。

常言道：三个臭皮匠顶个诸葛亮，怎么会出现“三个臭皮匠比肩诸葛亮”或出现“1+1+1>3”的现象呢？关键是这三个臭皮匠可能具备多样性，具有互补的认知方式与思维模式，可以不断进行头脑风暴、沟通交流、组织协调，最终的结局可能会大于诸葛亮这一级别的人物能达到的做事效果。斯科特·佩奇（Scott Page）在其著作《多样性红利》中，举出了很多这样的例子，例如，你要解决一个公共政策问题，而你的团队里已经有三位顶级的统计学家，那么你现在就不需要再增加一位统计学家，而是需要一位经济学家或社会学家。如果你是个网球运动员，那么与其请三位网球教练，不如请一位网球教练、一位健身教练和一位营养师。

在新墨西哥州圣菲研究所，生物学家、经济学家、股票市场分析师一起探讨有关市场行为的新理论。从数学角度看，用来解释金融政策发展演变的模型，与生物学家使用的模型是类似的。生物学家也会用到相似的模型计算捕猎系统、竞争系统，以及共生系统中的生物种群数量变化。

3）模型复用

查理·芒格说：“商界中有一个非常古老的准则，分成两步。第一步，找到一个最基本的简单道理；第二步，严格地按照这个道理去行事。”这个“最基本的简单道理”就是从理论和经验中提取的模型。在财务决策中，可以采用的模型主要分为两大类：

第一类是根据数理分析和经验研究构建的模型，例如，投资组合模型、资本资产定价模型、资本结构模型、期权定价模型、Z-Score模型等。采用这类模型解决问题可追溯到财务学科的基础理论，模型具有较强的逻辑性。

第二类是认知工具箱。它给出可复用的工具模板，这些模板更具规律性和框架性，使常见问题的解决方案简单化、标准化、流程化。在商业世界里，已被验证有效的工具模板或模型主要有：

战略分析工具模板：SWOT分析（优势、劣势、机会、威胁）、PESTLE分析（政治、经济、社会文化、技术、环境）、波特五力模型、波士顿矩阵、商业模式画布、财务战略矩阵、价值成长型矩阵等。

财务分析、业绩评价工具模板：杜邦财务分析体系、平衡计分卡、KPI（关键业绩指标）、OKR（目标与关键成果法）等。

思维能力工具模板：金字塔原理、MECE法则（相互独立、完全穷尽的归类方法）、5W2H（What，When，Who，Why，Where，How，How Much）、SCQA（情景、冲突、疑问、回答）等。

项目管理工具模板：投资选择漏斗模型、麦肯锡七步成诗法、决策树法、蒙特卡洛方法等。

认知工具箱中的每一种工具都有自己的特性，能够提供一种解决现实问题的思路或框架。有了工具箱，使用者便可以从容应对各种新情况，而不必凡事从头开始。也就是说，面对新问题，使用者要做的不是重新发明轮子，而是从认知工具箱里寻找合适的工具，通过可复用的工具解决新问题。用熟悉的工具解决陌生的问题，不仅可以简化工作流程，更重要的是可以保持管理的一致性，例如采用同一模板分析不同时期的公司经营业绩和财务状况，可以更好地进行差异分析和动态分析。采用认知工具箱解决新问题，如果原有的工具不能满足要求，那么可以根据问题的底层逻辑、影响因素间相互关系或因果关系构建一个全新的管理工具。

在现代社会，一个人掌握科学模型的数量，将直接决定他的认知和行动水平。我们不能只有一个锤子，我们需要一套组合工具箱，这套思维模型工具箱能让我们更清晰地思考，更准确地决策，更有效地行动。如果只掌握一种工具，遇到不同的问题，只会用同一种方式处理，就如同一个手里拿着锤子的人，看到所有的东西都像钉子。

1.4.3 工程师思维原则

古鲁·马达范在《转向：用工程师思维解决商业难题》①一书中提出，工程师思维的核心就是模块化的系统思维，通过解构，把一个较大的系统，分解成一个个模块，然后把这些模块按照功能性重新组合（即重构）。这种思维的重点在于，找出来哪些是必须理清、解决的事，哪些是可以忽略或者舍弃的事，分析各种约束条件，测试各种方案，直到实现最终目标。

借助工程师思维解决财务问题，首先从界定问题开始，然后拆分问题，并通过一系列财务分析方法找出关键问题，发现问题、挖掘原因，最后提出解决问题的可行方案。事实上，麦肯锡“七步成诗法”的项目管理法，与古鲁·马达范提出的“用工程师思维解决商业难题”异曲同工。图1-16列示了解决财务问题的过程与方法。

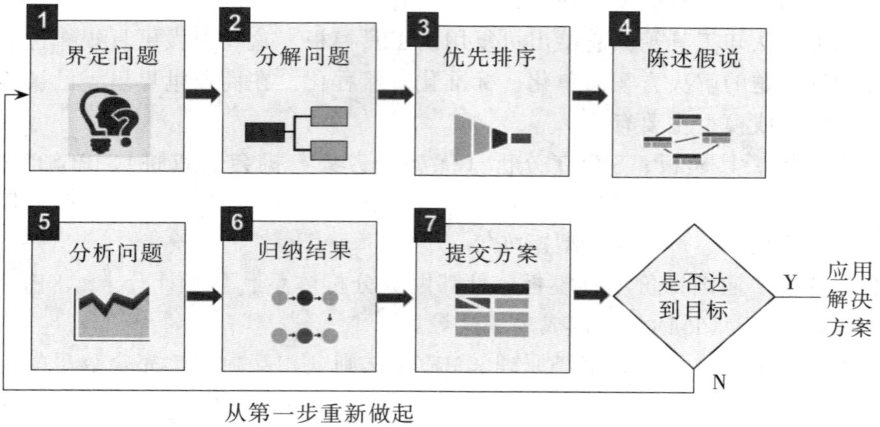

图1-16 解决问题七步成诗法

① 马达范. 转向：用工程师思维解决商业难题［M］. 凌复华，戴慧君，凌真雁，译.北京：中信出版社，2016：7.

1）界定问题

根据系统化思维，财务决策的起点是界定问题，终点是提出解决问题方案。“问题”就是必须被解决的议题，例如，如何提高销售毛利率？如何降低产品成本等。问题的本质是期望与现实的落差，通常落差分为两种：一是过去业绩的落差，例如，公司年末实际收入与年初计划收入的差额。二是未来增长机会的落差，由于新市场、新技术的出现，给公司带来了更多的增长机会，但公司现有业务模式或资源不能满足未来新业务模式或资源需求，这之间的差距称为机会落差。需要说明的是，落差不只是收入、成本、利润、投资收益率、资产负债率等财务表现，市场份额、销量、客户满意度等市场表现，以及产品创新能力、质量事故、客户响应速度等内部运营能力都有可能成为落差。

界定的问题主要回答：待解决的问题是什么？谁是“问题”的利益相关者？谁是决策者或执行者？决策者需求或关切的重点是什么？解决这一问题是否存在特殊限制？决策者会以什么样的标准来评价问题解决的成败？

当界定问题时，许多显而易见的问题往往不能透露出任何重要的线索，例如，公司利润降低，表面上看是生产成本过高的问题，于是大力削减成本，但实际问题可能出在工程设计或销售规划不佳。又如机器漏洞，表面上看是机器零件质量低，实际问题却可能缘于采购部门绩效评价的设计问题等。

要找到关键问题，需要时刻反问：“如果……会怎样？”“为什么？”“为什么不？”“是否遗漏了什么？”或根据丰田5Why分析法，也就是对一个问题点连续发问五个“为什么”，追究其根本原因，寻找真正的问题。

界定问题是一个往复循环的过程，一个良好的问题要符合SMART原则：Specific（具体而不空泛）、Measurable（可以衡量的，研究变量之间的关系）、Attainable（可实现的，资源/数据、方法、自身能力）、Relevant（相关的，与管理领域/或社会更广泛相关）、Time-out Band（有时限性的）。

2）分解问题

分解问题就是将界定的问题层层分解为有内在逻辑关系的一系列的小问题，以便寻找解决问题的关键因素。

假设要解决的问题是“将净资产收益率提高X%”，这一问题有多种分解方式，根据杜邦财务分析公式，至少可以列出三个子问题：销售净利率、总资产收益率、权益乘数。这三个子问题都是针对净资产收益率这个大问题提出的解决方案：即提高盈利能力（销售净利率）、提高营运能力（加速资产周转）、合理利用财务杠杆（权益乘数）。这三个方案之间具有并列的逻辑关系，在此基础上还可进一步分解。在图1-17中，首先根据净资产收益率公式进行第一层分解，然后根据影响因素进行第二层分解，第三层分解……例如，对于电商来说，在销售量项下，可以进一步分解为提高自营平台高收入的商品品类、增加第三方商家的数量、提高云服务、会员制等。

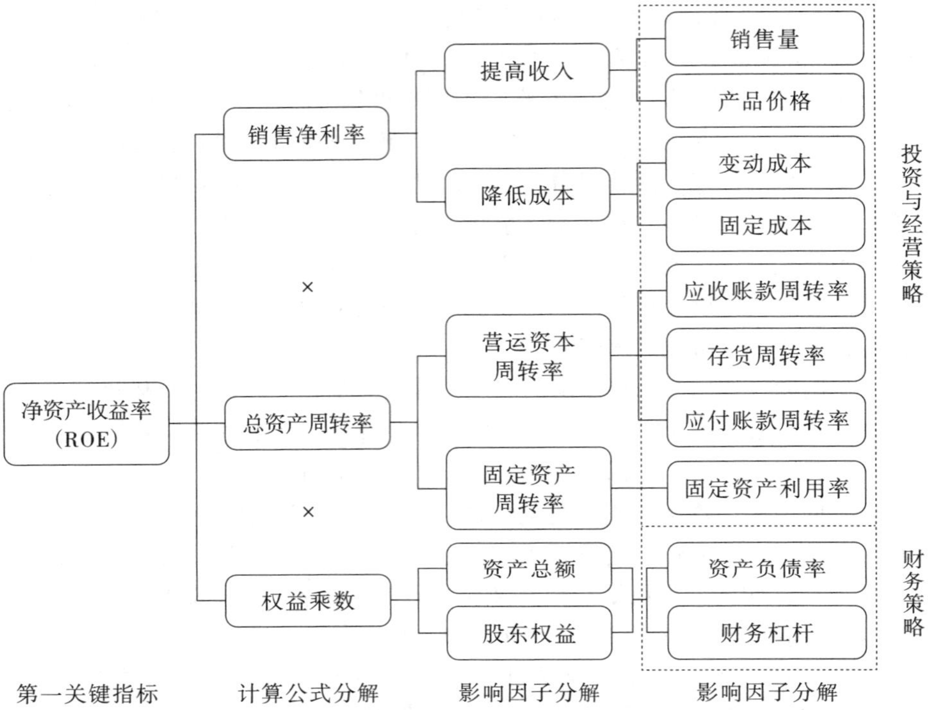

图1-17　陈述型逻辑树分解问题

分解问题的方法很多，图1-17是采用陈述型逻辑树方法进行问题分解。构建逻辑树通常是遵循MECE原则（Mutually Exclusive Collectively Exhaustive），直译为“相互独立，完全穷尽”。这一原则要求对所要解决的问题进行分类，要做到不重叠、不遗漏。MECE原则有助于管理者对问题或解决方案进行排序、分析，并从中找到令人满意的解决方案。

根据陈述型逻辑树，把大的问题分成小的部分，每个小部分都影响整体。当问题分解得足够细时，原问题就转化为一系列“是”“否”的新问题。当答案明确在“是”或“否”以后，陈述型的问题又能重新开始循环。在图1-18中，定位到“资产负债率”这个问题后，采用“是”“否”提问型逻辑树分解问题。这时新的问题就是：如果资产负债率偏离目标负债率，那么应该如何调整资产负债率？

运用逻辑树分析法，可以避免信息上的重叠和工作中的重复。逻辑树中的每一项都遵循了麦肯锡的MECE法则，相互独立，完全穷尽。逻辑树的每一条分枝都有其独特性，没有哪两条分枝之间既有所属关系，又有并列关系。这就使得逻辑树中的每一条信息都是清晰的，不会出现逻辑混乱的情况，就使得在解决问题的过程中遇到的任何情况都有其相应的解决方案。

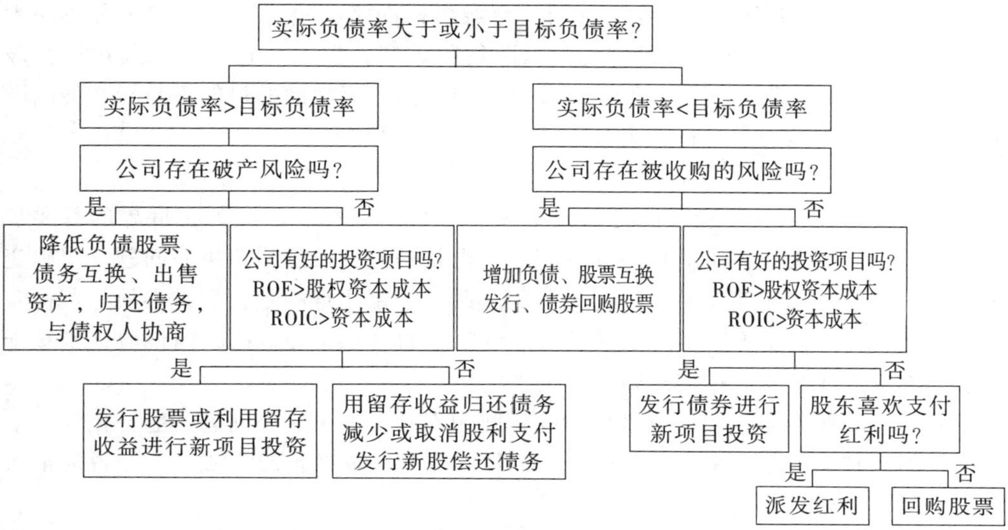

图1-18 提问类逻辑树分解问题

3）优先排序

由于资源限制，在问题分解的基础上，还要遵循“20/80”原则，按照重要性进行排序，将一些不太重要的问题舍弃，即找到那些数量上只占20%，而影响力却占80%的重点问题。将精力集中在最重要的问题上，掌握整个问题的关键，找出最适合的解决问题的方法。注意：问题界定中要侧重关键问题，不要试图解决所有的问题。

2008年，作为《问题资产救助计划》的一部分，美国联邦储备银行提供了1 820亿美元的金融救助款，拯救跨国保险公司美国国际集团（AIG），而放弃了雷曼兄弟公司，任其破产。为什么？图1-19是国际货币基金组织给出的一个金融机构网络模型。在这里，节点（圆圈）代表金融机构，边代表这些金融机构持有资产价值之间的相互关系。连接的黑色和宽度代表相关性的强度，更深和更粗的线条意味着更多的相关性。

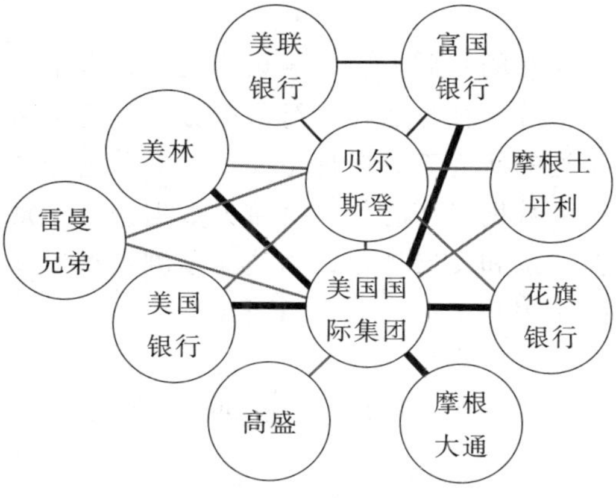

图1-19 金融机构的网络模型

从图1-19可以发现，雷曼兄弟处于金融机构网络的边缘区，美国国际集团则占据了中心位置。这意味着如果美国国际集团破产，那么与它相关的公司也会破产，从而很可能会引发一连串的破产。这表明美国政府救助的目的不是拯救美国国际集团本身，而是为了支持整个金融体系。[①]

4）陈述假设

假设是对现实世界进行简化，是描述、分析、解释、预测现实世界的首要步骤。假设是对变量间关系的猜测性的陈述，也就是说，根据拟解决的问题，明确变量之间的关系，如相等关系、正的或负的关系。需要注意的是：假设必须是可检验的（Testable）；假设所涉及的变量必须是可度量的（Measurable）；假说应该是基于特定的理论，或基于严谨的逻辑演绎的。

假说与问题不同，假说可直接检验，问题不能；如果一个问题不能转化为一个假说，那么它就不是一个有价值的经验问题。问题不需要理论基础，但假说通常需要基于某种理论。

如果界定的问题是：公司应该如何提高在行业中的地位？这是一个与竞争战略有关的问题，其代表性理论主要有两种：市场定位理论和资源基础理论。市场定位理论是从客户需要出发，通过对现有产品进行创造性试验，在客户心中建立一个新品类，然后成为这个品类的第一。资源基础理论认为公司的竞争优势主要来源于其异质性资源，主要指有价值（Valuable）、稀缺（Rare）、难以模仿（Difficult-to-Imitate）、不可取代（Non-Substituable）。满足越多则越有可能实现竞争优势。这四项条件全部满足，才可能实现持续的竞争优势。针对提高公司行业地位这个不确定性问题，公司选择哪种理论进行假设，决定了公司考虑解决方案时更重视哪些随机现象、选择什么变量和模型、制订什么样的解决方案等。

但有的研究假设没有理论基础，如盈余的时间序列特征、破产预测，这些研究一般具有数据挖掘性质，其结论可能依赖所选的样本和数据，从而缺少稳健性和一般性。

5）分析问题

在界定问题、分解问题的基础上，以假设为前提，以事实为依据，采用相关分析、回归分析、决策分析等各种方法，进行数据分析、论证和建模。基于不同的问题，也可以采用一些常见的研究工具或理论模型，如前述的“认知工具箱”中的工具或模型等。此外，在大数据经济时代，利用大数据挖掘隐藏在数据背后的变量关系，发现变量间的内在关系和发展规律，为建立预测模型、预警经济、分析政策影响起到了越来越重要的作用。

6）归纳结果

在界定问题、分解问题、形成假说、分析问题、构建模型的基础上，用这个模

---

① 佩奇. 模型思维［M］. 贾拥民，译. 杭州：浙江人民出版社，2019：12.

型做出一个预测、用实验来验证预测是否成真、分析你得到的结果。以便挖掘数据背后的关联和因果关系，发现潜在的洞察和机会。对数据分析结果是否有效的检验主要有四个方面：（1）经济学检验，即参数物符号和大致取值；（2）统计学检验，即拟合优度检验、模型的显著性检验、参数的显著性检验；（3）计量经济学检验，即序列相关性、异方差检验、多重共线性检验；（4）模型的预测检验，即扩大样本容量或变换样本重新估计模型、利用模型对样本期以外的某一期进行预测。

在此基础上，分析人员将数据分析的结果归纳成一个主要的结论或观点。当检验结果并归纳结论时，分析人员应基于原始数据库，并结合问题拆解、重要议题分析的成果，集思广益，从而归纳成主要观点。主要观点应当有论据支持，明确而具体。需要注意的是，归纳观点，不是概括观点。概括侧重对事实的浓缩及重复，而归纳侧重事实与研究成果说明了什么。

最后采用表和图两种形式呈现结果。当用表格呈现数据时，需要提供备查表和演示表，前者包含大量的数据，可供查看某个部分的具体数据；后者是一种概括性的表格，旨在显示不同子数据集之间的差异（或无差异）。此外，还可以使用图表来展示数据。图表的类型有很多种，可根据需要采用折线图、柱状图、条形图等不同的图呈现研究结果。

7）选择方案

分析人员选择决策模型时要注意区分“精确”和“准确”的差异：一个模型的精确度，可通过对于同一组输入数据该模型每次得到的预测结果之间的接近程度来衡量；而一个模型的准确度，则是通过比较模型结果与实际数字之间的接近程度来衡量的。在数据分析中，创建准确但不精确的模型比精确但不准确的模型更重要。这是因为大多数决策的基础都是不完整的信息，原因可能是无法获得所需要的信息，或要掌握完整信息需要花费太多的时间和太高的成本。数据分析最大的问题是用粗糙不足的数据，制定精确的决策。特别是当数据分析在被用于对未来进行预测时，决策者产生误判的风险很高。在决策方案选择中，决策者必须知道哪些是迫于信息不足而做的推测，哪些信息是已知，哪些信息是未知，从而制订出各种可行的替代方案，这是决策的不变原则。

面对不同情境下解决问题的替代方案，决策者选择方案时，还要注意各方案的风险、精力、时机、资源（执行人）等因素。比较每种方案的预期收益和风险；比较每种方案投入精力与所达到的经济效益；比较每种方案的紧急性与重要性；比较每种方案执行人的能力。这里的比较包括两个方面：一是比较实施方案与不实施方案的效果，即实施方案在多大程度上改善了现状；二是比较实施方案与预期目标的结果，即每种方案是否达到了目标要求。

以上七个步骤，从界定问题到解决方案提交，一环扣一环，层层叠进；如果结果不理想，就需要从第一步重新做起，直到问题圆满解决。在此基础上，将解决方案应用到解决“问题”的业务中。

在这七个步骤中，界定问题是起点，解决问题是终点。事实上，好答案一直在等着好问题，提出好问题是解决问题的关键。德鲁克认为“管理决策中最常见的错误来源，就是强调发现正确的答案而非正确的问题”[①]。问题界定错了，就好像面对一个财务数据失真的报表，即使财务比率的计算是正确的，正确的计算也不可能得出正确的答案。

【课堂拓展】　　跟着NASA学决策[②]

成立于1958年的美国国家航空航天局（NASA），承担的项目都是对世界科技创新的前沿探索，如“阿波罗”登月计划、哈勃空间望远镜项目、“勇气号”火星车、詹姆斯·韦布空间望远镜等。对充满不确定性的未知领域，NASA解决这些未知问题的最核心方法就是决策树法。

现以NASA向火星发射海盗号着陆器为例，简单说明决策树法的基本思路。

1975年，NASA准备向火星发射海盗号着陆器。当时，苏联跟美国达成协议，海盗号造成微生物污染的概率，必须控制在万分之一以内，否则这项计划就不能开展。

NASA评估海盗号着陆器微生物污染的概率，主要分为三个阶段：分解流程、情景分析、概率分析，如图1-20所示。

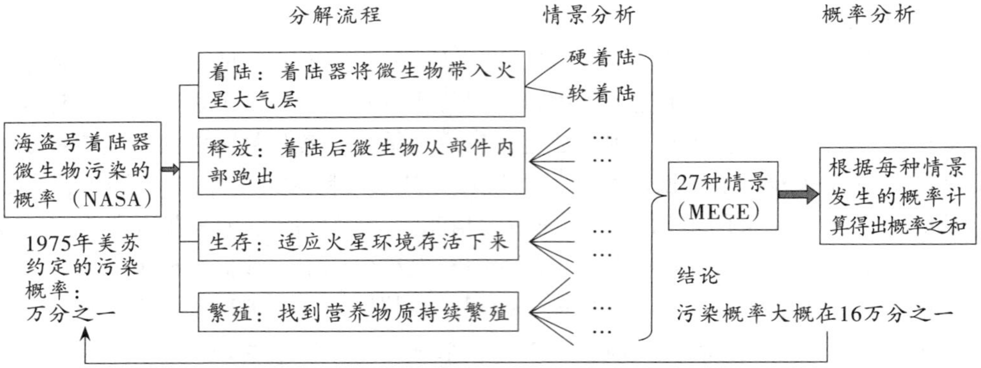

图1-20　海盗号着陆器微生物污染的概率

第一阶段：分解流程。利用假设分解流程，即把大流程分解一个个小流程。NASA根据污染发生的过程，设想微生物污染火星需要四步：着陆、释放、生存、繁殖。

着陆：登陆火星的着陆器被制造时就附着微生物，然后跟着陆器飞进火星大气层。

释放：着陆器到达火星之后，微生物就会从着陆器释放出来。由于微生物主要集中在每个部件的内部，即使给着陆器表面灭菌，也不可能把每个部件内部的微生

① 德鲁克．管理的实践［M］．齐若兰，译．北京：机械工业出版社，2009．

② 中村慎吾．高胜算决策：向绝不容出错、极会管理风险的NASA学决策［M］．谷文诗，译．南昌：江西人民出版社，2019．

物杀干净，微生物还会从部件内部跑出来污染火星。

生存：微生物到达水源的过程，以及不被强烈的紫外线消灭。

繁殖：微生物必须在火星找到营养物质，并且完成持续的繁殖，才能真正对火星造成污染。

第二阶段：情景分析。情景分析需要尽可能列出每一个流程可能出现的情景。情景分析要遵循MECE原则，每种情景相互独立、不重叠、不遗漏。例如，在着陆这个步骤里存在两种情景：一是硬着陆，也就是直接撞向火星地表；二是软着陆，也就是缓缓降落。这两种着陆方式彼此独立，不可能同时发生；而且着陆只有这两种方式，它穷尽了所有可能。

在每一个流程，不仅要列出所有可能发生的情景，而且要沿着这些情景，进一步延伸新的场景，如果是硬着陆，且着陆器直接撞向火星表面，外壳很可能破损。这时，假如破损的部件直接插进火星的土壤里，微生物就躲过了紫外线，它存活下来的概率就会提高。如果是软着陆，着陆器外壳完好无损，微生物被困在内部，不会马上释放出来。当然风沙也可能对外壳造成腐蚀。即使着陆器外壳遭到腐蚀，因为着陆器停留在火星的地表上，微生物也会被直接释放到火星的大气中，在强烈的紫外线照射下，它活下来的概率就很小。

第三阶段：计算概率。微生物从着陆到繁殖，在这个完整的流程中，NASA列出了27种情景，也就是有27根树杈。在每一种情景中，微生物造成污染的概率都不一样。虽然这个完整的流程没法测算，但是，每种具体的情景都可以通过现有的工具计算出来。例如，如果着陆器发生硬着陆，撞向火星地表，着陆器严重破损的概率是多少？微生物死亡的概率是多少？每一单独的情景数据，NASA可以委托波音公司，在飞机的撞击试验中顺便获取。同样，其他情景数据也可以从其他公司获取，或者直接找专家计算。最后，将27种情景数据的概率相加，得出了微生物造成污染的总体概率大约为16万分之一，远低于美国和苏联约定的万分之一的标准。

在充满不确定性的未知领域中，我们可以借鉴NASA的决策方法，把一个不可能解决的大问题，拆解成一个个可以计算概率的小问题，从不确定性中寻找相对确定性，使不可能变成可能。

1.4.4　利益相关原则

与公司价值最大化的目标不同，利益相关者倡导者认为，公司进行决策时，不仅要考虑股东的利益，还要平衡公司利益相关者的利益，以实现公司长期可持续发展。

1）利益相关者概念

利益相关者（Stakeholder）概念来源于“股东”、“股票持有人”、“股份持有人”或“利益攸关者”。这一概念第一次出现在1963年在美国斯坦福研究中心的一个项目研究报告中。弗里曼（Freeman，1984）提出了一个被广泛接受的定义：利益相关者是能够影响组织行为、决策、政策、活动或目标的人或团体，或受组织行为、决策、政策、活动或目标影响的人或团体。[①]

利益相关者分为直接利益相关者和间接利益相关者。前者主要是指股东、债权人、雇员、客户、供应商等，没有他们的连续参与，公司就不能持续生存。后者主要是指社区、政府、社会团体、新闻媒介等，他们虽然并不与公司进行交易，但客观上会影响公司或受公司的影响。

不同利益相关者从市场进入公司，目标函数各不相同。股东要利润、客户要产品，员工要就业，政府要税收，社区要环保等。各方目标不一致，不可避免地引起矛盾和冲突，解决的方式就是利益相关者各方形成一定的契约关系。这种契约关系可能是明确的，也可能是模糊的。明确的契约主要有投资关系、借贷关系、纳税关系、消费关系、合作关系、管理与被管理关系等明确可见的利益关系；模糊的契约主要有信用关系、道德关系、品牌关系等实际存在却难以量化的模糊的利益关系。这些关系共同构建了公司与利益相关者的互动机制，使公司与利益相关者成为相互影响、相互依存的契约共同体。

2）利益相关者与公司目标

利益相关者概念从产生之日起，就与公司目标密切相关。主流公司理论认为股东作为公司所有者，对公司收入的索取权是一种剩余索取权。在公司持续经营的前提下，这种索取收入的权利仅限于公司的利润；当公司被清算时，这种索取权位于其他关系人的索取权（工资、利息、税收等）之后。因此，股东成为公司风险的主要承担者。与剩余索取权相对应，股东拥有公司的控制权或管理权。在所有权与控制权两权分离的情况下，公司的所有者将公司的控制权委托给公司的管理者。作为代理人，管理者被要求对委托人（股东）在相关法律框架内负有信托责任，公司的高层管理者所做出的一切经营决策都要服从股东财富最大化这一目标，即股东的利益要优先公司其他利益相关者的利益。

20世纪60年代，全球公司普遍遇到了一系列现实问题，如公司伦理、员工纠纷与公司环境管理等问题，使“股东财富最大化”目标在理论层面和实践层面都受到了挑战。利益相关者的倡导者认为，公司不仅是一个追求利润的实体，而且是一个社会有机体。股东在追求财富最大化的同时，也可能会给社会带来负面效应，如公司为了自身利益生产各种污染环境的产品，或损害公共利益的产品等。如果这些负面效应不能以成本的方式追索到特定的公司，从短期看，虽然可能增加了股东财富，但从长期看，通过损害社会利益来增加股东财富的方式会阻止股东价值的长期可持续增长。也就是说，如果股东希望从客户、供应商、员工或社会那里获得不合理的利益，最终都将减少股东或公司的利润。从长远来看，股东财富最大化的目标意味着公平对待社会各个群体，而这些群体的经济状况与公司的经营状况和公司价值是

① FREEMAN R E.Strategic Management: A Stakeholder Approach［M］.Boston: Pitman, 1984.

密切相关的。

此外，从风险承担角度看，公司的利益相关者在公司中注入了专用性资源后，他们或是分担了一定的经营风险，或是为经营活动付出了代价。特别是在股份制下，股东只承担有限责任，股东最大损失是他们在公司的投资。这意味着股东并不是公司风险的最大承担者，其他的利益相关者也承担了一定的风险。特别是当公司发生财务危机或破产清算时，公司的债权人、员工、供应商、客户等都可能承担了一定的风险。

3）价值创造与价值分享

公司作为价值创造的经营单位，其社会资源不仅有股东、债权人提供的财务资源，而且包括人力资源、客户资源，以及其他无形资产等。公司价值创造过程也是社会资源的整合过程，如图 1–21 所示。

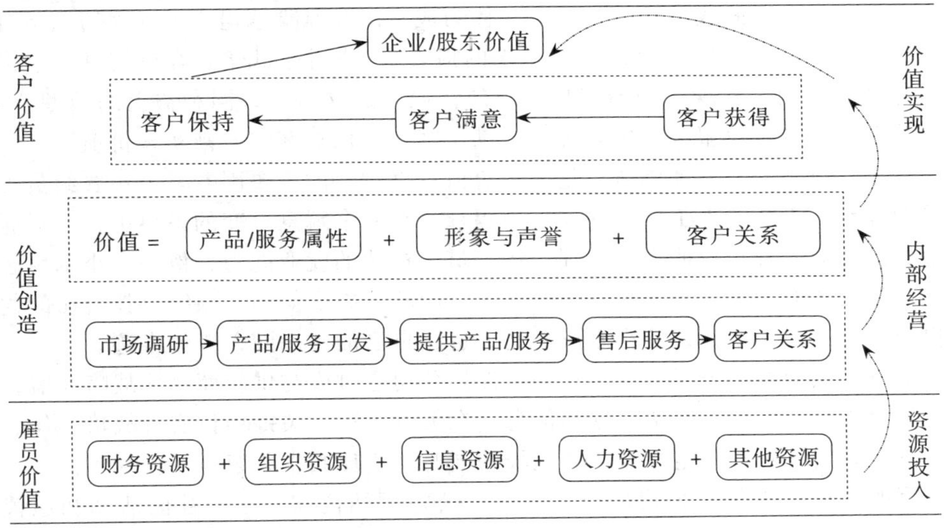

图1–21　公司/股东价值、客户价值、员工价值

在图 1–21 中，财务资源主要表现为有形资产；组织资源、信息资源和人力资源主要表现为无形资产。在无形资产中，信息资源主要有信息系统、数据库、网络资源等。组织资源是指为执行创造公司价值战略所要求的组织能力，主要包括：①文化，即执行战略所需要的使命、愿望和核心价值的意识等；②领导力，即管理者动员和领导员工实现公司目标的能力；③协调一致，即个人、团队和部门目标与战略目标的实现相结合；④团队工作及知识管理，即整个公司共享的具有战略潜力的知识。人力资源主要是指员工技能、知识和专利的有效性，这些技能、知识和专利主要用来执行对创造公司价值至关重要的内部经营。其他资源一般是指不包含在上述范围内的资源，如政府补贴、政府专项资金等。

资源投入是价值创造的第一步，通过产品/服务开发、生产、销售创造价值；通过为客户提供产品/服务实现价值；在为客户提供超过竞争对手价值的同时，也将创造的价值转化为股东/公司的价值。在图 1–21 中，公司价值或股东价值的实现来源于客户价值，客户价值来源于员工利用资源创造的价值。因此，公司与利益相关者之间实质上是特定资源、能力等属性的组合。根据系统思维，每个利益相关者都是公司系统的一个子系统，通过整合各子系统的资源、能力，实现知识、信息共享，形成更大的协同效应。或者说，公司与利益相关者在价值创造的过程中，不仅可以利用自身原有的资源和能力，而且可以根据两者的关系强度整合双方的资源，实现互补互促，从而创造比单个公司或利益相关者所能创造的更多价值。

公司创造的价值不仅要回报给股东，而且要考虑其他利益相关者的利益：

第一，公司价值实现来自客户价值。公司存在的目的就是创造客户，提供令客户满意的产品和服务，为客户创造价值。为此，公司不但要在产品属性、服务质量、价格、品牌等方面精耕细作，而且要注意影响客户支出成本的因素，设法降低客户购买成本、时间成本、精神成本、体力成本以及风险承担成本（因信息不对称导致的客户所购与所需产生差异而带来的损失）。公司通过建立客户信息共享机制和内部沟通机制，实现自身与客户的双向沟通，建立基于共同利益上的新型公司-客户关系，通过客户服务（争取客户、满足客户、保持客户）来实现价值。

第二，员工的努力和创造力是公司价值持续增长的重要因素。公司要给员工以尊严和尊重，不断改善工作条件和员工福祉。在一个瞬息万变的世界中，公司通过不断提供技能提升与技能重塑培训，培养员工持续的就业能力，例如，小米生态圈就得益于人才的汇聚。小米吸引了很多来自微软、谷歌等国际顶级科技公司的优秀工程师，员工的创造力，使小米成功地打造了自己的生态圈，屡创奇迹。

第三，供应商是公司价值创造的伙伴。公司通过应与供应商达成战略联盟，实现业务及流程一体化，共享数据和信息。在关键物料、关键项目实现战略合作、利益共享、共同应对不确定性和各种挑战的同时，实现共生共荣。

第四，社会责任是公司的应有之义。公司缴纳税款、参与社区活动和慈善捐赠、履行环境保护、改善社区环境和生态环境等。在履行社会责任的同时，也与公司所有的利益相关者分享社会和环境改善带来的益处。

综上所述，公司价值是由投资者、管理者、员工、供应商、客户等共同创造的。在经营决策中，公司不仅要分析利益相关者对公司价值的影响，考虑他们的贡献，还要制定必要的制衡机制，使每个利益相关者所分到的“蛋糕”都要与其所做出的贡献相匹配，从而使每个利益相关者都能从公司创造的价值获得收益。

4）利益相关者分析

公司利益相关者目标不同，对公司的战略或经营决策会有不同的意见，并通过各种方式影响公司的决策以便获得更多的利益，例如，公司希望提高增长率、扩大市场占有率和公司知名度，以谋求长远的发展。但这可能会牺牲短期收益、减少现金流等，可能会引起一些债权人的不满。又如，公司试图通过AI投资降本增效，这意味着可能会减少工作机会，使雇员面临失业的威胁，这一策略可能会遭到雇员的反对。公司在进行战略决策前，必须分析不同利益相关者的期望，从而判断每个利益相关者对公司战略或经营决策的态度（支持或反对等），明确利益相关者在公司战略中的地位或位置。

公司对利益相关者进行分析，首先要列出所有利益相关者的名单，图1-22将利益相关者分为内部利益相关者及外部利益相关者。当讨论谁是公司的利益相关者时，分析人员要尽可能全面列出所有的利益相关者。需要注意的是，当分析某个项目的利益相关者时，分析人员应该列出具体的组织名称，而不是像图1-22那样模糊的范畴，如供应商、竞争对手等都应该给出具体的公司名称等。

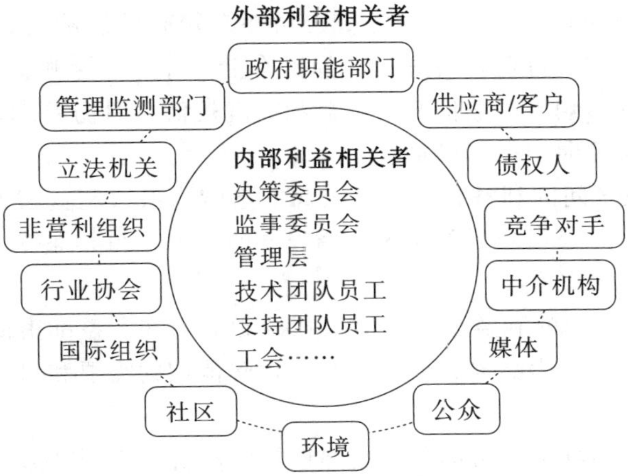

图1-22　公司利益相关者图

明确谁是公司的利益相关者后，分析每个利益相关者对公司价值的贡献和影响力（包括积极的和负面的影响）。常用的分析工具是“权力/利益矩阵”，用于确定利益相关者在公司关系中的地位或位置。这一矩阵从利益相关者的权力（Power/Influence）和利益（Interest）两个维度对利益相关者进行分类，以便识别不同利益相关者对公司决策的重要程度，为公司平衡利益相关者的利益需求提供参考。权力/利益矩阵如图1-23所示。

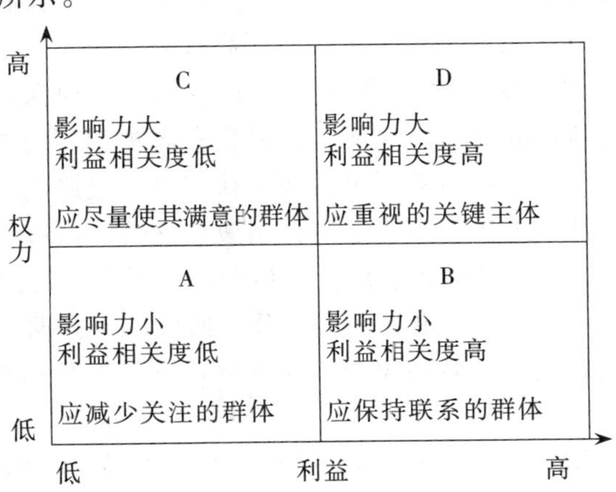

图1-23　权力/利益矩阵

在图1-23中，权力代表相关者对公司实现决策目标的影响力，收益代表利益相关者从公司中获得的利益水平。权力/利益矩阵说明如下：

D区：落入该区间的利益相者对公司有着高度的影响力和利益，通常是公司最重要的利益相关者。他们对公司的行为非常关注，且有能力对公司的决策产生重大影响，如大股东或控股股东、主要客户、掌握公司关键资源的个人或群体等。对这类利益相关者需要高度关注，不仅应保持长期紧密的关系，而且应该且必须满足这些利益相关者的需求。

C区：落入该区间的利益相关者对公司拥有较高的影响力，但利益相关度较低，如政府监管机构、行业协会等。这些相关者会对公司的规范、政策和社会责任等问题产生较大的影响。虽然他们的利益相关度较低，但仍需建立良好的关系，以确保其对公司的合理期望得到满足。

B区：落入该区间的利益相关者对公司的影响力低，利益相关度高，例如一些小客户，消费者等。公司需要关注这些相关者的需求，与其保持一定的联系，以发展成长期的合作伙伴关系。

A区：落入该区间的利益相关者对公司的影响力和利益都很低。这些相关者对公司的工作没有太大的影响力，但仍有必要理解他们的需要和口碑，以维护公司的形象和声誉。

使用这种分析矩阵可以帮助公司更好地了解和管理不同类型的利益相关者，了解每个利益相关者在公司中的权力和利益，以及他们可能采取的行动来支持或干扰决策，为平均利益相关者关系提供依据。

以公司发行股票上市（IPO）为例，IPO是一个复杂的过程，涉及的利益相关者主要有：公司大股东或控股股东、高管层、证券监管机构和上市监管机构、证券交易所、投资银行、律师事务所、会计师事务所、资产评估所、私募投资者、公众投资者等。这些利益相关者的作用和目的各不相同。

对公司来说，通过IPO，筹集大量资金以支持其业务增长和扩张计划，同时也给公司的大股东和高管（股票期权等）获得更高收益的机会。市场监管部门（如证监会）主要负责监管和审核在IPO过程中各方的行为，从而保护投资者的权益。证券交易所是公司股票流通和交易的场所，也是投资者进行买卖的平台。投资银行主要担任保荐人和承销商；律师事务所出具法律认定书，规避法律风险；会计师主要承担审计责任；资产评估师主要进行上市公司股票估值。这些中介机构帮助公司顺利完成IPO，并获得相应的佣金和手续费。私营股权投资者通过上市获得收益后退出公司。公众投资者可以在IPO过程中购买公司的股票，并期望通过资本增值或红利分配获得收益。除此之外，新闻媒介、投资分析师等对公司的IPO进程都有一定的作用。

根据权力/利益矩阵，描述公司IPO过程中的主要利益相关者的地位或位置，如图1-24所示，图中的大股东、高管层和私募股权投资者都表现为较高的权力和利益；证券监管机构、证券交易所、中介机构等具有较高的权力，相对较低的利益；公众投资者的权力较低，利益相对较高。当然，图1-24的描述很简单，而实际情况可能会有偏差。

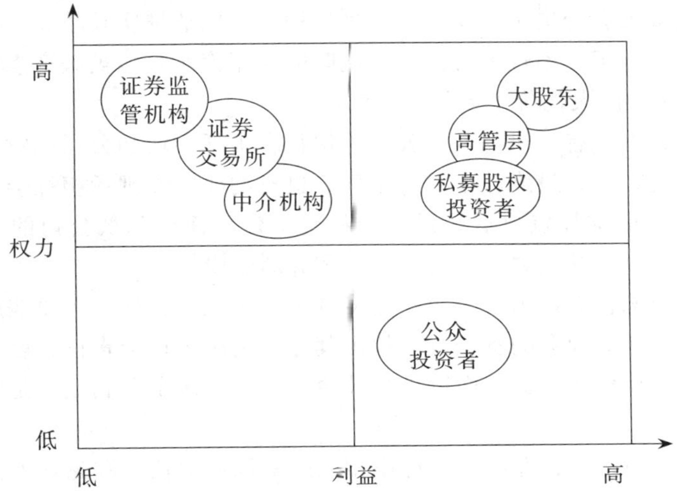

图1-24 公司IPO中的主要利益相关者：权利/利益矩阵

在权力/利益矩阵中处于左上方的利益相关者，权力大、利益小，当权力和利益不匹配时，公司要十分重视这类利益相关者。实行注册制后，证监会作为监管机构对发行公司依法提供的申报文件的全面性、准确性、真实性和及时性进行审查，对公司能否发行股票具有重要的影响力。

假设公司期望推进一个内部项目，处于权力/利益矩阵左上方的是公司的“风控”部门，这个部门对项目批准具有极大的影响力，但它的利益很小。那么，与风控部门沟通就非常重要。

5）利益相关者的不同观点

利益相关者理论认为公司属于所有的利益相关者，公司做决策时，要考虑利益相关者的利益，并承担更多的社会责任。但是，这一理论的主要问题是利益相关者的界定过于宽泛、缺少操作性。从涉及的十几种利益相关者来看，孰轻孰重，不得而知。到目前为止，还没找到一种理论和方法能够定量地衡量众多利益相关者的权重。

此外，处于权力/利益矩阵右上方的利益相关者，有可能利用其高决策权限损害其他利益相关者的利益。一些研究表明，当代表员工利益相关者的工会的力量明显非常强势时，管理层会重视劳资关系的和谐与平衡。但是，在这样的公司中会出现对于客户利益相关者的服务水平下降，以至于忽略了公司收益的情况。因此，外部投资者一般不会给那些员工利益相关者非常强势的公司提供资金支持。

一些商业评论者认为，公司对利益相关者承担了过多的社会责任，有可能导致公司走向衰落甚至破产。2009年通用汽车申请破产保护，其中原因之一是通用汽车曾经想把一些工厂搬到墨西哥和位于东亚的国家，以降低劳动成本。但美国汽车行业和工会，用一场大罢工迫使管理层改变主意。另外，通用削减员工福利的计划也一直不断地被工会否决，直到最后看到通用汽车的业绩实在较差，工会才有条件地接受了一部分方案。不过为时已晚，此时的通用汽车只能被破产重组，政府不得不花600亿美元的巨大代价来拯救通用汽车。

从实证研究看，有的研究发现公司承担社会责任会增加公司的财务绩效，或者说，对利益相关者好，最终就是对股东好。也有的研究发现承担社会责任不是越多越好，到了一定的临界点以后，过多的社会责任反而会降低公司的财务绩效，因此，社会责任和财务绩效之间的关系是个倒U形曲线。

管理学大师德鲁克认为，公司不能将盈利作为唯一目标，还要兼顾对环境、对员工、对消费者和对社会的责任。但超出其能力范围的社会责任，就会减弱或损害公司的经营业绩和价值创造。而以承担社会责任为名来牟取利益，是对社会最大的不负责任。

根据德鲁克的思想，经济学家许小年在中欧社会责任主题论坛上提出了三层社会责任观：

第一，公司存在的目的是创造客户，即公司应以尽可能低的成本为公众提供产品和服务。如果做不到这一点，公司无论承担多少社会责任，都是不负责任的公司。

第二，为员工创造收入和个人发展空间。一些优秀的公司，如华为和阿里巴巴，在对使命价值观的设定上，其实大同小异。华为的公司价值观是，以客户为中心，以奋斗者为本，长期坚持艰苦奋斗。阿里巴巴则提出，客户第一，员工第二，股东第三。两家公司都在强调客户和员工。这并不是说利润不重要，利润是公司履行社会责任的结果，是对经营效率的衡量，而非公司的使命。

第三，积极参与社区的建设。当公司和社会发生关联时，管理层应该考虑和承担责任。当第三层社会责任与公司的经营业绩发生矛盾时，如生产过程中产生污染问题，根据德鲁克的观点，最好的方法就是把问题的解决方案变成一门新的公司业务，如把污染解决方案变成环保业务。在履行社会责任中，公司除了“不作恶”的保守责任和“先赚钱后行善”的积极社会责任之外，还可以“通过行善来赚钱”，在解决社会问题的同时也创造了一个商业机会。

总之，公司价值创造是履行社会责任的基础，与其强调如何分割公司价值，满足利益相关者的需求，不如做大公司价值，使与公司接触的每个利益相关者都能分享公司价值增值的好处。

本章小结

1. 财务管理是从资源到价值的转化，实现目标的行为。财务决策主要有投资决策、融资决策和股利分配决策。财务决策的工具主要有财务分析与预测、现值、风险、杠杆、期权。

2. 系统主要有三个要件：要素、连接、功能或目标。在财务决策系统中，系统的要素主要是指投资决策、融资决策、股利决策；系统中的各种要素通过财务模型或决策工具连接，各决策系统既相对独立又相互作用；财务决策的目标是为公司创造增量价值。

3. 运用系统思维方式看待和分析问题及其成因，主要注意三个方面：一是系统总体大于部分之和；二是注重探求驱动系统变化背后的“因果关系”；三是某一部分最优对整体不一定有利。

4. 学会和掌握大概率思维，需要尽量多地收集历史数据，从变化的数据中发现相对不变的规律；利用概率工具处理和分析数据；充分利用优势，把大概率思维转化为行动的关键节点，看淡短期波动，坚持长期视角。

5. 杠杆思维是指利用现有资源或能力，找到推动事情发展的高效率因素，并将此运用到关键节点，用小成本撬动大资源。常用的杠杆有：资本、影响力、人脉资源、时间等。

6. 杠铃思维是一种将注意力集中在两个截然不同的事物上的思考方式，根据杠铃策略确定的投资组合，等于极度安全的资产加上高风险高收益的资产，其目的是利用不确定性获利。

7. 数据化原则是以数据驱动的决策方式，是指通过数据采集、相关分析、回归分析、决策分析、数据建模等工具，发现问题、挖掘原因，建立模型，将模型转化为科学决策的依据。

8. 在现代社会，一个人掌握科学模型的数量，将直接决定他的认知和行动水平。我们不能只有一个锤子，我们需要一套组合工具箱，这套思维模型工具箱能让我们更清晰地思考，采用多模型进行更可靠的决策，更有效地行动。

9. 采用工程师思维解决财务问题，通常是从问题描述开始，进行问题分解、陈述假设、数据分析与建模、检验结果、归纳结论等，以便发现问题、挖掘原因，提出解决问题的可行方案。

10. 公司在进行战略决策前，必须分析不同利益相关者的期望，判断每个利益相关者对公司战略或经营决策的态度（支持或反对等），明确利益相关者在公司战略中的地位或位置，平衡公司利益相关者的利益，从而实现公司的长期可持续发展。

讨论题

1. 管理学大师德鲁克在讨论目标管理时，讲述了一个史上最短的管理案例：有人问三个石匠在做什么，第一个石匠说：“我在谋生。”第二个石匠一边打石头一边说：“我在做全国最好的雕石工作。”第三个石匠抬起头，带着憧憬的目光回答说：“我在建造一座大教堂。”如果你是管理者，请问哪一个石匠最让你放心？哪一个石匠最让你担心？请用系统思

讨论题指引

维解释你的观点。[①]（注意：这个案例隐含的假设是三个石匠是在建一座教堂）

讨论题指引

2.在股神巴菲特的办公室里，贴着一张美国棒球手的海报。海报上的人是对巴菲特投资理念影响极大的一个人——波士顿红袜队的击球手泰德·威廉斯。他是世界上最伟大的100名运动员之一，排名第八。人们不解的是，为什么大名鼎鼎的投资界大佬，却要悬挂一位与自己的领域毫不相关的人物的海报？

原来，泰德·威廉斯在一本棒球专著《击打的科学》里，提出了自己成功的关键点：只击打甜蜜区的球。泰德·威廉斯的成功秘诀，收获了巴菲特的青睐，巴菲特说："我从他的身上学到了专注于自己的甜蜜区。"[②]

从这个案例中你学到了什么？巴菲特的甜蜜区什么？你的甜蜜区是什么？如何找到你的甜蜜区，并不断投入资源，创造更高的价值。

讨论题指引

3.硅谷的天使投资人纳瓦尔在《纳瓦尔宝典》一书中指出，在今天的世界里，存在一个新的影响力和财富杠杆，那就是"复制边际成本为零的产品"。[③]例如，在网络这个基于代码的杠杆面前，你只需要一台计算机，自己编程、录播客、拍视频、写东西，就可以直接连接到受众，零成本地复制、传播内容产品，获取可以无限放大的收益。利用杠杆思维学习、工作是获得财富（知识、金钱）是最大的杠杆。请根据杠杆思维说明如何找到自己的杠杆，为自己的成长加杠杆。

讨论题指引

4.你可能听过一则故事：一个统计学家要穿过一条河流，在过河之前，他仔细地阅读了这条河的相关统计资料，发现它的平均深度只有3英尺。于是，这个统计学家就开始放心地涉水过河了。结果，他被淹死在了这条河里。

在日常生活中，以平均值，如平均客户需求、平均生产周期、平均利润等为基础制订的计划往往和实际情况相差甚远，从而出现达不到预期目标、落后于预定的计划甚至超出预算等情况。假设公司市场部预测明年芯片市场的需求量为8万件到12万件，这个数据的平均值是10万件，这是一个危险的数据。假设以市场需求的平均值生产10万件芯片，预期利润为1 000万美元。如果市场需求是唯一的不确定性因素，而且10万个芯片是正确的平均需求（即预期需求），那么，公司能够获得1 000万美元的平均利润吗？[④]

① 德鲁克. 管理：使命、责任、实务（实务篇）[M]. 北京：机械工业出版社，2009：9.
马利克.公司策略与公司治理：如何进行自我管理（珍藏版）[M]. 朱健敏，解军，译. 北京：机械工业出版社有限公司，2013：4.
刘澜. 刘澜极简管理学 [M]. 北京：机械工业出版社，2022：12.

② 佚名. 赚大钱的逻辑：只打那些"甜蜜区"的球！[EB/OL]. [2021-05-30]. https：//finance.sina.com.cn/money/future/fmnews/2021-05-30/doc-ikmyaawc8350215.shtml.

③ 乔根森.纳瓦尔宝典：财富与幸福指南 [M]. 赵灿，译. 北京：中信出版社，2022：4.

④ 萨维奇. 被平均的风险：如何应对未来的不确定性 [M]. 刘伟，译. 北京：中信出版社，2009：4.

5. 2019年8月19日，181家美国公司首席执行官在华盛顿召开的美国商业组织“商业圆桌会议”（Business Roundtable）上联合签署了《公司宗旨宣言书》。《宣言》重新定义了公司运营的宗旨：股东利益不再是一个公司最重要的目标，公司的首要任务是创造一个更美好的社会。包括贝佐斯、库克等在内的引领美国商业的CEO们强调，作为一个具有社会责任意识的公司，公司领导团队应该致力于达成以下的几个目标：向客户传递公司价值；通过雇佣不同群体并提供公平的待遇来投资员工；与供应商交易时遵守商业道德；积极投身社会事业；注重可持续发展，为股东创造长期价值。宣言一出，马上就引起了热烈的讨论，有的认为这是公司史上具有里程碑意义的事件，也有的说是作秀，没有实际意义。你支持哪种观点？

讨论题指引

案例分析

LTCM：华尔街的宠儿与弃儿

1994年，美国的长期资本管理公司（Long Term Capital Management，LTCM）创立，这是一家主要从事定息债务工具套利活动的对冲基金公司。LTCM的创始人是被誉为能“点石成金”的华尔街“债券套利之父”梅里韦瑟、前美联储副主席莫林斯、默顿和斯科尔斯等。其中，斯科尔斯和默顿不仅获得了1997年的诺贝尔经济学奖，更是现代金融学的奠基人。

这样一支号称“每平方英寸智商密度高于地球上任何其他地方”的梦之队，集结数学、金融、政客、交易员等诸多精英于一体，在成立之初就毫不费力地融资了12.5亿美元。它在1994—1997年，每年的收益率平均超过40%，以异常优秀的成绩震撼了整个华尔街，但在1998年突然溃败清盘。

LTCM获利有两大法宝：数学模型和杠杆对冲交易。在LTCM公司，所有的市场数据都被收入计算机数学模型之中，通过精确计算控制风险，一旦市场存在错误定价，他们就可以建立起庞大的债券及衍生产品的投资组合，进行套利投机活动。

套利是建立在对冲操作上的。对冲，就是在交易和投资过程中，同时进行两笔行情相关、方向相反、数量相当、盈亏相抵的交易，用一定的成本去“冲掉”风险，来获取风险较低或无风险利润。LTCM主要是寻找相对于其他证券价格错配的证券，做多低价的，沽空高价的，并通过加杠杆的方式将小利润变成大收益。

在LTCM的操作中，斯科尔斯他们始终遵循“市场中性”原则，即不从事任何单方面交易，仅以寻找套利空间为主，再通过对冲机制规避风险，使市场风险最小化。借助于数学模型（期权定价模型），以梅里韦瑟为首的“梦幻组合”也成了金融舞台上最耀眼的明星。

市场从来不是完美的数学模型，风险仍然存在，它们引而不发，伺机而动。1997年，亚洲金融危机爆发，风险呼啸而至。国际石油价格下滑，俄罗斯经济不断恶化，1998年8月17日俄罗斯政府突然宣布卢布贬值，停止国债交易。投资者纷纷从亚洲市场退出，转而持有美国、德国等发达国家债券。

1998年上半年，LTCM亏损14%。1998年9月初，LTCM的资本金从年初的48亿美元掉落到23亿美元，缩水超过一半。从1998年5月俄罗斯金融风暴到9月全面溃败，资产净值下降90%，LTCM出现43亿美元的巨额亏损，仅余5亿美元，已走到破产边缘。

LTCM曾经的获利法宝，这一次却变为恶魔。LTCM在1998年俄罗斯违约带来的蝴蝶效应中结束他们的梦幻之旅。在这个惨淡的市场中，高杠杆比率要求LTCM拥有足够的现金，满足保证金需求。由于LTCM曾经笃信哪怕市场因小概率事件偏离了轨道，也会回归到正常水平，因此，LTCM没有预留足够的现金，流动性不足将它推到了悬崖边缘。

布莱克-斯科尔斯模型作为投资人的圣杯，开创了衍生工具的新时代，催生了巨大的全球金融产业。衍生工具造就了世界经济的繁荣，也带来了市场动荡，信用紧缩，导致银行体系近于崩溃，经济暴跌。

要求：

（1）LTCM曾与量子基金、老虎基金、欧米伽基金一起，被称为国际四大对冲基金的“四大天王”之一，为什么在1998年突然溃败清盘？请阅读有关图书或上网查询相关资料，针对LTCM获利的两大法宝——数学模型和杠杆对冲交易进行讨论。

（2）为什么拥有最杰出的人才、最新的数据和最佳的投资或商业模型，都不能确保获得成功？为什么根据历史数据建立的定量模型无法预测所有潜在的风险？

案例分析指引

延伸阅读文献

第2章 财务估价模型概览

学习目标

◇ 熟悉费雪分离定理和财务决策基本法则

◇ 了解资本资产定价理论的逻辑起点以及在均衡条件下的定价模型

◇ 掌握套利定价机制，明确公司价值、资本成本、投资决策之间的相互关系

◇ 理解二项式定价、期权定价模型在公司估价、风险评估、投资收益中的作用

◇ 熟悉CAPM、M-M、B-S模型之间相互影响、相互印证的内在逻辑关系

黑格尔说："不理解过去人们的思想，也就不能理解过去的历史。正是在这种意义上，历史就是思想史，一切历史都是思想史。"金融思想最初的萌芽始于Louis Bachelier（1990）的这篇博士论文"投机理论"（the Theory of Speculation），其率先采用数学工具解释股票市场的运作。数十年后，这篇关于证券市场统计研究的论文，最终被认定是标志着金融学从经济学独立出来，成为一门新学科的里程碑。① 20世纪50年代以后，随着资本市场作用的日益提高，金融理论的研究空前繁荣，出现了一群日后在金融学史上举足轻重的代表性人物。在马科维茨（Markowitz，1952）、夏普（Sharpe，1964）、米勒（Miller，1958）、法玛（Fama，1965）等学者的努力下，金融学成为半个世纪以来最活跃的一个经济学分支。这些理论成为金融学史上具有重大学术价值的历史文献，他们也先后成为诺贝尔经济学奖的得主。如果用一个术语来描述这些经典文献，研究的是资产定价。无论是Franco Modigliani和Merton H.Miller（1958）的资本结构无关论，还是Harry M.Markowitz（1952）的投资组合理论，William Sharpe，John Lintner和Jack Treynor（1964）的资本资产定

① 沈艺峰，沈洪涛. 公司财务理论主流［M］. 大连：东北财经大学出版社，2004：1.

价模型，或是Fischer Black和Myron Scholes（1973）的期权定价理论，Eugene Fama（1965）的有效市场假说，以及Eugene Fama和Kenneth French（1976）的“Fama-French三因素模型”，这些模型反映了主流金融经济学的基本走向和理论框架。更为重要的是，在理想资本市场假设条件下，这些模型关于资产风险、预期收益或公司价值等的结论具有高度的一致性。当然，这一假设条件并非现代金融经济学理论的全部，对部分假设条件的逐步放松反映了现代金融经济学的发展轨迹。特别是金融学理论与金融实践的结合革命性地改变了公司财务的理论与实务。瑞典皇家科学院（1990）在诺贝尔经济学奖的致辞中称：“Merton Miller革命性地改变了公司财务的理论与实务，将公司财务从一个松散的工作程序及规则，改变为追求股东价值最大化的精细巧妙法则。”

本章在分析财务决策基本法则的基础上，从公司财务的视角，简要介绍资本资产定价模型、M-M资本结构理论和期权定价模型的发展轨迹和研究思路，说明同一理论或学说在公司财务领域的应用，以及各种理论的内在逻辑和相互印证关系。

2.1 财务决策的基本法则

2.1.1 资本市场对消费与投资选择的作用

财务估价理论是建立在资本市场如何有效分配资源的基础之上的，其中最重要的变量是“利率”——通常是指资本的机会成本。从理论上说，资本机会成本是“租用”资本的价格，它是资本使用者使用资本所付出的代价，也是资本所有者提供资本要求的最低收益。为方便讨论，假设资本的所有者和使用者均可在一个资本市场中进行交易；仅有一个资本的机会成本——利率，这一利率是由资本所有者和使用者之间的竞争来决定的。

在确定性条件下，任何持有一定财富的经济行为人面临的基本选择是：消费或投资，即经济行为人所面临的问题是今天应该消费或投资多少？这关系到怎样安排他的消费，或者说如何配置他现有的财富，以使他既能享有今天的消费又能通过今天的投资来增加他在未来的消费或财富，例如，你今天和一年后的今天各有X元收入，如果没有资本市场且没有办法储存未用的现金，那么你今天和一年后的今天各自最多只能消费X元。资本市场的存在使你得以将今天的货币与未来的货币进行交易，从而使你无论是现在还是将来都能适量消费。

假设某投资者王先生，现在拥有的财富为：（1）现金4 000元；（2）银行存单一张，价值6 000元，利率8%，期限1年。如果市场允许他能够以8%的利率自由地借入或贷出资金，那么，他通过借贷可实现的所有消费可能性的组合如图2-1中的斜线所示。

图2-1中的斜线描述了即期消费（横轴）和远期消费（纵轴）的各种可能组

合。图中斜线与横轴的交点，表示王先生即期消费10 000元，这是他当前能消费的最大值。为了获得这个最大值，他必须借入6 000元（他已持有现金4 000元）。当一年到期时，王先生用银行存款本息归还借款本息后，可供消费的财富为零。图中斜线与纵轴的交点，表示王先生一年后能消费的最大值。为了达到此点，他必须放弃即期消费，将手中持有的现金（4 000元）贷放出去。假设利率为8%，一年后贷放现金的财富增加至4 320元，加上1年期银行存款到期本息6 480元，共计10 800元。

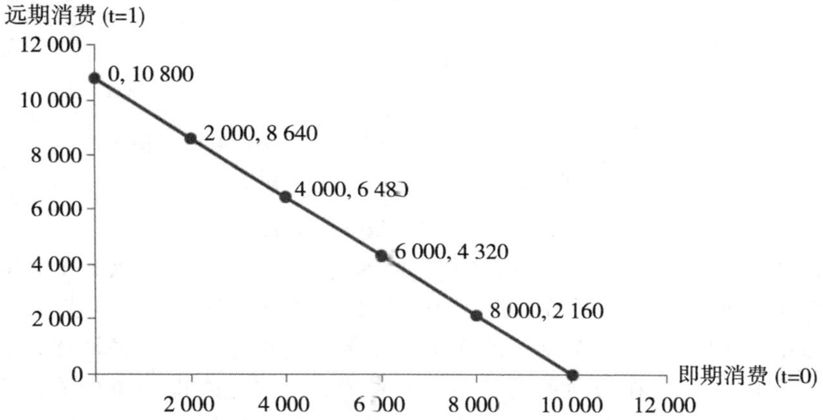

图2-1 即期与远期消费组合（单位：元）

在图2-1中，如果王先生即期消费8 000元，投资2 000元，那么明年可供王先生消费的现金为2 160元（2 000×1.08）；如果王先生即期消费4 000元，投资6 000元，那么明年可供王先生消费的现金为6 480元；其他各点的计算方法相同。图中的斜线是个人消费的可行线，从最高点（10 800）向下移动，王先生将增加即期消费而减少远期消费。王先生在斜线上选择哪一点，取决于他个人的偏好和处境。

根据经济学原理，对于同一个经济行为人，如果存在由不同的跨期构成的组合，其中每一个组合都能给他带来相同的效用，那么就说他在这些组合（即期和远期消费总量）之间的效用上无偏好差异。这个由效用等价的组合形成的集合可用一条效用无差异曲线表示。每一个经济行为人都有自己固有的一组效用曲线，其中所有的无差异曲线都互不相交并且凸向原点（如图2-2所示）。这意味着在财富有限的情况下，经济行为人最多只能达到某一水平的效用曲线；如果经济行为人想从一条无差异曲线过渡到更高一级的无差异曲线，就必须拥有更多的财富。如果将无差异曲线附加在个人消费可行性曲线上，那么就可以找出个人最佳消费点，即消费可行性曲线与无差异曲线相切的点（Y），此时消费时间偏好的边际替代率等于利率。在无差异曲线上，经过Y点的切线斜率表示在Y点的即期消费与远期消费之间的边际替代率（Marginal Rate of Substitution，MRS），MRS=-（1+r），其中r为利率，它表明，如果经济行为人放弃1个单位的即期消费，那么在远期他可以得到1+r单位的消费，这个数量恰好是为了放弃现时消费所需得到的补偿数量。由于它测量了消费在时间上的替换率MRS，因此，r也被看作利率。

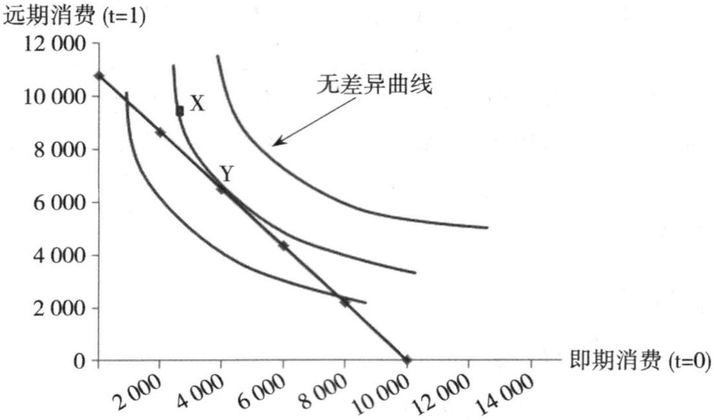

图2-2　无差异曲线与消费行为

在图2-2中，尽管经济行为人（王先生）在X点和Y点上获得同样的效用，但他在这两点的时间偏好不同，即在X点（或在X情况下）表明他相对于Y点（或在Y情况下）更愿意在明年多消费，而在Y点时他愿意在当前消费更多。或者说，如果他在即期减少了消费，作为交换他将要求在远期（明年）获得更多的消费，从而使他保持相同的效用。这样，消费选择便从Y点移动到X点。

2.1.2　利率水平对投资与消费选择的影响

在上例中，如果市场利率从8%上升到16%或下降到0，那么消费组合线的斜率也会发生变化，即：W_1Y_1线斜率（r=0）为-1.0；W_1F_{10}线斜率（r=8%）为-1.08；W_1Y_2线斜率（r=16%）为-1.16。图2-3描述了利率水平变化对消费选择的影响。当市场利率为8%时，明年可供消费的现金为10 800元，低于利率为16%的消费水平（11 600元），高于利率为0时的消费水平（10 000元），但代表财富的现值（10 000元）与利率变化无关。

2.1.3　投资、融资与消费组合

假设经济行为人拥有一个投资项目，这个项目可以被理想化分割，这意味着它包含一系列等差数列形式的不同投资规模，即投资机会集，其中每一个投资规模都代表一个投资机会或一种投资可能。据此，他可以建立自己的投资计划并确定投资收益。此外，在这个投资项目中，所有的投资规模（机会）都是相互独立的，并且每一个投资机会都是有收益的，但它们的收益率各不相同。如果将这些投资机会按照收益率递减的顺序排列，那么就可以得到一个投资额（投资规模）与收益率之间的函数关系，即随着投资额的增加，边际收益率逐渐降低。

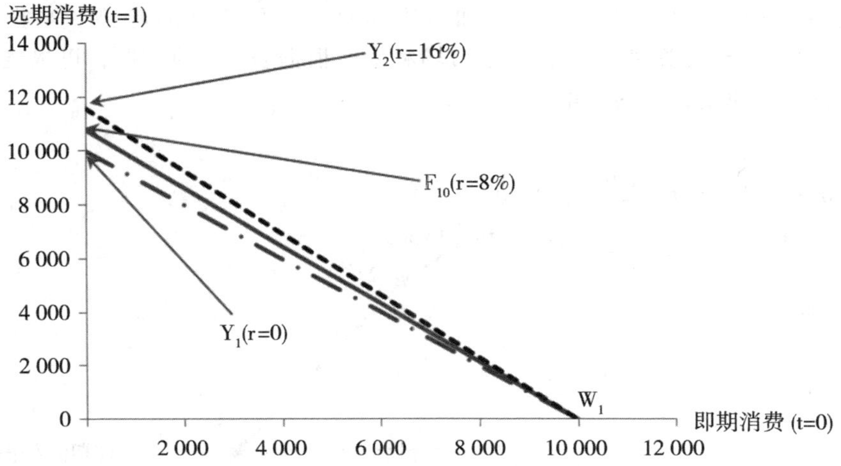

图2-3　利率水平变化对消费选择的影响

在上例中，王先生除了进行金融资产投资（银行存款）外，还可投资于实物资产（假设开设一家打印社），预期不同投资额下的预计年末现金流量以及投资收益率和边际收益率，见表2-1。

表2-1　项目投资与收益　金额单位：元

投资方案	总投资额	增量投资额	年末现金流量	投资收益率（%）	边际收益率（%）
1	3 000	3 000	12 000	300.00	300.00
2	4 000	1 000	14 500	262.50	150.00
3	5 000	1 000	16 000	220.00	50.00
4	6 000	1 000	17 080	184.67	8.00
5	7 000	1 000	17 680	152.57	-40.00
6	8 000	1 000	18 180	127.25	-50.00
7	9 000	1 000	18 580	106.44	-60.00
8	10 000	1 000	18 880	88.80	-70.00

在表2-1中的投资收益率和边际收益率的计算方式如下：

$$投资收益率=\frac{CF_1}{C_0}-1$$

式中：CF_1表示一年后的现金流入量；C_0表示初始投资。

$$边际收益率=\frac{CF_n - CF_{n-1}}{C_n - C_{n-1}}-1$$

式中：CF_n表示选择第n个投资方案一年后的现金流量；CF_{n-1}表示选择第n-1个投资方案一年后的现金流量；C_n表示选择第n个投资方案的初始投资；C_{n-1}表示选择第n-1个投资方案的初始投资。

表2–1表明，随着投资额的增加，边际收益率呈递减的趋势。当投资额为6 000元时，边际收益率（8%）等于市场利率。根据表2–1的数据，可描绘出王先生的项目投资曲线，如图2–4所示。

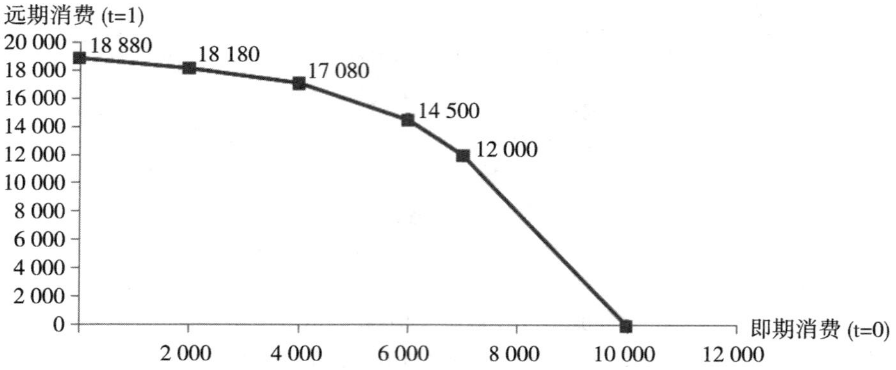

图2–4　项目投资机会集

图2–4的横轴表示王先生的初始财富部分用于项目投资，部分用于当期消费。纵轴表示第0期项目在投资一年后的价值，例如，图2–4中曲线与横轴相交的点表示王先生的初始财富价值10 000元；如果王先生投资3 000元开设一家打印社，其余的7 000元用于当期消费，那么一年后的现金流量价值为12 000元（见表2–1）；同样，如果王先生用于项目投资的金额分别为4000元、6 000元和8 000元，用于当期消费的金额分别为6 000元、4 000元和2 000元，那么一年后项目现金流量价值分别为14 500元、17 080元、18 180元；如果王先生将全部财富都进行项目投资，当期消费为零，那么一年后项目现金流量价值为18 880元。

如果王先生将其财富分别进行项目投资和金融资产投资，那么各种不同投资组合方案一年后的现金流量见表2–2。

表2–2　**项目投资与金融资产投资现金流量**　金额单位：元

投资方案	项目投资	项目投资年末现金流量	金融资产投资（8%）	金融资产投资现金流量	明年可供消费的现金流量
0	0	0	10 000	10 800	10 800
1	3 000	12 000	7 000	7 560	19 560
2	4 000	14 500	6 000	6 480	20 980
3	5 000	16 000	5 000	5 400	21 400
4	6 000	17 080	4 000	4 320	21 400
5	7 000	17 680	3 000	3 240	20 920
6	8 000	18 180	2 000	2 160	20 340
7	9 000	18 580	1 000	1 080	19 660
8	10 000	18 880	0	0	18 880

表2-2表明，如果王先生选择方案3或方案4，即将初始财富中的5 000元（或6 000元）进行项目投资，剩余的5 000元（或4 000元）进行金融资产投资，那么一年后的投资现金流量均为21 400元。其他投资组合方案的投资现金流量均小于方案3和方案4，或者说方案3和方案4是最佳投资方案。

从理论上说，当经济行为人拥有初始财富并且同时面对投资机会和消费机会时，他总会用1元的投资边际收益率和其时间偏好边际比率（即期消费与远期消费比率）进行比较。如果投资边际收益率较大，那么投资者会进行投资，直到最后1元的投资收益率等于消费的时间偏好边际比率。项目投资机会使经济行为人按照自己的偏好将今天放弃的消费用于投资，并通过项目投资将其转变为明天价值更大的财富，使他可以在远期获得比没有投资机会时更高的消费。

例如，王先生选择方案4（见表2-2），投资6 000元开设一家打印社，如果折现率与借款利率相等，均为8%，那么一年后的现金流入量17 080元的现值为15 815元（17 080÷1.08），扣除初始投资6 000元，王先生投资的净现值为9 815元。进行项目投资使王先生的财富总额变为：

王先生投资后财富现值=初始财富现值+投资净现值

=10 000+15 815−6 000=19 815（元）

如果将图2-1、图2-4组合起来，可以得到图2-5，用于分析不同投资与消费组合对远期消费的影响。

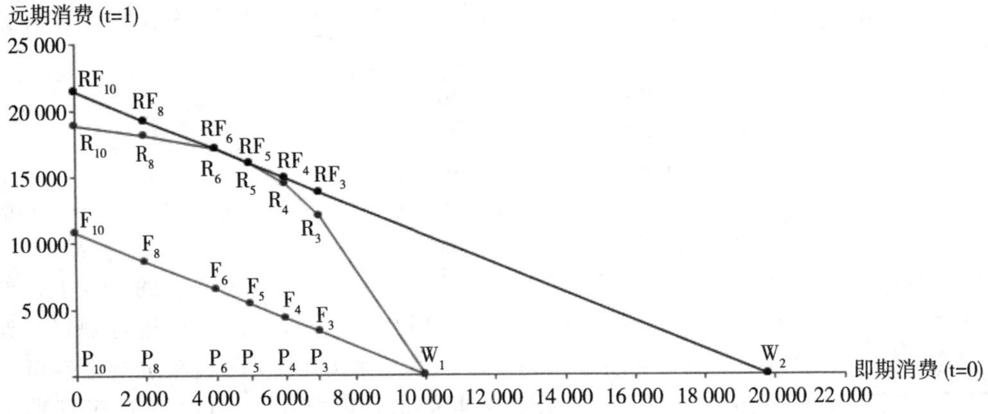

图2-5　投资与消费偏好选择

图2-5中的横轴表示王先生的初始财富在项目投资、金融资产投资或融资，以及消费之间的选择。W_1表示王先生的初始财富为10 000元；P_3、P_4、P_5、P_6、P_8、P_{10}分别表示王先生在当前投资3 000元、4 000元、5 000元、6 000元、8 000元和10 000元，剩余部分用于即期消费。纵轴表示在不同的投资与消费选择下王先生明年财富的价值。

图中$F_{10}W_1$线表示王先生在当前将其财富分别用于金融资产投资与消费的组合，

以及在不同组合下明年财富的价值；$R_{10}W_1$线表示王先生在当前将其财富分别用于项目投资与消费的组合，以及在不同组合下明年财富的价值；$RF_{10}W_2$线表示王先生在当前将其财富分别用于项目投资（5 000元）、金融资产投资、融资与消费的组合，以及在不同组合下明年财富的价值。

斜线$RF_{10}W_2$与斜线$F_{10}W_1$平行且与曲线$R_{10}W_1$上的点R_6和点R_5相切。在一个完美的资本市场①中，一方面使有剩余资金的人能够优化其投资与消费，另一方面也使需要投资和消费而又缺乏资金的经济行为人能够筹得资金进行投资或消费，以便增加财富与效用。不论经济行为人的消费偏好如何，都会选择最佳的投资-消费组合。一般来说，偏好当期消费的经济行为人会通过借入资金完成这一投资-消费组合；偏好未来消费的经济行为人会通过贷出资金实现这一投资-消费组合。

点W_2表示如果王先生选择投资方案3，即将现在财富的5 000元进行项目投资，一年后该项目现金流量的现值为14 815元（16 000÷1.08），净现值为9 815元（14 815-5 000）；王先生投资后的财富现值为19 815元（初始财富10 000+净现值9 815），W_1与W_2之间的差额（9 815元）表示王先生进行项目投资创造的净现值。这意味着引入项目投资使当期财富增加的价值等于项目投资创造的净现值。

点RF_3表示王先生将初始财富10 000元中的7 000元用于现时消费，5 000元（剩余的3 000元加上从资本市场借入的2 000元）用于项目投资；1年后投资价值扣除借款本息后的价值为13 840元（16 000-2 000×1.08）。其他各点的计算方式如下：

RF_4=5 000×（1+220%）-1 000×（1+8%）=14 920（元）

RF_5=5 000×（1+220%）=16 000（元）

RF_6=5 000×（1+220%）+1 000×（1+8%）=17 080（元）

RF_8=5 000×（1+220%）+3 000×（1+8%）=19 240（元）

RF_{10}=5 000×（1+220%）+5 000×（1+8%）=21 400（元）

投资与消费

上述各点反映了王先生在满足项目投资（5 000元）的基础上，如果即期消费超过剩余的5 000元，那么就按照8%的利率进行融资，如果即期消费低于剩余的5 000元，那么就按照8%的利率进行金融资产投资，例如，点RF_8表示王先生将初始财富中的2 000元用于即期消费，5 000元用于项目投资，3 000元用于金融资产投资，1年后的投资价值为19 240元。点RF_{10}表示王先生将全部财富用于投资，其中5 000元用于项目投资，5 000元用于金融资产投资，一年后的投资价值为21 400元。

2.1.4 费雪分离定理与项目定价

费雪分离定理（Fisher's Separation Theorem，1930）认为，在理想的市场中，

① 完美资本市场的3个基本假设：借款利率与贷款利率相等；不存在税收；不存在交易成本。

资本市场将产生一个单一的利率，此时投资者的生产决策是由客观市场规则决定的（最大化可达到的财富），而与个体的主观偏好无关。这样使借贷双方在进行消费和投资决策时都可以市场利率为依据，而反过来又促使投资和融资决策的相互分离。按照这一定理，在完美的资本市场条件下，任何投资决策都可以分为两个依次连续并且彼此分开的过程：第一步，进行最佳投资方案的选择，直到投资边际收益率等于资本市场利率。在这个均衡点上，经济行为人的财富（当前消费与未来消费的组合）达到最大化。面对同一条投资曲线，所有经济行为人都将做出相同的最佳投资决策。最佳投资以财富最大化为共同准则而不考虑个人偏好。第二步，决定跨期消费路径，或者说通过不同的借贷行为选择最佳消费模式，直到消费时间偏好比率等于资本市场利率，在这个均衡点上，经济行为人将获得最大的满足。每一个经济行为人都将做出自己的最佳消费决策。

在图2-5中，斜线 RF_{10} W_2 与曲线 R_{1C} W_1 相切的两点是点 R_5 和点 R_6，所对应的项目投资额分别为5 000元和6 000元。以此构成的两种投资消费组合可以使经济行为人获得最大的远期消费。这一结果表明，如果项目的边际投资收益率等于利率（本例中，r=8%），就应该进行投资。由此可以推论，最优的投资水平能够使经济行为人的当期财富最大化。如果投资的边际收益率等于由市场决定的资本的机会成本，那么投资者的当期财富 W_0，用数学方法可表示为：

$$W_0=CF_0+\frac{CF_1}{1+r}$$

从项目估价的角度分析，引入项目投资使未来的财富增加了Δ，则当期财富增加了Δ/（1+r）。或者说，给定一项单期的项目投资，它的净现值（NPV）可以定义为因投资导致的当期财富增加的数量。

$$NPV=\frac{\Delta}{1+r}$$

如果项目投资是多期的，那么上述的结论仍然成立。假设有一个两期的经济事项，且存在资本市场和既定的项目投资。在第0期，经济行为人通常会向银行借入Δ/（1+r）与Δ/（1+r）^{2}两部分资金，其中，一部分资金Δ/（1+r）到第1期时用初始投资收益偿还；另一部分资金Δ/（1+r）^{2}到第2期时用第1期的投资收益偿还。由此，项目的净现值也可以表示为使第0期的财富增加的数额：

$$NPV=\frac{\Delta}{1+r}+\frac{\Delta}{(1+r)^2} \tag{2.1}$$

上述项目定价理论可适用于任意期限。假设 NCF_0，NCF_1，…，NCF_n 分别代表各个时期0，1，…，n的现金净流量；r代表各期的利率，则项目的现值（PV）可表示为：

$$\begin{aligned} PV &= NCF_0+\frac{NCF_1}{1+r}+\frac{NCF_2}{(1+r)^2}+\cdots-\frac{NCF_n}{(1+r)^n} \\ &= \sum_{t=0}^{n}\frac{NCF_t}{(1+r)^t} \end{aligned} \tag{2.2}$$

这一表达式可以推广到各个时期的市场利率并不相等的情形。令r_t代表第t期与第t+1期之间不变的利率，在这种情况下，项目的价值可表示为：

$$PV = NCF_0 + \frac{NCF_1}{1 + r_0} + \frac{NCF_2}{(1 + r_0)(1 + r_1)} + \cdots + \frac{NCF_n}{\prod_{j=0}^{n-1}(1 + r_j)}$$

$$= NCF_0 + \sum_{t=1}^{n} \frac{NCF_t}{\prod_{j=0}^{t-1}(1 + r_j)} \tag{2.3}$$

将费雪分离定理用于公司财务决策中，意味着即使股东将投资决策权交给管理者，同样可使其财富达到最大化。因为，无论决策者是谁，也无论其效用曲线如何，对于同一条投资曲线（或投资机会集），任何决策者都会做出同样的最佳决策。或者说，费雪分离定理为股份公司提供了一个被其所有股东都一致认同的目标：所有的投资者，不论其消费偏好如何，当公司投资于净现值大于零的资产时均会获益，他们都将分享净现值，从而每个人最终都能获得更多消费。因此，公司经理进行投资决策时，无须考虑股东的偏好（只要存在竞争市场，股东就可以选择符合其需要的最佳消费时间模式），只要选择净现值大于零的投资机会，就能增加每个股东所持公司股份的市场价值，就会实现股东财富最大化，这就是净现值决策法则的理论基础。

费雪分离定理以及由此得出的净现值决策法则是建立在完美资本市场的假设之上的，如果资本市场上借贷利率不相等，即资本市场上的利率不是单一的，那么，费雪分离定理的有效性将不复存在。

2.2 资本资产定价模型

2.2.1 资产定价模型的基本假设

资本资产定价模型（Capital Assets Pricing Model，CAPM）的发展可以追溯到马科维茨的投资组合理论（Markowitz，1952）。在持有多种风险的市场中，风险厌恶的投资者如何选择最优的投资组合，一直是投资者较为困难的事情。马科维茨在1952年提出的“均值-方差”分析方法十分方便地解决了这个问题。在马科维茨模型中，投资者在t-1时选择一个组合，该组合在t时获得一个随机收益。这一模型将任何一项风险资产或证券组合的收益与风险放在一个二维的空间去考察，使得证券投资组合分析第一次具有了“可计算性”，因此在资产定价领域具有非常重要的意义。尽管这一模型将投资决策变量选择局限在“均值”和“方差”两个统计量上，相对于实际市场中的情形显得过于简化并由此衍生出许多问题，但这并不能掩盖马科维茨模型的开创性意义。

马科维茨组合选择模型给出了均值方差有效组合的一个解析解，在此基础上，威廉·夏普（William Sharp，1964）、林特纳（J.Lintner，1965）、莫森（Mossin，

1966)，根据资产价格满足于市场出清[①]条件时其组合必然为有效组合的关系，各自独立地研究了任意证券组合收益率和某个共同因子之间的关系，并由此导出了一个可检验的CAPM模型，揭示了在市场均衡的条件下，单项资产与市场组合在预期收益率与风险上所存在的关系。

在马科维茨模型基础上，他们提出的假设条件包括：

(1) 所有的投资者都追求单期最终财富的效用最大化，市场中的所有投资者都根据马科维茨"均值-方差"模型选择或优化投资组合。

(2) 所有的投资者对每一项资产收益的均值、方差的估计相同：给定t-1时的市场价格出清条件，投资者对资产收益从t-1到t时的联合分布预测完全一致。

(3) 所有的投资者都能以给定的无风险利率借入或贷出资本，其数额不受任何限制，市场上对卖空行为无任何约束。

(4) 所有的资产都可完全细分，并可完全变现（即可按市价卖出）。

(5) 资本市场是完全竞争的，不存在税收和交易费。

(6) 所有的投资者都是价格的接受者，即所有的投资者各自的买卖活动不影响市场价格。

2.2.2 资产定价的逻辑分析

事实上，上述各种假设条件之间是相互联系、相互包容的。假设（1）表明投资者的效用是由期末财富和方差决定的，这意味着CAPM是一个单期模型；假设（3）表明市场上存在无风险资产且市场借贷利率相等；假设（5）表明市场无交易成本，可以直接推导出线性有效边界；假设（2）表明投资者对证券未来收益的概率分布看法相同，意味着所有投资者所做的决策都在同一个有效边界上。图2-6描述了3条无差异曲线与投资组合选择，其中$E(r_p)$表示投资组合的预期收益率；$\sigma(r_p)$表示投资组合预期收益率的标准差；$E(r_{min})$和$\sigma(r_{min})$分别表示最小收益率和最小标准差。根据无差异曲线，投资者Ⅲ的风险厌恶程度最高，其次是投资者Ⅱ，最后是投资者Ⅰ。由此，他们各自会选择不同的比例投资于机会集上的风险资产。从图中可以发现，理性的投资者决不会选择CD线上的投资组合，只要沿着投资机会集中的正斜率线段CBA移动，就可以得到更高的预期效用。处于正斜率线段的投资组合一般称为有效边界（Efficient Frontier）或有效集（Efficient Set）。

有效集是指在方差（或标准差）既定的情况下，从投资机会集中选择出的"均值-方差"组合，没有其他任何投资机会可以获得比有效边界更高的平均收益。有效边界大大缩小了投资者选择的投资组合范围。在图2-6中，点A和点D处的投资组合具有相同的标准差，但点A在相同风险水平下可以获得更高的效用，因此点A处于有效边界上，而点D处于非有效边界上。当考虑多个资产的投资组合时，如果

① 市场出清是指在市场调节供给和需求的过程中，市场机制能够自动地消除超额供给（供给大于需求）或超额需求（供给小于需求），市场在短期内自发地趋于供给等于需求的均衡状态。在给定的价格（P）之下，市场上的供给意愿等于需求意愿。

能够知道个别资产的预期收益率和方差，以及两两资产收益的协方差，那么就可以找出机会集以及有效边界。

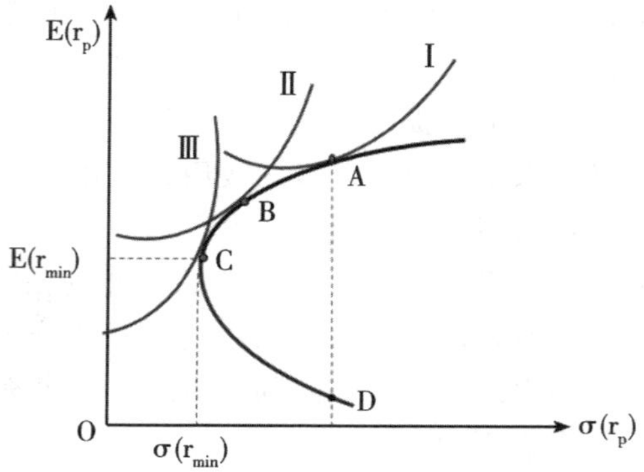

图2-6　无差异曲线与投资组合选择

图2-6中的投资组合的资产都是风险资产，如果引入无风险资产r_f，那么投资组合的选择问题就会大大简化。或者说，如果投资者可以以无风险利率自由借入或贷出资金，那么便可以在任意风险资产和无风险资产之间画一条直线，落在这条线上的点代表风险资产和无风险资产的投资组合。在图2-7中虚线分别表示无风险资产与风险资产A、B、C的投资组合。事实上，这种投资组合有多种可能，但仅有一条直线（r_fMN）是最优的。投资者无论对风险厌恶的程度有多大，他们都更偏好无风险资产与落在有效边界上的投资组合M所构成的组合。在图2-7中，投资者Ⅲ是最厌恶风险的，他的投资组合几乎都是无风险资产；投资者Ⅰ对风险厌恶程度较低，他不仅将自己的资金全部投资于投资组合M，而且以无风险利率借入资金投资于投资组合M，或者说，他投资于投资组合M的比例大于100%。在图中，虽然3位投资者均可以在点C处获得最小方差组合，但没有哪位投资者会选择这一投资组合，因为他们可以通过将无风险资产与投资组合M进行组合来获得更好的结果。事实上，投资组合M即全部风险资产的市场投资组合，所有的风险资产都是风险投资组合M的一部分。

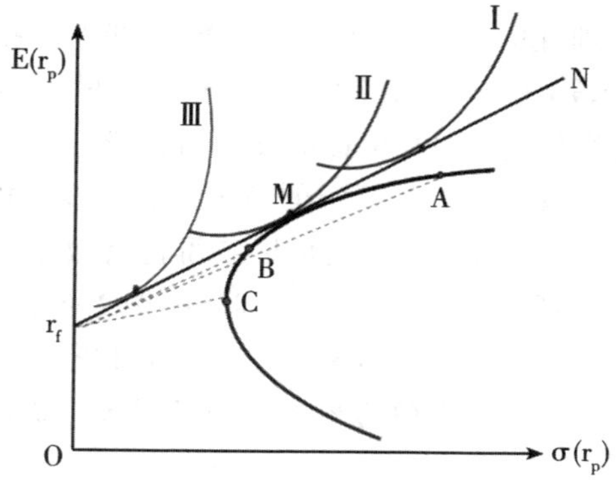

图2-7　最佳线性有效集

在图2-7中连接无风险资产和市场组合的直线（r_fMN）即为资本市场线（Capital Market Line，CML），位于CML上的每一点都代表有效投资组合。根据两项资金分离[①]原则，任何一个投资者的最优投资组合都可以表示为无风险资产和风险资产的线性组合，只是他们在无风险投资和切点投资组合上有所不同。如果每个投资者都持有切点的投资组合，那么这一组合一定是股票市场上实际可以观察到的投资组合；如果每一个投资组合的权重都是股票市场价值的一部分，那么该组合即市场组合。在市场投资组合中单项资产的风险是指由第j种风险资产引起的市场投资组合风险的边际增加。当增加第j种风险资产的边际权重时，市场组合的风险就增加了第j种资产与市场组合的协方差。[②]

图2-8描述了第j种资产风险与收益的关系，图中的直线称为证券市场线（the Security Market Line，SML），SML的直线方程即为资本资产定价模型（CAPM）：

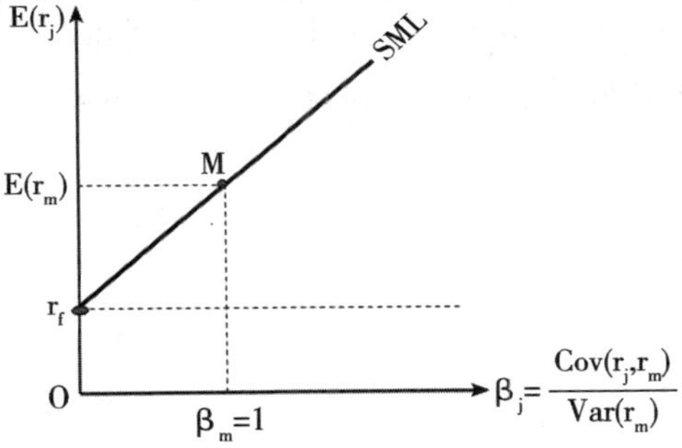

图2-8　证券市场线

其中：$\beta_j=\dfrac{Cov(r_j,\ r_m)}{Var(r_m)}$

$$E(r_j)=r_f+\beta_j[E(r_m)-r_f] \tag{2.4}$$

式中：E（r_j）表示第j种资产的预期收益率；E（r_m）表示市场组合的预期收益率；Var（r_m）表示市场投资组合的收益率方差；Cov（r_j，r_m）表示第j种资产和市场投资组合收益率的协方差。

（2.4）式说明第j种资产所要求的收益率等于无风险收益率加上风险溢价。如果风险溢价为$\pi=E(r_m)-r_f$，那么第j种资产的风险溢价等于$\beta\cdot\pi$，其中β系数是风险资产j和市场组合m之间的协方差再除以市场组合的方差。根据协方差的特点，市场投资组合与自身的协方差等于市场投资组合的方差，即Cov（r_m，r_m）= Var（r_m），由此可以得出，市场投资组合的β_m系数等于1，第j种资产的β_j系数反映了第j种资产系统风险对市场风险的贡献度。当风险资产与市场投资组合的协方差

① 两项资金分离是指每位投资者的最大效用投资组合都是由无风险资产和一个风险资产组合而成的(后者是由从无风险利率出发并与风险资产的有效边界相切的直线所决定的)。

② 假设Var_m是未加入该项新资产时的市场组合方差，将加入到市场组合的单项新资产的方差设为Var_j，该项资产占市场组合的比例设为w_j，该项资产与市场组合的协方差设为Cov（r_j，r_m），则加入新资产（j）后的市场组合方差$Var_{m'}$为：$Var_{m'}=w_j^2Var_j+(1-w_j)^2Var_m+2w_j(1-w_j)Cov(r_j,\ r_m)$。由于市场组合包含市场中所有交易的资产，那么任何单项资产在市场组合的市场价值中的比例都是很低的，因而上式中的第一项接近零，第二项接近Var_m，剩下的第三项（协方差）可用于度量因资产j而增加的风险。

为正时，其β系数亦为正，反之亦然。无风险资产的β系数等于0，β系数为正（负）的风险资产的预期收益率要比无风险收益率高（低）。

2.2.3 资本资产定价模型的应用

CAPM在金融学中的作用主要体现在它提供了一种系统的方法来计算风险资产要求的收益率。当风险资产要求的收益率等于预期收益率时，市场达到均衡。因此，CAPM也可用于计算风险资产要求的收益率。目前，这一模型已广泛用于股票价格分析和公司资本预算决策。

1）估计证券价值与风险调整后的均衡价格

CAPM给出的是收益率与风险的关系，不是直接的价值或价格形式。因此，要以CAPM估计资产的价值，首先要将CAPM的预期收益率改写为价格的表达式。Rubinstein（1973）分析了证券价值和它的风险调整的均衡价格。为简化，假设只涉及1期，证券的期初价格为P_0、期末价格为P_1，这个价格包括了期末的风险收益，例如，股票价格包括股利加上资本利得，债券价格包括到期的利息等。期末证券投资的收益率为：

$$r_j=(P_1-P_0)/P_0 \tag{2.5}$$

收益率的预期形式可表示为：

$$E(r_j)=[E(P_1)-P_0]/P_0 \tag{2.6}$$

对（2.4）式重写：

$$E(r_j)=r_f+\lambda COV(r_j, r_m) \tag{2.7}$$

其中：$\lambda=\dfrac{[E(r_m)-r_f]}{Var(r_m)}$

（2.7）式中的λ用于描述每单位风险的市场价格，令（2.6）式等于（2.7）式，则：

$$\frac{E(P_1)-P_0}{P_0}=r_f+\lambda COV(r_j, r_m)$$

如果将P_0看成风险资产的均衡价格，重新组合上式，可以得到：

$$P_0=\frac{E(P_1)}{1+r_f+\lambda COV(r_j, r_m)} \tag{2.8}$$

满足（2.8）式的证券价格公式被称为风险调整后的收益率估价公式（Risk-Adjusted Rate of Return Valuation Formula），分子为风险资产的预期期末价格，分母可视为一种风险调整折现率。如果第j种资产是无风险资产，那么资产j与市场组合收益率的协方差等于0，而正确的单期折现率就等于（$1+r_f$）；如果第j种资产具有正的系统风险，那么必须将风险溢价$\lambda COV(r_j, r_m)$加入到无风险利率（r_f）中，并对折现率进行风险调整。

单期估价模型对资产的估价并不是基于个体的效用偏好。只要投资者认为风险资产具有相同的收益分布，那么不论投资者自身具有怎样的个人效用函数，他们都会对该资产以相同的方式进行定价。

根据资本资产定价模型的原理，投资者可以根据系统风险而不是总风险评价各种资产的价格，用来解决投资决策中的一般性问题。表2-3列示了5只股票的β系数和必要收益率，其中无风险利率为6%，市场投资组合收益率为12%。

表2-3 股票必要收益率

股票	β系数	必要收益率（CAPM）	风险评价
A	0.70	10.20%	低于市场平均风险水平
B	1.00	12.00%	等于市场平均风险水平
C	1.15	12.90%	高于市场平均风险水平
D	1.40	14.40%	高于市场平均风险水平
E	-0.30	4.20%	低于无风险利率

在市场均衡状态下，所有资产和资产组合都应落在SML上，也就说，所有资产都应被定价以便使其估计的收益率（Estimated Rate of Return）与其系统风险水平一致。这个估计的收益率是在现行市场价格下投资者期望得到的收益率。任何估计的收益率落在SML上方的证券被认为定价过低，因为它表明了估计的收益率高于根据系统风险计算的必要收益率。相反，任何估计的收益率分布在SML下方的证券则被认为定价过高，相对于SML来说，这种位置说明估计的收益率低于系统风险要求的收益率。

在一个有效的均衡市场中，不可能任何资产都落在SML之外，因为在均衡状态中所有股票持有期间的收益率都等于它们的必要收益率。然而，在一个相当有效但不是完全有效的市场中部分证券可能被错误定价，而一些有能力的投资者通过寻找那些被高估或低估的证券，在风险调整的基础上可以得到比其他投资者更高的收益率。

采用SML确定某一项特定资产的必要收益率，可以与根据现行市场价格水平估计的收益率进行比较，以便判定一项投资是否被恰当定价。假设证券分析师对上述5只股票进行跟踪分析，预测5只股票的市场价格和股利见表2-4，并据此计算分析师预测的持有期间收益率。

表2-4 股票市场价格和估计收益率 金额单位：元

股票	现价(P_t)	预期价格(P_{t+1})	预期股利(D_{t+1})	估计收益率
A	25	27	0.5	10.00%
B	40	42	0.5	6.25%
C	33	39	1.0	21.21%
D	64	65	1.0	3.13%
E	50	54	0	8.00%

将表2-3和表2-4相比较，可以确定每只股票必要收益率与估计收益率之间的关系，见表2-5。

表2-5 **必要收益率与估计收益率比较**

股票	β系数	必要收益率	估计收益率	估计收益率-必要收益率	评价
A	0.70	10.20%	10.00%	-0.20%	合理定价
B	1.00	12.00%	6.25%	-5.75%	定价过高
C	1.15	12.90%	21.21%	8.31%	定价过低
D	1.40	14.40%	3.13%	-11.27%	定价过高
E	-0.30	4.20%	8.00%	3.80%	定价过低

表2-5中的必要收益率是根据每只股票的系统风险计算的，估计收益率是根据股票现行价格、预期价格和股利计算的。估计收益率与必要收益率之间的差异被称为股票的超额收益率，这一指标可以为正（股票定价过低），也可以为负（股票定价过高），如果超额收益率为零，那么股票正好落在SML上，其定价正好与其系统风险相当。股票β系数、必要收益率、估计收益率之间的关系如图2-9所示。

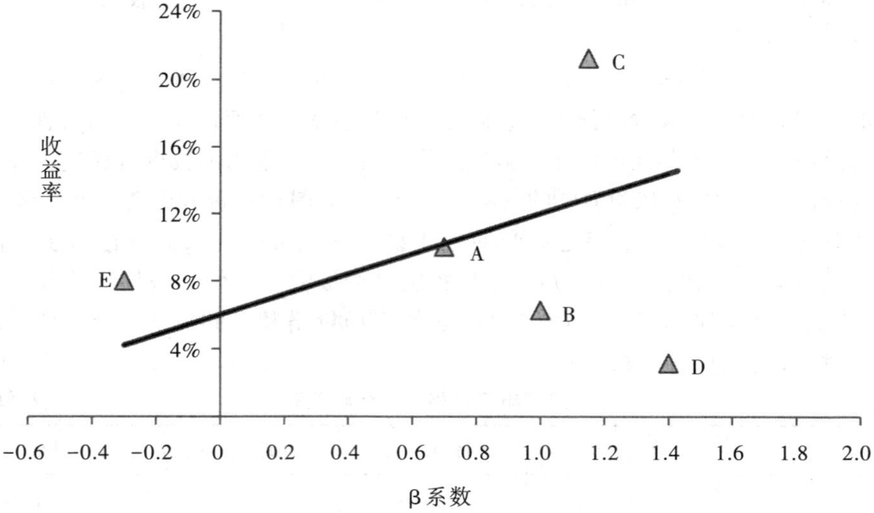

图2-9 必要收益率在SML上的分布

在图2-9中，股票A几乎正好在SML上，表明股票A的定价基本合理，因为它的估计收益率几乎与必要收益率相等；股票B和股票D的定价过高，因为它们在持有期间的估计收益率低于投资者要求或预期得到的与风险相关的收益率，结果它们处于SML的下方。相反，股票C和股票E的估计收益率大于根据系统风险计算的必要收益率，因此都处于SML上方，这表明它们是定价过低的股票。如果你相信分析师对估计收益率的预测，那么你会买入股票C和股票E，卖出股票B和股票D，而对股票A不会采取任何行动。如果你是一个激进型的投资者，也可以卖空股票B和股票D。

2）CAPM与资本成本

在公司财务中，CAPM主要用于估计股权资本成本。假设公司无负债，且不存在公司所得税和个人所得税，如果可以估算出公司股票的系统风险和市场组合的收益率，那么按CAPM计算的风险资产（股票）要求的收益率，就是公司的股权资本成本。假设股权资本成本为r_S，则：E（r_j）=r_S。

在公司的项目评估中，可将公司视为一个由不同风险资产或项目构成的组合，如果公司的所有项目与公司整体均具有相同的风险，那么，r_S也可以解释为新项目所要求的最低收益率，如图2-10所示。如果项目的风险水平与公司整体的风险水平不一致，那么此时需要估计项目的系统风险和项目投资要求的收益率。项目K的收益率r_k高于公司的股权资本成本E（r_j），但项目K的系统风险较高。如果单纯以项目的预期收益率大于公司的股权资本成本E（r_j）判断，那么公司应实施该项目。但是，这种做法未必正确。根据市场的系统风险β_k要求的收益率为E（r_k），而项目本身能够提供的收益率为r_k，由于r_k<E（r_k），显然应拒绝项目K。

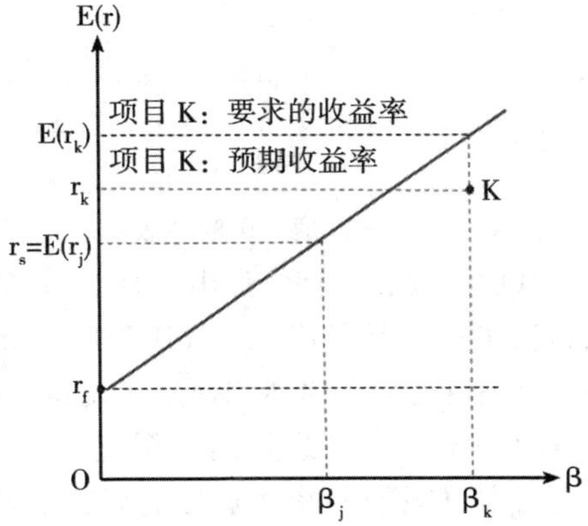

图2-10 资本资产定价模型与项目收益率

［例2-1］假设当前无风险收益率为6%，市场风险溢价为9%，市场组合收益率为15%。表2-6列示了6个相互独立的投资项目，根据CAPM计算的必要收益率、根据项目各自的现金流量计算的预期收益。根据净现值决策法则，公司应放弃项目C和项目D，接受其他项目。在图2-11中，SML可视为项目的证券市场线，位于SML上方的项目预期收益率大于必要收益率，项目是可行的；位于SML下方的项目预期收益率小于必要收益率，项目是不可行的，这与按净现值法则的决策是一致的。

表2-6　　**投资项目收益率**　　金额单位：元

项目	β系数	必要收益率	初始现金流量	各年永续现金流量	预期收益率	NPV
A	1.30	17.70%	1 000 000	200 000	20.00%	129 944
B	1.75	21.75%	1 000 000	240 000	24.00%	103 448
C	1.00	15.00%	1 000 000	120 000	12.00%	-200 000
D	1.50	19.50%	1 000 000	170 000	17.00%	-128 205
E	0.60	11.40%	1 000 000	140 000	14.00%	228 070
F	0	6.00%	1 000 000	70 000	7.00%	166 667

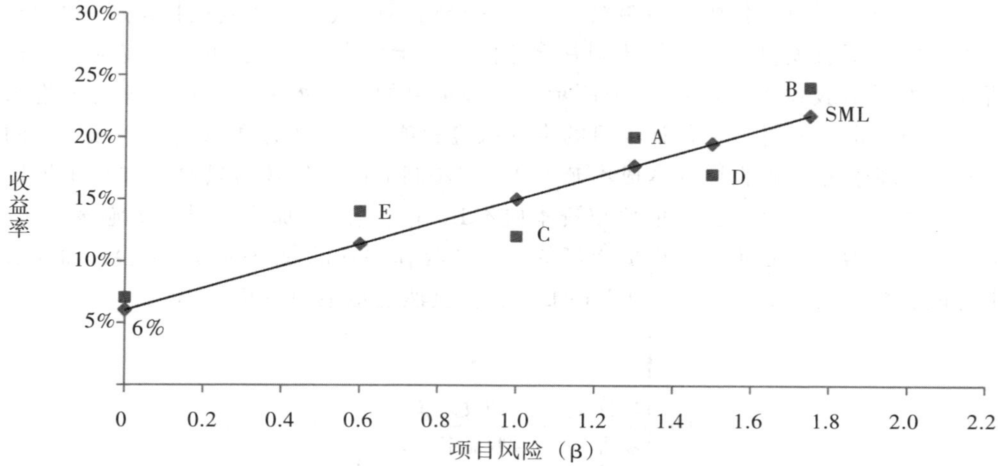

图2-11　投资项目风险与收益率

由于CAPM使决策者能够估计出具有不同风险项目所要求的收益率，因此，在项目决策中经常采用CAPM作为项目价值的决策标准。在实务中，公司是如何确定股权资本成本的？Graham J R，Harvey C R（2001）在对392位美国公司的CFO进行问卷调查后，发现73.49%的公司使用CAPM估计资本成本，采用不同方法计算资本成本的调查结果如图2-12所示。

CAPM定价功能

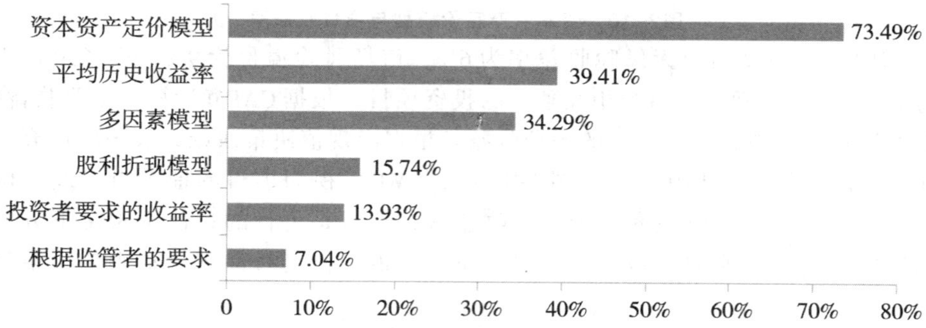

图2-12　美国公司资本成本计算方法选择（按重要程度排序）

图2-12表明，被调查的CFO几乎总是使用CAPM估计资本成本；排在第二、第三位的是根据平均历史收益率（39.41%）和多因素模型（34.29%）估计资本成本；采用股利折现模型估计资本成本的占15.74%。他们的研究发现：大公司比小公司更可能使用CAPM，而小公司更倾向于使用投资者所要求的资本成本；负债率高的公司更可能使用CAPM；管理层持股比例低的公司更可能使用CAPM；公众公司比私营公司更可能使用CAPM；有境外销售收入的公司更可能使用CAPM；进入世界500强的公司更倾向于使用CAPM。

李悦、熊德华、张峥、刘力（2009）对中国上市公司财务总监（主管会计工作的负责人）进行问卷调查，收回有效问卷167份（回收率为11.08%），对样本公司如何估计资本成本进行了问卷调查，其问卷结果如图2-13所示。

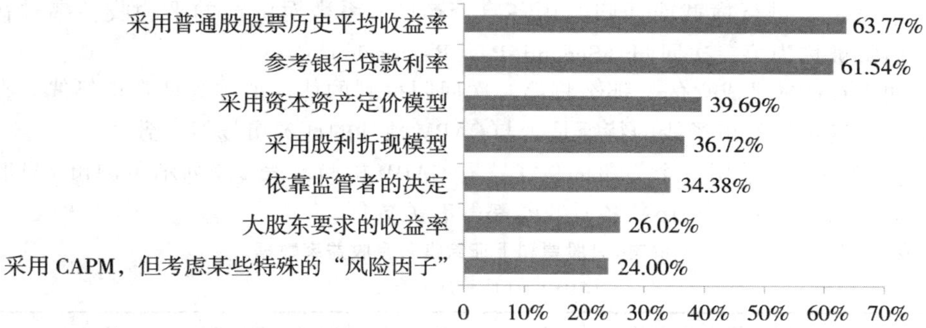

图2-13　中国上市公司如何估算股权资本成本（按重要性排序）

将图2-12和图2-13相比较发现，中美两国的上市公司估计资本成本时的差别较大。Graham J R，Harvey C R（2001）研究发现与广泛使用CAPM作为资本成本估计方法的美国上市公司相比，中国上市公司更倾向于采用股票历史平均收益率和银行贷款利率估计资本成本。这一现象表明中国上市公司与成熟市场的上市公司之间还存在很大差距。

2.2.4　CAPM的经验检验

在财务学中最重要的问题就是如何度量风险以及如何描述预期收益与风险的关系，CAPM提供了一个简易并且直观（风险越高，收益越高）的方法。但是，由于CAPM的各种假设在现实中并不存在，因此这个模型一经推出就遭到了理论界与实务界的质疑，各界采取不同的方法进行经验检验。

CAPM预示所有的投资者都持有市场组合，而且只要市场组合在有效边界上，就可以得到β系数与预期收益率之间的线性关系。因此，检验CAPM正确与否，关键是看市场组合是否有效。Black，Jensen and Scholes（BJS，1972），Fama and Macbeth（FM，1973）已间接地验证了CAPM，他们主要检验：（1）证券市场线的截距是否等于无风险利率；（2）所有资产的预期收益率与β系数是否线性相关；（3）证券市场线的斜率是否等于（r_m-r_f）等。

证券市场线（SML）检验是从一组风险资产的收益率数据开始的。这一检验的步骤如下：

第一步，确定市场投资组合M，在本例中，将用上证综指作为M。原则上说，“真正”的市场投资组合应包含市场中所有的风险资产，并以价值作为权重。显然，计算这一理论上的投资组合是不可能的，因此，一般采取替代的方式，选择不同的市场投资组合会影响检验的结果。

第二步，进行时间序列回归，估计证券特征线。首先将每只证券实际收益率的时间序列数据与市场投资组合收益率的时间序列数据进行回归，可以得到各自资产的证券特征线。证券特征线的斜率是证券β系数的估计值，通常被称为第一次回归（First-Pass Regression）。

第三步，进行横截面回归，用各自资产的β系数对资产的平均收益率进行回归，通常被称为第二次回归（Second-Pass Regression）。

如果CAPM是成立的，那么将第二次回归得到的估计值称为证券市场线。在此基础上，确定证券市场线的特征是否与CAPM预计的证券市场线一致。

［例2-2］现采用一个简单的例子进行CAPM检验。表2-7列示了沪市7只股票以及上证综指2012—2016年各月收益率等有关数据。

表2-7　**沪市7只股票和上证综指各月收益率数据**

（2012年1月—2016年12月）

日期	浦发银行	华能国际	万华化学	用友网络	光明乳业	青岛啤酒	中南传媒	上证综指
2012-01-31	8.60%	2.80%	5.97%	-8.61%	-8.49%	-5.32%	0.77%	4.24%
2012-02-29	3.47%	-0.55%	8.56%	13.07%	8.55%	6.94%	10.43%	5.93%
2012-03-30	-6.39%	-6.76%	-11.93%	0.97%	0.23%	-3.92%	-2.39%	-6.82%
2012-04-27	5.38%	3.92%	8.75%	2.98%	5.05%	6.75%	1.43%	5.90%
2012-05-31	-6.80%	2.83%	10.94%	1.08%	7.71%	8.11%	1.81%	-1.01%
…	…	…	…	…	…	…	…	…
2016-10-31	-1.33%	1.56%	1.56%	0.62%	2.92%	-2.11%	2.24%	3.19%
2016-11-30	5.47%	7.13%	-0.05%	9.01%	-2.77%	-0.83%	2.36%	4.82%
2016-12-30	-5.54%	-7.96%	3.16%	-16.08%	-7.11%	-4.66%	-10.77%	-4.50%
月平均收益率	2.00%	1.31%	1.51%	2.90%	1.37%	0.09%	1.65%	0.85%
截距	0.01329	0.00557	0.00753	0.01771	0.00757	-0.00340	0.00987	0
斜率	0.79410	0.88151	0.88417	1.32303	0.71560	0.50985	0.77531	1.00000
R^2	0.44345	0.40043	0.53390	0.29427	0.21739	0.33380	0.33093	1.00000

资料来源：各月收益率数据来自Wind资讯（为简化，中间部分数据未列示）。

表2-7中截距、斜率和R^2是第一次回归的结果。对于第j项资产，其回归方程为：

$$r_{jt}=\alpha_j+\beta_j\cdot r_{上证,t}$$

采用Excel内置函数“slope”计算每项资产的β系数，用“intercept”和“rsq”函数计算每次回归的α和R^2。为了检验，还同时计算了上证综指（最后一列）的α、β和R^2，从表中可以看出，$\alpha_{上证}=0$，$\beta_{上证}=1$，$R^2=1$。

CAPM假设每项资产的平均收益率与β系数线性相关，假设历史数据可以提供一个未来收益分布的准确描述。第二次回归是根据表2-7中股票的月平均收益率和β系数，用β系数回归平均月收益率（根据Excel函数）可以得到如下结果：

$$E(r_j)=\gamma_0+\gamma_1\beta_j=-0.01008+0.0304\beta_j$$

$$R^2=0.7980$$

根据CAPM模型，γ_0应该与该时段的无风险利率相对应。假设在2012—2016年的月无风险利率为0.1958%（国债利率），回归截距为-1.01%，低于同期无风险利率。

γ_1对应的是(r_m-r_f)，上证综指在这一期间的平均月收益率为0.8513%，平均无风险利率为0.1958%，因此，γ_1应当大约为0.6555%（0.8513%-0.1958%），但检验的结果为-3.04%。

上述结果表明CAPM没有通过检验，或者说这一结果不能证明预期收益与投资组合的β系数是线性相关的。导致这一结果的原因有四点：第一，也许CAPM本身就不成立，例如，资产收益和它们的β系数之间不存在一个简单关系，也许投资者对资产没有相同的预期资产收益、方差和协方差。第二，CAPM对投资组合成立，但对单一资产不成立。第三，也许采用的资产组合不够大。因为CAPM是针对所有风险资产的，但在本例中只选择了这些资产的很小的子集（上证综指）进行检验。第四，也许“市场投资组合”不是有效的。

为克服样本数（7家）较小的缺陷，随机选择了30只上证A股股票，根据2012年1月—2016年12月期间60个月度的数据，以上证综指作为市场指数，二次回归的结果为：

$$E(r_i)=\gamma_0-\gamma_1\beta_i=0.0070-0.0024\beta_i \quad R^2=0.004$$

上述检验结果表明，截距项（0.0070）不等于同期无风险利率（0.1958%），截距项相当于无风险利率的3.57倍；同期上证综指收益率为0.5740%，因此，$\gamma_1=0.00378(0.5740\%-0.1958\%)$，检验结果为-0.0024；从统计检验看，t-统计量（截距）=1.3042，t-统计量（斜率）=-0.3566。上述结果表明扩大样本（30只股票）后，CAPM仍然没有通过检验。

关于CAPM的检验，Roll（1977）认为检验CAPM的唯一方式是要分析市场组合的替代品是否在“均值-方差”马科维茨的有效边界上。如果市场投资组合在有效边界上，那么，预期收益与β系数的线性关系，证券市场线的截距等于无风险利率，以及证券市场线的斜率等于

CAPM检验

(r_m-r_f) 等情形自动成立。因此，可通过检验市场投资组合是否在有效边界上来检测资本资产定价模型的正确性。

Reilly and Akhtar（1995）的研究发现，在不同的时期采用3种不同的市场组合替代品计算得出的道·琼斯工业指数（DJIA）中的30只股票的平均β系数有很大的区别。这3种市场组合的替代品是：（1）标准普尔500指数；（2）摩根士丹利（M-S）世界股票指数；（3）Brinson Partners全球证券市场指数（GSMI）。GSMI不仅包括美国和其他国家的股票，而且包括美国和其他国家的债券。不同时期、不同市场组合替代品下的道·琼斯工业指数中的30只股票的平均β系数，见表2-8。

表2-8 **道·琼斯工业平均指数中的30只股票的平均β系数**

时期	市场组合的替代品		
	标准普尔500	M-S世界	Brinson GSMI
1983—1988			
平均β系数	0.820	0.565	1.215
平均指数收益率	0.014	0.017	0.014
指数收益率的标准差	0.049	0.043	0.031
1989—1994			
平均β系数	0.991	0.581	1.264
平均指数收益率	0.010	0.004	0.008
指数收益率的标准差	0.036	0.043	0.026
1983—1994			
平均β系数	0.880	0.606	1.223
平均指数收益率	0.012	0.011	0.011
指数收益率的标准差	0.043	0.043	0.029

资料来源：REILLY，AKHTAR.The Benchmark Error Problem with Global Capital Markets [J]. The Journal of Portfolio Management，1995，22（1）：33-52.

在表2-8的3个替代市场组合中，由于市场组合替代品含有的成分不同，其风险分散程度也不同，其中Brinson GSMI（世界股票加上债券）属于高度分散的投资组合，其资产组合收益率的标准差低于标准普尔500（美国股票）和M-S世界（美国股票加上其他国家股票）。从各种组合的β系数看，Brinson GSMI的β系数多数高于其他两种资产组合，这表明Brinson GSMI的系统风险更高，如果用Brinson GSMI代替标准普尔500，那么β系数会增加在27%～48%。从各种组合的代表性看，Brinson GSMI代表的资产组合比标准普尔500或M-S世界更接近“真实”的组合。

不同时期、不同的市场组合替代品所决定的SML之间也存在差异。表2-9中包括3个时期、3种指数，以及日本（日经）、德国（FAZ）和英国（FT AllShare）市场序列的平均无风险利率、市场组合收益率和SML斜率。显然，选择不同时期或不同指数对SML的计算结果影响很大。

表2-9 市场组合替代品证券市场线的数据

市场组合替代品	1983—1988			1989—1994			1983—1994		
	r_m	r_f	r_m-r_f	r_m	r_f	r_m-r_f	r_m	r_f	r_m-r_f
标准普尔500	18.20	8.31	9.89	13.07	5.71	7.36	15.61	7.01	8.60
日经	26.05	5.35	20.70	-3.62	4.7	-8.32	10.3	5.02	5.28
FAZ	16.36	5.01	11.35	7.97	7.83	0.14	12.09	6.42	5.67
FT AllShare	18.01	10	8.01	10.09	10.07	0.02	13.99	10.03	3.96
M-S世界	22.64	8.31	14.33	5.18	5.71	-0.53	13.6	7.01	6.59
Brinson GSMI	18.53	8.31	10.22	10.18	5.71	4.47	14.28	7.01	7.27

资料来源：REILLY，RASHID.The Benchmark Error Problem with Global Capital Markets [J]. The Journal of Portfolio Management，1995，22（1）：33-52.

最后，将表2-8和表2-9联系起来，判断不同的β系数和估计的SML对资产预期（必要）收益率的影响。表2-10列示了在特定的一段时间内，不同市场组合替代品的平均预期收益率。当市场组合替代品为Brinson GSMI时，预期收益率较高，因为其β系数比较高。如果以预期收益率作为估价基准，那么，选择不同的市场组合替代品对估价结果的影响很大。

表2-10 不同市场组合替代品的平均预期收益率（根据不同的β系数）

时期	平均预期收益率		
	标准普尔500	M-S世界	Brinson GSMI
1983—1988	16.42	16.41	20.73
1989—1994	13.00	5.40	11.36

资料来源：REILLY，RASHID.The Benchmark Error Problem with Global Capital Markets [J]. The Journal of Portfolio Management，1995，22（1）：33-52.

表2-11列示了上证A股7只股票按不同间隔期间计算的β系数，为比较，均以上证综指作为市场组合。从表中可以看出，在同一间隔期，采用不同的计算周期（按周、按月），或不同计算期，相同间隔期（按月），计算的β系数均不相

同。以浦发银行为例，按60个月计算的β系数为0.7902，按24个月计算的β系数为0.3414，仅相当于前者的43.2%。上述分析表明，使用CAPM必须十分谨慎。不同时期、不同市场组合的替代品都会直接影响预期收益率的大小，从而影响资产估价。实际上，检验CAPM的唯一方式就是判断真实的市场组合是否有效，但不幸的是，因为市场证券组合包括了所有的资产（可交易的资产和不可交易的资产，即人力资本、货币、债券、股票、期权、土地等），所以人们无法对其进行观察。

表2-11　**不同间隔期间的β系数**

证券简称	β系数（100周）（2015年1月—2017年2月）	β系数（24个月）（2015年1月—2017年2月）	β系数（60个月）（2013年1月—2017年2月）
浦发银行	0.5005	0.3414	0.7902
华能国际	0.8867	1.0033	0.8834
万华化学	0.7634	0.8743	0.8856
用友网络	1.4052	1.7507	1.3344
光明乳业	0.8841	0.8666	0.7276
青岛啤酒	0.7476	0.6514	0.5194
中南传媒	0.8947	0.9425	0.7783

CAPM建立在严格的假设条件基础上，这些假设条件不仅使实证检验变得困难，而且与现实差距太大，从而造成其对实际价格运动的解释力度不够。因此，在资本资产定价模型之后，许多学者进行了大量的研究。其中，影响最深的研究成果是套利定价模型和三因素模型。

Ross（1976）首次提出的“无套利均衡”的概念以及由此发展而来的套利定价理论（Arbitrage Pricing Theory，APT）改变了这种状况，开创了资产定价理论发展的新局面。套利定价理论是以收益率形成过程的多因素为基础，认为证券收益率与一组影响证券收益率的基本因素线性相关。CAPM与APT的主要区别在于：CAPM确定的共有风险是市场投资组合的随机收益；而APT假设有k种因素影响风险资产的收益，当两种风险资产的收益受到某些因素的共同影响时，这两种风险资产收益之间就存在相关性。如果出现价格失衡，按照风险与收益均衡的规律，投资者会自动调整资产组合进行套利，直到市场恢复均衡。如果风险资产收益只受一个共同因素（如市场收益率）影响，那么APT的数学表达式与CAPM的数学表达式基本相同。因此，套利定价理论可以被认为是一种广义的资本资产定价模型，它为投资者提供了一种替代性的方法，来理解市场中的风险与收益率之间的均衡关系。APT认为证券收益率是由k个共同因素决定的，但对于这些共同因素是什么、有多少个因素、如何选取合适的共同因素这一系列实际应用中的关键问题，APT本身并未给予解答。

Fama和French（1992）研究了美国股市1962—1989年股票收益与市场β系数、规模、市盈率、财务杠杆、账面市值比、收益价格比、现金流价格比、历史销售增长、历史长期收益及历史短期收益等因素之间的关系。他们发现市场β系数、财务杠杆及市盈率对股票收益的解释力较弱，而规模及账面市值比两个因素的联合基本可以对股票收益进行解释。

Fama和French（1996）通过对美国股市1963—1993年的数据进行实证检验，提出了著名的三因素模型。他们认为股票收益可以由市场风险溢价（r_m-r_f）、公司规模因素溢价（SMB），以及账面市场价值比溢价（HML）三因素来解释。随后他们验证了在包括美国在内的12个世界主要证券市场上的价值型股票（High Book-to Market Equity）的收益率要高于成长型股票（Low Book-to Market Equity）的收益率，在16个主要证券市场中有11个市场的小公司股票的收益率高于大公司，就1975—1995年的样本数据而言，二者的年均差额达到7.6%，从而证明公司规模和账面市场价值比两个因素对股票横截面收益率的显著性很高。

【课堂拓展】　　　　　不要把鸡蛋放在一个篮子里吗？

"不要把鸡蛋放在一个篮子里"是有关投资中流传最久、最著名的格言。分散投资能够对冲互相之间的风险，从而降低风险，这是投资组合理论的基本思想。

分散投资在犹太古代经典《塔木德》中就有记载：把钱平均分作三份，一份买地，一份经商，一份储备。凭借投资组合理论获得诺贝尔经济学奖的哈里·马科维茨认为，保持平常心是投资成功的最关键因素，能够帮助投资者保持"平常心"就是良好的投资组合。他自己在债券和股票上的投资是50：50的分散投资。经济学家萨缪尔森研究的理论，都是资本市场线、资产定价模型等，但他自己实际投资就是将资金平均分配到股票、债券、现金等资产中。

桥水基金创始人瑞·达利欧说过："在投资中，首先应当做的是为防止未来不可预测的状况，进行战略性资产配置。"分散投资和战略性资产配置被认为是投资当中最为重要的原则。

全天候配置策略（All Weather Strategy）是桥水基金推荐给投资者的低风险的资产配置策略。根据桥水公司公布的对于全天候策略解释的文件，全天候策略将基金面临的风险分为四大类：经济增长，通胀，经济萎缩，通缩。为了应对这些不同经济周期的风险，桥水基金的全天候配置策略的基金，运用了非常复杂的配置结构并且始终运用杠杆来提高收益率。

桥水基金的创始人瑞·达利欧给普通的个人投资者提供了一个极简配置：股票30%、美国长期国债40%、美国中期国债15%、商品7.5%、黄金7.5%。全天候配置策略是一种被动投资策略，买入持有，不进行择时操作，通过合适的资产配置，定期调整持有资产的比例以期达到"全天候适应"的作用。

与经典的投资组合理论不同，许多人认为分散投资无法规避系统性风险。当市场整体处于波动状态时，所有的鸡蛋都会受影响，分几个篮子都没用。目前，大部分股票交易都是由计算机自动完成的，为了保险起见，当一只股票的跌幅过大时，会出现保护性抛售，当然这会触动另一台计算机采取同样的操作，于是导致雪崩式下跌。一个篮子翻了，其他篮子也受到了影响。即使按照“不要把鸡蛋放在一个篮子里”的理论，投资者在一个市场上投资了存款、不动产、股票、债券、实物等，就像把几个篮子放在了一个架子上，然而架子也可能会倒塌，那么所有篮子里的鸡蛋都在劫难逃。

美国企业家安德鲁·卡内基认为，那些失败了的企业，往往都是分散了资金和精力的企业，这些企业这也想投资那也想投资，因为想多提几个篮子，结果把鸡蛋打碎了，“有三个篮子的人就得把一个篮子顶在头上，这样很容易摔倒。美国企业家的一个错误就是缺少集中”。

巴菲特认为，投资者应该像马克·吐温建议的那样，把所有鸡蛋放在同一个篮子里，然后小心地看好它。他借用古希腊《伊索寓言》中的谚语“一鸟在手胜过百鸟在林”，阐述了他的投资理念：“少就是多”，只重仓持有少量股票。2023年5月15日，伯克希尔·哈撒韦公司披露了截至2023年第一季度末美国市场的持仓信息。前十大持仓占90.15%，其中苹果是第一大持仓股，占比46.44%。巴菲特对前十大持仓中的6只股票进行了交易，考虑到可口可乐、美国运通是常年不动的股票，卡夫亨氏是通过并购买入，相当于巴菲特对“可调仓”的7只股票中的6只进行了交易。巴菲特不贪多，只是在自己非常熟悉的公司中再细心地做调整。从长期来看，重要的不是轻仓买入的新公司，而是重仓买入的老公司。

巴菲特的投资不是传统意义上的价值投资，而是高品质投资。巴菲特常引用传奇棒球击球手泰德·威廉斯的话:要做一个好的击球手，你必须有好球可打。如果没有好的投资对象，那么巴菲特宁可持有现金。

在2023年致股东信中，巴菲特谈到，1995年斥资13亿美元收购美国运通的交易，目前这笔投资的价值已增至220亿美元，约占伯克希尔·哈撒韦公司净资产的5%，每年还能为公司带来3亿美元以上的股息收入，而且这两项数字还极有可能继续增加。如果他在1990年代犯下相同规模的投资错误——比如说购买了13亿美元的30年期长期国债，那么现在这笔投资的价值不会增长，到2022年只会简单维持在13亿美元。这项令人失望的投资，现在只占伯克希尔·哈撒韦公司净资产的0.3%，并将为我们每年固定提供8 000万美元左右的年收入。巴菲特称，给投资者的教训是：“繁花绚烂盛开，蓬蒿默然枯萎。随着时间的推移，只需要几个赢家就能创造奇迹。”

资本资产定价模型简化推导

达利欧和巴菲特是两种不同投资风格的代表，你更倾向哪种投资风格？如果你是一个企业家，你认为企业进行多元化并购是否能获得协同效应？如果你是一个学生，你希望做一个广博的狐狸型人才还是专精的刺猬型人才？

2.3 M-M资本结构模型

2.3.1 资本结构理论基本假设

1958年，Modigliani F & Miller M H（以下简称M-M）共同发表的“资本成本、公司融资和投资理论”，提出了著名的M-M理论，不仅被公认为是现代公司资本结构理论的基石，而且成为后续资本结构理论研究的逻辑起点。M-M理论研究的核心内容是资本结构与公司价值、资本结构与资本成本的关系。

为方便讨论，通常假设：

（1）无摩擦市场（Frictionless）。市场无交易费用、无公司所得税和个人所得税。投资者可以自由地进入或退出交易，市场对卖空行为没有任何约束。

（2）公司和个人都能以同一无风险利率自由地借入资金，即所有投资者的负债都是没有风险的。

（3）公司的经营风险是可以衡量的，经营风险相同的公司处于同一风险等级（公司经营风险的高低由息税前利润EBIT的标准差来衡量）。

（4）所有的市场参与者对未来的预期都是一致的。市场参与者可以无偿获得有关资产价值的相关信息，他们对每项资产收益的均值、方差估计相同，并能够理性地运用这些信息确定资产的价值。

（5）公司预期的息税前利润为一常数，即预期EBIT在未来任何一年都相等。

（6）公司的增长率为零，且全部收入均以现金股利形式发放。

（7）公司只有长期负债和普通股两项长期资本，公司的资产总额不变，资本结构变化可通过发行债券回购股票或相反方式得以实现。

2.3.2 M-M基本模型

M-M模型是应用套利机制证明公司资本结构和公司价值、资本成本、投资决策之间的关系，据此提出了3个命题。

命题Ⅰ：总价值命题。公司价值只与公司资产预期收益和所对应的资本成本有关，而与资本结构无关。或者说只要息税前利润相等，处于同一经营风险等级的负债公司价值与无负债公司价值相等。

根据财务估价理论，任何资产的价值等于该项资产创造的未来现金流量的现值，根据假设（5）和假设（6），公司价值可按下列方式计算：

$$V_U=V_L=EBIT/r_w \tag{2.9}$$

其中：$V_U=\frac{EBIT}{r_{sU}}$，$V_L=\frac{EBIT-I}{r_{sL}}+\frac{I}{r_b}$

式中：V_U表示无负债公司价值；V_L表示负债公司价值；r_W表示加权平均资本成本；r_{sU}表示无负债公司股本成本或无负债公司股东要求的收益率；r_{sL}表示负债公司

股本成本或负债公司股东要求的收益率；r_b表示债务资本成本。

（2.9）式表明：（1）公司价值不受资本结构的影响；（2）负债公司的加权平均资本成本等于同一风险等级无负债公司的股本成本；（3）r_{sU}和r_W的高低视公司的经营风险而定。

M-M是采用套利交易证明这一命题的。他们认为如果两家公司除了融资方式（有无负债外）和市场价值不同外，其他条件均相同，投资者将出售被高估的公司股票，购买被低估的公司股票，这个过程将会一直持续到两家公司市场价值完全相同为止。

假设无负债公司价值等于它的股权价值，即$V_U=S_U$，负债公司价值等于它的股权价值加上债务价值，即$V_L=S_L+B_L$。现在分两种情形说明投资者的套利过程。

如果$V_L>V_U$，且$V_U=S_U$，那么持有L公司股票份额为α的投资者，可以采取下列方式进行套利活动：（1）卖出L公司股票（αS_L）；（2）按无风险利率借入（αB_L）；（3）购买无负债公司股票（αV_U）。投资者套利后的现金净流量为：

$$\alpha S_L+\alpha B_L-\alpha V_U=\alpha(S_L+B_L)-\alpha V_U=\alpha(V_L-V_U)$$

如果$V_L<V_U$，且$V_U=S_U$，那么持有U公司股票份额为α的投资者，可以采取下列方式进行套利活动：（1）买入L公司股票（αS_L）；（2）以无风险利率贷出（αB_L）；（3）出售U公司股票（αV_U）。投资者套利后的现金净流量为：

$$-\alpha S_L-\alpha B_L+\alpha V_U=-\alpha(S_L+B_L)+\alpha V_U=\alpha(V_U-V_L)$$

［例2-3］假设U公司与L公司的经营风险相同（$\sigma_U=\sigma_L$），每年的现金流量（永续年金）从时间1开始产生，有关资料见表2-12。

表2-12　**U公司与L公司相关数据**　金额单位：万元

项目	U公司	L公司
负债（B）	0	6 000
负债资本成本（r_b）	0	8%
股权资本成本（r_S）	10%	11%
息税前利润（EBIT）	1 200	1 200
股票市场价值（S）	12 000	6 545.45
债务市场价值（B）	0	6 000
公司价值（V）	12 000	12 545.45
加权平均资本成本（r_w）	10%	9.57%

表2-12表明，在套利活动前，负债公司L的市场价值（12 545.45万元）大于无负债公司U的市场价值（12 000万元）。M-M认为这种情形不会太久，因为任何

一个理性的投资者都会通过套利活动，在不增加风险的情况下增加投资收入。

假设某投资者持有L公司股票的比例（α）为20%，在套利交易前，其市场价值为1 309.09万元（6 545.45×20%），这位投资者可以采取下列方式进行套利交易，见表2-13。

表2-13　　初始套利交易　　单位：万元

（1）出售负债公司的股票（αS_L）（6 545.45 ×20%）	1 309.09
（2）按L公司负债总额的20%借入资金（αB_L）（6 000×20%）	1 200.00
（3）购买20%的U公司股票（αV_U）（12 000×20%）	−2 400.00
投资者初始现金净流量（1）+（2）+（3）	109.09

投资者的初始现金净流量也可按下式表示：

α（V_L-V_U）=20%×（12 545.45−12 000）=109.09（万元）

投资者可以将套利获得的109.09万元投资于利率等于8%的无风险债券，每年的利息收入为8.73万元（109.09×8%）。

套利结束后，投资者的收益计算如下：

（1）持有U公司股票收益=12 000×20%×10%=240（万元）

（2）投资者支付套利时借入资金的利息=1 200×8%=96（万元）

（3）套利活动产生的现金净流量一年的利息收入=109.09×8%=8.73（万元）

（4）一年后套利后总收益=240−96+8.73=152.73（万元）

如果无套利活动，投资者持有L公司股票收益为125.28万元（6 545.45×20%×9.57%）；套利与无套利的收益差异为27.45万元（152.73−125.28）。

在这一套利行为中，L公司的投资者自己制造了一个财务杠杆，且与L公司的财务杠杆相等：

L公司财务杠杆（B/S）=6 000÷6 545.45=91.67%

投资者制造的财务杠杆（B/S）=1 200÷（6 545.45×20%）=91.67%

投资者在套利活动中，没有增加自己的投资额，也没有增加风险，反而提高了投资收益。

M−M认为，如果L公司的其他投资者进行同样的套利，那么，出售L公司股票会使其股票价格下跌，而购买U公司股票会使其股票价格上升，直到两家公司的市场价值达到均衡。

命题Ⅰ实际上是价值可加性原理的应用，在资本结构问题上，价值可加性原理可表述为：公司价值是由公司未来现金流量的现值决定的，无论如何划分该项现金流量，都不影响该现金流量的价值，例如，现金流量（A+B）的现值就等于现金流量A的现值与现金流量B的现值之和。在其他条件一定的情况下，无负债公司的现金流量完全归股东所有，公司价值等于其股票的市场价值（S），即 V_U=

S_U；而负债为B_L的公司，其现金流量CF_L分为两项：一项是进入债权人手中的利息（$I=r_bB_L$）；另一项是进入股东手中的股利，即息税前利润（EBIT）扣除利息后的剩余部分（$EBIT-r_bB_L$），公司价值等于股票价值与债券价值之和，即$V_L=S_L+B_L$。如果两个公司规模相同并且能产生相同的现金流量，负债经营所影响的只是现金流量的流向，而不是现金流量的总额。也就是说，不论这笔现金流量在股东和债权人之间如何分配，总是存在着一个恒定的投资价值，即公司现金流量的分配方式并不影响公司的价值。或者说，公司价值不会因为这些现金流量的所有权是“负债”还是“股权”的形式而增减，公司的价值只与投资以及经营活动有关，而与资本结构无关。

命题Ⅱ：风险补偿命题。负债公司的股权资本成本等于无负债公司的股权资本成本加上风险溢价，风险溢价的多少取决于杠杆比率（B/S）的大小。

在无税条件下，负债公司的股本成本r_{sL}：

$$r_{sL}=\frac{EBIT-r_bB}{S} \tag{2.10}$$

根据命题Ⅰ，$V=S+B=EBIT/r_{sU}$，则$EBIT=r_{sU}$（S+B），将EBIT代入（2.10）式后，可以得到负债公司股本成本r_{sL}与无负债公司股本成本r_{sU}之间的关系：

$$r_{sL}=r_{sU}+(r_{sU}-r_b)\cdot B/S \tag{2.11}$$

其中：$r_{sU}=r_W=EBIT/S_U$

（2.11）式表明，负债公司的股权资本成本与杠杆比率（B/S）线性相关，即股本成本随着杠杆比率的提高而增加。将命题Ⅰ和命题Ⅱ结合起来可以发现，低成本举债的利益正好被股本成本的上升所抵销。因此，在无赋税条件下，公司的资本结构不会影响公司的价值和资本成本。

同理，也可以证明负债公司的加权平均资本成本等于无负债公司的股本成本：

$$r_w=r_b\cdot B/V\cdot+r_{sL}\cdot S/V$$
$$=r_b\cdot B/V\cdot+[r_{sU}+(r_{sU}-r_b)\cdot B/S](S/V)$$
$$=r_{sU}$$

命题Ⅲ：投资收益率命题。如果公司的目标是股东财富最大化，那么，仅当投资预期收益率（IRR）大于公司加权平均资本成本时，投资项目才是可行的。

命题Ⅲ的含义实际上是要求公司的投资项目能够为股东创造增量价值，因此投资项目的增量支出（ΔI）应小于项目给公司带来的增量价值（ΔV），即：

公司实施新项目的基本条件是：$\Delta V/\Delta I\geqslant 1$

根据命题Ⅰ，$V=EBIT/r_{sU}$，则$\Delta V=\Delta EBIT/r_{sU}$，由此可以得到实施新项目的必要条件是：

$$\frac{\Delta EBIT/r_{sU}}{\Delta I}\geqslant 1 \qquad \Delta EBIT/\Delta I\geqslant r_{sU}$$

由于假设EBIT是一个常数，且具有永续年金的特征，如果不考虑所得税，则：

$$\Delta EBIT/\Delta I=IRR$$

根据上述分析结果可以得到M-M投资收益率命题：

$$IRR \geq r_w = r_{sU} \tag{2.12}$$

M-M理论被西方经济学界称为一次“革命性变革”和“公司资本结构理论的奠基石”。Stulz，René M（2000）认为M-M理论对财务理论的贡献不是“资本结构无关论”，而是在于他们将无套利证明引入财务理论的分析、论证过程，并使其成为财务学的基本分析方法。越来越多的学者认为，不了解无套利分析方法，便不可能从根本上了解现代财务理论。

2.3.3　M-M修正模型

Modigliani F and Miller M H（1963）放松了“不存在公司所得税”的假设，提出了含税条件下的M-M模型。与M-M基本模型相同，M-M修正模型也包括3个命题。

命题Ⅰ：总价值命题。在考虑公司所得税的情况下，由于利息可以抵税，从而增加公司的税后现金流量，公司价值会随着负债比率的提高而增加，即负债公司价值等于相同风险等级的无负债公司价值加上税负节约的价值。

假设无负债公司U和负债公司L，两者除资本结构外其他一切都相同。公司的EBIT仅受经营风险的影响，与负债无关，如果公司的增长率为零，那么公司U、公司L的投资者每年可得到的现金净流量为：

$$CF_U = EBIT(1-\tau)$$

$$\begin{aligned} CF_L &= (EBIT - r_b B)(1-\tau) + r_b B \\ &= EBIT(1-\tau) + \tau r_b B \\ &= CF_U + \tau r_b B \end{aligned}$$

式中：τ表示所得税税率。上式中的第一项与无负债公司投资者现金流量相同，第二项为利息抵税额。当引入公司所得税后，公司价值可按下式计算：

$$V_U = S_U = \frac{EBIT(1-\tau)}{r_{sU}}$$

$$V_L = \frac{EBIT(1-\tau)}{r_{sU}} + \frac{\tau r_b B}{r_b} = \frac{EBIT(1-\tau)}{r_{sU}} + \tau B$$

上式表明，负债公司价值包括两部分，并分别采用不同的资本成本。M-M理论认为，由于公司L和公司U的经营风险相同，因此，这部分由经营活动产生的税后现金流量的资本成本应为r_{sU}；由于利息抵税是由负债引起的，因此，由此产生的税后现金流量应按r_b进行折现。将两部分组合起来，可以得到含税时的公司价值模型：

$$V_L = V_U + \tau B \tag{2.13}$$

（2.13）式中的“τB”为税收节约的现值，在考虑公司所得税以后，公司价值是债务水平的线性增函数，负债越高，公司价值越大。当负债达到100%时，公司价值可以达到最大。

命题Ⅱ：风险补偿命题。在考虑公司所得税的情况下，如果公司负债经营且必须缴纳所得税，其股本成本就等于无负债公司的股本成本加上一笔风险溢价，风险溢价的大小与杠杆比率和所得税税率的高低有关。

当考虑公司所得税时，负债公司的股本成本为：

$$r_{sL}=\frac{(EBIT-r_bB)(1-\tau)}{S}=\frac{EBIT(1-\tau)-r_bB(1-\tau)}{S}$$

根据命题Ⅰ的结论有：

$$V_L=\frac{EBIT(1-\tau)}{r_{sU}}+\tau B$$

$$V_Lr_{sU}=EBIT(1-\tau)+r_{sU}\tau B$$

$$EBIT(1-\tau)=r_{sU}(V_L-\tau B)$$

将上式代入 r_{sL} 的公式可以得：

$$r_{sL}=r_{sU}+(r_{sU}-r_b)(1-\tau)\cdot B/S \tag{2.14}$$

$$r_{sU}=EBIT(1-\tau)/S_U \tag{2.15}$$

（2.15）式中的（1−τ）小于1，因此，考虑公司所得税后，虽然股本成本会随着负债比率的提高而上升，但其上升的速度低于无税时上升的速度。根据上述结论还可以证明负债公司的加权平均资本成本：

$$r_w=r_b\cdot B/V\cdot(1-\tau)+r_{sL}\cdot S/V$$

$$=r_b\cdot B/V\cdot(1-\tau)+[r_{sU}+(r_{sU}-r_b)(1-\tau)\cdot B/S]\cdot S/V$$

将S=V−B代入上式，可以得到加权平均资本成本：

$$r_w=r_{sU}(1-\tau\cdot B/V) \tag{2.16}$$

将命题Ⅰ和命题Ⅱ结合起来，可以发现公司负债越多，加权平均资本成本越低，公司价值越高。

命题Ⅲ：投资收益率命题。在考虑所得税的情况下，公司实施新项目的基本条件是 $\Delta V/\Delta I\geqslant 1$。

根据命题Ⅰ，投资项目的增量价值计算方式如下：

$$\Delta V=\frac{\Delta EBIT(1-\tau)}{r_{sU}}+\tau\Delta B$$

根据项目决策理论，公司实施新项目的必要条件是：

$$\Delta V/\Delta I=\frac{\Delta EBIT(1-\tau)/r_{sU}+\tau\Delta B}{\Delta I}\geqslant 1$$

$$\frac{\Delta EBIT(1-\tau)/r_{sU}+\tau\Delta B}{\Delta I}\geqslant 1$$

$$\Delta EBIT(1-\tau)/\Delta I\geqslant r_{sU}(1-\tau\cdot\Delta B/\Delta I)$$

假设EBIT为一常数，且具有永续年金的特征，则上式左边等于投资项目的预期收益率IRR。如果所有的投资项目都根据公司长期目标资本结构进行融资，则上式右边的（ΔB/ΔI）应等于（B/V），上式右边就是加权平均资本成本，因此，可以得到投资收益率命题：

$$IRR\geqslant r_w \tag{2.17}$$

需要说明的是，M-M理论假设公司所有项目都具有相同的经营风险。在1958年，系统风险的概念还没有被引入到资本成本的理论中，这意味着公司的加权平均资本成本不是系统风险的函数。当然，这种假设必须得到修正。如果项目风险大于公司风险，那么项目的资本成本还需要经过风险调整。

M-M修正模型虽然弥补了税收对公司价值的影响，但得出的结论与现实仍然存在较大的差距。首先，公司不可能一直盈利，所以平均的未来税率可能会低于法定的税率；其次，负债不是永恒的、固定的，未来税收节约的大小和期间也是不确定的，根据税收节约大小调整资本结构将会存在很高的风险；最后，如果考虑个人所得税，那么负债产生的税盾利益将会被个人所得税所抵销。

2.3.4 米勒税收理论

1977年，Miller M H提出了一个将公司所得税和个人所得税都包括在内的模型，估计负债对公司价值的影响。假设τ_c，τ_S，τ_b分别代表公司所得税税率、个人股票所得税税率和债券所得税税率，股票收益包括股利收益和资本利得，当股利收益与资本利得的所得税税率不同时，τ_S是指两种税率的加权平均税率；所有债券收入都表现为利息，对利息是按投资者的最高税率课税。

在无负债公司中，预期税后现金流量EBIT（$1-\tau_c$）（$1-\tau_S$），以无负债股权资本成本作为折现率，可以得到无负债公司价值：

$$V_U=\frac{EBIT(1-\tau_c)(1-\tau_s)}{r_{sU}} \tag{2.18}$$

对于混合融资（负债和股权融资）的公司来说，公司每年产生的现金流量可分解为两部分：属于股东的现金流量和属于债权人的现金流量，即：

$$CF_L=(EBIT-I)(1-\tau_c)(1-\tau_S)+I(1-\tau_b)$$
$$=EBIT(1-\tau_c)(1-\tau_S)-I(1-\tau_c)(1-\tau_S)+I(1-\tau_b)$$

上式右边第一项是归属于公司股东的现金流量，其预期值可以用负债公司的股权资本成本折现；第二项与第三项是没有风险的，可以用无风险利率折现，假设无风险利率等于债务资本成本，则负债公司的价值可按下式计算：

$$V_L=\frac{EBIT(1-\tau_c)(1-\tau_S)}{r_{SU}}-\frac{I(1-\tau_c)(1-\tau_S)}{r_b}+\frac{I(1-\tau_b)}{r_b}$$

整理上式可以得到：

$$V_L=V_U+\left[1-\frac{(1-\tau_c)(1-\tau_S)}{(1-\tau_b)}\right]B \tag{2.19}$$

（2.19）式中右边第二项代表了利息抵税的现值；如果$\tau_c=\tau_S=\tau_b=0$，即不考虑公司所得税和个人所得税，那么括号内的项目将为零，这与M-M无公司所得税模型相同；如果$\tau_S=\tau_b=0$，即不考虑个人所得税，那么括号内的项目等于τ_c，这与M-M含公司所得税模型相同；如果$\tau_S=\tau_b$，即股票和债券收益的个人所得税相等，那么括号内项目等于τ_c，即与M-M含公司所得税模型相同；如果（$1-\tau_c$）（$1-\tau_S$）=（1-

τ_b），那么括号内的项目等于零，这意味着税负节约也为零。也就是说，公司负债减税的好处正好被个人所得税抵销。因此，资本结构对公司价值或资本成本无任何影响，此时又回到了M-M无公司所得税模型。

从某种意义上说，M-M的结论很像厂商在完全竞争市场上追求最大利润的模型，尽管这个模型不完全真实，但它为分析研究有关问题提供了一个起点和框架。虽然M-M理论（在1958年系统风险的概念还未得到发展）不能解决实际财务问题，但它为推动资本结构理论的发展奠定了坚实的基础。

2.3.5 M-M理论与CAPM的结合

Hamada R S（1969），Rubinstein M E（1973）两位学者将M-M含公司所得税模型与资本资产定价模型相结合，得到负债公司的股本成本。在M-M模型中，假设公司所有项目的经营风险都是相同的；假设公司债务是无风险的，即公司债务价格对利息率变化不敏感，并且它没有违约风险，或者违约风险被完全分散了（债务β系数$\beta_b=0$）。在CAPM模型中，无负债公司的股权资本成本取决于公司经营活动的系统风险（β_U），但是在实务中，无负债公司的β系数（β_U）不能直接观察到。相对来说，负债公司的β系数（β_L）较容易计算。如果两种β系数存在可定义的相关联系，那么就会通过β_L得到β_U。为此，先将M-M与CAPM关于负债公司股权资本成本的定义等同起来，则：

$$r_f+\beta_L(r_m-r_f)=r_{SU}+(r_{SU}-r_b)(1-\tau)(B/S)$$

假设$r_b=r_f$，且$r_{SU}=r_f+\beta_U(r_m-r_f)$，代入上式整理后可以得到负债公司的β系数（$\beta_L$）和无负债公司的β系数（$\beta_U$）之间的相互关系：

$$\beta_L=\beta_U[1+(1-\tau)\cdot B/S] \tag{2.20}$$

重新改写上述推导结论可以得到：

$$\begin{aligned} r_{sL}&=r_f+(r_m-r_f)\beta_U[1+(1-\tau)\cdot B/S] \\ &=r_f+\beta_U(r_m-r_f)+\beta_U(r_m-r_f)(1-\tau)\cdot B/S \end{aligned} \tag{2.21}$$

式中：$\beta_U(r_m-r_f)$表示经营风险溢价；$\beta_U(r_m-r_f)(1-\tau)\cdot B/S$表示财务风险溢价。

［例2-4］假设XYZ公司当前的负债比率（债务总额/资产总额）为20%，公司的CFO认为只要公司的负债比率不超过35%，公司就一直可以按6%的优惠利率（同时假设为无风险利率）借款。公司的所得税税率为25%。估计下一年市场预期收益率为15%，公司股权资本的系统风险估计为0.7。分别计算当负债比率为20%、35%时，公司的股权资本成本和加权平均资本成本。计算结果见表2-14。

当负债率为20%时，公司的股权资本成本和加权平均资本成本计算如下：

$$\begin{aligned} r_{sL}&=E(r_j)=r_f+\beta_L[E(r_m)-r_f] \\ &=6\%+0.7\times(15\%-6\%)=12.30\% \end{aligned}$$

$$\begin{aligned} r_w&=r_b\cdot B/V(1-\tau)+r_{SL}\cdot S/V \\ &=6\%\times20\%\times(1-25\%)+12.3\%\times80\% \\ &=10.74\% \end{aligned}$$

表2-14　　　　XYZ公司资本成本

项目	负债率20%	负债率35%
无负债β系数	0.5895	0.5895
β系数	0.7000	0.8276
股权资本成本		
（1）CAPM股权资本成本	12.30%	13.45%
（2）M-M股权资本成本		
无负债股权资本成本	11.31%	11.31%
负债股权资本成本	12.30%	13.45%
（3）M-M和CAPM风险溢价模型	12.30%	13.45%
经营风险溢价	5.31%	5.31%
财务风险溢价	0.99%	2.14%
风险溢价	6.30%	7.45%
债务资本成本	6%	6%
税后债务资本成本	4.50%	4.50%
加权平均资本成本	10.74%	10.32%

在表2-14中，股权资本成本分别采用CAPM、M-M股权资本成本，以及将M-M与CAPM相结合计算的股权资本成本，现以负债率为35%加以说明。如果公司的负债比率提高到35%，随着财务风险的提高，股东要求的收益率也会随之提高。为了计算新的加权平均资本成本，首先根据（2.20）式计算无负债公司的β系数，然后按新的资本结构调整负债公司的β系数。在资本结构变化前，负债公司的β系数为0.7，则无负债公司的β系数计算如下：

$$\beta_U=\frac{\beta_L}{1+(1-\tau)\cdot B/V}=\frac{0.7}{1+(1-25\%)\times 20\%\div 80\%}=0.5895$$

如果负债比率提高到35%，那么负债公司的β系数计算如下：

$\beta_L=0.5895\times[1+(1-25\%)\times 0.35\div 0.65]=0.8276$

当负债比率由20%上升到35%时，负债公司的β系数由0.7上升到0.8276，同时，负债公司的股权资本成本按不同模型计算如下：

（1）根据CAPM理论：

$r_{SL}=6\%+0.8276\times(15\%-6\%)=13.45\%$

（2）根据M–M理论，首先，根据（2.16）式计算无负债股权资本成本：

$$r_{SU}=\frac{r_w}{1-\tau\cdot B/V}=\frac{10.74\%}{1-0.25\times 20\%}=11.31\%$$

其次，根据（2.14）式计算负债公司股权资本成本：

$r_{SL}=r_{SU}+（r_{SU}-r_b）（1-\tau）\cdot B/S$

$=11.31\%+（11.31\%-6\%）（1-25\%）\times 0.35\div 0.65$

$=13.45\%$

（3）根据M–M和CAPM组合模型：

$r_{SL}=6\%+0.5895\times（15\%-6\%）+0.5895\times（15\%-6\%）（1-25\%）\times 0.35\div 0.65$

$=13.45\%$

上述计算结果表明，当公司负债比率从20%上升到35%时，负债公司的股权资本成本从12.30%上升到13.45%，其中无风险收益率为6%，经营风险溢价为5.31%，财务风险溢价为2.14%。由于负债率提高，财务风险溢价从0.99%上升到2.14%，但公司加权平均资本成本从10.74%下降到10.32%。

上述计算表明，M–M理论和CAPM模型对股权资本成本的影响等方面得出了一致的结果。但是，M–M理论和CAPM模型对风险的假设是不同的。M–M理论假设公司资本成本不受资本结构的影响，只要经营风险相同，公司项目的风险与公司风险相同。因此，投资项目的决策标准是公司加权平均资本成本。而CAPM模型假设不同项目的经营风险和财务风险可能不同，当投资项目与公司具有不同的风险时，如果仍然使用公司加权平均资本成本作为项目的决策标准，那么将做出错误的决策。

［例2–5］假设SST公司没有负债，股票β系数等于1；假设政府债券收益率为6%，市场风险溢价为7%，根据CAPM模型，SST公司股权资本预期收益率为13%，也可以说，SST公司股权资本成本，或加权平均资本成本均为13%。此时，市场投资组合的预期收益率也是13%。假设SST公司目前有两个投资项目：低风险项目和高风险项目，两个投资项目各自的资本成本、预期收益率见表2–15。在上述两个备选项目中，是以公司加权平均资本成本还是以各自项目的资本成本作为项目评价的标准？

表2–15　**投资方案预期收益与资本成本**

项目	公司	低风险项目	高风险项目
无风险利率	6%	6%	6%
市场风险溢价	7%	7%	7%
β系数	1	0.6	1.4
股权资本成本（加权平均资本成本）	13.0%	10.2%	15.8%
项目预期收益率		12%	15%

图2–14中的SML为证券市场线，根据项目β系数给出了其要求的预期收益率，它以无风险利率（6%）为起点，经过M点，即市场收益率（13%）。如果SST公司

根据项目的β系数而不是公司的β系数评价投资项目，那么它就会放弃任何处于SML下方的项目，接受任何处于SML上方的项目，因为SML代表了投资项目预期收益率与项目β系数（风险）之间的关系。如果以项目的资本成本进行评价，就会接受低风险项目、放弃高风险项目。因为低风险项目的预期收益率（12%）大于项目资本成本（10.2%）；高风险项目的预期收益率（15%）低于资本成本（15.8%）。如果根据M-M理论，SST公司以WACC（13%）作为判断标准，那么就可能会错误地接受一些高风险的项目，而放弃一些低风险的项目。虽然高风险项目的预期收益率大于公司加权平均资本成本，但在本例中，高风险项目投资至少要求15.8%的投资收益率，而项目本身只能提供15%的预期收益率，显然应该拒绝高风险项目。低风险项目提供的预期收益率虽然低于公司加权平均资本成本，但其风险低，补偿同等风险项目要求的预期收益率为10.2%，低于项目本身的预期收益率，因而应该接受低风险项目。

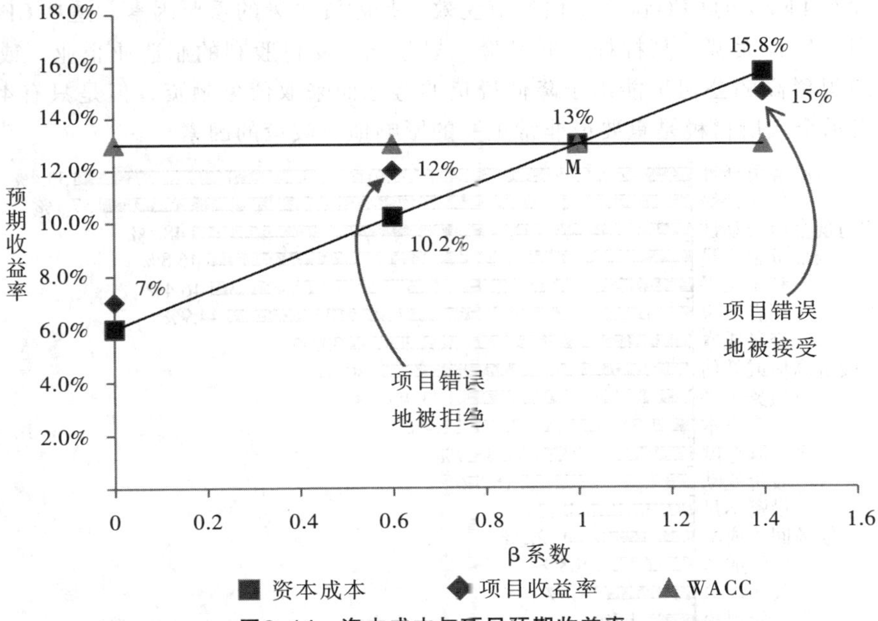

图2-14 资本成本与项目预期收益率

上述分析表明，采用加权平均资本成本（M-M理论）和项目资本成本（CAPM模型）进行项目决策的结论恰好相反。由于Modigliani和Miller提出M-M理论时（1958年），系统风险的概念还未得到发展，因此，M-M理论原来的假设不能适应不同风险的投资项目，从而必须用CAPM模型对M-M理论的财务模型进行调整。

M-M理论

2.3.6 M-M理论检验

M-M理论在1958年发表的论文中引用了Allen F B对于1947—1948年中的43

家大型电子工业企业的证券收益和财务结构之间关系的分析及Robert Smith对于1953年的42家石油数据做出的研究。他们对资本成本和资本结构进行了回归分析，结果证明电子行业和石油行业的资本成本和资本结构的相关系数都接近零，且在统计上不显著。他们对普通股收益和资本结构进行了回归分析，结论证明电子行业和石油行业普通股收益和资本结构的相关系数都为正，且在统计上显著。以上两个实证检验在一定程度上很好地吻合了M-M理论。但M-M理论是建立在完美资本市场的假设下，因此，M-M理论很难从现实中获得直接的证明。

在现实中，资本结构变化经常与新投资决策同时发生，因此，很难将融资对公司价值的影响，以及投资决策对公司价值的影响分开。那么，实践中的CFO在资本结构中主要考虑哪些因素？Graham J R，Harvey C R（2002）调查了美国392位公司的CFO，了解他们如何进行资本预算和融资决策。在资本结构决策中，请CFO对决定公司债务比率的最重要的变量进行排序，结果如图2-15所示。调查结果表明，大约44.9%的CFO认为举债的节税效应是融资决策的重要因素，这些CFO所在的公司一般是大型、高杠杆、低风险、规范化、支付股利的制造业企业，或者说，应缴所得税高的公司可能出于降低税负的考虑而采取债务融资，但是只有4.5%的CFO表示个人所得税是重要或非常重要的影响债务政策的因素。

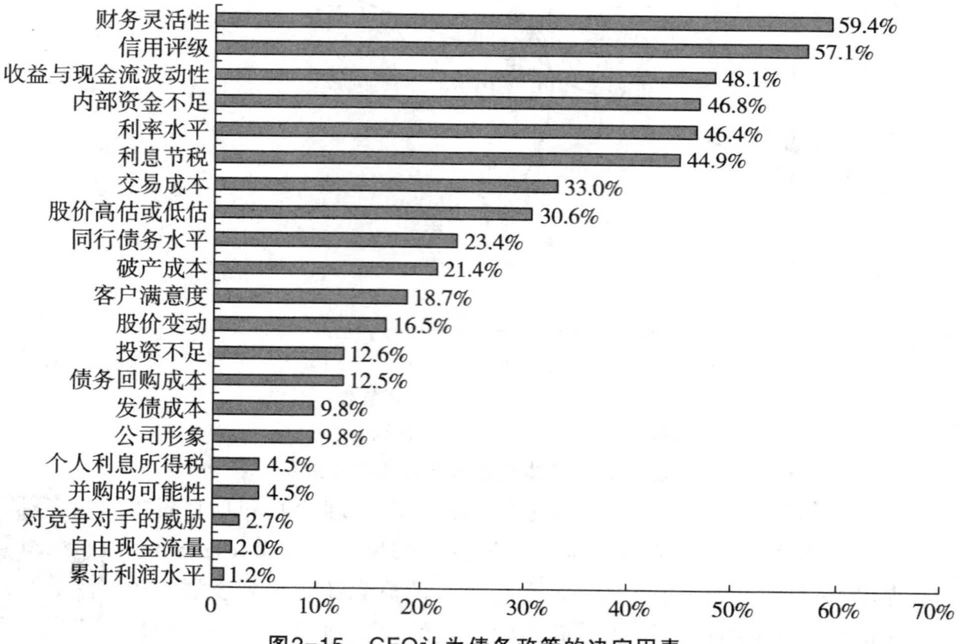

图2-15　CFO认为债务政策的决定因素

关于破产成本对债务政策的影响，在受访者中仅有21.4%的CFO认为潜在的财务危机成本是重要的或非常重要的因素。但是，实际上有59.4%和57.1%的CFO认为财务灵活性和信用评级是影响债务政策的重要的或非常重要的因素。这一点表明，避免财务危机是公司债务政策决策时最重要的因素。为保持财务的灵活性，大部分公司保留了没有使用的举债能力，拥有“投资级”债券（占样本50%以上）的公司，信用评级是债务政策一个非常重要的决定性因素。最后，48.1%的CFO认为收入稳定性是制定债务政策时的一个重要的或非常重要的考虑因素。

Graham J R，Harvey C R（2002）也向CFO调查了有关他们公司是否存在一个最优的或者“目标性”的负债比率。在受访者中，大约19%的CFO所在的公司不设置目标资本结构或债务比率区间；大约37%的CFO所在的公司设置较灵活的目标资本结构；34%的CFO所在的公司设置稍严格的目标资本结构；仅有10%的CFO所在的公司设置严格的目标资本结构。

2.4 期权定价模型

2.4.1 二项式模型与公司估价

二项式模型（Binomial Model）的基本原理是把期权的有效期分为很多很小的时间间隔，并假设在每一个时间间隔内标的资产（V_0）价格只有上升或下降两种可能。图2-16描述了公司价值的二项式模型的一般表现形式。在图中，每一个数值称为一个节点，每一条通往各节点的线称为路径。“u”和“d”分别代表了标的资产上升或下降为原来数值的倍数，“u”和“d”的上角标表示上升或下降的次数，例如，当t=0时，资产价格为V_0；当t=1时，资产价格要么上涨到uV_0，要么下降到dV_0；当t=2时，资产价格就有三种可能：u^2V_0、udV_0（等于V_0）和d^2V_0，依此类推。需要说明的是，在较大的时间间隔内，这种二值运动的假设是不符合实际的，但是当时间间隔非常小，且在每个瞬间，资产价格的变动只有两个方向时，其假设是可以接受的。因此，二项式模型实际上是用大量离散的小幅度二值运动来模拟连续的资产价格运动。

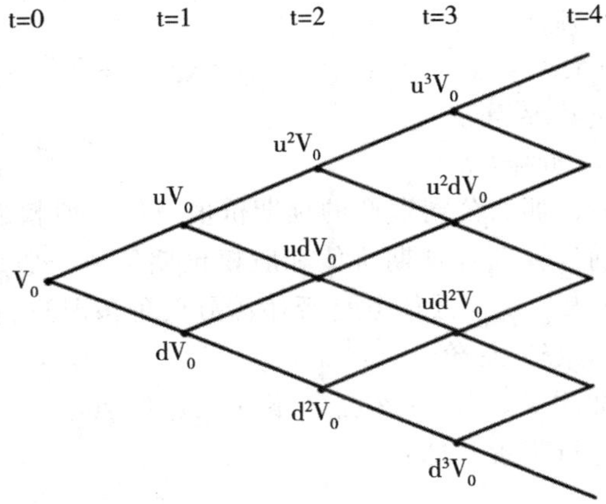

图2-16　公司价值的二项式模型

在图2-16中，假设标的资产为公司资产价值，那么，在一个多期的市场中，公司资产价值的分布是离散型的。在图中，当前公司资产价值为V_0；当t=1时，公司资产价值以p的概率上升到uV_0，或者以（1-p）的概率下降到dV_0。在这里，u>1，d=1/u<1，因此，当t=1时，公司资产价值的关系可描述为：$uV_0> V_0> dV_0$。从图2-16中可以看出，n个时期产生n+1个资产价值，例如，当t=2时，期末产生三种不同的资产价值；当t=3时，期末产生四种不同的资产价值。

从图2-16中还可以看出，期末资产价值的变化主要与参数u、d，以及概率q有关。假设在很短的时间Δt内资产的预期收益率为uΔt，在Δt内收益的方差为$\sigma^2\Delta t$，必须确定参数u，d和p。根据Cox，Ross and Rubinstein（1979）的二项式模型，这3个参数的确定方法如下：

$$u=e^{\sigma\sqrt{\Delta t}} \tag{2.22}$$

$$d = 1/u=e^{-\sigma\sqrt{\Delta t}} \tag{2.23}$$

$$p=\frac{e^{r_f\Delta t} - d}{u - d} \tag{2.24}$$

（2.24）式称为风险中性概率（Risk-Neutral Probability），其中r_f表示无风险利率。

［例2-6］假设XYZ公司当前的价值V=100万元，公司资产预期收益的标准差σ=20%，无风险利率r_f=7%，如果Δt=1年，那么计算一年后资产价值和资产收益率。

一年后公司资产价值上升或下降及其概率计算如下：

$$u=e^{\sigma\sqrt{\Delta t}}=e^{0.2\times\sqrt{1}}\approx1.2214$$

$$d=1/u=1/1.2214\approx0.8187$$

$$p=\frac{e^{r_f\Delta t} - d}{u - d}=\frac{e^{0.07\times1} - 0.8187}{1.2214 - 0.8187}\approx63.02\%$$

当Δt=1时，预期公司资产价值：

$V_1^u=uV_0=1.2214\times100=122.14$（万元）

或：$V_1^d=dV_0=0.8187\times100=81.87$（万元）

则一年后公司资产预期价值为：

$E(V_{\Delta t=1})=122.14\times63.02\%+81.87\times(1-63.02\%)\approx107.25$（万元）

一年后资产预期收益率为：

$r_A=(107.25\div100-1)\times100\%=7.25\%$

如果公司没有负债，那么公司资产的预期价值就等于股权的预期价值。对于负债公司来说，需要分别计算债务预期价值和股权预期价值。假设公司在时间为T时支付给债权人的资金为K，现根据债务是否违约分两种情况进行说明：

1）无违约风险时的资产估价

根据财务理论，如果$K<V_T^d$，那么公司不存在违约风险。当T=1时，债务现值（B）可按无风险利率进行折现，即：

$$B=\frac{K}{1 + r_f},\ K<V_T^d \tag{2.25}$$

负债公司的股权现值（S）等于负债公司价值减去债务现值，即：

$$S=V-B \tag{2.26}$$

现仍以XYZ公司为例，假设K=50万元，则$K=50<V_1^d=81.87$，公司债务无违约风险。假设$r_f=7\%$，公司的债务现值计算如下：

$$B=\frac{K}{1+r_f}=\frac{50}{1+7\%}=46.73 \quad （万元）$$

据此可以得出负债公司的股权现值为53.27万元（S=V−B=100−46.73）。

根据二项式原理，当t=1时，资产价值上升或下跌时股权价值计算如下：

$S_1^u=V_1^u-K=122.14-50=72.14$（万元）

$S_1^d=V_1^d-K=81.87-50=31.87$（万元）

根据股权资本期初与期末价值计算股权资本收益率：

$$r_S=p\cdot\frac{S_T^u-S}{S}+(1-p)\cdot\frac{S_T^d-S}{S}$$

$$=63.02\%\times\frac{72.14-53.27}{53.27}+(1-63.02\%)\times\frac{31.87-53.27}{53.27}$$

$$\approx 7.47\%$$

负债公司资产收益率可按下式计算：

$$r_A=r_b\cdot B/V+r_S\cdot S/V=7\%\times 46.73\div 100+7.47\%\times 53.27\div 100$$

$$=7.25\%$$

上述计算结果既可作为公司的资产收益率，又可作为负债公司的加权平均资本成本。这与M−M无公司税理论相同，即如果公司可以以无风险利率借入资金，那么负债公司的加权平均资本成本等于无负债公司的股权资本成本。

2）存在违约风险时的资产估价

当债务到期时，如果$V_T^u>K>V_T^d$，那么公司存在违约风险。在$V_T^u>K$的情况下，当债务到期时，债权人可以收回债务面值K，此时股东可以得到公司价值的剩余部分，即$S_T^u=V_T^u-K$；在$K>V_T^d$的情况下，公司违约，债权人只能得到$B_T^u=V_T^d<K$，股东则一无所获（$S_T^d=0$）。

如果公司存在违约风险，那么我们可以通过构建一个无风险套利组合：购入公司资产，卖出δ份额的负债公司股权资本。其中δ为无风险套利保值比率，当债务到期时，无风险投资组合的价值见表2-16。

表2-16　　无风险投资组合到期价值

投资组合	初始投资	到期价值	
		$V_T^u>K$	$V_T^d<K$
买入1份公司资产	−V	V_T^u	V_T^d
卖出δ份股权资本	δS	$-\delta S_T^u$	$-\delta S_T^d$
合计	δS−V	$V_T^u-\delta S_T^u$	$V_T^d-\delta S_T^d$

表2-16中列示了到期日的投资组合价值，如果不存在风险，则投资组合的价值应相等，即：

$V_T^u-\delta S_T^u=V_T^d-\delta S_T^d$

求解上式，可以得到无风险套利比率：

$$\delta=\frac{V_T^u - V_T^d}{S_T^u - S_T^d} \tag{2.27}$$

按套利比率构建投资组合后，无论未来一年的资产价值上升还是下降，该组合的价值都应该相等。由于该组合为无风险组合，因此，可以用无风险利率对投资组合价值折现求其现值。在无风险套利机会下，该组合价值的现值应等于构造该组合的成本，即：

$$V-\delta S=\frac{V_T^u - \delta S_T^u}{(1 + r_f)^T}=\frac{V_T^d - \delta S_T^d}{(1 + r_f)^T}$$

将（2.27）式代入上式可以得到：

$$S=V\frac{1}{\delta}-\left(V_T^u\frac{1}{\delta} - S_T^u\right)/(1 + r_f)^T \tag{2.28}$$

将$S_T^u=V_T^u-K$代入上式，可以得到：

$$S=V\frac{1}{\delta}-\left[K + V_T^u\left(\frac{1}{\delta} - 1\right)\right]/(1 + r_f)^T \tag{2.29}$$

假设XYZ公司的零息债到期值为90万元，由于$K=90>V_1^d=81.87$，存在违约风险。首先确定套利保值比率δ：

$$\delta=\frac{V_T^u - V_T^d}{S_T^u - S_T^d}=\frac{122.14 - 81.87}{122.14 - 90 - 0}=1.253$$

根据（2.29）式计算负债公司股权价值：

$$S=100\times\frac{1}{1.253}-\left[90 + 122.14 \times \left(\frac{1}{1.253} - 1\right)\right] \div (1 + 7\%)^1$$

≈18.74（万元）

根据上述结果，可以计算出债务价值为81.26万元（B=V-S=100-18.74），注意，这一价值低于无违约风险时债务到期价值的现值84.11万元［$K/(1+r_f)=90\div 1.07$］，这是因为一年后如果资产价值下降，那么支付给债权人的资金是81.26万元，而不是90万元。

综合上述分析，可以发现二项式估价模型可用于证明M-M无公司税理论。假设公司无负债经营，当t=0时，公司资产的市场价值就等于无负债公司的股权市场价值，即$V_U=S_U$。当t=T时，公司资产价值等于$V_T^u=uV$或者等于$V_T^d=dV$。

如果公司发行无风险零息债券，当债券到期时（t=T），公司支付的债券本金$K<V_T^d$。公司通过发行债券回购股票，负债公司的股权价值等于$S_T^u=V_T^u-K$，或者$S_T^d=V_T^d-K$。由于债务无违约风险，可采用无风险利率进行折现，因此，当t=T时，债务价值为$B=K/(1 + r_f)^T$。根据M-M命题Ⅰ，负债公司股权价值等于$S_L=V_U$，其中V_U为

无负债公司的股权价值。

2.4.2 期权价值与买-卖权平价关系

期权或称选择权，是指买卖双方达成的一种可转让的标准化合约。它给予期权持有人（期权购买者）具有在规定期限内的任何时间或期满日按双方事先约定的价格买入或卖出一定数量标的资产的权利。期权立约人（期权出售者）则负有按事先约定价格卖出或买入一定数量标的资产的义务。

在一个标准的期权合约中，期权价值（即期权费或权利金）是唯一的变量，也是最难确定的。期权价值由内含价值和时间价值构成。内含价值（Intrinsic Value）是指期权本身所具有的价值，也是履行期权合约时所能获得的收益。它反映了期权行权价格与标的资产价格之间的变动关系。

看涨期权（买权）内含价值=max［S_T-K，0］

看跌期权（卖权）内含价值=max［K-S_T，0］

式中：S_T表示标的资产价格；K表示行权价格。

在所有的情况下，期权卖方会要求一笔高于内含价值的期权费，高出的部分称作期权的时间价值，它反映了期权合约的有效时间与潜在风险、收益之间的相互关系。一般来说，期权合约的剩余有效时间越长，时间价值也就越大。这是因为，对于期权买方而言，期权合约的有效时间越长，标的资产市场价格变动的可能性就越大，因而其获利的潜力就越大，买方就愿意支付比内含价值更多的权利金来购买这项权利。对于期权卖方而言，期权合约的有效期越长，他承担无条件履约义务的时间就越长。由于买方都是在有利于自己不利于卖方的时候才会行使期权，因此卖方承担的风险较高，他出售合约所要求的权利金就会较大。伴随着合约有效剩余时间的缩短，买卖双方获利机会在减少，承担的风险也在降低，时间价值也将逐渐减少。一旦期满未曾实施，该期权也就完全丧失了时间价值。

买权、卖权和其他金融工具可组成更为复杂的期权合约，在这里只介绍买-卖权平价关系。欧式看涨期权、看跌期权（标的资产、执行价格以及到期时间相同）存在如下平价关系：

$$S+p=c+Ke^{-r_fT} \quad (2.30)$$

式中：S表示标的资产的现行价格（股票不发放红利）；p表示看跌期权价值或卖权价值；c表示看涨期权价值或买权价值；K表示债券面值（行权价格）；Ke^{-r_fT}表示债券面值的现值（按连续复利计算）；T表示到期日。

（2.30）式的含义是，投资者购买一份欧式股票卖权（p）并持有一股股票（S），他所获得的收益与一份欧式股票买权（c）和持有一张到期值为K的无风险债券的收益相同。因此，两项投资组合的价值为max（S_T，K）。不同投资组合到期价值见表2-17。

表2-17　　不同投资组合到期价值

投资组合	$S_T>K$	$S_T<K$
投资组合1		
持有股票（S）	S_T	S_T
欧式买入卖权（p）	0	$K-S_T$
投资组合到期价值	S_T	$S_T+K-S_T=K$
投资组合2		
欧式买入买权（c）	S_T-K	0
持有无风险债券（Ke^{-r_fT}）	K	K
投资组合到期价值	$S_T-K+K=S_T$	K

根据买-卖权平价关系，也可以确定公司的股票和债券价值。假设公司的资本总额由股权资本（普通股）和负债资本（零息债券）两部分组成。公司的债券面值为B，期限为T年，则当债券到期时，所发行的股票价值S_T与当时公司的资产价值V_T有关：

$$S_T=\max[V_T-B, 0] \tag{2.31}$$

公司的股票可以解释为以公司资产为标的资产，以债券面值为行权价，以债券期限为权利期间的一种欧式买入买权，此时买权的真正标的资产是公司资产，而不是公司股票，通过以股价为中介，买权（股票价值）主要与公司资产价值及债券面值有关。如果将（2.30）式中的S用V替代，c用S替代，则公司资产、股票（买权）、债券、卖权之间的关系，可按下式表示：

$$V+p=S+K/(1+r_f)^T \tag{2.32}$$

根据买权定价理论，当债券到期时，股票持有人（股东）具有两种选择：偿还债券或宣告破产。如果$V_T>B$，那么股东偿还债务执行他们持有的看涨期权，股权价值等于公司价值减去债券价值（S=V-B）。如果$V_T<B$，那么股东就放弃执行期权而对债务违约。按股东承担有限责任的观点，债权人将接受小于债券面值的公司资产，此时买权一文不值（S=0）。因此，在到期日，股权价值可以表示如下：

$$S=V-B=V-[K/(1+r_f)^T-p] \tag{2.33}$$

上式也可以转换为：

$$V=S+B=S+[K/(1+r_f)^T-p] \tag{2.34}$$

（2.34）式表明，负债公司的价值可分解为两部分：其中股权部分S是一个看涨期权，风险性债务部分等于零息债券的现值Ke^{-r_fT}减去欧式看跌期权的价值p。当债券到期时，债券价值（B）可按下式计算：

$$B=V-\{V-[K/(1+r_f)^T-p]\}=K/(1+r_f)^T-p \tag{2.35}$$

从债权人的角度看，持有人有两项权益：（1）他们拥有债券的索偿权；（2）他们是公司资产卖权的出售者（相对而言，股东持有一份以公司债券为行权价的卖权，或公司资产卖权的购买者）。当债券到期时，如果$V_T>B$，那么股东放弃行权，此时，债权人仅按债券面值K收到偿还额，这种卖权不具有任何价值（p=0）。如果$V_T<B$，那么股东行使卖权，此时，债权人必须以债券面值将公司资产买回，债权人将得到小于债券面值的公司资产，即$B<Ke^{-r_fT}$。这相当于债权人在获得债券面值的同时，由于卖权被执行，他们损失了债券面值K与公司价值V_T之间的差额（$K-V_T$）。图2-17中的折线显示了公司债权人的损益。

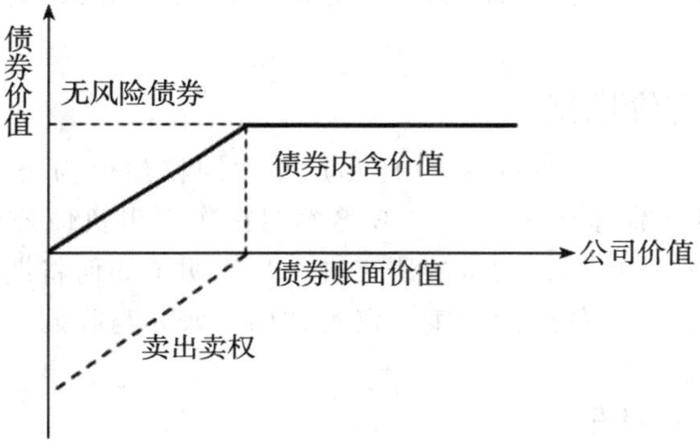

图2-17　债券价值

图2-17表明，对某有限责任公司进行资本贷放，相当于进行了一项风险投资。为了避免风险，债权人会在购买了一张以无风险利率（无违约风险）折现的公司债券的同时，还出售给公司股东一个以债券面值为行权价格的卖出期权，以便将风险债券调整为无风险债券。因此，（2.35）式可以描述为：债权人愿意为在将来取得债券面值而现在支付的金额等于预期债券现值减去公司资产的卖权价值。

当公司的债务到期时，公司价值等于股权价值加上风险性债务价值，并在股东和债权人之间进行分配，见表2-18。

表2-18　**到期日公司价值分配情况**

项目	到期日	
	$V_T>K$	$V_T<K$
股东价值：		
看涨期权S	V_T-K	0
债权人价值：		
无风险债券（零息债券）	K	K
看跌期权p	0	－（$K-V_T$）
债权人价值合计	K	V_T
证券持有者价值：	V_T	V_T

假设XYZ公司的资产现行价格V=100万元，无风险利率r_f=7%，零息债券面值K=50万元，债券期限T=1年。当债券到期时，如果V_T>K，则公司无违约风险。此时，卖权持有者放弃行权（p=0），债券价值等于零息债券面值的现值。

$$B=\frac{K}{(1+r_f)^T}-=\frac{50}{(1+7\%)^1}-0\approx 46.73\text{（万元）}$$

股票价值=100-46.73=53.27（万元）

如果公司的零息债券面值为90万元，公司存在违约风险，在［例2-6］中，存在违约风险时债券价值为81.26万元。如果无违约风险，则债券的价值为84.11万元（90÷（1+7%）），这两者之间的差额即为卖权价值（p=84.11-81.26=2.85（万元））。

2.4.3 B-S期权定价模型

Fischer Black and Myron Scholes（1973）在“期权估值与公司债务”一文中推出了期权估值模型（简称B-S模型）。B-S模型首次提出负债公司的股权实际上是公司价值的看涨期权。此后，大量的研究进一步说明了如何将期权定价理论运用于解决公司财务问题之中，如股利政策、资本结构、兼并与收购、投资决策、可转换债券、认股权证等。

1）B-S模型基本假设

（1）期权标的资产为一项风险资产，当前时刻的市场价格为S。S遵循几何布朗运动规律，这意味着股票价格在短时期内的变动（即收益）来源于两个方面：一是单位时间内已知的一个收益率变化，可以看成一个总体的变化趋势；二是随机波动项，可以看成随机波动使得股票价格变动偏离总体趋势的部分。

（2）在期权有效期内，标的资产不支付股利和利息，即不存在影响收益的任何外部因素。综合假设1和假设2意味着标的资产价格的变动是连续且均匀的，不存在突然的跳跃。

（3）没有交易费和税收，不考虑保证金的问题，即不存在影响收益的任何外部因素。综合假设2和假设3意味着投资者的收益仅来源于价格的变动，而没有其他的影响因素。

（4）该标的资产可以自由地买卖，即允许卖空，且所有证券都是完全可分的。

（5）在期权的有效期内，无风险利率为常数，投资者可以此利率无限制地进行借贷。

（6）期权为欧式看涨期权，且执行价格为K，当前时刻为t，到期时刻为T。

（7）市场中不存在无风险套利机会。

（8）标的资产价格的波动率已知且恒定，这一假设是期权定价模型的关键条件。

2）B-S模型影响因素

B-S模型是通过无套利[①]原则推导出来的。B-S模型认为任何期权都可以由标的股票和短期无风险资产构成的资产组合所复制。因此，复制此资产组合的成本实际上就是期权价格。B-S模型构造了一个由标的资产一定数量的多头和期权的一定数量的空头组成的证券组合。要求这个组合的收益是确定的、不依赖于股票的价格并且是无风险的。由于无风险资产的收益率为r_f，因此，根据无套利原则就可以计算出这个组合的价值，从而推导出期权定价公式。

$$c=SN(d_1)-Ke^{-r_fT}N(d_2) \tag{2.36}$$

其中：$$d_1=\frac{\ln(S/K)+(r_f+\sigma^2/2)T}{\sigma\sqrt{T}} \tag{2.37}$$

$$d_2=d_1-\sigma\sqrt{T} \tag{2.38}$$

式中：c表示买权价值（看涨期权）；S表示标的资产的现行市场价格；K表示行权价格；r_f表示无风险利率（按连续复利计算）；σ表示标的资产的收益标准差；T表示期权距到期日的时间；N（x）表示标准正态分布的累积概率分布函数（即某一服从正态分布的变量小于x的概率），根据标准正态分布函数特性，可知：N（-x）=1-N（x）。

从B-S模型的经济含义看，N（d_1）等于保值比率Δ，反映了当标的资产变动一个很小的单位时，期权价格的变化量，即：$\Delta = N(d_1) = \partial c/\partial S$。事实上，N（$d_1$）复制交易策略中股票的数量，SN（$d_1$）就是股票的市场价值，或者，SN（$d_1$）= $e^{-r_fT}S_TN(d_1)$是S_T的风险中性期望值的现值。N（d_2）实际上是在风险中性世界中S_T大于K的概率，或者说是欧式买权被执行的概率，$Ke^{-r_fT}N(d_2)$是K的风险中性期望值的现值。因此，看涨期权价值等于标的资产价格期望现值减去行权价格现值。

根据B-S模型的基本公式，看涨期权价值主要由5个因素决定，即标的资产价值S，期权执行价格K，标的资产收益率的瞬时标准差σ，期权的到期期限T，以及无风险利率r_f。各个因素对期权价值的影响总结见表2-19。

表2-19 **期权价值影响因素**

影响因素	欧式看涨	美式看涨	欧式看跌	美式看跌
标的资产现行价格（S）	+	+	-	-
执行价格（K）	-	-	+	+
到期日（T）	+	+	?	+
无风险利率（r_f）	+	+	-	-
标的资产收益率标准差（σ）	+	+	+	+

① 无套利分析方法用市场中其他金融资产的头寸复制该“头寸”的收益，然后在市场均衡的条件下求出复制证券组合的价格，并由此测算出该项头寸在市场均衡时的价格。如果价格过高或者过低，都可能出现套利机会。在一个完美的资本市场中，人们的套利活动必然引起资产价格趋于合理，并最终使套利机会消失。

表2-19中描述了不同因素对买卖权价格的影响方向。在欧式看跌期权中，合约剩余有效期（T）的影响不确定。由于期权具有时间价值，且与合约剩余有效期长短呈正向变动关系，因此，在一般情况下，买权价值和卖权价值均与T呈正向变动关系。但对于欧式期权来说，由于欧式期权只能在到期日履约，因而也可能当买方履约愿望较强时，出现T越短、期权价值越高，T越长、期权价值越低的情况。

在这5个因素中，最重要的因素是标的资产收益率的瞬时标准差。根据期权定价理论，期权价值来源于标的资产价格的不确定性和时间性。标的资产价格不确定性越大，或标准差越大，期权越有价。以股票期权为例，标准差越大，股票价格超过执行价格的概率就越高，从而使看涨期权的持有者获利。图2-18描述了A、B两种假定的股票价格分布。两种分布具有相同的均值，但B股票的分布离散程度大，即B股票价格分布的方差较大。看涨期权是一种或有权益（Contingent Claim），期权持有者仅当股票价格超过执行价格时才能获利。如果两种期权的执行价格相同，那么方差较大的股票期权获利的累计概率高于方差较小的股票期权。这一点也表明了期权价值与标的资产价值之间存在的重要差异。如果我们持有某项资产，那么获得的收益将取决于该项资产收益的全部概率分布。对于一个风险厌恶者来说，通常不会接受方差大的项目，因为方差较大就意味着要获得更高的风险溢价。而当我们持有看涨期权时，仅从收益分布的尾部获得收益。期权的或有权益特性使得人们追求较大的方差。

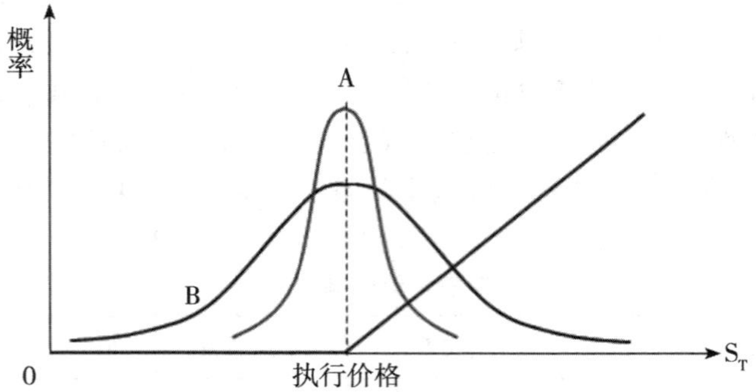

图2-18　假定的股票价格分布

3）B-S模型与股票债券估价

公司股票在债券到期时的价值收益曲线与欧式看涨期权十分相似。如果公司价值服从几何布朗运动（方差为σ^2），且无风险利率为r_f，那么，可通过对B-S模型进行一定的变量替换，即用公司资产价值和公司资产收益率的标准差分别替换模型中的股票价格和股票收益率的标准差；用公司债券账面价值和公司债券期限分别替换行权价格和到期日。

$$S=VN(d_1)-Ke^{-r_fT}N(d_2) \tag{2.39}$$

$$B=V-S=V[1-N(d_1)]+Ke^{-r_fT}N(d_2) \tag{2.40}$$

其中：$d_1=\dfrac{\ln(V/K)+(r_f+\sigma^2/2)T}{\sigma\sqrt{T}}$

$d_2=d_1-\sigma\sqrt{T}$

注意（2.36）式中的S表示标的资产价值，（2.39）式中的S表示公司价值的买权价值（股票价值）；V表示公司价值或标的资产价值；K表示债券账面价值或期权执行价格；B表示债券市场价值；r_f表示无风险利率；σ表示公司资产收益率标准差；T表示公司债券期限。

假设XYZ公司价值V=100万元，无风险利率r_f=7%，公司零息债券面值K=50万元，到期期限T=1年，公司资产收益率标准差σ=20%，根据B-S模型，先计算d_1和d_2：

$$d_1=\frac{\ln(V/K)+(r_f+\sigma^2/2)T}{\sigma\sqrt{T}}$$

$$=\frac{\ln(100/50)+(7\%+0.2^2/2)\times 1}{0.2\times\sqrt{1}}=3.916$$

$$d_2=d_1-\sigma\sqrt{T}=3.916-0.2\times\sqrt{1}=3.716$$

然后，根据正态分布曲线面积表①或根据Excel内置的“标准正态分布函数”可得到：

$N(d_1)=0.5+0.499955=0.999955$

$N(d_2)=0.5+0.499899=0.999899$

最后，计算股票价值（买权价值）：

$S=VN(d_1)-Ke^{-r_fT}N(d_2)$

$=100\times0.999955-50\times e^{-0.07\times1}\times0.999899\approx53.38$（万元）

由于债券价值等于公司价值减去股权价值，则：

债券价值=100−53.38=46.62（万元）

$B=V-S=V[1-N(d_1)]+Ke^{-r_fT}N(d_2)$

$=100\times(1-0.999955)+50\times e^{-0.07\times1}\times0.999899$

≈46.62（万元）

$$债券利率=\left(\frac{50}{46.62}\right)^{1/1}-1=7.25\%$$

表2-20是采用Excel电子表格计算的股票、债券期权定价，表中第二列、第三列表示零息债券面值分别为50万元、90万元的期权价值；第四列表示其他参数不变，公司价值由100万元降为45万元时的股票、债券价值。

① N（d）是根据标准正态分布的累积概率分布函数表查表计算得出的。表中给出的是正态分布对称轴一侧的面积，如果d >0，查表所得概率应加上0.5；如果d<0，查表所得概率应从0.5中减除。本例中的期权定价模型的各种参数及其买权价值是采用EXCEL函数计算的，详细的计算方法可参阅：刘淑莲．公司理财［M］．北京：北京大学出版社，2012.

表2-20 **股票债券期权定价**

参数	K=50	K=90	S=45	说明
S	100.00	100.00	45.00	标的资产价值：公司价值（万元）
K	50.00	90.00	50.00	执行价格：零息债券面值（万元）
r	7.00%	7.00%	7.00%	年度无风险利率
T	1.00	1.00	1.00	到期时间（年）：债券到期时间
Sigma	20.00%	20.00%	20.00%	标的资产价值波动率：公司价值标准差
d_1	3.9157	0.9768	-0.0768	<--（LN（S/K）+（r+0.5*sigma^2）*T）/（sigma*SQRT（T））
d_2	3.7157	0.7768	-0.2768	<--d_1-sigma*SQRT（T）
N（d_1）	1.0000	0.8357	0.4694	<--使用公式 NormSDist（d_1）
N（d_2）	0.9999	0.7814	0.3910	<--使用公式 NormSDist（d_2）
看涨期权价格	53.38	18.00	2.90	<--S*N（d_1）-K*exp（-r*T）*N（d_2）
看跌期权价格	0	1.91	4.52	<--call price -S + K*Exp（-r*T）：买卖权平价理论
	0	1.91	4.52	<--K*exp（-r*T）*N（-d_2）-S*N（-d_1）：直接用公式
股票价值	53.38	18.00	2.90	<--看涨期权价格：公司资产买权价格
	53.38	18.00	2.90	<--公司价值-预期债券现值+看跌期权价格
风险债券价值	46.62	82.00	42.10	<--债券价值=公司价值-看涨期权价格
	46.62	82.00	42.10	<--债券价值=预期债券现值-看跌期权价格
利率	7.25%	9.75%	18.75%	<--（债券面值/债券价值）^（1/T）-1

二项式定价与B-S模型的结果综合后，见表2-21。

表2-21 **股票与债券价值（二项式定价与B-S模型）**

项目	二项式定价	B-S模型
K=50（万元）		
股票价值（万元）	53.27	53.38
债券价值（万元）	46.73	46.62
K=90（万元）		
股票价值（万元）	18.74	18.00
债券价值（万元）	81.26	82.00

采用期权模型估计股权价值的一个隐含意义在于，股权资本总是具有价值，即使当公司价值远远低于债券面值时，只要债券没有到期，股权资本仍然具有价值。原因在于标的资产价值在期权剩余期限内仍具有时间价值，或在债券到期前资产价值仍有可能超过债券的面值。

假设在上例中，XYZ公司的价值下跌到45万元，低于到期债券价值50万元，在其他因素不变的条件下，根据B-S模型，采用Excel期权定价函数计算的XYZ公司股票价值和债券价值分别为2.9万元和42.1万元。

4）B-S模型与违约概率

一般来说，股权价值和债券利率是公司资产价值标准差的增函数。如图2-19所示，在其他因素不变的条件下，随着公司价值标准差的上升，股权价值和债券利率随之上升。

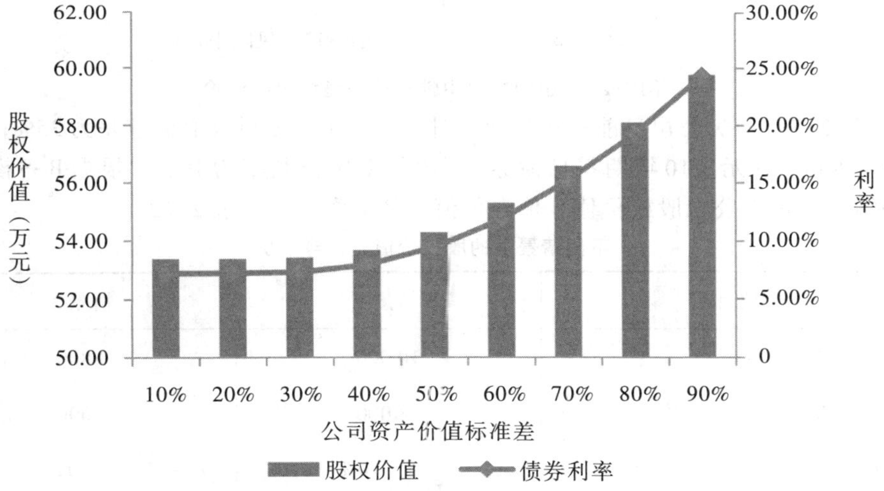

图2-19 公司价值标准差与股权价值、利率

B-S模型不仅可以用于估价，而且可以估计公司违约风险的中性概率。在B-S模型中，N（d_2）是$S_T>K$的风险中性概率。在这里它是公司资产价值超过债券面值的概率。因此，违约风险中性概率为“1-N（d_2）”，而债券违约风险溢价则是公司债券利率与无风险利率之间的差额。图2-20描述了公司违约风险中性概率和违约风险溢价与公司价值标准差之间的关系。

在图2-20中，公司资产价值标准差越大，违约风险中性概率和违约风险溢价就越高，而且上升的幅度很大。

5）B-S模型与代理问题

从股东和债权人之间的关系来说，股东相当于公司资产价值的买权持有者，债权人则是这一买权的出售者。根据B-S模型，股票价值（买权价值）与公司资产价值（标的物）标准差呈同向变化，标准差越大，风险越高，股票价值就越大，债券价值就越小。

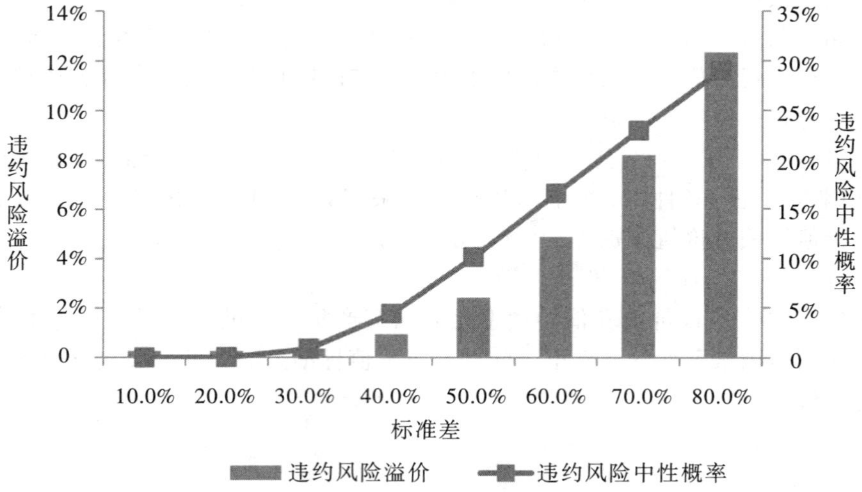

图2-20　违约风险中性概率和违约风险溢价

［例2-7］APX公司目前资产价值预计为1亿元，公司价值标准差为35%；债券面值为8 000万元（10年期零息债券），10年期国债利率为10%。根据B-S模型分两种情景估计该公司股权价值、债券价值、债券利率，见表2-22。

表2-22　**不同情景下的股权价值、债券价值**

项目	情景1	情景2
公司价值S（万元）	10 000	9 800
零息债券K（万元）	8 000	8 000
无风险利率r	10%	10%
到期时间T（年）	10	10
年波动率σ	35%	50%
d_1	1.6585	1.5514
d_2	0.5517	-0.0298
N（d_1）	0.9514	0.9396
N（d_2）	0.7094	0.4881
股票价值（买权价值）	7 426	7 771
债券价值	2 574	2 029
债券利率	12.01%	14.71%

图2-21描述了在情景1时公司资产标准价值差对股权、债券价值的影响。从图中可以看出，风险（公司资产价值标准差）越高，股权价值越大，而债券价值越小。因此，负债公司的股东通常比无负债公司的股东更愿意从事高风险项目，或为了获得高报酬，或为了向债权人转移风险。

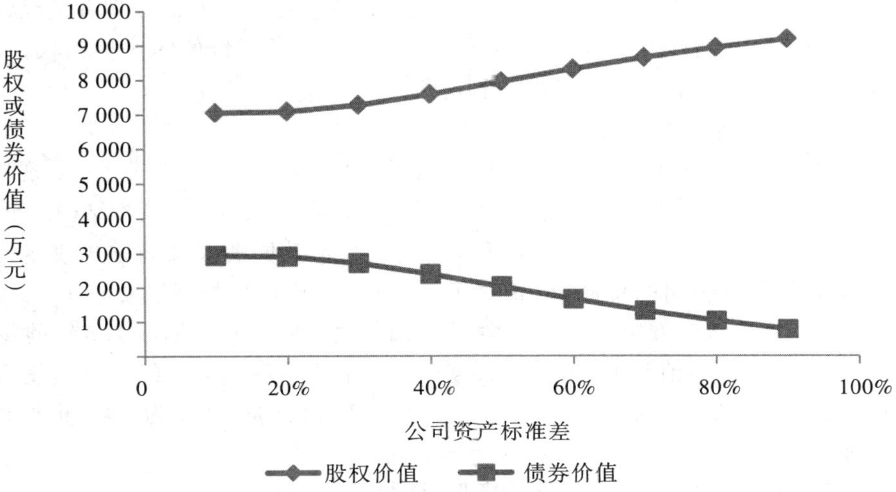

图2-21 标准差与股权、债券价值

在表2-22中，情景2假设公司进行项目投资，净现值为-200万元，公司价值标准差由35%提高到50%。在公司价值减少，标准差增加的情况下，假设其他因素保持不变，股权价值由7 426万元增加到7 771万元，增加了345万元；债券价值由2 574万元降低到2 029万元，下降了545元；这意味着债券持有人不但承担了项目投资的全部损失（-200万元），而且还将价值345万元的财富转移给了股东。上述分析表明，当标的资产价值风险加大时，债券持有人承担了更大的风险，而股权价值（买权价值）变得更有价值，这也是股东愿意从事高风险投资的主要原因。

不仅如此，当公司发生财务危机时，股东会想方设法将资本转移出去，这种策略可以用卖权理论来解释。根据期权定价理论，股东可以将公司资产出售给债权人，公司资产价值越低，卖权的价值就越大。当公司发放现金股利减少公司资产时，会增加卖权价值，由于风险债券价值等于无风险债券价值与卖权价值之差，因此，当卖权价值增加时，风险债券价值减少。

从股东与经营者之间的关系看，由于股东和经营者存在着信息不对称，以及股东与经营者的追求目标存在着差异，因此就可能会出现经营者滥用职权，或在其位不谋其政，或风险经营造成亏损，损害了所有者的利益。原则上，股东可以监督经营者，但监督成本高、缺乏效率，而且许多行为也是不可观测的。因此“激励”就成为解决代理冲突的主要手段，而“经理股票期权”（ESO-Executive Stock Option）正是一种有效的激励措施。它授予经营者（主要是指经理人）未来以预先设定的价格（即行权价格）购买本公司的股票，这种权利不能转让，但所得股票可以在市场上出售。其激励的逻辑是：提供期权激励使经营者努力工作，实现公司价值最大化，公司股价上升使经营者行使期权获得利益。反之，经营者利益受损。这就使经营者的个人收益成为公司长期利润的增函数，使他们像股东一样思考和行事，从而有效地降低了代理成本，矫正了经营者的短视行为。所以，有的管理者把经营者股票期权比喻为“金手铐”。由于股票可以看作对公司资产价值的一种买权，因此，这种方法也可以看作是期权原理的一种应用。

6）B-S模型与资本结构

公司发行股票回购债券，或发行债券回购股票是改变资本的方式之一。现从期权的角度说明，在资产总额一定的情况下，发行债券回购股票对公司资本结构的影响。

［例2-8］假设某一无负债公司准备通过发行债券回购股票的方式改变公司的资本结构。目前该公司的价值为1 400万元，公司资产价值的标准差为0.2，无风险利率为8%。现有3个方案：（1）计划发行面值为500万元，期限为6年的零息债券；（2）计划发行面值为1 000万元，期限为6年的零息债券；（3）计划发行面值为1 000万元，期限为6年的零息债券，公司资产价值的标准差为0.4。根据B-S模型计算的股权价值、债券价值、负债比率等见表2-23。

表2-23 B-S模型与资本结构

项目	方案1	方案2	方案3
公司价值S（万元）	1 400.00	1 400.00	1 400.00
零息债券K（万元）	500.00	1 000.00	1 000.00
无风险利率r	8.00%	8.00%	8.00%
到期时间T（年）	6	6	6
年波动率σ	20.00%	20.00%	40.00%
d_1	3.3264	1.9116	1.3232
d_2	2.8365	1.4217	0.3434
N（d_1）	0.9996	0.9720	0.9071
N（d_2）	0.9977	0.9224	0.6344
看涨期权价格（万元）	1 090.70	790.06	877.43
看跌期权价格（万元）	0.09	8.84	96.22
股票价值（万元）	1 090.70	790.06	877.43
风险债券价值（万元）	309.30	609.94	522.57
债券利率	8.33%	8.59%	11.42%
负债/资产价值	35.71%	71.43%	71.43%
每元债券价值（债券现值/面值）	0.6186	0.6099	0.5226

如果市场是有效的，则根据方案1，公司可以按309.30万元折价发行面值为500万元的债券，并用所得款项回购公司股票；根据方案2和方案3，公司分别以609.94万元和522.57万元折价发行面值为1 000万元的债券，并用所得款项回购公司股票。

比较方案1和方案2可以发现：在其他因素一定的情况下，随着负债比率的提高（从35.71%提高到71.43%），债券利率由8.33%提高到8.59%；每元债券价值由0.6186元降低到0.6099元。这是因为公司的负债越多，风险越高，债权人要求的收益率就会越高，从而降低了债券价值。同理，比较方案2和方案3可以发现：在其他因素一定的情况下，经营风险由0.2上升到0.4，公司的股票价值由790.06万元上升到877.43万元，这表明当标的资产价值风险加大时，期权变得更有价值。与此相对应的是，负债价值由609.94万元降到522.57万元，利率由8.59%上升到11.42%。这意味着债券持有人承担了更高的风险，而股东却可能占有最大的潜在利益，这也是股东愿意从事高风险投资的主要原因。有关股东与债权人之间的利益冲突将在第3章中进行分析。

2.4.4　B-S模型与标准差

Galai and Masulis（1976）将B-S模型和CAPM模型相结合，提出了债券收益标准差（σ_B）、股票收益标准差（σ_S）与公司资产收益标准差（σ_V）之间的关系，有关计算公式如下：

$$\sigma_B=[1-N(d_1)]\cdot V/B\cdot\sigma_V \tag{2.41}$$

$$\sigma_S=N(d_1)\cdot V/S\cdot\sigma_V \tag{2.42}$$

$$\sigma_V=\sigma_B\cdot B/V+\sigma_S(S/V) \tag{2.43}$$

仍以［例2-6］中的XYZ公司为例，假设公司价值V=100万元，公司零息债券面值K=50万元，无风险利率$r_f=7\%$，公司资产收益率的标准差$\sigma_V=0.2$，债券到期期限T=1，根据B-S模型，公司的负债价值B=46.62万元，股票价值S=53.38万元。据此计算σ_B、σ_S、σ_V如下：

$$\sigma_B=[1-N(d_1)]\cdot V/B\cdot\sigma_V$$
$$=(1-0.999955)\times100\div46.62\times0.2=0.00001931$$

$$\sigma_S=N(d_1)\cdot V/S\cdot\sigma_V$$
$$=0.999955\times100\div53.38\times0.2=0.37465530$$

$$\sigma_V=\sigma_B\cdot B/V+\sigma_S\cdot S/V$$
$$=0.00001931\times46.62\div100+0.37465530\times53.38\div100=0.2$$

如果XYZ公司的零息债券面值为90万元，其他条件不变，根据B-S模型，那么债务价值为82万元，股票价值为18万元。首先，根据B-S模型计算出N（d_1）=0.8357，然后根据（2.41）式、（2.42）式、（2.43）式计算：

$$\sigma_B=[1-N(d_1)]\cdot V/B\cdot\sigma_V$$
$$=(1-0.8357)\times100\div82\times0.2=0.040073$$

σ_S=N（d_1）·V/S·σ_V

=0.8357×100÷18×0.2=0.928556

σ_V=σ_B·B/V+σ_S·S/V

=0.040073×82÷100+0.928556×18÷100=0.2

上述计算表明，当公司负债规模从50万元上升到90万元时，债券收益率标准差增加了4.007%，而股票收益率标准增加了92.86%。由于负债比率高，公司资产收益标准（20%）保持不变。

2.4.5 CAPM和B-S模型组合与收益率

CAPM、M-M以及B-S模型作为诺贝尔经济学奖的获奖理论，都是运用严格的数理逻辑，通过建立经济模型来描述各种要素的因果关系，说明在均衡状态下的资产价格。虽然这些理论的研究视角不同，但都可以用以估计资产收益率或资本成本。如果说CAPM是建立在均衡条件下的定价模型，那么M-M、B-S模型是建立在套利机制下的定价模型。

1）根据CAPM估计资产收益率

假设无风险利率r_f=7%，市场投资组合收益率r_m=12%，公司资产β系数β_A=0.6。根据（2.4）式，在市场均衡条件下，XYZ公司的资产收益率r_A计算如下：

r_A=7%+0.6×（12%-7%）×100%=10%

假设XYZ公司的资产价值V=100万元，一年后公司的资产预期价值为110万元，假设以公司资产收益率r_A作为折现率，则一年后预期价值的现值为：

$$V=\frac{V_1}{(1+r_A)^T}=\frac{110}{1+10\%}=100\text{（万元）}$$

2）确定债券和股票β系数

Galai and Masulis（1976）将CAPM和B-S模型相结合，提出了公司股票β系数β_S、债券β系数β_B如下：

β_S=N（d_1）·V/S·β_A　　（2.44）

β_B=N（$-d_1$）·V/B·β_A=［1-N（d_1）］·V/B·β_A　　（2.45）

假设XYZ公司的有关数据如下：公司的零息债券面值K=50万元，期限T=1年，公司资产价值V=100元，资产收益率r_A=10%，无风险利率r_f=7%，年波动率σ=20%。

根据B-S模型计算：N（d_1）=0.999955，股票价值S=53.38万元，债券价值B=46.62万元。

根据上述数据，XYZ公司股票和债券β系数计算如下：

β_S=N（d_1）·V/S·β_A

=0.999955×100÷53.38×0.6≈1.123966

β_B=［1-N（d_1）］·V/B·β_A

=（1-0.999955）×100÷46.62×0.6≈0.000058

β_A=0.000058×46.62÷100+1.123955×53.38÷100≈0.6

3）根据CAPM和B-S模型计算债券、股票收益率

将股票和债券的β系数分别代入CAPM，计算股票债券投资收益率如下：

$r_S=7\%+1.123966\times(12\%-7\%)\approx12.62\%$

$r_B=7\%+0.000058\times(12\%-7\%)\approx7\%$

$r_A=7\%\times46.62\div100+12.62\%\times53.38\div100\approx10\%$

为反映CAPM和B-S模型之间的内在关系，可以将CAPM（（2.4）式）中第j种资产改为公司资产，整理后可以得到β_A：

$$\beta_A=(r_A-r_f)/(r_m-r_f) \tag{2.46}$$

为确定股票收益率，将（2.44）式代入（2.4）式，可以得到：

$$\begin{aligned}r_S&=r_f+\beta_S(r_m-r_f)\\&=r_f+N(d_1)\cdot\frac{V}{S}\cdot\frac{r_A-r_f}{r_m-r_f}\cdot(r_m-r_f)\\&=r_f+N(d_1)(r_A-r_f)\cdot V/S\end{aligned} \tag{2.47}$$

为确定债券收益率，将（2.45）式代入（2.4）式，可以得到：

$$\begin{aligned}r_B&=r_f+\beta_B(r_m-r_f)\\&=r_f+N(-d_1)\cdot\frac{V}{B}\cdot\frac{r_A-r_f}{r_m-r_f}\cdot(r_m-r_f)\\&=r_f+[1-N(d_1)](r_A-r_f)\cdot V/B\end{aligned} \tag{2.48}$$

根据（2.47）式和（2.48）式计算公司股票和债券收益率：

$r_S=7\%+0.999955\times(100\div53.38)\times(10\%-7\%)\approx12.62\%$

$$\begin{aligned}r_B&=r_f+[1-N(d_1)]\cdot V/B\cdot(r_A-r_f)\\&=7\%+(1-0.999955)\times(100\div46.62)\times(10\%-7\%)\approx7\%\end{aligned}$$

$$\begin{aligned}r_A&=r_B\cdot B/V+r_S\cdot S/V\\&=7\%\times46.62\div100+12.62\%\times53.38\div100\approx10\%\end{aligned}$$

上述计算结果表明，不论采取何种方式，公司资产收益率都为10%。或者说，在完美资本市场假设下，CAPM模型与CAPM和B-S模型组合的计算结果相同。尽管CAPM模型组合以投资组合理论为基础，B-S模型以套利机制为基础。

B-S模型在期权交易中被广泛使用，主要用于期权定价、构造交易策略、对冲风险、资产定价等。在B-S模型之后，Merton（1976）进行了一些重要的扩展，主要表现在三个方面：（1）支付已知红利的股票期权定价公式；（2）随机利率期权定价模型；（3）股票价格服从跳跃扩散过程的期权定价模型。正是由于Merton（1976）在期权定价理论中所做的贡献，所以有代表性的期权定价模型也被称为B-S-M模型。

M-M、CAPM、B-S理论

B-S模型提出后，许多经济学家对这一模型进行了大量的实证检验，但检验的结果并不完全支持这一模型。特别是B-S模型几何布朗运动的假设已经被越来越多的实证检验所质疑。为了建立更加符合现实的期权定价模型，学者们需要对风险中性定价理论、股票价格所遵循的随机过程、偏微分方程以及如何应用期权进行更加细致深入的研究和检验。

本章介绍的CAPM模型、M-M模型、B-S模型都是在完美资本市场假设条件下成立的。事实上，现实中的资本市场并非完美，那么，如何理解完美资本市场假设下的各种定价模型？对这一问题的解释可以用伽利略的自由落体定律做一个有效的类比。伽利略证明当没有摩擦时自由下落的物体的下降速度相同，与物体重量无关，这一结论完全颠覆了人们的传统看法。如果你要检验这一定律，将很可能发现它并不严格成立。原因是，除非在真空中，否则空气摩擦相对更能减缓某些物体下落的速度。与此相似，当我们在运用各种定价模型时，还必须关注"空气摩擦"等现实市场对资产定价的影响。

本章小结

1. 在完美资本市场条件下，任何投资决策都可以分为两个依次连续并且彼此分开的过程：第一步，进行最佳投资方案选择，直到投资边际收益率等于资本市场利率。在这个均衡点上，经济行为人的财富（当前消费与未来消费的组合）达到最大化。第二步，决定跨期消费路径，或者说通过不同的借贷行为选择最佳消费模式，直到消费时间偏好比率等于资本市场利率。在这个均衡点上，经济行为人获得最大的满足。每一个经济行为人都将做出自己的最佳消费决策。

2. 根据两项资金分离原则，任何一个投资者的最优投资组合都可以表示为无风险资产和风险资产的线性组合，只是他们在无风险投资和切点投资组合上有所不同。如果每位投资者都持有切点的投资组合，那么这一组合一定是在股票市场上实际可以观察到的投资组合，每股的投资组合权重是股票市场价值的一部分，该组合即为市场组合。

3. CAPM模型描述了第j种资产所要求的收益率等于无风险收益率加上风险溢价。如果市场风险溢价为$\pi=E(r_m)-r_f$，那么第j种资产的风险溢价等于$\beta \cdot \pi$，其中β系数是风险资产j和市场组合m之间的协方差再除以市场组合的方差。

4. CAPM模型预示所有的投资者都持有市场组合，而且只要市场组合在有效边界上，就可以得到β系数与预期收益率之间的线性关系。检验CAPM模型正确与否，关键是看市场组合是否有效。

5. M-M命题Ⅱ表明负债公司的股权资本成本与杠杆比率线性相关，将命题Ⅰ和命题Ⅱ结合起来可以发现，低成本举债的利益正好被股本成本的上升所抵销。因此，在无赋税的条件下，公司资本结构不会影响公司价值和资本成本。

6. 在考虑公司所得税的情况下，如果公司负债经营且须缴纳所得税，那么其股本成本就等于无负债公司的股本成本加上一笔风险溢价，风险溢价的大小与杠杆比率和所得税税率高低有关。

7. 将M-M含公司所得税模型与CAPM模型相结合，可以得到负债公司的股本成本由三部分构成：无风险利率、经营风险溢价、财务风险溢价。据此可以确定负债公司的β系数和无负债公司的β系数。

8. 从B-S模型的经济含义看，$N(d_1)$ 等于保值比率Δ，反映了当标的资产变动一个很小的单位时，期权价格的变化量。$SN(d_1)$ 就是股票的市场价值，或者 $SN(d_1)=e^{-r_fT}S_TN(d_1)$ 是 S_T 的风险中性期望值的现值。$N(d_2)$ 实际上是在风险中性世界中 S_T 大于K的概率，或者说是欧式买权被执行的概率。$Ke^{-r_fT}N(d_2)$ 是K的风险中性期望值的现值。因此，看涨期权价值等于标的资产价格期望现值减去行权价格现值。

9. 公司股票在债券到期时的价值收益曲线与欧式看涨期权十分相似。如果公司价值服从几何布朗运动（方差为 σ^2），且无风险利率为 r_f，那么，可通过对B-S模型进行一定的变量替换，即用公司资产价值和公司资产收益率的标准差分别替换模型中的股票价格和股票收益的标准差；用公司债券账面价值和公司债券偿还期分别替换行权价格和到期日。

10. CAPM模型、M-M模型以及B-S模型作为诺贝尔经济学奖的获奖理论，都是运用严格的数理逻辑，通过建立经济模型来描述各种要素的因果关系，说明均衡状态下的资产价格。虽然这些理论的研究视角不同，但是都可以用于估计资产收益率或资本成本。如果说CAPM模型是建立在均衡条件下的定价模型，那么M-M模型、B-S模型是建立在套利机制下的定价模型。

讨论题

1. 可口可乐和百事可乐长期存在着竞争关系，两家公司几乎分割了全美大部分碳酸类软饮料市场。但是，投资人发现，两家公司股票的涨跌并无规律可循。有时两家可乐公司的股票一起上涨，也有时是互有涨跌。这一现象被称为华尔街的“可乐迷局”。你认为影响两家公司股票价格的因素有哪些？

讨论题指引

2. 评估第j种股票历史收益率，通常采用下列公式：

$r_j = \alpha + \beta r_m + \varepsilon$

假设上述公式中的 r_j 表示学习获得的知识资产，α表示自身学习能力或努力情况等，βr_m 中的 r_m 表示影响知识资产账户的外部因素；ε表示影响学习的其他风险因素。

讨论题指引

假设你是一名学生，你会如何通过自身努力增加知识资产？你认为影响自身知识资产账户的外部因素有哪些？在AI时代，ChatGPT的出现，给教育带来的影响是什么？采用ChatGPT进行学习，需要的最重要的能力是什么？

3. 英特尔公司是专业生产芯片的厂商，该公司在纳斯达克市场上市，交易代码为：INTC。假设该公司的β系数为1.5，美国股市的市场组合收益率为8%，当前美国的国债利率为3%。假设英特尔公司正考虑在华投资一座新的芯片厂。该工厂的总投资为25亿美元，预期在建成后的3年内，每年可以获得净现金流量10亿美元，英特尔公司是否应该在华投

讨论题指引

资？英特尔公司在华芯片厂项目的预期收益率（IRR）为多少？假设摩根大通曼哈顿银行向英特尔公司提出愿意向该公司在华芯片厂项目提供年利率为5%的优惠贷款，英特尔公司是否应该改变决策？①

讨论题指引

4.Miller M H 在获得诺贝尔经济学奖之后，采用类比的方法向前来采访他的记者阐述了M-M总价值命题。他说："在完全竞争的市场中，一家公司就像一只盛着全脂奶的大桶。农夫可以卖出全脂奶，或者从全脂奶中分离出奶油，其价格高于全脂奶（可类比为公司卖出低收益、高定价的债务性证券）。当然，农夫留下的可能是低脂的脱脂奶，售价低于全脂奶（类比于负债公司股权性证券）。假设不存在分离成本（当然也不存在政府乳品供给计划），奶油加脱脂奶的价值之和与全脂奶相同。或者说，农夫从销售高价奶油的过程中所获得的好处，将会被销售低价的脱脂奶的损失所抵销。不论是整桶出售全脂奶，还是分离成奶油和脱脂奶，农夫拥有的价值总量不变。"请结合这一例子，解释以下两个问题：（1）在有效资本市场上，一个公司的价值主要取决于资产的能力，而与公司的融资方式无关；（2）资本成本的高低取决于资金的运用而不是的资金的来源。你是否同意上述观点，为什么？

讨论题指引

5.令人无不感到惊讶的是，Fischer Black和Myron Scholes事后回忆说，他们俩首创的那项改变世界的重大发现，其灵感竟然来自赌场。他们假设有一个疯狂的亿万富豪赌客，提出用1亿美元来和赌场老板进行一场赌博。双方约定，通过简单的游戏来决定胜负。投掷3次骰子，如果3次投掷的结果均为"小"，那么赌场老板就必须赔付亿万富豪8亿美元，而如果在3次投掷中，只要有一次出现了"大"的结果，赌客就将其1亿美元的赌注输给赌场老板。我们都知道在3次投掷的过程中，结果全都是"小"的概率为：（1/2）×（1/2）×（1/2）=1/8，因此赌客提出的1∶8的赔付条件是公平的。因为他只有1/8的机会赢得8亿美元的赌注，而赌场老板有7/8的机会赢得1亿美元的赌注。现在的问题是：如果该赌场的总资产仅有100万美元，那么赌场老板是否应该接受这个亿万富翁的挑战？赌场老板应该以什么样的代价邀请其他赌客来对冲他和亿万富豪的赌博风险，使之有权平安地进入下一轮的投掷。

案例分析

完美制药公司及其神秘配方②

萨姆·萨维奇认为，如果说马科维茨和夏普的投资组合理论是牛顿物理学定律，那么费雪·布莱克、罗伯特·默顿以及迈伦·斯科尔斯的期权理论则更像爱因斯坦的相对论，甚至比相对论还要复杂。虽然几乎没有人知道如何推导出爱因斯坦那个著名的方程式$E=MC^2$，但是每个人都能够理解原子弹所拥有的威力。萨姆·萨

① 周洛华. 资产定价学［M］. 上海：上海财经大学出版社，2004：63-65.
② 萨维奇. 被平均的风险：如何应对未来的不确定性［M］. 刘伟，译.北京：中信出版社，2019.

维奇在他的专著中，介绍了期权定价模型的基本原理，并用案例说明期权定价理论在实务中的应用。

假设完美制药公司正在研制一种可能对治疗癌症非常有效的畅销药物。美国食品与药品管理局认为这种药品存在着50%的致癌概率，所以目前该药物还没有进入临床试验阶段。美国食品与药品管理局认为这种药物当中的一种活性剂既有可能抗癌，又有可能致癌，他们将在一个月之内就此问题公布最终的研究报告。而在此之前，完美制药公司将会对这种活性剂的成分严格保密。

市场上的许多投资者都在探测和分析新药活性剂成分，某些活性剂，例如，甘草的市场价格也发生了较大的波动。与此同时，在地球另一面的新加坡，有一位贸易商正在通过他的个人电脑密切地关注着石油、航空股票和甘草的价格变动情况。到了晚上，他自言自语道："哇，真不知道是什么原因让甘草市场如此神经过敏!"新加坡的期权交易屏幕如图2-22所示。

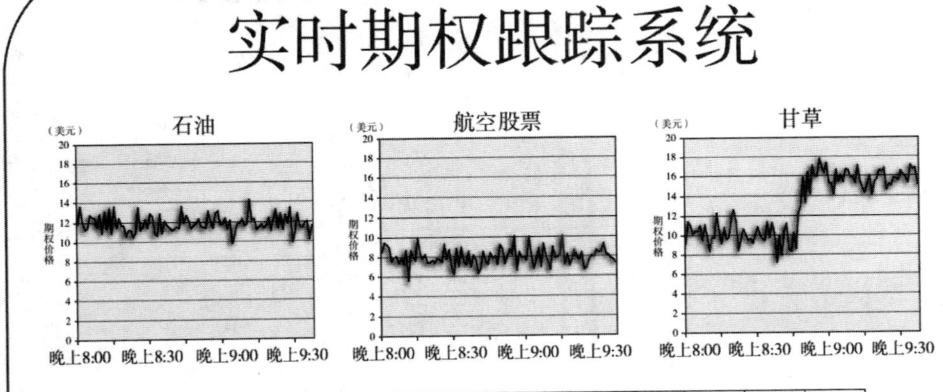

ASJDI	SKDFJN	DSOIHJ	HOSIG	GJRIOPS	SDOIS	DSLIGS	NSLD	DWWA	SOAIA	FAFAS	FEASA
8.452481132	11.88328955	9.118054151	8.452481132	11.88328955	9.118054151	8.452481132	11.88328955	9.118054151	8.452481132	11.88328955	9.118054151
9.434430619	13.62255165	11.46669239	9.434430619	13.62255165	11.46669239	9.434430619	13.62255165	11.46669239	9.434430619	13.62255165	11.46669239
9.279111431	11.89887247	11.04935621	9.279111431	11.89887247	11.04935621	9.279111431	11.89887247	11.04935621	9.279111431	11.89887247	11.04935621
8.968164103	11.26683332	10.15976462	8.968164103	11.26683332	10.15976462	8.968164103	11.26683332	10.15976462	8.968164103	11.26683332	10.15976462
7.559441612	11.43322377	10.5056035	7.559441612	11.43322377	10.5056035	7.559441612	11.43322377	10.5056035	7.559441612	11.43322377	10.5056035
7.921829895	12.76809939	10.4921699	7.921829895	12.76809939	10.4921699	7.921829895	12.76809939	10.4921699	7.921829895	12.76809939	10.4921699
8.105009294	12.54268335	11.02110101	8.105009294	12.54268335	11.02110101	8.105009294	12.54268335	11.02110101	8.105009294	12.54268335	11.02110101
7.360353238	12.4426213	9.486705236	7.360353238	12.4426213	9.486705236	7.360353238	12.4426213	9.486705236	7.360353238	12.4426213	9.486705236
7.883951629	11.55626316	11.13060371	7.883951629	11.55626316	11.13060371	7.883951629	11.55626316	11.13060371	7.883951629	11.55626316	11.13060371
7.336052174	12.82527397	9.791248707	7.336052174	12.82527397	9.791248707	7.336052174	12.82527397	9.791248707	7.336052174	12.82527397	9.791248707
8.71376381	10.91247676	8.370747774	8.71376381	10.91247676	8.370747774	8.71376381	10.91247676	8.370747774	8.71376381	10.91247676	8.370747774
5.571503369	13.08269083	9.82247289	5.571503369	13.08269083	9.82247289	5.571503369	13.08269083	9.82247289	5.571503369	13.08269083	9.82247289
8.452481132	11.88328955	9.118054151	8.452481132	11.88328955	9.118054151	8.452481132	11.88328955	9.118054151	8.452481132	11.88328955	9.118054151
9.434430619	13.62255165	11.46669239	9.434430619	13.62255165	11.46669239	9.434430619	13.62255165	11.46669239	9.434430619	13.62255165	11.46669239
9.279111431	11.89887247	11.04935621	9.279111431	11.89887247	11.04935621	9.279111431	11.89887247	11.04935621	9.279111431	11.89887247	11.04935621
8.968164103	11.26683332	10.15976462	8.968164103	11.26683332	10.15976462	8.968164103	11.26683332	10.15976462	8.968164103	11.26683332	10.15976462
7.559441612	11.43322377	10.5056035	7.559441612	11.43322377	10.5056035	7.559441612	11.43322377	10.5056035	7.559441612	11.43322377	10.5056035
7.921829895	12.76809939	10.4921699	7.921829895	12.76809939	10.4921699	7.921829895	12.76809939	10.4921699	7.921829895	12.76809939	10.4921699

图2-22 新加坡的期权交易屏幕

当美国市场上甘草未来价格的不确定性大幅增加的时候，在地球的另一面，这一变化通过甘草期权价格的波动得到了同步的反映。这就是隐含波动。由此可见，通过某种商品期权价格的变动，就可以意识到它未来价格的不确定性。正因如此，在看到甘草期权价格暴涨时，那位正在对完美制药公司的新药配方百思不得其解的贸易商会立即恍然大悟："我知道了，这种药物当中的神秘成分一定就是甘草!"

讨论：

（1）假设在美国食品与药品管理局研究报告发布前，你意外地从内部得到一个消息：这种神秘的活性剂居然是甘草。你马上意识到，未来甘草的价格要么大幅上涨，要么大幅下跌。你会怎么做呢？假设在当前甘草期权市场上，1个月买权和卖权的执行价格均等于甘草当前的市场价格20美元，1个月甘草买权和卖权价格均为1美元，你会采取什么措施，将甘草价格的不确定性变成获利的工具？

（2）假设你在CNN（美国有线电视新闻网）的新闻频道上看到了一个PPT——卫星转播车在报道其他新闻时恰好停在了完美制药公司的门口。这时，你应该怎么做呢？

案例分析指引

延伸阅读文献

第3章 信息不对称与代理冲突

学习目标

◇ 熟悉信息不对称、信号效应对公司财务策略的影响
◇ 理解股东–管理者、股东–债权人之间代理冲突原因及其表现形式
◇ 了解现金流权与控制权分离对大股东与小股东利益冲突的影响
◇ 掌握公司财务与公司治理的内在逻辑关系以及公司治理机制框架
◇ 熟悉公司内部治理机制和外部治理机制的基本内容

20世纪70年代，金融界最具创造性的理论当数布莱克和斯科尔斯（Black and Scholes，1973）的期权定价模型，以及莫顿（Merton，1973）对该定价模型的发展和深化。同一时期另一个引人注目的发展就是从信息不对称视角研究金融市场结构、市场运行效率。此后，信息不对称理论成为主流经济研究中一个极其活跃的领域。美国3位经济学家乔治·阿克尔洛夫（George Akerlof）、迈克尔·斯彭斯（Michael Spence）、约瑟夫·斯蒂格利茨（Joseph Stiglitz），因其在信息不对称市场分析方面所做出的开创性研究而获得2001年度诺贝尔经济学奖。

信息不对称是指在市场经济活动中，市场参与人员对有关信息的了解是有差异的，例如，售车者比购车者更了解车子的质量；保单持有人比保险公司更知道自己发生事故的风险；借款人比贷款人更了解自己的偿债能力；CEO和董事会比股东更清楚公司的盈利前景和财务状况等。在信息不对称条件下，市场交易双方之间的关系在经济学中称为委托代理关系，其中占有信息优势的一方称为代理人，而处于信息劣势的一方称为委托人，委托代理关系本质上是存在信息差别的市场参与者之间的一种社会契约形式。在交易双方信息不对称的条件下，代理人为了自身利益，

就有可能凭借自身的信息优势，隐匿相关信息，选择对委托人不利的行为，从而发生逆向选择（Adverse Selection）和道德风险（Moral Hazard）两种问题。逆向选择是指在信息不对称的情况下，信息优势方的行为人可能会故意隐藏信息，以求在交易中获取最大的收益，而信息劣势方则可能受损。或者说拥有信息优势的一方，在交易中总是趋向于做出尽可能地有利于自己而不利于别人的选择。道德风险是指在双方信息不对称的情况下，人们享有自己行为的收益，而将成本转嫁给别人，从而造成他人损失的可能性。道德风险的存在不仅使得处于信息劣势的一方受到损失，而且会破坏原有的市场均衡，导致资源配置的低效率。从公司财务的角度，解决逆向选择和道德风险的方法之一就是代理人通过向委托人传递有关投资、融资、股利政策等信号，降低由信息不对称引起的代理冲突。

如果说第2章描述了在完美资本市场条件下的金融理论及其在公司财务中的应用，那么，第3章则放松了对称信息的假设，简要介绍在信息不对称条件下财务信号传递作用，公司各利益主体（如股东与管理者、股东与债权人、大股东与小股东）之间的代理冲突，分析公司财务与公司治理的内在逻辑，降低代理冲突采取的内部治理机制和外部治理机制。

3.1 信息不对称

3.1.1 信息不对称基本思想

传统经济学的基本假设前提，重要的一条就是“经济人”拥有完全信息。实际上人们早就知道，在现实生活中市场主体不可能占有完全的市场信息。信息不对称必定导致信息的拥有方为牟取自身更大的利益使另一方的利益受到损害。为减少或避免这种道德风险和逆向选择行为的发生，或者为降低信息搜寻的成本以提高社会资源的配置效率，经济学家提出了许多理论和模型。2001年度的诺贝尔经济学奖得主正是在信息具有价值这一基础上，分别从商品交易、劳动力和金融市场3个不同领域研究了这个课题，将信息不对称理论广泛应用于各个领域，并得到了实践的验证，从而揭示了当代信息经济的核心。

Akerlof（1970）发表了“柠檬市场：质量的不确定性与市场机制”一文，分析了信息不对称对商品交易产生的影响。柠檬市场（the Market for Lemons）又称次品市场，在这一市场中，产品的卖方对产品的质量拥有比买方更多的信息。由于交易一方并不知道商品的真正价值，因此只能通过市场上的平均价格来判断平均质量。假设市场中有100辆二手车，质量高低各占50%，高质量的车在市场中的价值为30万元，低质量的车在市场中的价值为10万元。二手车市场的特点是卖方（经销商或原车主）知道自己的车是好车或坏车，但买方在买卖交易时无法分辨。虽然买方无法确知车辆质量的高低，但知道市场上高质量车、低质量车的概率各占50%。因此，买方最高只愿出价20万元（10×1/2+30×1/2）买车。但是，在这一价位上，车主决不会出售高质量的车，惜售的结果使高质量的车逐渐退出市场。当部分高质量的车退出市场时，情况变得更糟。如果在市场中高质量、低质量车的比例由1：1降到1：3，买方此时只愿花15万元（10×3/4+30×1/4）买车，车市中的成交价降低（由20万元降至15万元）迫使更多的高质量车的车主退出买卖。最后，在车市中只剩下低质量的车在交易。买卖双方有一方信息不完全，因而形成了一种市场的无效率性（高质量的车全部退出市场）。Akerlof（1970）解释了在旧车交易中，卖者显然比买者对车辆拥有更多的信息，由于这种信息不对称，买方难以完全信任卖方提供的信息，因而试图通过低价来弥补其信息上的损失。由于买方出价过低，卖方又不愿提供好的产品，因此导致次货泛滥，其最终的结果是旧车市场的萎缩。

Michael Spence（1973）在“就业市场信号”一文中，考察了就业市场的信息问题。他的创新之处在于：研究在信息不对称的情况下，信息不完全的一方会采取某些行为以克服信息不对称带来的困惑。对于雇主来说，面对大量的应聘者，他不可能在短时间内了解他们的全部信息，只能根据应聘者提供的信息，如学历、经历、是否做过实习等有限的信息来选择人员。正是由于劳动力市场上雇主和雇员之间的信息不对称，雇主必须靠一种市场信号（比如学历要大学本科）来进行识别。在Michael Spence看来，教育本身并不提高一个人的能力，它纯粹是为了表明自己的能力高而向雇主发出的“信号”，以便雇主区别不同能力的人。或者说，这种“信号”可以弥补因信息不对称带来的困惑。实际上，根据受教育程度这一“信号”选出的应聘者，其能力并不一定都强，有的甚至不能胜任工作，这就是由于信息不对称造成的。Michael Spence的理论贡献在于说明在市场中具有信息优势的个体为了避免与逆向选择相关的一些问题发生，如何能够将其信息“信号”可信地传递给在信息上具有劣势的个体。他举例说，对于用人单位而言，应聘者如果具有越难获得的学历就越具可信度，比如说拥有哈佛文凭的应聘者的才能，就比一般学校的文凭更有可信度。名牌商品向消费者传达的一个准确无误的信号是：它是一种高质量的商品，应该比一般商品更贵也更值钱。

Joseph Stiglitz在信息不对称理论研究上的最大贡献主要体现在对保险市场、信贷市场等所做的研究。他的模型和分析方法已经演绎成信息经济学乃至领域更宽泛的微观经济学和宏观经济学的规范方法。Rothschild，Spence and Joseph Stiglitz（1976）在分析保险市场时说明，在保险公司不知道有关各个客户风险状况的保险市场上，信息问题会被如何处理。这一研究通过考察不知情的经济主体在信息不对称市场上会采取什么样的行动，充实了Akerlof和Michael Spence所进行的分析。他们认为保险公司（不知情方）通过被称为“筛选”的方式能够给予其客户（知情方）有效的激励以使其“披露”有关自身的风险状况信息。在均衡筛选中，保险公司通过提供“较高的未保险额与较低的保费组合”这类可选合约菜单来区分保单持有人的不同风险类别。此外，Joseph Stiglitz and Andrew Weiss（1981）分析了在信贷市场上由于信息不对称而引起的逆向选择和道德风险。他们认为银行降低坏账损失的最优策略是对贷款进行配给而不是提高贷款利率。

3.1.2 信息不对称与财务信号传递

为了减少逆向选择和道德风险对市场的副作用，可以通过大量获取或释放市场信号来平衡交易双方的信息不对称。假设同时存在高质量公司和低质量公司，高质量公司的经理希望向市场发出信号，揭示该公司的优势，如公司的投资水平、发行债券的数量、宣告股利支付等。只要低质量公司不能模仿高质量公司的行为，则高质量公司就完全可以把自己和低质量公司区分开来。这种分离的前提是低质量公司从模仿中得到的收益低于发布错误信号所带来的成本。有效的信号传递可以在一定程度上克服由于信息不对称产生的逆向选择问题。此外，由信息不对称引起的各种代理冲突可以通过内部与外部治理机制解决，以确保交易双方的利益均衡，避免由于信息不对称带来的逆向选择和道德风险问题。

将Spence（1973）的信号传递模型运用到公司财务中，主要表现为公司通过投资、融资、股利发放等财务活动向市场传递信号。

1）以项目融资方式传递项目质量的信号

Pyle，David and Hayne Leland（1977）认为在信息不对称的情况下，为了使项目融资能够顺利进行，借贷双方可通过某种信号来传递信息。假设一个企业家计划进行项目投资，自己出资比例为α，剩余资金向其他投资者筹集。该项目的未来价值为$\mu+\varepsilon$，其中μ是项目预期价值，ε为随机变量。该企业家拥有关于项目的内部信息，如项目的质量、项目的内在价值等，但没有一个可信的方法向其他投资者传递这一信息，投资者只知道关于μ的概率分布。虽然投资者不能得到项目的确切信息，但可以对企业家发出的信号做出反应，这一信号就是企业家自己在该项目投资中所持有的比例α，外部投资者认为μ是α的一个函数。掌握了内部信息的企业家对项目进行投资，本身就向外部投资者传递了一个信号，即项目包含着“好消息”，也就是说，企业家进行投资的意愿本身就可以作为一个投资项目质量好的信号。通常，市场上的投资者认为项目质量是企业家持有投资比例的函数，企业家持有投资比例越高，预示着投资项目的价值越高。

信息不对称对财务决策的影响还体现在投资与融资活动中。假设公司为项目寻找新的融资方式，一方面，由于管理者比潜在的投资者更为知道投资项目的实际价值，如果项目的净现值为正数，那么说明项目具有较好的获利能力。这时，代表老股东利益的管理者不愿意发行新股以免把新项目的投资收益转让给新股东。另一方面，当公司价值被高估时，管理者一般愿意发行新股为项目融资。但是，在完美资本市场中，市场不会被愚弄。只要管理者或内部人员透露出他们发行新股投资的意愿，自然会把发行新股当成一种坏消息，他们会重新确定对新股的出价。因此，股权融资一般存在着比较严重的逆向选择问题，这种现象会导致两种结果：一方面，即使公司拥有良好的投资机会，管理者也不愿意通过发行股票进行融资，如果公司的内部资金不足，就会导致公司因融资约束而放弃投资；另一方面，投资者购买股票时会要求一个较高的风险溢价，以弥补可能遭受的损失。因此，逆向选择问题将导致股权融资成本远高于内部融资成本。

[例3-1] 假设XYZ公司流通在外的普通股为10 000股，股票市场价值为20万元，即每股市价20元，但公司的经理比股东掌握着更多、更准确的有关公司前途的信息，认为公司现有资产的实际价值为25万元，此时，股东与经营者存在着信息不对称性。再假设该公司需要融资10万元新建一项目，预计其净现值为5 000元(项目的净现值增加股东价值)。因为投资者对这个项目没有预期，所以5 000元的净现值还没有计入公司10万元的股票市价。公司是否应接受新项目？现分以下几种情况加以说明：

第一，发行股票时信息是对称的，即所有的投资者对现存资产的情况与经营者拥有同样的信息，股票市价应为每股25元。因此，公司应发行4 000股（100 000÷25）新股为项目进行融资。接受该项目投资会使股价升到每股25.36元，并使新老股东同时受益。

$$新股价 = \frac{原股票实际价值 + 新增资金 + 项目净现值}{原股数 + 新股数}$$

$$= \frac{250\,000 + 100\,000 + 5\,000}{10\,000 + 4\,000} = 25.36（元/股）$$

第二，发行股票时的信息是不对称的，即投资者并不了解公司的实际情况，而公司的经理出于某种原因（如为了保持公司的竞争能力或证券监督管理委员会不允许公司在股票发行前向外透露风声以推销股票）不能告诉投资者股票的实际价值，这时股价仍为20元/股，公司不得不发行5 000股（100 000÷20）新股以融资10万元。如果接受新项目，就会产生新的股票价格，那么当不对称信息的情况得以改变后，公司的股票价格为：

$$新股价 = \frac{250\,000 + 100\,000 + 5\,000}{10\,000 + 5\,000} = 23.67（元/股）$$

在这种情况下，公司不可能通过发行新股的融资方式来实施该项目。因为当信息不对称情况改变后，股价会上升到每股25元，而按每股20元发行股票后的每股市价为23.67元，则公司的老股东每股损失了1.33元，新股东每股得益3.67元。

第三，如果股东认为公司价值为20万元，而公司的经理认为外部投资者对公司增长前景的估计过于乐观，那么公司股票的市场价值仅为18万元。这可能是因为公司为执行政府有关污染控制的法规，需投入巨额资金购买没有任何收益的污染处理设备，或公司需要投入巨额资金进行新产品的研究开发。这一切都会减少公司的边际利润和现金流量，严重时会导致公司股价的大幅下跌，再想筹措公司生存所必需的资金将会十分困难。在这种情况下，若经理决定以每股20元发行新股

10 000股，筹措资金20万元，并用这些资金支撑本年度的资本预算或偿还债务，这样从表面上看，股票价格仍为每股20元，但其实际价值则为每股19元。

$$新股价(实际价值)=\frac{180\ 000+200\ 000}{10\ 000+10\ 000}=19（元/股）$$

如果公司经理的预测得以证实，那么公司的股东就会遭受损失，但公司发行新股会减少损失，这是因为新股东将承担部分风险。

如果公司举债100 000元为项目融资，那么信息不对称状况可以得到改变，新的股价为：

$$新股价=\frac{250\ 000+5\ 000}{10\ 000}=25.5（元/股）$$

如果举债融资，那么新项目的剩余价值都应归属老股东。如果债券有抵押担保且有保护性条款，那么信息不对称对负债价值没有影响，因此一些经济学家把负债融资称为“安全”融资。但是，在一个信息不完备的债务市场中，由于项目的风险水平不可观测，债权人无法区分债务人的好坏，因此会设定一个相对较高的利率水平来弥补这种风险。随着利率的提高，品质较好的公司将被挤出市场，这会提高贷款的违约概率，降低贷款人的预期利润。最终的结果是，贷款人会设定一个促使贷款需求明显高于供给的利率水平，从而限制了公司在债务市场上的融资能力。相对股权融资而言，以商业银行为主要代表的债权人，通常具有较高的专业技术水平，有能力向公司要求更多的融资信息，从而减少信息不对称的程度。这样，在债务融资中的逆向选择问题相对较小。按照额外风险必须有额外收益作为补偿的原则，投资者有权对融资者要求逆向选择的风险溢价，因此，对股权投资要求的收益率会高于债权投资的收益率。这样，公司在股权市场融资的成本会高于债权市场的融资成本。不对称信息使公司选择的融资顺序为先内部融资，然后外部债务融资，并且是从低风险债券到高风险债券，包括可转换债券和其他准股票（如股权证等），最后才是外部股票融资。

2）以负债水平传递公司质量的信号

Ross（1977）在保留M-M理论绝大部分假设的情况下，放松了完全信息假设，研究了公司在信息不对称的情况下如何以资本结构的变动为信号向市场传递有关公司价值的信息，以此来影响投资者的决策。Ross在两期框架下对包括A、B两类公司的市场进行研究。假设时点1，A类公司的价值 $V_{1a}=100$ 万元，B类公司的价值 $V_{1b}=50$ 万元；在市场中存在不确定性且采用风险中立定价，两类公司在时点0的价值如下：

$$V_{0a}=\frac{V_{1a}}{1+r}=\frac{100}{1}=100（万元）$$

且 $$V_{0b}=\frac{V_{1b}}{1+r}=\frac{50}{1}=50（万元）$$

其中：r为无风险利率（r=0）。

假定存在不确定性且投资者不能区分这两类公司，A类公司所占的比例为q=

0.4，且投资者判断公司为A类的概率为q，判断公司为B类的概率为（1-q），则市场中的公司价值预期值为：

$$V_0=\frac{qV_{1a}+(1-q)V_{1b}}{1+r}=\frac{0.4\times100+0.6\times50}{1}=70\text{（万元）}$$

此时，如果A类公司试图发出信号表明自己是A类，那么B类公司也可以给出同样的信号，这样市场仍无法区分两类公司。Ross提出解决这个问题的一个方法（即制造一个分离均衡），假设公司管理者负责在时点0的融资决策。具体来说，假设管理者知道自己公司的真实质量，但他们不能交易自己公司的证券，他们在0期发行债券，并得到一个激励性补偿，外部投资者对这个补偿计划是可知的，公司管理者的行为是尽量使他们的激励性补偿最大化。在单项模型中，期末激励性补偿计划可用管理者薪酬（M）来表示，其给定的模型如下：

$$M=(1+r)\gamma_0V_0+\gamma_1\begin{cases}V_1, & V_1\geqslant B\\ V_1-C, & V_1<B\end{cases}\tag{3.1}$$

式中：γ_0和γ_1表示正权数；r表示单期利率；V_0和V_1表示公司当前价值和未来价值；B表示负债价值；C表示如果发生破产而支付的罚款，即当$V<B$时支付的罚款。

Ross认为上述管理者的薪酬激励计划可以建立一个信号均衡。假设债务B^*是B公司在不破产情况下所能承受的最大债务。再假设，如果$B>B^*$，那么投资者推测该公司为A类；如果$B\leqslant B^*$，那么投资者推测公司为B类。这一信号均衡成立的前提：（1）信号必须是明确的（即当投资者观察到$B>B^*$时，公司必定为A类）；（2）管理者必须有一直提供正确信号（即公布真实情况而不是撒谎）的激励。

一个A类公司经理选择信号（负债水平）之后，他得到的薪酬激励可表示如下：

$$M_a=\begin{cases}\gamma_0(1+r)\dfrac{V_{1a}}{1+r}+\gamma_1V_{1a}, & B^*<B\leqslant V_{1a}\text{（说真话）}\\ \gamma_0(1+r)\dfrac{V_{1b}}{1+r}+\gamma_1V_{1a}, & B\leqslant B^*\text{（说假话）}\end{cases}\tag{3.2}$$

假设，$\gamma_0=0.1$，$\gamma_1=0.15$，r=0，则：

$$M_a=\begin{cases}0.1\times100+0.15\times100=25, & B^*<B\leqslant V_{1a}\text{（说真话）}\\ 0.1\times50+0.15\times100=20, & B\leqslant B^*\text{（说假话）}\end{cases}$$

只要这个A类公司管理者从发出正确信号中所得到的激励性补偿大于发出错误信号所得到的补偿，那么该管理者就有发出正确信号的动机（选择高于B^*的债务）。在这种情况下，说真话比说假话的边际收益要高，即：

$$\gamma_0(1+r)\frac{V_{1a}}{1+r}+\gamma_1V_{1a}=25>20=\gamma_0(1+r)\frac{V_{1b}}{1+r}+\gamma_1V_{1a}$$

很显然，A类公司的管理者有动机建立大于B^*的负债水平，这样可以获得最大化薪酬，所以他们会选择发出正确的信号。那么，B类公司的管理者是否会传递自己为A类公司的虚假信号呢？答案可以从管理者的激励计划中获得，B类公司管理者的薪酬激励计划为：

$$M_b = \begin{cases} \gamma_0(1+r)\dfrac{V_{1a}}{1+r} + \gamma_1(V_{1b} - C), & B^* < B \leqslant V_{1a}(\text{说假话}) \\ \gamma_0(1+r)\dfrac{V_{1b}}{1+r} + \gamma_1 V_{1b}, & B \leqslant B^*(\text{说真话}) \end{cases} \tag{3.3}$$

$$M_b = \begin{cases} 0.1 \times 100 + 0.15(50 - C) = 17.5 - 0.15C, & B^* < B \leqslant V_{1a}(\text{说假话}) \\ 0.1 \times 50 + 0.15 \times 50 = 12.5, & B \leqslant B^*(\text{说真话}) \end{cases}$$

同样，只要：

$$\gamma_0(1+r)\frac{V_{1a}}{1+r} + \gamma_1(V_{1b} - C) = 17.5 - 0.15C < 12.5 = \gamma_0(1+r)\frac{V_{1b}}{1+r} + \gamma_1 V_{1b}$$

或者，$\gamma_0(V_{1a} - V_{1b}) = 5 < 0.15C = \gamma_1 C$，或者 $C > 33.33$，B类公司的管理者也会发出正确的信号。在这种情况下，说真话的补偿水平大于说假话情况下的补偿水平。因此，为使B类公司管理者有动机传递该公司不成功的信号，说真话情况下获得的补偿水平必须大于说谎话情况下的补偿水平，数学上可以表达为：

$$\gamma_0(V_{1a} - V_{1b}) < \gamma_1 C$$

这个条件说明如果信号获得的边际利得$(V_{1a} - V_{1b})$乘以管理者所持有的股份γ_0小于因管理不善发生破产的惩罚成本C乘以所持股份γ_1时，管理者将发出正确的信号。

激励信号方法暗示着管理者可能选择真实的财务变量，如财务杠杆、股利政策等，并以此作为向公众就未来经营业绩传递公司明确信号的方式。不成功的公司不能模仿这些信号，因为它们没有足够的现金流来支持它们，同时也因为其管理者有说真话的动机。

假设某公司拥有一项新的投资计划，项目成功后公司价值预计增长30%。由于商业秘密或证券法等原因无法向投资者说明项目的具体细节，外部投资者只能根据他们传递的信息进行投资决策。管理者如何向市场传递有关公司前景的“好消息”？解决这一问题的策略之一就是使公司承担未来大量的债务偿付义务。如果公司管理者传递的信息是正确的，那么公司未来就能够偿付债务；如果公司管理者发布虚假信息，夸大未来增长前景，那么最终将导致公司无法偿付债务，一旦公司破产，最先遭受损失的就是公司的管理者，他们有可能失掉工作。因此，Ross认为在任何债务水平上，低质量公司都拥有更高的边际预期破产成本，所以低质量公司的管理层不会仿效高质量公司进行过多的债务融资。认识到这一点，投资者相信除非公司管理者确信公司未来有较大的成长机会，否则不会举债经营。投资者将财务杠杆水平的增加视为管理者信心的一个可靠信号，可以凭借公司债务融资比率来判断公司预期市场价值的高低或公司质量的高低，从而确定自己的投资组合。

此外，公司债务期限也可以起到信号传递作用。Flannery（1986）认为，当公司具有关于其前景的私有信息时，其所有的证券将被错误定价。相对于短期债务，长期债务对公司价值的变动更敏感，也就是说，长期债务被错误定价的程度大于短期债务。如果债务市场不能辨别公司质量的优劣，那么价值低估（高质量）的公司就会选择定价偏离程度较低的短期债务，而价值高估（低质量）的公司就会选择定价偏离程度较高的长期债务。理性投资者在对风险性债务进行估价时将意识到这种现象，并根据公司债务期限结构来判断公司质量的高低。信号传递假说认为，高质量公司偏好选择短期债务向市场传递其质量类型的信号。因此，公司质量应与债务期限负相关。

3）以股利作为公司未来发展的信号

Miller和Modigliani（1961）首次表明，公司股利的变更可能会将管理者关于公司前景的内部信息传递给外部人。信号传递理论认为股利是管理层向外界传递其掌握的内部信息的一种手段，如果他们预计公司的发展前景良好，未来业绩有大幅度增长，他们就会通过增加股利的方式将这一信息及时告知股东以及潜在投资者；如果他们预计公司的发展前景不太好，未来盈利将呈持续性不理想状态，他们往往维持甚至降低现有的股利水平，这等于向股东和潜在投资者发出了利空的信号。外部投资者通常会根据公司的股利政策所传递出的信号进行证券估价，以确定股票的投资策略。图3-1描述了公司股利政策变动（a.股利减少，b.股利增加）与其累计超额收益率（CAR）之间的关系。股利增加，累计超额收益上升；股利减少，累计超额收益降低。Aharony和Swary（1980）以1963—1976年的149家公司的资料进行股利宣告与盈利宣告时间关系的研究，其结果表明，市场对股利宣告的反应比盈余宣告的反应显著，他们认为股利和盈余数字对于管理者而言，是可以用来传递公司未来发展信息的重要工具。

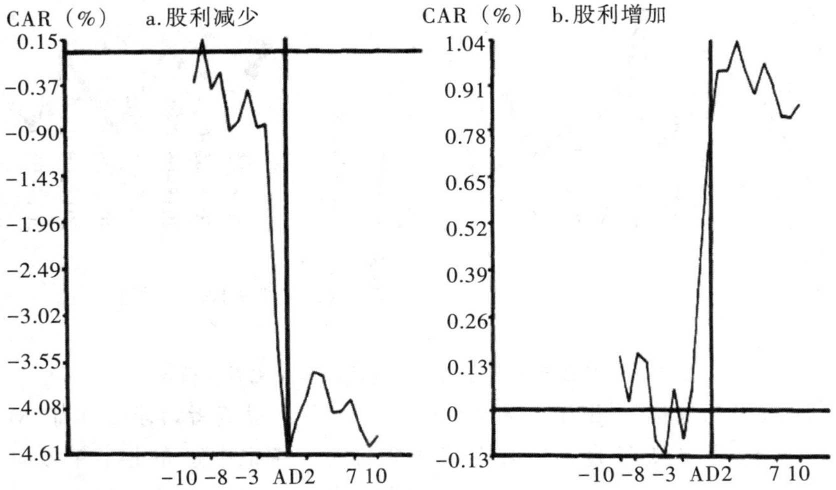

图3-1　与宣布股利变动相关的超额收益率

资料来源　根据http：//pages.stern.nyu.edu/~adamodar/资料整理。

与股利增发传递积极信号相反，股利增发也会向市场传递负面信号。一些公司的经理认为“支付股利就等于向股东承认公司没有更好的事情可做”，向市场传递公司未来的投资机会较少，从而引起股价下跌。2004年1月21日，英特尔公司宣布将季度现金红利增加一倍，以达到每股红利4美分。从1992年起开始支付红利的英特尔公司表示，将于3月1日开始向股东支付季度红利。这次增加红利使用权使英特尔的年红利达到每股分红16美分，基于英特尔1月21日的收盘价每股32.20美元，分红率为0.5%。英特尔发言人表示：增加红利是一个向股东返还利润的好办法，尤其是考虑到公司强劲的财务和现金环境更是如此。另外一个原因是纳税人当前就红利支付的税率在下降。截至2003年12月27日，英特尔的现金储备为160亿美元。消息公布后，在纳斯达克股市上，英特尔的股价下跌了41美分，跌幅为1.3%，并以每股32.20美元收盘。在1月21日的交易中，英特尔的股价一度跌至每股31.82美元的低点。

与英特尔现金分红的信号传递不同，2018年4月25日晚间，格力电器发布了2017年年度报告，年报披露格力电器不发现金红利，不分红股，不以公积金转增股本。这是格力电器11年来首次不分红。不分红方案公告的第二天，格力电器股价大跌近10%，如图3-2所示。虽然格力市值一天仅蒸发200亿元，但撬动的是整个市场！深交所午间发出关注函询问未分红的具体原因。对此，格力电器表示，企业转型多元化的全球工业集团，研发投入增加。格力电器已经从单一的专业空调企业转为多元化的全球工业集团，如公告所言，智能装备、智能家电、集成电路等新产业需要大量研发资金，同时，留存资金也将用于生产基地建设、智慧工厂升级，“这是为了企业的长远发展和股东的长期利益。”

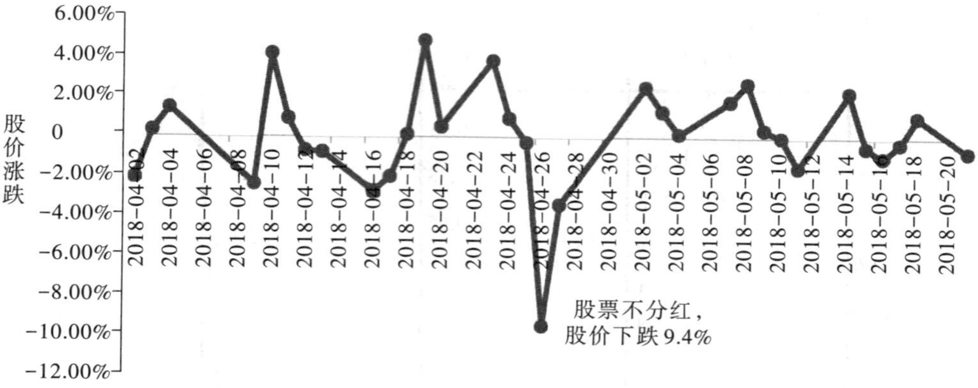

图3-2 格力电器不分红公告前后收盘价涨跌百分比

为了应对市场反应，格力电器火速回函称，考虑投资者诉求，拟于2018年度中期分红。2018年8月31日，格力电器在披露的半年报中宣布上半年拟向全体股东每10股派发现金红利6元（含税）。按照股份基数，格力电器向股东分红总额超过36亿元。

因此，对于股利信号的解释要十分谨慎，公司增发现金股利不一定是“好消息”，也可能是没有更好的投资机会，而将剩余现金返还给股东。反过来说，公司减发现金股利也不一定是“坏消息”，可能是公司未来有较好的投资机会。从长远看，企业留存现金，满足未来的投资需求，有利于股东的长期利益。

作为支付股利的替代方式是用现金回购公司股票，这种方式也会向市场传递管理者掌握的信息。根据市场择时理论，当公司股票价值被低估时，公司可能会回购股票。这意味着，股票回购可以成为管理者认为其股票被低估的信号。在这种条件下，投资者对于股票回购消息会产生积极有利的反应，从而引起股票价格上升。一项研究表明，当公开市场宣布股票回购计划时，股票的平均价格大约上升了3%（随着回购的流通股比例的增加，股价的反应更强烈）。①大多数研究在调查股票回购公告后的盈利状况时，提供了关于股票回购传递了何种类型的信息的证据。Vermaelen（1981）发现，在回购后的年份中，每股收益随后会增加。Dann，Masulis and Mayers（1991）的研究也得到了相同的结论，并表明市场初始反应与随后的盈利增加是正相关的。他们认为这是股票回购传递了积极信号的结果。

2020年4月13日，格力电器公布的回购公告显示：拟使用不低于30亿元（含）且不超过60亿元（含）的自有资金回购公司股份，回购价格不超过70元/股，预计可回购股份占公司目前总股本的0.71%～1.42%。作为2020年拟投入金额最大的回购，这次回购公告发布对于股价影响并不显著，虽然13日当天格力电器涨幅5.03%，但后面几天就显得疲软，并连续两天下跌，图3-3描述了格力电器股票回购的股价涨跌百分比。

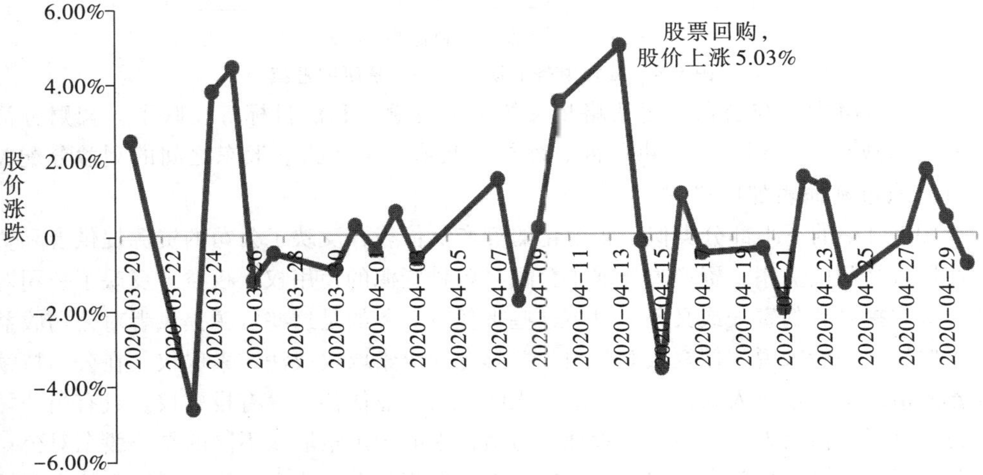

图3-3 格力电器股票回购公告前后股价涨跌百分比

① IKENBERRY D，LAKONISHOK J，VERMAELEN T. Market Underreaction to Open Market Share Repurchases［J］. Journal of Financial Economics，1994，39（39）：181-208.

3.2 代理冲突

3.2.1 财务活动与财务关系

公司财务是指财务活动与财务关系的统一。财务活动是指公司资源的取得与使用，即通过投资活动与融资活动为投资者创造价值；财务关系是指在财务活动中形成的各种委托代理关系。在公司制下，参与财务活动形成的各种关系人主要包括：（1）公司供应商、客户、政府等之间的关系；（2）公司与股东、债权人、管理者之间的关系。公司财务活动与财务关系研究框架如图3-4所示。

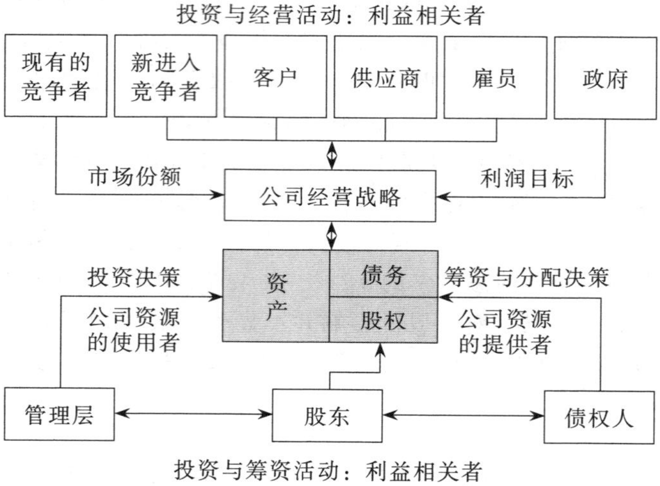

图3-4　公司财务活动与财务关系研究框架

在图3-4中，与公司经营战略相关的市场份额、利润目标等反映了公司财务活动的经营成果，公司收入与供应商、雇员、政府、债权人、股东之间的利益分配关系可以通过利润表加以描述。

图3-4中的下半部分类似一张简化的资产负债表，反映了公司的资源提供者和资源使用者之间的关系，资产方反映了公司对各种资源的使用权，权益方反映了公司对各种资源提供者的责任或义务，对应这些责任或义务的是这些资源提供者对公司收益的索取权。一般来说，债权人对公司收益具有固定索取权或法定索取权，在公司持续经营的情况下，债权人只是一个“默默无闻”的商业伙伴，没有投票权。只有当公司进行清算时，债权人才可能参与管理。与债权人的固定索取权不同的是，股东对公司收益的索取权是一种剩余索取权。与剩余索取权相对应，股东成为公司风险的主要承担者，因此，股东拥有公司的控制权和管理权，以确保公司在投资、融资活动中增加公司价值和剩余索取权价值。公司资源的使用者主要是指管理者，他们作为股东的代理人，在董事会的领导下从事公司的经营活动和投融资活动。他们对公司收益的索取

权通常由契约规定，这是一种状态，依存“或有索取权”，也就是说，这种索取权对收益享有的权利依存于未来某时刻（约定或未约定）的契约标准等。

3.2.2 股东-管理者代理冲突

所有权和控制权分离是现代企业发展中的一个普遍现象。早在20世纪30年代，Berle和Means（1932）在对美国200家大公司的调查过程中发现，现代大型企业的管理权正从私人资产所有者转移到具有专门管理技能的管理者手中。两权分离的结果导致了企业权利配置移位，企业的所有者不再拥有企业的经营权，而成为一个纯粹的“食利者”阶层，掌握企业管理权的经理们则实施对企业的控制。在委托代理关系中，管理者作为企业资源的使用者利用自己的人力资本为资源的提供者（股东或所有者）创造价值，并将企业视为获取报酬、实现自我价值的源泉。但是，由于股东（委托人）与管理者（代理人）的目标函数不一致，加之双方信息不对称，因此，管理者有可能利用其私有信息和实际的经营决策权，做出有利于自身利益而损害股东利益的经营决策，从而产生利益冲突。

Jensen和Smith（1985）指出，股东与管理者之间的冲突主要表现在直接侵蚀股东财富和间接侵蚀股东财富两个方面，前者如高薪、在职消费；后者表现为由管理者帝国建造引起的过度投资，由管理者的风险态度和任期观念引起的投资不足等投资行为对股东财富的影响。

1）直接侵蚀公司财富——高薪、在职消费

Jensen和Mecking（1976）首次对股东和管理者直接侵蚀股东财富进行了理论上的描述。他们认为只要管理者拥有的公司股份少于100%，他就有可能在两种行为上做出权衡：第一，提高公司价值，从而相应地提升自己股票的价值，例如投资一些产生正现金流的项目，降低运营成本；第二，获取非货币收益，如在职消费、过度津贴、偷懒行为，甚至利用特殊人力资本通过投资一些低效率的项目来保持自己在公司的地位。当管理者选择前一种行为的边际收益等于放弃后一种行为的边际（机会）成本时，他的效用可以达到最大化。但是，市场上理性的投资者预期到这一点，会自动降低自身对公司的价值评估，降低的价值即为代理成本。

高管薪酬是股东-管理者代理冲突最直观的表现形式。由于股东对公司价值具有剩余索取权，因此高管的薪酬越高，股东得到的相对越少。Jensen和Murphy（1990）的研究发现美国上市公司经理薪酬与公司业绩之间的关联度是非常低的，即使当公司业绩很差时，经理也可能通过给自己增加薪水来侵占财富。一个典型的例子，2008年爆发的金融危机使大部分公司的业绩出现下滑，反映公司业绩的一系列指标（如净资产收益率、总资产收益率等）大幅下跌，但由于工资的刚性，大部分高管的薪酬并没有随公司业绩的下降而下降。据统计，2008年我国上市公司高管平均薪酬为52.83万元，相当于全国城镇居民人均可支配收入（1.58万元）的33倍；2012年上市公司高管平均薪酬为63.61万元，相当于全国城镇居民人均可支配收入（2.56万元）的25倍。也就是说，2008—2012年，在经济下滑时期，上市公司高管平均薪酬上升了20%。

关于高管薪酬和公司业绩的关系，Jackson等（2008）研究发现高管薪酬存在黏性特征，即高管薪酬在公司业绩上升时的边际增加量大于业绩下降时的边际减少量。许多研究发现，上市公司CEO在公司业绩增长时获得了额外的奖金，业绩下降时却没有丝毫的惩罚。这表明委托代理可能在带来经理偷懒、投资过度或不足、无效率并购等导致股东财富损失的行为的同时，还会导致非正常的薪酬制度。此外，管理者拥有对公司重要经济资源配置的决策权。在自身效用最大化的驱使下，他们有动机扩大自己的“在职消费”，把公司的生产性资源转化为非生产性资源以牟取私利，如豪华的装修、气派的商业旅行、购买高档奢侈品等。这些都直接侵蚀了股东的财富。

张维迎（2005）①认为企业家（一般是指持有股份的管理者）不仅可以从公司的经营中获得货币性收益，而且会从控制公司这一过程中获得一些非货币形态的私人好处，如名誉、地位、在职消费等，与货币性收益不同，这些好处通常称为控制权收益，例如，企业家自己管理企业带来的货币性收益为100万元，有人出价150万元收购这家企业，企业家也可能会拒绝出售这家企业，其原因在于企业家除了这100万元的货币性收入外，企业控制权收益可能会超过50万元。由于控制权给企业家带来的控制权收益可能与企业家的货币性收益不一致，货币性收益大的项目带给企业家的控制权收益不一定大，而控制权收益大的项目所产生的货币性收益也不一定就大。由于控制权收益只能为企业家在控制中享有，没有办法在投资者之间分配，这就注定了企业家的利益与外部股东利益之间会产生矛盾，企业家希望选择带来控制权收益大的项目，而外部股东则希望选择货币性收益大的项目。

假设公司有A、B两个待选项目，各项目的货币性收益、控制权收益见表3-1。不论出现哪种情况，项目A的总收益都大于项目B。

表3-1　　**不同情况下项目A、项目B的收益分布**　　单位：万元

收益	情况Ⅰ		情况Ⅱ	
	项目A	项目B	项目A	项目B
货币性收益	80	50	50	10
控制权收益	15	24	0	20
总收益	95	74	50	30

在情况Ⅰ下，项目A的货币性收益是80万元，控制权收益是15万元，总收益是95万元；项目B的货币性收益是50万元，控制权收益是24万元，总收益为74万元。站在股东或投资者的角度，项目A优于项目B，因为投资者更关心货币性收益。但是站在企业家的角度，选择项目A或项目B，取决于他持有的股权比例。图3-5描述了在不同持股比例下企业家的总收益（货币性收益加控制权收益）。

① 张维迎．产权、激励与公司治理［M］．北京：经济科学出版社，2005：149.

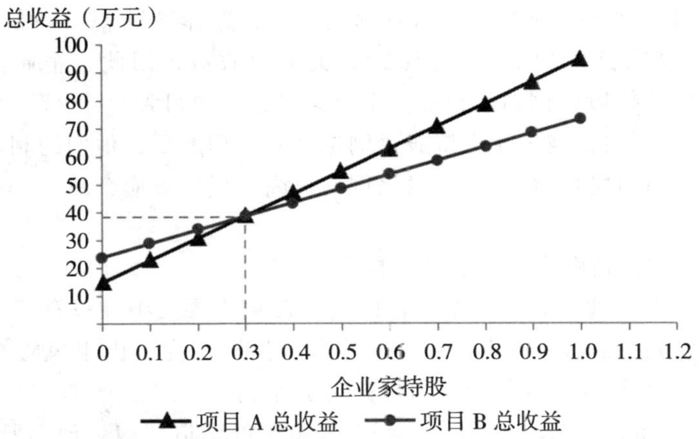

图3-5　不同持股比例下企业家的总收益（情况Ⅰ）

从图3-5可以看出，当企业家持股比例在30%时，不论选择项目A，还是选择项目B，企业家的总收益都是无差别的，均为39万元。只不过当选择项目A时，企业家的总收益是由货币性收益24万元（80×30%）和控制权收益15万元组成的；当选择项目B时，企业家的收益是由货币性收益15万元（50×30%）和控制权收益24万元组成的。从图中可以看出，如果企业家持有的股权比例大于30%，那么，选择项目A的总收益大于项目B的总收益，这时企业家与外部投资者或股东的利益一致。

现考虑一种极端的情况，在情况Ⅱ下（见表3-1），公司面临两种处境：项目A指企业处于清算状态，破产后企业可以得到50万元现金，但企业家将被解聘，因此控制权收益为0；项目B指公司处于正常经营状态，公司货币性收益为10万元，企业家控制权收益为20万元。此时，如何选择项目？从总收益的角度分析，投资者或股东会选择项目A；但站在企业家的角度，即使他的持股比例大于30%，企业家的利益与投资者的利益也未必一致。图3-6描述了不同持股比例下企业家的总收益。

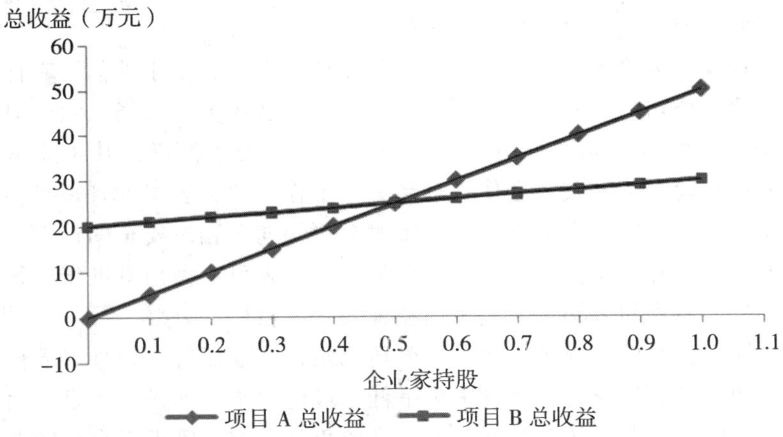

图3-6　不同持股比例下企业家的总收益（情况Ⅱ）

在图3-6中，如果企业家的持股比例为20%，选择项目A，他可以得到10万元的总收益；选择项目B，他可以得到20万元的总收益，因此，企业家会选择项目B；除非企业家的持股比例超过50%，企业家将选择项目A，与投资者的决策一致。

从上述分析可知，当企业家持股比例达到一定程度后，他们的利益与公司利益趋于高度一致，此时随着企业家持股比例的提高，侵蚀效应会减少，利益协同效应会增强。

2）间接侵蚀公司财富——非效率投资

股东-管理者代理冲突对股东财富的间接影响主要集中在投资行为上，如管理者由于帝国建造（Empire Builder）产生的过度投资行为，由于风险态度和任期观念产生的投资不足行为，其结果都可能损害股东利益。

第一，偏好帝国建造。管理者偏好个人帝国的建造，因为他们所追求的地位、权力、薪酬和特权、升迁等均与公司的规模成正比。这样，管理者就有动机去扩大公司规模，而不管规模扩大是否符合股东财富最大化原则，例如，管理者可以通过过度内部扩张、降低或停止发放现金股利、并购等行为来扩大规模。这种规模扩大可能与股东利益最大化相矛盾。1984年，著名投资家Buffet在他的“Berkshire Hathaway”年报中指出：“许多持续在股东权益和总投资方面都取得骄人成绩的大公司都曾经将留存收益用于经济上毫无效益，甚至带来灾难性影响的投资项目，但是这些公司的核心业务连年增长掩盖了他们在资本配置上的失误（通常与高估的并购活动有关）……在这种情况下，如果将留存收益部分用于发展公司的核心业务，剩余部分用于发放股利或回购股票，股东将会获益更大。”

以并购为例，收购公司的管理者热衷于并购活动，通过扩大规模增加货币性收益和控制权收益，即使这一并购活动并未给公司带来收益。对于目标公司的管理者来说，如果目标公司被成功收购，高层管理者就有可能失去职位和潜在的各种经济利益，为了保护自身利益，他们会采取各种措施阻止并购，即使并购能够为并购双方带来更高的价值，这一种现象被称为管理者壁垒假说。

第二，管理者风险规避态度。对公司的投资者来说，由于他们持有证券组合从而分散了大部分公司的特有风险，因此，外部投资者更关心市场风险。对于管理者来说，由于他们的财富大部分用于特定公司的人力资本投资，其风险是不可分散的。如果公司经营不善、破产会使管理者失去工作，那么公司的管理者会比股东更加厌恶风险。因此，管理者进行投资决策时会更倾向于相对安全的计划，从而在一定程度上失去了提升公司价值的机会，例如，管理者可能做出有助于公司多元化经营的投资决策，但这却未必符合股东利益最大化的目标。

第三，管理者的任期观念。相对于公司无限存续期而言，管理者在位期限是有限的，这一冲突可能导致管理者投资水平低于最优水平，即投资不足。由于管理者的权利仅限于他的任期，从自身利益最大化的角度考虑，管理者会更倾向于关注短期利益，从而导致“短期行为”，例如，研究与开发等行为从长期来看可以给公司带来可观的收益，提升公司的价值，但如果这种效益在管理者预见的任期内无法实现，管理者就会降低研发支出、减少对机器设备维修的投入、减少对品牌忠诚度和职工培训等无形资产等方面的投入，从而将资金用于对公司价值贡献较小，但在短期内易于实现的支出，进而造成公司价值的潜在损失。理性的投资者认识到管理者面临逃避责任、分散化投资和投资不足的动机，他们会预测这些决策所产生的巨大影响并将其纳入股票价值。这样，公司因这些决策所遭受的损失等于外部股权融资的代理成本，从而提高公司的股权融资成本。

3.2.3 股东–债权人代理冲突

根据期权理论，股东与债权人代理冲突产生的原因在于他们的利益分配与风险分担不均衡。一般来说，债权人对公司资产具有优先但固定的索偿权，股东对公司债务承担有限责任，对公司剩余资产具有“无限索偿权”。“有限责任”给予股东将公司资产交给债权人而不必偿付全部债务的权利，“无限索偿权”给予股东获得潜在收益的最大好处。或者说，有限责任使股东对极端不利事态（如破产）的损失享有最低保证，对极端有利事态所获得的收益没有最高限制。图3–7中的（a）和（b）分别表明有限责任公司和无限责任公司的股票价值和公司价值状况。

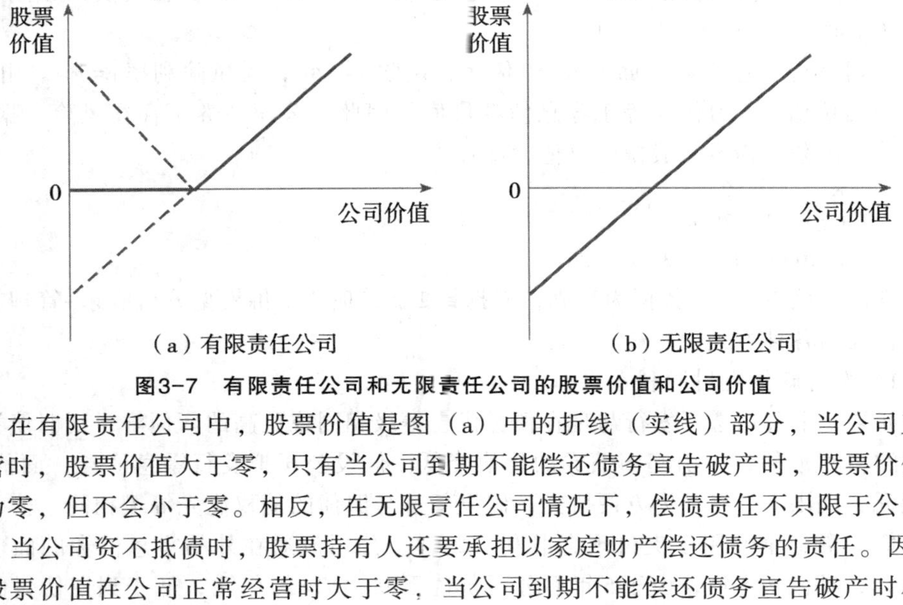

图3–7 有限责任公司和无限责任公司的股票价值和公司价值

在有限责任公司中，股票价值是图（a）中的折线（实线）部分，当公司正常经营时，股票价值大于零，只有当公司到期不能偿还债务宣告破产时，股票价值降低为零，但不会小于零。相反，在无限责任公司情况下，偿债责任不只限于公司价值，当公司资不抵债时，股票持有人还要承担以家庭财产偿还债务的责任。因此，其股票价值在公司正常经营时大于零，当公司到期不能偿还债务宣告破产时小于零。与无限责任公司的股票相比，有限责任公司的股票实际上多了一个卖权，在图3–7（a）中，股票持有人持有一份以公司债券面值（假设为零息债券）为行权价的卖权。当债券到期时，如果公司价值小于债券面值，则股东行使期权，将公司资产出售给债券持有人。此时，仅是公司资产与债券的交换，并没有发生任何现金流动，交易结束后股票持有人一无所有。如果公司价值大于债券面值，则股票持有人放弃期权，按债券价值偿还债务后，股票持有人仍是公司资产的所有者。股票持有人持有的卖权价值便是公司的有限责任相对于无限责任的价值。

这种损益不对等分配使股东具有强烈的动机去从事那些尽管成功机会甚微，但一旦成功即获利颇丰的投资活动。如果投资成功，那么股东将获得可观的收益；如果投资失败，那么债权人将承担大部分损失。其结果是财富从债权人手中转移给了股东，而投资产生的风险则转移给了债权人。如果债权人在贷出资金时正确预期到这一点，便会通过提高贷款利率的形式予以补偿，从而使债务融资成本高于内部融资成本。

在现代公司制下，股东与债权人之间的代理关系又表现为管理者与债权人之间的关系。由于管理者受雇于股东，其经营管理的目标是股东财富最大化，因此，当股东与债权人的利益发生冲突时，管理者通常选择有利于增进股东财富、侵占债权人利益的各种行为。股东与债权人的代理冲突主要来源于4个方面：债权侵蚀、高风险投资、支付股利抽逃资本、投资不足等。其结果使财富从债权人手中转移给股东。

［例3-2］假设XYZ公司当前的市场价值V_0=100亿元，预期第5年年末（T=5年），公司资产价值上升时为200亿元（V_5^u=200，p=0.7），下降时为50亿元（V_5^d=50，p=1-0.7），公司价值预期值为155亿元（200×0.7+50×0.3），公司资产预期收益率r_A=9.16%（（155/100）$^{1/5}$-1）。

公司发行零息债券，面值K=50亿元，期限T=5年，无风险利率r_f=7%。由于5年后公司价值V_5^d=50亿元等于零息债券价值，因此，公司债券不存在风险。据此，可以计算出公司债券和股票的价值，即：

$$B=\frac{K}{(1+r_f)^5}=\frac{50}{(1+7\%)^5}=35.65\text{（亿元）}$$

$$S=V_0-B=100-35.65=64.35\text{（亿元）}$$

现以［例3-2］的数据为基础，根据第2章二项式定价模型分析股东-管理者侵占债权人的各种方式。

1）发行新债支付股利

如果一个公司选择发行与现存债券优先等级相同或更高的新债券，则旧债券持有者的权利被稀释，引起旧债券的价值降低。假设公司拟发行零息债券，面值K=40亿元，期限T=5年，为方便研究，假设新债与旧债的债权优先等级相同；公司发行新债的资金全部用于支付现金股利。此时，公司流通在外的零息债券的面值为90亿元，期限为5年，由于5年后公司价值下跌，V_5^d=50亿元，低于到期偿付的债券面值（K=90亿元），因此，公司债券存在违约风险。

公司发行新债的资金全部用于支付股利，公司的资产价值保持不变，即公司价值V_0=100亿元。根据二项式定价模型，当债券到期时，公司价值：V_5^u=200亿元，或V_5^d=50亿元，股权价值：S_5^u=200-90=110（亿元），或S_5^d=0。根据第2章的公式（2.27）和公式（2.28）计算套利比率（δ）、股票价值（S）和债券价值（B）：

$$\delta=\frac{V_T^u - V_T^d}{S_T^u - S_T^d}=\frac{200 - 50}{110 - 0}=1.3636$$

$$S= V_0\frac{1}{\delta}-\left(V_T^u\frac{1}{\delta} - S_T^u\right)/(1 + r_f)^T$$

$$=100\times\frac{1}{1.3636}-\left(200 \times \frac{1}{1.3636} - 110\right)\div（1+7\%）^5=47.19（亿元）$$

B=100−47.19=52.81（亿元）

假设新旧债券的债权优先等级相同，那么发行新债后，原有的未到期的旧债券市场价值等于29.34亿元（52.81×5÷9），比发债前的价值降低了6.31亿元（35.65−29.34）；发债后的股东财富等于股权市场价值加上现金股利，其中现金股利等于新债价值23.47亿元（52.81−29.34），即发行新债支付股利后，股东财富为70.66亿元（47.19+23.47），比发债前股东财富增加了6.31亿元（70.66−64.35），这恰好是旧债券持有人丧失的部分。

2）资产替代与经营风险

根据期权定价模型，股权价值可以看成公司资产价值的看涨期权，公司资产风险越大，股权价值就越大。因此，股东可以通过改变公司经营策略或投资策略来增加风险，以期获得更大的收益。假设［例3-2］中的XYZ公司的资产负债情况保持不变，公司通过改变经营策略提高风险，如用高风险项目替代低风险项目。公司提高风险的有关数据如下：公司当前价值V_c=100亿元，预期第5年年末（T=5年）的公司价值：V_5^u=300亿元，p=0.7，或V_5^d=33.33亿元，p=1−0.7，公司的预期价值为220亿元（300×0.7+33.33×0.3），投资者要求的收益率为17.08%（（220÷100）$^{1/5}$−1）。这表明风险加大后，投资者要求的收益率从9.16%增加到17.08%。

由于5年后公司价值下跌，V_5^d=33.33亿元，低于债券面值（K=50亿元，T=5年），因此，公司存在违约风险。根据公司价值的变化，股权价值为250亿元（S_5^u=300−50），或为0（S_5^d=0），根据（2.27）式和（2.28）式计算套利比率、公司债券和股票的价值如下：

$$\delta=\frac{V_T^u - V_T^d}{S_T^u - S_T^d}=\frac{300 - 33.33}{250 - 0}=1.0667$$

$$S=V_0\frac{1}{\delta}-\left(V_T^u\frac{1}{\delta} - S_T^u\right)/(1 + r_f)^T$$

$$=100\times\frac{1}{1.0667}-\left(300 \times \frac{1}{1.0667} - 250\right)\div（1+7\%）^5=71.47（亿元）$$

B=100−71.47=28.53（亿元）

公司提高经营风险后，股权价值增加了7.12亿元（71.47−64.35）；债券价值下跌了7.12亿元（28.53−35.65），即提高风险后，公司价值从债权人转移给股东。

3）使用闲置现金支付股利

假设公司利用闲置现金25亿元派发股利，支付股利后，公司价值降为75亿元（100−25），如果公司不支付股利，闲置的现金至少可以获得无风险收益。因此，

5年后公司的价值为164.94亿元(V_5^u=200−25×（1+7%）^{5})，或为14.94亿元（V_5^d=50−25×（1+7%）^{5}）；发放股利后，股票价值为114.94亿元（S_5^u=164.95−50），或为0（S_5^d=0），据此，公司的债券和股票价值计算如下：

$$\delta=\frac{V_T^u - V_T^d}{S_T^u - S_T^d}=\frac{164.94 - 14.94}{114.94 - 0}=1.3050$$

$$S=V_0\frac{1}{\delta}-\left(V_T^u\frac{1}{\delta} - S_T^u\right)/(1 + r_f)^T$$

$$=75\times\frac{1}{1.3050}-\left(164.94 \times \frac{1}{1.3050} - 114.94\right)/（1+7\%）^5=49.31（亿元）$$

B=75−49.31=25.69（亿元）

公司派发现金股利政策使财富从债权人手中转移给了股东，即股东财富增加了9.96亿元（49.31−64.35+25），恰好等于债权人财富减少的部分9.96亿元(25.69−35.65)。

4）出售资产、支付现金股利

假设公司出售资产获得25亿元现金，并全部作为现金股利支付给股东。在其他条件一定的情况下，公司价值减值为75亿元。5年后公司资产价值为150亿元(V_5^u=200×0.75)，或为37.5亿元（V_5^d=50×0.75）。股票价值为100亿元（S_5^u=150−50）或0(S_5^d=0)。根据二项式定价模型计算股票、债券价值如下：

$$\delta=\frac{V_T^u - V_T^d}{S_T^u - S_T^d}=\frac{150 - 37.50}{100 - 0}=1.125$$

$$S=V_0\frac{1}{\delta}-\left(V_T^u\frac{1}{\delta} - S_T^u\right)/(1 + r_f)^T$$

$$=75\times\frac{1}{1.125}-\left(150 \times \frac{1}{1.125} - 100\right)\div（1+7\%）^5=42.90（亿元）$$

B=75−42.90=32.10（亿元）

公司利用出售资产获得的现金支付股利后，股东财富增加了3.55亿元（42.90−64.35+25），债权人财富下降了3.55亿元（32.10−35.65）。

股东−管理者采取上述4种方式使财富从债权人手中转移给股东，见表3−2。

表3−2　**股东侵占债权人利益4种方式汇总**　单位：亿元

项目	初始数据	发行新债支付股利	提高经营风险	使用闲置现金支付股利	出售资产支付股利
资产	100.00	100.00	100.00	75.00	75.00
初始债券	35.65	29.34	28.53	25.69	32.10
发行新债		23.47			
股东权益	64.35	47.19	71.47	49.31	42.90
债权人财富变动		−6.31	−7.12	−9.96	−3.55
股东财富变动		6.31	7.12	9.96	3.55

对于债务人的各种侵占行为，理性的债权人一般是通过降低债券投资的支付价

格或提高资本贷放的利率，以反映他们对股东行为的重新评估。不仅如此，他们还会在债务契约中增加各种限制性条款进行监督，这些条款包括限制生产或投资条款、限制股利支付条款、限制融资条款和约束条款等。

5）投资不足

与过度投资不同，债权人对投资收益具有优先请求权这一特征使公司可能会放弃那些虽然净现值为正但却不足以支付债务本息的投资项目。Myers（1977）等将这种行为称为“债务悬置效应”（Debt Overhang Effect）。这种情况之所以会发生，是因为公司价值的任何增长都必须由股东和债权人分享。如果股东进行项目投资的结果仅仅改善了债权人的利益，那么他们就有可能会放弃一些有利可图，但自己却得不到相应收益的投资机会。债务悬置效应引起的这种现象又称为“投资不足”（Under Investment），而且，公司的负债率越高，公司越倾向于投资不足。

［例3-3］假设ABC公司价值评估的有关数据如下：公司当前市场价值V_0=100亿元，零息债券面值K=99亿元，期限T=5年；5年后公司价值V_5^u=150亿元，p=0.8；或V_5^d=66.67亿元，p=1-0.8。股票市场价值S_5^u=150-99=51亿元或V_5^d=0，无风险利率r_f=5%。根据二项式定价模型计算债券与股票价值如下：

计算题指引

$$\delta=\frac{V_T^u-V_T^d}{S_T^u-S_T^d}=\frac{150-66.67}{51-0}=1.6339$$

$$S=V_0\frac{1}{\delta}-\left(V_T^u\frac{1}{\delta}-S_T^u\right)/(1+r_f)^T$$

$$=100\times\frac{1}{1.6339}-\left(150\times\frac{1}{1.6339}-51\right)\div(1+5\%)^5=29.23\text{（亿元）}$$

B=100-29.23=70.77（亿元）

假设公司目前拥有闲置现金25亿元，可以进行无风险投资，或者向股东派发现金股利，或者投资于净现值大于零的项目。现采用二项式模型计算不同的方案对股东、债权人财富的影响。

（1）公司将闲置资金进行无风险投资，5年后的价值为31.91亿元（25×$(1+5\%)^5$）。从现值的角度分析，无风险投资并未增加公司价值。

（2）公司使用闲置资金向股东派发股利，股东财富由股利和股票市场价值两部分组成。支付股利后，公司价值V=75亿元。5年后公司价值为118.09亿元（V_5^u=150-25×$(1+5\%)^5$），或为34.76亿元（V_5^d=66.67-25×$(1+5\%)^5$），股票市场价值为19.09亿元（S_5^u=118.09-99），或为零（S_5^d=0）。根据（2.27）式和（2.28）式可以得到债券价值为64.06亿元，股权价值为10.94亿元，股东财富为35.94亿元（10.94+25）。公司派发现金股利，其结果是股东财富增加了6.71亿元（35.94-29.23），债权人财富减少了6.71亿元（64.06-70.77）。

（3）公司将闲置资金投资于净现值大于零的项目。项目的初始投资额为25亿元，期限5年，该项目无风险，到期时项目价值为40亿元，即$P_5^u=P_5^d=40$，投资项目的现值为31.34亿元（40÷（1+5%）^{5}），净现值为6.34亿元（31.34-25）。项目投资后，公司价值（现值）将增至106.34亿元，5年后公司价值预期值为158.09亿元（$V_5^u=118.09+40$），或为74.76亿元（$V_5^d=34.76+40$）。股票市场价值为59.09亿元（$S_5^u=158.09-99$），或为零（$S_5^d=0$）。根据（2.27）式和（2.28）式可以得到债券价值为72.47亿元，股权价值为33.87亿元。当公司投资于净现值大于零的项目后，债权人财富增加了1.7亿元（72.47-70.77），股东财富增加4.64亿元（33.87-29.23）。债权人和股东财富增加的部分刚好等于项目的净现值6.34亿元（1.7+4.64）。

在上述3种方案中，项目投资收益优于无风险投资，选择项目投资可以增加股东财富；项目投资与现金股利相比，选择项目投资，股东财富为33.87亿元；选择现金股利，股东财富为35.94亿元。从股东财富最大化的角度看，管理者可能会选择股利，放弃净现值大于零的项目，结果是不仅改变公司的资本结构，而且丧失了6.34亿元的净现值。

此外，对于净现值大于零的项目，公司也可以通过追加股权融资的方式进行项目投资。根据ABC公司的基本数据，$V_0=100$亿元，K=99亿元，T=5亿元，$V_5^u=150$亿元，p=0.8；或$V_5^d=66.67$亿元，p=1-0.8，$r_f=5\%$，B=70.77亿元，S=29.23亿元。如果公司选择项目投资，股东需要自行追加投资25亿元，项目的现值为31.34亿元。项目投资5年后，公司价值增至131.34亿元（100+31.34），公司价值预期值为190亿元（$V_5^u=150+40$），或106.67亿元（$V_5^d=66.67+40$）。由于$V_5^d>K$，公司债券无违约风险，则债券价值为77.57亿元（99÷（1+5%）^{5}），股权价值为53.77亿元（131.34-77.57）。股东自行追加投资25亿元进行项目投资后，股权价值增加了24.54亿元（53.77-29.23），比初始投资低了0.46亿元（25-24.54）。如果管理者的目标是股东财富最大化，管理者就应放弃净现值大于零的项目。其原因在于采用股权融资进行项目投资后，使债权人财富增加了6.8亿元（77.57-70.77），恰好等于项目的净现值和股东财富损失额6.8亿元（6.34+0.46），这表明当股东追加投资后，财富从股东手中转移给了债权人。在这种情况下，即使项目的净现值大于零，代表股东利益的管理者也会放弃这一项目。

由股东与债权人代理问题引起的投资不足行为对股东、债权人财富的影响见表3-3。

表3-3 **投资不足行为对股东、债权人财富的影响** 单位：亿元

项目	初始数据	支付股利	投资项目	股权融资
资产	100.00	75.00	106.34	131.34
零息债券	70.77	64.06	72.47	77.57
股东权益	29.23	35.94	33.87	53.77
债权人财富变动		-6.71	1.70	6.80
股东财富变动		6.71	4.64	-0.46

3.2.4　大股东-小股东代理冲突

代理冲突的研究大致可以划分为两个阶段：第一阶段是以 Berle 和 Means（1932）的研究为起点，着重研究股权分散公司存在的第一类代理冲突，即由于公司所有权与管理权分离而导致的代理冲突；第二阶段是以 La Porta 等（1999）为分界点，着重研究股权相对集中的公司存在的第二类代理问题，即大股东与中小股东之间的代理冲突。根据代理理论，股权集中可以减轻股东与管理者的代理冲突和代理成本，但是，当股权集中度超过一定限度，或当大股东持有的股权比例及其所采取的控制手段能有效控制公司时，代理问题的性质将由股东与管理者之间的代理问题，转变为控股股东与小股东之间的代理问题。股权越集中，大股东或控股股东对公司的控制力就越强，就越可能利用其控制权谋取私人收益，从而增加第二类代理冲突。

1）股权结构：所有权视角

股权结构是指公司不同类型股东所持股份的比例关系。按股权集中度不同，股权结构可分为集中型、分散型两大类。在集中型股权结构中，公司由一个控股股东和无数小股东组成。在分散型股权结构中，公司由大量的小股东组成，没有大股东，所有权与经营权完全分离。现有研究表明，分散型股权结构通常出现在市场导向型的英、美等国家；集中型股权结构通常出现在德、日等银行导向型的国家。图3-8列示英美德日四国大的非金融公司股权集中度状况（前五大股东持股比例），图3-9列示了美日德三国上市公司的股权集中度状况（第一大股东持股分布），图3-10描述了中国上市公司第一至第十大股东持股比例算术平均值（2017年2月18日数据）。

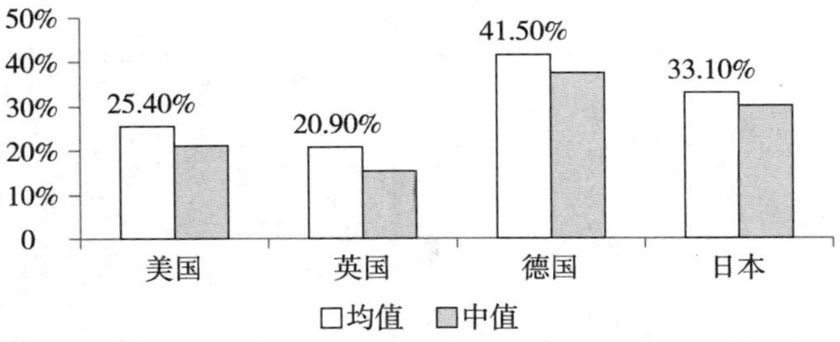

图3-8　英美德日四国大的非金融公司股权集中度状况（前五位大股东持股比例）

资料来源：维夫斯. 公司治理：理论与经验研究［M］. 郑江淮，李鹏飞，等，译. 北京：中国人民大学出版社，2006：45.

在图3-8中，美国的数据是以1980年的457家非金融公司为样本；英国的数据是以1970年的85家制造业公司为样本；德国的数据是以1990年的41家非金融公司为样本；日本的数据是以1984年的143家采矿和制造业公司为样本。图3-8表明前五位大股东的平均持股比例按高低顺序排列，最高的国家为德国（41.50%），日本次之（33.10%），然后是美国（25.40%），英国最低（20.90%）。

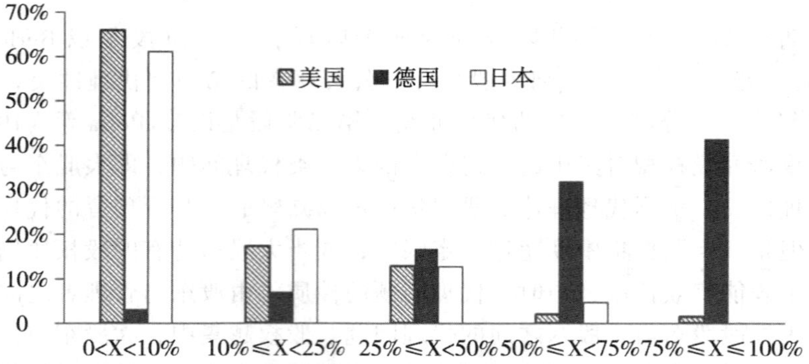

图3-9　美德日三国上市公司的股权集中度状况（第一大股东持股分布）

资料来源：HELMUT.Capital Markets and Corporate Governance in Japan［M］. Germany and the United States：Routledge，1998：124.

在图3-9中，美国是根据1994年的数据计算的，基于所有的美国公司，包括组成标准普尔500等成分股的上市公司；德国是根据1994年的数据计算的，基于在AGs和KgaAs上市的550家最大型公司；日本是根据1995年的数据计算的，基于所有的1 321家在东京、大阪和名古屋交易所上市的公司。图3-9表明，66%的美国上市公司第一大股东持股比例在10%以下，第一大股东持股比例在50%以上的公司仅占3.6%；德国上市公司的情形则恰好相反，73.2%的上市公司第一大股东持股比例在50%以上，持股比例在10%以下的公司仅占3.2%。

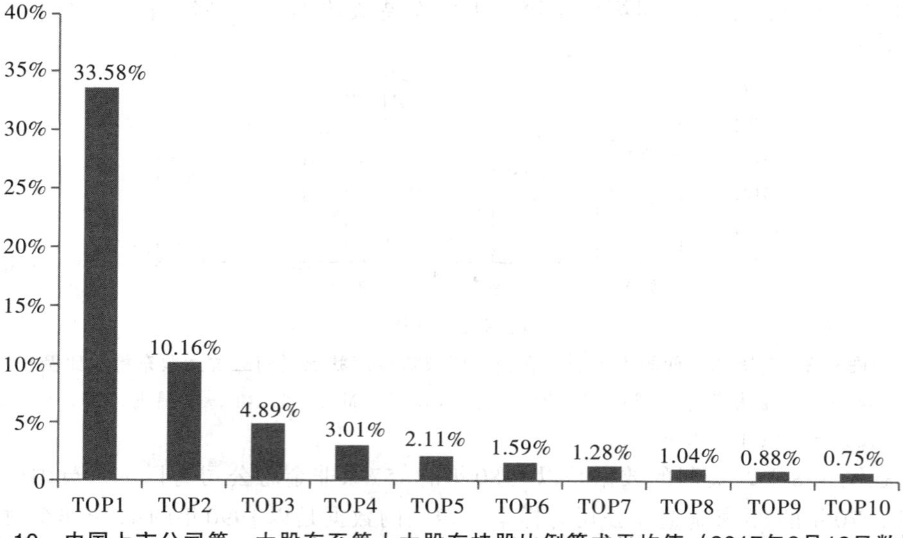

图3-10　中国上市公司第一大股东至第十大股东持股比例算术平均值（2017年2月18日数据）

数据来源：Wind资讯。

图3-10列示了中国上市公司第一大股东至第十大股东持股比例算术平均值，

从图中可以看出，中国上市公司属于集中型结构。2017年2月18日，第一大股东持股比例算术平均值33.58%，中位数为31.56%，最大值为89.09%，最小值为4.15%，标准差为14.72%。从控制权比例看，前三大股东持股比例算术平均值之和为48.63%，前五大股东持股比例算术平均值之和为53.75%；前十大股东持股比例算术平均值之和为59.29%。这一数据表明前五大股东平均持股比例大于50%，拥有绝对控制权，同时也表明中国上市公司发生控制权转移所要求的股权比例较高。为获得控制权，必须收购现有大股东或其他股东较多的股份，需要付出较大的代价。在实践中，股权过度集中可能带来两方面的经济影响：一方面是持股比例较高的股东有更大的动力监督管理决策，从而降低代理成本，增加公司价值；另一方面是大股东在公司中的绝对或相对控股地位，有可能出现大股东侵占小股东利益的倾向，产生大股东与小股东的代理冲突问题。

股权结构产生差异的原因很多，从企业融资视角出发，以英美国家公司为代表，融资主要由外部投资者提供，这些外部投资者一般持股份额较少，致使公司股权结构高度分散；以日德国家公司为代表，融资主要由银行提供，银行成为日德公司的大股东，呈现公司股权相对集中的特征。日德公司的法人相互持股非常普遍，公司之间通过垂直持股、环状持股等相互持股方式，加强了关联企业之间的联系，使企业之间相互依存、相互渗透、相互制约，在一定程度上结成了“命运共同体”。中国上市公司大多是由国企改制而成的，国有股权“一股独大”形成了高度集中的股权结构。

2）股权结构：投票权视角

从所有权视角研究股权结构，反映了股东对公司收益权或分红权的大小，其目的在于考察公司是否存在大股东。从投票权视角研究股权结构，反映了股东控制权的大小，其目的在于考察公司是否存在终极股东或控股股东。判断是否成为公司控股股东，并非完全以其所持有股份是否达到某一比例为绝对标准，而是依据其实际拥有的投票权而论。所有权并不等于控制权，其原因在于：第一，并不是所有的股份都拥有投票权，例如，无表决权股份就无法为其所有者带来任何控制权；第二，由于并不一定要通过第一层级才能行使控制权，通过金字塔持股[①]等方式也可以获得一定比例的投票权。假设某一控股股东直接拥有A公司50%的股份，A公司直接拥有B公司50%的股份，那么控股股东仅以25%的股份份额（所有权）就控制了B公司。

La Porta等（1999）首次在世界范围内研究了股权结构问题，通过基于终极控制权的分析，发现除美国和英国之外普遍存在股权集中现象，且多数公司的控制权为家族或国家所有。La Porta等（1999）计算了在27个国家或地区中的前20家最大

① 金字塔持股结构是指公司实际控制人通过间接持股形成了一个金字塔式的控制链从而实现对该公司的控制。在这种方式中，公司控制权人控制第一层公司，第一层公司再控制第二层公司，以此类推，通过多个层次的公司控制链条取得对目标公司的最终控制权。金字塔持股结构是一种形象的说法，就是多层级、多链条的集团控制结构。

公司的控制权变量，若以20%的投票权标准定义控制权，则有36.5%的公司为分散型股权，30.0%被家族控制，18.3%被国家或地区控制，剩余的则属于其他类型，如图3-11所示。沿所有权的链条追溯出谁拥有上市公司最大的投票权，发现英国20家公司、日本20家公司中的18家，美国20家公司中的16家都符合股权分散公司的描述。除美英日三国的上市公司股权分散程度较高外，在那些拥有终极控股股东的公司中，最主要的控股股东是家族、国家和地区。其中有17个国家和地区是以家族为主要的控制形态（家族投票权在20%或20%以上）。在东亚的4个国家中，日本与韩国显示出较高的股权分散比率（日本为90%，韩国为55%），中国香港则大多由家族控制（70%），而新加坡则有45%是被政府所控制的。

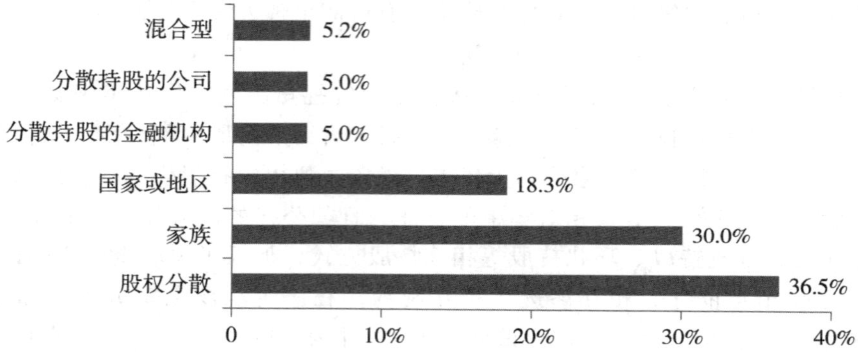

图3-11　世界大型公开上市公司的控制权均值（20%界限）

资料来源：根据PORTA，RAFAEL，FLOTENCIO.Corporate Ownership Around the World［J］.Journal of Finance，1999，54（2）：471-517数据整理。

Claessens等（2000）和Faccio等（2002）分别研究了东亚和西欧市场上市公司的股权结构，也发现除美国以外的其他国家普遍存在股权集中现象，大股东控制现象也是非常普遍的。与大多数国家一样，中国上市公司也属于集中型结构，在图3-10中第一大股东持股比例平均为33.58%，前三大股东平均持股比例超过50%。与其他国家不同，中国上市公司的终极控制人大多是政府或国有股东。赖建清，吴世农（2004）①通过考察2002年沪深股市的1 182家上市公司发现，国有股东仍然直接或间接控制了约77.13%的上市公司，平均控制的表决权（投票权）是47.57%，国有股东几乎处于绝对控股地位；非国有股东直接或间接控制了22.87%的上市公司，平均控制的表决权是33.27%，处于相对控股地位。

3）现金流权与控制权度量

根据La Porta等（1999）的定义，现金流权是股东依据股权份额享有的收益分配权和剩余索取权。如果股权控制链条仅有一条控制链，那么现金流权就等于该控制链条上的各层股份持有份额的乘积；如果股权控制链存在多条控制链，那么现金流权就等于每条控制链条上的各层股份持有份额的乘积之和。假设A对B的持股比

① 赖建清，吴世农．我国上市公司股权控制人现状研究［R］．公司财务研讨会论文集，2004.

例为50%，B对C的持股比例为10%，A对C的直接持股比例为15%，如图3-12所示。此时，A对C的现金流权为20%（15%+50%×10%）。

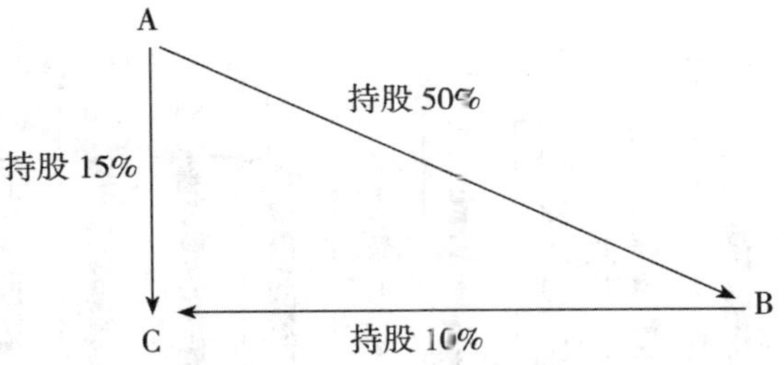

图3-12 A对B、C股权控制链

控制权是指控股股东控制的投票权比例，包括直接持有的投票权和通过一连串控股公司间接持有的投票权。根据La Porta等（1999）的观点，控制权为股权控制链条的最终控制人通过直接和间接持有公司股份而对公司拥有的实际控制权。如果仅有一条控制链，那么控制权就是该控制链条上最小的股份持有份额；如果存在多条控制链，那么控制权就是每条控制链条上的最小的股份持有份额之和。在图3-12中，A对C的投票权为25%，其中直接投票权为15%，间接投票权为10%（min（50%，10%））。

按照一股一票原则，控制权与现金流权应一一对应。但终极控股股东借助金字塔持股，以少量现金流权获取了更大的控制权，从而背离了一股一票原则。从理论上讲，只要层级足够大，终极控股股东为了能够控制处于底端的上市公司，在上市公司所拥有的终极现金流权比例可以降至足够小，而控制权与现金流权分离度也就越大。在研究中，一般采用现金流权与控制权之比衡量二者的分离度。这一比率越接近1，分离程度越低；越远离1，分离程度越大。上例表明，A对C持有20%的所有权或现金流权，但对C却拥有25%的控制权或投票权，现金流权与投票权分离程度为80%（0.20÷0.25×100%）。

图3-13描述了中国上市公司现金流权与控制权的分布情况。2005—2015年，中国上市公司的现金流权和控制权的平均值分别为33.15%和39.24%，从各年的分布状况看，这两类指标基本稳定。两权分离度为0.85，这表明中国上市公司“一股一权”原则整体上偏差不大。

Faccio，Mara等（2001）根据1992—1996年的会计数据，剔除了负现金流、负收益及超过销售额、现金流或收益的股利等不可信数据的影响，对来自英国、法国、德国、印度尼西亚、意大利、马来西亚、菲律宾、新加坡、韩国、西班牙、泰国、中国香港及中国台湾等国家和地区的公司进行了研究。以20%的投票权标准定义控制权，研究发现：欧洲的控股股东在其公司中拥有的现金流权为34.6%，控制权比例为37.75%，两权分离度为0.917；亚洲的控股股东在其公司中拥有现金流权为15.7%，控制权为19.77%，两权分离度为0.794。这表明，相对于亚洲，欧洲上市公司的控股股东偏离“一股一票”的原则比较小，从而侵占小股东利益的动机比较小。

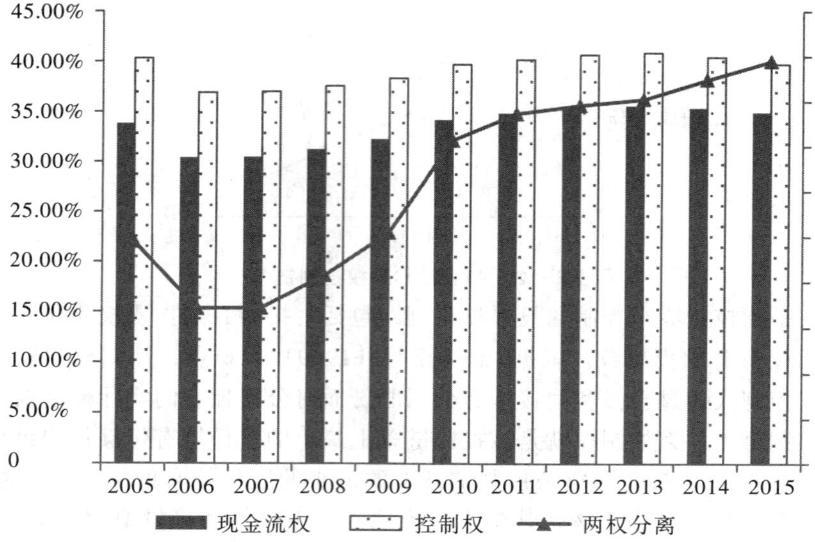

图3-13 中国上市公司现金流权与控制权分布情况（2005—2015年）

注：无实际控制人的公司未纳入现金流权、控制权等变量的统计中。

数据来源：根据CSMAR中国上市公司股东研究数据库整理。

控制权与现金流权偏离的原因在于终极控股股东往往通过金字塔结构、交叉持股与互为董事等方式控制公司，从而造成其所掌握的控制权超过所拥有的现金流权，这种分离在家族控制企业和小规模企业中尤为明显。

图3-14描述了“希望系”的金字塔股权结构。在图中，希望系共控制两家上市公司：新希望集团和民生银行。刘永好家族采用直接控制的方式控股新希望集团，其控制权与所有权或现金流权均为53.61%，属于两权合一控制方式。刘永好家族采用金字塔股权结构控制民生银行。刘永好家族持有新希望集团100%的股份，新希望集团通过这一链条持有民生银行所有权或现金流权2.81%（6.98%×75%×53.61%×100%），终极控制权为6.98%（min（6.98%，75%，100%））；新希望集团通过四川希望这一链条持有民生银行的所有权或现金流权为5.04%（3.29%+6.98%×25%×100%），终极控制权为3.29%。这样，刘永好家族持有民生银行的终极所有权或现金流权为7.85%（2.81%+5.04%）；终极控制权为10.27%（3.29%+6.98%），现金流权和控制权两权分离度为0.76（7.85%÷10.27%）。

4）大股东对小股东的利益侵占

拥有绝对控制权的大股东的收益分为两种：一是共享收益，是指按其持股比例所享有的收益（现金流权收益），由于中小股东也能按照持股比例分享这一收益，因此，共享收益对大小股东的利润诉求是相同的；二是大股东私人收益，是指实际控制人因行使控制权而获得的收益，如自我交易、对公司机会的利用、利用内部消息进行交易等方式所获得的收益，以及过度报酬和在职消费等（Grossman，1988）。控制权私人收益仅由控制权股东独享，并非按股权比例在所有股东中分配。控制权私人收益分为货币性收益和非货币性收益，前者是指控股股东通过剥夺的方式转移资产而获得的收益，后者是指控股股东在经营过程中通过过度消费、享受闲暇所获得的收益（Shleifer等，1986）。

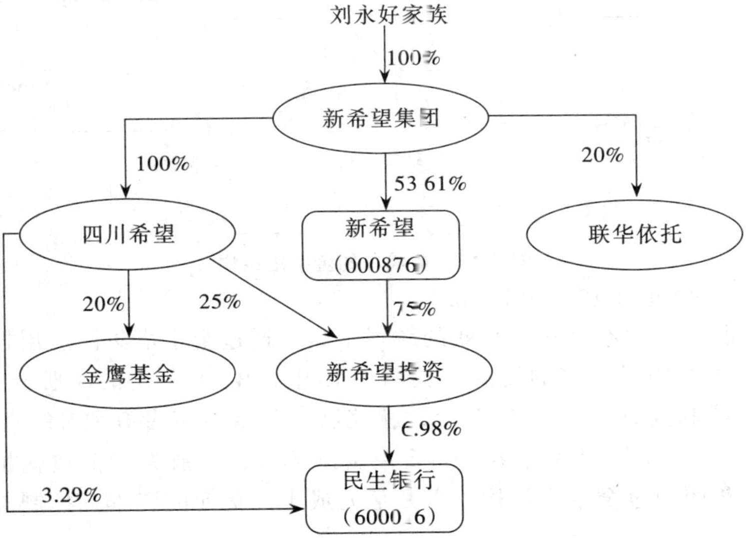

图3-14 “希望系”金字塔股权结构

资料来源：马忠. 金字塔结构下终极所有权与控制权研究［M］. 大连：东北财经大学出版社，2007：75.

在股权集中度较高的情况下，一方面，不同的收益权对公司的价值产生不同的效应，为获得更多的现金流权共享收益，控股股东有动机对管理者进行监督，抑制股东与管理者的利益冲突，提高公司价值，也就是说现金流权对公司价值具有激励效应；另一方面，控股股东为了获取私人利益，可能利用控制权侵占小股东的利益，从而使控制权具有侵占效应。在公司价值一定的情况下，控制权私人收益增大意味着股东可分配的现金流减少，从而导致小股东应得的利益受到侵害。

控股股东是否存在侵占小股东利益的动机与上市公司的股权集中度有关，当上市公司的股权集中度较高或者较为分散的时候，大股东的利益侵占动机较弱；当大股东所持股权比例能够实质性地控制上市公司并且其现金流权比例较低时，大股东才存在进行利益侵占的动机。控股股东侵占小股东利益的动机与现金流权及控制权的偏离程度有关。当控股股东对公司的控制权远远大于其现金流权时，特别是控股股东要通过金字塔结构获得更多的投票权时，就有可能采取各种方式侵占小股东的利益。

金字塔股权结构是指一个集团公司的股权结构像一个金字塔一样，呈现为多层级、多链条的集团控制结构图。这个结构中的公司分为三种，最上面的集团是实际控制人，中间的公司是持股公司，最下面的公司是经营公司。图 3-15 是最简单的二层级单链条的金字塔结构图[①]，图中 A 是实际控制人，他持有 B 公司 51% 的股份，再让 B 公司持有 C 公司 51% 的股份，最终实现对 D 公司的控制。

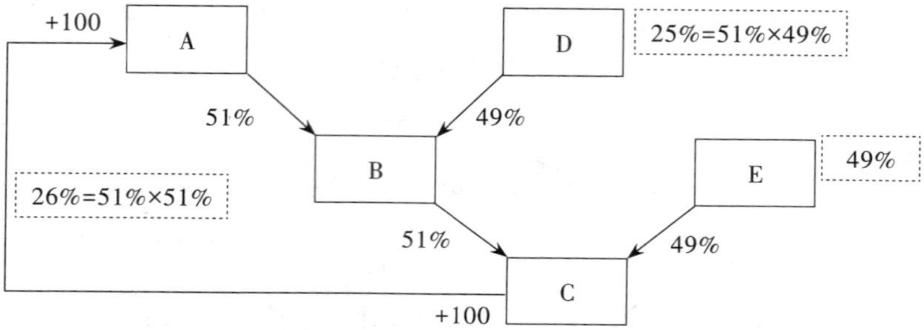

图3-15　最简单的金字塔结构

注：图中虚线框中的数字为现金流权。

金字塔股权结构本是一种高效的融资工具，通过金字塔集团层层控股，可以用最少的资本控制尽量多的资源。在图 3-15 中，B、C 公司的注册资本都是 100 万元，实际控制人只要出资 51 万元，就控制了外部投资者 D 和 E 的资本 98 万元（49+49）。如果金字塔层级越多，那么控制链条越长，放大的倍数就越大。我国有不少企业集团通过金字塔结构，以几亿元或十几亿元的资本，控制着数百亿元的资本。

虽然金字塔结构能够实现融资放大，但是在资本市场中，单纯利用金字塔结构进行融资的企业并不多，更多的是利用金字塔结构的控制关系，满足实际控制人的控制权私利。在图 3-15 中，由于 A 公司在整个控制链上的实际控制权都是 51%，因此，A 公司对 C 公司的最终控制权也是 51%，是 C 公司的实际控制人。按照 A-B-C 公司的关系链，A 公司在 C 公司的现金流权为 26%（51%×51%），现金流权和控制权的分离度为 0.51（26%÷51%），两权分离为控股股东侵占中小股东财富提供了可能。假设 C 公司产生的利润为 100 万元，A 公司如果按照正常的分红只能分到 26 万元（100×51%×51%）。但是 A 公司控制着 C 公司，他不会选择股利分配的方式，而是通过关联交易、资产置换等方式将 C 公司创造的利润转移到 A 公司。如果 A 公司通过这些方式获得了全部的收益 100 万元，那么，A 公司的侵占收益为 74 万元（100-26）。这一收益正是从集团控制链条上各个参股的投资人 D 和 E 所应获得的收益。或者说，是将本属于 D 和 E 等外部投资人的收益转移给自己的掠夺行为。这种利用简单的金字塔结构的侵占方式也是中国资本市场

① 马永斌. 公司治理之道：控制权争夺与股权激励［M］. 北京：清华大学出版社，2013：57.

上ST公司产生的主要原因。

Johnson（2000）认为控股股东的利益侵占行为通常有经营方式和财务方式两类。前者是指控股股东为追求自身利益而通过自我交易从公司中转移资源，例如：通过关联交易将公司的财产和利润转移出去；向公司高管（控股股东在其控股的公司中往往同时担任经理）支付较高的薪水；为控股股东（或经理）拥有较高现金收益权的公司提供贷款担保、侵占公司的发展机会。财务侵占方式是指通过股利政策向大股东输送利益，或者通过股票发行来稀释其他股东权益、冻结少数股权、内部交易、渐进式收购行为以及其他不利于中小投资者的各种财务交易行为等。现主要从以下3个方面进行分析：

（1）利用关联交易向母公司或其控股子公司转移利润。许多上市公司与控股股东存在行业上的依存关系，利用这种关系，控股股东向上市公司高价出售原材料，从上市公司低价购买产品，掠夺公司利润。据中国证券网报道，ST国嘉（600646）的大股东通过关联交易、往来款以及担保贷款等方法从上市公司套走的现金超过了5亿元，导致ST国嘉在2003年度出现了连续3年亏损而退市。

在2000年的《财富》世界500强中排名第16位的安然公司，于2001年12月2日公司宣布破产，成为美国历史上最大的破产案。2001年11月30日，安然的股价跌至每股0.26美元，市值由峰值时的800亿美元跌至2亿美元。安然公司在发展过程中，通过资本重组建立起复杂的公司体系，其各类子公司、合伙公司的数量多达3 000个，从而形成了错综复杂的关联业务链条。安然利用纵向和横向持股编织"金字塔"式多层控股链，来实现以最少的资金控制大量公司的目的。安然的关联交易方式主要表现为4种：第一，大量使用股票提供担保进行融资；第二，以出卖资产的收入作为业务收入，虚构利润，而出卖资产多在关联企业中进行，价格明显高于市场正常价格；第三，不断制造新的业务模式概念，使投资者相信公司已进入高增长、高利润的领域（如宽带通信等）；第四，很多交易是在关联企业中进行"对倒"，通过"对倒"来创造交易量，创造利润。复杂的关联交易在造就安然"辉煌"的同时，也为其崩溃埋下了隐患。由于安然与关联企业签订了许多复杂的担保合同，因此，这些合同常含有关于公司信用评级或资产价值如何与安然股价联动的条款。这些合同及条款各异，但实际上相关性很高，一旦某项条款触发，其他合同及条款就会发生连锁反应。安然破产的导火索是该公司的一家网络子公司"安然在线"的担保出了问题，由此牵出了安然公司的巨额债务问题，在此连锁反应下，安然这个庞然大物轰然倒塌。

（2）利用上市公司的名义担保或融资，非法占用上市公司的巨额资金。中国证监会于2005年9月23日对托普软件的行政处罚决定书[①]载明，截至2004年6月30日，托普软件为17个关联方公司（不含合并报表的子公司）的101笔银行借款提供

① 中国证监会行政处罚决定书（证监罚字〔2005〕30号），见中国证监会网站www.csrc.gov.cn。

担保，总金额214 568万元。由于关联方公司未按时归还银行借款，托普软件巨额的担保由或有负债逐渐成为沉重的实际债务负担。托普软件于2004年年报披露，因贷款方起诉，在这些担保中法院已判决由公司承担连带责任的有148 372万元，公司在2004年年末已根据法院判决累计预计担保损失90 042万元。此外，截至2004年12月31日，托普软件公司的控股股东及其他关联方占用托普软件公司的资金余额为74 758万元，占用了托普软件控股但未纳入合并报表范围的成都托普教育公司下属学院的资金18 752万元。2004年度托普软件为关联方占用资金计提坏账准备35 254万元。从长期来看，托普软件公司因担保而承担连带还款责任并最终导致公司巨额亏损，资不抵债，股价暴跌，致使小股东损失惨重，并于2007年退市。[①]

（3）通过股利政策获取控制权收益。股利政策直接反映了大股东与中小股东的利益分配问题。近年的研究表明，现金股利可能是大股东转移资金的工具。宜宾五粮液股份有限公司（000858）上市当年实施的股利政策是每10股派现12.5元，结果使上市公司大股东（宜宾市国有资产管理局）一次性获得3亿元（1.25元/股×2.4亿股）的现金，上市公司大股东作为发起人，投入的净资产价值为3.9亿元，大股东的投资收益率为76.92%。宜宾五粮液股份有限公司的首次现金股利，使大股东成功、合法地回笼了资金。对于中小股东来说，1998年每股派现1.25元，按股票上市发行价14.77元计算，中小股东的投资收益率仅为8.46%。

1999年4月1日，云天化集团有限责任公司（600096）公布协议回购计划，计划协议回购云天化集团有限责任公司所持的国有法人股20 000万股，协议回购价格为每股2.01元（根据1998年年末每股净资产确定）。回购完成后，云天化集团有限责任公司持有的股份由56 818.18万股减至36 818.18万股，回购比例为35.2%。回购后，云天化集团有限责任公司的持股比例由82.4%降至72.84%，社会公众股比例由17.6%上升为27.16%。2000年10月回购时，回购价格为每股2.83元，上市公司向集团公司支付回购款5.66亿元，这一数额略低于上市公司募集的资金（6.07亿元）。这次股份回购的结果，大股东将云天化集团有限责任公司自1997年上市至2000年的所有未分配利润（5.58亿元）全部纳入集团公司的口袋里。从上面的分析可以看出，大股东的收益可分为两部分：第一部分是公司上市前后每股净资产的变化。当公司上市时，中小股东按股票市场的发行价格认购，国企改制后的大股东认购价值低于市场价值，由此使每股净资产由公司上市前的每股1.01元上升到每股1.9元，每股增加了0.89元，上市后大股东的投资收益率为88%。第二部分是股票回购带来的收益，按每股2.83元计算，相对于上市后的每股净资产（1.9元），大股东的投资收益为49%。如果加上1997—1999年云天化集团有限责任公司的大比例分红所得，那么大股东的收益率将更高。

① 张光荣，曾勇．大股东的支撑行为与隧道行为［J］．管理世界，2006（8）：126-137.

关于控股股东侵占小股东利益而获得的控制权私人收益的大小是很难度量的。目前的研究一般采用间接方法度量控制权私人收益。其中最常用的间接方法是以大宗股权转让溢价水平来确定控制权私人收益。Barclay and Holderness（1989）分析了美国大宗股权转让定价，认为股权能够给大股东提供其他股东不能得到的私利，因而大宗股权的收购方就愿意为期望得到的利益支付较高的价格。他们认为这种股权转让溢价反映了大股东从控制权中得到的能够独享的私利。Dyck and Aingale（2004）对1990—2000年39个国家的412项股权交易溢价情况进行了研究，发现大宗股票交易价格比公告后的股票价格平均高出14%，其中最低的为日本（-4%），最高的为巴西（65%），他们以股权转让溢价水平为依据所得出的部分结果如图3-16所示，为比较，图中也列示了中国的情况。

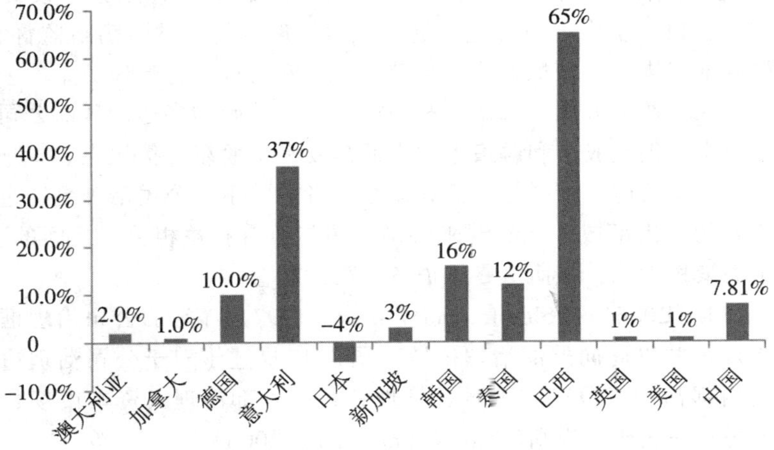

图3-16 大股东控制权私人收益国际比较（平均值）

资料来源：除中国以外的数据来自：DYCK，ALEXANDER，LUIGI. Private Benefits of Control：An International Comparison［J］. The Journal of Finance，2004，59（2）：537-600.

中国的数据来自：高谦. 资本结构与公司控制权安排研究［M］. 北京：中国金融出版社，2009：198.

图3-16的数据为大宗股权转让溢价水平，除中国以外的数据是以大宗股权转让价格减去该项交易宣布2天后的股价后除以该交易价格，再乘以转让股份。中国的数据是用大宗非流通股股份转让价格减去每股净资产后除以每股净资产，再乘以转让总股数的比例。从图3-16可以看出，与发展中国家相比，发达国家的大宗股权转让溢价水平普遍较低，即控制权私人收益较低，而亚洲等一些资本市场不发达的国家，其控制权转让溢价水平明显要高得多。

尽管现金流权与控制权两权分离可能引起大股东与小股东的利益冲突，但也有可能对暂时陷入财务困境的子公司实施支持行为以避免其破产，从而会使小股东获益。因此，两权分离对小股东利益的影响，既存在由于控制权产生的负的“侵占效应”，又存在由于现金流权产生的正的“激励效应”。

3.3 公司财务与公司治理

3.3.1 公司财务与公司治理的内在逻辑

公司治理是以现代公司为主要对象，以权衡公司财务关系、维护公司多方面利益相关者的利益为核心，以监督和激励为手段，以提高公司价值为目标的一种制度安排。这些制度决定：（1）如何配置和行使控制权；（2）如何监督和评价董事会、管理者和员工；（3）如何设计和实施激励机制。[①]根据公司治理的边界不同，公司治理主要有两种观点：一是“股东利益至上”的单边治理。Shleifer and Vishny（1997）认为公司治理的问题是如何保证公司资金的供给者能够从投资中获得收益。李维安（2011）认为公司治理是指股东对管理者的一种激励与监督制衡机制，即通过一种制度安排，合理配置股东与管理者之间的权力与责任关系，公司治理的目标是保证股东利益最大化。二是以利益相关者为基础的多边治理。公司董事会追求的目标不应当仅仅是股东利益最大化，而是要平衡股东、债权人、管理者、供应商、客户、员工、政府、社区等主要利益相关者的关系。公司治理是通过一套包括正式或非正式的、内部或外部机制来协调公司与所有利益相关者之间的利益关系，以保证公司决策科学化，从而最终维护各方面的利益。

Gillan，S L（2006）将Shleifer and Vishny（1997）界定的公司治理框架定义为内部公司治理，并以此向外部治理拓展。图3-17描述了对于公司治理边界的扩展路径：公司内部治理（股东、董事及管理者）—外部治理（资本市场、控制权市场、要素市场）—法律、规则治理（Gillan，S L，2006）。

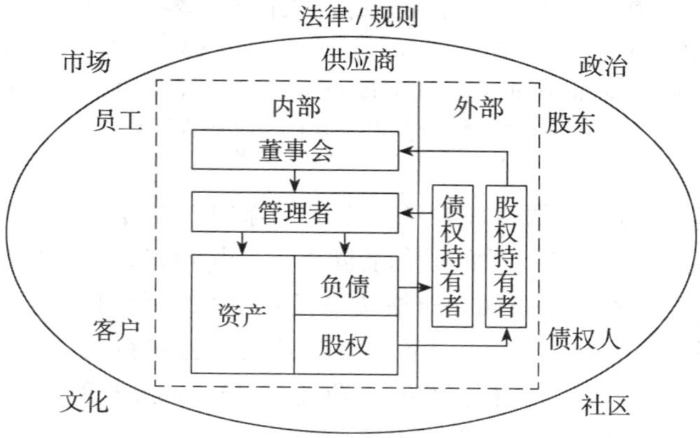

图3-17 公司治理研究框架

图3-17描述的公司治理的研究内容，也用于解释公司财务的研究内容，在图3-17和图3-4中都包括一个简易的“资产负债表”，如果图3-17既可以解释公司

① 青木昌彦. 转轨经济中的公司治理结构［M］. 钱颖一，译. 北京：中国经济出版社，1995.

治理的研究框架，又可以诠释公司财务的研究内容，那么公司财务与公司治理一定存在某种内在的逻辑联系，即由财务活动引起的财务关系为公司治理提供了生成机制，是公司治理研究的基础和依据，而公司治理则是协调各种财务关系（或委托代理关系）、提高财务决策效率的制度保障。从财务活动—财务关系（委托代理关系）—公司治理的内在关系，使这两者在理论研究与实践操作中既相互交融、相互补充，又相互独立。不论是研究公司治理效应，还是研究公司财务的投融资效应，最终都回归到是否能提高公司的经营效率，为投资者创造价值增长，如图3-18所示。在图中，财务活动引起的财务关系（委托代理关系）是公司财务和公司治理研究的逻辑起点。从治理的角度出发，公司财务研究属于融资导向型研究，公司治理研究属于规则导向型研究。两者的理论基础都是委托代理理论和信息不对称理论，两者的治理目标都是提高公司的资源配置效率，为公司资源的提供者提供报酬。

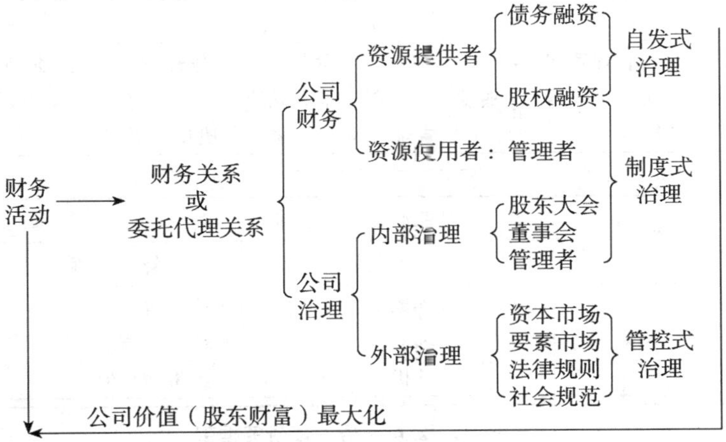

图3-18　公司财务与公司治理的逻辑关系

3.3.2　公司财务治理框架

Zingales（2000）认为现代公司财务迫切需要深入研究的问题是：资本结构、公司治理和价值评估。由于公司融资方式与资本结构、治理结构之间具有递进内生关系，即融资方式决定资本结构，进而决定治理结构，并最终通过资产定价机制对公司的市场价值产生影响。因此，本书将从公司财务视角研究治理问题称为公司财务治理。目前与公司财务治理有关的研究内容如图3-19所示。

在图3-19中，公司财务治理可描述为以经济环境、经济体制为基础，以融资治理为核心，以治理效率为目的的三大框架。不同的经济环境和经济体制产生不同的融资方式与治理方式，从而影响着公司经营效率和财务治理效率。

从治理环境分析，公司主要面临两种市场：资本市场和产品市场，资本市场为潜在的投资者提供金融产品，以满足购买者的投资之需；产品市场为潜在的购

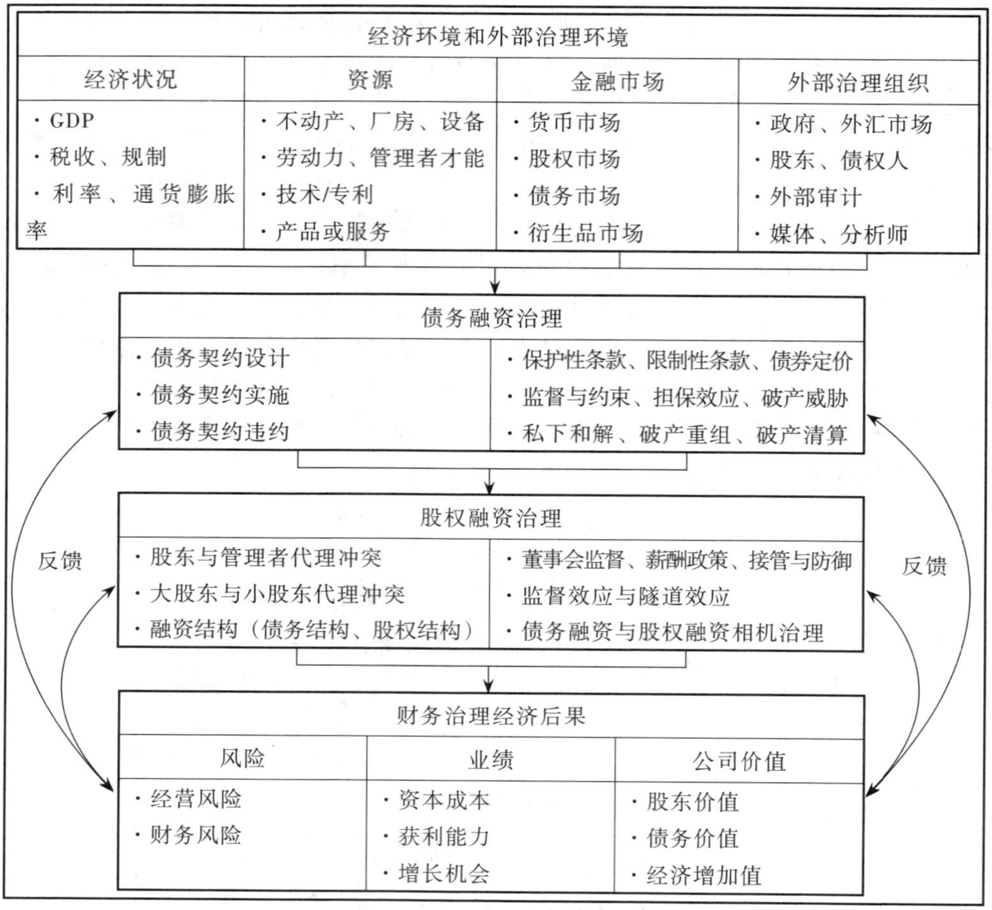

图3-19 公司财务治理研究框架

买者提供商品产品，以满足购买者的消费之需。资本市场和产品市场都可以提供充分的有关公司经营的信息，可以对公司及管理者进行客观评价，从而形成一种竞争的市场环境和交易成本低廉的优胜劣汰机制，因此，资本市场、产品市场成为外部监控机制最重要的部分。此外，由于控制权市场、经理人市场的存在，增加了管理者因并购或其他原因而被替换的机会和可能，迫于自身价值和职业声誉的压力，管理者必须恪守职责，努力工作，从而部分地纠正股东与经营者利益目标的偏差。一个有效率的经理人市场主要通过信息传导机制和信誉机制对管理者产生激励和威胁，对管理者的评价最终体现在产品市场的业绩上。从这个意义上看，公司在产品市场上的表现（市场份额、经营业绩等）构成了检验管理者才能的关键标准和路径，也构成了检验公司经营业绩和治理效率的关键指标。在以往的各种经验研究中，大多是以各种经济后果指标（如总资产收益率、净资产收益率、托宾Q、经济增加值、市场价值等）作为被解释变量，以反映财务治理的指标（融资结构、董事会效率、股权集中度、薪酬敏感度等）作为解释变量，以公司规模、行业、经济环境、政治制度等指标等作为控制变量，分析不同治理因素对经济后果的影响。

不论是单边治理还是多边治理，都与法律环境和政治制度密切相关。不同的法律环境产生不同的融资方式与治理方式，不同的政治制度、政治关系影响着公司的经营效率和治理效率。Williamson（2000）曾对制度（包括正规制度和非正规制度）、治理结构与经济效果（资源配置与就业）的关系进行了图解，指出三者之间的递进内生关系，即制度决定治理结构，进而决定经济效果。

3.3.3 融资治理研究

在发达经济体系中，存在着以直接融资为主的英美模式和以间接融资为主的日德模式。20世纪80年代以后，情况缓慢地发生了变化。各国在保持原有融资方式、特征的同时，使不同的融资方式相互结合，在融资模式的选择上越来越趋于一致。原来以直接融资为主的国家，由于商业银行介入长期信用和证券业务，而使银行间接融资比例有所上升。而在日本、德国等，随着资本市场化和国际化，金融管制的放松，各类金融机构的发展，多种金融工具的创新，公司比以往更多地参与证券市场的融资活动。两种融资方式引起的“保持距离型”的英美治理模式和“关系导向型”的日德治理模式，通过彼此吸纳对方的某些特征而继续共存。

Willianmson（1988）认为债券和股票不应被简单地看成仅仅是“融资工具”，而应看成是“不同的治理结构”。根据公司资金来源不同，可将融资治理分为债务融资治理和股权融资治理两大类。前者解决的是由股东与债权人之间委托代理冲突引起的治理问题；后者反映的是由股东与管理者之间、大股东与中小股东之间代理冲突引起的治理问题。根据Willianmson（1988）的观点，债券属于“条约治理”（Rule-Based Governance），主要包含还本付息、清偿和经营流动性的要求。债务融资是通过债务契约设计出来的治理，其组织成本相对较低；股票是一种“自行处置结构”（Discretionary Governance），主要依靠董事会监控机制，其组织成本比较高。根据这一观点，债务融资通过给予债权人固定收益获得资金，为防止债务人违约，在融资契约中通常设定各种限制性条款和保护性条款。这些条款的治理作用具有内生性和自发性等特点，一般通过债务契约形成、契约执行、契约到期三个阶段进行治理，关注的重点是契约设计、期限结构、债务成本、融资约束、债务重组等的治理效应。Lang（2000，2001）等认为在市场环境完备的情况下，债务融资能够发挥债务约束和相机治理作用（抑制非效率投资）以及破产威胁效应，平衡治理结构主体间的利益，约束管理者无效的投资决策，从而有利于公司价值创造。相对而言，股权融资契约通过释放控制权获得资金，通过融资工具的内在特征激励和监督管理者按照股东的利益行事。股权融资治理关注的重点是股权结构、董事会效率、管理者薪酬激励、投资者保护、自愿信息披露等的治理效应。如果说与债务融资相联系的治理结构更加市场化，那么与股权融资相联系的治理结构则更具有强制性、制度性。

1）债务融资治理

Jensen and Meckling（1976）等学者认为，负债可以降低管理者的代理成本，从而提高公司业绩。这种治理作用主要表现在以下三个方面：

第一，债务融资具有内生性治理作用。金融中介理论认为，银行有动力和能力搜集公司信息，监督经理行为（Diamond，1984）。债务融资在一定程度上解决了公司治理的核心问题——信息不对称。银行贷款以短期为主，贷款的批准需要通过银行的资信调查。理论上，如果公司治理不佳，银行会拒绝贷款。如果银行不发放贷款，债券市场和股票市场会意识到公司的潜在问题。因此，债务融资带来了金融中介的监督，也产生了贷款决策给予市场投资者的信号。Fama（1985）认为，债务对公司经理的约束作用来自银行的监督和严厉的债务条款（按期还债以及其他对公司和经理的约束等），债权人（如银行）专业化的监督可以减少股东的监督工作，并使监督更有效。Diamond（1991）等学者研究发现，相对于股东而言，作为债权人的银行可以更好地监督公司项目选择的正确性。银行对项目投资的参与程度较深，从而可以减少公司投融资决策方面的失误，提高公司的价值。

第二，债务融资减少公司的自由现金流，提高公司的治理水平。Grossman and Hart（1982）构建了一个正式的代理模型，分析债务融资如何缓和管理者和股东之间的冲突，他们将债务作为一种担保机制，能够促使公司管理者做出更好的投资决策，这样，债务可以在一定程度上降低所有权与控制权分离而产生的代理成本。Jensen（1986）认为债务融资产生的还本付息压力会减少经理对公司自由现金流的滥用，从而抑制经理的过度投资行为，减少了代理成本。Jaggi and Gul（1999）发现，对于低机会集的公司而言，自由现金流量和负债显著负相关，支持负债的监督效应假说。

第三，债务融资具有破产威胁效应。债务融资契约的一个主要问题就是控制权转移，同时控制权转移又可导致资本结构的再调整。当公司因亏损而不能按时还本付息时，公司的控制权会实质上移交给债权人。因为公司的控股股东会遵循债权人的意见调整或重组公司避免破产清算。Grossman and Hart（1982）认为，如果破产对于经理来说成本很高，即破产可能使经理的声誉受到损害，或者经理不再对公司具有控制权，那么，债务的增加由于会使破产的可能性提高，因而能够激励经理努力工作，减少偷懒和在职消费的问题。Franks（2002）发现，负债比率越高，董事会成员更换得越频繁。为了避免当发生财务危机时自身利益的损失，经理人会进行自我约束，从而提高公司利润。另外，公司控制权的转移是控股股东控制权私有利益的丧失，为了避免事后的利益损失，随着财务杠杆的上升，股东事前更有动力监督经理人。

但是，债务融资的监督作用具有明显的“预算软约束”特征。科尔奈（1980）认为在社会主义计划经济体制下，当公司入不敷出，发生亏损甚至面临破产时，政府将会给予救援。Demirguc-Kunt and Maksimovic（1999）以19个发达国家和11个发展中国家为样本研究发现，政府对企业的补贴或救助程度与债务期限结构正相关，从而为政府对企业的隐性担保（获得更长的债务）提供了证据。Frydman（2002）针对捷克、匈牙利和波兰的研究表明，银行对具有政府背景的企业往往存在金融软约束，而且软约束不仅体现在事前签约，而且表现在事中监督与控制以及事后契约执行。在我国，大多数研究发现，负债融资不但没有发挥治理作用，反而具有较为显著的代理成本。江伟和沈艺峰（2004）研究发现，对于高成长性公司来说，负债融资反而导致了严重的非效率投资行为。伍丽娜和陆正飞（2005）研究发现，资产负债率与投资不足及过度投资的发生均呈正相关关系，并且公司的盈利状况越差，越会加剧这种投资不足和过度投资行为。白云霞等（2013）研究发现，负债与大股东的利益侵占存在显著正相关关系；相对于国有控股公司来说，私有公司的负债水平更高，其原因在于私有大股东通过负债对中小股东利益的侵占程度高于国有大股东。

此外，债务融资也带来了自身的代理问题，即股东与债权人的利益冲突，如股东的次优投资决策带来的机会财富的损失，债权人的监督、契约成本、破产重组成本；除了债务的机会成本，债务还可能降低一家公司的财务弹性，导致管理者选择次优的风险承担。

2）股权融资治理

股权融资形成的股权结构是公司治理的基石。关于股权结构与代理冲突的研究大致可以划分为两个阶段：第一阶段是以Berle和Means（1932）的研究为起点，着重研究股权分散的公司存在的第一类代理冲突，即由公司所有权与管理权分离而导致的代理冲突。第二阶段以La Porta等（1999）为分界点，着重研究股权相对集中的公司存在的第二类代理问题，即大股东与中小股东之间的代理冲突。根据代理理论，股权集中可以减轻股东与管理者的代理冲突和代理成本，但是，当股权集中度超过一定限度，或当大股东持有的股权比例及其所采取的控制手段能有效控制公司时，代理问题的性质将由股东与管理者之间的代理问题，转变为控股股东与小股东之间的代理问题。股权越集中，大股东或控股股东对公司的控制力就越强，进而越可能利用其控制权牟取私人收益，从而增加第二类代理冲突。

股权结构可以从所有权与投票权两个视角进行分析，前者是按持股比例确定的，反映股东对公司收益权或分红权的大小，其目的在于考察公司是否存在大股东。后者从投票权视角研究，反映股东控制权的大小，其目的在于考察公司是否存在终极股东或控股股东。所有权并不等于控制权，其原因在于：第一，并不是所有的股份都拥有投票权，例如，无表决权股份就无法为其所有者带来任何控制权；第二，通过金字塔持股等方式可以获得一定比例的投票权，它使股东得以通过多层级的所有权保持对公司的控制。在实践中，所有权与控制权范式因国别不同而存在巨大差异，如图3-20所示。

		控制权	
		弱	强
所有权	分散	A. 所有权分散且控制权分散 •股东VS管理层 •强管理层、弱股东 •英国、美国、加拿大	B. 所有权分散而控制权集中 •控股股东VS小股东 •强大股东、弱管理者、弱小股东 •欧洲大陆的一些国家
	集中	C. 所有权集中而控制权分散 •股东VS管理层 •强管理层、弱大股东 •存在表决权限制的公司：欧洲大陆	D. 所有权集中且控制权集中 •大股东VS小股东 •强大股东、弱管理层、弱小股东 •欧洲大陆、日本、转轨经济国家

图3-20 所有权与控制权范式

所有权与控制权相吻合的两类基本情形是图3-20中的范式A（所有权分散且控制权分散）和范式D（所有权集中且控制权集中）。英国、美国和加拿大等国家的公司属于分散型股权结构，欧洲大陆一些国家、日本、转轨经济国家的公司属于集中型股权结构。此外，在一些国家中，如果股东可以征集投票委托，允许发行无表决权股票，以及存在股权金字塔结构（例如，欧洲大陆的一些国家），范式B（所有权分散而控制权集中）的情形也是存在的。范式C（所有权集中而控制权分散）意味着表决权的集中度低于所有权的集中度，这一情形之所以会发生，是因为采取了旨在防止大股东行使控制权的表决权上限的做法。许多研究认为，表决权上限的运用，改善了小股东免受大股东盘剥的处境。①

自从Berle和Means（1932）提出的股权分散、控制权与所有权两权分离的命题后，大多数研究的问题都是股权分散条件下的公司治理问题。直到1999年，LLSV首次以终极控股权为基础研究股权结构问题，结果发现在世界范围内，股权分散是特殊现象，股权集中甚至"一股独大"是普遍现象。LLSV（1999）计算了在世界上最发达的27个国家或地区中前20家最大的公司的控制权，若以20%的投票权标准定义控制权，有36.48%的公司属于股权分散的上市公司，超过60%的上市公司存在一个终极控股股东。Claessens等（2000）在考察9个东亚国家的2 980家上市公司时发现66%以上的公司是由单一控股股东控制的。Faccio and Lang（2002）在考察13个西欧国家的5 232家上市公司时发现这些公司主要是分散持股（36.39%）或家族控制（44.29%）。分散持股公司所在的国家主要是英国和爱尔兰。家族控制公司所在的国家主要是欧洲大陆国家。刘芍佳（2003）等在考察中国上市公司时发现，84%的上市公司由政府控制，非政府控制公司的比例仅占16%。

① Frank and Mayer（1998）的研究表明，自从第二次世界大战以来，在德国发生的敌意收购案件中，1/3运用了表决权限制，其结果降低了若干大额持股份额的表决权。

Chernykh（2008）在考察俄罗斯上市公司的所有权模式时发现那些公司是由政府或匿名的私人所有权控制。

在股权高度集中的公司中，相当大的一部分公司同时存在着大股东本身就是管理者，即所有权和控制权重合的现象。Claessens等（2000）等人的证据表明，在印度尼西亚、韩国、马来西亚和泰国等国家中，80%公司的管理者属于控股股东。家族式控制的后果之一就是大约60%的公司的管理者与控股股东有关。Lemmon M L and Lins K V（2003）发现在1997年7月至1998年8月东亚金融危机期间，在中国香港、印度尼西亚和韩国等东亚国家和地区的800家样本公司里，管理者同时也是掌握公司控制权的大股东。他们的证据也表明，在印度尼西亚等东亚国家、土耳其等西亚国家、巴西等南美国家以及葡萄牙等国家的18个新兴市场里，管理者同时为大股东的公司比例是“压倒性的”，即在1 433家样本公司里，管理者群体控制了大约69%的股份。由于大股东与管理者的利益实际上趋于雷同，两者之间的代理问题趋于缓和。

股权结构治理的经验研究主要从股权集中度、控股股东持股、内部人持股等视角，检验不同股权结构与经济后果的关系，旨在探讨什么形式的股权结构有利于公司业绩的提升或公司价值的创造。关于股权结构与公司业绩关系的实证检验的研究结论也各不相同，有的结论认为股权集中度（控股股东持股或内部人持股）与公司业绩正相关、负相关、不相关。[①]徐丽萍等（2006）将上述结论的差异原因归咎于业绩衡量指标选择的差异、股权结构的内生性问题和股权类型划分方法的分歧。

以上从债务融资治理和股权融资两个方面说明融资的治理效应，如果将二者结合起来可以反映公司主要利益相关者之间的力量对比关系或融资方式的相机治理效应。资本结构治理就是利用融资工具的内在特征协调股东与管理者、股东与债权人之间的代理冲突。资本结构的治理效应是指公司通过资本结构的选择和动态调整而对公司治理效率产生的影响。资本结构治理效应的检验主要包括不同资本结构对公司业绩或代理成本的检验。因此，不同融资方式不仅决定了公司资本结构的特征，而且决定了公司治理结构的特征，反映了公司主要利益相关者之间利益冲突的协调方式。选择了什么样的资本结构实际上就是选择了公司治理结构的规则和框架，从而选择了公司控制权配置的规则和框架（威廉姆森，1988）。

此外，制度在决定公司融资决策代理问题中起着重要作用（Giannetti，2003）。从融资的监督作用来说，在正常经营情况下，债权人只是默默的商业伙伴，对公司的监督相对较为被动，有时甚至是一种消极型的监督者；相对来说，股东（主要指控股股东）作为公司的所有者，对公司的监督较为主动，在大多数情况下是一种积极型的监督者。在我国，特别是在国有上市公司中，现有的融资体制形成的融资特征使两种治理同时存在，以间接融资为主引起的高负债水平与“一股独大”引起的

---

① 刘淑莲，李井林. 公司财务治理：现实与困惑［J］. 财务研究，2016（3）.

股权高度集中同时存在，使债权人和大股东治理既可能发挥共同治理的协同效应，又可能存在相互侵占效应。发挥债权人的治理作用面临的一个关键问题就是如何克服贷款“软约束”带来的治理效率低下；而发挥大股东的治理作用面临的关键问题就是如何解决大股东对小股东的利益侵占问题。这些问题无论在理论上还是在现实中都没有一个确切的答案。

3.3.4 董事会治理经验证据

在公司制下，股东作为公司资源的提供者，委托董事会及其管理者雇佣各种生产要素进行旨在创造价值的经营活动和投资活动。这样，董事会并非单纯的是股东的代理人，而是一系列显性契约和隐性契约设计、执行、考评的机关。这样，董事会便成为公司决策控制系统的中枢，一方面通过选聘、评价、解雇等对管理者进行监督和激励，使管理者的行为与股东利益相一致；另一方面利用关键资源（如融资）和信息（如竞争者和行业信息）创造持续竞争力。股东大会、董事会和公司管理者之间的治理机制通常是股东大会和董事会对管理者的监督与激励完成的。

一些咨询机构通过对上市公司10年的持续跟踪研究，发现董事会的治理框架如图3-21所示。许多董事会治理的实证研究也大多是从这一框架设计模型、选择变量进行研究的。董事会治理效应研究既可以检验董事会特征（董事会独立性、董事会规模、董事长与总经理两职合一或分离等方面对董事会行为的影响），又可以检验董事会行为对公司业绩或公司价值的影响，或直接检验董事会特征（董事会行为可作为中介变量）对公司业绩或公司价值的影响。

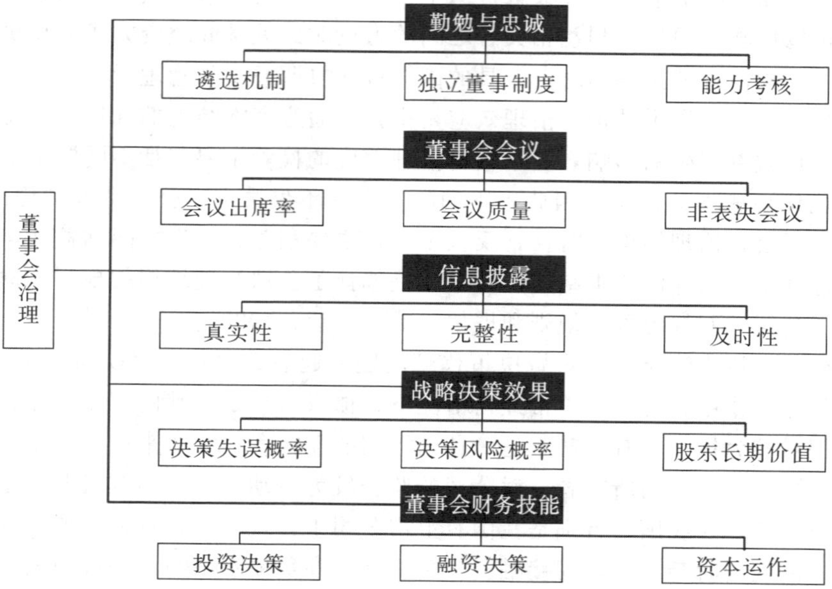

图3-21 董事会治理框架

资料来源：王中杰. 董事会治理［M］. 北京：中国发展出版社，2011：12.

由于董事会的独立性难以衡量，因此在经验研究中通常采用独立董事的比例来度量董事会的独立性。许多研究发现，独立外部董事被授权以选择、监督、考核、奖惩公司的管理者，通过减轻管理者和股东之间的利益冲突来维护公司的效益。关于董事会规模对公司业绩的关系的检验，许多学者认为随着董事会规模的扩大，董事会成员之间诸如搭便车等代理问题就会出现，董事会将更具象征性（“花瓶”），即规模小的董事会比规模大的董事会更有效，因而董事会规模与公司业绩呈负相关关系（Yermack，1996；Gertner and Kaplan，1996；Eisenberg et al.，1998；Singh and Davidson，2003）。与上述观点不同，根据资源依赖理论，董事会的规模可以作为一个组织通过与外部环境相联系以获取关键资源的能力的计量指标（Preffer，1972，1973；Provan，1980），相对较大规模的董事会可能导致更高水平的公司业绩。考虑到董事会规模的内生性问题，董事会规模与公司业绩之间的因果关系可能与一些理论假设相反。

从董事会领导结构看，代理理论认为人具有天然的偷懒和机会主义动机，为防止代理人的“道德风险”和“逆向选择”，应采取“两职分离”的领导结构，以维护董事会监督的独立性和有效性。Fama and Jensen（1983）认为，为了防止管理者控制公司董事会，进而使董事会能够更好地发挥其监督管理者的职能，就不应该由CEO兼任董事长，即公司应该采取二元制的领导结构。如果董事长与CEO两职合一，董事会的监督职能就会被大大弱化，盈余管理会更频繁。Marchica（2006）发现，CEO和董事会主席两职分离的公司具有相对少的短期债务。吕长江和周县华（2005）研究发现，公司高级管理人员和董事薪金越高，董事会主席和监事会主席持股比例越高，则公司越倾向于支付更多的现金股利；当公司总经理兼任董事长或者副董事长时，其将支付更多的股利。与此不同，现代管家理论对代理理论假设提出挑战，形成“两职合一”假说，认为董事长与CEO两职合一将促进管理者的有效行动，实施更强有力的控制，有利于公司适应瞬息万变的市场环境，从而提升公司业绩。Donaldson and Davis（1991），Worrell and Nemec（1993）以及Tian and Lau（2001）均研究发现董事长与CEO两职合一的董事会领导结构与公司业绩正相关，从而支持现代管家理论。

除上述特征外，董事会成员教育背景、行业经验等其他特征，或其他控制变量都会影响董事会行为和公司业绩/公司价值。

【课堂拓展】　　创业企业股权如何设置？

宏伟公司是一家从事IT产品开发的企业。由三位志同道合的朋友共同出资100万元，三人平均分配股权比例共同创立。企业发展初期，创始股东都以企业的长远发展为目标，关注企业的持续增长能力，在开始的几年间，销售业绩以每年60%的递增速度提升。然而，随着利润的不断快速增长，三位创始股东开始在收益分配上产生了分歧。股东王力、张伟倾向于分红，而股东赵勇则认为应将企业取得的利益用于扩大再生产，以提高企业的持续发展能力，实现长远利益的最大化。由此产生的矛盾不断升级，最终导致坚持企业长期发展的赵勇被迫退出，出让其持有的1/3股份而离开企业。但是，此结果引起了与企业有密切联系的广大供货商和分销商的不满，因为许多人的业务发展壮大都与宏伟公司密切相关，他们深信宏伟公司的持续增长能力将为他们带来更多的机会。于是，他们威胁如果赵勇离开企业，他们将断绝与企业的业务往来。面对这一情况，企业两位股东提出他们可以离开企业，条件是赵勇必须收购他们的股份。赵勇的长远发展战略需要较多投资，这样做将导致企业陷入没有资金维持生产的境地。这时，众多供应商和分销商伸出了援助之手，他们或者主动延长应收账款的期限，或者预付货款，最终使赵勇又重新回到了企业，成为公司的掌门人。经历了股权风波后，宏伟公司在赵勇的领导下，不断加大投入，实现了企业规模化发展，在同行业中处于领先地位，企业的竞争力和价值不断提升。

从公司治理的角度看，这个案例对创业者的主要启示是：创业之初的股权比例分配问题是一个非常重要的问题。因此，企业在最初创业时分配股权应注意以下四个问题：

第一，避免出现股权绝对对等或相互制约的情形。企业僵局常见于股东股权（表决权）绝对对等（如50%：50%或33.3%：33.3%：33.3%或25%：25%：25%：25%）或相互制约（如40%：60%或40%：40%：20%等）的情形。这种情形将导致股东会全部表决事项或重大表决事项实质上需要全体股东一致表决通过，而要求所有股东对表决事项的意见完全一致是根本不现实的。于是，企业的僵局就出现了。

第二，维持对股东会、董事会的控制权。创始人团队控股，这是最直接有效的办法。在股东会层面，对企业的控制分为绝对控制型（67%以上）、相对控制型（51%以上）与消极防御型（34%以上）三种，创始人团队应根据实际情况和发展阶段对股权进行前述比例的控制。

第三，双层股权架构。为保持企业创始人的控制权，一些国家和地区的公司通常设置双层股权结构，即股票分为A/B两个层次，普通投资者发行的A股有1票投票权，而创始人持有的B股每股有N票投票权（假设每股有10票投票权，即创始人有10倍于其持股比例的投票权），这使得采用双层股权架构的公司创始人牢牢掌控对公司的管理事宜，普通投资者很难掌握话语权，例如，京东创始人持股比例为15.5%，但投票权为79.5%，百度李彦宏持股8.9%，投票权42.5%。

第四，合理设计合伙人退出机制。在实践中，应该着重提前设计、考虑好合伙人的股权退出机制，让其他合伙人感到公平。首先，应该将合伙人的股权份额与服务期限挂钩，约定股权成熟期，并逐步兑现给合伙人；其次，设定股权强制回购机制，当合伙人中途退出时，其他合伙人或公司有权按照约定方式受让或回购相应的未成熟、已成熟股权；最后，对于中途离职且不愿退股的行为，约定一定比例的违约金。

此外，企业重要的利益相关者可能会对企业的控制权产生一定影响。只有当企业以价值最大化为目标，增加企业的整体财富时，利益相关者的利益才会得到有效满足；反之，利益相关者则会为维护自身利益而对控股股东施加影响，从而可能导致企业的控制权发生变更。

由于拥有控制权的股东王力、张伟与供应商和分销商等利益相关者之间的利益取向不同，因此，利益相关者可以通过股权转让或协商的方式解决。

3.3.5　管理者薪酬治理经验证据

作为代理问题的一方，管理者的行为是公司财务与公司治理的重点，设计良好的管理者薪酬契约，被认为是协调管理者行为和股东目标的主要机制之一，应该有助于缓解由管理者自利行为引发的代理问题。实证研究主要围绕薪酬机制（薪金、股票期权、股份、解雇费）对公司财务行为（投资、融资、股利政策）和业绩的激励效果两条主线展开。

Jensen和Smith（1985）指出，股东与管理者之间的冲突不仅表现在直接侵蚀股东财富，而且表现为管理者由于帝国建造引起的过度投资，由于风险态度和任期观念引起的投资不足等对股东财富的影响。实施管理者薪酬政策是否能够抑制管理者的过度投资行为或缓解投资不足问题？Bizjak（1993）认为，对管理者实施基于长期股票收益的激励契约将导致有效率的投资。吕长江和张海平（2011）研究发现股权激励能够在一定程度上缓解管理者与股东的冲突，激励管理者努力经营，从而抑制非效率投资行为。与上述观点不同，Coles（2006）却发现，薪酬基于公司股价的CEO越有可能实施高风险的投资政策。辛清泉等（2007）发现，当薪酬契约无法对经理的工作努力和经营才能做出补偿和激励时，由地方政府控制的上市公司存在着因薪酬契约失效而导致的投资过度现象。

管理者薪酬激励在使管理者与股东利益一致的同时，也会影响债权人的决策和管理者对债务契约的选择，即管理者薪酬政策会影响公司债务融资。现有研究大多基于债务代理成本假说与管理者防御假说。债务代理成本假说立足于债权人的角度，适用于当公司受到较强的融资约束时，此时债权人根据管理者薪酬决策，通过调整利率、期限和限制性的债务契约条款等手段保障自身的权益，将监督成本转嫁给公司股东承担。一些学者研究发现管理者持股比例或激励强度越高，则公司短期债务比率越高，因为短期借款的定期续贷使债权人可以更有效地监督经理人行为（Stulz，2000）。此外，理性的债权人在贷款决策时会考虑管理者薪酬中所包含的管理者与股东利益一致性的信息，并会根据公司管理者薪酬信息来调整相关决策。Beladi and Quijano（2013）发现，公司CEO获得的风险激励越多，则公司从银行借款的成本也越高。管理者防御假说侧重于管理者的角度，适用于公司受到的融资约束较弱而管理者有防御能力的情况，管理者薪酬会影响其防御动机，因此，管理者会依据自身的薪酬激励状况来选择使自身利益最大化的融资方式并确定资本结构。

Jung（1996）研究发现即使债务融资成本较低，防御的管理者仍然会选择股权融资。Berger（1997）发现过量的薪酬（工资和奖金对数的实际值减去预测值）与公司债务比率负相关。吕长江和周县华（2005）研究发现，我国公司高管和董事薪金越高，董事会主席和监事会主席持股比例越高，公司越倾向于支付较多的现金股利。这说明管理者薪酬激励并没有发挥降低代理成本的作用，反而是管理者自利的表现。

根据委托代理理论，当股东与公司管理者信息不对称时，股东为了减少管理者由于道德风险和逆向选择带来的代理成本而与管理者签订报酬-业绩契约。在该契约的约束下，管理者的薪酬由公司经营业绩来决定。因此，对于管理者来说，提高公司经营业绩是提升其货币薪酬的一种重要手段。Kaplan（1994）发现美国和日本CEO财富水平都和公司业绩正相关。Mehran（1995）对美国经理人员的激励结构（非报酬水平）与公司业绩的关系进行了实证研究，发现公司业绩与经理持有股票期权的比例和经理其他形式的报酬的比例均正相关。后续的研究也得出了相同的结论，即管理者薪酬与公司经营业绩正相关。

与上述观点不同，Jensen和Murphy（1990）研究发现美国上市公司经理薪酬与公司业绩之间的关联度是非常低的，即使当公司业绩很差时，经理也可能通过给自己增加薪水来侵占股东财富。Jackson等（2008）研究发现高管薪酬存在黏性特征，即高管薪酬在公司业绩上升时的边际增加量大于公司业绩下降时的边际减少量。许多研究发现上市公司CEO在公司业绩增长时获得了额外的奖金，业绩下降时却没有丝毫的惩罚。

3.3.6 公司财务治理研究注意的问题

虽然公司财务与公司治理研究浩如烟海，但是由于经济环境和经济体制的不同，在我国以及一些新兴市场，出现了许多用经典理论或发达国家现有的研究成果无法解释的治理现象和疑问，这为后续研究提供了线索。

1）融资治理：谁是更好的监督者？

与发达国家公司融资治理模式不同，随着20世纪70年代末期以来的中国经济体制的变革，公司融资机制经历了财政拨款—银行贷款—市场调节型的变迁过程，其资金配置以纵向划拨、行政性流动向纵横交融、市场化流动发展。公司融资的特点主要表现在：外部融资大于内部融资、间接融资高于直接融资、股票融资重于债券融资。这种现象不仅是我国经济体制变革、融资制度变迁的结果，而且是通过制度因素影响公司资本结构和治理结构的选择。

2）股权结构：路径依赖与路径创造？

全球经济一体化和信息技术的发展，缩短了各国之间的差距，但是各国的经济体制，特别是股权结构，依然存在着显著差异。Bebchuk L A and Roe M J（1999）认为一个国家的公司股权结构模式存在着显著的路径依赖，即一个国家在任何时点的股权结构都部分地依赖于早期所拥有的模式。这种路径依赖源于效率和利益集团寻租两个方面。由于初始的股权结构具有持续的"惯性"作用，如果另辟路径需要较高的成本，那么这些成本将会影响股权结构的有效选择。不同的股权结构会形成在现存体制中不同的利益集团，如果初始的股权结构赋予某一集团的控制权（例如，职业经理人或控股股东），那么，该国就更有可能在以后采取有利于这些集团的规则。由于存在内部寻租，即使现有的股权结构是低效率的，但其依然具有存续力。或者说在现有结构下的利益集团，具有阻碍变革的动机和力量。

与其他新兴市场和转型经济国家中以私有产权为主导的股权结构相比，中国上市公司大多是由国有企业改制生成的，因而自然形成了国有股占主导地位的股权结构，此后，不同时期采取了不同的股权结构变革，诸如国有股减持、股权分置、管理者收购、引进战略投资者等，并没有改变国有股"一股独大"和"所有者缺位"的双重特征。2015年，新一轮国企改革的重要举措是发展混合所有制经济，这次变革的直接后果是形成一个相互制衡的股权结构。这一变革需要解决两个关键问题：一是国有股减持多少既能保持相对控制权又能释放部分国有资本用于发展其他经济建设，提高资本的使用效率；二是采用何种控制权结构既能降低"强经理、弱股东"分散式股权结构的代理问题，又能减轻"强大股东/管理者、弱小股东"集中式股权结构的代理问题，从而提高公司治理效率。如何打破股权结构现有的路径依赖，平衡股权结构变革"效率"与"寻租"的关系，保证股权结构路径平衡转换是国有股权变革面临的关键问题。

3）董事会功能：监督控制还是战略决策？

与美国等发达国家股权较为分散的特征不同，中国上市公司大多是国有公司改制后形成的，"一股独大"或大股东控制使董事会经常呈现为董事长或总裁（CEO）"一言堂"的现象，"长官意志"统率董事会决议。George Dent（2008）发现许多董事会是消极的，并且被以权谋私的CEO所控制。在公司治理实践中，董事会成员和执行层高管高度重合，董事会只是"经理层的延续"（Gordon，Jeffrey N.，2007）。2015年，国资委提出将航天科技、国家电网、中国建筑等16家央企正式纳入规范董事会建设范围，但是建立了董事会能否做到科学决策？能否改变董事会"形似"多于"神似"的现状？董事会作为一种公司治理的替代机制，是连接股东与经理层的枢纽，同时也是协调三者利益的控制体系和决策机制。从董事会的功能看，董事会扮演着两种角色：监督型董事会（看门职守型）和决策型董事会（战略领航型），前者是将战略管理的大部分职能转移给经理层，董事会起到的只是审批和事后控制的保障作用；后者是将战略管理的核心职能由董事会主导，经理层只部分参与到确定战略方向和拟订方案的过程，并主要负责战略实施工作。在董事会治理中，这两种功能都有各自的适用性，到底哪种类型能有效地发挥董事会的功能并提高董事会治理效率，目前并没有现成的理论与实务加以借鉴。

4）高管报酬设计：激励与自利？

解决无效管理的治理机制的措施之一就是设计有效的高管报酬计划，以此激发代理人为实现委托人的利益而努力工作。高管报酬一般分为三个部分：工资、基于财务绩效的奖金和股票期权。其中工资是高管报酬中最稳定的部分，对管理者有保险作用；基于财务绩效的奖金往往可以有效地激励公司高管，但由于奖金的发放常常基于历史绩效，因此容易导致高管采取牺牲长远绩效的短期行为；股票期权可以将高管利益与股东利益相联系，能够有效地解决管理者的短期行为问题。随着近年公司丑闻的不断爆发，人们开始质疑高管报酬的激励效果。高管薪酬、超额薪酬，成为高管“自利”“贪婪”的代名词。一些研究表明，高管通常会利用拥有的权力和私有信息，通过各种途径自定薪酬来提高自己的显性薪酬和隐性薪酬（Duffhues and Kabir，2008；Kuhnen and Zwiebel，2008），甚至可能操纵会计信息和投资方式来增加自己的报酬，从而降低或消除了薪酬的激励作用。在高管报酬管理中，如何发挥报酬计划的激励作用，抑制报酬计划的自利行为，关键要确定由谁制订高管报酬计划？由谁考核高管的业绩？由谁监督高管报酬计划的制订者和考核者？如何设计高管报酬结构（工资、奖金、股票期权）？哪些因素是影响高管报酬计划实施的关键要素？如何正确地检验高管激励效应？Bushman R M and Smith A J（2001）认为，大多数研究者不知道现实中使用的业绩指标，而是研究者自己假设的一套业绩指标（主要是会计指标和股票价格），然后研究这些假设指标的激励权重，这种度量方法会带来指标误差和遗漏。不仅如此，采用线性回归也引入了潜在模型假设的错误。事实上，薪酬计划经常显示出显著的非线性，例如，年度奖励计划经常包含起薪的门槛值和薪酬的上限，而管理者的期权与股票价格成凸形竖曲线关系。合理度量高管薪酬是正确设计高管薪酬契约，提高高管薪酬激励效应的前提。

5）政治关系：“掠夺之手”还是“帮助之手”。

Roe M J（1997）研究了美国公司财务的政治根源，明确提出了政治因素是美国公司财务结构的重要决定因素，从法律角度研究了美国的金融系统在公司融资和公司治理结构中的特征。与西方发达国家的市场不同，新兴市场的一个显著特点就是政府在各种社会资源的配置中仍然发挥着重要作用。政府通过税收、信贷、产业导向、行业管制、采购合同、兼并收购、IPO、海外上市、债务融资便利性、财务危机公司的政府救助等影响着公司的经营活动。政府与公司的关系历来有“掠夺之手”和“帮助之手”的争议（Shleifer and Vishny，1998）。政府干预和市场机制的不完善是我国上市公司最为基本的制度环境。因此，在考虑公司治理机制时必须十分注重政府行为对公司治理效率的影响。

本章小结

1. 信息不对称是指市场交易或者签订契约的一方比另一方拥有更多信息的状况，并由此导致信息拥有方为谋取自身更大的利益而使另一方的利益受到损害。

2. 在信息不对称理论下，管理者（内部人）比投资者（外部人）更为了解公司收益和投资的真实情况。外部人只能根据内部人所传递的信号来重新评价他们的投资决策。公司的融资结构、股利政策等都是内部人传递信号的手段。

3. 股权融资一般存在着比较严重的逆向选择问题，投资者在购买股票时会要求一个较高的风险溢价，以弥补可能遭受的损失。因此，逆向选择问题将导致股权融资成本远高于内部融资成本。

4. 资产负债率是一个积极信号，公司的经营状况越好其资产负债率越高。这是由于在任何债务水平上，低质量公司都拥有更高的边际预期破产成本，所以低质量公司的管理者不会仿效高质量公司进行过多的债务融资。

5. 股东与管理者之间的冲突主要表现在直接侵蚀股东财富和间接侵蚀股东财富两个方面，前者表现为高薪与在职消费；后者表现为由管理者帝国建造引起的过度投资，以及管理者的风险态度和任期观念引起的投资不足等行为对股东财富的影响。

6. 股东与债权人的代理冲突主要来源于四个方面：债权侵蚀、高风险投资、支付股利抽逃资本和投资不足。其结果是使财富从债权人手中转移给股东。

7. 现金流权是股东依据股权份额享有的收益分配权和剩余索取权。如果股权控制链条仅有一条控制链，那么现金流权就等于该控制链条上的各层股份持有份额的乘积；如果股权控制链存在多条控制链，那么现金流权就等于每条控制链条上的各层股份持有份额的乘积之和。

8. 控制权为股权控制链条的最终控制人通过直接和间接持有公司股份而对公司拥有的实际控制权。如果仅有一条控制链，那么控制权就是该控制链条上最少的股份持有份额；如果存在多条控制链，那么控制权就是每条控制链条上最少的股份持有份额之和。

9. 狭义的公司治理是指股东对管理者的一种激励与监督制衡机制，即通过一种制度安排，合理配置股东与管理者之间的权力与责任关系，公司治理的目标是保证股东利益最大化。广义的公司治理不局限于股东对管理者的制衡，而且涉及广泛的利益相关者，包括股东、债权人、供应商、客户、雇员、政府、社区等与公司有利害关系的集团。

10. 公司财务治理可描述为以经济环境、经济体制为基础，以融资治理为核心，以效率治理为目的三大框架。不同的经济环境和经济体制产生不同的融资方式与治理方式，从而影响着公司的经营效率和财务治理效率。

讨论题

1.ABC公司当前的股票价格为80元/股，投资者预测未来的股票价格可能为100元/股、80元/股、60元/股，各种情况出现的概率相等。假设公司的CEO宣布将按市场价格的90%出售他所持有的大部分股票，如果投资者认为CEO知道股票的真实价值，那么当他试图出售股

讨论题指引

票的消息宣布时，股票的价格将如何变化？CEO能够以80元/股的价格出售吗？为什么？

讨论题指引

2.2012年12月4日晚间，用友软件改为用友网络（600588）后公告称，公司拟以不超过11.18元/股的价格回购本公司股份，回购总金额不超过2亿元，预计将回购的股份约为1 788.91万股，约占公司总股本1.83%。回购后，控股股东用友科技的持股比例将从29.31%上升至29.86%。请上网查询用友公司为什么要回购股票？这一公告信息对用友网络的股票价格有什么影响？请结合相关理论分析股票回购的信号作用。

讨论题指引

3.2003年7月，美国微软公司宣布对员工薪酬制度进行重大变革，允许公司给员工发放限制性股票，从而取代实行了17年之久的发放股票期权的方式。微软将从2003年9月份开始向54 000名员工发放限制性股票，这样员工在股价下跌的时候依然能够有收益。与股票期权一样，限制性股票将在发放之后的5年内逐步转归持有人。同时，微软的600多名高管将不再享有股票期权，取而代之的是股票奖励。限制性，是指微软的员工必须将公司以奖励方式发放的股票保留5年，如果5年后还在微软就职，那么就有权卖出这些股票。微软的600多名高管人员也将和其他的员工一样执行限制性股票奖励制度。微软称公司在未来的财务报告中将计入与发放限制性股票有关的支出。此外，还将重新发布以往的财务报告，以反映所有与股票期权相关的奖励成本。微软先前曾估计，如果采用新的会计规则，将期权成本作为费用扣减，其截至2002年6月的财政年度的净收益将为50.9亿美元，将原来报告中的78.3亿美元减少了27.4亿美元。

这一举动引起了业界的广泛关注和种种猜测，这到底是股票期权时代的结束，还是微软成熟的标志呢？是一种薪酬制度的死亡，还是薪酬制度多样化的开始呢？请上网查询相关案例解释这一现象。

讨论题指引

4.2015年6月18日，上海家化（600315）长期激励计划正式通过最终审批。此次激励计划包括：（1）2015年股票期权与限制性股票激励计划，拟向激励对象（涵盖333名公司董事、高级管理人员、公司核心人才等人员）授予权益总计260.62万份，其中股票期权不超过80.80万份，限制性股票不超过179.82万份。限制性股票的授予价格为19.00元/股，股票期权的行权价格为41.43元/股。行权/解锁的业绩条件为：以2013年业绩为基准，2015—2017年的营业收入相对于2013年增长率分别不低于37%，64%，102%，同时2015—2017年的加权平均净资产收益率均不低于18%。（2）2015年员工持股计划：覆盖其他经董事会确定的、与家化签订劳动合同的正式全职员工。2015年员工持股计划的资本总额为634.37万元，参与人共计1 183人，股票来源为由公司授权的管理方在二级市场购买的公司股票。

根据上述资料，你认为上海家化这一做法对解决股东与管理者之间的代理冲突有何普遍意义？你认为股权激励对防止经理的短期行为，引导其长期行为具有什么作用？员工持股计划对于建立员工、股东与公司风险共担、利益共享的机制，挖掘公司内部成长的原动力，提高公司自身的凝聚力和市场竞争力有什么作用？

5. 2002年，在美国连续发生了安然公司、世通公司的财务丑闻后，美国国会批准了“萨班斯–奥克斯利”等三个旨在强化公司治理与会计改革的法案。这三个法案有一个共同点就是强调会计与审计的独立性，独立是公允的基础。CFO与经营层的相对独立，不受经营层直接制约，向董事会负责，就是在制度安排上制约了管理者的内部人控制行为，维护了股东的利益。由此可见，CFO的制度设计是公司治理的产物。CFO的功能之一是强化公司治理，CFO的核心功能之一是治理能力。在公司治理中，你认为CFO的治理能力应包括哪些？

讨论题指引

案例分析

雷士照明控制权之争

雷士照明控股有限公司（HK：02222，以下简称雷士照明）是一家中国领先的照明产品供应商。1998年，吴长江与杜刚、胡永宏共同出资创立雷士照明，三人合力领导雷士照明，一度被行业誉为“照明三剑客”。2005年，吴长江推出了渠道变革，遭到了杜刚和胡永宏的强烈反对，最终两位选择出局。但雷士照明必须即刻向两位股东分别支付5 000万元，并在半年内再分别支付3 000万元。总额1.6亿元的现金流出让雷士照明不堪重负，吴长江开始寻找资金。此时，亚盛投资总裁毛区健丽带着自己的团队在雷士照明最缺钱时成功低价入股，一下子就稀释了吴长江30%的股权。此后，赛富亚洲投资基金和高盛的资金陆续进入雷士照明，吴长江的股权再次遭遇巨幅稀释，第一大股东地位拱手于人，赛富亚洲成为雷士照明第一大股东。2014年，雷士照明引入战略投资者德豪润达国际（香港）有限公司，并通过股权置换助其成为雷士照明第一大股东。吴长江在大幅转让自己股权的同时，也为双方利益冲突以及控制权纷争爆发埋下了隐患。2014年7月14日，德豪润达联合赛富亚洲、施耐德全面替换雷士照明11家控股子公司董事，吴长江及其管理团队的核心成员全面出局。2014年8月8日，雷士照明董事会决议罢免吴长江的CEO职务，由董事长王冬雷担任临时CEO，同时罢免吴长江管理团队的核心成员副总裁职务。2014年8月29日，雷士照明在中国香港召开临时董事会，以95.84%的投票权罢免了吴长江执行董事及委员会的职务。表3–4列示了雷士照明股权变动情况。

表3-4　　雷士照明股权变动情况

时间	融资与相关事项	股权结构	第一大股东
1998—2002年	吴长江、杜刚、胡永宏分别出资45万元、27.5万元、27.5万元	吴长江45%、杜刚27.5%、胡永宏27.5%	吴长江
2002年	创始人重新划分股权	吴长江33.4%、杜刚33.3%、胡永宏33.3%	吴长江
2005年	创始人杜刚、胡永宏退出	吴长江100%	吴长江
2006年8月	亚盛投资总裁毛区健丽等出资894万美元，用于解决公司财务危机，支付杜刚、胡永宏股权转让费	吴长江70%；毛区健丽20%；陈金霞、吴克忠、姜萍三人共占10%	吴长江
2006年9月	赛富亚洲投资基金出资2 200万美元，自然人叶志如出资200万美元，以解决公司资金短缺，满足经营与发展的资金缺口	吴长江41.78%；赛富35.71%；毛区健丽12.88%；叶志如3.21%；陈金霞、吴克忠、姜萍三人共占6.43%	吴长江
2008年8月	高盛出资3 656万美元；赛富再出资1 000万美元，用于收购世通投资有限公司支付现金对价	吴长江34.4%；赛富36.05%；高盛11.02%；毛区健丽9.50%；其他9.03%	赛富
2008年8月	雷士照明定向增发326 930股普通股给世纪集团作为收购对价的一部分	吴长江29.33%；赛富30.73%；世纪集团14.75%；高盛9.39%；毛区健丽7.74%；其他8.06%	赛富
2010年5月	港交所IPO，发行6.94亿新股，占发行后总股份的23.85%，募资14.57亿港元	吴长江22.33%；赛富23.4%；世纪集团11.23%；高盛7.15%；毛区健丽5.89%；其他29.99%	赛富
2011年7月21日—2012年11月	由赛富、高盛联合吴长江等六大股东向法国施耐德电气转让2.88亿股股票，施耐德出资12.75亿港元，用于拓展海外销售市场，拓展工程照明业务	吴长江15.33%；赛富18.48%；施耐德9.22%；世纪集团9.04%；高盛5.65%；其他42.28%	赛富
2012年12月—2014年12月	吴长江多次向德豪润达转让股份，到2013年12月31日，吴长江仅持股1.71%，用于拓展LED照明业务，对赛富、施耐德形成股权制衡	德豪润达27.03%；赛富18.50%；施耐德9.22%；世纪集团8.97%；高盛5.67%；其他39.58%	德豪润达

资料来源：依据雷士照明公司公告、年报，以及媒体报道整理。

要求：上网查询雷士照明控制权纷争的相关信息，回答以下问题：

1. 雷士照明主要经历了三次大的控制权之争：第一次是2005年创始人吴长江与创始人杜刚、胡永宏之间的渠道变革之争；第二次是创始人吴长江与机构投资者（赛富）之间的控制权之争；第三次是创始人吴长江与战略投资者（德豪润达）之间的控制权纷争。吴长江引入资本的后果是导致自身的控制权丧失，这对民营企业引入外部资本有什么启发？在实践中，为防止创始人控制权被稀释，可以通过一些制度安排加以控制。请上网查询民营上市公司保持控制权的其他方法，例如，百度创始人李彦宏、搜狐创始人张朝阳、京东商城刘强东如何将控制权保持在创始人手中。

2. 雷士照明于2006年8月第一次出售股权是为了支付两位创始人的退出费用，后面几次融资（出售股权、IPO或定向增发、股权置换等）大部分是为了满足公司经营或战略需要，请查询雷士照明各次股权融资的原因和用途以及各次引入资金后对公司治理的影响。

3. 雷士照明控制权之争并没有完结，可继续跟踪这一事件的后续发展情况。你认为雷士照明控制权纷争对民营上市公司治理有什么启发？

案例分析指引

延伸阅读文献

第4章 资本市场融资策略

学习目标

- ◇ 掌握企业生命周期理论对融资方式的影响
- ◇ 了解公开发行股票（IPO）、股权再融资的资格与条件
- ◇ 了解我国上市公司IPO、股权再融资的发行费用状况
- ◇ 掌握公司资信等级对债券融资的影响
- ◇ 掌握债券发行过程中的定价与分销

从企业经营角度看，现金流决定企业的生存，利润事关企业的发展，资金是企业的血液。中国企业家习惯从银行贷款融资，但是并不熟悉或热衷从资本市场获得发展资金，对私募股权投资、风险投资、债券融资、夹层融资、并购等融资渠道和方式缺少实战经验。在现代经济生活中，资本市场不仅提供了企业筹集资本的场所，而且是实现社会资源配置的工具，并起到完善公司治理结构的作用。然而，在资本市场上融资并不是一帆风顺的。

本章简要介绍企业不同生命周期的融资方式，说明IPO、股权再融资的发行条件、新股发行的定价方法及定价过程；分析IPO和股权再融资的发行过程和发行费用；讨论债券的信用评级与债券选择、债券的发行程序，便于读者掌握债券发行过程中的定价与分销问题。在本章的资本市场融资制度的介绍中，注册制的实施是目前我国资本市场发展的前沿动态。在了解了注册制实施原理和流程的基础上，要结合我国资本市场的多元化现状，掌握注册制对股票和债券发行的影响。在正确辨识注册制给融资者和投资者带来的好处的同时，也不能忽视注册制所带来的风险。

4.1 企业生命周期与融资方式

4.1.1 企业生命周期的财务特征

对企业生命周期的研究始于20世纪50年代，繁荣于20世纪70—80年代，在20世纪90年代末出现了新的高潮。企业生命周期理论是在承认企业具有生命属性的前提下进行的仿生研究。它将企业作为一个整体来考察其成长、发展的经历，寻求其规律性，强调了企业发展的阶段性和作为整体（法人）的生命有限性，致力于研究在该过程中各个阶段的特征与问题。企业生命周期理论通常将企业分成4个发展阶段：初创期、成长期、成熟期和衰退期。企业在不同阶段的财务特征各不相同，见表4-1。

表4-1　企业各生命周期财务特征

生命周期	初创期	成长期	成熟期	衰退期
理财目标	销售额最大化	利润最大化	企业价值最大化	现金净流量最大化
战略重点	吸引风险投资者	提高资金运用效率	维持当前的利润率	寻找新的利润增长点
企业规模	小	逐步变大	大	逐步缩小
市场占有率	低	逐步上升	高	逐步降低
未来成长预期	非常高	高	中等	负增长
经营风险	非常高	高	中等	低
资本来源	留存收益/风险投资	负债与权益资本	负债与留存收益	负债，谨慎筹资
资产负债率	低	高	低	高
现金净流量	负	平衡略有上升	保持大量现金流	平衡略有下降
财务风险	非常低	高	中等	较高
股价	未知	增长	稳定	下滑
股价波动幅度	高度易变	易变	稳定	易变
市盈率	非常高	高	中等	低
每股净利	没有	低	高	下滑
股利政策	剩余股利政策	低现金股利 零现金股利	固定股利政策 固定股利支付率政策	剩余股利政策 不支付股利政策
股利支付率	零	一般	高	较高

资料来源：陈芳．基于企业生命周期的融资战略选择［J］．中国管理信息化，2011（7）：20-22.

1）初创期的融资方式

这是企业形成后的最初阶段，一般而言，由所有者权益来提供资金，也可能包括银行借款。当该企业试图吸引顾客并且站稳脚跟时，会因为融资需求而受到约束。

2）成长期的融资方式

一旦企业成功地吸引了顾客并且在市场上占有一席之地，它将准备扩张，此时其融资需求会增加。因为该企业在此阶段不可能从其内部产生高额的现金流以满足其投资需求，企业的所有者一般会寻求私有权益或者风险资本来满足这种融资需求。

一些处于该阶段的企业也会转变为上市公司，通过发行普通股股票来满足其资金需求，如中小企业板和创业板的上市公司。在转变为上市公司的过程中，企业的融资选择也增加了。虽然企业的收入高速增长，但是盈利增长很可能滞后于收入增长并且出现内部现金流滞后于投资需求。一般来说，处于该阶段的上市公司会发行更多的权益资本，可能以普通股、权证以及其他股票期权的形式发行。如果它们使用的是负债，那么很可能会使用可转债来筹集资金。

3）成熟期的融资方式

随着企业的成长性逐渐趋于平稳，企业一般会出现两个现象：第一，盈利和现金流会持续快速增长，这些反映了过去的投资；第二，对新项目进行投资的需求会减小。其结果就是一部分资金需求可以由内部融资满足，并且使用的外部融资方式会发生变化。这些企业更可能采用银行借款或者公司债券的负债方式来满足它们的投资需求。

4）衰退期的融资方式

企业生命周期的最后一个阶段是衰退期。处于该阶段的企业会发现，随着它们业务的成熟以及新的竞争对手的超越，其收入与盈利都开始下滑。现有的投资还可能持续产生现金流量，尽管产生现金流量的速度在下降，而公司已经没有什么新的投资需求。因此，内部融资很可能超过再投资的需求。企业不大可能发行新的股票或者债券，而更可能收回现有的负债或者回购股票。从某种意义上说，企业正在自我清算。

并非所有企业都经过这4个阶段，也并非所有的企业都会做出相同的决策。第一，很多企业没有度过初创期，在每年企业家们成立的数万家企业中，很多企业无法幸存下来。即使是那些得以幸存的企业通常一直都是小企业而没有扩张的潜力。第二，并非所有成功的私有企业都会转变为上市公司。这些企业一直保持私有并且努力做到筹集足够的资金以保证企业长期健康增长。第三，有些企业即使在高成长期也不需要进行外部融资，因为利用内部资金来为这种增长提供资金已经完全足够了。也有高成长性的企业发行债券，也有低成长性的企业发行股票。简而言之，生命周期理论框架不能解释所有企业的融资决策，但有助于我们解释为什么不同企业的选择不同以及是什么使企业偏离了一般的融资决策。

4.1.2 企业生命周期对融资方式选择的影响：经验研究

企业融资方式的选择受到内因和外因的共同影响，企业的不同发展阶段也会影响融资方式的选择，国内外学者为了研究这个问题引入了企业生命周期变量。企业生命周期假说是20世纪70年代Weston和Brigham（1970，1978）根据企业不同成长阶段融资来源的变化提出的，他们把生命周期划分为初期、成熟期和衰退期三个阶段。但早期的金融生命周期模型主要是根据企业的资本结构、销售额和利润等显性特征来说明企业在不同发展阶段的金融资源获得性问题，较少考虑企业信息等隐性特征的影响。后来，Berger和Udell（1998）将企业生命周期与融资相结合，形成了修正的金融成长周期理论，指出规模小的年轻的信息不透明的企业多依赖初始内部融资、贸易信贷或天使融资；当企业逐步发展则可以获得间接融资（权益资金来自风险投资，债务资金来自银行、金融公司等）；最后如果企业持续增长，则有机会通过公共权益和债务市场进行融资。Victoria（2011）进一步从现金流量特征角度提出了新的企业生命周期代理变量，并根据现金流量将上市公司划分为初创期、成长期、成熟期、动荡期和衰退期。企业生命周期变量的确定为企业生命周期对融资方式影响的研究奠定了理论基础。Kingsley，C W（2000）以计算机及外设产业公司为样本检验了生命周期和企业融资结构的关系。研究表明，最优投资回报率和融资结构之间的关系随企业所处生命周期阶段的不同而不同，企业生命周期在企业融资结构决策过程中起到了非常重要的作用。Bender和Cranfield（2003）从企业生命周期视角对公司融资策略方面进行研究，认为在整个生命周期过程中，企业的经营风险有所下降，而财务风险反而上升。他们通过企业财务和经营风险的逆向组合，制定企业各个生命周期阶段的财务战略。

我国学者张捷和王霄（2002）在企业生命周期理论模型的基础上，通过对中美两国中小企业融资结构的比较，验证了企业生命周期规律对中国的中小企业的适用性。曹裕等（2009）以筛选得到的354家我国上市公司2002—2007年的数据为样本，借鉴产业经济学增长率产业分类法将上市公司大致界定为处于成长期、成熟期或衰退期，从企业自身特征的角度研究了处于不同生命周期阶段的企业融资结构特征、差异性和导致差异的原因。研究表明，处于不同生命周期阶段的上市公司融资结构具有显著差异。其中长期负债率在成长期相对较高，短期负债率在成熟期相对于成长期与衰退期较高，但与成长期的差别较小。赵旭（2012）运用“管理熵理论”对中国上市公司的生命周期阶段进行了科学划分与界定，对1 030家处于不同发展阶段的上市公司的融资结构进行了实证分析。研究结果表明，绝大部分上市公司处于成长期，其成长期负债比率高于成熟期，反映上市公司融资规律在部分时期符合金融成长周期理论；融资结构在民营和非民营公司之间并没有本质差异，即所有制歧视对企业融资结构的影响并不显著；成长阶段融资结构存在一定的行业差异，相对垄断的行业如采掘业、电力业、交通运输业等似乎偏向于股权融资，而充分竞争的行业如建筑房地产业、制造业、信息技术业等倾向于债务融资，这可能与我国证券市场的特有制度安排有关。李润平（2014）以浙江省6 543家中小企业为样本，运用Multinomial Logit模型，研究了生命周期、融资条件、行业分类等因素对中小企业提升融资规模的影响。实证结果发现：企业处于成长期、成熟期和退出期对其提升融资规模有一定的影响但并非全部显著。企业年限对任意由低等级向中高等级融资规模的发展都起到显著正向作用，但对由任意等级向最高等级融资规模的发展起到负向作用。信用评级、银企关系对中小企业在任何融资水平上提升融资规模都具有显著的积极作用。相比制造业企业，商业、服务业和公共事业企业提升其融资规模的机会更大，而农林牧渔业企业正好相反。论文的结论不仅指出了不同融资规模企业属于该融资类型的原因，而且也提出了改变中小企业融资规模的各种路径。孙秋霞和易颜新（2015）采用企业经营活动、投资活动、筹资活动现金流量的不同组合作为划分企业生命周期的代理变量，以我国创业板上市公司作为样本，实证研究高新技术企业所处生命周期阶段对融资策略的影响。实证结果表明，留存收益融资率与企业所处的生命周期阶段正相关，负债融资率、银行信用融资率、商业信用融资率与企业所处的生命周期阶段显著负相关。同时，融资策略还受高新技术中小企业的规模、非债务税盾、成长性、获利能力的影响。

4.2 首次公开发行股票（IPO）

4.2.1 IPO发行制度的变迁

新股发行制度是指首次公开发行股票时的新股定价、承销和发售等一系列制度及相关安排。新股发行体制的核心是定价机制，有两方面基本内容：一是确定新股发行价格；二是采用一定的方式将新股出售给投资者。这两个方面相互制约和依赖，从而构成价格形成机制的核心内容。我国证券市场起步较晚，市场环境与境外成熟市场差异较大，而且受当时经济、社会和法律环境的局限，新股定价机制早期具有浓厚的行政色彩。随着我国证券法律配套机制的完善和资本市场竞争机制的完善，我国证券市场正在不断趋于市场化建设。最近30年来，我国新股发行体制共出现过9次变革，并先后经历了行政审批制、核准制、注册制3个阶段。

（1）1990—2000年：行政审批制

行政审批制是指政府分配股票发行的指标和额度，由地方或行业主管部门推荐企业发行股票的一种发行制度。这期间大量国有企业通过改制完成了上市融资。这一期间是我国新股发行制度建设的摸索期，政府通过不断调整制度来解决我国资本市场初建时期发生的问题。

首先，在1992年之前实行内部认购和新股认购证。这是A股市场初创阶段最早的新股发行制度，新股认购证成为暴富的代名词，也留下了内部职工股这一历史遗留问题，直到2000年才得以妥善解决。上述两种新股发行方式，由于效率不高，受众面窄，因此后来被淘汰。接着，1993年开始将新股发行与银行储蓄存款挂钩，此举改善了前面新股发行不公的现象，但是每遇新股发行，经常会发生地区间资金大量转移，而且新股发行的效率也不高。之后，1996年实行全额预缴款按比例配售方式，全额预缴款方式包括“全额预缴款、比例配售、余款即退”和“全额预缴款、比例配售、余款转存”两种。该办法解决了认购证发行的高成本、高浪费现象，同时也消除了存单发行占压资金过多、时间过长的问题。但是这种方式也存在一些问题：解决不了外地购买者资金搬家的问题，中小投资者所能真正购到的股票可能在申购数量中所占比例很低。最后，1999年对一般投资者上网发行和对法人配售相结合，这种方式的初衷是为了健全证券市场发现价格的功能，培育机构投资者。但容易滋生寻租者，有少数发行人将配售权作为特权买卖，不按真正的战略关系选择战略投资人；一些机构不履行持股期限承诺，私下倒卖获配新股等。

（2）2001—2004年：核准制

核准制，是上市公司股票申请上市须经过核准的证券发行管理制度。发行人在申请发行股票时，不仅要充分公开企业的真实情况，而且必须符合有关法律和证券监管机构规定的必要条件。

证券监管机构有权否决不符合规定条件的股票发行申请。证券监管机构对申报文件的全面性、准确性、真实性和及时性作审查，还对发行人的营业性质、财务状况、经营能力、发展前景、发行数量和发行价格等条件进行实质性审查，并据此作出发行人是否符合发行条件的价值判断以及是否核准申请的决定。

核准制要求主承销商对发行人进行一年的辅导后，再向证监会申请发行股票。根据核准制的相关规定，企业只要符合条件就可以上市。

核准制则在一定程度上摒弃了审批制那种需要各级政府批准的诟病，需要发行人充分公开企业的真实状况，然后根据《证券法》和《公司法》，监管部门再来决定是否通过审核。这一阶段新股发行上市由券商进行辅导，再由证监会发行审核委员会审核。这期间发生了两次核准制下的制度调整。首先，2001年实行上网竞价方式，上网竞价发行方式可以减少主观操作，防止违规行为和暗箱操作行为的发生。但是由于股票发行价格只是根据市场的申购情况来决定的，往往出现新股申购发行价很高的局面，因此难以长期推行。接着，2002年按市值配售新股，在新股上网定价发行中，由于申购专业户垄断了一级市场，对二级市场的投资者有失公平，因此从2002年5月份开始全面推行按市值配售新股。但按市值配售新股与新股发行市场化之间存在矛盾，不能充分体现一级市场的真实需求，从而扭曲了供求机制，大大削弱了一级市场定价机制的作用。

从2004年2月1日起，中国开始推行核准制下的保荐人制度。保荐人依法对发行文件进行核查，向中国证监会出具保荐意见，上市后，保荐机构和保荐人仍负有持续督导的责任。

2004年以后，证监会出台“询价制”，用来确定新股发行价。IPO询价制度是指发行人及其保荐机构应采取向机构投资者累计投标询价的方式确定发行价格，这一定价机制首先应由主承销商对发行人所处的行业、竞争实力、发展前景等进行充分分析，择取企业的若干指标，通过模型运算得出企业的价值，以此为基础再结合二级市场状况与企业协调确定发行价格。

2006年实行“IPO询价制+网上定价”方式，其基本特征是建立一个面向机构投资者的询价机制，同时也形成了一个向机构投资者倾斜的发行模式，并且是以资金量的大小为配售新股的最主要原则。此时的发行制度发挥了许多积极的作用，为一批大蓝筹顺利登陆A股市场保驾护航，但是也存在着重大缺陷：第一，询价往往会流于形式，新股发行定价难以反映股票的真实价值。第二，有违公平原则，由于机构仍然占据了网下申购的优势，因此，存在过度向机构投资者倾斜的弊端。第三，将大量资金吸引到认购新股的行列之中。第四，该发行制度还产生同一公司境内外发行价不同、上市流通股比例太低、新增限售股源源不断等问题。

自2009年以来，询价和申购的报价约束机制逐步完善，形成进一步市场化的价格形成机制。

① 询价对象应真实报价，询价报价与申购报价应当具有逻辑一致性，主承销商应当采取措施杜绝高报不买和低报高买的现象。发行人及其主承销商应当根据发行规模和市场情况，合理设定每笔最低申购量。对最终定价超过预期价格导致募集资金量超过项目资金需要量的，发行人应当提前在招股说明书中披露用途。

② 优化网上发行机制，将网下网上申购参与对象分开。对每一只股票发行，任一股票配售对象只能选择网下申购或者网上申购的其中一种方式进行新股申购，所有参与该只股票网下报价、申购、配售的股票配售对象均不再参与网上申购。

③ 对网上单个申购账户设定上限。发行人及其主承销商应当根据发行规模和市场情况，合理设定单一网上申购账户的申购上限，原则上不超过本次网上发行股数的千分之一。单个投资者只能使用一个合格账户申购新股。

④ 加强新股认购风险提示，提示所有参与人明晰市场风险。发行人及其主承销商应当刊登新股投资风险特别公告，充分揭示一级市场风险，提醒投资者理性判断投资该公司的可行性。证券经营机构应当采取措施，向投资者提示新股认购风险。

保荐制度、发行审核委员会（简称发审委）制度、询价制度构成中国股票发行监管的制度基础。核准制的改革历程如图4-1所示。

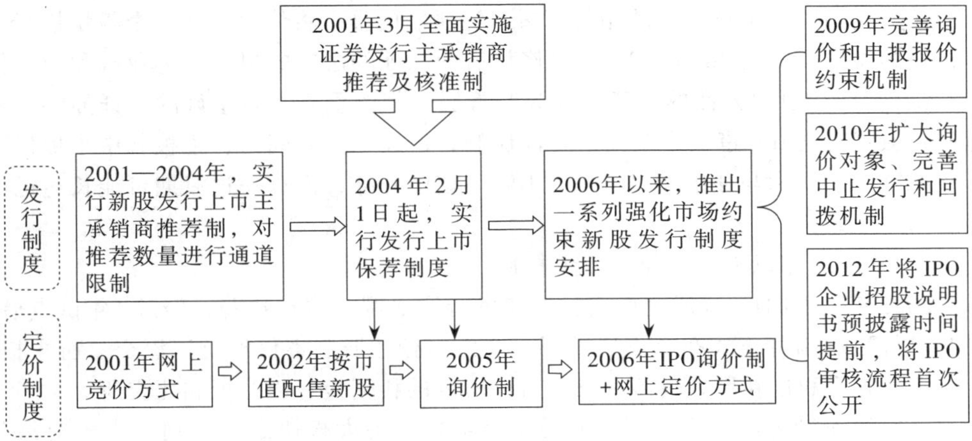

图4-1　核准制的改革历程

（3）2019-2022年：核准制与注册制并行

股票发行注册制（Registration-Based IPO Regime）主要是指当发行人申请发行股票时，必须依法将公开的各种资料完全准确地向证券监管机构进行申报。证券监管机构的职责是对申报文件的全面性、准确性、真实性和及时性作形式审查，不对发行人的资质进行实质性审核和价值判断而将发行公司股票的良莠情况留给市场来决定。

注册制的核心是证券发行人提供的材料不存在虚假、误导或者遗漏的情况，这种制度的市场化程度最高。

2014年11月19日召开的国务院常务会议决定，抓紧出台股票发行注册制改革方案，取消股票发行的持续盈利条件，降低小微和创新型企业上市门槛等。《国务院批转发展改革委关于2015年深化经济体制改革重点工作的意见》提出，实施股票发行注册制改革，探索建立多层次资本市场转板机制，发展服务中小企业的区域性股权市场，开展股权众筹融资试点。自此，我国资本市场从核准制向注册制的改革被推上日程。在注册制下，上市基本由市场需求决定，只要达到所公布必要条件即可申请IPO。而监管部门的职责则是对申报文件作真实性、准确性、完整性和及时性的合规形式审查。我国政府将科创板作为注册制的“试验田”。2018年11月5日，上海证券交易所正式宣布设立科创板并试行注册制。2019年3月1日晚间，证监会下发《科创板首次公开发行股票注册管理实行办法（试行）》对科创板的保荐方式、审核制度、发行定价制度、交易制度、退市和信披制度等多方面进行了定位。2019年3月21日，科创板股票上市委员会和科技创新咨询委员会候选人名单正式向社会公示。3月22日，首批申报科创板的上市企业正式公布招股说明书。2019年5月28日，科创板注册制首场发审会正式召开。2019年7月22日，科创板正式开市，科创板首批上市的25家公司挂牌交易，标志着我国资本市场成功开启了注册制的大门。

按照我国资本市场发展的相关部署，注册制的推行将依照成熟一个板块推行一个板块的做法。随着2020年3月1日修订后的《证券法》的出台，创业板和新三板“精选层”在注册制方面的改革将成为监管层工作的重心。新修订的《证券法》实施后，虽然将在IPO审核中全面推行注册制，但在一定时间内，主板和中小板仍实行核准制，注册制与核准制将继续在IPO审核中并存，而这一过渡期可能长达近两年之久。

（4）2023年以来：全面实行注册制

2023年2月1日，A股全面实行股票发行注册制。这意味着，经过4年试点后，股票发行注册制将正式在全市场推开。全面实行注册制不仅涉及沪深交易所主板、新三板基础层和创新层，也涉及已实行注册制的科创板、创业板和北交所。

全面注册制方案主要安排集中在IPO申报、各大板块定位规划、主板交易制度、监管安排（公权力使用规划）、注册制推行过渡期间安排等重要方面，具体有九大关键内容：

第一，优化发行上市审核注册机制。

审核注册机制是此次注册制改革的重点内容。总体思路是，保持交易所审核、证监会注册的基本架构不变，进一步明晰交易所和证监会的职责分工，提高审核注册的效率和可预期性。同时，加强证监会对交易所审核工作的监督指导，切实把好资本市场入口关。

交易所审核环节：交易所承担全面审核判断企业是否符合发行条件、上市条件和信息披露要求的责任，并形成审核意见。在审核过程中，审核人员发现在审项目涉及重大敏感事项、重大无先例情况、重大舆情、重大违法线索的，应及时向证监会请示报告。证监会对发行人是否符合国家产业政策和板块定位进行把关。

证监会注册环节：证监会基于交易所审核意见依法履行注册程序，在20个工作日内对发行人的注册申请作出是否同意注册的决定。

第二，完善多层次资本市场体系，主板突出大盘蓝筹[①]特色。

这次改革的重中之重是上交所、深交所主板。改革后主板要突出大盘蓝筹特色，重点支持业务模式成熟、经营业绩稳定、规模较大、具有行业代表性的优质企业。相应地，设置多元包容的上市条件，并与科创板、创业板拉开距离。主板改革后，多层次资本市场体系将更加清晰，基本覆盖不同行业、不同类型、不同成长阶段的企业。主板主要服务于成熟期的大型企业；科创板突出“硬科技”特色，发挥资本市场改革“试验田”作用；创业板主要服务于成长型创新创业企业；北交所与全国股转系统共同打造服务创新型中小企业主阵地。

① 蓝筹是指蓝筹股，蓝筹股是指具有稳定的盈余记录，能定期分派较优厚的股息，被公认为业绩优良的公司的普通股票，又称为“绩优股”。其多指长期稳定增长的、大型的、传统工业股及金融股。此类上市公司的特点是有着优良的业绩、收益稳定、股本规模大、红利优厚、股价走势稳健、市场形象良好。

第三，全国股转系统同步实行注册制。

全面实施注册制要求北交所注册制制度规则与上交所、深交所总体保持一致。交易所制定修订本所统一的股票发行上市审核业务规则。

全国股转系统同步实行注册制，有关安排与交易所保持总体一致。其中，对股东人数未超过200人的股份公司申请在全国股转系统挂牌，或者全国股转系统挂牌公司定向发行股票后股东人数不超过200人的，全国股转公司审核通过后，证监会豁免注册（目前豁免核准）。

第四，进一步改进主板交易制度。

全面实施注册制改革以更加市场化便利化为导向，进一步改进主板交易制度。其主要措施有三：一是新股上市前5个交易日不设涨跌幅限制；二是优化盘中临时停牌制度；三是新股上市首日即可纳入融资融券标的，优化转融通机制，扩大融券券源范围。

第五，把选择权交给市场，充分贯彻信息披露理念。

注册制改革的本质是把选择权交给市场，强化市场约束和法治约束。与核准制相比，不仅涉及审核主体的变化，更重要的是充分贯彻以信息披露为核心的理念，发行上市全过程更加规范、透明、可预期。

一是大幅优化发行上市条件。注册制仅保留了企业公开发行股票必要的资格条件、合规条件，将核准制下的实质性门槛尽可能转化为信息披露要求，监管部门不再对企业的投资价值作出判断。

二是切实把好信息披露质量关。实行注册制，绝不意味着放松质量要求，审核把关更加严格。审核工作主要通过问询来进行，督促发行人真实、准确、完整披露信息。同时，综合运用多要素校验、现场督导、现场检查、投诉举报核查、监管执法等多种方式，压实发行人的信息披露第一责任、中介机构的“看门人”责任。

三是坚持开门搞审核。审核注册的标准、程序、内容、过程、结果全部向社会公开，公权力运行全程透明，严格制衡，接受社会监督，与核准制有根本的区别。

第六，监管职能转变，保持“零容忍”态度。

依据全面注册制方案，将建立健全覆盖发行、上市、再融资、并购重组、退市、监管执法等各环节全流程的监督制约机制。总体思路是，加强事前事中事后全过程监管，在“放”的同时加大“管”的力度，督促各市场主体归位尽职，营造良好的市场生态。

在前端，坚守板块定位，压实发行人、中介机构、交易所等各层面责任，严格审核，严把上市公司质量关。在中端，加强发行监管与上市公司持续监管的联动，规范上市公司治理。强化上市公司信息披露监管，进一步压实上市公司、股东及相关方信息披露责任。畅通强制退市、主动退市、并购重组、破产重整等多元退出渠道，促进上市公司优胜劣汰。严格实施退市制度，强化退市监管，健全重大退市风险处置机制。在后端，保持“零容忍”执法高压态势。认真贯彻《关于依法从严打击证券违法活动的意见》，建立健全从严打击证券违法活动的执法司法体制机制，严厉打击欺诈发行、财务造假等严重违法行为，严肃追究发行人、中介机构及相关人员责任，形成强有力的震慑。

第七，公权力运行的监督制衡有明确安排。

注册制改革的本质是把选择权交给市场，强化市场约束和法治约束。这有利于公权力规范透明运行，从制度上铲除滋生腐败的土壤。

在审核注册流程方面，建立分级把关、集体决策的内控机制，防范权力过于集中。特别是要求交易所牢固树立公权力意识，强化质控部门对审核工作的跟踪监督和决策制衡，改革完善“两委”人员组成、任期、职责和议事规则，对政治素质、专业背景、职业操守提出更高要求，提高专职人员比例，加强纪律约束，切实发挥“两委”的把关作用。

在业务监督方面，完善交易所权责清单，建立健全交易所内部治理机制。证监会加强对交易所审核工作的监督和考核，督促交易所提高审核质量。证监会内部也将强化内审部门对发行注册的业务监督。

在廉政监督方面，坚持并完善对交易所的“抵近式”监督和对发行审核注册的嵌入式监督，从严管理审核注册人员、“两委”委员，坚决整治政商“旋转门”。一体推进不敢腐、不能腐、不想腐，对资本市场领域腐败“零容忍”，持之以恒正风肃纪。

第八，把握好“一个统一”“三个统筹”。

全面实行股票发行注册制的主要标志是：制度安排基本定型，覆盖全国性证券交易场所，覆盖各类公开发行股票行为。在改革思路上，把握好“一个统一”“三个统筹”。“一个统一”，即统一注册制安排并在全国性证券交易场所各市场板块全面实行。“三个统筹”：一是统筹完善多层次资本市场体系；二是统筹推进基础制度改革；三是统筹抓好证监会自身建设。

第九，配套措施释出，后续将正式实施。

无论是“十四五”规划，还是中央经济工作会议，又或是最近的政府工作报告，均对全面实行股票发行注册制作出明确部署。证监会数次表态持续推进全面实行股票发行注册制。

截至2022年11月，A股注册制企业突破1 000家，而注册制改革是全链条、全环节的改革，有望进一步优化市场生态。

本次改革基于试点注册制经验对相关制度规则进行了全面梳理和系统完善，主要是对试点阶段行之有效的做法进行优化和定型，统一规则表述，取消“试点”字样等。

此外，这次公开征求意见的制度规则包括《首次公开发行股票注册管理办法》等证监会规章及配套的规范性文件，涉及注册制安排、保荐承销、并购重组等方面。沪深证券交易所、全国股转公司（北交所）、中国结算公司、中证金融公司等同步就《股票发行上市审核规则》等业务规则向社会公开征求意见。

【课堂拓展】 全面实行注册制：促进资本市场与实体经济的良性互动

2023年2月17日，中国证监会发布全面实行股票发行注册制相关制度规则，自公布之日起施行。证券交易所、全国股转公司、中国结算公司、中证金融公司、证券业协会配套制度规则同步发布实施。

回顾注册制改革历程，从增量到存量逐步推开，注册制在我国资本市场舞台留下的每一处印记中，关于"加强投资端建设""吸引中长期资金入市"的布局脉络都清晰可见。统筹一、二级市场动态平衡是改革的方向与目标，也是推动改革平稳落地的条件。

在全面注册制改革"关键一跃"之后，我国资本市场如何继续奋跃而上？业界普遍认为，加快投资端改革，构建长期资金"愿意来""留得住"的市场环境是关键一环。一方面，在多元包容的上市条件下，更多符合中国经济转型升级、具有长远发展潜力的企业上市融资，必然会提升资本市场的吸引力；另一方面，将选择权更多交给市场，意味着具备专业化投资理念的长期资金也将更多涌入优质企业，从而增强资本市场资源配置功能。

同花顺iFinD数据显示，2022年，科创板、创业板新上市公司分别为124家、150家，合计募资额达4 316.8亿元，占当年A股市场总募资比例约74%；截至2022年年末，创业板上市公司达1 232家，较2020年8月创业板注册制改革启动前扩容近五成；科创板目前上市公司已突破500家，成为"硬科技"企业聚集地。

从上述数据不难看出，注册制制度优势持续发挥，科创板、创业板已成为企业首发募资的主阵地。如今，全面注册制正式启动，整个资本市场的吸引力都将进一步提升，这既反映在供给端，又反映在需求端。

全面注册制通过提高上市效率及设置更加多元的上市条件，进一步打通了拟上市公司的直接融资通道，并通过更加市场化的退市机制加速资本市场的优胜劣汰，促进资金进一步向优质上市公司集中，资本市场的高质量扩容为投资者提供更多优质投资标的。同时，不断强化的投资者保护机制也将进一步保障投资者权益，引导更多中长期资金进入资本市场，从而促进资本市场、长期资金和实体经济的良性互动。

4.2.2 股票发行上市的资格与条件

1）主板上市的资格与条件

A股发行主体应是依法设立且合法存续的股份有限公司；经国务院批准，有限责任公司在依法变更为股份有限公司时，可以公开发行股票。财务上的具体要求有：发行前3年的累计净利润超过3 000万元；发行前3年的累计净经营性现金流超过5 000万元或累计营业收入超过3亿元；无形资产与净资产比例不超过20%；发行前不少于3 000万股；上市股份公司的股本总额不低于5 000万元；公众持股比例不得低于25%；如果发行时股份总数超过4亿股，那么公众持股比例不得低于10%；在过去3年的财务报告中无虚假记载。

2）中小企业板上市的资格与条件

中小企业板上市的基本条件与主板市场完全一致，中小企业板块是深交所主板市场的一个组成部分，按照“两个不变”和“四个独立”的要求，该板块在主板市场法律法规和发行上市标准的框架内，实行包括“运行独立、监察独立、代码独立、指数独立”的相对独立管理。

中小企业板块主要安排在主板市场拟发行上市的企业中具有较好的成长性和较高的科技含量的、流通股本规模相对较小的公司，其持续经营时间应当在3年以上（有限责任公司按原账面净资产值折股整体变更为股份有限公司的，持续经营时间可以从有限责任公司成立之日起计算）。发行人在最近3年内的主营业务以及董事、高级管理人员没有发生重大变化，实际控制人没有发生变更。在财务会计方面要求发行人的资产质量良好，资产负债结构合理，盈利能力较强，现金流量正常。具体各项财务指标应达到以下要求：最近3个会计年度的净利润均为正数且累计超过人民币3 000万元；最近3个会计年度的经营活动产生的现金流量净额累计超过人民币5 000万元，或者最近3个会计年度的营业收入累计超过人民币3亿元；发行前股本总额不少于人民币3 000万元；最近一期期末的无形资产（扣除土地使用权、水面养殖权和采矿权等后）占净资产的比例不高于20%；最近一期期末不存在未弥补亏损。

3）创业板上市的资格与条件

创业板市场与主板市场不同，现阶段其主要目的是为在高科技领域中运作良好、发展前景广阔、成长性较强的新兴中小型公司提供融资场所。中小型高科技企业普遍经营规模较小，营运时间较短，市场前景不确定，造成其盈利能力不稳定，存在一定的市场风险，银行不敢为其贷款，而中国主板市场因为进入门槛过高也将其拒之门外。这样就特别需要一个有别于主板市场的创业板市场为这些中小型高科技企业提供融资渠道。考虑到新兴高科技企业的业务前景的不确定性，在构建中国创业板市场时，要设法降低市场的进入门槛，具体发行条件如下：申请股票上市的公司股本总额应不少于3 000万元；最近一期期末的净资产不少于2 000万元，发行后股本不少于3 000万元；最近两年连续盈利，最近两年的净利润累计不少于1 000万元，且持续增长；最近一年盈利，且净利润不少于500万元，最近一年的营业收入不少于5 000万元，最近两年的营业收入增长率均不低于30%。发行人应具有一定的持续经营记录，具体要求发行人应当是依法设立且持续经营3年以上的股份有限公司，有限责任公司按原账面净资产值折股整体变更为股份有限公司的，其持续经营时间可以从有限责任公司成立之日起计算。

4）科创板上市的资格与条件

上海证券交易所于2019年4月30日发布了修订后的《上海证券交易所科创板

股票上市规则》，在科创板申请首次公开发行上市的公司其财务状况应当符合下列条件：（1）发行后股本总额不低于人民币3 000万元；（2）公开发行的股份达到公司股份总数的25%以上；公司股本总额超过人民币4亿元的，公开发行股份的比例为10%以上；（3）市值及财务指标应当至少符合下列标准中的一项：其一，预计市值不低于人民币10亿元，最近两年净利润均为正且累计净利润不低于人民币5 000万元，或者预计市值不低于人民币10亿元，最近一年净利润为正且营业收入不低于人民币1亿元；其二，预计市值不低于人民币15亿元，最近一年营业收入不低于人民币2亿元，且最近三年累计研发投入占最近三年累计营业收入的比例不低于15%；其三，预计市值不低于人民币20亿元，最近一年营业收入不低于人民币3亿元，且最近三年经营活动产生的现金流量净额累计不低于人民币1亿元；其四，预计市值不低于人民币30亿元，且最近一年营业收入不低于人民币3亿元；其五，预计市值不低于人民币40亿元，主要业务或产品需经国家有关部门批准，市场空间大，目前已取得阶段性成果。医药行业企业需至少有一项核心产品获准开展二期临床试验，其他符合科创板定位的企业需具备明显的技术优势并满足相应条件①。

根据《国务院办公厅转发证监会关于开展创新企业境内发行股票或存托凭证试点若干意见的通知》相关规定，营业收入快速增长，拥有自主研发、国际领先技术，在同行业竞争中处于相对优势地位的尚未在境外上市的红筹企业，可以申请在科创板上市发行股票或存托凭证。其市值及财务指标应当至少符合下列标准之一：（1）预计市值不低于人民币100亿元；（2）预计市值不低于人民币50亿元，且最近一年营业收入不低于人民币5亿元。

在科创板申请上市的发行人可以就表决权进行差异安排。表决权差异安排是指发行人依照《公司法》第一百三十一条的规定，在一般规定的普通股份之外，发行拥有特别表决权的股份。每一特别表决权股份拥有的表决权数量大于每一普通股份拥有的表决权数量，其他股东权利与普通股份相同。简而言之，表决权差异即为"同股不同权"。

发行人具有表决权差异安排，其市值及财务指标应当至少符合下列标准中的一项：（1）预计市值不低于人民币100亿元；（2）预计市值不低于人民币50亿元，且最近一年营业收入不低于人民币5亿元。

4.2.3　注册制下公开发行股票的审核流程

在注册制下，上交所、深交所负责对上市申请文件进行审核，并实行分行业审核。认为发行人符合发行条件、上市条件和信息披露要求的，将审核意见、发行上市申请文件及相关审核资料报中国证监会注册。根据《深圳证券交易所创业板股票发行上市审核规则》与《上海证券交易所科创板股票发行上市审核规则》，申请首

---

①　净利润以扣除非经常性损益前后的孰低者为准。净利润、营业收入、经营活动产生的现金流量净额均指经审计的数值。

次公开发行股票并在科创板、创业板上市的主要审核流程如图4-2所示。

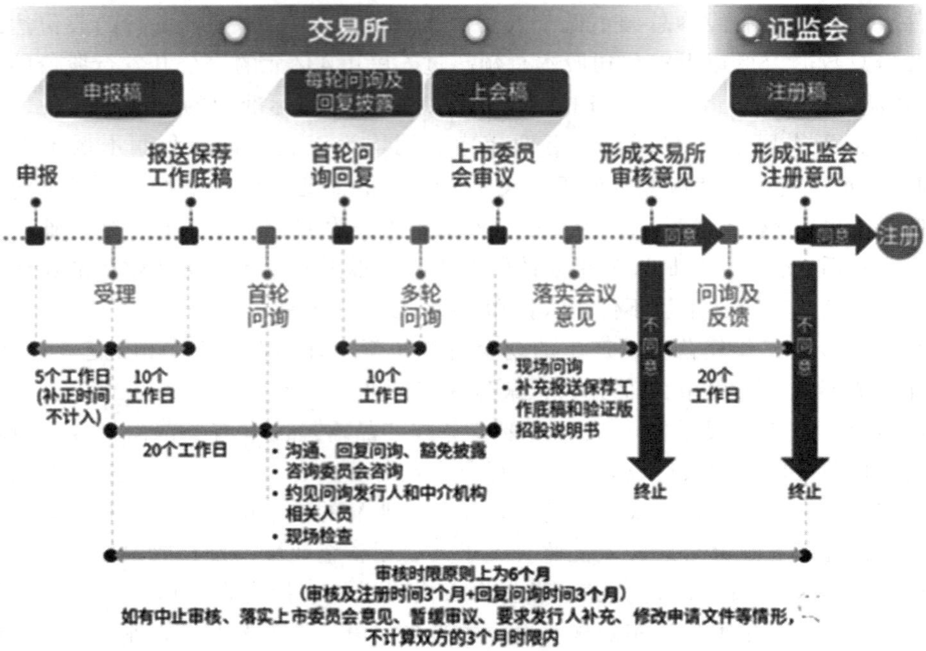

图4-2　注册制下IPO审批流程

（1）受理与补正

发行人应当通过保荐人以电子文档形式向交易所提交发行上市申请文件，交易所收到发行上市申请文件后5个工作日内作出是否予以受理的决定。发行上市申请文件与中国证监会及交易所规定的文件目录不相符、文档名称与文档内容不相符、文档格式不符合相关要求、签章不完整或者不清晰、文档无法打开或者存在本所认定的其他不齐备情形的，发行人应当予以补正，补正时限最长不超过30个工作日。同时交易所决定受理的，发行人于受理当日在指定渠道预先披露招股说明书及相关文件。

（2）报送工作底稿

受理发行上市申请文件后的10个工作日内，保荐人应当以电子文档形式报送保荐工作底稿和验证版招股说明书，供监管备查。

（3）审核问询

交易所发行上市审核机构自受理之日起20个工作日内通过保荐人向发行人提出首轮审核问询。审核问询可多轮进行，收到发行人回复后10个工作日内可以继续提出审核问询。首轮问询发出前，发行人及其保荐人、证券服务机构及其相关人员不得与审核人员接触，不得以任何形式干扰审核工作。

首轮问询发出后，发行人及其保荐人对审核问询存在疑问的，可通过交易所发行上市审核业务系统进行沟通，如确需当面沟通的，可通过发行上市审核业务系统预约。交易所可以根据需要，约见问询发行人的董事、监事、高级管理人员、控股股东、实际控制人以及保荐人、证券服务机构及其相关人员，调阅相关资料。

发行人及其保荐人、证券服务机构应当按照审核问询要求进行必要的补充调查和核查，及时、逐项回复审核问询，相应补充或者修改发行上市申请文件，并于上市委员会审议会议结束后的10个工作日内汇总补充报送与审核问询回复相关的保荐工作底稿和更新后的验证版招股说明书。

在发行上市申请文件和对交易所发行上市审核机构审核问询的回复中，拟披露的信息属于国家秘密、商业秘密，披露后可能导致其违反国家有关保密的法律法规或者严重损害公司利益的，可以豁免披露。交易所认为豁免披露理由不成立的，发行人应当按照规定予以披露。

发行上市审核机构可以根据需要，就发行上市申请文件中的与发行人业务与技术相关的信息披露问题，向交易所行业咨询专家库中的相关专家进行咨询。同时中国证券业协会依据相关规定，从发行上市申请文件已被受理的发行人中抽取一定比例，由证监会及其派出机构和交易所作为检查机构，对检查对象的信息披露质量进行现场检查。或在发行上市审核和注册阶段，发行人存在与发行条件、上市条件和信息披露要求相关的重大疑问或异常，且未能提供合理解释、影响审核判断的，也可以列为检查对象。此外，沪深交易所分别发布《上海证券交易所科创板发行上市审核规则适用指引第1号——保荐业务现场督导》和《深圳证券交易所创业板发行上市审核业务指引第1号——保荐业务现场督导》，针对科创板和创业板在发行上市审核过程中发现的影响发行、上市条件判断和发行上市申请文件信息披露质量的问题，由沪深交易所根据需要对保荐机构以及相关证券服务机构执业质量进行现场监督和核查。

交易所发行上市审核机构收到发行人及其保荐人、证券服务机构对审核问询的回复后，认为不需要进一步审核问询的，将出具审核报告并提交上市委员会审议。

（4）上市委员会审议

上市委员会召开会议，对交易所审核机构出具的审核报告及发行人上市申请文件进行审议，与会委员就审核机构提出的初步审核意见，提出审议意见。每次审议会议由五名委员参加，其中会计、法律专家至少各一名。上市委员会可以要求对发行人代表及其保荐人进行现场问询。上市委员会通过合议形成发行人是否符合发行条件、上市条件和信息披露要求的审议意见。

（5）交易所形成审核意见

交易所结合上市委员会的审议意见，出具发行人符合发行条件、上市条件和信息披露要求的审核意见或者作出终止发行上市审核的决定。

上市委员会认为发行人符合发行条件、上市条件和信息披露要求，但要求发行人补充披露有关信息的，由交易所发行上市审核机构告知保荐人组织落实；发行上市审核机构对发行人及其保荐人、证券服务机构的落实情况予以核对，通报参会委员，无须再次提请上市委员会审议。发行人对相关事项补充披露后，交易所出具发行人符合发行条件、上市条件和信息披露要求的审核意见。

（6）向证监会报送审核意见

交易所审核通过的，向证监会报送发行人符合发行条件、上市条件和信息披露要求的审核意见、相关审核资料和发行人的发行上市申请文件。证监会要求进一步问询的，交易所向发行人及保荐人、证券服务机构提出反馈问题。

（7）证监会注册

证监会在20个工作日内对发行人的注册申请作出同意或者不予注册的决定。发行人在取得证监会予以注册决定后，启动股票公开发行前，应当在交易所网站和符合证监会规定条件的网站披露招股意向书。

注册制下公开发行股票的时间短，效率高。以交控科技为例：交控科技股份有限公司（以下简称“交控科技”，688015.SH）成立于2009年12月，并于2019年7月成为首批科创板上市企业。从图4-3可以看出，交控科技董事会于2019年3月15日通过IPO决议，于2019年7月20日在科创板上市，整个IPO程序历经120天，可见，注册制大大提高了股票融资效率。

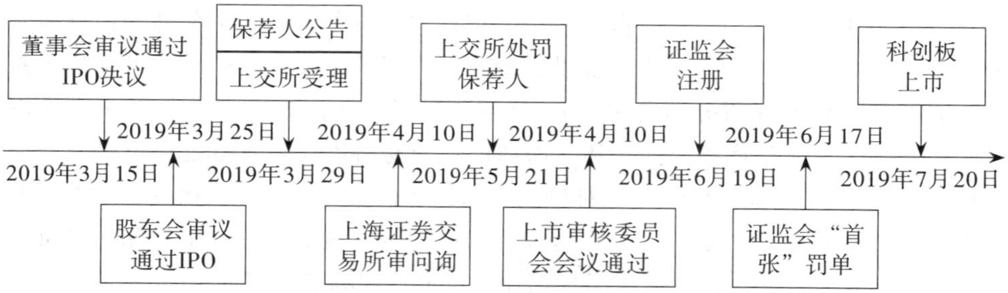

图4-3　交控科技IPO流程图

4.2.4　首次公开发行股票的询价机制

为了保护投资者的合法权益，加强市场约束，完善股票发行价格形成机制，证监会要求首次公开发行的股票实行询价制度，即首次公开发行股票的公司及其保荐机构应通过向询价对象询价的方式确定股票发行价格。询价对象是指符合证监会规定条件的证券投资基金管理公司、证券公司、信托投资公司、财务公司、保险机构投资者和合格境外机构投资者（QFII），以及其他经中国证监会认可的机构投资者。

发行股票申请经中国证监会核准后，发行人应公告招股意向书，开始进行推介和询价。询价分为初步询价和累计投标询价两个阶段。发行人及其保荐机构应通过初步询价确定发行价格区间，通过累计投标询价确定发行价格。招股意向书除了不含发行价格、融资金额以外，其内容与格式应与招股说明书一致，并与招股说明书具有同等的法律效力。发行人及其保荐机构应对招股意向书的真实性、准确性及完整性承担相应的法律责任。

发行人及其保荐机构应向不少于20家的询价对象进行初步询价，并根据询价对象的报价结果确定发行价格区间及相应的市盈率区间。询价对象应在综合研究发行人的内在投资价值和市场状况的基础上独立报价，并将报价依据和报价结果同时提交给保荐机构。初步询价和报价均应以书面形式进行。针对公开发行股数在4亿股（含4亿股）以上的公司，参与初步询价的询价对象应不少于50家。

发行价格区间确定后，发行人及其保荐机构应在发行价格区间内向询价对象进行累计投标询价，并应根据累计投标询价的结果确定发行价格。符合规定的所有询价对象均可参与累计投标询价。当发行价格区间、发行价格及相应的发行市盈率确定后，发行人及其保荐机构应将其分别报中国证监会备案并公告，发行价格确定依据应同时备案及公告。

发行人及其保荐机构应向参与累计投标询价的询价对象配售股票：公开发行数量在4亿股以下的，配售数量应不超过本次发行总量的20%；公开发行数量在4亿股以上（含4亿股）的，配售数量应不超过本次发行总量的50%。经中国证监会同意，发行人及其保荐机构可以根据市场情况对上述比例进行调整。

累计投标询价完成后，当发行价格以上的有效申购总量大于拟向询价对象配售的股份数量时，发行人及其保荐机构应对发行价格以上的全部有效申购进行同比例配售。配售比例为拟向询价对象配售的股份数量除以发行价格以上的有效申购总量，有效申购的标准应在发行公告中明确规定。保荐机构应对询价对象的资格进行核查和确认，对不符合相关规定的投资者，不得配售股票。

累计投标询价及配售完成后，发行人及其保荐机构应刊登配售结果公告。配售结果公告至少应包括以下内容：

（1）累计投标询价情况，包括：所有询价对象在不同价位的有效申购数量，不同价位以上的累计有效申购数量及其对应的超额认购倍数、申购总量和冻结资金总额；

（2）发行价格以上的有效申购获得配售的比例及超额认购倍数；

（3）获得配售的询价对象名单、获配数量和退款金额。

累计投标询价完成后，发行人及其保荐机构应将其余的股票以相同价格按照发行公告规定的原则和程序向社会公众投资者公开发行。

询价对象应承诺将参与累计投标询价获配的股票锁定在3个月以上，锁定期自向社会公众投资者公开发行的股票上市之日起计算。

4.2.5　首次公开发行股票的费用

自2006年以来，我国公司IPO制度由核准制升级为保荐制，IPO的发行费用构成也随之发生变化。发行费用的具体构成包括：

1）承销费用

股票承销费用又称发行手续费，是指发行公司委托证券承销机构发行股票时支付给后者的佣金，通常在股票发行费用中所占比例最高。承销费用一般按企业募集资金总额的一定百分比计算，并从承销商在投资者付给企业的股款中扣除。

决定和影响股票承销费的主要因素包括：①发行总量。股票发行量的大小决定了承销机构的业务量与承销费用的高低，发行量越大，承销费用越高。②发行总金额。一般来说，承销费用与股票筹资额成正比，股票筹资额越大，收取的承销费用越多。③发行公司的信誉。发行公司的信誉越好，发行股票的销路越好，收取的承销费用较低。④发行股票的种类。不同种类股票的特点及其风险互不相同，从而收取的承销费用也不一样。⑤承销方式。承销商的承销方式包括包销和代销。承销商在不同的承销方式下承担的责任和风险有所不同，因此发行人支付给承销商的承销费用也不尽相同，通常以包销方式承销时的承销费用要高于以代销方式承销时的承销费用。⑥发行方式。例如，网下发行的承销费用一般略高于网上定价发行的承销费用。

2）保荐费用

公开发行股票依法采取承销方式的，应当聘请具有保荐资格的机构担任保荐人。保荐费用为发行公司委托保荐机构推荐股票发行上市所支付的费用。

3）其他中介机构费用

在股票发行过程中必然会涉及评估、财务和复杂的法律问题，因此，企业自股票发行准备阶段起就必须聘请具有证券从业资格的资产评估机构、会计师事务所以及律师事务所参与发行工作。此类中介机构的费用也是在股票发行过程中必须支付的费用，其收费标准基本上按企业规模的大小以及工作的难易程度来决定。

4）印刷费用

企业必须为发行申报材料、招股说明书、上市公告书等文件的印刷付出印刷费用，这笔费用将依印刷频率、数量和质量而定。

5）宣传广告费

当发行股票时，为了使股票能顺利发售出去，实现预定的筹资目标，发行公司往往会做一些宣传，这无疑需要支出一定的费用。

6）审计费用

公开发行股票的公司必须向社会公众披露经过审计的财务报告，以及会计师事务所出具的审计报告，以合理保证财务报告的真实性、完整性和客观性。因此，需要对提供审计服务的会计师事务所支付审计费用。

7）其他费用

除上述费用外，发行人在股票发行过程中可能还需支付一些其他费用，如采用网上定价发行方式的公司需支付上网发行费用。

4.2.6 我国上市公司IPO超募融资的经验研究

自2006年股权分置改革以后，证监会进一步规范了公司首次公开发行股票的行为：在新股定价方面采用向机构投资者询价的制度；在募集资金的使用方面，规定公司不得持有交易性金融资产和可供出售的金融资产、委托理财等财务性投资；目的在于约束IPO公司的高价发行和“圈钱”融资行为。然而，近年来IPO超额融资（超募）现象越来越普遍，所募集的资金经常被用于偿还负债或以金融资产形式持有，且呈逐年递增的趋势（黄志忠，2012）。

何谓IPO超募现象？IPO超募现象是指上市公司在首次公开募股过程中募集的资金超过投资项目计划实际所需的资金。根据信息不对称理论，产生IPO超募现象的原因是投资者对本次发行前景掌握有利信息，从而大量认购导致其发生（Rock，1986）。Rock还构建了一个超募与IPO抑价关系模型，Koh和Walter（1989）、Yong等（2001）、Sohail和Nasr（2007）分别利用新加坡市场、吉隆坡证券交易所、卡拉奇证券交易所的公司数据，检验了Rock（1986）的模型，均发现超募水平对IPO抑价存在显著正相关。具体而言，导致超募的原因是多方面的。Ning Gao 和Bharat A Jain（2011）研究认为创始人领导风格代表了独特的所有权结构和治理机制，会对超募资金的使用情况加以干涉，从而造成超募资金的滥用问题。Bruce Hearn（2014）通过研究2000—2013年北非86家上市公司数据发现，IPO抑价作为一种机制，对这种机制刺激过度，从而加剧了IPO超募比例。而在我国资本市场发展尚不健全的环境下，发行询价体制是导致超募问题的实质（毛瑞炜，2010）。承销商的声誉和投资者的投资热情也能影响超募程度。王霞等（2011）发现，承销商的声誉越好，其承销的企业资金超募就越严重。衣龙新（2012）发现一级市场的机构投资者的热情与二级市场的公众投资者的情绪及券商在利益驱动下的“推手”作用，是造成创业板上市公司严重超募的主要动因。从公司自身来说，管理者声誉、公司年龄也能显著影响超募的水平（Shelly和Balwinder，2008）。从宏观经济环境看，宏观经济形势向好、产业结构升级、宽松的货币政策以及股票市场追“新”传统将是导致超高募集资金的环境因素（蒋欣、李全，2010）。在我国特殊的产权制度背景下，产权性质也是引起超募融资的原因之一。Wilson H S，Tong Weexamine（2015）等人通过对中国上市公司样本，以及私人公司和国有企业进行研究发现，IPO定价过低进而造成IPO超募是受制度环境的影响，而且国有企业的IPO定价比私营企业低27%。

超募是一种低效率的经济行为，会导致资金使用效率大幅下降并易导致公司管理者“滥用自由现金流”，而且会损害中小股东的利益并降低社会资源的配置效率（王峰娟等，2010）。Yiguang Li等（2014）通过对中国创业板355家上市公司的年报分析，得出过度IPO超募会导致公司资本配置扭曲，激励性薪酬不能有效抑制过度投资行为，而良好的公司治理机制可以有效地缓解滥用超募资金。Xiaoming Wang等（2015）等人研究了中国上市公司股权结构与IPO超募的问题，认为大股东和中小投资者股权结构在公司层面的差异会导致短期IPO抑价而长期表现不佳。不仅如此，冯晓、崔毅（2010）认为创业板超募资金使用不当会损毁公司财富，巨额超募资金引发的盲目投资会增加经营风险，社会财富分配不合理会造成企业家人才流失；方军雄和方芳（2011）发现IPO融资超募容易导致上市公司的过度投资和高管薪酬的过度发放。黄志忠和张程睿（2013）研究我国公司的股权融资偏好及其对公司长期业绩、过度投资行为和公司价值的影响发现，半数以上超额融资的企业在IPO之后显示出强烈的厌恶长期负债的倾向；大多数企业在IPO时过度融资，导致存在过多的冗余金融资产，企业金融资产比例越大，IPO后业绩下降幅度越大；而且超额融资量和冗余资产比例与企业过度投资行为的概率显著正相关，与企业的未来价值显著负相关。张志宏等（2013）从股权融资超募与投资现金流敏感性之间的关系来研究超募资金使用的低效性。研究发现，IPO超募融资与投资现金流敏感度存在显著正相关，高超募率公司面临较宽松的融资约束，代理问题诱发超募资金的过度投资行为；低超募率公司投资现金流表现为较强的敏感性，而较紧的融资约束性导致公司的投资不足。周孝华和唐文秀（2013）以创业板公司为样本，以logistic模型构建融资约束指数，研究了公司融资约束、IPO申购情况与创业板企业IPO资金超募之间的关系。研究发现，超募率与上市前融资约束程度负相关，否定了上市公司融资约束是超募动机一说；创业板市场IPO申购情况对超募程度有显著影响。网上与网下IPO申购偏差越大，超募越严重；网下申购竞争越激烈，超募也越严重。谢获宝等（2014）以我国2010—2012年创业板上市公司为样本，实证检验了创业板公司IPO超募对其投资效率的影响。研究结果发现：创业板上市公司IPO超募程度与其投资效率负相关。IPO超募金额越大，超募比例越高，公司的投资过度现象或投资不足现象也越严重。

上述对引起超募的原因和后果的研究，可以为有效缓解超募资金滥用的研究提供理论基础。申军静（2010），王峰娟等（2010）研究发现，可以通过优化新股发行体制、规范参与询价的机构投资者的责任、改革我国企业的资本金制度、加强对保荐机构的监管、尽快推出直接退市制度、积极引导上市公司科学制订超募资金使用计划等措施以缓解超募现象。从公司角度看，夏芸和徐欣（2012）研究发现，公司内部治理机制能够有效缓解IPO超募资金使用过程中的代理问题：董事长和总经理二职合一、高管的货币薪酬较高，会引发IPO超募资金的过度投资，而公司股权制衡的提高可以减少IPO超募资金使用中的过度投资行为。王欣荣（2014）以2009—2011年年底在创业板上市的281只新股为样本研究金融中介机构声誉对IPO融资超募的抑制作用。研究发现高声誉的承销商为了追求高的承销费而提高了发行公司的超募程度，说明承销商的声誉无法约束其机会主义行为。而风险投资的持股和声誉对发行人的超募程度没有影响。不过，有风险投资参与的IPO对高声誉承销商的机会主义行为有抑制作用。此外，审计师声誉和超募程度显著负相关，说明高声誉的审计师显著降低了发行公司的超募程度。赵刚等（2017）以我国IPO超募融资为背景，结合管理者权力理论，探讨了IPO超募对高管私有收益的影响。研究发现：超募融资的上市公司其高管获得更高的货币性和非货币性私有收益；这一现象在国有企业和非国有企业中均显著存在；管理者权力的增大有助于高管获取高额的货币性和非货币性私有收益，但这一关系主要存在于非国有企业；市场对超募公司为高管发放超额货币性私有收益的行为，给予了负面的反应，而对于发放超额非货币性私有收益的行为没有显著反应。Joseph A LiPuma（2012）认为在国际资本市场上，国际风险资本提供者会评估上市公司的价值，进而会缓解IPO超募，由于严格审核制度，国际资本市场不会增加公司价值，所以国际资本市场更加审慎。

4.3 股权再融资行为（SEO）

4.3.1 股权再融资的资格与条件

《上市公司证券发行管理办法》就上市公司通过配股、增发、发行可转换公司债券的条件做了两个层面的规定：一般规定和特殊规定。一般规定适用于所有股权再融资方式，其具体要求包括5个方面：第一，上市公司组织机构健全、运行良好；第二，上市公司的盈利能力具有可持续性；第三，上市公司的财务状况良好；第四，上市公司36个月内的财务会计文件无虚假记载，且不存在重大违法行为；第五，上市公司募集资金的数额和使用应当符合政策规定。各个股权再融资方式除了要满足一般规定外，还要满足各自的特殊规定。

1）配股的条件

上市公司向原有股东配股，除了满足一般规定外，还要符合下列规定：第一，拟配售股份的数量不超过本次配售股份前股本总额的30%；第二，控股股东应当在股东大会召开前公开承诺认配股份的数量；第三，采用证券法规定的代销方式发行；第四，控股股东不履行认配股份的承诺，或者代销期限届满，原股东认购股票的数量未达到拟配售数量70%的，发行人应当按照发行价并加上银行同期存款利息返还已经认购的股东。

2）增发的条件

增发分为向不特定对象公开发行股票以及向特定对象非公开发行股票两种形式。向不特定对象公开增发股票的上市公司除了要满足一般规定，还要符合下列规定：第一，3个会计年度的加权平均净资产收益率平均不低于6%，扣除非经常性损益后的净利润与扣除前的净利润相比，以低者作为加权平均净资产收益率的计算依据；第二，除金融类企业外，最近1期期末不存在持有金额较大的交易性金融资产和可供出售金融资产、借予他人款项、委托理财等财务性投资的情形；第三，发行价格应不低于在公告招股意向书前20个交易日公司股票的均价或前1个交易日的均价。

非公开发行股票的特定发行对象不超过35名，应当符合下列规定：第一，发行价格不低于定价基准日前20个交易日公司股票均价的80%。第二，本次发行的股份自发行结束之日起，6个月内不得转让；控股股东、实际控制人及其控制的企业认购的股份，18个月内不得转让。

3）发行可转换公司债券的条件

公开发行可转换公司债券的公司，除应当符合一般规定外，还应当符合下列规定：第一，3个会计年度的加权平均净资产收益率平均不低于6%；第二，本次发行后累计公司债券余额不超过最近1期期末净资产额的40%；第三，3个会计年度实现的年均可分配利润不少于公司债券1年的利息；第四，可转换公司债券的期限最短为1年，最长为6年；第五，可转换公司债券的面值为每张100元；第六，可转换公司债券的利率由发行公司与主承销商协商确定，但必须符合国家的有关规定；第七，公开发行的可转换公司债券，应当委托具有资格的资信评级机构进行信用评级和跟踪评级，资信评级机构每年至少公告一次跟踪评级报告；第八，公开发行可转换公司债券，应当提供担保，但最近1期期末经审计的净资产不低于人民币15亿元的公司除外；第九，可转换公司债券自发行结束之日起6个月后方可转换为公司股票，转股期限由公司根据可转换公司债券的存续期限及公司的财务状况确定；第十，转股价格应不低于募集说明书公告日前20个交易日该公司股票交易的均价和前1个交易日的均价。

4.3.2 股权再融资的程序

1）增发新股的程序

（1）先由董事会做出决议

董事会就上市公司申请发行证券做出的决议应当包括下列事项：①本次增发股票的发行的方案；②本次募集资金使用的可行性报告；③前次募集资金使用的报告；④其他必须明确的事项。

（2）提请股东大会批准

股东大会就发行股票做出的决定至少应当包括下列事项：本次发行证券的种类和数量；发行方式、发行对象及向原股东配售的安排；定价方式或价格区间；募集资金的用途；决议的有效期；对董事会办理本次发行具体事宜的授权；其他必须明确的事项。股东大会就发行事项做出决议，必须经出席会议的股东所持表决权的2/3以上通过。向本公司特定的股东及其关联人发行股票的，股东大会就发行方案进行表决时，关联股东应当回避。上市公司就增发股票事项召开股东大会，应当通过网络或者其他方式为股东参加股东大会提供便利。

（3）由保荐人保荐，并向中国证监会申报

保荐人应当按照中国证监会的有关规定编制并报送发行申请文件。

（4）中国证监会依照有关程序审核，并决定核准或不核准增发股票的申请

中国证监会审核发行证券申请的程序为：在收到申请文件后的5个工作日内决定是否予以受理；在受理后，对申请文件进行初审；由发行审核委员会审核申请文件；做出核准或者不予核准的决定。

(5) 上市公司发行股票

自中国证监会核准发行之日起，上市公司应在6个月内发行股票；超过6个月未发行的，核准文件失效，须重新经中国证监会核准后方可发行。证券发行申请未获核准的上市公司，自中国证监会做出不予核准的决定之日起6个月后，可再次提出证券发行申请。上市公司发行证券前发生重大事项的，应暂缓发行，并及时报告中国证监会。该事项对本次发行条件构成重大影响的，发行证券的申请应重新经过中国证监会核准。

(6) 承销发行股票

上市公司发行股票，应当由证券公司承销，承销的有关规定参照前述首次发行股票并上市部分所述内容；非公开发行股票，发行对象均属于原前10名股东的，可以由上市公司自行销售。

2) 配股的程序

上市公司原股东享有优先配股权，可自由选择是否参与配股。若选择参与配股，则必须在上市公司发布的配股公告中的配股缴款期内参加配股，若过期不操作，即为放弃配股权利，不能补缴配股款参与配股。

一般的配股缴款起止日为5个交易日，具体以上市公司公告为准。

配股缴款之后，根据上市公司公告会有一个具体的除权日以除权方式来平衡股东的该股份资产总额以保证总股本的稳定。

(1) 沪市的配股程序

在配股缴款期结束后的第1个交易日晚上收市清算后才会将客户资金账户中冻结的配股资金进行划转扣减，具体流程见表4-2。

表4-2 沪市配股流程

日期	业务流程	备注
T-3日及以前	主承销商向本所上市公司部报送有关材料，并进行配股说明书及附件上网操作	报送的资料包括：中国证监会核准批文；发行人提供的信息披露申请表；配股实施流转表；上市公司配股情况表；配股说明书及附件的电子文件；配股说明书及附件与电子文件一致的证明文件
T-2日	信息披露	配股说明书见报；配股说明书及附件上网
T-1日	进行网上路演	发行公司如果认为需要进行网上路演，那么需要在次日进行网上路演
T日	股权登记日	正常交易
T+1日	除权日及缴款起始日	刊登配股提示性公告
T+1至T+5日	缴款期间	配股说明书刊登后，配股缴款首日须刊登配股提示性公告，在缴款期内上市公司须就配股事项至少再做3次提示性公告
T+6日	网下验资	确定原股东的认配比例；如发行成功，则在中国登记结算有限责任公司上海分公司进行网上清算
T+7日	刊登配股发行结果公告	股票恢复正常交易，如发行成功，当日为除权基准日；如发行失败，当日为申购资金退款日

（2）深市的配股程序

在深圳证券交易所内，配股缴款期内的某天一旦执行了配股立即在当天晚上收市清算后将客户资金账户中冻结的配股资金进行划转扣减。其余流程与上海证券交易所基本一致。

3）发行可转换公司债券的流程

上市公司发行可转换公司债券（以下简称“可转债”），可以全部或者部分向原持有公司股票的股东（以下简称原股东）优先配售，优先配售比例应当在发行方案中披露。

原股东参与优先配售后，余额部分用于网上、网下申购。原股东除可参与优先配售外，还可参与优先配售后的余额申购。在通常情况下，可转债发行的具体流程如图4-4所示。

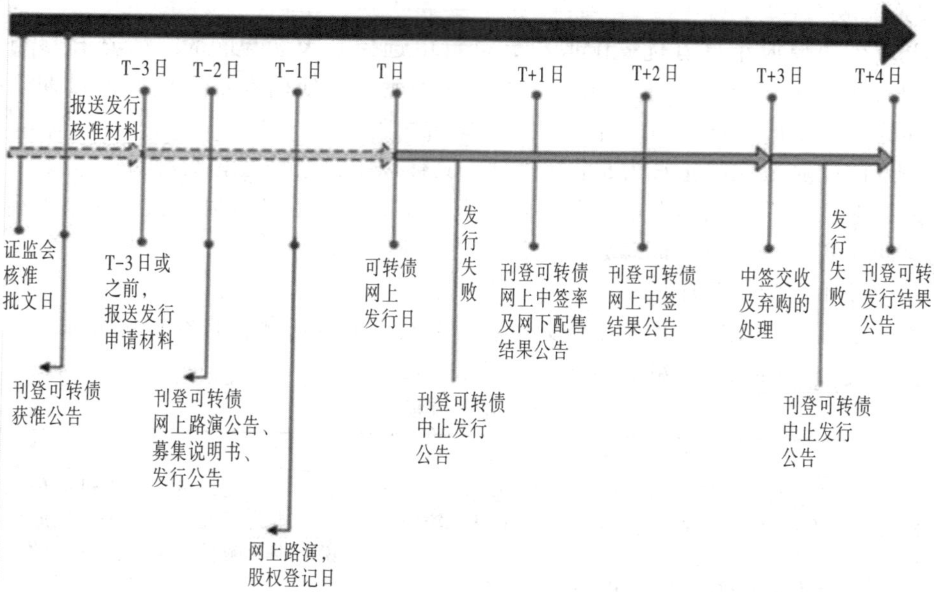

图4-4　可转债发行申请、发行准备及发行流程示意图

（1）T日，申购可转债的投资者，以及参与可转债优先配售的原股东，可以通过其指定交易的证券公司在申购时间内进行申购委托。

（2）T日投资者有效申购数量与网上、网下配售额确定后，按照以下原则配售可转债：当网上申购总量等于网上发行总量时，按投资者的实际申购量配售；当网上申购总量小于网上发行总量时，按投资者的实际申购量配售后，余额部分按照可转债募集说明书与发行方案确定的方式处理；当网上申购总量大于网上发行总量时，按投资者摇号中签结果确定配售数量。

（3）T+1日，发行人与主承销商公布申购中签率，并当网上有效申购总量大于网上发行总量时，在公证部门监督下根据总配号量和中签率组织摇号抽签，每个中签号可以申购1手可转债。

（4）T+2日，发行人与主承销商公布中签结果，投资者应根据中签结果准备认购资金。T+2日日终，中签的投资者应确保其资金账户有足额的认购资金，不足部分视为放弃认购。

（5）T+3日，网上申购投资者完成申购交收。

（6）发行人与主承销商于T+4日向市场公布发行结果，将可转债认购资金扣除承销费用后划转至发行人指定的银行账户。

（7）对于主承销商根据发行方案采取余额包销的可转债，当网上发行结束后，主承销商自行与发行人完成相关资金的划付，并由发行人根据中国证券登记结算有限公司上海分公司的规定提交可转债登记申请。

（8）可转债中止发行的资金退回和证券注销，按照中国证券登记结算有限公司上海分公司的业务规则办理。

（9）可转债发行结束后，发行人及主承销商应在2个交易日内向中国证券登记结算有限公司上海分公司申请办理可转债登记。在登记业务办理完成后2个交易日内向本所申请可转债上市。

4.3.3　我国上市公司股权再融资方式选择的影响因素：经验研究

增发、配股和可转债融资有其各自的优缺点，从而影响上市公司对股权再融资方式的选择。Eckbo和Masulis（1992）从发行成本考虑，认为企业应该首先选择承销配股，然后选择非承销配股，不赞成选择增发方式；Eckbo和Masulis（1992）从逆向选择的角度研究发现，规模较小且持股集中的上市公司常常采用配股方式，比如，加拿大、大部分欧洲国家和亚洲国家；Cronqvist和Nilsson（2002）从控制权的角度研究发现，家族企业有保护控制权的强烈动机，这些公司在进行股权再融资时，为了不稀释其控制权，不愿意选择承销配股或增发方式；Smith（1977）从监管成本的角度研究，认为公司管理者采用增发方式可以从承销商处获得私人收益，而配股方式却不能；Hansen和Pinkerton（1982）从比较成本的角度研究，认为如果原有股东不希望行使他们的配股权利，而公司管理者硬要采用配股发行方式，那么其成本将高于增发，公司管理者之所以采用增发方式，是因为他们了解到原有股东不希望行使他们的配股权利；Booth和Chua（1996）从流通成本的角度进行研究，认为配股的间接交易成本高于增发；Brennan和Franks（1997）从公司治理的角度进行研究，认为配股不会改变公司的股本结构，故其监管作用不会发生变化，而增发尤其当把新股增发给机构投资者后，会造成原股本结构的变化，其治理结构也将产生相应的变化，这些新股东就可能会起到监管作用，从而使其对上市公司的监管作用发生变化；Booth和Smith（1986）从承销商公证的角度研究，认为承销商在增发过程中所承担的责任远比配股大，承销商需要帮助上市公司以合理的市场价格将新股发售给新投资者，否则承销商自己将承受巨大的市场风险。对于外部投资者来说，承销商担负起把关责任，使处于信息不利地位的外部投资者得到相应的补偿，以减小代理成本。Eckbo和Masulis（1992）认为方式选择的关键是现有股东愿不愿意参与配股，而与承销商公证无关。他们认为低价值公司将选择增发，中等价值公司选择承销配股，而高价值公司则会选择非承销配股，他们利用实证证明了该结论；而Slovin等（2000）的结论正好与Eckbo和Masulis（1992）相反，他认为高价值的公司将选择增发，通过承销商公证来传递其是高价值公司的信号，而低价值公司只能选择配股。Wu和Wang（2002）在Myers和Majluf（1984）的框架基础上，忽略了公司现有资产价值和新投资项目预期净现值存在的信息不对称，而以公司管理者将在实施新项目时获得的私人收益作为不对称的信息，来研究配股和增发方式的选择，得出的分离均衡模型认为，高价值公司将选择配股方式，而低价值公司将选择增发方式。管征等（2008）在Wu和Wang（2002）模型的基础上得出中国市场的修正模型，理论分析的结果表明，在中国增发方式是上市公司管理者的首选方式，但从外部流通股股东和提高市场效率来说，应该提倡采用配股方式，实证检验结果支持理论分析的结论。

4.4 发行债券融资

4.4.1 公司资信等级与债券融资

从20世纪初期开始，债券被指定了反映其违约概率的质量等级，即进行债券评级。债券评级是指由专门的信用评级机构，对拟发行债券单位的债券质量做出的等级评价。根据中国人民银行的有关规定，凡是向社会公开发行债券的公司，都必须由中国人民银行及其授权的分行指定的资信评定机构或公证机构进行信誉评定。债券评级的目的是确认债券发行主体的信誉等级，从而向社会公众揭示所发行债券的质量，作为投资者投资决策的参考依据。

目前，国际上3个主要的信用评级机构分别是穆迪投资者服务公司（Moody's）、标准普尔公司（S&P）和菲奇咨询服务公司（Fitch）。按照国际惯例，债券信用等级一般分为三等九级，具体分为AAA、AA、A；BBB、BB、B；CCC、CC、C三个等次九个级别。按照债券等级排列，依次反映了债券违约风险的高低。3A和双A债券是非常安全的，单A和3B债券也足够安全被称为投资等级债券。双B以及更低级别的债券是投机性债券或垃圾债券，这些债券的违约风险较高。

债券评级是基于定性和定量因素相结合而得到的结果，其中主要受以下因素的影响：

（1）偿债能力比率。该比率包括资产负债率、产权比率以及利息保障倍数等。偿债能力越强，评级越高。

（2）抵押条款。如果债券有抵押保障，而且抵押物的价值大于债务价值，那么债券的评级会上升。

（3）附属条款。如果债券附属于其他债券，那么要比没有附属的债券评级低一等。

（4）担保条款。如果实力较弱的公司的债券由一家实力强的公司（通常是发行公司的母公司或关联方）提供担保，那么债券的评级会上升。

（5）偿债基金。如果债券有偿债基金来保证系统性偿付，那么债券的评级会上升。

（6）到期时间。在其他条件不变的情况下，到期时间较短的债券风险低于到期时间较长的债券，因此，一般短期债券比长期债券的评级高。

（7）稳定性。如果发行公司的销售收入和利润趋于稳定，那么债券的评级会上升。

（8）政府管制。政府管制能够降低债券发行人的违约风险，比如公用事业类公司和电信类公司等受政府管制比较多。如果债券发行人受政府管制，那么其债券的评级会上升。

（9）跨国经营。如果当地政治环境比较差，那么公司的收入、资产和利润中来自跨国经营的比例越高，风险的分散效应越好。因此，跨国经营能够分散风险，债券的评级会上升。

（10）劳工动荡。如果公司存在潜在的劳工问题，使得公司员工不稳定，那么会导致债券的评级降低。

（11）会计政策。如果公司采用相对保守的会计政策，其报告的利润比不使用保守政策得到的数据“质量高”。因此，保守的会计政策能够使债券的评级上升。

公司债券评级的变化会影响其借入长期资本的能力以及这些资本的成本。债券评级机构会定期重新评估流通在外的债券，偶尔会因为发行者条件的变化调高或调低债券的等级。

我国的信用评级行业发展至今也仅有20余年。第一家评级机构是由中国人民银行吉林省分行于1987年成立的，随后其他省市的人民银行也相继成立了自己的评级机构。当时这些人民银行下属的评级机构仅对当地的企业债券进行评级，一方面在全国范围内缺乏公信力，另一方面也不具有独立性。20世纪90年代初期我国的评级行业开始了市场化改革。人民银行逐渐取缔下属评级机构，或者将其剥离并推向市场。同时国家也批准了独立评级机构的成立。但是由于债券市场尚不成熟，因此，评级机构几乎没有生存空间，评级行业的发展几乎处于停滞状态。20世纪90年代末期，伴随着债券市场的发展我国的评级行业也进入了规范化的发展阶段。1997年中国人民银行认可了9家可在全国范围内从事企业债券评级业务的公司，还规定企业债券发行前必须经这些机构进行信用评级。2000年之后企业债市场的迅猛发展极大地推动了评级业的发展，几家大的评级机构逐渐拥有了较先进的评级技术和较高的信誉度，并且积极地寻求同国外权威评级机构的合作。

当前我国的信用评级行业基本处于垄断竞争的局面，几家具有一定规模的评级机构占据着绝大部分市场，主要包括中诚信国际信用评级有限责任公司、大公国际资信评估有限公司、联合资信评估有限公司、上海新世纪资信评估投资服务有限公司、上海远东资信评估有限公司、鹏元资信评估有限公司。其业务主要包括债券评级、企业评级、其他金融产品评级等，特别是在债券评级业务市场中，超过90%的市场份额被中诚信、大公国际和联合资信这3家公司所占有[①]。

4.4.2 债券发行与审核

1）债券发行的条件

2020年3月1日，新版《证券法》开始实施，证监会发布《关于公开发行公司债券实施注册制有关事项的通知》，这标志着我国公开发行公司债券正式实行注册制。同时发改委也发布通知指出，企业债券发行全面施行注册制。这意味着我国债券市场发展进入提升服务实体经济能力的新阶段。

新版《证券法》简化了公司债券的发行条件，公开发行公司债券，应当符合下列条件：（1）具备健全且运行良好的组织机构；（2）最近三年平均可分配利润足以支付公司债券一年的利息；（3）国务院规定的其他条件。公开发行公司债券筹集的资金，必须按照公司债券募集办法所列资金用途使用；改变资金用途，必须经债券持有人会议做出决议。公开发行公司债券筹集的资金，不得用于弥补亏损和非生产性支出。

新版《证券法》将公司净资产、累计债券余额占净资产的比值、资金投向、利率水平的限制、累计债券余额占净资产的40%比例等发行条件均予以删除，意味着将有更多公司满足公开发行公司债券的条件；同时，新版《证券法》保留“过去三年可分配利润足以支付公司一年债券利息”作为控制违约和资金偿付风险的发行条件。在此背景下，公司债券市场预计将进一步扩容，投资者自行判断公司债券投资价值，买者自负，发行人优胜劣汰，实现风险和收益的合理匹配，公募债发行可能再次迎来一个小高潮。

新版《证券法》规定的不得再次公开发行公司债券的情形，删除了“前一次公开发行的公司债券尚未募足”的条件。其背后的立法意图是将公司债券投资价值判断交还给市场，在发行人前一次公开发行的公司债券未能募足的情况下再次公开发行公司债券，投资者充分了解现状后，就会谨慎对其新发行债券进行甄别并理性做出投资决策。新版《证券法》施行后，短期内预计部分发行人公司债券公开新发密度可能增加。

2）债券发行的审核

在公司债券和企业债券公开发行全面实行注册制的规定下，公司债券的审核程序将发生变化。新版《证券法》颁布以后，证监会部门规章《公司债券交易与管理

① 何平，金梦．信用评级在中国债券市场的影响力［J］．金融研究，2010（4）：18-19.

办法》重新定义和分配证监会与交易所的职责。公开发行公司债券由证券交易所负责发行上市审核，由中国证监会进行发行注册。

（1）交易所预审核并出具预审核意见

发行人向沪深交易所提交公开发行并上市的申请材料，交易所对申请材料进行上市预审核，并分别向发行人和证监会出具预审核意见，说明公司债券上市申请方案，并向证监会出具明确的审核意见，以供证监会做出行政许可参考。

（2）发行条件和上市条件一并在交易所进行预审

新版《证券法》规定公司债券上市条件由交易所审核，发行条件由证监会审核，同时规定上市条件高于发行条件。交易所目前对上市条件的审核，实际上是对发行和上市条件的一并预审核。

交易所预审核意见是针对发行条件和上市条件的意见。针对发行人是否符合发行条件和上市条件，向发行人做出多轮反馈，以信息披露的真实性、准确性、完整性为核心，要求发行人和承销机构完善申请材料和信息披露。

（3）证监会简化行政许可

发行人和承销机构收到交易所的上市预审核意见后，正式向证监会提交行政许可申请，由交易所代为受理行政许可申请并传送给证监会。证监会受理行政发行人的行政许可后，以交易所预审核意见为依据，起草行政许可签报。证监会印发了行政许可的批文后，再由交易所转送给发行人。

由此可见，发行人向上交所提交公司债券申请文件，上交所对发行条件和上市条件进行预审核，以“信息披露”为核心进行反馈并完善申请材料，撰写审核报告出具预审核意见提交证监会，证监会依据交易所预审核出具行政许可，并明确证监会与上交所不会存在双重审核。

4.4.3　债券发行过程中的定价与分销

从债券发行人委托承销商发行债券，到债券成功发行并在二级市场上流通交易，在此过程中，发行人、投资人、承销商之间的相互磋商和协调，使债务风险与债券利率尽可能平衡，并保证债券的顺利发行，成为最为关键的环节，而这一环节就是债券市场发行过程中的定价与分销。

由于从债券一级市场发行到二级市场交易存在一段时间，尽管市场管理机构尽可能将时间缩短，但终究因为债券的规模巨大，并且具有持有和交易的双重投资价值，因此，不可能实现从发行直接到交易的“无缝链接”。正是因为一、二级市场存在距离，而宏观经济和市场利率等因素在各种事件的影响下，会对一、二级市场的债券利率产生不同影响，从而使一、二级市场出现价差，于是就会出现一、二级市场的买卖套利机会。

应当承认，即使在完全市场化的条件下，一、二级市场差价依然会存在，而行政管制和不合理的定价发行机制会将这一差价放大，甚至被人为操纵成为违法的牟利手段。所以，如何使债券发行定价更为合理，分销过程更为透明，使一、二级市场的价格更加接近，成为债券市场健全完善发行机制的重要着力点。

债券发行定价与分销一般有两种方式：一是招标发行；二是簿记建档发行。

1）招标发行

招标发行是在债券发行过程中市场化程度最高的一种发行方式。其基本原理是发行人将拟发行债券的信息公告投资者，然后由投资者发出标书提出自己希望认购的债券数量和价格。最后发行人根据投标人的出价情况，决定债券发行价格以及投标人的中标数量。换句话说，招标发行按照投资者与发行人之间的协调和博弈后确定债券价格。

招标发行可以有多种形式，但一般分为数量招标和价格招标两种。数量招标是债券发行人确定债券价格后，投资人按照自身对这一价格的认可程度投标并提出认购数量。在数量招标过程中，债券发行价格确定，投资人在定价上的发言权相对较少，但这与发行人单方定价有本质区别。因为投资人一旦不认可该价格，就不会认购或者只认购较少的数量，从而影响其他投资者，导致债券发行出现困难。并且，发行人下一次报价或其他类似债券发行报价时，都会考虑上一次的情况。

价格招标是发行人确定发行规模后，由投资人提出在某一债券价格水平下的认购数量，从而将预计发行规模完成时的价格作为发行价格的一种定价方法。价格招标发行方式，蕴含了投资人与发行人、投资人与投资人之间的博弈过程，基本能够反映整个市场的水平，但同样也存在投资人串谋或者投资人胁迫发行人的可能。

债券价格竞标有3种方式，分别为荷兰式招标、美国式招标和混合式招标。

（1）荷兰式招标

荷兰式招标，又称统一价位招标或单一价位招标。具体做法为竞标结束后，发行系统将各承销商有效投标价位按一定顺序进行排序（利率、利差招标由低到高排序，价格招标由高到低排序），并将投标数额累加，直至满足预定发行额为止。此时的价位点便称为边际价位点，中标的承销商都以此价格或利率中标。

（2）美国式招标

美国式招标，具体做法为投标结束后，发行系统将各承销商有效投标价位按一定顺序进行排序（利率、利差招标由低到高排序，价格招标由高到低排序），直至募满预定发行额为止，在此价位以内的所有有效投标均以各承销商的各自出价中标。所有中标价位、中标量加权平均后的价格为该期债券的票面价格或票面利率。

（3）混合式招标

市场当中纯粹的荷兰式招标或美国式招标并不多见，往往都是将这些招标方式混合使用，组合成为新的混合式招标。其具体做法为投标结束后，发行系统将各承销商的有效投标价位按一定顺序进行排序（利率、利差招标由低到高排序，价格招标由高到低排序），直至募满预定发行额为止。所有中标价位、中标量加权平均后的水平为该期债券的票面价格或票面利率，当价格高于（利率低于）这一水平时，以承销商的投标价为准；当价格低于（利率高于）这一水平时，以平均水平为准。

2）簿记建档发行

簿记建档发行是另一种债券发行方式。其基本原理是簿记管理人（一般由承销商承担）记录投资者认购价格和数量意向，在考虑市场利率水平和资金充裕程度的基础上分析拟发行债券的定价区间，最终根据在发行期内（簿记建档期间）实际的投标情况确定债券发行价格和分销。

簿记建档是主承销商与债券投资者通过不断了解债券发行价格可能的范围并逐步缩小价格区间，然后根据投资人投标（下单）时的报价与发行人一起商讨最终确定价格。在簿记建档发行过程中，确定合理的发行价格水平，是整个发行过程的一个重要组成部分，也是决定发行成功与否的一个重要因素。

簿记建档发行的基本步骤是：第一步，主承销商在对投资者询价的基础上确定投资者报单的利率区间；第二步，主承销商公告该利率区间并邀请投资者在规定时间内报单；第三步，主承销商整理全部订单；第四步，主承销商与发行人一起商定超额认购倍数和相应的债券利率；第五步，以确定的利率和簿记情况按比例配售和公开零售。

在具体操作过程中，有些债券主承销商在向发行审批机关报送发行申请材料时，还会将利率作为一项需要说明乃至需要审批的内容进行报告。

3）招标发行和簿记建档发行的区别

通过招标方式来确定债券的发行价格，是市场化程度最高的一种定价方式。无论是从这种定价方式所体现的理念来看还是所采取的程序来看，都排除了人为因素，完全按照事先设定的招标规则科学地进行。从定价机制来看，它体现的是交易双方的公平竞价。在这里价格优先是它始终坚持的原则。对于发行人来说，谁出价高（低利率）就卖给谁；对于投标人来说，谁卖价低（高利率）就买谁的。

由于招标发行是通过发行系统进行的，这个系统是一个完全中立的物理系统，因此，在发行过程中，这个系统按照设定的规则运行，对谁的报价都按同样的原则处理，不存在任何偏袒。但需要注意的是，在招标发行过程中，投资者拥有更多的定价话语权，对处于弱势地位的发行人而言，将无法控制自身发行债券的财务成本；对处于培育发展壮大的债券市场而言，也不利于为更多类型的企业提供服务。

而就簿记建档发行来说，发行人、承销商、投资者共同参与其中，定价分销时同样考虑债券供需情况、资金充裕程度以及当时的利率水平，也是一种市场化的发行机制。同时，为了保证在簿记过程中定价和配售的公平性和公正性，其程序和操作过程还常常由律师见证或公证。但是，由于在簿记建档发行机制中与发行人直接相关的主承销商在债券发行和分销过程中发挥了重要作用，而主承销商行为决策更具有个性，这就使得簿记建档发行方式在“自由”程度上略逊于招标发行方式。

不过，在我国现阶段债券市场的发行过程中，招标发行和簿记建档发行作为高度市场化的发行手段，均具有广泛的作用空间。一般而言，国债、金融债券、大型企业发行的企业债券，多数采用招标发行定价办法；短期融资券、中期票据、公司债券以及发行规模不大的企业类债券，更多采用簿记建档方式定价。这是因为招标发行和簿记建档发行具有3个方面的区别：

（1）簿记建档发行较招标发行对债券价值水平的判断更充分

招标发行要求投资人在规定的时间内（一般是2~3小时）完成投标报价，他们只能根据各自对市场以及对这只债券价值的判断，报出投标价格和投标数量，这既需要投资人事先充分准备，又需要发行人和债券本身具有较大的市场影响力。

簿记建档发行则因事先需要各方多次沟通，且簿记建档的周期较投标更长，因此可以允许投资人对发行人和债券进行详尽的价值分析。因此国债、金融债等信用等级较高的债券，由于市场影响力和认可度较高，因此多用招标发行方式；而企业债券、公司债券等信用等级和市场认可度相对较低的债券，往往更适用簿记建档发行方式。

（2）簿记建档发行对承销团要求较高，发行成功的概率更高

招标发行和簿记建档发行都可以建立承销团，但两者的承销团需要承担的责任并不相同。当招标发行时，承销团成员一般没有包销责任，是否参与投标完全取决于承销团成员对债券的预期收益。

当簿记建档发行时，承销团成员需要承担一定的承购包销责任，同时也会获得相应收益。因而承销团成员在发行过程中，不仅关注本期债券的承销收益，而且会基于长期收益履行承购包销的责任。因此，簿记建档发行的承销团，资金实力较招标发行的承销团更为雄厚。

从发行成功的角度看，簿记建档发行方式的成功概率会比招标发行更大些。由于定价是否成功直接关系到发行是否成功，因此，采用簿记建档发行方式，对于那些市场认可度不够或者影响力不足的发行人而言，更易成功发行。

（3）招标发行对投资人的数量和质量要求更高

招标发行要求在债券发行过程中有足够多的投标者参与，否则投标者的报价离散度很高，很难形成合理的价格。要使投标者足够多，发行债券的数量就必须足够大，而簿记建档发行定价则无此类要求。

4.4.4 信用评级对债券市场的影响：经验证据

债券作为企业债务融资的重要途径之一，在金融市场中扮演着重要的角色。信用风险是制约债券市场发展、影响企业融资的主要风险。因此，信用评级在债券市场中起到了至关重要的作用，主要体现在以下3个方面：

（1）信用评级与违约概率。信用评级对企业未来信用表现能够起到预测作用，即是否评级越低的企业越容易违约。Jerome S Fons 和 Andrew E Kimban（1991）研

究了评级高低和实际违约率的关系，发现不论是标准普尔的评级还是穆迪的评级，随着评级的下降违约率都会显著地升高。

（2）信用评级与债券收益率。信用评级能够向市场传递关于债券质量的信号，Manfred Steiner和Volker G Heinke（2001）研究了标准普尔和穆迪公司的“列入评级观察名单”公告对于德国债券价格的影响，结果显示负面的评级公告会在公告当日及后几日带来明显的异常收益率，但是正面的评级公告却不会引发明显的价格波动；Jun Peng（2002）研究了标普基础评级对于有保险的市政债券的影响，发现基础评级的公布可以将利率降低约4个基点。

（3）信用评级与债券融资成本。信用评级对债券市场的影响力可以由评级对债券发行成本的影响反映出来。由于债券发行人与投资者之间存在着信息不对称，因此，评级机构做出的信用评级为投资者提供了额外的风险信息。如果债券投资者确实将信用评级作为投资的依据之一，即评级对债券市场有充分的影响力，那么信用评级越高的债券应该越受到投资者的青睐，因而应具有越低的发行成本。何平和金梦（2010）利用2007—2009年发行的企业债数据，建立“真实利息成本（TIC）”回归模型，检验信用评级在一级市场中对债券发行成本的影响，发现债券评级和主体评级分别能够影响债券的发行成本，但债券评级对发行成本的影响力大于主体评级。

信用评级能够降低债券的信用风险，但很多学者认为债券的信用风险会受到宏观经济不确定性的影响。Altman（1983）首先发现表征宏观经济的一组变量的变化率，包括实际GDP、S&P指数等，与公司债券的信用价差之间存在着负相关性，即在各个宏观经济指标显示经济状况较好的时期，企业债券的信用风险较低。Thomas C Wilson（1998）加入了失业率、GDP增长率、长期利率水平、汇率、政府支出和总储蓄率，研究了这些因素对债券违约可能性的影响。Wassim Dbouk和Lawrence Kryzanowski（2010）发现GDP的预期变化率和期限结构斜率的预期变化率都是投资组合的信用利差变化的主要影响因素，同时还发现违约风险、市场流动性和回报的波动率也会对投资组合的信用利差变化产生重要影响。由此可见，信用评级并不能完全消除由于宏观经济不确定而产生的信用风险。

目前，关于信用评级对债券市场的研究，其难点在于信用评级方法和评级差异。

在信用评级方法方面，国外的研究除了对企业相关因素进行定性综合分析的评级方法以外，各种基于模型的定量评级方法也层出不穷。Fisher（1959）开创了多元线性分析模型；Linden等（1998）运用加权Logistic回归分析模型分析了债券评级的决定因素；Ruey-Ching Hwang等（2008）研究了预测评级常用的“Ordered Probit模型”，发现从预测失误率的角度来看这个模型并不是最优的，认为市场驱动因素和行业因素也应被用于评级预测。而我国学者绝大多数进行综述研究和制度比较研究，极少有学者结合数据进行定量研究。胡悦（2006）研究了世界上主流的债券评级方法和我国现有的评级方法，分析了在我国评级方法中存在的问题并提出了提高我国评级技术的建议；黄石和黄长宇（2006年）研究了KMV模型的原理，并介绍了使用该模型对发行主体进行信用评级的方法。

在评级差异方面，Jeff Jewell和Miles Livingston（1999）的研究比较了标准普尔、穆迪和惠誉这三家公司的债券评级，发现在拥有了其中两家机构评级的基础上，如果再雇第三家公司进行评级，仍然可以为市场提供更多的信息。而我国学者对于信用评级差异的研究是缺乏的，这与我国评级市场成熟度不高的现状是相吻合的。我国学者通过借鉴国外的经验教训提出完善我国信用评级制度的建议。刘铭（2007）对中国债券评级行业进行了比较全面的行业研究，并通过分析国外债券评级行业的启示提出了我国债券评级行业的发展策略；徐道宣和石璋铭（2008）根据制度经济学理论指出必须从确立信用评估机构在市场中的独立地位、加强对外交流和健全企业债券评级的法律法规等方面规范企业债券市场的信用评级制度。

由此可见，我国关于信用评级对债券市场影响的研究突破在于对信用评级的定量方法进行研究，有了数据才能够为加强债券市场建设提供更完善的建议。

本章小结

1. 企业生命周期理论通常将企业分成4个发展阶段：初创期、成长期、成熟期和衰退期。企业在不同阶段的财务特征各不相同，其选择的融资方式也不相同。

2. 首次公开发行股票的审核工作流程分为材料受理分发、见面会、问核、反馈会、落实反馈意见、预先披露、初审会、发审会、封卷、会后事项审核、核准发行等主要环节。

3. 首次公开发行股票的公司及其保荐机构应通过向询价对象询价的方式确定股票发行价格。询价对象是指符合证监会规定条件的证券投资基金管理公司、证券公司、信托投资公司、财务公司、保险机构投资者和合格境外机构投资者（QFII），以及其他经中国证监会认可的机构投资者。

4. 发行申请经中国证监会核准后，发行人应公告招股意向书，开始进行推介和询价。询价分为初步询价和累计投标询价两个阶段。发行人及其保荐机构应通过初步询价确定发行价格区间，通过累计投标询价确定发行价格。

5. 由增发、配股、可转债的发行程序可知，它们的发行费用主要包括承销费用、保荐费用、资产评估费用、土地评估费用、律师费用、审计验资费用、环保核查费用、发行手续费用、推介宣传费用。

6. 决定和影响股票承销费用的主要因素包括：发行总量、发行总金额、发行公司的信誉、发行股票的种类、承销方式、发行方式。

7. 非公开发行股票的特定发行对象不超过10名，应当符合下列规定：第一，发行价格不低于定价基准日前20个交易日公司股票均价的90%。第二，本次发行的股份自发行结束之日起，20个月内不得转让；控股股东、实际控制人及其控制的企业认购的股份，36个月内不得转让。

8. 目前，国际上3个主要的评信机构分别是穆迪投资者服务公司（Moody's）、标准普尔公司（S&P）和菲奇咨询服务公司（Fitch）。按照国际惯例，债券信用等级一般分为三等九级，具体分为：AAA、AA、A；BBB、BB、B；CCC、CC、C。按照债券等级排列，依次反映了债券违约风险的高低。

9. 债券评级是基于定性和定量因素结合而得到的结果，其中主要受以下因素影响：偿债能力比率、抵押条款、附属条款、担保条款、偿债基金、到期时间、稳定性、政府管制、跨国经营、劳工动荡、会计政策。

10. 招标发行是在债券发行过程中市场化程度最高的一种发行方式。其基本原理是发行人将拟发行债券的信息公告投资者，然后由投资者发出标书提出自己希望认购的债券数量和价格。最后，发行人根据投标人的出价情况，决定债券发行价格以及投标人的中标数量。

讨论题

1. 企业应该按照自身生命周期所处的不同阶段，运用不同的工具，采取不同的方法，选择不同的融资服务，而不应该只有一种融资方式——贷款。在一定程度上可以说正是因为现在我国的金融市场发育不够充分，财富管理的水平不够高，市场上缺乏适合企业在不同发展阶段所需的不同融资工具，所以才会出现人们常说的企业“融资难”的问题。那么你认为在企业的初创期和成长期主要依靠什么样的资本更有利于企业发展？企业应通过什么方式进行融资？

讨论题指引

2. 目前我国的上市公司股票有配股和增发两种基本形式进行再融资，请说明增发和配股的区别有哪些。

讨论题指引

3. 创立27年，顺丰少有依靠外界，多是自食其力，迈过资金难关。但面临利润微薄，前有劲敌、后有新秀，行业之火燃烧至资本市场的江湖之争，顺丰也开始向资本市场“折腰”。继申通、圆通分别借壳艾迪西、大杨创世，曲线抢占A股市场席位后，坚持不圈钱的顺丰也按捺不住，宣布拥抱资本市场。2016年2月18日，顺丰发布的上市辅导公告称，顺丰控股（集团）股份有限公司拟在国内证券市场首次公开发行股票并上市。简述顺丰上市的途径、过程及特点。

讨论题指引

4. 目前我国信用评级市场的发展现状如何？根据市场占有份额，简述前五大信用评估机构有哪些？

讨论题指引

5. 可转债（Convertible Bond）是债券的一种，可以转换为债券发行公司的股票，通常具有较低的票面利率。本质上讲，可转债是在发行公司债券的基础上附加了一份期权，允许购买人在规定的时间范围内将其购买的债券转换成指定公司的股票。因此，在可转债的价值中包含了期权价值，那么请说明在可转债中可能包含哪些期权。

讨论题指引

案例分析

小米IPO融资与双重股权结构

一、小米IPO前的融资状况

2018年5月3日，小米正式向港交所递交招股书，小米的招股书显示，小米2017年总收入1 146亿元，经营利润122亿元。营业收入主要由智能手机、IoT与生活消费产品、互联网服务及其他构成。其中，手机业务是其主要收入来源。在股权结构上，雷军持股比例为31.4%。据小米招股书显示，小米已经完成9轮融资，A轮融资于2010年9月签署，融资额为1 025万美元，最后一轮融资于2014年12月签署，累计融资额逾15亿美元。公开资料显示，2014年12月，小米最后一轮融资后，当时其估值达到了450亿美元。

小米前6轮融资及融资后股本情况见表4-3。

表4-3　**小米前6轮融资及融资后股本情况**

轮次	首次协议时间	最终支付时间	融资额	获得成本	股票数	占总股数比例
A系列优先股	2010年9月28日	2011年5月17日	1 025万美元	0.03美元/股	392 591 302股	18.74%
B系列优先股	2010年12月21日	2011年9月16日	3 085万美元	0.12美元/股	254 206 502股	12.14%
C系列优先股	2011年9月30日	2011年11月29日	9 010万美元	0.52美元/股	172 094 348股	8.22%
D系列优先股	2012年6月22日	2012年12月21日	2.16亿美元	2.12美元/股	102 127 680股	4.88%
E系列优先股	2013年8月5日	2013年8月6日	1亿美元	1.38美元/股	72 309 188股	3.45%
F系列优先股	2014年12月23日	2017年8月24日	11.34亿美元	19.84美元/股	57 163 141股	2.73%
A类普通股					669 518 772股	31.97%
B类普通股					374 158 150股	17.87%
总股数					2 094 169 083股	100%

二、小米的股权架构

雷军作为公司执行董事、董事会主席兼首席执行官，其持股比例为31.4%，如计入总股本ESOP员工持股计划的期权池，则他的持股比例为28%。通过双重股权架构，雷军的表决权比例超过50%，为小米集团控股股东。其他几大股东分别是晨兴资本、林斌、DST和启明创投。

小米公司上市前的持股比例如图4-5所示。

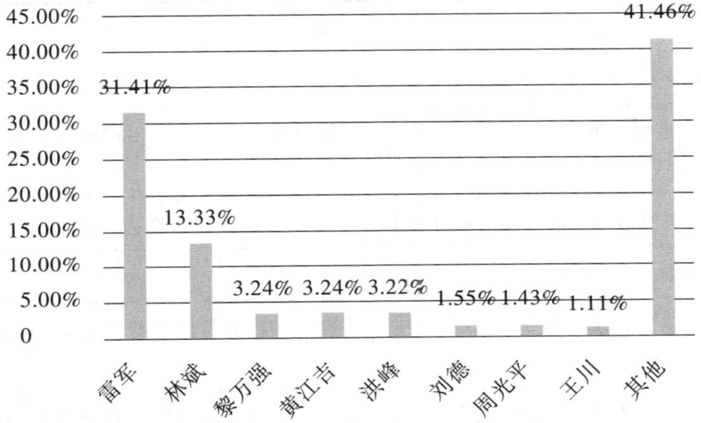

图4-5　小米公司上市前的持股比例

根据小米公司的招股说明书，A类普通股股份每股拥有10份投票权，B类普通股或优先股股份每股拥有1份投票权。雷军作为实际受益人，持股占比31.41%，通过双重股权结构持有公司20.51%的A类股和10.9%的B类股，总表决权为公司全体股东享有投票权的57.9%。实际受益人林斌持股13.33%，通过双重股权结构持有公司11.46%的A类股以及1.87%的B类股，总表决权为公司全体股东享有投票权的30.04%。尽管两人作为实际受益人合计持股比例仅为44.74%，但却拥有公司87.94%的投票权。小米公司在获取了资金的同时，保证了创始人和团队对公司的掌控。上市后小米公司股权及投票权的情况如图4-6所示。

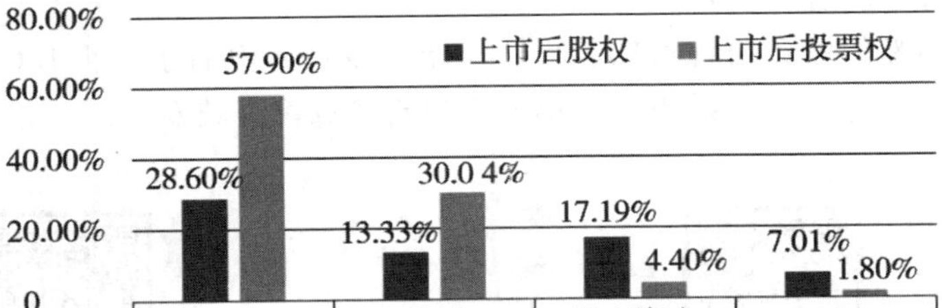

	雷军	林斌	晨兴资本	Apoletto
■上市后股权	28.60%	13.33%	17.19%	7.01%
■上市后投票权	57.90%	30.04%	4.40%	1.80%

图4-6　小米公司上市后股权和投票权

三、小米业务里程碑

2010年成立的小米，近年来成绩节节攀升：2012年年收入突破10亿美元，2014年年销售额突破100亿美元，并成为中国内地市场出货量排名第一的智能手机公司；2017年第四季度成为印度市场出货量排名第一的智能手机公司。

小米创立以来的主要业务发展里程碑见表4-4。

表4-4　　小米创立以来的主要业务发展里程碑

年度	事件
2012年	年收入突破10亿美元（成立2年后实现）
2014年	成为中国内地市场出货量排名第一的智能手机公司（根据IDC统计，在推出首款智能手机3年后实现）
2014年	年销售额突破100亿美元（成立4年后实现，艾瑞咨询称之为“史上最快”）
2015年	MIUI系统月活跃用户人数超过1亿人
2017年	根据艾瑞咨询统计数据，小米以连接设备（不包括智能手机及笔记本电脑）数量成为全球最大的销售级IoT平台
2017年	根据IDC统计数据，2017年第四季度小米成为印度市场出货量排名第一的智能手机公司（正式进入印度市场3.5年后实现）
2017年	根据艾瑞咨询统计数据，2017年与全球收入超过人民币1 000亿元且盈利的上市公司相比，按收入增长速度计算，小米在互联网公司中排名第一，在所有公司中排名第二

小米集团公开发行存托凭证招股说明书

根据上述资料，思考以下问题：

1. 小米在中国香港IPO之前在境内外已经进行9轮股权融资，为什么还需要IPO呢？

2. 查阅招股说明书，分析小米此次IPO存在哪些风险？

3. 结合上文小米在招股说明书中设计的双重股权结构，讨论双重股权结构对小米有什么好处？

4. 从小米的业务历程可以看出，小米的发展蒸蒸日上，但IPO首日破发，并结合香港股票发行制度，说明为何小米会出现IPO首日破发？

案例分析指引

延伸阅读文献

第5章 公司战略与价值创造

学习目标

◇ 了解投资决策、竞争战略及其与价值创造的关系
◇ 掌握经济增加值和市场增加值的评价标准
◇ 熟悉财务战略矩阵的内容
◇ 掌握基于EVA和基于竞争战略的价值驱动因素
◇ 理解价值创造体系的内容

在科斯（Coase，1937）提出企业的性质之后，莫迪利亚尼和米勒（Modigliani and Miller，1958）为企业价值提供了一个客观明确的度量标准，即企业价值等于以与风险程度相适应的折现率对预期收益进行折现的价值。不同组织形式的企业也随之确定了一个共同经营目标——价值最大化或创造价值。至此，企业理论研究者们开始探究企业应当如何运作来提升自身的价值。

受2008年世界金融危机的影响，许多国际知名企业宣布裁员或濒临破产，如何实现可持续成长已成为企业界和学术界共同面临的一大难题。2020年年初开始，持续三年的新冠肺炎疫情，为人类安全和全球经济发展敲响了警钟。世界地缘政治冲突的升级更是为经济增长带来了诸多不确定性，全球经济复苏仍不明朗。根据经济合作与发展组织（OECD）数据，2020—2022年全球GDP增长率分别为-3.2%、5.9%和3.1%，2023年预测为2.2%，增长明显乏力。步入2023年，新冠疫情的影响虽然已在消退，然而，3月中旬陆续曝出的美国硅谷银行、签名银行倒闭和欧洲的瑞士信贷银行严重风险事件又给全球经济复苏蒙上了一层阴影。国际货币基金组织（IMF）将全球经济增速下滑至每年2.5%以下广义定义为全球衰退。供应链受到干扰、消费和投资需求萎缩、经济活动大幅减弱、市场信心受损等问题，对全球企业的抗压韧性、治理水平以及可持续成长的考验更加严峻。大量研究的趋同结论得出，企业可持续成长的关键在于创造价值。经济发展是经济结构、科技进步、经济

效率、创新能力等内在特性的综合产物，就其根本而论是价值创造及其能力提升的过程。数量扩张只是经济发展的外在表现，而价值创造才是现代经济的本质特征。可以说，价值创造正在成为中国当前经济战略转型的基点。

价值创造研究的核心问题可以归结为价值创造的驱动因素与实现路径研究。价值创造研究从最初由片面强调财务资本的重要性到更加关注组织资本的作用；由注重价值管理发展到注重通过战略性的制度设计来保证可持续的价值创造。当企业为了获取战略收益进行资本投资决策时，应该将战略性思维与资本预算结合起来。在战略管理理论中，战略资源理论和核心能力理论解释了为什么在动态环境中企业应该投资于战略资源和核心竞争能力以在追求市场机会的时候取得独特的竞争优势。价值创造不仅依靠企业独特的资源和核心竞争能力，而且有赖企业对动态环境的适应能力。在财务体系中的估值技术能够帮助企业在执行公司战略的时候及时进行资产的调整和再分配，增加协同效应，从而形成新的投资机会。

本章在分析投资决策、竞争战略与价值创造的关系的基础上，从股东权益的视角提出经济增加值和市场增加值的评价标准，利用财务战略矩阵将价值创造与现金余缺联系起来，并从EVA和竞争战略两个不同的角度进一步分解价值驱动因素，最后阐述了价值创造体系在价值管理中的作用。

5.1 投资决策、竞争战略与价值创造

5.1.1 投资决策与价值创造

公司财务的研究框架主要有两个：一是通过资源的流动和重组实现资源的优化配置和价值增值，即如何在商品市场上进行实物资产投资，为公司的未来创造价值；二是通过各种金融工具的创新和资本结构的调整实现资本的扩张和增值，即如何在金融市场上筹措投资所需要的资本，为投资者创造价值。在实务中，从价值创造的角度来看，公司的管理决策主要表现为投资决策、筹资决策和经营决策3种形式。

图5-1清晰描述了股东价值创造这一财务目标与基本的价值参数（价值动因）之间的关系。价值动因包含了销售增长率、营业利润、所得税税率、营运资本投资、固定资产投资、资本成本和价值增长持续期，例如产品组合、定价、推广、广告、分销以及客户服务等经营决策与销售增长率、营业利润和所得税税率相关。在投资决策中，例如增加存货水平、拓展生产能力等会反映在营运资本投资和固定资产投资上。资本成本不仅受企业风险的影响，而且受管理者筹资决策的影响，比如管理者在融资过程中会选择什么样的债务和权益比例，以及选择什么样的融资工具。价值增长持续期则反映了管理者对于投资回报大于资本成本的年限的估计。

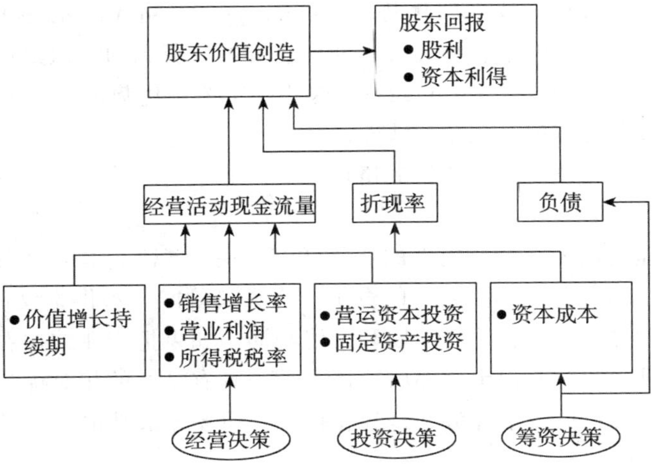

图5-1　股东价值构架图

如图5-1所示，经营活动所产生的现金流量由投资活动价值驱动因素、经营活动价值驱动因素和价值增长持续期决定，折现率取决于对资本成本的估计。公司的资本成本是公司融资决策的结果，对公司资本成本的管理就是对公司的融资管理。要注意，只有经营活动产生的折现现金流量才会实现价值创造。股权价值是由公司价值减去债务价值所得。股东价值创造为股东获得股利或资本利得的回报奠定了基础。

投资决策是评价和选择投资项目、优化资源配置的一种经济活动。投资决策的目的旨在评价或选择能够创造公司价值的投资项目，以便提高公司价值的长期增长潜力，通常的做法是选择净现值大于零的项目。在投资决策中，公司可以根据自己的产品优势、技术优势、资本优势、成本优势等发现具有正的净现值的投资机会。当公司的投资收益率超过资本成本时，公司股东才能够自由地获得越来越多的经营现金流，从而创造出股东价值。同时市场增加值的来源是公司的投资活动和经营活动。市场增加值主要是向市场或投资者展示这种价值的度量结果，仅当投资活动和经营活动所创造的价值大于资本成本时，才能为投资者创造增量价值。可以说，价值创造与价值评价是一种动因和结果的关系。融资决策创造价值则可以直接通过节税或降低融资成本来实现，也可以通过提高公司资本来源的可靠性和灵活性、降低公司风险等方式间接实现。

5.1.2　竞争战略与价值创造

在企业的经营要素中，拥有土地、物质资本、资源、区位、规模等生产要素资源的组织就拥有一定的基于资源的优势（Resource-Based Advantage）、基于规模的优势（Scale-Based Advantage）或基于区位的优势（Location-Based Advantage）；拥有技术、专利和知识等资源的组织就拥有一定的基于知识的优势（Knowledge-

Based Advantage）和基于技术的优势（Technology-Based Advantage）；拥有组织能力、品牌、商誉、市场网络、顾客关系和社会资本等资源的组织则形成了它的基于体系的优势（System-Based Advantage），这些基于体系优势的能力要素往往具有垄断性质，是在市场竞争中最致命的武器。

目前，最有代表性的三大竞争战略理论是产业结构理论、战略资源理论和核心能力理论。

产业结构理论认为，产业内部的竞争状态取决于5种基本竞争力量，即进入威胁、替代威胁、现有竞争对手之间的竞争、买方议价能力和供方议价能力。这5种竞争的共同作用力决定了竞争的强度和最终利润。如果把产业结构看成是一个稳定的常量，那么成功的企业肯定是那些在该产业中具有良好的相对优势的企业。竞争优势可以分成两类：低成本优势和差异化优势，每一家成功的企业都具有一种或两种优势。

战略资源理论是以公司内部的专有资源为基础研究公司战略。这一理论认为，公司内部环境同外部环境相比，具有决定性的作用。企业内部的组织能力、资源和知识的积累是解释企业获得超额收益、保持竞争优势的关键。资源基础理论的核心思想是，企业竞争力的差异是由战略的差异，或者更进一步说是由企业的资源差异来解释的，这是一个从资源到战略，再到竞争力的因果关系。基于资源理论的战略有以下几个步骤：确定有价值的资源；决定在哪些市场中这些资源能获得最高的收益；投资和提升资源；最大限度地使用资源，最后形成核心能力。

核心能力理论是指一种强调以企业生产、经营行为和过程中的特有能力为出发点，制定并实施企业竞争战略的理论思想。使企业成为一个以能力为基础的竞争者，是能力学派的最终目的。能力学派主张，核心竞争力是企业可持续竞争优势与发展新事业的源泉，它们应成为公司战略的焦点，要建立或捍卫一个企业的长期领导地位，就必须在核心能力、核心产品和最终产品三个层面上参与竞争，并成为胜利者。

事实上，公司竞争优势的形成可能归属于上述某一种战略，也可能是不同战略组合的结果。由于公司在资源、能力等方面的异质性，加之社会分工的需要，不同的公司会处于同一产业的不同链条上，企业凭借着独特而又难以模仿的市场定位和体系优势，创造出独特的战略产业要素（Strategic Industry Factors），拥有优越的市场竞争地位。只要公司在这个链条上能够创造“与众不同”，获得相对于其他企业的竞争优势，那么就可以获得超额利润（Amit and Schoemaker，1993），实现公司价值增值。D'Aveni（1994）还认为，在许多市场中，正在形成一种超竞争（Hyper-competition）环境，竞争优势的持续时间正在不断缩短。在超竞争环境中，企业绝不能满足、停留于原有的资源、能力和竞争优势，必须不断寻找、发展新的竞争优势源。

5.2 价值创造的评价标准

5.2.1 经济增加值

随着财务理论的发展，衡量公司业绩的指标必须要能够准确反映公司为股东创造的价值。20世纪80年代后期，一些新的价值评价模型应运而生，如基于价值管理的经济增加值（Economic Value Added，EVA）、市场增加值（Market Value Added，MVA）等。在国外，EVA指标得到了广泛关注和应用，许多大型企业（如美国的AT&T公司、可口可乐公司等）应用EVA这一工具取得了卓越的成效，越来越多的投资机构也利用它来评估股票的内在价值，如高盛集团等著名投资银行。自从20世纪90年代中期以后，分析师逐步开始采用EVA指标评价上市公司，一些大型投资基金也纷纷尝试使用EVA指标建立投资组合。从本质上说，EVA是剩余估价模型[①]的衍生品，主要用于评价公司价值的创造能力，衡量公司的经营业绩以及进行管理者激励。长期以来很多投资者认为公司的每股收益和净资产收益率的增加意味着创造股东价值，然而实际情况是大量的公司存在运用权责发生制原则下的会计方法进行利润操纵。这引发了人们从会计方法、机会成本、货币时间价值三个方面去反思会计收益指标的缺陷，从而得出与公司内在价值相联系的经济利润指标才能反映公司股东价值创造的结论。当公司投入资本的回报率超过资本成本时，公司股东才能够自由地获得越来越多的公司经营产生的现金流，从而创造出股东价值。

1）经济增加值的基本含义

经济增加值是指企业可持续的投资收益超过资本成本的盈利能力，即税后净营业利润大于资本成本的净值。经济增加值是全面考核企业经营者有效使用资本和为股东创造价值的重要工具，也是企业价值管理的基础和核心。经济增加值在数量上等于税后净经营利润超过包括股权和债务的全部资本成本的价值，其计算公式为：

$$EVA=NOPAT-WACC\cdot IC \tag{5.1}$$

式中：NOPAT（Net Operating Profit After Taxes）表示税后净经营利润（调整后）；WACC表示公司的加权平均资本成本；IC表示投入资本总额（调整后）。

EVA的公式也可以写为：

$$EVA=IC\cdot(ROIC-WACC) \tag{5.2}$$

---

① 剩余收益（Residual Income）作为一个经济概念，是指扣除股权资本成本后的公司净收益。美国学者奥尔森（Ohlson，1995）在其文章“权益估价中的收益、账面价值和股利”中对这个方法进行了系统的阐述，建立了公司权益价值与会计变量之间的关系，将股利折现模型（DDM）与净盈余关系（Clear Surplus Relation，CSR）相合并，提出了著名的Ohlson Model，即：$V_s = BV_0 + \sum_{t=1}^{\infty}\frac{RI_t}{(1+r_s)^t} = BV_0 + \sum_{t=1}^{\infty}\frac{NI_t - r_s\cdot BV_{t-1}}{(1+r_s)^t}$

式中：V_s表示股票当前价值（t=0）；BV_0表示普通股当期账面价值；BV_t表示第t期的预期普通股账面价值；NI_t表示第t期的净收益；r_s表示股权的资本成本；$RI_t=NI_t-r_s\cdot BV_{t-1}$，表示第t期的预期剩余收益。

式中：ROIC表示投入资本的回报率，即为NOPAT与IC的比值。

这两种公式计算的EVA结果是一样的。

（1）税后净经营利润等于税后净利润加上税后利息费用（如果税后净利润已扣除少数股东损益，则应加回），或者等于销售收入减去除利息费用以外的全部经营成本和费用（包括所得税费用）后的净值。从本质上说，它实际上是在不涉及资本结构的情况下公司经营所获得的税后收益，反映了公司资产的盈利能力。在此基础上，还需要对部分会计报表的有关项目进行调整，以纠正会计信息对真实业绩的扭曲。

（2）投入资本总额是指投资者投入公司资本的账面价值，包括债务资本和股权资本。其中，债务资本是指债权人提供的短期贷款和长期贷款，不包括应付账款、应付票据、其他应付款等商业信用负债；股权资本主要由普通股、优先股以及少数股东权益构成。投入资本总额也可以理解为公司全部资产减去商业信用后的净值。当计算投入资本总额时，企业也需要对部分会计报表科目的处理方法进行调整，以便真实反映资本的投入额。在实务中既可以采用年初的资本总额，又可以采用年初与年末资本总额的平均值。

（3）资本成本是指公司债务资本和股权资本的加权平均数。与传统的评价指标不同，EVA是从股东的角度定义公司的利润，当股东将资本投入公司时，实际上就放弃了投资其他项目可能获得的收益，即机会成本。因此，只有当投入资本的收益率（ROIC）超过其资本成本（WACC）时，才会增加股东财富。传统的业绩评价指标在计算时只考虑了债务资本成本，没有考虑企业的股权资本成本，导致资本成本计算不完全，无法准确衡量企业到底为股东创造了多少价值，而EVA是从股东的角度定义的利润指标，只有考虑了权益资本成本的经营业绩指标才能反映企业的真实盈利能力，这正是EVA指标最具特点和最重要的方面。

2）EVA的会计调整

EVA与会计利润的主要区别就在于它考虑的股权的资本成本，对经营利润和投入资本进行了一定的调整。EVA商标的持有者Stern Stewart公司列出了多达164项调整项目，后来又发展到200多项。需要强调的是，计算EVA时进行会计调整主要是为了更好地进行企业内部管理和价值评估，不是要改变企业的会计账务处理。

EVA调整的数量越多，其计算结果就越精确，但同时也增加了计算的复杂性和难度。因此，在实务中必须结合成本效益原则，根据调整目的在精确性和复杂性之间做出权衡和选择，从而确定调整的限度。大多数企业集中在5～10项的调整，常见的调整项目和调整方法如下：

（1）利息支出。由于资本成本包括了债务部分的成本，因此在计算税后净经营利润时，发生的利息费用不应计入期间费用，否则会导致资本成本和利息费用的重复计算，须将税后财务费用加回到税后净经营利润中去。

（2）研究开发费用。研究开发费用与其他无形资产投资一样，旨在提高公司未来的经营业绩，如果不予资本化会低估公司资本。企业会计准则规定研究费用需要费用化处理，但进入开发过程中的费用如果符合相关条件，就可以资本化。按EVA会计调整要求，应对所有研究与开发费用予以资本化，并在一定期间摊销。因此，应将研究开发费用资本化，在支出的当年，将全部的研究开发费用加回到经营利润和投入资本中，以后逐年摊销的研究开发费从NOPAT中扣除，而未摊销的余额部分仍然包括在投入资本总额中。这样处理的目的就在于防止企业价值被低估，尤其是知识密集型的高新技术企业，并且鼓励企业的研发创新。

（3）商誉。商誉是企业的永久性资产，能为企业带来收益。会计准则规定，对企业合并形成的商誉不再进行摊销，每年至少进行一次减值测试，并结合相关资产组和资产组组合进行测试，计提减值准备。因此对商誉的调整就涉及对其减值准备的调整，其当期计提的减值准备增加税后净经营利润，累计计提的减值准备则调整投入资本。

（4）递延税项。当根据会计准则计算的利润与按照税法计算的应纳税所得额存在差异时，就会产生递延税项。当会计利润大于应纳税所得额时，形成“递延所得税负债”（反之，称为“递延所得税资产”），公司的纳税义务向后推延。只要公司持续发展并不断更新设备，递延税款实际上会一直保持一个余额，相当于公司永久性占用的资本，和其他资本一样可用于生产经营。对递延税项的调整是为了使支出额与该年度的实际纳税额相接近，具体调整方法是，将其贷方余额加回到投入资本总额中，若为借方余额，由于递延所得税资产并不是公司真正意义上的资产，因此应从资本总额中扣除；同时将当期递延税项贷方余额增加值加回到当期的NOPAT中，或将其借方余额的增加值从当期的NOPAT中扣除。通过调整后计算出的EVA能够更准确反映公司的经营业绩。

（5）资产减值准备。对于各种准备金，如坏账准备、存货跌价准备、长期投资减值准备、固定资产减值准备、无形资产减值准备等，出于稳健性原则，我国会计准则规定公司要为将来可能发生的损失预先提取准备金，准备金余额抵减对应的资产项目，余额的变化计入当期费用冲减利润。但这些准备金并不是公司当期资产的实际减少数，准备金余额的变化也不是当期费用的现金支出。提取准备金的做法一方面低估了公司实际投入经营的资本总额，另一方面也低估了公司的利润，不利于反映公司的真实盈利能力；同时，公司管理人员还有可能利用这些准备金账户操纵账面利润。因此，在计算EVA时应将准备金账户的余额加回到资本总额之中，同时将准备金余额的当期变化加回到税后净经营利润之中。

调整后的税后净经营利润可按下式计算：

$$\text{调整后的NOPAT}=\text{税后净利润}+\text{税后利息费用}+\text{少数股东损益}+\text{递延税项贷方余额的增加}+\text{各种准备金余额的增加}\times(1-\text{所得税税率})+(\text{本年发生的研发费用}-\text{本年研发费用摊销额})\times(1-\text{所得税税率})$$

调整后的投入资本总额可按下式计算：

$$\text{调整后的IC}=\text{普通股权益}+\text{少数股东权益}+\text{递延税项贷方余额（借方余额为负值）}+\text{当年资本化的研发费用}+\text{各种准备金贷方余额}+\text{短期借款}+\text{长期借款}+\text{长期借款中短期内到期的部分}$$

3）EVA的计算案例

（1）资本成本数据。FM公司股票当前的市场价格为51.94元，流通在外的普通股股数为1 775万股，股东权益为18 523万元；根据风险分析，该公司股票的β系数为0.75，无风险利率为4%，市场风险溢价为5%，股权资本成本为7.75%，税前负债成本为5.52%，所得税税率为25%。

（2）税后净经营利润的计算。税后净经营利润需要在税后净利润的基础上进行调整（见表5-1）。

表5-1　FM公司税后净经营利润的计算（预测）　单位：万元

项目	第1年	第2年	第3年	第4年	第5年	第6年
调整后的税后净经营利润：						
税后净利润	4 382	4 503	4 888	5 217	5 580	5 748
加：税后利息费用	80	73	82	91	90	92
研究开发费用调整项*	343	238	220	203	186	191
递延税项贷方余额增加	-25	36	83	56	90	44
调整后税后净经营利润	4 780	4 850	5 273	5 567	5 946	6 075

注：*为简化计算，此处研发费用调整不考虑摊销。

（3）调整后资本的计算。投入资本的调整需要在普通股和负债的基础上进行（见表5-2）。

表5-2　FM公司调整后资本的计算（预测）　单位：万元

项目	第1年	第2年	第3年	第4年	第5年	第6年
普通股权益	19 656	20 267	21 210	22 208	23 653	24 363
加：递延税项贷方余额	1 191	1 227	1 310	1 366	1 456	1 500
资本化研发费用	457	317	293	270	248	255
加：短期借款	298	307	328	341	364	375
一年内到期的长期借款	361	361	631	631	413	425
长期借款	2 680	2 760	2 948	3 073	3 276	3 375
调整后的投入资本总额	24 643	25 239	26 720	27 889	29 410	30 293

（4）EVA的计算。现以表5-1和表5-2为基础预测各年的EVA（见表5-3）。

表5-3　　FM公司各年经济增加值（预测）　　金额单位：万元

项目	第1年	第2年	第3年	第4年	第5年	第6年
调整后的投入资本总额	24 643	25 239	26 720	27 889	29 410	30 293
其中：						
负债	3 339	3 428	3 906	4 045	4 053	4 175
股东权益	21 304	21 811	22 814	23 844	25 357	26 118
负债/投入资本总额	13.55%	13.58%	14.62%	14.50%	13.78%	13.78%
股东权益/投入资本总额	86.45%	86.42%	85.38%	85.50%	86.22%	86.22%
股权资本成本	7.75%	7.75%	7.75%	7.75%	7.75%	7.75%
税后债务成本	4.14%	4.14%	4.14%	4.14%	4.14%	4.14%
加权平均资本成本①	7.26%	7.26%	7.22%	7.23%	7.25%	7.25%
经济增加值	2 991②	3 018	3 344	3 551	3 814	3 879
经济增加值现值（7.26%）	2 789	2 623	2 710	2 683	2 687	2 547

注：①此处加权资本成本以调整后的账面价值为权数。

②第一年的经济增加值为2 991万元（4 780-7.26%×24 643）。

EVA与传统价值评估模式相比，其优越性体现在：把股权资本成本考虑进去，并从净利润中扣除，从而能够全面、准确地反映企业生产经营的最终盈利或价值，促使上市公司关注股东价值，将主要精力放在公司价值创造上。当然，一种模型是否具有长久的生命力，不仅在于其理论上的严密性，更重要的是，其在实践中是否具有广泛的应用价值。目前，在美国的500强企业中，采用EVA业绩评价指标的公司约占一半。当美国的电子零售商Best Buy宣布将EVA作为企业治理体系基础时，其股价当天迅速上涨了10%。当然，在具体实施过程中，国内外企业都有成功的经验和失败的教训。其中，EVA的计算不准确、不合理、不完善等问题，在很大程度上影响了EVA的推广和应用。

2010年，国资委开始在中央企业全面推行经济增加值（EVA）考核，从而开启了一个有别于传统注重规模和利润的新时代。EVA指标已经实质性纳入对央企负责人的年度经营业绩考核，并与央企负责人的薪酬和任命挂钩。2019年3月1日国资委发布了新版《中央企业负责人经营业绩考核办法》，自2019年4月1日起施行。在EVA调整细则中，主要对利息支出、研究开发费用、带息负债和在建工程等4项进行调整。当估计EVA时，资本成本按差异化原则确定：对主业处于充分竞争行业和领域的商业类企业的股权资本成本原则上定为6.5%，对主业处于关系国家安全、国民经济命脉的重要行业和关键领域、主要承担重大专项任务的商业类企业股权资本成本原则上定为5.5%，对公益类企业股权资本成本原则上定为4.5%。对军工、电力、农业等资产通用性较差的企业，股权资本成本下浮0.5个百分点。资产负债率高于上年且在65%（含）至70%的科研技术企业、70%（含）至75%的工业企业或75%（含）至80%的非工业企业，平均资本成本上浮0.2个百分点；资产负债率高于上年且在70%（含）以上的科研技术企业、75%（含）以上的工业企业或80%（含）以上的非工业企业，平均资本成本上浮0.5个百分点。在这个过程中，EVA在央企所有考核指标中所占的权重不断提高，2012年年底已提升至50%，同时国资委还将它作为A级企业的晋级门槛，规定利润总额为负或经济增加值为负且没有改善的企业，考核结果原则上不得进入A级。国企改革的社会化、证券化、市场化路径，决定了上市央企为股东创造价值这项功能将越发重要。经济增加值考核强化了企业价值创造导向，引导央企更加注重资本使用效率，做大做强主业，注重风险防控。我们引进EVA时应该注意到，央企在企业战略目标、经营方式、管控模式、市场地位、交易方式和员工状况等方面与国外企业存在巨大差异，因此央企实施EVA，一定要结合实际，认真研究本企业的具体问题，不断完善本企业的业绩考核方案，正确认识EVA业绩考核。EVA指标是一个短期财务绩效和长期可持续发展效应的综合衡量，它不仅是核心考核指标，而且是一种价值管理体系。在这种价值管理体系中，企业应关注EVA能否引导业务达成目标，并通过EVA考核把经营业务、企业战略带动起来。

5.2.2 市场增加值

市场增加值（MVA）是评估股东财富的另外一种衡量工具，即将公司的市场价值与投入资本进行比较。MVA就是市值与股东投入资本（净资产）的差值，换句话说，市场增加值是企业变现价值与原投入资本之间的差额。因为股东投入资本的目的是获得超出其投入资本的回报，如果公司的价值大于投入资本的总额，那么说明公司为股东创造了价值；如果公司的价值等于投入资本的总额，那么说明公司只是刚好补偿了所有者的投入资本；如果市场价值低于投入资本总额，那么说明公司破坏了股东财富。MVA是以预示公司成长性的股价为基础，对股票收益有较强的解释能力。MVA的计算公式：

$$MVA_t = MV_t - BV_t \tag{5.3}$$

式中：MV_t表示t时点公司市场价值，即债务与股权市场价值之和；BV_t表示t时点公司投入资本的账面价值[①]，它是根据EVA的概念进行调整的。

从MVA的计算公式来看，如果MVA大于零，那么说明公司资本的市场价值大于投资者投资于公司的资本数量，从而为投资者创造了价值；反之，说明公司损害

① BV实质上应该是股权投资者和债权投资者投入到企业的现金，但是由于在实务中投入到公司的现金很难准确估计，因此，Stern Stewart提出使用投入资本的账面价值来表示。从投资的角度分析，在MVA计算公式中的投入资本账面价值应当是公司过去和现在的所有项目的投入资本总额。

了投资者的价值。从某一特定时点来说，MVA的大小反映了公司为投资者创造的价值或损害的价值。

在理论上，公司的市场价值等于投入资本账面价值加上所有未来EVA的现值，也就是说MVA是市场对公司获取未来EVA能力的预期反映。EVA越多，公司价值的增值就越多，为股东创造的财富就越多。

公司市场价值可写为：

$$MV = IC_0 + \sum_{t=1}^{\infty}\frac{EVA_t}{(1 + WACC)^t} \tag{5.4}$$

（5.4）式中的公司市场价值等于投入资本账面价值加上所有未来EVA的现值。重新调整公式（5.4），市场增加值MVA可按下式计算：

$$MVA_t = MV_t - IC_t = \sum_{t=1}^{\infty}\frac{EVA_{t+1}}{(1 + WACC)^t} \tag{5.5}$$

如果公司处于稳定增长阶段，增长率为g，那么（5.5）式可简化为：

$$MVA=EVA_1/（WACC-g） \tag{5.6}$$

根据（5.6）式，影响MVA的因素主要有3个：下一期EVA水平、资本成本和未来预期增长率。其中EVA，反映了公司下一期经济增加值的高低，资本成本反映了公司风险的高低，增长率则代表了公司未来发展空间的预期。

根据表5-3的数据，加权平均资本成本为7.26%，假设从第6年开始，公司每年以3%的增长率持续增长，此时采用二阶段模型，FM公司的市场增加值计算如下：

增长期EVA现值=2 789+2 623+2 710+2 683+2 687=13 492（万元）

公司市场增加值等于增长期EVA现值加上持续期EVA现值之和，即：

$$MVA = 13\,492 + \frac{3\,879}{7.26\% - 3\%} \times \frac{1}{(1 + 7.26\%)^5} = 77\,630.86（万元）$$

在实务中，股权MVA等于公司发行在外的股份乘以股票的市场价格，减去普通股权益总额，即：

MVA=发行在外的股份×股票价格-普通股权益总额　　(5.7)

根据FM公司的资料，该公司股票当前市场价格为51.94元，流通在外的普通股股数为1 775万股；假设该公司的股东权益为18 523万元，因此：

MVA=51.94×1 775-18 523=73 670.5（万元）

5.2.3　财务战略矩阵

财务战略矩阵是通过二维的参数综合分析公司价值增长程度的工具，纵坐标是投资资本回报率与其资本成本的差额，即资本收益率差幅（ROIC-WACC），横坐标是销售增长率与可持续增长率之间的差幅（$G_{销售}$-SGR）。根据不同的资本收益率差幅和增长率差幅将财务战略矩阵分为四个象限，如图5-2所示。每一象限对应于资本收益率差幅与增长率差幅的不同组合，对应于不同的经营状态。[①]

---

① 哈瓦维尼，维埃里．经理人员财务管理——创造价值的过程［M］．王全喜，译．北京：机械工业出版社，2006：301.

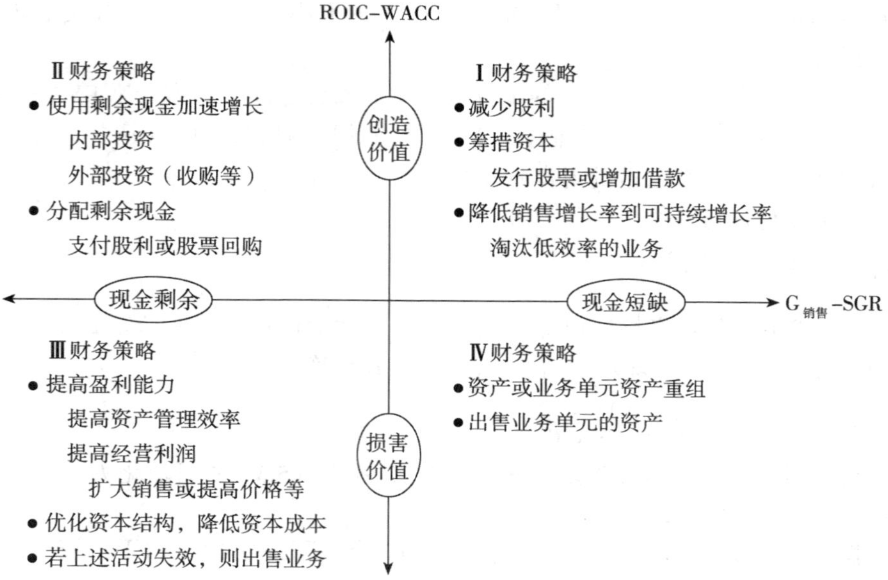

图5-2　财务战略矩阵

在图5-2中纵坐标表示资本收益率差幅，如果资本收益率差幅大于零，那么表明该业务单元为公司创造价值；反之，则损害公司价值。横坐标表示增长率差幅，用于衡量公司某一特定业务单元为销售增长提供现金的能力。如果增长率差幅大于零，那么表明业务单元现金短缺；反之，表明该业务单元现金剩余。对于处于不同象限的部门或业务单元，应采用不同的财务策略。

象限一：属于增值型现金短缺业务。处于这一象限的业务单元，资本收益率差幅与增长率差幅大于零。该业务单元的经营活动创造价值，但自身经营产生的现金不足以支持销售增长，现金短缺。对此，可供选择的财务策略是：（1）筹措资金，满足销售增长的需要，包括增加借款比例及增发股份。（2）缩小经营规模，使公司的可持续增长率与销售增长率相平衡。这个战略可以使公司通过进入更加细分的市场，提高留存业务的价值创造能力。（3）提高可持续增长率，这也是解决长期性高速增长资金问题的手段之一。提高经营效率可以有效提高可持续增长率，具体包括：①降低成本。进行作业分析，重构作业链，消除无增值作业，提高增值作业效率。②提高价格。改变价格形象，在维持利润的同时抑制销售增长，减少资金需要。③降低营运资金。重构价值链，减少资金占用。④剥离部分资产。将资产利润率较低的资产剥离出去，用节省出的资金支持核心业务增长。⑤改变供货渠道。增加外购以减少自制，减少资产占用，提高资产周转率。

象限二：属于增值型现金剩余业务。处于这一象限的业务单元，资本收益率差幅大于零，但增长率差幅小于零。该业务单元的经营活动创造价值，并产生剩余现金。因此，关键的问题是能否利用剩余的现金迅速增长，使增长率接近可持续增长率。根据是否存在增长机会采取不同的财务策略：如果存在增长机会，可将多余的现金投资于现有业务单元，以促进现有业务的扩张，如扩大产销规模，增加生产线，增加分销渠道等，或者通过收购相关业务迅速扩大规模以实现外部增长；如果目前尚未发现有利的投资机会，那么可通过现金股利或股票回购方式将多余的现金返还给股东。

象限三：属于减损型现金剩余业务。处于这一象限的业务单元，资本收益率差幅和增长率差幅均小于零。减损型现金剩余表明资源未得到充分利用，存在被收购的风险。减损型现金剩余的主要问题是盈利能力差，而不是增长率低，简单的加速增长很可能有害无益。这是公司处于衰退期的前兆，应分析盈利能力差的原因，寻找提高投资资本回报率或降低资本成本的途径，使投资资本回报率超过资本成本。对此，可采取的财务策略是：（1）将多余的现金用于该业务单元的业务重组，提高投入资本收益率；（2）通过扩大销售、提高价格、减少费用等途径提高税后经营利润率；（3）通过有效营运资本管理（加速收款、减少存货）等方法提高资产周转率；（4）审查目前的资本结构政策，如果负债比率不当，可以适度调整，以降低资本成本；（5）将该业务单元的业务出售，并将多余的现金返还给股东。如果企业不能提高投资资本回报率或者降低资本成本，无法扭转价值减损的状态，那么就应当把企业出售。

象限四：属于减损型现金短缺业务。处于这一象限的业务单元，资本收益率差幅小于零，增长率差幅大于零。该业务单元由于增长缓慢遇到现金短缺问题，因此经营活动既不能创造价值，又不能支持其自身的发展。相关的战略选择是：（1）彻底重组。如果盈利能力低是本企业独有的问题，那么应仔细分析经营业绩，寻找价值减损和不能充分增长的内部原因，对业务进行彻底重组。但如果重组失败，那么股东将蒙受更大的损失。（2）彻底退出。如果盈利能力低是由于整个行业的衰退引起的，企业无法对抗衰退市场的自然结局，那么应尽快出售企业以减少损失。即使是企业独有的问题，由于缺乏核心竞争力，无法扭转价值减损的局面，也需要选择出售企业。

5.3 价值创造的驱动因素

5.3.1 基于EVA的价值驱动因素

对于价值驱动因素中外许多学者都提出了颇有见地的观点。塔科尔（Thakor，2002，中译本）指出，价值驱动因素是影响或推动价值创造的一个决策变量。他通过星巴克等案例说明，价值的驱动因素是决定结果的要素，是价值创造的有效载体和具体方式。科普兰（Copeland，1994）认为，价值的根本驱动要素就是投资资本回报率、企业预期增长率。这一论断虽然将价值的驱动因素只归结到两个财务指标上面，但由于这两个财务指标是两个基本的财务指标，它们事实上反映了企业从日常经营管理、投资到企业资本结构的许多问题。奈特（2002）则认为，价值影响要素是对经营活动和财务运行效果有重大影响的运行因子，这一定义不仅限于运行效果，而且包括所有决策得以实施的动力机制，价值影响要素存在于企业的各个领域，包括产品开发、生产、营销以及人力资源的开发和利用等等。

1）价值驱动因素分析的思路

价值驱动因素是影响或推动价值创造的一个决策变量。根据财务估价理论，公司价值创造的源泉来自资产创造的价值和公司未来增长机会创造的价值。现从EVA视角说明不同价值驱动因素对公司价值的影响。如果资产账面价值与投入资本相等，根据（5.4）式，公司的市场价值为投入资本与未来EVA的现值之和，其中未来EVA的现值来源于两个方面：存量资产创造的各期EVA现值和未来增量投资创造的各期EVA的现值。因此，（5.4）式可改写为：

$$MV = IC_{存量资产} + \sum_{t=1}^{\infty}\frac{EVA_{t,\ 存量资产}}{(1 + WACC)^t} + \sum_{t=1}^{\infty}\frac{EVA_{t,\ 未来增量投资}}{(1 + WACC)^t} \tag{5.8}$$

在公式中，决定存量资产的价值创造主要取决于公司存量资源的经营效率；未来增量投资主要取决于增量资源的投入与整合。

再回过来看EVA的基本公式（5.2），EVA=IC·（ROIC−WACC）=NOPAT−WACC·IC，可以看出，EVA的直接决定因素是税后净经营利润和资本成本，而税后净经营利润的增加取决于销售收入的增长、经营利润的增长以及税率的降低。公式还表明，在其他因素保持不变的情况下，降低资本投入会增加EVA。当提高投入资本收益率（ROIC）、降低资本成本（WACC）或增加资本投入时，就会增加EVA，为股东创造价值。将ROIC分解后，可以得出：

ROIC=销售增长率×资本周转率

因此，提高销售的盈利能力和资本的使用效率是提升ROIC的有效途径。下文具体阐述EVA的几个主要驱动要素。

2）提高销售增长率

企业价值产生源于企业销售的增长。那么，是什么支撑着企业销售的持续增长？成功企业的实践表明，企业的核心能力是引导企业持续增长的关键要素。核心能力是指企业独自拥有的、能为消费者带来特殊效用、使企业在某一市场上长期具有竞争优势的内在能力资源，这些资源可以是人力、产品、技术、流程、企业文化等。核心能力引导企业增长，这种增长必须是持续稳定的，必须是能带来现金流量的销售增长，单纯销售增长率的提高可能潜伏着危机。罗伯特·C.希金斯教授（1998）认为："从财务角度看，增长不总是上帝的一种赐福。快速增长会使一个企业的资源变得相当紧张，因此，除非管理者意识到这一结果并且采取积极的措施加以控制，否则，快速增长可能导致企业破产。"希金斯教授强调企业应保持可持续增长，即在目标值（经营目标和财务目标）不变的条件下，企业的销售额可以达到的最大增长率。如果预计或实际的销售增长率脱离可持续增长率，那么必有一些因素脱离目标值。可持续增长率一方面受商品市场和管理效率的双重影响，如产品的价格、成本水平管理，应收账款、存货、固定资产的管理等；另一方面受金融市场和财务政策的影响，如企业的负债水平、投资规模、筹资方式、股利政策等。因此，某一销售增长率是否能实现，不仅取决于企业的盈利水平和资产周转的情况，而且取决于企业的财务政策或财务资源的影响。

3）降低投资支出/销售收入比率

企业进行投资支出的终极目标是为客户与投资者创造持久的价值，或者说为企业的未来创造价值。这一投资主要包括为扩充企业生产能力而进行的长期资产投资和为维持企业成长所需要的营运资本投资等。投资支出/销售收入比率的倒数称作资产周转率，为提高资产周转率，企业或者扩大销售收入，或者降低投资支出。投资支出与销售收入比率的高低不仅与企业内部资源的使用效率有关，而且与企业调度外部资源的能力有关。在信息经济时代，资源的概念不再是企业拥有多少资源，而是企业能调度多少资源。企业不仅通过内部资源的流动和重组获取利润，而且要善于整合外部资源（包括物质资源、人力资源、技术资源、组织资源和商誉等）为己所用。

4）税收筹划

企业税收筹划是通过对经营、投资和融资活动的事先筹划和安排，选择符合立法意图且减轻税负的经济行为。企业的税收筹划方案一般包括以下三个方面：一是根据国家税收政策导向设计纳税策略；二是根据经营活动的特点设计纳税策略；三是根据财务活动的特点设计纳税策略。

5）降低资本成本

影响资本成本的因素主要是不同资金来源的资本成本以及不同来源资金所占的比例。前者与风险相关，后者与资本结构相关。从理论上说，不同筹资方式资本成本的差异主要取决于风险的高低。政府债务成本一般与无风险利率有关；债务风险补偿率的大小与市场利率成因有关；股权资本成本风险补偿率主要取决于经营风险补偿率和财务风险补偿率的大小。风险管理从某种意义上来讲就是充分发挥企业价值增长的两个杠杆（经营杠杆、财务杠杆）作用，权衡经营风险和财务风险对企业价值的影响。风险管理就是通过风险识别、风险衡量、风险控制等活动，达到风险获利等目的。在资本成本管理中，另一个要素就是合理设计企业的资本结构。

此外，增加资本投入，剥离不良资产，处置毁损价值的无效资产，降低资本占用，同样可以实现价值创造。如果以比资本投入增加更快的速度增加市场价值，或者以比市场价值减少更快的速度减少资本投入，都会得到同样的效果，即增加股东价值。

5.3.2 竞争战略与价值驱动因素

1）竞争战略分析

价值创造有两个重要源泉：一是公司经营所在行业的吸引力；二是相对于竞争对手，公司所建立的竞争优势。竞争战略分析涵盖了三个基本步骤：评估行业的吸引力、评价企业在行业中的竞争地位以及确认企业的竞争优势。行业吸引力分析的根本目的是衡量每个行业的价值创造潜力。行业吸引力分析的一个重要因素是行业竞争风险。波特的五力模型是分析该风险的重要工具。

行业吸引力分析主要解决以下问题：

• 行业总体的吸引力有多大？

• 行业中能够创造价值的最重要的因素有哪些？

• 重要因素的变化对于行业中不同公司价值的影响有多大的敏感度？

• 行业结构的变化、总体经济形势的变化对于企业个体或整个行业有多大的影响？

竞争战略分析的第二个步骤是评价企业在行业中的竞争地位。如果一家公司处于弱势竞争地位，那么无论这个行业多么有吸引力，也无益于公司的价值创造。反之也一样，如果一家公司处于强势竞争地位，那么即使这个行业没什么吸引力，也将有益于公司的价值创造。当然，通过竞争战略的选择，公司可以改变它在行业中的地位。

竞争地位分析主要解决以下问题：

• 在相关的行业中，公司竞争者所展现出来的优势和劣势是什么？

• 公司对其竞争者的战略如何回应？竞争对手的战略又对公司有怎样的影响？

• 在竞争地位、成本结构和资金供给都已经给定的情况下，竞争者能够很好地执行对应的战略吗？

• 行业结构的变化、总体经济形势的变化对于个体竞争者或整个行业有多大的影响？

行业吸引力分析和行业竞争地位分析为竞争战略分析的第三步——企业竞争优势的确认——提供了背景支持。好的价值创造战略源自稳定的竞争优势，评估竞争优势就是在评估公司股东价值创造的潜力。更确切地说，可持续的价值创造就是要持续不断地寻找超过资本成本的长期投资机会，这是竞争优势的终极体现。

2）成本领先战略与差异化战略的价值驱动因素分解

一系列文献研究表明，价值创造源于行业中竞争行为所产生的经济租金（Economic Rents）。在竞争性环境中，如果公司能够产生竞争优势，那么就会有超额利润产生。夏皮罗（Shapiro，1991）指出，现有竞争者的进入壁垒和独特的竞争优势（例如规模和范围的经济效应、绝对的成本优势和产品的差异化等）是产生超额利润的真实源泉。不同竞争战略的价值动因见表5-4。

表5-4 不同竞争战略的价值动因

竞争战略	项目价值动因
成本领先战略	绝对成本优势 •专有产品技术 •重要原材料的控制 •早期进入者的优先权 •学习和经验曲线效应
差异化战略	规模经济效应 范围经济效应 新产品的研发 知名度的建立

成本领先战略通过成本控制和价值链的重新配置来形成更有效的方式去设计、生产、分销或销售产品。从价值管理的角度分析，具有价值创造功能的战略，必然能够将在战略设计过程中所有竞争优势因素转化为财务上的价值驱动因素。结合图5-1，表5-5和表5-6列示了成本领先战略和差异化战略按价值驱动因素分类的支持性策略。

表5-5 成本领先战略下按价值驱动因素分类的支持性策略

价值驱动因素	支持成本领先战略的策略
销售增长率	•保持有竞争力的价格 •追求市场份额以获得生产、分销等的规模经济性
营业利润	•在每一个价值活动中争取相关的规模经济性 •引入提高学习速度的机制，例如，标准化、产品设计修正、改善时间进度等 •在供应商的产品设计、质量、包装、订购程序中寻求降低成本的方式 •寻求与渠道有关的成本减少 •减少不能增加产品价值的一般管理费用
营运资本投资	•最小化现金余额 •管理应收账款以减少平均收账期 •在不损害客户服务所要求的水平下减少存货
固定资产投资	•增加固定资产的利用率 •获得提高生产率的资产 •出售闲置的固定资产 •以最低的成本获得资产（例如，选择租赁还是购买）
资本成本	•设定最优资本结构目标 •选择成本最低的筹资工具（债务或股权） •降低公司风险因素

资料来源：①拉帕波特．创造股东价值［M］．于世艳，郑迎旭，译．昆明：云南人民出版社，2002：70.

②ALFRED. Creating shareholder value：a guide for managers and investors［M］. New York：Free Press，1998.

表5-6 差异化战略下按价值驱动因素分类的支持性策略

价值驱动因素	支持差异化战略的策略
销售增长率	•争取较高的价格 •追求消费者愿为差异化支付溢价这一市场份额的增长
营业利润	•选择最有成本效益的差异化价值活动组合，例如，通过降低购买者成本和风险并同时提高产品性能的方式 •减少不能对消费者需求做出贡献的成本
营运资本投资	•最小化现金余额 •将应收账款政策与差异化战略联系起来 •维持存货水平，使之与服务的差异化水平相一致 •争取向供应商支付应付账款的最优条款
固定资产投资	•投资于能产生差异化的特定资产 •购买具有最佳效用的资产 •出售闲置的固定资产 •以最低的成本获得资产（例如，选择租赁还是购买） •设定最优资本结构目标
资本成本	•选择成本最低的筹资工具（债务或股权） •提高差异化程度，使产品需求较少依赖整体经济状况

资料来源：①拉帕波特. 创造股东价值［M］. 于世艳，郑迎旭，译. 昆明：云南人民出版社，2002：70.

② ALFRED. Creating shareholder value：a guide for managers and investors ［M］. New York：Free Press，1998.

差异化战略的支持性策略和成本领先战略的支持性策略有明显不同，这些不同反映在对每一个驱动因素的分解上，例如，价值创造对于营业毛利通常比较敏感。在成本领先战略中，实现目标利润的关键就是实行有效的成本控制；然而在差异化战略中，焦点的核心看起来更像是公司寻求溢价的能力。无论公司计划实行哪一种竞争优势，管理者都必须要在不同的价值驱动因素间实现平衡。

5.4 价值创造体系

价值创造体系主要揭示公司价值创造的驱动因素，根据前述的资源理论和核心能力理论，公司价值的持续增长来源于公司的持续竞争优势，持续竞争优势则来源于公司所拥有的战略资源。在上述各节的讨论中，主要是从财务资源的角度分析价值创造的驱动因素，事实上，除投资者提供的财务资源外，客户资源和人力资源以及其他无形资产都是构成公司竞争优势不可缺少的资源。

5.4.1　客户价值与公司价值

在价值管理中，不仅要为财务资源的提供者——股东——创造价值，而且要为人力资源的提供者或财务资源的使用者——员工（包括经营者和其他员工）——创造价值。此外，还要为公司产品/服务的购买者——客户——创造价值。价值创造体系的核心要素就是客户价值。

公司价值或股东价值的实现是通过为客户创造价值完成的，或者说，通过为客户提供超越竞争对手的价值，从而为公司或股东创造价值。为提高客户价值，公司不但要在产品属性、服务质量、价格、品牌等客户价值收益来源上做文章，而且要研究影响客户支出成本的因素，设法降低客户的购买成本、时间成本、精神成本、体力成本以及风险承担（因信息不对称导致的客户所购与所需产生差异而带来的损失）；通过建立客户信息共享机制和内部沟通机制，实现公司与客户的双向沟通，建立基于共同利益的新型企业-客户关系，通过客户服务（争取客户、满足客户、保持客户）创造价值。

企业的价值实现主要由顾客忠诚度来驱动的这一观点，得到许多学者的实证检验。赫斯克特（Heskett）和詹姆斯（James）等（1994）为这一问题提供了清晰的思路。他们认为企业的收益增长与盈利能力主要是由顾客忠诚度决定的，顾客忠诚度是由顾客满意度决定的，而顾客满意度是由顾客的价值决定的。企业的价值创造或价值增值是由顾客的数量和质量来决定的，由于保有顾客忠诚的成本低于获得新顾客的成本，因此企业首选的做法应该是尽量保有原来的顾客，在不考虑降价的情况下，增加顾客所感知的价值就会增加顾客的满意度，也就提高了顾客的忠诚度，企业价值因此得以实现。为此，为顾客创造价值应该成为企业最重要的目标。

从客户的角度看待产品/服务的价值，其目的就是通过为客户提供超越竞争对手的服务，从而为企业创造价值。客户关系管理包括客户分析、成本、便利和沟通四个方面的内容。利用数据仓库、报表等技术手段对客观数据进行分析，以便了解、研究、分析客户的需求与欲望，确定企业应该生产什么产品；研究影响客户支出成本的因素，设法降低客户购买和消费成本；研究如何把产品/服务有效率地传递到客户那里，并方便客户实现其效用；研究如何在企业研、产、销之间建立客户信息共享机制及内部沟通机制，通过企业与客户的双向沟通，建立基于共同利益上的新型企业-客户关系，通过为客户服务、争取客户、满足客户、保持客户以从中获利。客户关系管理这四个方面呈顺时针变化，体现了在客户价值创造体系中的逻辑关系。

要在巩固传统盈利方式的基础上，积极探索新的盈利模式，实现从注重规模向注重质量效益转变，从产业链过度延伸向价值链中高端转变，从国内经营向国际经营转变，增强价值创造能力。以提升价值为重要导向，加大科技投入，加快新技术、新工艺的创新，破解制约企业价值提升的瓶颈。积极开展商业模式创新，适应网络信息技术的发展变化，大力发展电子商务，沿价值链大力发展生产性服务业，引领行业变革，增强增值服务能力。要加强品牌建设，重视客户感知，通过提供差异化、物超所值的产品或服务，提高品牌认知度和客户忠诚度，从而提升品牌溢价能力。

5.4.2 无形资产在价值创造中的作用

有形资产和金融资产是工业经济时代企业创造价值的主要来源。但是，在知识经济时代，无形资产正在成为企业价值创造的主要驱动因素。财务资源主要表现为有形资产和金融资产；组织资源、信息资源和人力资源主要表现为无形资产。在无形资产中，组织资源是指为执行创造公司价值战略所要求的组织能力，主要包括：（1）文化——执行战略所需要的使命、愿望、核心价值的意识和内在化；（2）领导力——管理者动员和领导员工实现公司目标的能力；（3）协调一致——个人、团队和部门目标与战略目标的实现相结合；（4）团队工作及知识管理——整个公司共享的具有战略潜力的知识。信息资源主要包括信息系统、数据库、图书馆和网络资源等。IT的应用会带来企业组织结构和行为的显著变化，进而导致新的商业过程和新的市场策略的出现。众所周知，沃尔玛的主要资产不是计算机软件和硬件，而是围绕信息系统所形成的无形的商业流程，其拥有的关于消费者、供应商和商业知识等数据的价值是用于存贮上述信息的磁盘成本的好多倍。人力资源主要是指员工技能、知识和诀窍的有效性，这些技能、知识和诀窍主要用来执行对创造公司价值至关重要的内部经营。据Bhide A（2000）的统计，名列“Inc1 500”（美国主要的新兴成长型公司）中的公司，71%是由那些对其原先雇主创新工作进行复制或修改的人建立的，这充分说明了留住关键员工并拥有其所创造价值的重要意义。

从无形资产形成的过程看，它与企业的创新活动、组织设计和人力资源实践有密切的相关性，三者单独或共同作用的结果表现为无形资产的形成和价值的创造，例如，默克制药公司所拥有的巨大无形资产主要来自其每年投入的巨额研发费用，这是创新活动的结果；戴尔计算机公司主要的价值驱动因素是其独特的计算机直销体系，这属于组织设计的范畴；可口可乐公司的品牌是通过其秘密配方和出众的营销能力组合形成的，它是创新活动以及组织设计共同作用的结果。

在知识经济时代，由于经济的全球化、管制的解除和技术的发展等因素导致竞争的加剧，企业的基本面发生了重大的变化，有形资产和金融资产正在迅速商品化，其投资报酬率趋同于社会平均报酬率，从而不能为企业提供持续的竞争优势与增长。面对这一变化，企业必须采取组织重构和战略聚焦两大基本策略。前者使纵向一体化的内部组织被供应商、客户和员工之间的紧密合作与联盟的网络所取代，导致大量的有形资产被无形资产（主要是组织资本）所替代；后者强调创新是获得持续竞争优势的主要来源，导致更多的无形资产投资（研发、信息技术、员工培训、争取客户等），并且凸显了人力资本的重要性。因此，无形资产正在成为企业价值创造及增长的主要驱动因素。

【课堂拓展】　国资委启动国有企业对标世界一流企业价值创造行动[①]

国务院国资委日前对国有企业对标世界一流企业价值创造行动进行动员部署。党的二十大报告提出，完善中国特色现代企业制度，弘扬企业家精神，加快建设世界一流企业。

近年来，国资国企坚持以建设世界一流企业为引领，持续深化国有企业改革，切实加大科技创新工作力度，扎实推进高质量发展，多层次、多领域组织开展对标世界一流企业专项行动。国资国企要突出效益效率，加快转变发展方式，聚焦全员劳动生产率、净资产收益率、经济增加值率等指标，有针对性地抓好提质增效稳增长，切实提高资产回报水平；要突出创新驱动，提升基础研究能力，充分发挥企业创新决策、研发投入、科研组织、成果转化的主体作用。

国资国企要突出产业优化升级，加快布局价值创造的新领域新赛道，一手抓加快战略性新兴产业布局，一手抓加快传统产业转型升级，更好推进新型工业化；要突出服务大局，进一步强化战略支撑作用。

本章小结

1.投资决策是评价和选择投资项目、优化资源配置的一种经济活动。投资项目决策的目的旨在评价或选择能够创造公司价值的投资项目，以便提高公司价值的长期增长潜力。

2.MVA的来源是公司的投资活动和经营活动，市场增加值主要是向市场或投资者展示这种价值的度量结果，仅当投资活动和经营活动所创造的价值大于资本成本时，才能为投资者创造增量价值。

3.经济增加值是一种剩余价值指标，在数量上等于税后净营业利润超过资本成本的价值。

4.
$$\text{调整后的NOPAT}=\text{税后净利润}+\text{税后利息费用}+\text{少数股东损益}+\text{递延税项贷方余额的增加}+\text{各种准备金余额的增加}\times\left(1-\text{所得税税率}\right)+\left(\text{本年发生的研发费用}-\text{本年研发费用摊销额}\right)\times\left(1-\text{所得税税率}\right)$$

$$\text{调整后的IC}=\text{普通股权益}+\text{少数股东权益}+\text{递延税项贷方余额}\left(\text{借方余额为负值}\right)+\text{当年资本化的研发费用}+\text{各种准备金贷方余额}+\text{短期借款}+\text{长期借款}+\text{长期借款中短期内到期的部分}$$

5.项目净现值衡量投资项目对公司增量价值的贡献大小。投资净现值为正的项目将会增加公司价值；反之，会损害公司价值。经济增加值是对于净现值法则的简单拓展。

---

① 王希.国资委启动国有企业对标世界一流企业价值创造行动［EB/OL］.（2023-3-4）.https：//baijiahao.baidu.com/s？id=1759424214363274884&wfr=spider&for=pc.

6.市场增加值是从总体上衡量公司为投资者创造价值能力的指标，其大小不仅取决于公司当前经营创造的价值能力，而且与公司未来创造价值的能力有关。

7.在其他因素保持不变的情况下，提高投入资本收益率（ROIC）、降低资本成本（WACC）、增加资本投入或减少资本投入时，就会增加EVA，为股东创造价值。将ROIC进行分解后，可以得出ROIC=销售增长率×资本周转率，因此，提高销售的盈利能力和资本的使用效率是提升ROIC的有效途径。

8.财务战略矩阵是通过二维的参数综合分析公司价值增长程度的工具：一是资本收益率差幅（ROIC-WACC）；二是销售增长率与可持续增长率之间的差幅。

9.价值创造有两个重要源泉：一是公司经营所在行业的吸引力；二是相对于竞争对手，公司所建立的竞争优势。竞争战略分析涵盖了三个基本步骤：评估行业的吸引力、评价企业在行业中的竞争地位以及确认企业的竞争优势。

10.有形资产和金融资产是工业经济时代企业创造价值的主要来源，但是，在知识经济时代，无形资产正在成为企业价值创造的主要驱动因素。

讨论题

讨论题指引

1.请根据经济增加值说明公司价值创造的驱动因素。

讨论题指引

2.企业运用EVA进行战略分析，需要进行会计调整，理论上说，会计调整的项目包括很多项，但在实务操作时，往往需要根据项目的实际情况进行专业判断，你认为执行者在进行项目调整的过程中需要考虑哪些因素？

讨论题指引

3.资本成本是计算EVA的重要指标，国资委颁布的《经济增加值考核细则》将资本成本统一原则规定为4.5%、5.5%和6.5%三类，并结合企业类别及资产负债率情况适当上下浮动。你对该项规定有何看法？

案例分析

新一代价值银行——精细化 专业化 数字化 敏捷化

2018年，国内银行业面临日益严峻的内外部挑战。宏观经济下行，中美贸易摩擦升级，给实体行业带来了不小的压力，加大了银行信用风险；不良贷款认定口径趋严，拨备覆盖率下调，银行处理问题资产的压力增大，资产减值损失大幅上升等严重影响了银行的利润实现。2019年8月，央行推出进一步改革以完善贷款市场报价利率（LPR），反映市场对资金需求的真实情况。这一政策是利率市场化的重要里程碑，将对银行精细化、差异化风险定价能力提出前所未有的高要求。另一方面，银行业多年来以规模增长为主，重资本模式尚未得到根本改善，落实轻资本发展仍然任重道远。同时，管理模式仍较为粗放，在应对潜在金融风险及业务转型时相应管理及执行能力不足。与此同时，金融科技公司凭借技术和生态圈优势，对银行的获客渠道、业务拓展和利润增长都形成了巨大冲击。这些因素大幅增加了中国银行业未来的不确定性，给银行经营带来新挑战。面对这些挑战，银行业亟待向价值银行转型，实现高质量发展，这点已成为行业共识。

许多银行深切关注包括如何提升股东价值创造、如何实现从规模银行向价值银行转变、如何实现高质量发展以及有哪些具体举措等。这里选取了40家具有代表性的银行进行深入分析。这40家银行包括6家大银行（分别是四大国有银行、交通银行和邮储银行，以下统称五大行及邮储）、11家全国性股份制银行（不含恒丰银行）、从134家城市商业银行中选取的18家规模较大的主要城商行（包括9家“领头羊”城商行），以及5家规模较大的农商行。这40家银行管理了2018年中国商业银行业87%以上的资产，并贡献了近90%的税后净利。

一、40家银行总体经济利润分析

通过分析40家银行2018年的财报数据发现，40家银行合计实现经济利润约5 225亿元；平均资本回报率（以下简称RAROC）为16.3%，较2017年的17.0%下降了0.7个百分点，并且连续第三年下降。在40家银行中，有27家银行经济利润为正值，有13家银行未创造经济利润，有6家银行的RAROC上升，有34家银行的RAROC下降，大部分银行的RAROC延续下降趋势。

40家银行于2018年合计实现税前利润19 775亿元。然而，在考虑了银行的资本使用后，合计实现经济利润约5 225亿元，约为税前利润的1/4。2018年经济利润排名前5位的银行分别是工商银行、建设银行、农业银行、中国银行和招商银行；五大行和5家主要农商行的经济利润全部为正值；除此之外，经济利润为正的银行还包括兴业银行、浦发银行、中国民生银行、中国光大银行、平安银行、华夏银行、浙商银行、上海银行、南京银行、宁波银行、徽商银行、哈尔滨银行、长沙银行、广州银行、贵阳银行和重庆银行。

40家银行的RAROC为16.3%，同比下降0.7个百分点。与2015年的20.4%、2016年的18.2%和2017年的17.0%相比，2018年40家银行的RAROC连续第三年下降。2018年五大行及邮储银行、全国股份制银行、主要城商行和主要农商行这四大类银行的RAROC分别为18.4%、13.6%、12.0%和16.9%，分别较上年下降0.5、0.7、1.7和0.3个百分点。2018年RAROC排名前5位的分别是招商银行、建设银行、中国工商银行、北京农商行和农业银行。

2018年在40家银行中仅有6家银行的RAROC有所提升，34家银行的RAROC有所下降，其中29家银行连续2年下降，27家银行连续3年下降，可见大部分银行的RAROC延续下降趋势。按资产规模由大到小排名，2018年RAROC有所提升的银行分别是交通银行、邮储银行、招商银行、平安银行、北京农商行和天津银行。

虽然五大行在资产规模和经济利润方面均名列前茅，但重庆农村商业银行、北京农商银行等中小银行的突围以及部分大中型银行的表现不佳，说明经济利润和RAROC与银行资产规模之间并不存在绝对正相关关系。银行的资产规模与经济利润不一定成正比的根本原因是，部分国内银行以消耗资本为代价进行跑马圈地式扩张，并未真正创造经济价值。

二、40家银行价值提升的关键驱动要素

本文通过比较经济利润较高的银行与经济利润较低的银行在部分关键指标上的表现，发现后者往往净息差、净利差和中收（佣金及手续费等中间业务收入）创造能力较低，成本控制和风险管理能力较差，同时资产耗用相对较高。

在净息差和净利差方面，13家未实现经济利润的银行，有7家银行的净息差排名居40家银行的末10位；有5家银行的净利差排名居40家银行的末10位，风险资产定价能力较差，从而拖累了经济利润的实现。

在中收占比方面，这13家未实现经济利润的银行，有5家的中收占比居40家银行的末10位。同时这5家银行中的E银行的风险定价能力和中收创造能力均居40家银行之末，从而看出其造成价值创造能力的不足。

在成本控制方面，这13家未实现经济利润的银行，有6家成本收入比居40家银行的末10位。其中，虽然某银行在净息差、净利差、风险控制能力和资本耗用等方面表现突出，但成本收入比连续4年垫底，导致其经济利润仍然为负值。

在风险管理方面，经济利润为负值的银行表现同样较差，除少数几家外，其余的不良贷款率、拨备覆盖率均位于40家银行中下游，甚至排名末尾。其中，虽然F银行在净息差、净利差等营收指标方面表现较好，但因不良贷款率升高、资产减值准备大幅上升、拨备覆盖率明显下降，因而拖累了经济利润的实现。

最后，在资本管理方面，这13家未实现经济利润的银行，有5家银行的风险权重居40家银行的末10位。风险权重较高，说明银行仍然以消耗资本为代价，追求规模扩张，导致银行价值创造的效率下降。

能够在上文提到的一项或几项关键指标大放异彩的银行，往往更有可能突破资产规模的限制，创造价值；而在其中一点或几点做得较差的银行，则有较大可能无法创造与其规模相匹配的经济价值。重庆农村商业银行的净息差和净利差表现优异，风险控制能力也较佳；北京农商银行的风险控制能力和资本耗用水平表现较好，风险定价能力也位居40家银行的中上游。因此，虽然这两家银行的资产规模仅位居40家银行的中游，但是经济利润和RAROC都名列前茅。相反，在某一项（例如A银行在成本控制能力上较落后，B银行在风险定价能力上较差，C银行的风险权重较高等）或者某几项（例如D银行在净息差、净利差、中收占比和风控能力上均欠佳）上表现不佳的银行，导致其无法创造与其规模相适应的经济价值。

经济利润实现与否，与银行资产规模并不一定相关。但是经济利润较高的银行，往往净息差、净利差和中收创造能力较强，成本控制和风险管理能力较强，同时资产耗用相对较低。在四类银行中，股份制银行和主要城商行面临的竞争压力最大，经济利润创造压力最大。股份制银行的资本消耗较高，城商行处理不良资产的压力较重，同时两者均面临较大的息差收窄压力，从而拖累其资本回报率的实现。

三、中国银行业价值创造能力存在三大主要挑战

我们关注银行的经营是否创造价值，更关注其是否具备长期持续的价值创造能力。我国银行业面临的挑战和风险是巨大的。

1. 宏观经济下行、中美贸易摩擦，叠加不良贷款认定口径和拨备覆盖率趋严，对银行业风险管理提出新要求。2018年宏观经济呈下行趋势，GDP增速进一步放缓至6.6%，同时中美贸易摩擦不断升级，对国内制造、外贸等行业形成巨大压力，导致银行信用风险加大。年初不良贷款认定口径趋严，拨备覆盖率下调，银行处理问题资产压力增大，从而影响利润实现。

2. 银行仍以较为粗放的规模增长为主，精细化管理及专业能力建设存在短板。在较长一段时间内，我国银行业凭借宏观经济的持续快速增长和自身金融牌照优势，发展较为顺畅。在这一背景下，银行更看重规模增长，而忽视了管理团队和执行团队的能力建设，管理模式较为粗放，在应对潜在金融风险及业务转型时能力相对不足。

3. 金融科技竞争加剧，对银行业各类业务形成较大压力。金融科技企业凭借技术优势和生态圈优势，对银行的获客渠道、业务拓展和利润增长形成了巨大冲击。同时，银行与金融科技企业不仅在零售业务上的竞争日益激烈，而且在小微、对公等业务上的竞争也日渐升级。

四、向新一代价值银行转型的建议

为助力中国银行业提升价值创造能力，推进高质量发展，麦肯锡咨询公司通过分析国内外多家金融机构的领先实践与经验，总结了“跨越式发展大零售；专业化、特色化发展公司业务；推动金融市场转型；打造开放协同生态圈；提升风险竞争力；规模化大数据应用；拥抱金融科技”等战略以供各银行参考。建议各银行基于自身禀赋，制定清晰且聚焦的业务发展战略，协同风险管控，并通过敏捷组织转型，以及数据和科技赋能，实现真正的价值创造。

战略一：跨越式发展大零售

大力发展零售业务是银行提升其价值创造能力的必经之路。各银行可参考以下八大零售发展策略，在提升业务的同时，兼顾风险，从而推进高质量发展。做好高收益资产业务，强化营收及风控能力，从“客户选择与分层管理、产品战略和定价、营销体系、风控体系、零售信贷工厂”这五方面入手，在发展零售信贷业务的同时，提升风险管理质量。强化交叉销售，提升客户价值：交叉销售是强化条线内协同，提升客户综合价值的关键举措。面对全渠道战略、线上线下渠道融合、金融和非金融生态融合等发展趋势，传统银行网点必须从“硬实力”和“软实力”两方面向数字化、智能化转型。同时，积极探索布局金融科技，实现科技赋能。

战略二：专业化、特色化发展公司业务

公司银行业务要做精，通过强化聚焦行业的专业化能力、强化聚焦交易银行业务的产品能力、强化专业的公司银行风控能力、强化大数据及科技能力、优化人员架构及管理机制，实现公司银行业务的高质量发展。聚焦行业，实现专业化经营提升价值创造：做精做深重点行业，建立清晰的客户战略及专业、高效的营销前台，实现对风险控制的把握并强化交叉销售。银行可以通过“行业聚焦，制定清晰的客户战略；实施客户分层，存量客户深耕；推动四位一体协同服务模式和账户规划；搭建科学高效的前台营销管理体系”这4个方面予以提升。

战略三：推动金融市场转型

由于监管新规的约束，金融市场业务的增长需求以及其他业务板块的协同需求，金融市场转型势在必行，建议银行以“聚焦价值创造、助推轻资本转型，同时协助零售、对公板块转型”为愿景，以“引入领军人才，搭建市场化人才管理机制”、“双计核算与考核模式”、“专业化客户覆盖模式”和“高效创新的科技系统”四大体系为支撑，向“全行高附加值产品中心”和“全行同业客户管理中心”转型。

战略四：打造开放协同生态圈

生态圈战略可依托多元场景与海量数据，激活存量客户、获取新客户，“保障客户的永续经营”，并打通价值链端到端数据，提升风险经营能力。

战略五：提升风险竞争力

2019年8月17日，中国人民银行发布改革完善贷款市场报价利率（LPR）形成机制公告，进一步深化了利率市场化改革，从而进一步加剧了市场竞争。在此背景下，提升实施风险定价变得至关重要。为实现长期科学化风险定价，一方面，银行必须规范定价管理操作流程，加强定价管理执行力度与监督力度，有效落实贷前对定价的审查与复核，以构建全面的定价管理体系。另一方面，提升综合收益的过程对前台部门的营销技能提出了更高要求，银行应加强对客户经理的培训和指导，从而确保风险定价和综合收益成为客户营销谈判的重点。

要建立基于RAROC和经济利润的价值管理体系，需落实到每一个客户，银行要系统进行客户选择、定价管理以及资产配置的精细化管理。建立价值创造的指标体系，衡量客户的真实价值，基于价值创造对客户进行分层、精细化管理；在考核及预算中落实风险战略，传导风险偏好。

战略六：规模化大数据应用

银行核心业务的发展离不开大数据的开发应用。要将打造大数据能力作为高质量发展的核心战略，并在营销、风控、运营管理等领域进行投资探索。然而，目前银行在大数据运用领域仍然面临重重挑战。

战略七：拥抱金融科技

为满足银行业务和数字化发展的需求，更好地实现“以客户为中心”，提升经营质量，银行需要强大的IT开发支持以及前沿的金融科技应用作为支撑，价值创造需要布局金融科技，国内外的领先银行主要聚焦“物联网、区块链、云计算、移动互联/5G、人工智能、大数据、AR/VR、生物识别”八大金融科技，将其应用于支付结算、财富管理、零售信贷、小微、投资银行与资本市场、网点及运营六大业务领域。银行可以通过多种途径对金融科技进行投资布局。

（本案例根据麦肯锡《中国TOP40家银行价值创造排行榜（2019）：新一代价值银行：精细化、专业化、数字化、敏捷化》报告整理编写，供教学使用，部分银行名称和数据隐去）

请结合案例资料及相关商业银行的公开资料回答：

1. 针对银行业，你认为提升价值的关键驱动要素有哪些？

2. 面对中国银行业价值创造能力的三大主要挑战，银行业应该采取哪些对策以提高价值创造能力？

案例分析指引　　　　延伸阅读文献

第6章

公司并购

学习目标

◇ 熟悉并购的类型与并购浪潮
◇ 熟悉并购效率理论
◇ 掌握并购价值评估方法
◇ 掌握并购融资与对价方式
◇ 了解并购中的敌意收购与防御

2021年10月，伊利宣布其子公司通过收购和认购新股的方式，以62.45亿港元获得澳优乳业34.33%的股权，此举创造了中国乳企间规模最大的一笔投资并购。交易完成后，伊利将成为澳优乳业最大的股东，另外伊利也将继续支持澳优乳业独立运营、维持其在中国香港资本市场的上市地位。2021年国内羊奶粉市场硝烟四起。前有飞鹤全资收购小羊妙可布局国内羊奶粉市场，后有君乐宝将羊奶粉配方注册批件握在手中。在这种竞争形势下，进一步加码羊奶粉产业链布局，对伊利来说尤为重要。澳优乳业聚焦高端奶粉市场，主力产品佳贝艾特（配方羊奶粉）2020年的销售额达31.06亿元。根据尼尔森数据，自2018年以来，澳优乳业配方羊奶粉销售额连续3年占中国婴幼儿配方羊奶粉总进口量超60%，居全球羊奶粉销量第一。佳贝艾特稳居全球羊奶粉领域老大地位也使得伊利在中国乳业牛羊两条路竞争中获得先发优势。

自20世纪以来，并购已经成为企业快速扩张和整合的重要手段之一。企业寻求扩张的途径有两种，一是内部扩张，二是并购。当一家公司以货币资本购买其他企业会获得比直接投资建厂更大的收益时，这种购买行为便是经济可行的。在当下激烈的市场竞争中，公司并购与重组能够最有效地将某些经营困难的公司的闲置生产要素转移给那些正在扩大生产规模的公司，优化资源配置，达到各取所需的目的。在不同的情境中，企业的并购动机和最终效果也各不相同。本章的学习，可以对并购的相关理论和实践建立较为清晰的逻辑框架。

本章在介绍并购和并购浪潮的基础上，分析总结了并购效应的理论，并列举了相关的经验证据，以此了解并购发展的必然性。在了解并购动机之后，本章简要介绍了企业并购价值评估的思路，了解并购定价的理论依据，然后对并购的融资和对价方式进行总结，最后介绍了国外比较常见但在我国也应引起关注和重视的敌意收购以及相关的防御策略。

在本章对公司并购的学习中，不仅要掌握并购效率理论和并购融资及对价方式，更重要的是要关注企业并购的行为是否符合国家政策方向；要重点关注相关领域的政策和法律规范，提高解决现实问题的能力，关注敌意收购并熟悉相关的防御策略，强化遵守国家大政方针政策、会计行业制度，提高法律规范的意识。

6.1　上市公司并购行为

6.1.1　并购的含义与类型

并购一般是指兼并和收购的简称。兼并是指一个公司采取各种形式有偿接受其他公司的产权，使被兼并公司丧失法人资格或改变法人主体的经济活动。收购是指一家公司通过现金、股票等方式购买另一家公司部分或者全部股票或资产，从而获得该公司控制权的经济活动。

公司的兼并和收购，从本质上看，都是公司所有权或产权的有偿转让；在经营理念上，都是通过外部扩张型战略谋求自身发展；目的都是加强公司的竞争能力，扩充经济实力，实现一体化。因此，通常将公司兼并和收购统称为并购。

根据并购的不同功能及并购所涉及的产业组织特征，可以将其划分为横向并购、纵向并购和混合并购三种基本类型。

横向并购是指处于相同市场层次上的公司并购，即两个或两个以上生产和销售相同或相似产品公司之间的并购行为。它的主要目的是增加市场份额，使公司资本向同一生产、销售领域集中，迅速扩大公司的生产经营规模，取得规模收益，提高公司的专业化水平。近年来，由于全球性行业重组的趋势加快，我国各行业谋求发展的实际需要以及我国在政策法律层面对横向重组的一定支持，行业横向并购的发展十分迅速，从而对行业发展产生了重要影响。截至2022年9月29日，我国A股上市医药生物企业合计发布235份并购公告，其中有超过70%的并购方式为横向并购。

纵向并购是指发生在同一产业的上下游企业之间的并购，各家企业处于生产经营同一产品的不同生产阶段。这些企业之间不是直接竞争关系，而是供应商和需求商之间的关系。通过纵向并购活动，同一产业链上的公司相互整合，构成同一集团内的产业价值链，对一个公司的市场交易行为进行内部整合。纵向并购在我国发展尚处起步阶段，基本都在钢铁、石油等能源与基础工业行业内进行。这些行业的原料成本对行业效益影响较大，企业希望通过纵向并购来提升业务链的整体优势，本质上是提升自身讨价还价的能力。

混合并购是指与现有业务链不相同也不垂直衔接的公司之间的并购，其目的主要在于开拓新的业务领域，分散风险，获取多元化的投资组合，寻求更广阔的市场空间。在面临激烈竞争的情况下，我国一些企业希望通过混合并购的方式，实现多元化发展的格局，为企业进入其他行业领域提供有力、便捷、低风险的途径。

关于三种并购基本类型介绍见表6-1。

表6-1　　三种并购基本类型介绍

并购类型	含义	主要目的	案例
横向并购	两个或两个以上生产和销售相同或相似产品公司之间的并购行为	使企业获得规模经济优势，减少竞争，提高市场占有率	2017年，苏宁物流并购天天快递；2021年，极兔速递并购百世快递；2022年，京东物流并购德邦快递
纵向并购	发生在同一产业的上下游企业之间的并购行为	有助于企业减少交易费用，加强业务链整体优势	2018年，中国神华并购国电电力
混合并购	两个或两个以上相互没有直接投入-产出关系的公司之间的并购行为	帮助企业分散经营风险，寻找新的利润增长点，提高市场适应能力	均胜电子的转型之路：2012年，均胜电子收购德国汽车电子公司PREH；2014年，收购德国工业机器人领先企业IMA和方向盘系统供应商QUIN；2016年，收购德国汽车安全系统公司KSS与车载信息系统公司TS。通过混合并购，均胜电子由一家纺织企业转变为汽车电子、汽车安全、工业自动化领域的全球顶级供应商

除了上述基本分类外，按并购的支付方式划分，并购可分为现金支付式、承债式、股份置换式、买壳式、借壳式以及联合收购式等。其中，买壳式、借壳式并购是指企业收购一家上市公司一定比例的股份来获得上市公司的地位，是民营企业上市的常见手段，资产置换加股权转让是最典型、最有效的方式之一。联合收购式并购是指在并购过程中，收购企业进行支付的方式不仅有现金、股票，还有认股权证、可转债等多种方式的混合。按被收购企业的意愿划分，并购可以分为善意并购和敌意并购。其中，善意并购是指并购企业会与目标企业进行协商，在其同意的基础上再进行谈判并达成一致意见而采取的并购方式，被形象地称为“白马骑士”；敌意并购是指并购方不管目标企业的意思表示，缺乏协商过程而进行的并购，被称为“黑马骑士”。

6.1.2 并购浪潮

以美、英、日、德等发达国家为代表的并购活动按历史进程大致可以分为6个阶段，在每一个阶段总有一种特定的并购方式处于主导地位。

1）第一次并购浪潮（1895—1904年）

第一次并购浪潮以横向并购为主要特征。19世纪下半叶，科学技术的巨大进步显著地推动了社会生产力的发展，并掀起了以铁路、冶金、石化、通信等行业为代表的大规模并购浪潮，各行业的许多企业通过资本集中组成了规模巨大的垄断公司，如美国钢铁公司、杜邦公司、美国烟草公司等。在美国并购高峰时期的1899年，公司并购达到1 208起，是1896年的46倍，并购资产总额达到22.6亿美元。在1895—1904年的并购高潮中，美国有75%的公司因并购而消失。在并购的过程中，出现了现代控股公司的最初形式。作为工业革命的发源地，英国在此期间的并购活动也大幅增长，有665家中小型企业在1880—1981年通过兼并组成了74家大型企业，垄断了国内主要工业部门。在这股并购浪潮中，大企业在各行业的市场份额迅速提高，从而形成大规模的垄断企业。

2）第二次并购浪潮（1916—1929年）

在经历了第一次并购浪潮后，企业并购活动经历了一段时期的低潮。到20世纪20年代，科学理论的突破形成了新的工业技术，导致汽车工业、电力工业空前繁荣，消费时代的到来使得这些工业的发展需要资本的进一步集中，企业并购又形成了第二次浪潮，见证了新产业的崛起。第二次并购浪潮与第一次并购浪潮具有显著的区别：第二次并购浪潮以纵向并购为主要特征，相当规模的纵向并购出现，那些在第一次并购浪潮中形成的大型企业继续开展并购活动，并进一步增强其经济实力，扩展并巩固其对市场的垄断地位，加强了第一次并购浪潮的集中和行业的竞争程度。在这一时期，纵向并购所占比例达到85%，各行业部门将其各个生产环节统一在一个企业联合体内，从而形成了一批在各部门处于领导地位的大型企业，如ICI至今仍然控制着英国的制造业，美国福特汽车公司并购了上下游厂商，达到零件自给自足，发展成为汽车行业的巨大生产联合体。

3）第三次并购浪潮（1965—1969年）

第三次并购浪潮以混合并购为主要特征，而且无论是在规模上还是在速度上都大大超过了前两次，出现了一批多元化经营的大型企业。经过20世纪40年代后期和50年代的逐步恢复，各主要工业国在20世纪60年代迎来了经济发展的黄金时期，同时催生了大规模的投资建设活动。随着第三次科技革命的兴起，一系列高新科技成果得到广泛应用，社会生产力实现迅猛发展，并造就以混合并购为主要特征的第三次并购浪潮。例如，美国在1967—1969年的并购高峰期，共发生并购10 859起，混合并购所占比例达到60%左右。同时，在第三次并购浪潮中，恶意收购也开始出现，例如加拿大的镍铬公司企图收购当时世界上最大的电池制造商电储电池公司。

4）第四次并购浪潮（1984—1989年）

第四次并购浪潮从20世纪80年代中期持续至20世纪80年代末。这一阶段以融资并购为主要特征，杠杆并购为主要手段，交易规模空前，数量繁多。据统计，1980—1988年企业并购的总数达到20 000宗，其中于1985年达到顶峰。第四次并购浪潮的特点是杠杆并购盛行，出现了大量小企业并购大企业的现象，美国利率市场化导致储贷机构负债竞争成本上升以及对高收益资产需求大增，为垃圾债提供了买家，然后再利用垃圾债进行杠杆并购，导致20世纪80年代“垃圾债券”危机四伏。同时，这一时期的跨国并购不断增多，并一直延续至第五次并购浪潮。

5）第五次并购浪潮（20世纪90年代）

自20世纪90年代以来，全球化、信息技术、金融创新及产业整合等要求企业迅速做出调整，全球跨国并购迎来新浪潮，首次出现了真正意义上全球性的企业并购。在此背景下，跨国并购成为了对外直接投资的重要方式，逐渐替代跨国创建新企业而成为跨国直接投资的主导方式，并由此出现了像波音-麦道公司那样的世界性行业垄断集团。统计数据表明，1987年全球跨国并购额仅有745亿美元，1990年就达到了1 510亿美元，2000年全球跨国并购额进一步达到11 438亿美元。以往的并购活动主要集中在几个行业，而第五次并购浪潮涉及通信、化工、航空、零售、医疗保健、银行等行业，是着眼于未来竞争的战略性经济行动，促进了产业结构调整。

6）第六次并购浪潮（2004年至今）

全球在经历了第五次并购浪潮后，于2004年起跨国并购再掀狂潮。全球跨国并购额于2004年、2005年和2006年分别达到3 810亿美元、7 160亿美元和8 805亿美元。在这期间，并购活动猛增的原因部分在于2005年股市复苏带动的大宗交易。价值10亿美元以上的特大交易有141起，2005年特大交易的价值为4 540亿美元，是2004年的2倍以上，占全球跨国并购总价值的63%。近年来，全球并购仍在持续增长。普华永道发布的《2021年全球并购行业趋势回顾及2022年展望》报告称，全球并购活动在2021年再创新高，大大打破了之前的纪录。2021年全球公开的交易数量超过62 000宗，比2020年大幅增长24%。公开披露的交易价值达到5.1万亿美元的历史新高，打破了2007年创下的4.2万亿美元的历史记录。而其中巨额交易（交易金额等于或超过50亿美元）达130宗，比2020年超出57%。对科技、数字和数据资产的强烈需求，以及在2020年被压抑的交易需求的释放，推动了2021年并购市场的活跃度。

无论是本国交易还是跨境交易，是战略投资交易还是私募股权交易，并购市场的表现都很活跃。在前五次并购浪潮中，中国企业只是在第五次并购浪潮中，以联想、海尔为主力的机构少有参与。近年来，中国经济高速增长，大量中国企业快速崛起，中国成为第六次并购浪潮的主力军。同时，随着我国产业全面升级及“一带一路”倡议引导，中国企业海外投资并购交易实现跨越式增长，出现了井喷现象。根据商务部公布的数据，在2016年一整年内，中国内地企业海外投资并购投资交易达到438笔，较2015年的363笔交易增长了21%；并购总金额为2 158亿美元，较2015年增长了148%。2017年，我国对外投资结构不断优化，化工、电力、制造、能源等产业并购增多，上亿美元的大型并购项目超过60个，中化工收购瑞士农药种子企业等项目顺利实施，实体经济和新兴产业对外投资进一步提高。2019年11月，中国证券监督管理委员会上市公司监管部副主任曹勇表示，中国当前占全球并购交易规模比例达到10%，稳居全球第二大并购市场。2021年，中国全行业对外直接投资1 451.9亿美元，同比增长9.2%，中果企业宣布的海外并购总额为570亿美元，同比增长19%，医疗与生命科学行业两年内连续取得了交易金额和数量双增长。

【课堂拓展】　“一带一路”倡议促进海外并购发展

在当前，市场经济全球化浪潮下，全球经济逐渐趋于一体化，企业面临着海内外市场的竞争。在这样的背景下，我国政府统筹国内外各种资源，强化政策支持，提出“一带一路”倡议，积极与沿线国家加强经济合作，高举和平发展旗帜，“一带一路”倡议得到国内企业的积极响应。这些利好政策鼓励国内企业“走出去”，极大地刺激了民营企业参与海外并购的积极性，运用全球化视野的资本运作理念，许多国内企业为了扩张经营规模和增强国际竞争力，走上了海外并购的道路。尤其在“一带一路”沿线覆盖的国家和区域，进行海外并购这一对外直接投资活动的企业数目大大增加。近年来，海外并购的方向主要是高科技领域和技术类制造业，能对国内制造业的升级改造产生带动作用，借鉴相关经验，优化资源配置，带动国内企业创新能力，增强经济可持续发展。

6.1.3　中国上市公司的并购特征

随着1990年12月上海证券交易所和1991年7月深圳证券交易所的成立，中国股份制企业的数量迅速增长，证券市场高速发展，利用证券市场进行的企业并购数量和交易规模也快速上升。经过30年的不断发展和完善，中国上市公司的并购活动取得了令人瞩目的成果。

1）中国上市公司并购活动的基本情况

我国从改革开放至今，企业并购活动已经经历了30多年的发展。随着我国企业市场竞争进程的加快和资本市场容量的扩大，资本市场并购活动总体呈现上升趋势。1998—2012年，我国共发生企业并购交易近10 000宗，交易金额超过14 500亿元，我国并购市场规模大幅增长。2013年，我国改革红利不断释放，市场活力持续增强，同时国家出台了一系列促进兼并重组的政策，我国由此爆发“并购元年”，此后两年并购市场持续火爆，交易规模大幅攀升，至2015年达到顶峰。2016—2021年，受国企改革、巨头合并、政策监管加紧、风控增强和新冠疫情等多重因素影响，并购市场整体趋稳回落。2015—2021年我国企业并购市场宣布交易趋势图如图6-1所示。

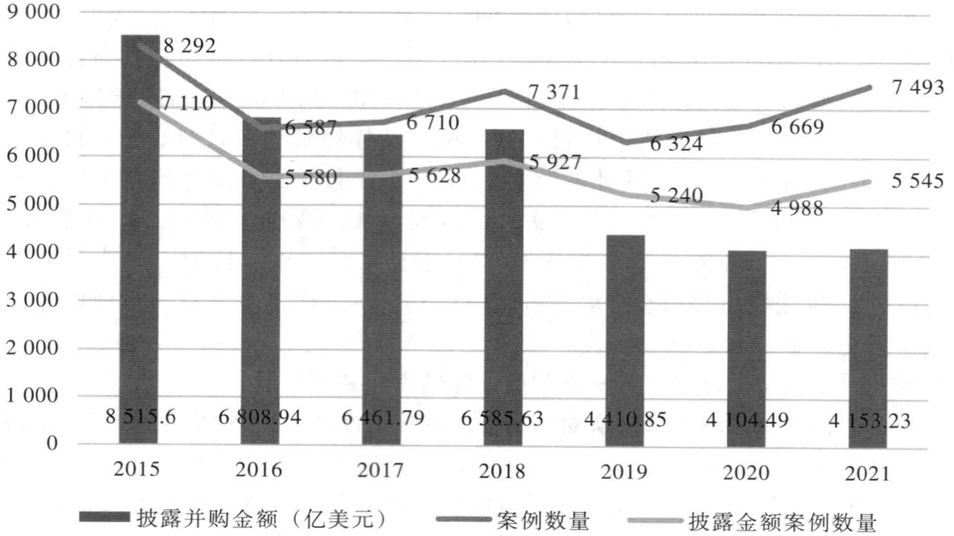

图6-1 我国企业并购市场宣布交易趋势图

资料来源：投中数据。

2005年，在我国上市公司相继进行了股权分置改革之后，上市企业的并购活动呈现出新的变化。2005年以前，上市企业的并购活动主要以资产交易为主；2005年之后，股权交易开始占主流，并且控股权转移的并购不断增多，从而反映了我国资本市场通过并购重组来进行业务拓展和实现行业整合的功能在增强。近年来，股权交易始终为我国上市公司并购活动的主要方式。2013—2021年中国上市公司并购股权交易与资产交易数目对比图如图6-2所示。

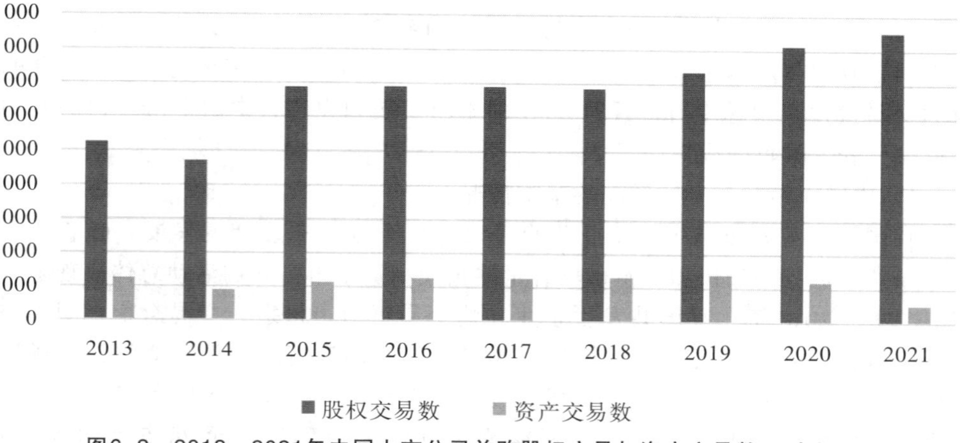

图6-2 2013—2021年中国上市公司并购股权交易与资产交易数目对比图

资料来源：国泰安数据库。

【课堂拓展】 国家鼓励中小企业通过并购重组对接资本市场

2021年，国务院促进中小企业发展工作领导小组办公室发布关于印发提升中小企业竞争力若干措施的通知。其中提到，加强直接融资支持。深化新三板改革，发挥北京证券交易所服务中小企业作用，打造服务创新型中小企业主阵地。推动上海、深圳、北京证券交易所和新三板提供全流程、全周期咨询服务，助力中小企业上市挂牌融资。完善创业投资发展和监管政策，畅通私募股权和创业投资基金“募投管退”各环节，促进中小企业创新创业创造。发挥国家中小企业发展基金、国家新兴产业创业投资引导基金、国家科技成果转化引导基金等作用，带动社会资本扩大直接融资规模。该项由证监会、人民银行、发展改革委、科技部、工业和信息化部、财政部、商务部按职责分工负责。

2）中国上市公司并购活动特征

现阶段我国上市公司的并购活动呈现模式多样化和领域广泛化等特点，民营资本以及外资资本也开始成规模地进入并购市场。然而，由于结构具有一定的特殊性，我国资本市场还呈现以下5个特征：

（1）进行市场化的业务结构调整和行业整合

改革开放40多年以来，我国很多产业的产能都出现了不同程度的过剩，同时随着经济的全球化，我国企业还面临外资特别是国际巨头的激烈竞争，因此通过市场整合现有产业的分散状态，调整业务结构是我国企业并购重组的主要动机。这对企业发展具有战略意义，主要表现在并购同行业不同领域公司或同行业不同市场的公司，从而实现重新配置资源、延长和重整产业链条，达到做大做强的现实目标，其中典型的例子是中国铝业，不仅并购了众多铝业企业，而且收购了上海有色金属等铜业企业。

2013年1月，工业和信息化部联合12个部委下发了《关于加快推进重点行业企业兼并重组的指导意见》，提出了汽车、钢铁、水泥、船舶、电解铝、稀土、电子信息、医药和农业产业化共九大行业和领域应通过企业兼并重组，提高产业集中度，促进规模化、集约化经营，形成一批在行业中发挥引领作用的大企业、大集团，以促进产业持续健康发展。在该政策的引导下，各行业整合进一步加快。就历年并购交易行业分布来看，制造业始终为并购高发行业，IT、金融、互联网等行业的并购也相当活跃。2018年中国企业完成并购交易金额按行业规模分布如图6-3所示。

当然，由于我国资本市场对上市公司资产和股权的不正常溢价，这种整合机会也给了上市公司进行资产套现和再融资的借口。

（2）封闭型并购占重要比例

封闭型并购是指关联企业之间或者在政府主导的同一管辖范围内的企业之间的并购重组，与之相对应的是开放型并购重组。表6-2是近年属于关联交易并购的数据。

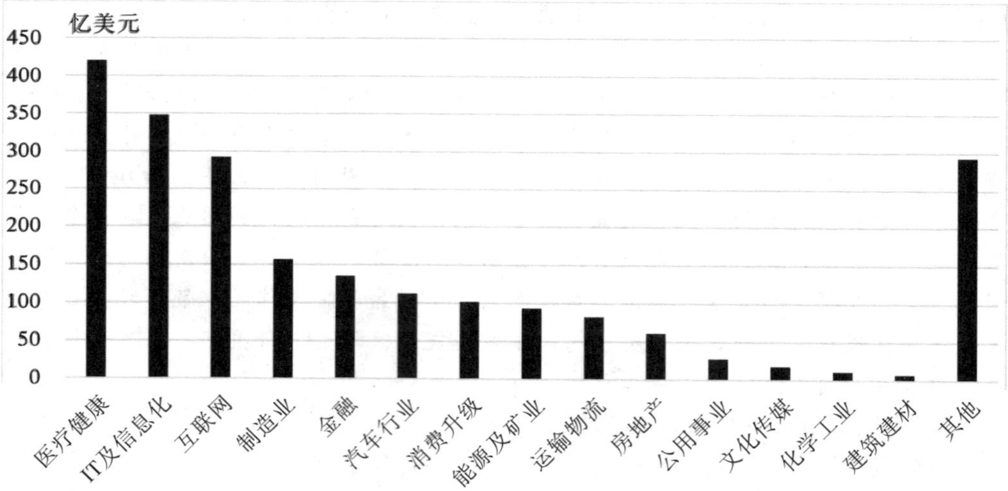

图6-3 2021年中国企业完成并购交易金额按行业规模分布图

资料来源：投中数据。

表6-2 **关联交易并购数据表** 数量单位：起

年份	资产交易			股权交易		
	并购数	其中：关联交易数	占比	并购数	其中：关联交易数	占比
2021	1 222	265	22%	9 087	901	10%
2020	1 172	234	20%	8 708	916	11%
2019	1 424	286	20%	7 874	958	12%
2018	1 345	244	18%	12 904	1 046	8%
2017	1 318	255	19%	9 985	1 056	11%
2016	1 303	307	24%	9 990	1 194	12%
2015	1 184	289	24%	10 115	1 162	11%
2014	938	215	23%	6 741	808	12%
2013	1 296	243	19%	9 324	754	8%

资料来源：CSMAR数据库。

从表6-2的数据可见，在股权交易中，关联交易数平均占并购总数的10%左右，在资产交易中的关联交易数约占20%。

（3）对控股权的争夺稳中有降

自2005年起，随着股权收购的日益增多，上市公司对控股权的争夺没有股权分置刚开始时那么激烈了，在2005年的894笔股权交易中有397笔发生控制权转移，占全部股权交易的44%，而2012年的占比降到了32%。虽然有所下降，但总体规模仍然不小，具体趋势如图6-4所示。

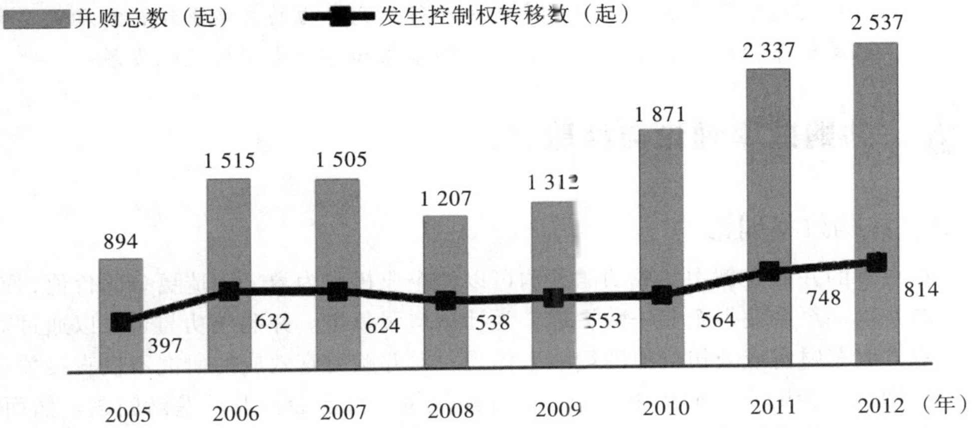

图6-4　2005—2012年中国上市公司股权交易控制权转移数量图

资料来源：北京交通大学中国企业兼并重组研究中心．中国企业并购年鉴［M］．北京：中国经济出版社，2006—2013.

争夺控股权的主要原因是我国上市公司控制权存在较大溢价，同时控股股东利用控制权获得额外好处的可能性很大，特别是可以从资本市场进行再融资，并将资金用于对控股股东非常有利的领域。尤其是在股权分置改革初期，限售流通股的溢价非常大，使得上市公司对控股权的争夺非常激烈。随着市场开放程度的加深，这种溢价优势开始减弱，因此上市公司对控股权的争夺有一定程度的降低。

（4）并购事件易引发资本市场动荡

由于并购对上市公司的未来资产质量和盈利能力的影响比较大，因此对并购事件的预期容易引起上市公司二级市场价格的剧烈波动。由于我国对并购的管理还不完善，不法分子会利用并购信息的不对称性操纵市场价格，导致投资者利益受到侵害，不利于投资者形成良好的投资理念以及证券市场的健康发展。鉴于此，相关部门应对《上市公司收购管理办法》中存在的内幕交易、操纵市场等行为予以详细界定和严惩。

（5）并购交易支付方式单一

我国并购规模与国外成熟的资本市场相比总体不大，而且往往是以大吞小式的并购案，强强联合或蛇吞象式的并购案并不多。其中，80%以上的并购案例都是现金支付。同时，由于我国企业并购市场化程度低，很多并购都是政府主导，因此存在一些具有我国特色的特殊并购支付方式，如资产支付、承债支付和无偿划拨等。国际流行的股票支付运用得较少，而综合证券支付则几乎没有。

【课堂拓展】　　并购重组政策调整

2018年成为了我国并购重组政策宽松的起点，证监会接连推出定价双向调整机制和"小额快速"并购审核机制，推动并购审核提速，允许所募资金用于补充流动性。再融资方面，推行定向可转债并购试点，再融资工具和资金方面显著放松。政策意在放宽有利于提升上市公司资产质量和行业竞争力的并购重组，鼓励优质资产注入，也兼顾保护中小股东利益，引导并购重组和再融资市场良性发展。

6.2 并购效率理论与经验证据

6.2.1 并购效率理论

在众多的并购案例中，成功的并购可以使企业扭亏为盈，创造更多的价值，而失败的并购甚至会使得企业一败涂地，为社会增添负担。并购成功与否可以通过对并购双方股东财富或公司价值的增减来体现，对并购财富效应的研究不仅直接关系到能否增进社会财富，而且影响企业的并购决策，甚至会涉及反垄断问题。然而，由于并购活动的动因多种多样，并购所产生的效应也并不一致，甚至同一个企业不同时期的并购效应都有所不同，因此有关并购效应的研究历久弥新，产生了很多相关的理论以及众多经验证据。

并购效率理论认为，并购和其他资产重组活动行为一样具有潜在的社会效益性，并且会提高并购参与者的效率。这一理论包含两个基本的要点：一是公司并购活动的发生有利于改进管理者的经营业绩；二是公司并购活动会导致某种形式的协同效应。该理论支持公司并购活动能够增加社会财富的观点，共有以下几种理论支撑并购效率理论。

1）管理协同效应理论

该理论又称"效率差异化理论"或"效率效应理论"。这种理论认为，管理协同效应主要指的是并购给企业管理活动在效率方面带来的变化及效率的提高所产生的效益。产生管理协同效应的前提是并购双方在进行并购前存在着管理效率上的差异，在管理效率高的公司兼并另一个公司之后，低效率公司的管理效率得以提高，这就是管理协同效应。该理论有两个基本假设：

（1）并购方的管理资源有剩余且具有不可分散性。这是因为，如果并购方的管理资源没有剩余，已经得到充分利用，或是可以轻易地分割出来，那么并购活动将是没有必要的。

（2）对于目标公司而言，其管理的非效率可经由外部经理人的介入和增加管理资源的投入而得到改善。

在这种理论中，收购方一般具有目标公司所处行业所需的特殊经验并致力于改进目标公司的管理，可以输出剩余的管理资源，使自己的管理资源得以充分利用，提高被并购公司的管理水平和社会整体的管理水平，因此，管理协同效应理论适用于解释横向并购。

2）非效率管理理论

对非效率管理有两层解释，首先，目标公司的既有管理者没能充分利用既有资源以达到潜在绩效，相对而言，并购方的介入能使目标公司的管理更有效率，同时目标公司的管理是绝对无效率的，几乎任何外部经理层都能比既有管理者做得更好。非效率管理理论具有3个理论假设：①目标公司无法替换有效率的管理，而诉诸需要成本的收购；②如果只是因为经理人的无效率管理，目标公司将成为收购公司的子公司；③收购完成后，目标公司的管理者需要被替换。非效率管理理论更适用于分析混合并购，即处于不相关行业的公司间的并购活动。

3）经营协同效应理论

经营协同效应，是指由于经济上的互补性、规模经济或范围经济，而使得两个或两个以上的公司合并成一家公司，从而造成收入增加或成本减少的情形。经营协同效应理论有个前提是由于企业在人员、机器设备或管理费用等方面具有不可分割性，因此在行业中存在规模经济的潜能，且在并购之前，企业的经营活动水平还达不到实现规模经济的潜在要求，那么，企业可以通过并购来实现经营协同效应，从而充分利用企业内各种资源和能力，提高经营效率、降低经营成本以及提高经营收益。在企业尚没有达到使各种资源得到充分利用的合理规模时，并购是解决这一问题很好的手段。

该理论比较适用于解释纵向并购。因为根据交易成本理论，通过纵向一体化可以形成经营协同效应，例如，将同一产业的不同生产阶段或是不同发展阶段的企业合并起来，可以降低或避免讨价还价、通信联络等交易成本，从而提高企业的经营效率。

4）财务协同效应理论

财务协同效应理论建立在内外部资金分离的基础之上，认为并购可以给企业提供成本较低的内部融资，给公司带来的收益包括财务能力提高、合理避税和预期效应。并购可以使公司从边际利润较低的生产活动向边际利润较高的生产活动转移，也就是低成本地促使资金在企业内从低回报项目流向高回报项目，企业内部资金会得到更加合理的配置使用，优化资本结构。并购之后将产生企业综合实力以及资信等级提升等效应，从而使得企业偿债能力提高、破产风险降低。此外，在一个税法完善的市场中，并购后企业的负债能力往往大于并购前各单个企业的负债能力之和，虽然合并后企业的规模显著增加，但其筹资成本和交易成本却不会同步扩大，甚至可能与兼并前某个企业的成本差不多，因此负债的节税效应也会降低企业的财务成本。

5）多元化经营理论

作为一种并购理论，多元化经营理论区别于股东证券组合的多样化理论。股东可以在资本市场上通过将投资分散于各类产业而将风险分散，但是，在所有权与经营权分离的情况下，公司管理者和其他员工却很可能面临因为公司的单一经营而陷入困境的风险。多元化经营推动业务的分散发展，降低业务经营的关联度，这样也能够同时降低资金风险，有助于提升企业经营的抗风险能力，从而降低企业管理者和员工的人力资本投资风险。而且，公司内部的长期员工由于具有特殊的专业知识，其潜在生产力必定优于新员工。为了将这种人力资本保留在组织内部，公司可以通过多元化经营来增加职员的升迁机会以及工作的安全感。此外，如果公司原本具有商誉、客户群体或供应商等无形资产，那么多元化经营可以使这些资源得到充分利用。虽然多元化经营未必一定通过收购来实现，可通过内部成长达成，但时间往往是重要因素，通过收购其他公司可迅速达到多元化扩展的目的。

6）战略性并购理论

公司的并购策略并不是孤立的，而是应当放进公司的发展战略中进行综合衡量的。实现股东价值最大化是公司的终极目标，但是其短期目标可能包括最小化成本、最大化利润、最大化市场份额、提升研发能力以及开拓新的市场等。为了实现战略目标，公司可以选择内生增长、与其他企业结盟（战略合作关系）、与其他企业合资或者进行并购等方式。战略并购理论强调企业并购是为了增强企业适应环境变化的能力，巩固自身市场份额、行业地位和把握资源要素的一系列并购组合行为，是对整个产业的整合，而不是为了实现规模经济或有效运用剩余资源。并购可以使企业迅速进入新的投资领域，占领新的市场，获得竞争优势，从而更快地获得新的资源和新的市场。

因此，并购应当被看作一种积累、创造资源和能力的动态过程，有助于提高企业的长期竞争力，在现有的资源和能力的基础上为公司争取新资源、新能力提供机会。

7）价值低估理论

这一理论认为，在一个完善的市场中，当某个企业的价值被低估，其他企业就可能通过并购来获得对该企业的控制权，从而用相对低廉的成本实现扩张战略。公司市值被低估的原因一般有以下3种：①公司的经营管理未能使公司达到其潜在的效率水平；②并购公司拥有外部市场所没有的、有关目标公司真实价值的内部信息；③通货膨胀造成资产的市场价值与重置成本之间的差异，从而出现公司价值被低估的现象。

托宾Q是常被用来衡量企业价值是否被低估的指标。Q等于公司的股票市场价值与实物资产重置成本的比例，如果Q值小于1，说明企业的价值被低估了，那么并购这样的公司将会产生潜在收益，例如，某公司Q值为0.7，即使并购成本为市值的1.2倍，其并购成本也只有资产重置成本的84%，那么并购该公司依然有利可图。

8）交易费用理论

该理论从交易费用的角度解释了企业纵向并购的成因。该理论认为，企业通过并购投资，用费用较低的企业内部交易代替费用较高的市场交易，优化企业间的资源配置，降低交易费用，产生交易费用效应。交易费用效应的产生原因在于：

（1）节约知识交易的谈判成本，减少机会主义行为

由于市场存在信息不对称及外部性的特点，因此，知识的市场价值难以实现，即便得以实现，也需要付出高昂的谈判成本和监督成本。企业并购可以使专门的知识在同一企业内运用，进而实现节约交易费用的目的。另外，在市场交易中存在“人人为己”的特点，因此，单靠契约是不完备的。并购后，上下游企业之间的交易就成为一种内部交易，在同处于一个管理机构控制的情况下，有共同的组织目标，各自产生机会主义的动机就小。

（2）降低资产专用性风险

资产的专用性也是决定交易费用的重要因素。某些企业的产品生产需要大量专门的中间产品的持久投入，而这些中间产品市场常常存在供给的不确定性等问题。并购将供应商变成内部成员便解决了这一问题，保证了供给来源，从而会降低资产专用性风险。

6.2.2 并购信息与信号理论

并购信息与信号理论认为，企业并购会传递给市场参与者一定的信息或信号，表明目标企业的未来价值可能提高，从而促使市场对目标企业的价值进行重新评估或激励目标企业的管理者贯彻更有效的竞争战略。在以这种理论解释并购效应的研究中，有3种不同的看法：

① 即使收购活动并未最终取得成功，目标企业的股票在收购过程中也会被重新提高估价。这种假说认为新的信息是作为要约收购的结果而产生的，且重新估价是永久性的。该信息假说可以区分为两种形式：一种形式认为，收购活动会散布关于目标企业股票被低估的信息并且促使市场对这些股票进行重新估价，目标企业和其他各方不用采取特别的行动来促进价值的重估；另一种形式认为，收购要约会激励目标企业的管理者自身贯彻更有效的战略，不需要任何外部动力来促进价值的重估。

② 在一项不成功的兼并收购活动中，目标企业的股票价格提高是由于市场预期该企业随后会被其他企业收购。这些被预期的企业将拥有用于目标企业的专门资源。Desai和Kim（1988）的研究结果表明，那些没有再收到收购要约的目标企业的股票价格在首次收购之后的5年内会回到原来的水平，而那些随后又收到新的竞价的企业，股价则进一步上涨。他们认为信息假说是无效的，只有当目标企业的资源与收购企业的资源结合到一起时，目标企业股票的永久性重估才会发生，收购活动并不必然意味着目标企业的股票在市场上被低估或可以依靠自身力量来改善经营效率。

③ 由于信息不对称，作为内部人的经理人比外部人要更多了解公司状况，在这种情况下可能存在最优资本结构。根据罗斯的理论[①]，最优资本结构可能存在于下述情况下：第一，公司投资政策的性质将通过其资本结构的选择向市场发出信号；第二，经理报酬与资本结构信号的真实性相关联。信号的发布可以以多种方式包含在收购与兼并活动中。公司收到并购要约可能给市场传递这样的信息：该公司拥有尚未被认知的额外价值或者企业未来的现金流量将会增长。当竞价企业用普通股来收购目标企业时，可能会被目标企业或其他各方认为释放竞价企业的普通股价值被高估的信号。当企业回购自己的股票时，市场会将此视为股票价值被低估的信号，且该企业将获得有利的成长机会。

在并购信息与信号理论中，非对称信息的假设更具有现实意义，但也存在一定的缺陷，因为该假设并没有考虑经理人会与其他人员勾结向市场输送错误信息而使自己获益的行为。

6.2.3 代理问题与管理主义理论

1）代理成本理论

现代公司所有权与控制权的分离，当企业的管理者仅拥有少量公司股票或者在所有权极为分散的大公司中，管理者与所有者各自的利益取向不同时，管理者所做的管理决策的最终目的不是委托者的利益，而是尽可能为自身谋利，而所有者难以有效监督管理者，二者之间由于信息不对称，存在道德风险问题，就会产生代理问题。代理理论在并购中主要体现在以下两个方面：

一方面，从解决代理问题的角度来看，一般有两种途径：一是组织机制的制度安排，二是市场机制的制度安排。在现实中，通过设计高管持股制度、外部产品市场、资本市场和经理人市场都可以适度地降低代理成本。但当这些机制都不足以控制代理问题时，接管可能是最后的外部控制机制。代理理论认为并购可以通过改选经理人和董事会成员的方式来减少对现有管理者构成的威胁，促使管理者为巩固地位而努力改善公司经营业绩，可以有效降低代理成本。代理理论可以解释代理问题较为严重的企业往往成为并购对象的现象。

另一方面，并购企业的决定往往是由并购公司的董事会或者经理代表股东策划完成的，这就会导致代理问题的存在。经理人员做出并购决策时，并不能完全代表股东的利益，而更多是体现管理者的利益要求。因此，并购公司的管理者提出并购的动机，也可能是代理问题的一种表现。

2）管理主义理论

与并购可以控制代理问题的观点相反，管理主义理论认为并购本身就是一种代理问题的表现而不是解决方法。Mueller（1969）认为，代理人的报酬取决于公司

① 1977年，美国经济学家罗斯（Ross）首次将信息不对称理论引入资本结构理论的分析中，从而建立了激励信号传递模型。罗斯认为，企业债务比例或资产负债结构是一种把内部信息传递给市场的工具。负债比例上升是一个积极的信号，它表明经理对企业未来的收益有较高的期望，传递着经理对企业的信心。

的规模，因此代理人有动机通过并购使公司规模扩大，从而增加自己的收入以及保障其职位的安全。这样，管理者很容易只重视企业的增长率而忽视企业的实际投资收益率，从而做出错误的并购决策。

并购是企业获得管理价值最大化的行为，企业家希望通过并购达到企业扩张，从而不断促使企业迅速发展，以实现财富最大化和事业上的成就。在企业并购中，最普遍的并购动机是来自企业家的事业心和成就感，然而并购并不能为企业带来最大价值和利润，不是增加企业效益的最好方法，只是在管理者的扩张动机下产生的行为。同时，Roll（1986）提出，管理者由于野心、自大或过分骄傲而在评估并购机会时不够谨慎，可能犯过分乐观的错误，支付给目标企业股东的价值偏高，导致在并购公告日附近，目标公司的累计超额收益显著大于零。这种理论意味着，当发生收购时，目标公司的股东财富增加是因为收购方管理者的盲目乐观，过高地支付对价，使财富从收购方转移到目标公司股东，因而从整个社会角度来看财富并没有增加。

3）自由现金流假说

该理论认为，管理者和股东之间在自由现金流量配置上存在冲突而产生的代理成本是导致并购活动的主要原因。自由现金流量，就是超过所有投资项目资金要求量的现金流量，且这些项目以适用的资本成本折现后要有正的净现值。公司要实现效率最大化就必须支付给股东自由现金流，这也直接削弱了管理者对企业现金流的控制和管理者的权利。当管理者为额外的投资活动进行融资时，就更容易受到公共资本市场的监督。但是，管理者并没有将这些自由现金流量派发给股东，而是将其投资于回报率很低的项目，或兼并别的企业以扩大企业规模，由此造成更高的代理成本，从而进一步削减了股东财富。

6.2.4 并购效率的经验证据

并购后双方公司的绩效如何是衡量并购是否成功的重要依据，国内外学者都对此进行了大量研究，并取得了相当数量的经验证据。

1）简单绩效研究

由于并购活动对公司绩效的影响主要体现在目标公司收益的增减、并购公司收益的增减以及总收益的增减上，以下将从这几个方面对国内外的研究结论进行汇总，具体内容见表6-3和表6-4。

表6-3 **并购绩效结论汇总表（国外）**

总收益	目标公司收益	收购公司收益	研究者	研究内容
没考虑	通过兼并，享有20%的超额报酬	不显著	Jensen，Ruback（1983）	总结13篇研究文献的研究成果
	通过接管，享有30%的超额报酬	享有4%的超额报酬		

续表

总收益	目标公司收益	收购公司收益	研究者	研究内容
负	1年内反常收益为-1.53%，2年内反常收益为-4.94%，3年内反常收益为-7.38%	将近一半的并购公司股东累积反常收益为正	Agrawal等（1992）	1955—1987年美国发生的1 164起并购事件
正效应	正效应	正效应	Healy，Palepu & Ruback（1992）	1979—1984年美国发生的最大的50起并购事件
没考虑	反常收益为35%	不显著	Schwert（1996）	1975—1991年美国发生的1 814起并购事件
没考虑	不显著	兼并完成5年后损失了财富的10%	Agrawaland Jaff（2001）	美国发生的937起兼并交易和227起要约收购交易
综合股东收益具有不确定性	10%～30%的股票超额收益率	股票收益率不确定，有负的趋向，长期财务业绩随着时间推移递减	Bruner（2002）	汇总分析1971—2001年130篇经典文献
没考虑	没考虑	正效应	Hakkinen（2005）	1998—2001年芬兰制造行业的跨国并购事件
没考虑	没考虑	负效应	Moeller & Schlingermann（2005）	1985—1995年欧美发生的4 430起并购事件
没考虑	正效应	没考虑	Fraser & Zhang（2009）	1980—2001年国外非银行企业跨国并购美国银行企业的83起并购事件
没考虑	没考虑	正效应	Stiebale & Trax（2011）	2000—2007年英国646家、法国270家发生过并购行为的企业
没考虑	没考虑	负效应	Bertrand & Betschinger（2012）	1996—2003年俄罗斯发生的600起并购事件

表6-4　　并购绩效结论汇总表（国内）

总收益	目标公司收益	收购公司收益	研究者	研究内容
没考虑	正效应	负效应	檀向球（1998）	沪市1997年的198起并购事件
没考虑	没考虑	累积超常收益有上升趋势，但统计不显著	陈信元、张田余（1999）	1997年上交所的并购活动
没考虑	收益变化差异不显著	收益变化差异不显著	高见、陈歆玮（2000）	1997—1998年的资产并购重组活动
没考虑	正的累积异常收益	不显著	余光、杨荣（2000）	深、沪两地1993—1995年的并购事件
正效应	不显著	显著增加	李善民、陈玉罡（2002）	对1999—2000年的深、沪两市共计349起并购事件进行研究，国家股比例最高和法人股比例最高的收购公司其股东能获得显著的财富增加
没考虑	股票溢价达到29.105%	股票溢价为-16.176%	张新（2003）	对1993—2002年上市公司的1 216起并购事件进行研究
没考虑	没考虑	当年绩效提高，但其后绩效下降，且下降程度甚至抵销之前的提高	李善民等（2004）	1999—2001年，中国A股上市公司的并购活动
没考虑	没考虑	并购两年内经营绩效降低，并购3年后有所改善	陆桂贤（2012）	选取沪深上市公司2005年发生的37起并购事件在2004—2009年各并购公司的EVA值，并分析其变化趋势
负	得以改善	没考虑	张翼等（2015）	2003—2008年，沪深股市发生并购事件的上市公司
没考虑	没考虑	没考虑	陈立敏；王小瑕（2016）	2003—2014年，366家中国沪深A股上市企业的424起并购事件
没考虑	没考虑	短期内绩效提高，但从长期看，并购对绩效会产生负面影响	杨海燕、黄赞（2017）	2012年沪深两市A股上市公司并购案例
没考虑	没考虑	并购第一年大部分企业绩效与并购前相比出现了小幅提升，但在之后的两年内，企业绩效普遍下滑，影响了企业的价值创造能力	陈栁卉、邢天才（2018）	2016年国内发生企业并购的37家上市公司
没考虑	生产率增长，利润率增加	没考虑	蒋冠宏（2022）	2003—2013发生的工业企业并购事件

2）特定视角绩效研究

随着讨论的逐渐深入，很多学者结合中国资本市场的特殊背景以及并购的不同动因对并购绩效进行进一步研究，得出很多具有实际意义的结论，具体内容见表6-5。

表6-5　**基于特殊视角的并购绩效汇总表**

特殊视角	研究者	研究结论
考虑并购所涉及的产业组织特征分类	Elgers，Clark（1980）	混合并购的并购公司的收益高于非混合并购
	Agrawal等（1992）	兼并后若干时间内混合并购的并购公司收益并不低于非混合并购
	冯根福，吴林江（2001）	总体上先升后降：混合并购的短期效益好，长期优势有限；横向并购的短期效益一般，长期绩效稳定且上升；纵向并购效果不显著
考虑并购动因	朱宝宪、王怡凯（2002）	业绩较差的公司较愿意出让控股权；多数并购是战略性的，获得上市地位是主要的并购动力；并购后主业得到明显加强；市场化的战略性并购效果较好，有偿并购的效果也较好
考虑关联方关系	王跃堂（1999）	关联方资产重组有更明显的操纵业绩的倾向，关联方资产重组采用资产置换的比例远高于非关联方，但其绩效并未好于非关联方
考虑重组类型分类	陆国庆（2000）	资产剥离+收购兼并、第一大股东变更的股权转让+资产剥离+收购兼并这种类型的绩效最好；单纯的收购兼并次之；资产置换和没有实质性重组的股权转让不但没有改善企业业绩，还恶化了企业的财务状况
考虑连续并购问题	吴超鹏等（2008）	管理者能够充分学习，则可避免并购绩效的逐次下降，甚至可能逐次上升；若管理者仍不学习，则并购绩效将持续变差，甚至逐次显著下降
考虑了产业周期和并购类型	刘笑萍等（2009）	并购类型影响并购绩效的优劣，并购双方所处的产业周期也会影响并购绩效的优劣
考虑股权结构	刘大志（2010）	总体而言并购前后绩效是先降后升的；国有股东属性与并购绩效负相关；管理者持股与并购绩效负相关，但并不显著；股权集中度与并购绩效负相关；流通股比例与并购绩效正相关
考虑异质波动	赖步连（2006）	异质性波动通过影响投资者的投资预期会影响并购绩效
考虑政府干预和企业生命周期	王凤荣（2012）	较高的政府干预对处在成长期的地方国有企业的并购绩效产生了负面影响；对处在成熟期的地方国有企业的并购绩效能起到明显的改善作用

续表

特殊视角	研究者	研究结论
考虑政治关联和高管变更	吴超鹏（2012）	CEO并购绩效越差越容易被变更，但是政治关联CEO即使并购绩效差也不易被变更，这一现象在政府干预较少的省份较不明显；政治关联CEO被变更时的市场反应好于其他CEO，而且其所实施的并购绩效越差，其公司所在地政府干预越严重，其被变更时的市场反应越好
考虑内部控制和高管权利	赵息、张西栓（2013）	内部控制对并购绩效有显著的正向影响；高管权利与并购绩效负相关
考虑高管性别	李卫民、黄旭（2014）	女性高管比例以及女性高管在其他单位兼职均与企业并购绩效之间存在着正相关关系，能够显著提高企业并购绩效
考虑企业文化强度	王艳、阚铄（2014）	收购方企业文化强度越强，并购的长期绩效表现越差；对于并购非上市公司、并购行业不相关企业或进行跨省份并购等并购双方文化融合难度更大的并购事件，企业文化强度对并购绩效的负面影响更为明显
考虑在控制权转移过程中大股东持股与利益侵占行为	陈文婷等（2015）	收购后业绩较差的公司，大股东持股比例与其利益侵占呈现“N”形关系；收购后业绩较好的公司，大股东持股比例与其利益侵占呈现倒“N”形关系
考虑并购支付方式	葛结根（2015）	以市场为主导的有偿并购的绩效明显好于以政府为主导的无偿并购的绩效；与现金支付方式相比，管理交易和并购类型是其他支付方式下并购绩效改善的主要影响因素
考虑管理者自信程度	宋淑琴、代淑江（2015）	管理者过度自信能够显著降低并购后公司的财务绩效和市场绩效
考虑企业信息优势	李善民等（2015）	社会网络带来的信息优势转化为信息资源后，可以降低并购过程中的事前不确定性和事后不确定性，从而对并购发起行为及并购绩效产生正面影响
考虑所处行业	徐晓慧（2015）	对化学、石油加工及塑料制造业行业的国有企业进行完全相同行业并购会损害企业绩效；对医药制造业及交通运输仓储业的国有企业进行完全不同行业的并购可以获得显著超额收益；对租赁和商务服务行业的民营企业进行不完全相同行业的并购会显著降低企业绩效；并购双方所在行业的相似性与并购成功率成正比，与并购方短期绩效无关

续表

特殊视角	研究者	研究结论
考虑并购双方创新能力	张学勇等（2017）	从目标公司的创新能力来看，相对于并购非创新性公司，并购创新性公司的并购方股票的长、短期收益率均表现更好；从并购方公司创新能力来看，具有创新能力并购方的股票长期表现较好，短期表现无显著差异；总体而言，在并购过程中目标方的创新能力才是决定并购方公司股票市场表现的关键
考虑机构投资者异质性	周绍妮等（2017）	交易型机构投资者持股与国企并购绩效显著正相关，稳定型机构投资者持股未体现出明显的治理效果
考虑卖空压力	陈胜蓝、马慧（2017）	卖空管制放松能够改善公司并购活动所产生的短期并购绩效和长期并购绩效
考虑管理者能力	肖明、李海涛（2017）	管理者能力提升有助于提高企业并购绩效
考虑高管经历	赖黎等（2017）	有从军经历的管理者更偏好并购，并购支出更多，所在企业的并购风险更高，并购绩效更好
考虑并购双方文化差异	蔡宁（2019）	并购双方文化差异越大，并购的长期绩效越好
考虑竞争者融资约束	潘洪波、杨海霞（2022）	竞争者融资约束会提升并购绩效
考虑中外合资经验	江诗松等（2022）	中外合资经验与跨国并购绩效之间存在U形关系，当中外合资经验较少时，跨组织过程的负面经验转移效应居于主导地位，使得跨国并购绩效下降；当中外合资经验积累到一定程度时，跨组织过程的正向经验转移效应开始占主导地位，跨国并购绩效提高

6.3 并购价值评估

6.3.1 目标公司价值评估的步骤

并购价值评估主要是确定目标企业的价值以及并购增值，是在企业并购中制定并购策略、评价并购方案、分析并购增值来源、确定并购支付成本的主要依据之一，是企业并购的中心环节，具有十分重要的地位。并购价值评估是否准确合理在很大程度上将决定并购能否成功。如果高估了目标公司的价值，那么就会导致并购公司付出过高的代价，从而导致并购成本过高，提升了并购风险。因此，对目标公司的价值评估，不仅是针对公司并购行为的财务评估，而且是决定并购能否成功的关键环节。

目标公司价值评估就是对已选择的目标公司进行综合分析，以确定目标公司的价值。并购公司的选择涉及对诸多因素的考量，公司人员应合理借助公司内外力量来选择目标公司，并对目标公司进行严格审查，审查涉及并购动机、法律程序、公司业务及运营、并购风险等因素。选定目标公司后，在进行综合分析时要获取目标公司所处的经济环境、行业环境和公司本身的相关评价，并在此基础上结合适当的评估方法将财务信息、市场信息转化为价值信息。公司进行价值评估时，一般按照以下步骤：

1）收集信息资料

收集相关的信息是进行分析评估的前提，收集准确、全面的信息能为价值评估提供坚实的基础。这个过程包括制订收集计划、收集信息资料、核对信息资料、鉴定信息资料和信息资料归类，要分别从目标公司内外收集企业的财务信息、法律文件、经营信息、宏观经济信息和行业经济信息。

2）分析目标公司的法律地位

对目标公司的各种法律文件进行审查、分析有助于及时发现并购的风险，从而更理性且更客观地进行价值评估，主要包括：审查企业章程、股票证明书中的内容是否存在对并购方面的限制；审查主要财产目录清单，了解公司的资产所有权、使用权以及租赁情况；审查目标公司的产业是否符合国家的相关产业规定等，以便及时发现潜在的法律风险。

3）环境及竞争力分析

经济环境和行业环境分析是财务预测和价值评估的基础，通过这些分析可以考察所有公司共同面临的环境以及对公司竞争能力的影响，具体需要分析的方面如下：

（1）宏观经济环境分析

宏观经济环境分析主要采用PEST分析方法[①]，站在价值评估的角度看，除了考虑政治、社会和技术等因素外，应重点关注经济因素，如经济发展的总体指标、通货膨胀率、利率、失业率等。虽然公司不能控制宏观经济因素，但这些因素会影响公司的发展前景，因此也必须考虑这些因素的影响。

（2）行业环境分析

行业环境分析主要是通过考察特定行业的经济特性、生命周期、关键成功因素来找出公司的竞争优势，正确制定公司的战略。可以用波特五力分析模型和行业生命周期理论来进行分析。波特五力分析模型通过分析被评估企业所处行业现有企业

① PEST分析方法是分析企业外部宏观环境的一种方法。由于自身特点和经营需要的不同，当不同行业和企业在对宏观环境因素进行分析时，分析的具体内容会有差异，但一般包括政治（Political）、经济（Economic）、社会（Society）和技术（Technological）这四大主要的外部环境因素，简称PEST分析方法。

间的竞争状况、新进入者和替代品的威胁、客户和供货商的议价能力来评估目标公司所在行业的盈利能力。之后的学者在模型的基础上继续考虑了其他因素，包括劳动力、政府管制、全球化程度、经济环境因素（利率波动等）。同时还要关注行业生命周期对公司的影响，产品生命周期分析法是企业并购战略的基本分析方法，一般分为4个阶段：投入期、成长期、成熟期和衰退期。在不同的阶段，企业所面临的周期性风险不同，成本效益不同，盈利能力不同。除此之外，还要考虑经济周期对特定行业的影响，例如，高档消费品对经济周期的敏感性较强，而公共事业对经济周期的敏感性较弱。当选择目标公司时，了解被并购方的主要产品处于生命周期的哪一阶段是十分必要的，有利于迅速决定并购资金的回收速度，从而有效降低并购风险。

（3）竞争战略分析

SWOT分析法，通过对自身优势（S）、弱势（W）、外部的机会（O）和威胁（T）的分析，明确目标公司的竞争优势和在市场中的地位，最终分析目标公司是否能与并购公司的业务以及战略相融合，看能否产生协同效应。同时，SWOT分析要使企业真正考虑到在并购过程中如何进行资源分配（需要对企业资源采取何种调整活动，是否存在需要弥补的资源缺口，分配资源时应该优先考虑哪些资源），并且合理配置并购过程中的公司资源，最终确定公司并购战略的主要方向和并购方式。

4）会计分析

会计分析是根据公认的会计准则对财务报表的可靠性和相关性进行分析，目的在于评价被评估企业会计所反映的财务状况与经营成果的真实程度，是财务业绩分析的基础。会计分析的内容主要包括：

（1）阅读经审计的年度财务报告

年度财务报告是会计分析的出发点，首先要关注注册会计师发表的审计意见，其次是找出能够决定公司成功的关键业务并识别其收益与风险，在阅读财务报表的同时要着重注意企业的财务报表附注和财务情况说明书，了解企业的会计政策和会计估计及其变更情况。

（2）评价会计政策

不同的会计政策和会计估计对公司财务报告的影响不同，能够为管理者操纵财务报告提供机会，因此要予以重点关注。可以通过对同一个公司不同时点或同一时点不同公司间的财务状况、经营业绩进行比较，从而对目标企业采用相关政策和估计的适当性做出评价，进而对管理者的真实目的进行深入分析。

（3）分析变动情况

变动情况主要包括报表项目的变动和会计政策及会计估计的变更。财务报表项目的显著变动往往意味着非正常原因的存在，分析时需要对报表项目的变动额度、变动幅度和变动趋势等进行分析，找出显著的变动，并利用会计报表附注判断此变动是否具有充分合理的解释，排除正常变动；未加解释的报表项目变动、会计政策及估计变更，需要进一步搜集信息，寻找产生异常变动的原因。

(4) 调整财务报表

如果通过以上步骤确实发现了不真实的财务数据，就需要利用相关资料对财务报表进行调整，以恢复财务数据的可靠性，增加财务报表的可信性。

5）财务业绩分析与预测

财务业绩分析主要包括对企业的盈利能力、偿债能力、营运能力和增长能力四个方面进行分析，是了解目标企业财务状况、经营成果和现金流量的主要手段，有助于判断目标企业的盈利能力、财务风险和发展前景，为财务预测提供依据。财务业绩分析主要是以目标公司调整过的财务报表中的财务数据为基础进行相应的计算与评价。

财务预测是财务管理的主要环节，是一系列财务分析及预测程序的综合，包括根据历史资料、预测数据与基本假设（商业环境和经济环境）、财务业绩比率、公司增长率等资料编制预计资产负债表、预计利润表、预计现金流量表，确定公司在计划期内各项投资及生产发展所需的资本数量及其时间安排；并结合公司的股利政策、目标资本结构或债务方针等财务政策，确定资本的来源与运用计划；分析各种因素对预计财务报表的敏感程度，提高预测结果的准确性和可行性。

6）选择价值评估方法

企业通过科学的财务预测方法得到各项预测数据后，需要将相关数据结合相适应的价值评估方法进行价值评估。为了避免使用单一评估方法产生偏差，企业可以借助多种评估方法，从不同角度评估目标企业的价值。

企业并购估价与其他估价并没有太大的区别，基本方法大致可分为现金流量折现法、市场价值法、成本法、换股估价法、期权估价法以及上市公司基准法。前几种方法可参照有关教材，在这里仅介绍上市公司基准法。上市公司基准法是将选择出的某上市公司的股票总体价值作为参照价值，然后与目标企业的经营业绩或财务状况指标进行比较，得出适合于目标企业的乘数，再应用乘数计算出目标企业的价值。

当选择要参照的上市公司时，通常要考虑以下因素：①企业规模。在一般情况下，企业规模使用销售量指标进行衡量。②产品或服务。当上市公司存在多样化的产品或服务时，每一项产品或服务的特征及其销售量都应与标的企业的情况进行比较。③市场情况。许多行业的市场由于地理区域、客户、产品、服务、技术等因素被分割为不同的部分，其中每一项因素都有可能影响一个上市公司是否能够成为参照标准。④财务表现。财务表现的差别会反映在产品生产线、产品质量、所拥有的市场份额等方面，在选择上市公司时必须对上述因素加以考虑。

当存在下列情况时，双方的财务报表也要进行适当调整：①双方使用了不同的会计核算方法，应调整为一致的核算方法；②双方需要调整财务报表中的非经营性项目或非持续性项目，使报表具有参照性，从而更精准地反映企业的经营业绩。

比较双方的主要财务指标同样是一项重要工作，需要分析重要的财务指标如资产收益率、毛利率、资产使用率、资产流动性等，并根据这些因素判断目标公司是否达到了被参照公司的水平。如果目标公司的指标高于被参照公司，那么说明目标公司比被参照公司更有优势，可以相应放大价值乘数；如果目标公司的指标与被参照公司基本相当，那么说明目标公司与被参照公司的优势大致相当，双方价值基本持平；如果目标公司的指标低于被参照公司，那么说明目标公司没有拥有与被参照公司一样的优势，因此应该相应缩小价值乘数。

上市公司基准法的优势在于它提供了充分分析行业内公司的机会，并明确了这些公司的价值驱动因素和风险因素。在分析过程中通常能够洞察到一些企业为创造优势或促进发展所采取的战略措施，以及造成劣势或阻碍发展的问题所在。但对于规模、行业或产品比较特殊的企业，可以进行比较的上市公司一般很少或者几乎没有。

7）价值评估结果的调整

根据估值方法与并购交易的特征不同，企业选择是否要进行溢价与折价调整，确定在每种方法下的评估结果，并对每种初步结论进行分析，在综合考虑不同评估方法的质量和相关性的基础上，采用加权平均的方式形成最终的并购评估结果。

6.3.2 并购溢价与折价调整

要最终确定目标企业的价值，还要考虑一些调整事项。价值评估结果的调整类型主要分为控制权溢价或折价调整以及流动性不足折价调整。在进行价值调整时必须考虑评估方法的特点。每一种估值方法或程序都会产生不同的价值特征，因而并非所有的估值方法或程序所得到的评估结果都需要进行溢价调整或折价调整。

1）判断是否需要调整

正确的判断方法是，首先区别不同价值评估方法的特点，看所使用的评估方法是否已经考虑了控制性和流动性问题。如果考虑了，再与目标企业的控制性和流动性特征进行比较，判断评估方法中隐含的控制程度或流动性水平与所评估权益的控制程度或流动性水平之间的差异性。如果评估方法所包含的价值特征不同于要评估的权益，那么就要求进行相应的调整。同时，由于处于控制地位的投资者能随时选择出售企业将其变现，从而具有一定的流动性，因此，一般将对流动性水平的调整放在控制性调整之后。

例如，市场比较法中的并购交易法暗含的控制程度约等于收购100%的企业权益，如果这一数据用于评估同样是带有控制性的所有者权益，那么就不需要进行溢价调整或折价调整，因为这种方法得到的价值所反映的控制性与所评估权益的控制程度相适应。再比如，通过上市公司基准法得到的价值是建立在少数权益可流通的基础上，那么评估非上市企业的少数权益就需要对流动性的缺乏进行折价。

2）并购溢价调整

溢价调整主要是指控制权溢价。控制权能使收购者有权决定被收购企业的财务决策和经营决策，并能据以从该企业的经营活动中获取利益。控制权溢价是指投资者为了获得目标公司普通股里的控制权而愿意付出的高于市场正常权益价值的这部分附加价值。大多数企业的产权交易并非企业整体的产权转让，交易的对象只是企业的部分股权。如果拥有这部分股权从而对公司产生控制力，那么其单位价值通常要高于对企业无控制力的少数股权单位价值，即产生了控制权溢价。控制权溢价产生的根本原因在于收购者看到了并购目标公司价值增值的潜力。

对产生溢价的另一种解释是，人们所研究的交易大部分都是战略投资者的收购。他们进行收购的主要动机在于获取协同效应和相关的战略益处。虽然买方获得了交易中的控制权益，但价格高于市价的主要推动因素是协同效应，而不全是控制权效应。所以一般认为除非能够得到交易的协同效应，否则买方很少支付溢价。控制权溢价不能完全表示目标公司对收购者的最大投资价值，而协同效应产生的价值才是真正的最大投资价值。对于每一项战略性收购，控制权溢价和协同效应产生的溢价都是不同的，各自的大小要根据具体收购情况来决定。所以，每个买方的投资价值还取决于每笔交易独特的协同性。

3）并购折价调整

并购折价调整包括缺乏控制的折价和流动性不足的折价。

（1）缺乏控制的折价。这种折价反映了控制不足对价值的负面影响，因为初始确定的评估价值具有全面性，没有考虑股权所有者对所具有的份额缺乏控制时的损失。我们可以将这一折价用于少数权益或缺乏控制的多数权益。缺乏控制的折价通常是通过控制权溢价间接换算得出的，即控制权折价不是由于收购不具有控制权的股权带来的，而是由于支付控制权溢价得出的：

$$MID=1-1\div(1+CP)$$

式中：MID表示控制权折价；CP表示控制权溢价。

简单理解就是一个企业所能带来的价值是固定的，当具有控制权的一方为目标公司支付了一定的溢价，那么不具有控制权的另一方就应该相应地少支付一些。

（2）流动性不足的折价。待评估企业股权如果缺乏流动性时，就可能产生流动性不足的问题，需进行折价调整以反映不能迅速将所有权转化为现金，从而对价值带来的减值影响。产生流动性不足折价的原因主要是：第一，缺乏流动性增加了投资风险，流通股的流动性强，交易活跃，流通股持有者可以随时出售所持有的股票，通过用脚投票[①]来避免进一步遭受损失的可能，而流通不足的股权缺乏这种快

① 用脚投票，是指投资者出售所持有的公司股票，离开或放弃对这家公司的投资。与之相对应的是用手投票，是指投资者根据其享有的投资公司的股份比例进行利润分配，从而享有相应的权益。

速变现的能力；第二，缺乏流动性增加了交易费用，流通股权由于可以在证券市场公开进行交易，费用较低，而流动性不足的股权往往在获取信息、实施交易等方面存在困难，因此交易费用较高，而价值较低。

从上述分析可以看出，少数股权折价与流动性折价是有区别的，即使是控股股权，同样需要考虑其流动性折价。也就是说，市场变现能力与股权比例没有必然的内在关系，不论是控股股权、少数股权还是等份股权，在评估时均要考虑其流动性折价。

4）调整方法

虽然控制性和流动性对价值的调整是相关的，但两者并不相同。应该先对控制性进行调整，然后才是对流动性进行调整。需要注意的是，这些调整以乘数方式进行，而不是简单的叠加，即：

调整后评估值=调整前评估值×（1+控制性溢价率）×（1+流动性折价率）

或　　=调整前评估值×（1+控制性折价率）×（1+流动性折价率）

控制性溢价率的获取来自于对上市公司控股股权的研究，通过分析上市公司的控制性权益被收购的数据来确定控制性溢价率或缺乏控制性的折价率。理论研究常见的方法有三种：第一种方法是Barclay和Holderness（1989）对事关控制权的大宗交易的转让价格进行研究，发现转让价格比宣布并购之后的交易所价格高出20%。他们认为这20%代表了控制权的价值。第二种方法来自于Nenova（2000）针对非一股一票的股票报价进行研究。她比较了具有相同股息权但不同投票权的股票价格，并由此推算出控制权价值。同时，她对18个国家的661家双重股票结构（Dual Class）公司进行了统计，发现控制权价值在公司市价的0（丹麦）～50%（墨西哥）之间。第三种方法由Hanouma，Sarin和Shapiro（2002）提出，他们认为控制权溢价可以通过计算控制权交易价格和小额股权交易价格之间的差额来衡量。通过对1986—2000年7个西方国家的9 566起并购事件进行分析，他们根据产业类别和交易时间等因素将控制权交易与小额股票交易进行配对研究，最终发现控制权交易价格比小额股权交易价格平均高出约18%，即控制权价值的平均水平约为18%。根据中国的监管要求，目前在A股资本市场中不允许存在“同股不同权”架构，因此上述第二种方法并不适合中国的实际情况，可采用其他两种方法计算中国上市公司并购的控制权溢价率。伴随着中国资本市场股权分置改革的成功进行，更多的第一手数据可以为研究者提供，中国上市企业可以为控制权溢价的定量分析提供更多、更好的实践机会。这些成果也可以被引用或推广到所有企业价值评估的过程。

流动性折价率来源于市场的经验数据，是通过数据拟合出来的，普遍认为这些数据比控制性溢价率所得数据更为精确：①流动性折价率的第一个数据来源是对限制性股票交易的研究。限制性股票的发行公司无须向证券交易委员会注册，因此不能在公开市场中出售，但可以在私募市场中出售。交易中的买方要遵从限制规定，就只愿意为这些不能立即转化成现金的证券支付折价。研究表明，限制期越短，流动性不足的限制性股票折价越低。②流动性折价率的第二个数据来源是对首次公开发行前的研究。根据行业情况和收购方式的不同，收购可以以股票或票据形式支付。对于股东而言，这种方式不如现金有吸引力，所以提高了控制权益出售的困难程度，同时也决定了当流动性不足折价时要考虑的因素。在市场被分割的行业或并购活动不发达的行业里，买卖双方很难接触，交易时间长，交易成本高，流动性不足的折价也高。

需要注意的是，这些数值并不一定就是由缺乏流动性造成的，可能是由于特殊的交易因素而使法人股的交易价格偏低，如出售方故意压低法人股价格以转让给关联方。

6.4 并购融资与对价方式

6.4.1 并购融资方式

在企业并购活动中，并购融资与支付对价是完成交易的两个实质性环节，而且事实上这两个环节是紧密联系、不可分割的。在本节，我们将介绍并购融资的原则与方式，支付对价的方式及其影响。

鉴于基本的融资方式在初中级财务管理课程中都有过介绍，本书不再赘述细节，仅列出整体的框架和基本定义，希望对读者在整体的融资思路构建上有帮助。常见的融资方式见表6-6。

表6-6 融资方式

内源融资	留存收益：从企业内部开辟资金来源筹措所需资金	
外源融资	债务融资	借款融资：根据借款合同或借款协议向金融机构融资
		债券融资：按照法定程序发行的企业债券等
	权益融资	普通股融资：股份有限公司发行无特别权利的主权资本股份
		优先股融资：在盈余分配和剩余财产分配上优先于普通股
	混合型融资	可转债：持有人依据一定条件可将其转换为普通股的债券
		认股权证：是股票衍生产品，持有人有权在未来某一特定日期，以约定的价格购买一定数量的标的资产。标的资产可以是个股，可以是一篮子股票、指数、商品或其他衍生产品

企业在并购过程中，往往同时采用上述几种不同的融资方式来拓宽融资渠道，以综合利用各种融资方式的优点。目前，我国企业的并购融资方式主要以银行贷款

为主，少数企业采取了普通股融资和可转债的融资方式，极少数企业采用优先股融资、认股权证融资等方式。融资方式单一，企业并购缺乏资金来源的多元化，导致收购企业的资金压力加大。这是我国企业在未来并购融资过程中需要考虑的重要问题。

我国上市公司可转债发展的实际起点是在21世纪初。2001—2018年，共有225家A股上市公司完成了可转债发行，共募集资金4 914亿元，发行家数和募资规模呈现阶段性特征。2001—2009年，可转债市场刚刚起步，市场发行可转债的家数和金额均较小，每年发行10家左右，募集资金年平均约为100亿元。2010—2014年，可转债市场呈现“发行家数少、金额大”的特点，该阶段发行家数较前阶段保持平稳，但由于银行等主体大额可转债的出现，融资规模被个别项目拉动呈现同比高增长的态势。2015—2016年，可转债发行的家数和金额较前阶段均有所回落，跌至2001—2009年的水平。自2017年以来，由于我国再融资政策的调整，上市公司发行可转债出现井喷式增长；从发行情况来看，2017年共发行41只可转债，募资金额948.36亿元；2018年有68家上市公司发行可转债，募资金额789.74亿元。从监管部门审核情况来看，2018年可转债审核数量占所有融资渠道的30%，接近IPO审核数量的一半。2019年可转债市场井喷式发行，共2 688亿元，占历史境内发行额的31%。2020年发行196只可转债，总融资金额2 670.73亿元，单账户收益（按开盘价计）为2 473元。2021年共发行120只可转债，数量同比减少43.93%。但从整体募资规模略有增加；而2021年可转债募资合计2 897.12亿元，相比2020年略有增加。随着市场的发展，可转债从“小众”的融资工具逐渐演变成资本市场舞台的“主角”之一，从而被越来越多的上市公司和投资者认可和接受。认股权证交易自2005年起又重新出现在中国的证券市场上，并且逐步得到市场认可，例如，2011年8月中国贵金属成功发行了面值为9 348万元的认股权证，该认股权证的持有人可按2.1元/股的认购价认购新股份。

现以联想集团并购IBM为例说明并购融资方式。2004年12月7日，联想集团对外宣布以6.5亿美元现金和6亿美元股票合计12.5亿美元并购IBM公司的PC全球业务。2005年1月27日，联想集团召开股东特别大会，并以99.47%的赞成票通过了收购IBM公司的PC业务议案。2005年3月，美国外国投资委员会对联想集团并购IBM公司PC业务的审查提前通过。2005年5月1日，联想集团正式宣布以12.5亿美元完成对IBM公司全球PC业务的收购，并承担来自IBM公司约5亿美元的净负债。

在整个财务安排上，当时只有4亿美元自有现金的联想集团，为减轻支付6.5亿美元现金的压力，与IBM公司签订了一份有效期长达5年的策略性融资附属协议，从巴黎银行、荷兰银行、渣打银行和中国工商银行分别获得总计6亿美元的国际银团贷款。随后，联想获得全球三大私人股权投资公司的青睐，以私募的方式向美国得克萨斯州太平洋投资集团、美国泛大西洋投资集团及美国新桥投资集团发行股份，获得总计3.5亿美元的战略投资。

联想向这3家私人投资公司共发行921 636 459股价值3.5亿美元的可转换优先股以及可用作认购联想股份的非上市认股权证。获得额外投资后，联想集团再拿出1.5亿美元现金回购IBM公司股份，而另外2亿美元用作运营资金及一般企业用途，最终联想集团向IBM公司支付8亿美元现金及价值4.5亿美元的股票，IBM公司的持股比例从最初约定的18.9%下降到13.4%，公众股占有34.8%的股份。

天山股份主要是通过发行股票的方式完成收购，属于并购重组市场最重要的案例，不仅在于其规模近千亿，且天山股份通过并购重组一跃成为行业龙头。

并购重组实施前，天山股份主业为水泥等建筑材料的生产和销售，总市值不足200亿元。2021年3月2日，天山股份发行公告，拟采用发行股份及支付现金的方式，向中国建材等26名交易方购买中联水泥100%股权、南方水泥99.9274%股权、西南水泥95.7166%股权及中材水泥100%股权等资产。其中，天山股份仅拿出不足40亿元现金，其余95%都将以发行股份的方式进行，支付总对价高达981.42亿元，是A股历史上第二大并购重组案，仅次于招商蛇口1 458亿元并购案。并购重组完成后，天山股份水泥产能提升至4亿吨以上，水泥熟料产能提升至3亿吨以上，一举超越海螺水泥成为行业龙头公司。

青岛海尔并购美国通用电气（GE）主要是通过债务融资完成收购活动的。2016年6月7日，海尔发布公告，宣布与美国通用电气就青岛海尔整合通用电气家电公司正式签署相关协议，标志着持续半年的收购活动最终告成。由此，海尔成功鲸吞了美国通用电气的家电业务，收购了美国通用电气公司与家电相关的不动产、主要生产设备和知识产权在内的相关资产。此举成为海尔进一步打开美国市场的重大举措。

此次海尔并购美国通用电气的交易收购价格达到55.8亿美元。面对如此巨大的并购金额，海尔并没有选择全部用自有资金支付，而是与国家开发银行签署长期贷款协议，并获得33亿美元的贷款，这笔贷款占到整体并购金额的60%，而海尔为此支付的自有资金仅占40%，成为以小博大的经典案例。不得不说，债务融资是海尔成功并购美国通用电气的关键一步。这一案例表明，杠杆融资最大的特点在于并购方只需投入相对较少的自有资金便能获得大额进款，用于并购目标公司。

6.4.2　并购对价方式

1）对价方式概述

支付是整个收购交易的最后一个环节，也是决定交易最终能否成功的重要一环。支付方式的选择关系到并购双方的切身利益，适合的支付方式可以使各方达到利益上的均衡。国际较为常见的支付方式见表6-7，其中承担债务收购和国家无偿划拨是我国在特殊的制度背景和经济背景下存在的方式。

表6-7　　　　对价方式

现金对价		并购方通过支付一定数量的现金来购买目标企业的资产或股权，从而实现并购交易的一种支付方式
股票对价		并购方通过换股或增发新股的方式获得目标企业的控制权，进而并购目标企业的一种支付方式
承担债务收购		并购方在并购目标企业时，不向目标公司的股东支付任何现金或有价证券，而是承担目标公司所有债务进而取得对目标公司的控股权
综合证券收购		收购方对目标企业提出并购要约时，其出价不仅仅有现金、股票，而且还有认股权证、可转债和公司债券等多种混合形式
杠杆收购	一般杠杆收购	通过增加并购企业的财务杠杆完成并购交易的一种并购方式。实质是并购企业用少量的自有资金，主要以借债的方式来购买目标企业的产权，继而以被并购企业的资产或者现金流来偿还债务
杠杆收购	管理者收购	杠杆收购的一种特殊形式，它限定收购主体是目标企业的内部管理人员，具体方式是通过借债融资获取股份
卖方融资收购		又称推迟支付或分期付款，是指卖方根据未来收益而让买方分期偿还付款
国家无偿划拨		国家通过行政手段将国有企业的控股权直接划至另一个国有资产管理主体，这种支付方式是与我国企业的产权结构联系在一起的

2）特殊对价方式介绍

现金支付、股票支付和我国特有的两种支付方式都比较容易理解，因此本节不展开叙述。由于综合证券收购、杠杆收购和卖方融资收购等特殊对价方式在我国的应用还不是很广泛，很多人对这些方式的操作流程和优缺点仍一知半解，因此下面将通过一些小案例简单介绍这些对价方式。

（1）综合证券收购

收购方在并购目标企业时采用混合证券收购的方式就是将多种支付工具组合在一起，可取长补短，从而满足收购双方的需要。这样既可以少付现金，避免本公司的财务状况恶化，又可以防止控股权的转移。采用综合证券收购尽管会使并购交易变得烦琐，但同时也增加了风险套利的难度。正因为如此，在各种出资方式中，综合证券收购呈逐年递增的趋势。

当然，这种支付方式的风险也是显而易见的。如果搭配不当，非但不能发挥各种支付工具之长，反而有汇集它们弊端的可能。此外，综合证券支付对价方式对并购双方的股东利益和并购价格的影响是十分复杂的，在不同情况下，各种证券所占权重不同，其影响也有所差异。因此，综合证券支付是一种技术含量相当高的支付方式，一般需由投资银行经过周密设计才能确定各种证券的比例，必要时还要进行模拟分析来推测市场的反应，因而操作相当复杂。

（2）杠杆收购

20世纪80年代以后，随着银行、保险公司、风险资本等各种金融机构的介入，杠杆收购交易得以快速发展。然而，在当前我国资本市场迅速发展、企业并购此起彼伏的形势下，杠杆收购仍然未能被普遍接受并广泛应用。

杠杆收购与其他并购融资方式相比，主要有以下基本特征：第一，收购公司用于收购的自有资金远远少于收购总资金，收购资金的大部分是借债而来，贷款方可能是金融机构、信托基金、个人，甚至可能是目标公司的股东；第二，收购公司用来偿付贷款的资金来自目标公司的资产或现金流量，也就是说，被收购公司将自己偿还收购自己所支付的款项；第三，收购公司除了投资非常有限的资金外，不承担进一步投资的义务，即贷款方通常在目标公司的资产上担保，以确保优先受偿地位。

这种融资方式对于收购公司是非常有利的，但是杠杆收购在提高财务效益的同时也带来了高风险。由于这种收购的大部分资金依赖债务，因此沉重的债息偿还负担可能会令收购公司和目标公司都不堪重负而最终被压垮。这就需要收购公司的管理者具有较强的重组整合能力，在组织结构和文化上达到和谐统一，并最终实现各方面的协同效应，提高经营效益与偿债能力，使资产收益率和股权回报率有所增长。只有当大部分债务已经偿付完毕时，并购活动才算真正成功。

例如，2016年12月2日，艾派克宣布其正式完成对国际著名品牌打印机及软件公司利盟国际100%股权的收购。珠海艾派克科技股份有限公司于2014年成功借壳上市，主营各类集成电路产品及其组件和配套软件服务。通过战略协调，艾派克整合行业资源，确定在未来几年内完成全球激光机业务前三的战略目标。其中，作为控股股东的塞娜科技是艾派克的协调者和最核心的控制者，收购lexmark是宾纳科技与艾派克实现共同战略目标。2015年lexmark因业绩不佳而发布收购要约，之后艾派克便开始准备收购，艾派克今年4月份宣布开始筹划此轮收购，最终方案为携手太盟投资（PAG）及联想控股旗下的朔达投资共同成立联合体全资收购利盟，三大投资方出资比例分别为51.18%、42.9%和5.88%。在资金方面，除认购协议中的相关款项由各出资方支付，本次交易的剩余款项将由海外子公司向银团申请中长期并购贷款取得。收购方合理采用多元化的融资方式，充分利用私募EB融资模式，极大地促进了大量的并购资金，解决了内部融资不足的问题。通过债券融资获得了税盾收益，引入私募股权基金。银行和合理投资者基金实现风险转移。这次收购历时10个月，比较迅速，是一次跨国并购较优秀的“蛇吞象”案例。

（3）卖方融资收购

目前，我国应用卖方融资方式的并购案例并不多，应用卖方融资理念也主要用在日常的经营融资管理上。一些商业银行开展了这方面的业务，应用最多的是国内信用证项下的卖方融资。为满足客户（卖方）日常的资金需求，银行以客户收到的延期付款国内信用证为依据，以信用证项下的应收账款为还款来源，向符合条件的客户发放短期融资。

在企业并购范畴，卖方融资的前提条件是买方存在融资困难，且卖方急于卖出。买方通过购买卖方的资产来获得资金，偿清后可获得资产所有权。这种方式通常发生在目标公司获利不佳，股东急于获得现金或者并购方拥有极为出色的经营管理能力的时候。这种支付方式一般对收购方更有利，而对卖方也有一定的好处。

当收购一些以某些个人的特殊技艺或管理才能为特性的公司时，应特别注意人的稳定性，所以在具体价款支付上要有特别条款予以保障。若原来所有者与经营者为同一人，收购后仍保留经营者的资格，则可在商定价格时要求，一半付现金，另一半视未来时点被收购公司的绩效目标的完成情况而定。

这种融资方式通常根据未来目标公司的经营业绩而决定支付价款的多少，可以使目标公司一直努力保持正常运作，以证明公司的价值，从而有助于缩小双方在并购价格认定上的差距。对于收购方而言，这种支付方式既可减轻收购当时的现金负担，又可免除很多保证措施，还可建立奖励措施。但是，此种依绩效而定价的方式，若支付期间过短，则在收购后，原所有者将可能只为了获得更高的支付价格而忽视企业的长远发展，从而使以后的支出大增，影响今后正常的生产和效益，这也是收购者在签约时应该考虑的问题。对于卖方而言，由于分期收取收购款项，卖方可以获得税负的分段延迟支付，同时还可以要求较高的利息。

例如，几年前，美国华纳传播（Warner Communications）欲将其亏损的阿泰利（Atari）电脑公司出售时，收购者即以未来偿还价款为保证，购买其全部股权。收购方提出能够拯救该亏损公司的计划，并将利用在其有效管理下所赚的盈余来偿债。在该案例中，华纳对收购方的拯救计划非常有信心，因而愿意以应付票据的方式达成交易，且并不要求前几年马上付清本金，使阿泰利在新业主经营下的前几年现金压力大为消除。由此可知，收购须有极佳的事业经营计划，才易取得“卖方融资”。

6.5 敌意收购与防御

6.5.1 敌意收购的基本形式

敌意收购又称间接收购，是指在一项收购活动中，收购方不向目标公司直接提出收购的要求，而是绕过目标公司的管理者，直接以公开出价的方式向目标公司的股东发出要约，从而获得控制目标公司的必要股权，以达到控制目的。敌意收购一般是在收购方的收购条件遭到对方管理者拒绝后，仍然强行进行收购，或者在未与目标公司的管理者进行协商的情况下，突然直接提出公开收购要约的行为，例如，2017年6月21日，浙民投发出公告表明要收购振兴生化的意向，同时向振兴生化提交了收购声明报告，紧接着振兴生化申请股票停牌。6月28日，振兴生化对浙民投的收购发布提示性公告，同时为应对敌意收购计划重大资产的重组。7月21日，振兴生化开始对重大资产进行重组。9月14日　振兴生化的大股东振兴集团对浙民投及其背后的一致行动公司进行起诉控告，并上诉至法院，批评指责浙民投及其一致行动人隐瞒在振兴生化股东大会上私自做出的决定且事后未做出公告，并要求弥补由于股东意见不合而造成消息面扩散导致的股价下跌的损失。9月21日，振兴生化停止重大资产的重组并且为股票开盘发布公告。11月2日，振兴生化对浙民投的具体收购事项进行披露公告并将收购报告书公布。11月29日，振兴集团通过协议转让的方式转让持有的18.57%比例的振兴生化股份给深圳市航运健康公司，之后又陆续将4.04%比例的振兴生化股份转让给航运健康公司，由于航运健康公司是佳兆业的子公司，在此次股份转让之后，佳兆业将持有22.61%比例的振兴生化股份，成为振兴生化控股股东。12月5日，收购期结束，振兴生化股票停止交易，静候收购的结果。12月14日，振兴生化公告在此次收购活动中，共有约14 655万股股份被收购，浙民投持有振兴生化股份占29.89%。浙民投顺利成为振兴生化第一大股东。

收购防御，是指目标公司为防止其控制权转移而采取的一系列旨在预防或者阻止收购者收购本公司的措施。

在典型的市场经济国家中，主要的敌意收购方式有两种，即熊式拥抱方式、狙击式公开购买方式等。其中，熊式拥抱方式相对友好，狙击式公开购买方式中的标购方式使用得最频繁。自20世纪90年代以来，敌意收购者发现通过提高收购价格获得目标公司的控制权变得越来越困难，代理权之争开始被广泛使用。

1）熊式拥抱方式

熊式拥抱方式，是指收购者在发动收购前与目标公司管理者接触，表达收购的意愿，如果遭拒绝，就在市场上发动收购。

这是一种先礼后兵的收购方式。收购者一般会开出较为优厚的收购条件给目标公司管理者，目标公司管理者也有可能出于诚信义务的考虑将收购者的收购建议向全体股东公布，且部分股东往往也会向管理者施压要求其接受收购报价，但是，如果目标公司管理者拒绝，那么收购者就可能发动标购。

对于管理者并不愿意被收购的目标公司来说，这是一种很有效的收购方法。管理者可能出于自己的利益回绝收购者提出的收购建议或要约，但董事们有义务为股东创造最丰厚的回报，因此，熊式拥抱方式更像是一种能够有效促成收购行为的股东利益保障机制。一旦熊式拥抱方式的消息公开化，风险套利者将会囤积目标公司的股票或卖空收购者的股票。这样一来，发动熊式拥抱方式的收购者想要大规模购买目标公司股票就变得容易了，也使目标公司想要保持其独立性变得更加困难。因此，这种敌意收购方式比较适合有可能通过协商来达成交易的目标公司，既可以节省收购者的收购成本，又可以降低标购带来的消极影响。

2）狙击式公开购买方式

这种收购方式一般是指在目标公司经营不善而出现问题或在股市下跌的情况下，收购者与目标公司既不做事先沟通，又没有警示，而直接在市场上展开收购的行为，具体包括：标购、集中竞价收购、委托书收购等。这种手段针对的是股权相对分散或股价被明显低估的目标公司。

（1）标购

标购是指收购者不直接向目标公司董事会发出收购要约，而是直接在公开市场上向目标公司股东进行招标式（收购的股份数量与价格等）购买的收购行为。

（2）集中竞价收购

集中竞价收购，国外称公开市场收购，是指收购者从二级市场上收购目标公司的股份，其常见形式为“爬行收购”，即收购者先购买目标公司一定比例的股份（法律要求的公告起点内），当达到法律规定的触发点时加以公告，并通过多次购买取得足以控制目标公司的股份。

集中竞价收购与标购，二者既有联系又有区别。标购通常发生在与第三方争夺目标公司股权或对目标公司进行敌意收购时。这时，集中竞价收购往往是标购的前奏，一旦信息披露或收购意图曝光即发动标购。两者的区别是：标购是公开向市场出价，征求目标公司股票的出售者；集中竞价收购则是在市场中随行就市，按当前价买入目标公司股票，通常会比较隐秘。

标购不是全面收购要约，没有全面收购的义务。标购可以支付现金、股票或其他证券，也可以现金和证券混合支付。但在中国，标购方式都是使用现金的。在公开市场上收购股票很有可能收集不到足够的股份来获得目标公司完全的控制权，这时收购方会十分被动。标购的优势是，如果股东提供的股票达不到期望的数量，那么收购者可以不购买这些股票。

（3）委托书收购

委托书收购是指一个或一群股东通过公司投票权的委托代理机制取得公司控制权的一种方式，即收购方通过与公司其他持股人以及小股东合作，使这些投资基金和小股东将其投票权委托给收购方，以达到获得相对控制或绝对控制公司表决权的目的。代理权竞争主要有两种形式：一是争夺董事会的位置，争当具有决策权的董事，希望可以由此控制董事会，当选董事长，进而控制公司管理者及整个公司；二是在董事会中就某项具体的议题争取左右董事会的决策。当公司业绩不佳、公司董事会在股东中的支持率很低以及当反对者提出了很有吸引力的方案时，这种收购机制容易发挥较大的作用。

相对于标购，委托书收购可能是一个比较便宜的选择。这是因为，标购要购买数额巨大的股票，并按有很高溢价的股价进行支付，而委托书收购不需要这些开支，所涉及的主要成本有：聘请代理权顾问、投行和法律顾问的费用；大量的打印、邮寄和与各类股东沟通的费用；可能在此过程中发生的诉讼费用及其他费用。

在中国，敌意收购最常见的只有一种方式，即在股票的二级市场中争购目标公司的股份，争夺最大股东的地位，并以此方式争取获得公司的控制权。在美国，它有个专门的名称，叫作“街道清扫”（Street Sweep），一般是在标购失败后进行的。由于中国上市公司限售流通股的存在，可实施敌意收购的目标公司很有限。

6.5.2 敌意收购的防御

敌意收购的防御措施按照实施的时间不同可分为两类：预防性收购防御措施与反击性收购防御措施。在浙民投收购振兴生化的案例中，为防止可能的敌意收购，振兴生化选择停牌策略，制约股票流动性，为管理层寻找防御手段赢取时间，打乱浙民投要约收购的计划，增加浙民投的持股成本和资金压力。此外，对振兴生化对浙民投提起诉讼，指其存在信息披露违规、内幕交易和利益输送等行为，请求判令其终止收购并赔偿损失。

敌意收购包含的具体防御策略各具特色，各有千秋，很难断定哪种策略更奏效。企业应该根据并购双方的力量对比和并购初衷选用一种策略或几种策略的结合。本节主要介绍以下几种防御措施：

1）预防性收购防御措施

预防性收购防御措施是指目标公司为了降低潜在的敌意收购，获得成功的可能性，而在敌意收购发生之前就采取的收购防御措施。

（1）驱鲨剂条款

驱鲨剂条款是指目标公司可以通过在公司章程中设置某些条款的方式为收购设置障碍，增加收购成本，从而阻止收购行为，又称“豪猪条款”，主要内容包括：

① 分期分级董事会条款，又称“错列董事会条款”和“董事会轮选制”。其具体做法是，在公司章程中规定，董事会分为若干组，每一组有不同的任期，股东会每年只能依次改选其中的一组，且辞退董事必须具备合理的原因，更换董事也需要说明理由。这样，即使收购人控制了目标公司的多数股份，也不能在短时间内完全控制董事会，从而有利于抵御敌意收购。

② 超级多数条款，企业章程都需要规定修改章程或重大事项所需投票权的比例。超级多数条款规定，涉及企业控制权变动的交易都必须取得2/3或80%的投票权，有时甚至会高达95%。这样，若企业管理者和员工持有企业相当数量的股票，那么即使收购方控制了剩余的全部股票，收购也难以完成。

③ 公平价格条款，公平价格条款规定收购方必须向少数股东支付目标企业股票的公平价格。公平价格，通常是以目标企业股票的市盈率作为衡量标准，而市盈率的确定是以企业的历史数据和行业数据为基础的。

（2）毒丸计划

毒丸计划，是美国著名的并购律师马丁·利普顿（MartinLipton）于1982年发明的，正式名称为“股权摊薄反收购措施”，指的是当一个公司一旦遇到恶意收购，尤其是当收购方占有的股份已经达到10%到20%的时候，公司为了保住自己的控股权，就会大量低价增发新股，或者增加负债措施。毒丸计划的目的是让收购方增大收购成本，是让收购方无法达到原计划控股公司的目标。最初的形式很简单，就是目标公司向普通股股东发行优先股。一旦公司被收购，股东持有的优先股就可以转换为一定数额的股票。目前全球最大的流媒体影视公司Netflix曾于2012年实施过毒丸计划。当时，美国著名投资人卡尔·伊坎（Carl Icahn）收购了公司10%的股份。在收购之后的几天，Netflix的董事会就通过了一项“股东权益计划”。在新计划规定，如果收购方继续收购10%或更多公司股份，或最终导致Netflix被合并，出售或转让超过50%的资产，那么，Netflix现有股东未来有权力以一股股票价格来获得公司两股股票。这样，其实也是间接增加了收购方的收购成本，同样达到防御收购或提高收购价格的目的。

毒丸计划有效地稀释了收购方的控制，但也会使目标公司的长期负债增加，使公司的经营风险增加。

随着并购交易的复杂化和时间的推移，该计划产生了以下变异：

① 转致条款，是指目标公司以股利形式（其价值远远高于市场价格）向股东赋予购买期权：如果收购公司通过购买目标公司一定比例以上的股份与目标公司合并，被赋予期权的股东能以非常有利的价格（其价格远远低于市场价格）购买收购公司的股份。

② 反致条款，是指目标公司以股利形式（其价值远远高于市场价格）向股东赋予购买期权：如果收购公司购买了目标公司一定比例以上的股份，那么即便没有发生合并，被赋予期权的股东也能以非常有利的价格（其价格远远低于市场价格）购买目标公司的股份。

③ 回致条款，是指目标公司以股利形式向其股东赋予出售期权，如果收购公司购买了目标公司一定比例以上的股份，即便没有发生合并，被赋予出售期权的股东也能以非常有利的价格（其价格远远高于市场价格）强制目标公司回购其股份。

由于毒丸计划可以不经过股东表决即能获得通过，而且从法律角度看，毒丸计划是以股息的形式伪装出现的，因此，许多大企业的股东对此表示强烈不满，认为这与股东的利益是对立的。一方面，“毒丸计划”一经实施，企业股票价格就会立即出现下降趋势；另一方面，“毒丸”的威慑作用将使股东丧失对可能的收购者出售股票的基本权利。

（3）金色降落伞

金色降落伞是一种补偿协议，规定在目标企业被收购的情况下，高层管理人员无论是主动离开企业还是被迫离开企业，公司都会提供相当丰厚的解职费、股票期权收入和额外津贴作为补偿费，以此来增加收购方的收购成本。与之相似，还有针对雇员的“银色降落伞”。

例如，大众公用在章程第37条中对有关遣散费的条款做出相关规定，当发生单独或合并持有公司10%以上的股东继续收购公司股份并成为实际控制人的情况，“若因此导致公司中层以上管理人员（指公司部门经理助理及以上管理人员，包括在公司及控股子公司领取薪酬的本公司董事、监事）主动或被动离职的，该股东应当向离职人员一次性支付额外遣散费用”。

但是，金色降落伞策略的弊端也是显而易见的，即支付给管理者的巨额补偿反而有可能诱导管理者低价将企业出售。

（4）相互持股

为避免公司股权旁落，目标公司可以选择一家关系密切并值得信赖的公司，双方通过互换股权的方式，相互持有对方一定比例的股份，使流通在外的双方股权都大量减少，从而不易受到控股冲击。这要求持股双方形成默契，互不干涉，拥有自主经营的权利。

2）反击性收购防御措施

反击性收购防御措施是指针对已经发起的敌意收购而采取的收购防御措施，尽管采取的各种预防性防御措施会增加收购成本，使收购变得更加困难和昂贵，但是这些措施并不能保证目标公司的绝对安全。当收购公司不惜代价，绕过重重防御时，就需要目标公司采取积极的措施进行反击。

（1）绿票讹诈

绿票讹诈是指目标公司以较高的溢价购买自己在收购者手中的股票，以换取收购者不参加收购的承诺。然而，这很可能会对公司其他股东产生负面影响，稀释其他股东的权益，其合法性受到很大质疑。

（2）白衣骑士

当遭到敌意收购时，目标公司邀请一个友好公司，作为另一个购买者，以更高的价格来对付敌意收购，从而使自己被这个友好公司并购。如果敌意并购者的出价不是很高，那么目标公司被“白衣骑士”拯救的可能性就很大；如果敌意并购者的出价很高，那么“白衣骑士”收购的成本也会相应提高，目标公司获得拯救的可能性会降低。最好的结果是寻找“白衣护卫”，即使友好公司购买了目标公司一部分股份，但仍达不到控制的程度。从目前的法律法规来看，中国的证券市场管理者比较倾向于这种收购防御措施，不仅能够带来收购竞争，而且有利于保护全体股东的利益。

有关“白衣骑士”的一个案例是万科抵御宝能系的反收购。2015年，万科管理者为维持其控制权引入白衣骑士——深圳地铁投资，而宝能系趁低价购入万科A股股票约7 800万股。宝能系合计持股数占万科总股本的25%，成为万科第一大股东。2017年1月和6月，深圳地铁分别收购万科股份15.31%、14.07%，并最终持有万科总股本的29.38%，从而成功抢夺万科第一大股东的宝座。由此，长达两年的万科股权之争终于落下帷幕。

（3）锁定交易

锁定交易是指当目标公司面临不良收购时，可以以协议价格将其优良的资产或经营最好的业务（“皇冠明珠”）出售给友好公司或赋予其购买期权。设置这种锁定交易的目的是通过使目标公司的吸引力减弱而使竞争出价者失去收购的兴趣。

（4）帕克曼

该措施的做法是，遭受敌意收购的目标公司反过来收购敌意收购对手的股票。这种措施适合实力雄厚或融资渠道广泛的公司，在对手是一家上市公司并且本身存在缺陷的前提下才适合实施。

帕克曼战术是一种转被动为主动的防御术，大众与保时捷的收购案便是一个典型。2005年的10月，保时捷公布自己共持有18.53%的大众集团股份，之后一边继续收购大众股份，一边起诉《大众法》违反公平交易原则（该法规旨在保护大众不被外资控制），企图“把大众收入怀中”；2009年年初，保时捷已经持有大众集团51%的股权，离一统大众只有半步之遥，但也为此背上了超过90亿欧元的巨额债务。不巧的是，金融危机的爆发让保时捷利润大幅下滑，收购计划被迫终止的同时，保时捷也陷入了15年来最严重的一次财务危机，现金流严重告急，保时捷濒临破产，只能向大众求救，并最终同意大众通过投资约84.6亿欧元，100%收购保时捷汽车。由此，保时捷汽车成为大众集团旗下的一员，这场世纪收购案终于落下帷幕。

（5）资本结构调整

当面临收购时，目标公司会采取各种措施调整自己的资本结构，以避免被收购者收购。具体措施包括：①管理者收购，属于杠杆收购的一种类型。在一般情况下，管理者对被收购公司的资产价值或运营状况最为熟悉，故有相当比例的杠杆收购是由被收购公司的管理者发动的。②员工持股计划，是指由全公司员工来收购自己公司的股票。这一计划也可以通过大量借款来实现。员工为自己的工作及前途考虑，不会轻易出售自己手中的本公司股票。如果员工持股数额庞大，当敌意收购发生时，目标公司则可保安全。③股票回购，可以使敌意收购者不容易获得股份，也使那些常常帮助收购者的套利者难以获得股份，并增加了目标公司自身的持股比例。该策略的做法主要有两种：一是公司用自留资金以不低于市场价的价格向股东发出回购要约；二是通过发行公司债、优先股或其组合，以换股方式回购股票。

（6）焦土战术

焦土战术是指当目标公司面临被收购的威胁时，采用各种方式有意恶化公司的资产和经营业绩，如低价出售优质资产、增加负债，以此降低目标公司在收购公司眼中的价值，使进攻方却步。这是公司在遇到收购袭击而无力反击时，所采取的一种两败俱伤的做法。常见的焦土战术主要包括出售“皇冠明珠”和“虚胖战术”两种。前者是指出售公司最有价值的核心资产，如技术秘密、专利权或关键人才专利、商标、某项业务或某个子公司等，让收购者对自己失去兴趣；后者则是大量收购没有价值的“垃圾资产”，让自己变得“臃肿”，令目标企业包袱沉重，资产质量下降，从而使收购者退缩。

（7）法律手段

在收购防御中，也可以引入法律武器：①反垄断法。并购能起到优化资源配置的作用，但如果某一行业的经营本来已经高度集中，继续并购当然会加剧集中程度，从而在一定程度上会导致垄断，限制公平竞争。反垄断法作为政府对企业并购进行管理的重要工具，因而成为目标公司进行反敌意并购的第一保护措施。②证券法或证券交易法。当目标公司是上市公司时，就会涉及上述法律。这些法律一般对证券交易及公司并购的程度、强制性义务有规定，比如持股量、强制披露与报告、强制收购要约等均有规定，收购方一旦在强制性义务方面有疏忽，就很有可能因违反法律而导致收购失败。③其他相关法律。2002年，中国证监会颁布了《上市公司收购管理办法》和与之相配套的《上市公司股东持股变动信息披露管理办法》。这标志着中国调整上市公司收购兼并的法律制度有了新发展。此外《公司法》及其他相关法律建立了严格的企业并购的申报、报批制度以限制企业并购的进行。2014年，中国证监会推出《关于修改〈上市公司收购管理办法〉的决定》，进一步规范上市公司的收购及相关股份权益变动活动，从而促进了证券市场资源的优化配置。2018年7月，中国证监会修改了《中国证券监督管理委员会上市公司并购重组审核委员会工作规程》，以加强对并购重组进行制度建设，从而进一步提升并购市场投资质量。2019年，中国证监会修订了《上市公司重大资产重组管理办法》，以规范上市公司重大资产重组行为。

诉讼策略是目标公司在遭遇敌意并购时常使用的法律手段。目标公司在收购方开始收集股份时便以对方收购的主体资格、委托授权、资金来源、信息披露等方面的违法违规行为为由向法院起诉，请求法院确认对方的收购行为无效。从提起诉讼到具体审理直至裁决，一般都需要一段时间，目标公司可以利用这段时间来商议对策拯救公司。这种诉讼的目的并非在于目标公司管理者希望在诉讼中最终获得胜利，而是为其赢得宝贵的时间。

本章小结

1. 并购的基本分类是横向并购、纵向并购和混合并购；并购活动分为6个发展阶段，被称为6次并购浪潮；中国上市公司的并购活动取得了显著的成果并具有鲜明的特征。

2. 并购的短期效应和长期效应各有不同，有多种理论对其进行解释剖析，主要有并购效率理论，并购信息与信号理论，代理问题与管理主义理论等。其中，并购效率理论可细分为8种从不同角度思考的理论。国内外学者在各种理论的基础上进行了大量研究，并取得了相当数量的经验证据。

3. 并购价值评估是并购的核心环节。首先，要了解目标公司价值评估的总体步骤；其次，要选用适当的价值评估方法；最后，对评估出的价值进行溢价与折价的调整。

4. 并购融资与对价是完成并购交易的实质性环节。应根据对风险与收益的分析，选择适合的对价方式，再根据对价方式考虑融资渠道和来源。

5. 识别敌意收购的基本类型，并采取相应的防御策略。

讨论题

讨论题指引

1. 我国上市公司并购以股权交易为主流，股权交易与资产交易的主要区别有哪些？为什么大多数公司选择采用股权交易的方式？

讨论题指引

2. 企业进行并购的动因有哪些？并购动因与并购效应之间是什么关系？

讨论题指引

3. 价值评估结论的合理性通常取决于用来估算未来经济收益的预测和假设，那么在考虑预测和假设时应该注意哪些问题？

讨论题指引

4. 中国上市公司并购对价方式的选择主要受哪些因素的影响？不同的对价方式对并购双方的股东财富又会产生怎样的影响？

讨论题指引

5. 评价防御敌意收购的各种方法的适用条件和优缺点，举例说明哪些方法得到了有效运用。

案例分析

圆通速递的并购重组

2016年1月15日，A股公司大杨创世发布公告表示，大杨创世将与圆通速递有限公司（简称“圆通速递”）进行资产重组。

2016年3月23日，大杨创世发布消息称，公司拟将全部资产与负债出售给蛟龙集团、云锋新创，后者以现金方式支付对价，交易作价为12.34亿元。同时，公司拟以7.72元/股的价格，向圆通速递全体股东非公开发行股票合计22.67亿股，作价175亿元收购圆通速递100%的股权，并拟按10.25元/股的价格向喻会蛟、张小娟、阿里创投等共7名特定对象非公开发行股票募集配套资金不超过23亿元。交易实施后，圆通速递的控股股东蛟龙集团将成为上市公司的控股股东，圆通速递的实际控制人喻会蛟、张小娟夫妇将成为上市公司的实际控制人。此次交易构成借壳上市。公司总股本将大幅增至28.21亿股，其中蛟龙集团持股比例为51.18%，为第一大股东；公司的实际控制人将变更为圆通速递的实际控制人喻会蛟、张小娟夫妇。此外，阿里创投、云锋新创将分别持有公司11.09%和6.43%的股份。受圆通速递借壳上市的影响，大杨创世在4月11日复牌后，收出5个涨停。

交易完成后，上市公司主营业务彻底转型，由服装制造企业转变为综合性快递物流服务企业。在此次并购交易中，圆通速递在交易中做出业绩承诺：2016—2018年实现归属母公司的净利润分别不低于110 010万元、133 290万元和155 250万元。

圆通速递近年来在行业内完成的斐然业绩，为其奠定了行业领头羊的地位。从业务量上看，其2015年的业务量达到30.32亿件，市场份额高达14.67%，跃居行业第一。此外，圆通速递在完成件量高增长的同时，在快递服务质量、时效、客户满意度等多项指标方面依然稳居行业领先地位。从盈利能力方面来看，圆通速递2015年实现营业收入120.9亿元、净利润7.17亿元，业绩行业领先。

根据上述资料，思考以下问题：

1. 查找并购交易的相关资料，了解交易的详细信息，思考并购交易的类型及并购动因。

2. 评价并购对价方式的特点及影响。

3. 该案例属于反向收购。思考反向收购的利弊及其操作过程，以及相关注意事项。

案例分析指引

延伸阅读文献

第7章 衍生工具与风险管理

学习目标

- ◇ 熟悉衍生工具的含义与种类
- ◇ 理解衍生工具的功能
- ◇ 了解全球衍生品的市场发展概况
- ◇ 掌握远期合约、期货合约、期权合约和互换的含义与特点
- ◇ 掌握利用衍生工具对商品价格风险、利率风险和汇率风险进行管理的策略和方法

随着金融创新的日新月异，衍生金融工具不断推陈出新，已经成为经济全球化和金融一体化发展的主要推动力量。无论是20世纪70年代金融期货、期权的诞生，20世纪80年代货币互换的兴起，还是20世纪90年代信用衍生产品的问世，乃至21世纪耳熟能详的ABS、MBS、CDO，资本市场衍生产品交易种类和结构的变化都令人叹为观止、目不暇接。

然而，2007年美国市场的次级债券问题触发了一场几乎是全球性的金融危机。许多西方银行因资产证券化等金融衍生产品而蒙受了巨大损失。雷曼兄弟、AIG等跨国金融机构因CDS等场外金融衍生品轰然倒下，金融市场一片狼藉。在危机冲击下的中国也未能独善其身。2008年，多家国有企业因投资金融衍生产品失败而发生巨额亏损，中国东方航空股份有限公司的航油套期保值公允价值损失约62亿元；中国国航因航油套期保值浮亏68亿元；中国远洋的远期运费协议（FFA）的公允价值损失约40亿元……一时间，金融衍生产品成为众矢之的，被视为给全球金融市场带来巨大灾难的罪魁祸首，是金融界的大规模杀伤性武器。对金融衍生品不加区分的口诛笔伐充斥着国内外的舆论，金融衍生产品似乎有被“妖魔化”的趋势。

那么，金融衍生产品真的有如洪水猛兽这么可怕吗？其实不然，比如有人因为触电而死，有人因用火不慎而引起火灾，难道我们能够因为这些意外情况的发生而否定电与火的功能吗？我们需要做的是让大家能普遍掌握用电、用火的安全常识，知道它们的危险性，而不是发生了因为操作不当引发的意外事件，就要求大家不要用电或用火。“水可载舟，亦可覆舟”贴切地形容了金融衍生产品的特性。在多年前的安然倒闭事件中，由于购买了CDS，持有12亿美元安然债券的花旗银行幸运地躲过了一劫。然而，同样是CDS，却在那场全球性的次贷危机中将雷曼兄弟送上了不归路。金融衍生品究竟是天使还是魔鬼？这个问题并非只有一个非此即彼的答案。

因此，通过对危机的反思，我们应更为深入和客观地认识金融衍生产品，不能否认其稳定市场、管理风险的作用，忽视其在金融危机考验下显示出的旺盛的生命力，而应该反思自身在风险管理和金融衍生品管理过程中的失误，总结教训，得到启示，从而充分发挥金融衍生品固有的套期保值、管理风险的积极作用，进而促进我国金融衍生品市场的发展。

党的二十大报告指出，要坚持以高质量发展为主题，增强国内大循环内生动力和可靠性，提升国际循环质量和水平，加快建设现代化经济体系，着力提高全要素生产率，着力提升产业链供应链韧性和安全水平，着力推进城乡融合和区域协调发展，推动经济实现质的有效提升和量的合理增长。衍生品市场在“推动全要素及商品流动，提高市场资源配置效率”“服务实体企业，提升产业链供应链韧性”“护航经济国际化发展”等多方面有天然的优势，因此我们要努力建设发展衍生品市场、发挥其服务实体经济功能作用。

本章在介绍衍生工具基本概念和分类的基础上，简要介绍了衍生工具的功能，重点阐述利用衍生工具管理商品价格风险、利率风险和汇率风险的基本策略和方法。

7.1 衍生工具与衍生品市场概述

7.1.1 衍生工具的含义与功能

1）衍生工具的含义

衍生工具（Derivatives），又称“衍生产品”，是与基础产品相对应的一个概念，就是由现货市场的既有产品衍生出来的产品。之所以冠上“衍生”这个词条，是因为该种产品建立在基础产品或基础变量之上，其价格随基础产品的价格（或数值）变动而变动，例如，股票指数期货合约的价值，受到其标的资产（Underlying Asset）现货股票价格指数高低的影响，故股票价格指数期货合约是一种典型的衍生性产品。2004年，《巴塞尔新资本协议》给出了衍生工具的明确定义：“金融衍生交易合约的价值取决于一种或多种基础资产的价值或相关指数，除了远期、期货、掉期（互换）和期权等基本合约形式之外，具有以上任一种或多种特征的结构化金融工具也称为衍生工具。”

2）衍生工具的功能

（1）风险管理功能

风险是客观普遍存在的，不同的投资者对风险的承受能力不同。有的投资者愿意冒一定风险去获取较高的收益，而有的投资者只希望赚取确定的收益，不愿意承担风险。这样就产生了分离风险的客观需求。衍生工具的出现为投资者提供了一种有效的风险分配机制，该功能也是衍生工具被企业界广泛应用的初衷所在。通过套期保值使希望避免风险的人把风险转移给愿意承担风险的人，这样投资者就可以根据各种风险的大小以及自己的偏好更有效地配置资金。2009年4月，国际掉期与衍生工具协会（ISDA）的研究显示，在世界500强企业中，有94%的企业利用衍生产品管理和对冲商业风险和财务风险。从行业分布看，金融服务业的企业普遍利用衍生工具，利用率高达98.4%；基础原材料行业的企业以97.7%的利用率紧随其后；技术行业企业的利用率也高达95.2%；医药、工业制造和公用事业相关行业的企业的利用率分别为95%、92.3%和91.7%；服务业的企业利用衍生产品的比例最低，但也达到了88%。各种金融衍生产品可以单独进行交易，也可以被用来“构造”一个更为复杂的系统，并根据需要进行调整或修改。不论是单一衍生产品还是多种衍生产品的组合，其设计的主要目的之一就是对冲风险。

【课堂拓展】　市场基础牢靠　功能有效发挥①

作为实体企业参与程度较高的期货品种板块，油脂油料期货市场持仓规模始终保持前列，客户结构也在不断优化。据统计，2022年1—10月，大商所油脂油料品种法人持仓平均占比升至71.13%，同比提升3.33个百分点，高于农产品期货与期权的平均水平。

市场功能方面，2022年上半年，大商所市场经受住境外粮油板块波动的考验，豆粕、豆油、棕榈油、豆一、豆二期货的套期保值效率均超过96%，其中豆一和豆二期货较去年同期提升1个百分点以上，为实体企业提供了有效的风险管理工具。

与此同时，油脂油料期权也不乏亮点。以2021年6月上市的棕榈油期权为例，2022年3月初，在俄乌冲突升级、主产地马来西亚和印尼出现劳工紧缺的背景下，棕榈油主力合约系列期权隐含波动率从年初的30%攀升至69%，而同期标的期货历史波动率仅从32%升至40%。“这一组数据充分说明棕榈油期权有效发挥了承担市场波动风险、护航标的期货平稳运行的作用。”胡杰说。

随着功能发挥水平的逐步提升，大商所油脂油料品种越来越受到国际市场的关注。作为我国首个向国际市场开放的农产品期货，棕榈油期货吸引了来自马来西

① 佚名.大商所：完善品种工具体系 护航油脂油料产业行稳致远［EB/OL］.［2022-］.https：//finance.sina.com.cn/money/future/2022-11-10/doc-imqqsmrp5653172.shtml.

亚、印尼、新加坡和澳大利亚等国多家头部产业企业参与，棕榈油期货价格也成为印尼、马来西亚等地出口商以及国内企业进行国际贸易时的重要定价参考。

(2) 价格发现功能

由于衍生工具交易特别是场内交易集中了各方面的市场参与者，带来了成千上万种基础资产的信息和市场预期，因此使寻找交易对象和决定价格的信息成本大大降低。交易者在信息收集和价格动向分析的基础上，通过公开竞价的方式达成买卖协议。协议价格能够充分反映交易者对市场价格的预期，也能在相当程度上体现未来的价格走势，这就是价格发现。被衍生市场发现的价格随时随地通过各种传播方式向各地发布，这就为相应的经济领域提供了信息的生产和传递功能，为广大的生产者和投资者提供了正确的价格信号，从而使生产者和投资者可以相应制订并调整其生产与经营计划，使经济社会的每一个成员都能更快、更好地从未来价格预测中获益，从而促进资源的合理配置。

(3) 增强市场有效性功能

即使没有衍生产品市场，证券的现货市场也可能是有效的。然而，即使在有效市场中也存在少量的套利机会。这些套利机会意味着一些资产价格在某些时候偏离了其正常价值。衍生工具的出现增加了不同金融工具市场和不同国家之间的联系，衍生品市场低廉的成本和简便的方式有助于套利交易和迅速的交割调整，以消除套利机会的存在，从而有利于降低市场的不完善水平，提升市场的竞争力，缩小金融工具的买卖差价，消除或修正某些市场或金融工具的不正确定价。

【课堂拓展】　　　　让期货更好服务实体经济[①]

期货市场独特的功能和优势，与全国统一大市场“高效规范、公平竞争、充分开放”的建设目标高度契合，理应成为加快建设全国统一大市场的重要抓手。

从田间地头到生产车间，从分散的农户到行业龙头，在采访的过程中，笔者深深地感受到，期货市场已经实实在在扎根于众多产业发展的各个环节，对推动高质量发展、稳定市场秩序发挥着重要作用。

党的十八大以来，我国期货市场发展进入新的阶段，10年来，新上市期货和期权品种76个，是之前20多年上市品种数量的2倍多，商品期货成交量连续多年全球领先。

当前，我国正致力于加快建设全国统一大市场。期货市场独特的功能和优势，与全国统一大市场“高效规范、公平竞争、充分开放”的建设目标高度契合，理应成为加快建设全国统一大市场的重要抓手。

健全机制，让期货促进资源要素高效配置。建设全国统一大市场要求充分发挥市场在资源配置中的决定性作用和更好发挥政府作用，期货市场通过特有的功能机制推动资源要素更高效地配置，已经成为我国资源配置的重要场所。

---

① 佚名.让期货更好服务实体经济［EB/OL］.［2022-10-31］.https://finance.sina.com.cn/money/future/roll/2022-10-31/doc-imqmmthc 2778655. shtml.

一方面，期货市场通过价格发现功能优化资源配置。期货市场信息传递快捷、履约保证严格、集中竞价公平公开、成交方式简洁方便，能够比较真实高效地反映现货市场供求变化的趋势，提供前瞻性的价格信号，促进生产要素的优化配置。比如期货价格为农产品生产者提供了重要的生产依据，避免盲目生产。近年来，随着我国期货市场上市品种体系不断完善，交易规模稳步扩张，多元化交易者积极参与，期货市场价格形成机制不断成熟，价格应用场景和范围不断拓展，整体价格影响力稳步提升，资源配置功能不断加强。

另一方面，期货市场通过风险管理功能促进生产要素的有效流动。商品期货背后对应着一个个实体产业，市场经营主体通过在期货市场上套期保值来降低风险，减少价格波动带来的冲击，从而促进产业链上下游的正常生产和生产要素的有效流通。近年来，期货市场风险管理功能稳步发挥，在服务粮食安全、能源资源安全、产业链供应链安全等方面发挥越来越明显的作用。

当前，我国期货市场处于快速成长期，在进一步服务统一大市场建设、构建新发展格局方面大有可为。进一步发挥期货的功能作用，一方面要聚焦服务实体经济和国家战略，丰富产品和服务供给；另一方面要持续立足于我国发展实际，创新中国特色的监管制度和业务模式。期待一个高质量发展的期货市场更好地为实体经济和国家发展大局保驾护航。

7.1.2 衍生工具的种类与特点

按照最基本、最常见的分类，衍生工具可以分为远期合约、期货合约、期权合约和互换合约四大类。

1）远期合约

远期合约是指交易双方约定在未来某一特定时间，以某一特定价格买卖某一特定数量和质量的合约标的物的一种协定。远期合约的品种主要有商品远期交易、远期外汇交易、远期利率协定等。远期合约交易的特点有：

（1）远期合约交易是通过现代化通信方式在场外进行的，交易双方互相认识，合约内容由交易双方互相协商，具有较高的灵活性。

（2）远期合约交易不需要保证金，没有初始投资，但是远期合约的履约也没有保证。当价格变动对一方有利时，另一方可能无力或无诚意履行合约，因此远期合约的违约风险较高。

（3）由于远期合约为非标准化合约，每份合约千差万别，同时由于远期交易没有固定、集中的交易场所，因此远期合约的流动性较差，大部分交易都导致最后进行实物交割。

2）期货合约

期货合约简称期货，是指交易双方约定在未来某一特定时间，以某一特定价格买卖某一特定数量和质量的合约标的物的一种正式合约性协定。当合约到期时，合约双方必须履行交割义务，即买方交钱，卖方交货，以完成合约所规定的事项。为了保证当一方违约时，另一方不致遭受损失，在签订合约时买方和卖方都被要求支付一定数量的保证金，并视期货价格的变动情况再确定其是否追加保证金。期货类衍生工具主要包括商品期货、外汇期货、利率期货、股票期货、股票指数期货等。期货交易的特点有：

(1) 期货交易所需资金较少。期货交易者不需要按实际期货合约的价值交纳现金，而只要交纳较低比例的保证金。

(2) 期货交易在多数情况下不进行实物交割。多数的期货交易者在期货合约到期之前就通过对冲了结了履约义务，真正需要进行现货交割的，一般只占期货合约总额的1%～2%。

(3) 期货交易的地点、方式等都有严格的限制。期货交易的对象是一张期货合约，期货合约中明确限定了交易商品的等级、数量、交易方式和交易地点，投资者可以选择的只是价格和交货期。

(4) 期货交易风险较高。在期货交易中，买卖双方都要支付保证金，随价格的变化，有可能需要追加保证金，而且交易双方所承担的风险损失都是无限的。

3）期权合约

期权合约简称期权，又称选择权，期权交易实质上是一种权利的买卖。期权的一方在向另一方支付一定数额的权利金后，即拥有在某一特定时间，以某一特定价格买卖某一特定种类、数量、质量的原生资产的权利。期权类衍生工具主要包括商品期权、外汇期权、利率期权、股票期权、股票指数期权等。期权交易的特点有：

(1) 期权交易对象特殊。期权交易是以一种特定的权利为买卖对象的交易，是一种权利的有偿使用，即期权的买方向期权的卖方支付了一定数额的权利金后，就拥有了在规定的有效期内按事先敲定的价格向期权的卖方买进或卖出一定数量的某种商品期货合约的权利。

(2) 买卖双方的权利义务不等。在期权交易中，期权的买方有权确定是行使权利还是放弃权利，卖方只有义务按买方的要求去履约，只有当买方放弃权利时卖方才不必执行合约。

(3) 买卖双方的风险收益结构不对称。期权交易的买方在成交时要支付一定的权利金，但没有实际执行期权合同的义务，所以期权买方的亏损是有限的，其最大的损失额就是权利金；而期权交易的卖方收取权利金，出卖了权利，那么他的损失可能是无限的。

(4) 买卖双方的履约保证金不同。在期权交易中，期权的买方没有执行期权合同的义务，因此不需要交纳保证金；而期权的卖方则不然，他在期权交易中所面临的风险损失很难准确预测，为此必须预先交纳一笔保证金，以表明其具有履约的能力。

4）互换合约

互换合约是指交易双方签订的在未来某一时期相互交换某种资产的合约。更为准确地说，互换合约是当事人之间签订的在未来某一期间内相互交换他们认为具有相等经济价值的现金流的合约。较为常见的互换类衍生工具是利率互换和货币互换，其他互换类衍生工具还包括商品互换、股票指数互换等。

互换交易的主要目的就是防范利率风险、外汇风险，降低筹资成本，提高资产收益。互换交易的特点有：

（1）互换交易是表外交易。表外业务，是指那些不会引起表内业务发生变化，却可以为交易者带来业务收入或减少风险的中间业务。互换交易就是一种衍生工具的表外业务。

（2）互换交易的期限较长，可进行长期安排（2～20年），因此在资产负债长期管理中，互换交易更为适用。

（3）互换可以暂时改变给定资产或负债的风险与收益，而不必出售原始资产或负债。这对于流动性相对较差的资产或负债来说很重要。

7.1.3 全球衍生品市场概述

1）全球衍生品市场的发展及成交概况

（1）全球衍生品市场的发展历程

国际衍生品市场的发展，大致经历了由商品期货、金融期货到期权和互换，交易品种不断增加、交易规模不断扩大的过程。

1848年，芝加哥期货交易所（CBOT）的诞生以及1865年标准化合约的推出，标志着现代衍生品交易的开始。随着现货生产和流通的扩大，新的期货品种不断出现，除了农产品期货之外，又增加了金属期货。1876年成立的伦敦金属交易所（LME）是第一家金属期货交易所，至今该交易所的期货价格依然是国际有色金属市场的晴雨表。

20世纪70年代初，国际经济形势发生急剧变化，布雷顿森林体系的解体使固定汇率制被浮动汇率制所取代，利率管制等金融管制政策逐渐取消，汇率、利率频繁、剧烈波动，促使金融期货、期权和互换合约产生。1972年5月，芝加哥商业交易所（CME）设立了国际货币市场分部（IMM），首次推出包括英镑、加拿大元、西德马克、法国法郎、日元和瑞士法郎等在内的外汇期货合约。1973年，期权交易出现了革命性的变化，世界上最早也是最大的期权交易所——芝加哥期权交易所（CBOE）的诞生，标志着现代意义上的期权交易产生。此后，世界各地的交易所纷纷开始进行期权交易，交易品种也由股票期权逐渐扩展至货币、指数及期货期权等，交易量迅速膨胀。1975年10月，芝加哥期货交易所上市了国民抵押协会债券（GNMA）期货合约，从而成为世界上第一个推出利率期货合约的交易所。1982年2月，美国堪萨斯期货交易所（KCBT）开发了价值线综合指数期货合约，使股票价格指数也成为期货交易的对象。1985年2月 以活跃在互换市场上的银行、证券公司为中心，众多的互换参与者组建了旨在促进互换业务标准化和业务推广活动的国际掉期与衍生工具协会（International Swaps and Derivatives Association，ISDA），拟定了标准文本“利率和货币互换协议”。该协议的实施标志着金融互换结构进入标准化阶段，为金融互换交易的深入发展创造了良好的条件，从而大大提升了交易效率。

20世纪80年代以来，全球金融市场处于动荡不安之中，从拉美债务危机到亚洲金融危机、俄罗斯债务危机、巴西和阿根廷金融危机，以及日本“泡沫经济”的破灭，全球信用环境恶化，信用风险上升，各国银行对信用风险问题的日益关注，从而促进了信用衍生品的迅速发展。1993年，日本信孚银行和瑞士信贷银行为防止其向日本金融界的贷款遭受损失，开始出售到期总偿还价值取决于具体违约事件的债券，或者是信用联接票据，这是信用衍生品的雏形。1995年，摩根大通银行开发了信用违约互换（Credit Default Swap，CDS），由于其操作的便利性，各大金融机构纷纷效仿开展信用违约互换交易。1998年，ISDA制定了第一个关于信用衍生产品的协议文本，为信用衍生产品交易提供参考，提高了交易的规范性和效率，降低了交易协商成本。1999年，ISDA又修订了信用事件的定义，降低了交易双方对信用事件分歧引起的法律风险。1995—2008年，信用衍生品市场经历了爆炸式的发展。据不完全统计，信用衍生品1996年总存量400亿美元，1998年3月涨至3 000亿美元，2002年涨至2万亿美元，2003年涨至3.7万亿美元，2008年涨至62万亿美元，2012年下降至25万亿美元。从2002年至2008年，信用衍生品经历了野蛮式生长，这个阶段出现了许多复杂的结构衍生工具，信用风险分散更广，风险链条延长，投资者难以掌握结构产品的风险，金融市场蕴藏了巨大风险。最后，次贷违约率上升引发了蕴藏的风险，从而形成了灾难性的金融危机。信用衍生产品投资者遭受了巨大损失，甚至破产。由此，信用衍生产品交易萎缩，尤其是高风险基础资产和复杂结构信用衍生产品的交易量下降。

近年来，随着我国信用债券市场规模的不断扩大，暴露出的信用风险越来越多，商业银行、保险、证券等机构投资者希望减少对债券投资的信用风险，2010年11月，中国银行间市场先后推出信用风险缓释合约（CRMA）和信用风险缓释凭证（CRMW）。以信用风险缓释凭证（CRMW）的发展进程为例，2010年，我国共创设CRMW约10笔，名义本金为6.9亿元。2018年起，信用衍生品市场整体脱离前期低迷状况，凭证类信用衍生品名义本金创设规模讯速上升。截至2022年6月末，CRMW累计创设名义本金800亿元，支持了1 974亿元的债券发行，尽管近两年新创设规模涨幅较大，但远不能满足非金融企业信用债的需求。

（2）全球衍生品市场的成交概况

虽然现代衍生产品市场的发展只有短短170多年的历史，但是衍生产品市场一直是增长速度最快的金融市场。

①从全球期货与期权场内成交量来看，美国期货业协会（FIA）对全球34个国家86家交易所中的期货与其他场内衍生品成交量的统计结果见表7-1，全球衍生品交易所的交易量连续4年创下纪录。2021年期货和期权交易总量达到625.8亿份合约，同比增长33.7%。大部分增长来自3个国家的交易所：巴西、中国和印度。中国的主要推动因素是大宗商品期货的快速增长，印度的主要推动因素是股票指数期权的投机交易，巴西的主要推动因素是利率和股指合约的交易量的提高。

表7-1　全球场内衍生品交易概况

种类	2021年成交量（手）	2020年成交量（手）	同比变化	2021年未平仓合约（手）	2020年未平仓合约（手）	同比变化
期货	33 309 394 225	21 265 962 084	56.6%	810 522 968	798 791 004	1.5%
期权	29 275 289 895	25 549 388 053	14.6%	265 234 141	249 235 907	6.4%
全部	62 584 684 120	46 815 350 137	33.7%	1 075 757 109	1 048 026 911	2.6%

数据来源：FIA.

2021年全球交易所合约成交量比2020年增长33.7%，达到625.8亿手合约的纪录。在2021年的场内衍生品成交细分数据中，期货合约与期权合约的成交量均呈增长趋势，期货交易量上升56.6%，至333.1亿手，期权交易量上升14.6%，至292.8亿手。未平仓合约数量在2021年也升至创纪录水平，年末未平仓合约达10.8亿手，比上年增长2.6%。

②从全球期货与期权场内成交量的地域分布来看，2021年亚太和拉丁美洲地区的交易量增长最快。亚太交易所的合约交易量增长51.6%，至305.5亿手，拉丁美洲交易所的合约交易量增长37.5%，至88.9亿手。相比之下，欧洲的交易活动在2021年有所下降。欧洲交易所成交量下跌2.8%，至54.5亿手合约，具体见表7-2。

表7-2　全球各地区场内衍生品交易概况

地区	2021年成交量（手）	2020年成交量（手）	同比变化	2021年未平仓合约（手）	2020年未平仓合约（手）	同比变化
亚太	30 549 801 646	20 147 190 374	51.6%	91 996 948	86 238 547	6.7%
北美洲	15 381 696 837	12 852 019 653	19.7%	594 696 496	518 929 834	14.6%
拉丁美洲	8 893 935 540	6 467 912 726	37.5%	145 298 675	202 929 076	-28.4%
欧洲	5 451 896 778	5 608 640 531	-2.8%	218 549 905	212 363 863	2.9%
其他	2 307 353 319	1 739 586 853	32.6%	25 215 085	27 565 591	-8.5%
全部	62 584 684 120	46 815 350 137	33.7%	1 075 757 109	1 048 026 911	2.6%

数据来源：FIA.

从各地区场内衍生品交易量占全球总交易量比例来看，亚太地区在全球交易量中所占比例最高，2021年占全球交易量的49%。北美洲以24%的交易量位居第二，拉丁美洲以14%的交易量位居第三，如图7-1所示。

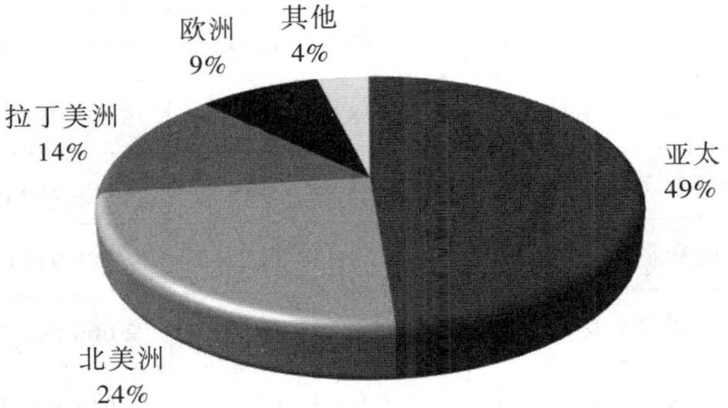

图7-1　2021年各地区场内衍生品交易量占全球交易总量比例

数据来源：FIA.

然而，就未平仓合约而言，情况确有较大不同。截至2021年年底，北美洲期货和期权未平仓合约超过5.9亿份，相当于全球未平仓合约总量的56%；亚太地区共有0.9亿份未平仓合约，较上年增长6.7%，但仅占全球总量的9%；欧洲未平仓合约较上年增长2.9%，至2.2亿欧元，相当于全球未平仓合约总量的20%，如图7-2所示。

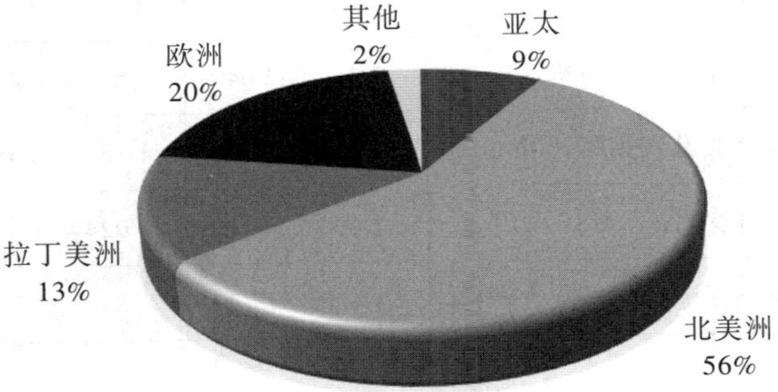

图7-2　2021年各地区未平仓合约占全球未平仓合约总量比例

数据来源：FIA.

③从2021年具体的交易所/交易所集团的成交量排名来看，印度国家证券交易所（NSE）成交期货、期权合约数目全球最高，达172.55亿手，年增长94.97%，连续3年排名第1。中国的郑州商品交易所排名第7名，其他4个交易所，上海期货交易所和大连商品交易所分别排名第8名和第9名，香港交易所集团排名第17名，台湾期货交易所排名第18名。表7-3显示了美国期货业协会（FIA）在2021年对全球各大交易所交易量的统计，按成交的期货、期权合约数排序的全球前15名。

表7-3　**2021年全球交易所/交易所集团成交量前15名**　成交量单位：手

2021排名	2020排名	交易所	2021	2020	增长率
1	1	印度国家证券交易所（NSE）	17 255 329 463	8 850 473 823	94.97%
2	2	巴西B3交易所（B3）	8 755 773 393	6 342 883 080	38.04%
3	3	芝加哥商业交易所集团（CME）	4 942 738 176	4 820 589 858	2.53%
4	4	美国洲际交易所（ICE）	3 317 893 282	2 788 944 012	18.97%
5	5	纳斯达克证券交易所（Nasdaq）	3 292 840 477	2 660 595 514	23.76%
6	6	芝加哥期权交易所（CBOE）	3 095 692 862	2 614 108 017	18.42%
7	12	郑州商品交易所（ZCE）	2 582 227 206	1 701 847 321	51.73%
8	9	上海期货交易所（SHFE）	2 445 774 713	2 128 613 700	14.90%
9	7	大连商品交易所（DCE）	2 364 418 367	2 207 327 866	7.12%
10	8	韩国交易所（KRX）	2 281 738 234	2 184 930 969	4.43%
11	10	莫斯科交易所（Moex）	2 101 589 316	2 119 939 033	-0.87%
12	13	伊斯坦布尔证券交易所（BIST）	2 081 042 040	1 517 476 458	37.14%
13	11	欧洲期货交易所集团（Eurex）	1 703 293 825	1 861 416 584	-8.49%
14	14	孟买证券交易所（BSE）	1 607 775 410	924 427 025	73.92%
15	15	迈阿密国际证券交易所（MIH）	1 435 287 727	848 173 713	69.22%

数据来源：FIA.

④从具体的交易品种来看，衍生品市场主要由金融产品、农产品、能源产品、金属产品及其他期货和期权构成。其中，金融期货（股票类、利率、货币）占据主要的市场份额，传统的农产品、能源、金属和其他的期货、期权占据份额较小（如图7-3所示）。2021年，金融期货交易量占全球交易量的83%；农产品、能源、金属和其他的期货、期权交易量占全球交易量的17%。

在各品种的表现方面，2021年交易量增长的绝大部分来自股票类衍生品，包括股指、个股和交易基金（ETF）的期货和期权。就数量而言，这一类别既是最大的，又是增长最快的。2021年，股票类合约总量增长了46.7%，达到416.4亿手，大约相当于全球期货和期权交易总量的2/3，具体见表7-4。在这一类别中，股指期货和期权交易的增长迅速，仅12月份股指期货和期权交易量超过30亿手，这大约是5年前交易量的6倍。这些合约大多数在亚太地区的交易所进行交易。

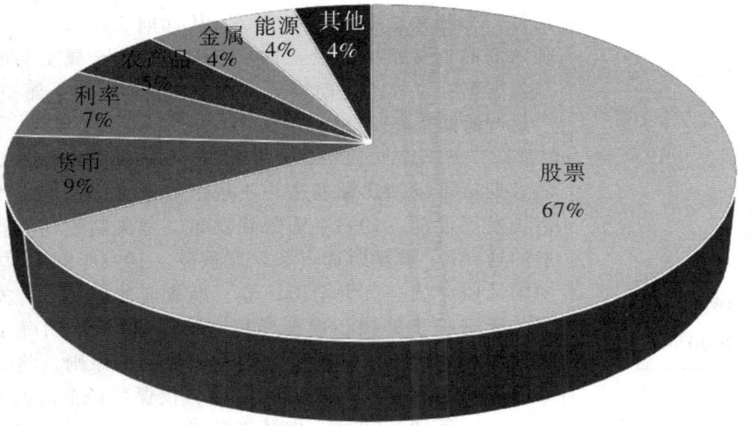

图7-3　2021年各品种成交量占全部成交量比例

数据来源：FIA.

利率期货和期权交易在经历了几年的低迷之后有所回升。2021年，这一类合约成交量达到45.8亿份，同比增长11.2%。商品领域，农产品和金属期货及期权交易分别增长9.7%和15.3%，主要原因是中国交易所的交易量增加，而能源期货和期权交易下降14%。

表7-4　2020—2021年各品种成交量情况对比

品种种类	2021年成交量（手）	2020年成交量（手）	同比变化
股票	41 643 207 304	28 379 423 779	46.7%
货币	5 542 070 172	4 512 602 976	22.8%
利率	4 577 345 777	4 115 441 972	11.2%
农产品	2 820 109 552	2 570 657 307	9.7%
金属	2 765 534 503	2 398 531 605	15.3%
能源	2 710 751 767	3 151 107 672	-14.0%
其他	62 584 684 120	45 815 350 137	33.7%

数据来源：FIA.

2）我国衍生品市场的发展及交易概况

（1）我国衍生品市场的发展历程

以1990年10月12日郑州粮食批发市场的成立为标志，我国衍生品市场已经走过了30多年的发展历程，大致可以划分为4个阶段，如图7-4所示：

探索期（1988—1993年）

1988年《国务院政府工作报告》中提出探索期货交易。1990年10月，郑州粮食批发市场成立，从远期交易起步，正式开启了国内商品期货市场建设。1991年深圳有色金属交易所成立，这是我国第一家规范化期货交易所；1992年上海金属交易所成立，广东万通期货经纪公司成立

治理整顿期（1993—2000年）

随着期货市场的热潮卷来，不规范的期货交易层出不穷，期货市场发展混乱，1993年国务院发布《坚决制止期货行业盲目发展的通知》，整顿期货市场发展秩序。1998年8月，国务院确立中国证监会统一负责全国证券、期货业的监管，并发布《国务院关于进一步整顿和规范期货市场的通知》，明确了“继续试点，加强监管，依法规范，防范风险”的原则，将14家交易所撤销合并为上海、郑州和大连3家，仅保留12个商品期货交易品种。2000年12月29日，中国期货业协会成立大会在北京举行，期货业监管和自律体系完全确立，治理整顿阶段全面结束

复苏规范期（2000—2012年）

2001年3月，“稳步发展期货市场”被写入“十五”规划纲要，标志着我国商品期货市场复苏阶段的开始。2004年6月，期货市场经过多年清理整顿后的第一个新品种——棉花期货合约在郑州商品交易所成功上市。之后，商品期货市场获得长足发展，燃料油、玉米、黄大豆二号、豆油、白糖、棕榈油、黄金等期货品种陆续上市，期货交易规模逐年扩大。大连期货交易所于2003年进入了全球十大期货交易所的行列，标志着我国的商品期货市场逐渐走向成熟。2005年，我国又相继开放了国债远期交易市场、股票权证市场、人民币远期交易市场以及抵押债券市场。2006年9月8日，中国金融期货交易所在上海成立，2010年沪深300股指期货上市

创新发展期（2012年至今）

2013年中央一号文件提出加强农产品期货市场建设。2014年“国九条” 提出“发展商品期货市场、建设金融期货市场”，铁矿石期货、原油期货相继上市并允许国际投资者参与交易。股指期货品种增加了上证50、中证500，国债期货市场起步，推出了5年期、10年期国债期货。2015年，上证50ETF期权上市。2020年，液化石油气、动力煤等多种商晶期货上市，期货品种序列覆盖面不断扩展，已经形成以铜为代表的有色产业、以铁矿石和螺纹钢为代表的钢铁产业、以油脂油料为代表的压榨养殖产业、以原油为代表的能源产业等多条产业链品种体系，同时期市国际化品种日益丰富，2021年，广州期货交易所正式成立，立足服务实体经济、服务绿色发展宗旨，并于2022年12月22日，第一个产品工业硅期货顺利上市交易，2022年国家出台《期货和衍生品法》，为市场高质量发展奠定法治基础

图7-4　中国期货行业发展历程

（2）我国衍生品市场的交易概况

①交易规模持续增长，制度建设不断深化

2021年，中国期货市场成交75.14亿手（单边，下同）和581.2万亿元，同比分别增长22.13%和32.84%。全球期货市场成交625.84亿手，中国期货市场成交量占全球期货市场总成交量的12%。

分交易所来看，上海期货交易所（以下简称“上期所”）成交23.7亿手和193.1万亿元，同比分别增长14.39%和37.92%，市场占比分别为31.55%和33.23%。上海国际能源交易中心成交0.75亿手和21.47万亿元，同比分别增长33.55%和67.93%，分别占全国市场的1%和3.69%。郑州商品交易所（以下简称“郑商所”）成交25.82亿手和108万亿元，同比分别增长51.75%和79.73%，分别占全国市场的34.36%和18.58%。大连商品交易所（以下简称“大商所”）成交23.64亿手和140.5万亿元，同比分别增长7.12%和28.62%，分别占全国市场的31.47%和24.17%。中国金融期货交易所成交1.22亿手和118.2万亿元，同比分别增长5.86%和2.37%，分别占全国市场的1.62%和20.33%。[①]

制度建设不断深化，品种合约设计日趋完善，交割仓库设置、差异化保证金、做市商、套期保值限额等制度规则体系不断优化，交易成本进一步下降，实体企业参与便利性提升，期货市场整体运行质量和效率不断提高。

②品种体系日益丰富，规模体量显著扩张

2021年，中国期货市场全年一共上市了4个品种，其中，上期所下属上海国际能源交易中心上市了原油期权；郑商所上市了花生期货；大商所上市了生猪期货和棕榈油期权。截至2021年年底，中国期货与衍生品市场上市品种数量达到94个，其中商品类84个（期货64个、期权20个），金融类10个（期货6个、期权4个）。

在2021年全球农产品、金属和能源类品种的成交量排名中，农产品表现尤其亮眼，中国品种包揽前11名，在前20名中占有15席，包括豆粕、菜籽粕、豆油、棕榈油、玉米、天然橡胶、纸浆、白糖、棉花、菜籽油、苹果、鸡蛋、玉米淀粉、黄大豆1号、豆粕期权。金属方面，中国品种占据前10强中的9席，在前20强中占有13席，包括螺纹钢、白银、热轧卷板、铁矿石、镍、铝、硅铁、锰硅、锌、铜、黄金、不锈钢、锡。能源方面，中国品种在前20强中占有7席，包括燃料油、石油沥青、动力煤、焦炭、焦煤、原油、液化石油天然气。[②]

③期货经营机构综合实力加强，服务实体经济能力显著提升

截至2021年年底，中国期货公司总资产1.38万亿元，净资产1 614.46亿元，同比分别增长40.8%和19.56%，资本实力有所增强。期货公司的主要业务包括经纪业务、投资咨询业务、资产管理业务和风险管理公司业务。具体来看，截至2021

① 中国期货业协会.2021年度中国期货市场发展综述［EE/OL］.［2022-1-28］.https：//baijiahao.baidu.com/s？id=1723180523663940830&wfr=spider&for=pc.

② 中国期货业协会.2021年度中国期货市场发展综述［EE/OL］.［2022-1-28］.https：//baijiahao.baidu.com/s？id=1723180523663940830&wfr=spider&for=pc.

年年底，经纪业务收入314.98亿元，同比增长64.06%；投资咨询业务收入1.76亿元，同比增长39.68%；资产管理业务累计收入12.14亿元，同比增长35.34%，截至2021年年底，资管产品数量共1 726只，产品规模3 542.65亿元，产品规模同比增长62.42 %。风险管理公司业务本年累计业务收入2 628.59亿元，同比增长26%。期货公司业务更加多元，除经纪业务外，风险管理、资产管理、交易咨询等创新业务逐步成为新的利润增长点，期货公司业务模式不断扩展，逐步实现从通道业务向综合衍生品服务商的转型，服务实体经济特别是服务中小微企业效果凸显。[①]

7.2 衍生工具与商品价格风险管理

供求关系的异常波动、国家宏观政策的调整、季节性和突发性等因素，会给商品的价格带来不确定性，由此给持有、买卖商品的企业或个人带来收益或损失，这就是商品价格风险。衍生工具的产生为管理商品价格风险提供了新的手段。

7.2.1 利用远期商品合约管理商品价格风险

远期商品合约可以说是最早出现的衍生性产品，可以追溯到中古世纪，主要是提供农产品的避险之用。比如，对于种黄豆的农夫来说，当黄豆还未成熟时，黄豆的价格是不确定的，一旦黄豆收成，价格下跌，对农夫是不利的。因此，对农夫而言，黄豆价格的波动是相当大的风险。相反，对于黄豆的收购商、以黄豆为原料加工制作的工厂来说，如果黄豆歉收，价格上涨，也是不利的，他们也承受着黄豆价格变动的风险。因此，农夫和黄豆收购商为回避风险，在黄豆尚未收成以前，签订一个远期合约，以一个约定的价格买卖黄豆，由此帮助双方消除未来黄豆价格变动带来的风险。目前，人们对远期商品合约的定义是：一种在现在约定未来特定时日交易特定标的物的合约。合约的买方同意在未来的约定时日，按约定价格支付一定金额，以交换卖方特定数量的商品。远期商品合约交易发展演变至今，因其在规避商品价格风险、发现商品价格、商品价格投机等方面的特殊功能，仍然在金融市场上发挥着重要的作用。

生活中常有利用远期商品合约对冲商品价格风险的例子，例如，企业签订的长期房屋租赁合同，提前锁定了其厂房、办公室的租金；电力公司与煤炭企业签订的远期商品合约，事先确定了煤炭的供应价格；钢铁公司与采矿公司签订的远期商品合约，提前确定了铁矿石的供应价格。通过远期商品合约，签约双方都能达到使它们的原材料或产品的价格保持稳定的目的。

2000年年初，当油价接近20美元/桶时，美国西南航空的CFO加里·凯利（Gary Kelly）就实施了一项可以保护公司免受油价剧烈上涨危害的策略，即签订了

---

① 中国期货业协会.2021年度中国期货市场发展综述［EB/OL］.［2022-01-28］.https://baijiahao.baidu.com/s?id=1723180523663940830&wfr=spider&for=pc.

一份购买燃油的远期合约。合约约定到期时以每桶23美元的价格购买燃油。当年年底，油价飞涨超过每桶30美元，航空运输业因此陷入财务危机，而美国西南航空因为之前签订的合约而保证了它可以以每桶23美元的价格购买燃油，由此带来的资金节约额总和几乎达到了美国西南航空公司当年收益的50%。美国西南航空公司仍继续采用这种策略对冲燃油成本的上升。在2004年，如果没有燃油供货合约提供的45 500万美元的成本节约，西南航空当年31 300万美元的收益也就付之东流了。

当然，对冲商品价格风险并不总能提升公司的利润。如果在2000年秋天，油价跌破每桶23美元，但西南航空必须依据合约仍以每桶23美元的价格购买燃油，成本的上升会减少公司的收益，但是由于每桶23美元的价格是事先约定并且是企业可接受的价格，因此即使购买燃油的成本高于市价，也不至于引起财务危机。换句话说，不论油价如何变化，远期商品合约将美国西南航空的收益稳定在一个可接受的水平上。

远期商品合约通常是由买方和卖方协商签订的双边合约。这种合约存在一些潜在的缺陷。第一，合约的每一方都面临着对方可能违约或不履行合约条款的风险。这种合约使公司避免了商品价格风险，但又使公司暴露于信用风险之下。第二，合约内容依据买卖双方的个性化需要制定，不是标准化合约，且不在交易所内交易，因此中途转让较困难，流动性差。第三，公司可能不容易确认合约在任何时点的市场价值，从而难以追踪合约的收益和损失。为避免这些缺陷，公司可以选择期货合约来对冲风险。

7.2.2 利用期货合约管理商品价格风险

期货合约是在未来某一时点，以现在锁定的价格交割资产的协议。期货合约以公开的市场价格在交易市场上匿名交易，流动性强，买方和卖方都可以在任何时间以当时的市场价格将合约出售给第三方。利用期货合约规避价格风险的交易策略是套期保值，它可在现货与期货之间、近期与远期之间建立一种对冲机制，以使价格风险降到最低。

"套期保值"译自英文单词Hedging，又译作"对冲交易"或"海琴交易"。其一般性的定义是，买进（或卖出）与现货数量相等但交易方向相反的期货合约，以期在未来某一时间再通过平仓获利来抵偿由现货市场价格变动带来的实际价格风险。常用的避险策略一般可分为空头套期保值和多头套期保值。

1）空头套期保值

空头套期保值（Short Hedge）是指由于持有现货商品，但担心将来因价格下跌而遭受损失，因此，在期货市场中出售期货合约，通过持有空头头寸为现货市场的多头头寸保值，以规避现货市场价格可能下跌的风险，通常为直接生产者、加工商、出口商、贸易商及储运商等采用。

［例7-1］某粮油进出口公司，8月购入美国大豆10 000吨，预计11月份将大豆售出，售价2 900元/吨时可保证其正常利润。由于预测大豆价格在11月可能下

降，因此，该公司于8月在大连商品交易所做了空头套期保值。空头套期保值情况分析见表7-5（不考虑交易成本）。

表7-5　　空头套期保值情况分析

现货市场	期货市场
8月1日进口大豆10 000吨 目标销售价格2 900元/吨	卖出11月大豆期货10 000吨 期货价格3 200元/吨
11月1日出售大豆10 000吨 实际销售价格2 600元/吨	买进11月大豆期货10 000吨 期货价格2 900元/吨
现货亏损　300元/吨 合计亏损　3 000 000元	期货盈利　300元/吨 合计盈利　3 000 000元

根据表7-5可知，该粮油进出口公司由于准确地预测了价格变化趋势，果断入市保值，因此成功地以期货市场每吨盈利300元弥补了现货交易每吨的亏损，考虑期货市场的盈利，最终大豆的实际销售价格为2 900元/吨（2 600+300），达到了目标值，从而规避了价格下降带来的损失。

2）多头套期保值

多头套期保值是指由于未来要购入现货商品，但担心将来因价格上涨而遭受损失，因此，在期货市场中买入期货，以期货市场的多头头寸来为现货市场的空头头寸保值，以规避现货市场价格可能上涨的风险，通常为加工商、供应商、进口商等所采用。

［例7-2］某铜材加工厂，3月份签订了9月交货的加工合同，加工期为1个月，需买进原料铜3 000吨。合同签订时铜原料的价格较低，工厂欲以此为进货成本，而该厂又不愿早进原材料库存，于是决定8月份再买进原材料进行加工。由于担心到那时原料的价格上升，因此，该工厂在期货市场上做了买入套期保值。多头套期保值情况分析见表7-6（不考虑交易成本）。

表7-6　　多头套期保值情况分析

现货市场	期货市场
3月1日目标成本价格为28 500元/吨	买进9月铜期货3 000吨的期货价格为28 700元/吨
9月1日买进铜3 000吨的实际成本价格为28 800元/吨	卖出9月铜期货3 000吨的期货价格为29 000元/吨
现货亏损　300元/吨 合计亏损　900 000元	期货盈利　300元/吨 合计盈利　900 000元

根据表7-6的分析可知，该加工厂以期货市场每吨盈利300元抵销了现货市场原料成本的上涨，则实际的原料成本为28 500元/吨（28 800-300），达到了既定的保值目标，并且避免了库存及资金占用，降低了成本。

但是，期货市场毕竟是不同于现货市场的独立市场，它还会受其他因素的影响，因而，期货价格的波动时间与波动幅度不一定与现货价格完全一致，即存在基差风险。套期保值不能完全抵销价格风险，这是需要特别注意的。

7.3 衍生工具与利率风险管理

利率风险是指因利率变动，导致附息资产（如贷款或债券）承担价值波动的风险。一般来说，当利率上升时，固定利率债券的价格会下降。20世纪70年代的两次石油危机导致世界能源价格上升，引发全球性成本推进型通货膨胀。为了抑制通货膨胀，美国政府采取了提高利率的政策，但结果未减轻通货膨胀，失业率反而上升，造成严重的社会问题。无奈美国政府只得降低利率，但是利率降低，物价再度上升。20世纪70年代，美国的利率水平每月都在变化。利率的反复变动，给银行、公司以及其他投资者带来了与利率相关的金融风险。投资者为了保证资本不受利率的影响，管理利率风险的衍生工具应运而生。

7.3.1 利用远期利率协议管理利率风险

远期利率协议（Forward Rate Agreement，FRA）是指买卖双方同意在未来一定时间（清算日），以商定的名义本金和期限为基础，由一方将协定利率与参照利率（通常为伦敦银行同业拆借利率LIBOR）之间差额的贴现额度付给另一方的协议。在协议结算日，如果市场利率高于协议规定的利率，那么协议的卖方必须向买方支付按名义本金计算的利差；反之，如果市场利率低于协议规定的利率，那么买方必须向卖方支付按名义本金计算的利差。这就通过固定将来实际交付的利率而避免了利率变动的风险。

[例7-3] A公司准备在3个月后借入100万美元，借款期为6个月。公司的财务部门担心未来3个月的LIBOR利率会上升，希望通过远期利率协议来对冲利率风险。2020年1月8日，A公司向X银行买入一份“3V9”的FRA，名义本金为100万美元，协定利率为4.75%。参照利率根据3个月后的6个月的LIBOR确定。

“3V9”是指合约的交易日和结算日之间为3个月，交易日至名义贷款最终到期日之间的时间为9个月，则名义贷款期为6个月。因此该合约的交易日为1月8日，结算日（起息日）为4月8日，到期日为10月8日，它们之间的关系如图7-5所示。

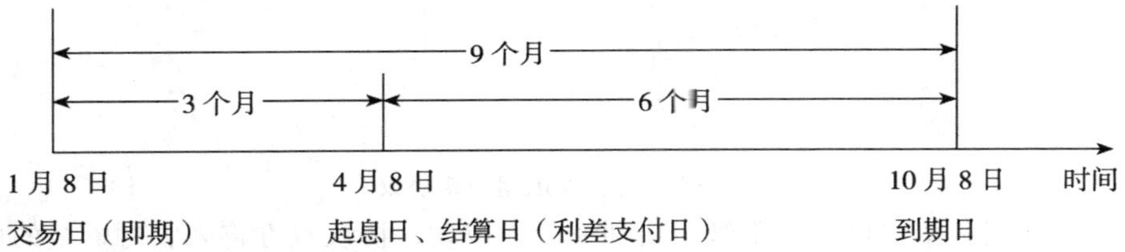

图7-5　远期利率协议的时间关系图

在远期利率协议的买卖中，买卖双方交易的只是名义本金（用于计息的基础），实际上并没有任何本金发生转移，双方交割的仅仅是利差部分，如在［例7-3］中，3个月后（2020年4月8日），如果LIBOR大于4.75%，那么X银行将支付给A公司利息之差；如果LIBOR低于4.75%，那么A公司将支付给X银行利息之差。由于在远期利率协议条件下，没有本金的流动，因此，远期利率协议可以成为资产负债表外的金融工具。

远期利率协议的结算日通常为名义贷款或名义存款的起息日，FRA差额的支付是在结算日，而不是在到期日，因此结算日所交付的差额按参考利率折现方式计算，即：

$$结算金=\frac{(R_r-R_k)\cdot A\cdot \frac{D}{B}}{1+R_r\cdot \frac{D}{B}}$$

式中：R_r表示参照利率，R_k表示协定利率，A表示合约的名义本金，D表示合约规定的存款或贷款天数，B表示一年天数。

在上例中，假定3个月后的6个月的LIBOR为5.25%，名义贷款天数为184天（从2020年4月8日到10月8日），一年按365天计算。由于参照利率大于协定利率（5.25%>4.75%），则A公司将从X银行收到利息差额的现值，即：

$$结算金=\frac{(5.25\%-4.75\%)\times 1\,000\,000\times \frac{184}{365}}{1+5.25\%\times \frac{184}{365}}$$

$$=2\,455.56（美元）$$

由此可见，虽然未来的市场利率上升对A公司不利，但是A公司从远期利率协议中得到利息的补偿，从而使其实际负担的利息成本锁定在协定利率的水平上。因此FRA最重要的功能在于预先锁定将来实际交付的利率而避免了利率变动的风险。

图7-6表明了A公司签订的远期利率协议，以及它希望通过这一协议规避利率风险的相关贷款。A公司从X银行收到以LIBOR计息的利息恰好弥补了贷款需要支付的利息，因此，远期利率协议使公司将支付的贷款利率预先固定在了4.75%（LIBOR-LIBOR-4.75%）的水平上。

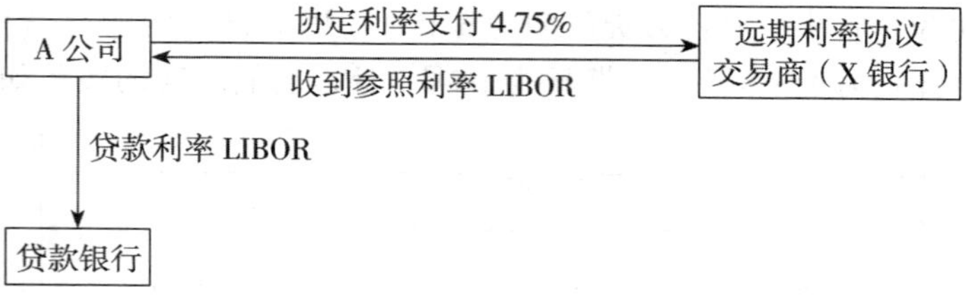

图7-6　贷款加远期利率协议

签订远期利率协议后，不管市场利率如何波动，协议双方将来收付资金的成本或收益总是固定在合同利率水平上。如果市场利率发生对自己不利的变化，那么应当可以从远期利率协议中得到利息补偿；如果市场利率发生对自己有利的变化，那么这种变化产生的好处会被向远期利率协议另一方支付的结算金抵销。

7.3.2　利用利率期货管理利率风险

利率期货是指标的资产价格依赖利率水平的期货合约。利率期货的种类繁多，通常按照合约标的的期限划分，利率期货可分为短期利率期货和长期利率期货。短期利率期货是指期货合约标的的期限在一年以内的各种利率期货。以货币市场的各类债务凭证为标的的利率期货均属于短期利率期货，包括各种期限的商业票据期货、国库券期货及欧洲美元定期存款期货等。长期利率期货则是指期货合约标的的期限在一年以上的各种利率期货。以资本市场的各类债务凭证为标的的利率期货均属长期利率期货，包括各种期限的中长期国库券期货和市政公债指数期货等。利率期货价格与实际利率呈反方向变动，即利率越高，利率期货价格越低；利率越低，利率期货价格越高。由于利率期货有标准化的合约并且流动性较高，因此被非金融公司的财务经理广泛使用。下面举例说明利率期货在利率风险管理中的应用。

［例7-4］C公司是一家机床制造商，公司正处于经营扩张阶段。为了弥补资金不足，公司希望于9月1日向银行申请贷款以支付货款1 000万美元。假定目前6月1日银行公布的贷款年利率为9.75%。该公司考虑若9月份利率上升，必然会增加借款成本。于是，该公司准备利用短期国库券期货做套期保值（每张期货合约的面值为100万美元），以规避利率变动风险。假设6月1日，90天期国库券期货报价为90.25；9月1日，报价为88.00。假定9月1日银行公布的贷款年利率为12%，那么C公司利用短期利率期货套期保值的结果如何？该公司的贷款实际利率是多少？

C公司套期保值交易策略及结果如下：

由于利率期货价格与实际利率反方向变动，C公司欲固定未来的借款成本，避免利率上升造成的不利影响，因此，应采用空头套期保值的交易方式：即在6月1日卖出90天期国库券期货，待9月1日向银行贷款时，再买进90天期国库券期货平仓。期货交易数量为10张（1 000期货平仓）合约，则期货交易盈利为：

225×25×10=56 250（美元）①

如果C公司9月1日贷款需支付的利息为：

$$10\,000\,000\times12\%\times\frac{3}{12}=300\,000\text{（美元）}$$

套期保值后实际利息成本=利息成本-期货交易盈利

$$=300\,000-56\,250=243\,750\text{（美元）}$$

$$\text{贷款实际利率}=\frac{243\,750}{10\,000\,000}\times\frac{12}{3}\times100\%=9.75\%$$

由此可见，C公司最终将贷款利率锁定在6月1日9.75%的水平。然而，如果

---

① 短期国债期货采用指数报价法，由于C公司采用空头套期保值，则开仓时卖出价格为90.25，平仓买入价格为88，获利225点（（90.25-88）×100），每点的价值为25美元，共10张合约，因此期货交易盈利56 250美元。

财务经理预测失误，在到期日前实际利率下跌，那么这时期货价格就会上涨，期货合约平仓后的损失将吞噬利率下降而节约的债务利息，最终利率仍然锁定在近9.75%的水平。

上面所提到的利率风险主要是来自债务的偿付，但实际上这不是公司唯一的利率风险，公司的另一个较大的利率风险存在于公司持有的利率敏感性有价证券。债务记录在资产负债表右边，而有价证券记录在资产负债表左边，代表公司潜在的收益和利息收入流。因此，财务经理不仅要利用利率期货锁定未来支付的成本，而且要利用利率期货锁定未来的利息收益。不同的保值目的采用的策略也不相同。表7-7列示了两类基本利率风险和利用利率期货防范利率风险的策略。

表7-7　　利用利率期货防范利率风险的策略

风险头寸	期货交易	利率变化	平仓结果
未来某日支付利息	卖出期货合约（空头）	利率上升 利率下降	期货价格下跌，空头获利 期货价格上涨，空头损失
未来某日收取利息	买入期货合约（多头）	利率上升 利率下降	期货价格下跌，多头亏损 期货价格上涨，多头获利

7.3.3　利用利率互换管理利率风险

利率互换（Interest Rate Swap，IRS），是指互换双方同意以名义本金为基础交换不同类型的利率（固定利率或浮动利率）款项。其基本特征是：互换双方使用相同的货币；在互换整个期间没有本金的交换，只有利息的交换，但名义本金在互换中是计算利息的基础；最基本的利率互换是固定对浮动利率互换，即互换一方支付固定利率，另一方支付浮动利率。固定利率在互换开始时就已确定，在整个互换期间保持不变；浮动利率在整个互换期间参照一个特定的市场等量利率确定，在每期前预先确定，到期偿付。利率互换的运用和利率风险的管理具有十分密切的关系。对于一种货币来说，其利率有固定利率和浮动利率之分。无论是固定利率还是浮动利率的持有者，都面临着利率变化的影响。对固定利率的债务人来说，如果利率的走势上升，那么其债务负担相对较高；对浮动利率的债务人来说，如果利率的走势上升，那么成本会增加。正因为如此，从利率风险管理的角度出发，人们有时需要将固定利率的债务换成浮动利率的债务，有时需要将浮动利率的债务换成固定利率的债务，而利率互换正好可以满足这种要求。

［例7-5］A公司在中国建设银行有一笔银行贷款，本金为人民币1 000万元，利息采用浮动利率（Shibor）计息。为了规避利率上涨所带来的风险，2020年1月，A公司向中国工商银行申请办理1年期人民币利率互换业务，将浮动利率转换为固定利率。工商银行对这笔利率互换的报价为5.46%。双方约定，A公司每季度支付按固定年利率5.46%计算的名义本金1 000万元的利息给中国工商银行，

中国工商银行每季度支付按浮动利率计算的名义本金1 000万元的利息给公司。A公司将收到的浮动利息收入转付给借款银行（中国建设银行），因此锁定借款的利息成本为5.46%，从而规避利率上涨的风险，锁定财务成本。利率互换如图7-7所示。当然，一般利息的支付采用利率差额来支付，固定利率为5.46%，如果浮动利率为5.51%，那么A公司收到中国工商银行0.05%与名义本金1 000万元的乘积的利息。

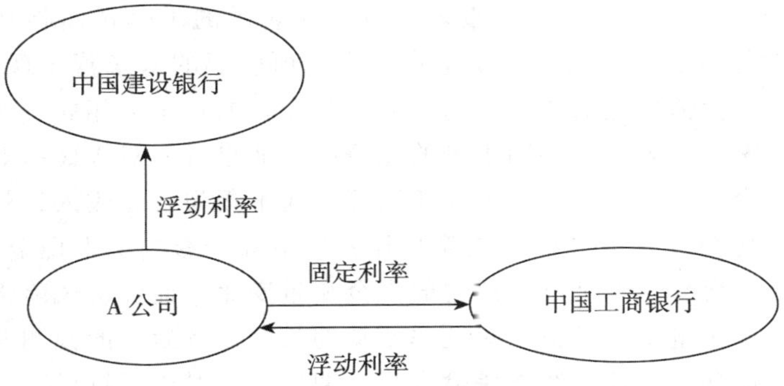

图7-7　利率互换图

也许有人会问这样的问题：为什么公司要把固定利率换成浮动利率或把浮动利率换成固定利率？它们为什么不终止现有贷款然后再重新安排一笔贷款？原因是，重新安排一笔贷款的交易成本可能太高。因为提前终止现有的贷款涉及大笔的终止费用，而安排新贷款又会发生发行成本，但是进行互换交易就经济多了，即使是在利用银行作为中介的情况下，因为银行在互换的安排中只担任中介的角色，所以它不承担任何违约风险，从而中介费很低。表7-8列示了利用利率互换防范利率风险的策略。

表7-8　利用利率互换防范利率风险的策略

债务头寸	利率变化	利率互换策略
固定利率债务	利率上升 利率下降	不进行互换 用浮动利率换固定利率
浮动利率债务	利率上升 利率下降	用固定利率换浮动利率 不进行互换

7.4 衍生工具与外汇风险管理

随着世界经济一体化的发展，跨国投资已经比较常见，而跨国公司必须特别注意的是对其外汇风险的管理，即由于各种货币间相对价值的变化而造成损失的可能性。

外汇风险通常分为3类：交易风险、折算风险和经济风险。交易风险是指在汇率变动前发生的金融负债在汇率变动后进行结算时金融负债价值变化的风险，它度量的是由现存合同义务导致的现金流变化。例如，一家美国公司从中国进口零件，该美国公司面临人民币升值从而使零件的美元价格上涨的风险。折算风险是指跨国公司在合并财务报表时，将国外子公司的外币向母公司货币折算而产生折算收益或损失的可能性。例如，一个美国公司在英国投资了一个子公司，该公司面临英镑贬值，从而使在合并报表中以美元表示的子公司面临利润减少的风险。经济风险是指由于相关汇率发生意外变化所引起的未来营运现金流量变化，进而导致的公司价值变化的风险。这一风险与公司的竞争力相关。例如，在一家美国公司和一家日本公司在德国市场的竞争中，如果日元对人民币贬值而美元对人民币汇率不变，那么日本公司可在德国降价而不损失日元收入，从而相对美国公司具有竞争优势。其中，交易风险和经济风险都会影响未来现金流量的变化，二者的区别在于交易风险是已合约化的现金流量变化，而经济风险强调的是未合约化的预期现金流量变化。由于对汇率变动的长期经济后果的预测非常复杂，因此，大多数企业并不对长期经济风险进行套期保值。对于折算风险，即使管理者采取积极的措施努力降低折算风险，也不可能同时规避交易风险和折算风险。如果必须在两者之间做出选择，那么管理者应优先选择规避交易风险，因为它将产生实际的损失。

7.4.1 利用远期外汇合约管理外汇风险

远期外汇合约（Faorward Exchange Contracts）是指双方约定在将来某一时间按约定的远期汇率买卖一定金额的某种外汇的合约。交易双方在签订合同时，就确定好将来进行交割的远期汇率，到时不论汇价如何变化，都应按此汇率进行交割。在交割时，名义本金并未交割，只交割合同中规定的远期汇率与当时的即期汇率之间的差额。利用远期外汇进行套期保值是很简单也是很容易的。例如，一个中国香港公司在3个月后要向一个美国供货商支付100万美元的货款。目前银行报出的远期汇率是1美元=7.771港元。为了规避港元对美元汇率下跌的风险，该公司可以与银行签订一份远期合约，按照1：7.771的价格从银行买入这笔美元。无论接下来的3个月里汇率发生什么样的变化，通过这个合约，中国香港公司在现在这个时点就已经锁定了3个月后支付100万美元的777.1万港元价值，因此不会随汇率的变动而变动。

远期合约允许交易双方自定义合约的各项条件，因此具有较高的灵活性，但是，由于其属于场外交易，因此交易双方的信用风险较高。

7.4.2 利用外汇期货管理外汇风险

外汇期货（Foreign Exchange Futures）合约是指期货交易所制定的一种以外汇为标的的标准化合约，合约对交易币种、合约金额、交易时间、交割月份、交割方式、交割地点等内容都有统一规定。外汇期货又称外币期货（Foreign Currency Futures）或货币期货（Currency Futures）。为了避免由汇率变动风险造成的损失，许多跨国公司、进出口公司以及外汇管理机构都以期货交易的方式进行套期保值，表7-9给出了利用外汇期货合约构建多头套期保值的例子。

表7-9 利用外汇期货合约构建多头套期保值

日期	现货市场	期货市场
6月1日	即期汇率是1英镑=1.4310美元，出售5 000 000美元等于： 5 000 000÷1.4310≈3 494 060（英镑）	12月份英镑期货合同的交易价为1英镑=1.4275美元，则500万美元的当前英镑价值为： 5 000 000÷1.4275≈3 502 627（英镑） 因为英镑合同的标准数量是62 500英镑，所以适当的合约数量为： 3 502 627÷62 500≈56（份） 买进56份期货合约
12月1日	即期汇率是1英镑=1.4800美元，出售5 000 000美元等于： 5 000 000÷1.4800≈3 378 378（英镑）	12月份英镑期货合同的交易价为1英镑=1.4790美元，则卖出56份期货合约的总收益为： 56份合同×515波动点×每波动点6.25美元=180 250美元≈121 791英镑 卖出56份期货合约
结果	亏损 115 682英镑	盈利 121 791英镑

背景资料：6月1日，一个英国汽车制造商订立了一份合同，向一个美国汽车交易商卖出100辆英国生产的运动跑车，每辆的售价为50 000美元，合同约定于12月1日收取500万美元的货款。该制造商担心英镑会在接下来的数月内升值，从而导致收入减少。（当前的即期汇率是1英镑=1.4310美元，相关的英镑期货合同的交易价为1英镑=1.4275美元。假设6个月后的即期汇率是1英镑=1.4800美元，期货价格是1英镑=1.4790美元）

分析：如果不进行套期保值，12月1日现货市场出售的5 000 000美元得到的英镑相对于6月1日而言要减少115 682英镑（3 494 060−3 378 378），而期货交易的收益等于121 791英镑（180 250÷1.4800），完全抵销了现货市场的损失。

这里我们还可以计算在套期保值的操作下，英国公司最后出售美元的实际汇率。由于6个月后从客户处得到付款5 000 000美元，加上通过持仓终结得到的现金收益180 250美元，英国公司最后得到的美元总金额是5 180 250美元。按照12月1日的即期汇率1.4800，出售美元得到3 500 169英镑（5 180 250÷1.4800），其实际汇率为：

5 000 000÷3 500 169=1.4285（美元/英镑）

表7-9表示的是一个相当理想的决策，因为英镑的确发生了升值，所以现货市

场的收益比原先减少了115 682英镑，但是期货合约产生了121 791英镑的收益，抵销了现货市场的损失还绰绰有余。空头套期保值的原理也一样，只要英镑的即期汇率和期货汇率沿着同一方向运动，套期保值就可以成功地降低现货市场中的部分损失。在上例中，如果英镑贬值，那么期货市场必然亏损，也会蚕食一部分现货市场的收益。但是，套期保值的目的不是获利，而是规避汇率变动的风险，因此从这个角度而言，套期保值能够达到预期目的。

7.4.3 利用外汇期权管理外汇风险

外汇期权交易，是在约定的期限内，以某种外国货币或外汇期货合约为交易对象，以商定的价格和数量进行“购买权”或“出售权”的买卖交易。外汇期权交易也是规避汇率风险的有效保值工具，从某种意义上讲，它具有远期外汇交易和外汇期货交易所没有的优点。我们仍以一个中国香港公司在3个月后要向一个美国供货商支付100万美元的货款为例。目前银行报出的远期汇率是1美元=7.771港元。为了规避港元对美元汇率上涨的风险，该公司可以在交易所买入行权价格为1：7.771的名义金额为100万美元的美元/港元外汇看涨期权，假设期权费为10 000港元。这个合约允许公司在港币贬值时，仍按1：7.771的价格从卖方买入100万美元。通过这个合约，中国香港公司可以规避美元兑港元汇率上涨的风险，但并不妨碍享受港币升值带来的收益。

另外，当公司并不特别明确是否会在未来的某个时点涉及外汇交易时，则要使用外汇期权进行套期保值。例如，当一家美国公司竞争投标英国的一项建筑工程合同，竞标价格用英镑提交，那么当公司将投标书提交以后，就必须做好准备，一旦竞投成功必然有大量英镑入账。因为这是一家美国公司，所以它必须将英镑兑换成美元，但是如果在支付日英镑贬值，那么该公司实质收入的美元金额就会减少。当然，公司可以利用远期合约或期货合约对汇率变动进行套期保值，但是如果竞投失败，就意味着这家公司将不会有英镑收入，而对已建立的远期合约或期货合约，公司只能针对该合约再做一个对冲合约，或者等合约到期时履行交割货币的义务。为了避免这个问题，外汇期权可以发挥其独特的功能：在投标成功的情况下，当英镑贬值时，现货市场的英镑亏损会被执行看跌期权形成的收益所抵减；当英镑升值时，看跌期权合约到期，只损失权利金。在投标失败的情况下，当英镑贬值时，执行看跌期权会给公司带来可观的盈利；当英镑升值时，看跌期权合约到期，只损失权利金。当然公司也可以选择不使用套期保值工具，但是如果投标成功，一旦英镑大幅贬值，则公司所获收益就会减少很多，期权合约的套期保值给公司提供了一种很好的策略选择。当然，有时远期合约或期货合约的效果更好。总而言之，选择何种合约避险取决于对二者期望值的差异及管理者的风险偏好。

本章小结

1. 衍生工具是由基础工具衍生出来的各种金融合约及其各种组合形式，建立在基础产品或基础变量之上，其价格随基础产品的价格（或数值）变动而变动。

2. 衍生工具具有风险管理功能、价格发现功能和增强市场有效性功能。按照最基本、最常见的分类，衍生工具可以分为远期合约、期货合约、期权合约和互换合约四大类。

3. 公司经营面临多种风险。这些风险可以概括为商品价格风险、利率风险、外汇风险等。衍生工具可以通过套期保值发挥转移风险的功能，是一种重要的风险管理手段。

4. 远期合约是交易双方约定在未来某一特定时间，以某一特定价格买卖某一特定数量和质量资产的合约标的物的一种协定。远期合约的品种主要有远期商品合约、远期外汇合约、远期利率协定等。利用远期商品合约可以管理商品价格风险，利用远期外汇合约可以管理汇率风险，利用远期利率协定可以管理利率风险。

5. 期货合约是交易双方约定在未来某一特定时间，以某一特定价格买卖某一特定数量和质量资产的合约标的物的一种正式合约性协定。期货类衍生工具主要包括商品期货、外汇期货、利率期货、股票期货、股票指数期货等。利用期货合约进行套期保值，可以管理商品价格风险、利率风险和外汇风险。

6. 期权合约又称选择权。期权交易实质上是一种权利的买卖。期权的一方在向对方支付一定数额的权利金后，即拥有在某一特定时间，以某一特定价格买卖某一特定种类、数量、质量原生资产的权利。期权具有避免风险、固定成本的作用，而且克服了期货交易的局限，可以使期权的买方在市场价格发生有利变化时获利，市场价格发生不利变化时放弃履约。

7. 互换合约是指交易双方签订的在未来某一时期相互交换某种资产的合约，更准确地说，互换合约是当事人之间签订的在未来某一时期相互交换他们认为具有相等经济价值的现金流的合约。较为常见的互换类衍生工具是利率互换和货币互换。利率互换可以管理利率风险。

讨论题

1. 有些公司的老板宣称由于操作衍生品的风险太大，他们公司绝对不进行衍生品交易，以免增加公司的风险。试分析这一见解是否正确。

讨论题指引

讨论题指引

2.假设你是一位向美国出口电子设备的某国内公司的财务经理，请讨论你将采用什么样的策略来对冲出口交易产生的外汇风险，你将如何使用这一策略并获得公司高管的认可？

讨论题指引

3.2月，某公司预计6月需要1 000吨大豆做原料，当时大豆的现货价格是2 500元/吨。该公司预测未来大豆价格可能上涨，于是在期货市场进行大豆套期保值交易，当时6月大豆期货价格为2 550元/吨。若4个月后，大豆的现货价格上涨到2 700元/吨，期货市场当时交割的价格为2 750元/吨，为规避由于大豆价格上涨所带来的成本上升的风险，该公司应如何进行套期保值？

讨论题指引

4.7月6日，X公司确知其将在11月30日获得大约2 000万美元。该公司打算将这笔资金投资到欧洲美元存款，当前90天的欧洲美元存款的远期利率为12.25%，该公司担心欧洲美元利率将在以后数月中下跌。公司准备利用欧洲美元期货做套期保值（每张期货合约的面值为100万美元），以规避利率变动风险。假设7月6日，90天期欧洲美元期货的报价为86.30；11月30日，其报价为90.25。请讨论该公司应如何进行套期保值交易来规避欧洲美元利率下跌的风险。

讨论题指引

5.Y公司和S交易商达成一个名义本金为5 000万元的互换合约，初始日期为12月15日，合约规定S交易商基于3个月LIBOR利率分别于次年3月、6月、9月和12月的15日支付利息给Y公司。利息由结算期初的3个月LIBOR利率决定（即上年12月15日这一天3个月的LIBOR利率）。12月15日以及次年3月15日、6月15日、9月15日的LIBOR利率分别是7.68%、7.50%、7.06%和6.06%。Y公司按照7.50%的固定利率支付利息给S交易商，利息按照结算日之间的实际天数来计算。请讨论双方在每个支付日的现金流（见表7-10）。

表7-10　**Y公司与S交易商进行利率互换每个支付日的现金流**　金额单位：元

日期	LIBOR	支付期	S交易商应支付	Y公司应支付	净支付给Y公司
12月15日	7.68%				
次年3月15日	7.50%				
次年6月15日	7.06%				
次年9月15日	6.06%				
次年12月15日					

案例分析

航空公司深陷“套呆门”①

截至2009年4月30日，国航、东航、南航、海航、上航五大航空公司的年报无一盈利，亏损总额高达305.79亿元，而在此前，国际航空运输协会发布的报告显示，2008年全球航空公司的亏损总额约合人民币540亿元。这也就意味着，在全球230多家航空公司中，中国五大航空公司的亏损总额就占约57%。

当对亏损原因进行分析时，几家航空公司都把“全球金融危机导致航空运输需求急剧下滑和燃油成本大幅攀升”作为2008年主营业务亏损的理由。然而有人发现，国航、东航巨额亏损还有一个重要原因，在两家公司“关于燃油套期保值的提示性公告”中披露出这样的信息：2008年，在东航139.28亿元的亏损中，燃油套期保值业务的损失为64.01亿元，占比46%；而国航的油料套期保值业务损失达74.72亿元，竟然占总亏损额91.49亿元的82%。

2008年，全球金融危机对各国的实体经济都产生了巨大冲击，航空业当然也不例外，客流急剧减少、油价大起大落。但是，从几家航空公司的公告中我们发现，亏损主要来自并非主营业务的燃油套期保值。那么，同样经历了2008年的境外航空企业又有什么样的遭遇呢？

为了了解境外航空公司2008年的盈亏状况，我们对北美洲、欧洲、亚洲和大洋洲的8家大型航空公司的年报进行了分析。结果发现，8家航空公司都进行了航油套期保值操作，其中美利坚航空、英国航空、澳洲航空和新加坡航空这4家公司的套期保值业务均实现了盈利。德国汉莎航空公司虽然套期保值业务出现了1.6亿欧元的亏损，但主营业务盈利13.83亿欧元，公司总体盈利。

在8家大型航空公司中，只有3家的套期保值业务和主营业务均出现亏损，分别是美国达美航空、奥地利航空和中国香港的国泰航空。2008年年报显示，美国达美航空的亏损总额为8.964亿美元，其中主营业务亏损8.314亿美元，占比92.75%，套期保值业务亏损0.65亿美元，占比7.25%；中国香港国泰航空的亏损总额为87.6亿港元，其中主营业务亏损79.29亿港元，占比90.51%，套期保值业务亏损8.31亿港元，占比9.49%；奥地利航空的亏损总额为4.2亿欧元，其中主营业务亏损3.121亿欧元，占比74.31%，套期保值业务亏损0.47亿欧元，占比11.19%。

通过对比不难发现，境外3家航空公司约90%的亏损来自航空运输主营业务，套期保值的损失还不到10%。相比之下，在国内两大航空公司的亏损总额中有60%来自套期保值业务的亏损。同样是套期保值，为什么境内外的航空公司会有

① 高杨．国航东航去年亏损60%来自套期保值业务［EB/OL］．(2009-05-20)．http：//finance.sina.com.cn/chanjing/gsnews/20090520/13236250783.shtml.

这么大的差异呢？为了进一步了解情况，我们详细分析东航的燃油套期保值策略。

东航的2007年年报在交易性金融资产及交易性金融负债一栏的航油期权合约中写道："本集团通过航油期权合约来降低市场航油价格波动对于飞机航油成本所带来的风险。截至2007年12月31日，根据签订的航油期权合约，本集团需以每桶50～95美元的价格购买航油约7 980 000桶，并以每桶43～115美元的价格出售航油约2 300 000桶，此等合约将于2008—2009年到期。"东航在2008年的半年报中曾透露消息，公司在2008年6月30日签订的航油期权合约是以每桶62.35～150美元的价格购买航油约1 135万桶，并以每桶72.35～200美元的价格出售航油约300万桶，此等合约将于2008—2011年到期。在东航签订的期权合约组合中，主要包括3种期权买卖：

（1）买入看涨期权，即东航以较高的约定价（如在半年报中提到的每桶150美元）在未来规定的时间从对手方买入定量的油，在行权日，东航有权选择是否购买，对手方必须接受。

（2）卖出看跌期权，即东航以较低的约定价（如在半年报中提到的每桶62.35美元）在未来规定的时间向对手方卖出定量的油，但在行权日，对手方有权选择是否买油，东航必须接受。

（3）卖出看涨期权，即东航以更高的约定价（如在半年报中提到的每桶200美元）在未来规定的时间向对手方卖出定量的油，在行权日，对手方有权选择是否买油，东航必须接受。

显然，这样的套期保值策略，其风险与收益是不对称的。当然，这是期权交易的特色。根据东航的公告，东航平均每年需买入航油378万桶。如果东航卖出的看涨期权被行权，那么东航需卖出航油100万桶，即当燃油价格（P）在72.35～150美元时，协议不会给东航带来大额亏损，因为东航可以选择行权，以对冲对手方行权可能造成的损失；当P在150～200美元时，东航必然行使买入的看涨期权，以150美元/桶的价格买入燃油。如果东航卖出的看涨期权不被行权，那么协议最多产生收益18 900万美元（（200−150）×378）；当P在62.35～72.35美元时，东航卖出的看跌期权和卖出的看涨期权都不会被行权，协议产生的亏损最多为买卖期权的费用差额；当P>200美元时，东航的买入看涨期权和卖出看涨期权都将被行权，行权后可能给东航带来的亏损为——（P−200）×100万桶，燃油价格越高，亏损额越大；当P<62.35美元时，东航卖出的看跌期权将被行权，协议将为东航带来的亏损为——（62.35−P）×2.3万桶，油价越低，协议亏损额越大。

案例分析题：

1. 什么是套期保值？套期保值业务应如何操作？

2. 为什么航空公司要进行燃油套期保值业务？

3. 套期保值只是一种交易手段，为什么东方航空公司却出现巨额亏损？

4. 多家航空公司套期保值业务的亏损给我们带来什么启示？

案例分析指引

延伸阅读文献

第8章 财务危机与预警

学习目标

◇ 明确财务危机的内涵及其与财务困境的本质区别
◇ 理解引发公司财务危机的宏观与微观因素
◇ 掌握公司财务危机的共性特征及其财务表现
◇ 理解财务预警的基本思路以及财务预警模型
◇ 动态掌握ST公司前一年到前三年财务危机的显著性变量特点

2019年4月30日，承担康美药业审计工作的正中珠江会计师事务所对2018年度前期会计差错出具了更正报告。报告指出康美药业2018年前在营业收入、营业成本、采购付款、费用核算等13个科目上存在严重账实不符的情况，并采取追溯法对2018年财务报表相关科目数据进行更正。

除此之外，正中珠江会计师事务所对康美药业2018年审计报告出具了保留意见的审计结论。这一系列公司动向以及审计报告的重大变更引起了证券市场监管部门和公众的广泛关注。虽然康美药业将此归结为会计人员的核算差错，但是难以令公众信服。

鉴于上述情况，证监会对康美药业及其审计机构正中珠江会计师事务所进行了立案调查。经过半年的深入调查，证监会于2019年8月16日公布了对康美药业的调查结果。调查结果表明，证监会认定康美药业在2016—2018年长达3年的时间内，存在严重的财务舞弊行为。康美药业财务舞弊事件给投资者带来了巨大的损失，同时也给证券市场的正常运行带来了极大的负面影响。公告表明，康美药业的财务舞弊手段主要有以下两个方面：一是康美药业通过伪造业务凭证、银行单据、伪造销售回款的方式共虚增货币资金886.80亿元；二是康美药业通过提前确认收入、延迟费用入账的方式，虚增营业收入291.28亿元、营业利润41.01亿元。

康美药业如此"大手笔"的财务舞弊，引起了A股市场的极大震动，成为我国A股市场金额最大的财务舞弊事件 。

从证监会对康美药业的历次处罚公告可以看出，康美药业高管的违规行为并不是第一次出现。例如，在2014—2015年，康美药业先后5次因涉嫌信息披露不完整而被证监会处罚。

近年来，我国A股市场由于财务问题被特别处理、质询、处罚等案例屡见不鲜，企业财务丑闻背后的财务危机严重影响着企业的生产运营、资本市场的稳定乃至整个国家和全球的经济安全。那么，企业如何在危机丛林中生存与发展，已成为政府、社会与企业亟须解决的关键问题。①

本章以财务危机的内涵与特征为研究起点，对财务危机的宏观与微观影响因素予以阐述，以阶段论、业务范畴论和性质论的研究视角，对公司财务危机的共性特征进行研究与探讨，以此推演出财务危机共性特征的财务表现；同时对财务危机预警的经典方法——多元判定分析模型和多元逻辑模型进行理论阐述，并结合我国上市公司的特点进行预警应用研究，以加深读者对财务危机及其预警的理论理解，从而更好地掌握其应用方法。

8.1 财务危机的内涵与影响因素

8.1.1 财务危机的概念界定与本质

西方关于财务危机研究的经典文献使用过财务危机（Financial Crisis）、财务困境（Financial Distress）、财务失败（Financial Failure）、公司失败（Corporate Failure）、公司破产（Corporate Bankruptcy）等多个概念，并且其概念的界定在很大程度上受实证研究样本选择的范围所限。Beaver（1966）使用"公司失败"（Corporate Failure）一词，并明确将其定义为公司不能偿付到期债务；Carmichael（1972）、Scott（1981）等的大量研究均遵循这条思路；Altman（1968）使用"公司破产"的概念，将公司根据破产法提出破产申请的行为视为公司财务危机的标志，其后Deakin（1972）、Gilbert（1990）等均沿用这一思路；Laitinen（1991）则从程度上来界定财务危机，认为财务危机使得上市公司失败分为3个过程，即慢性失败、收益失败和严重失败；Ross（2000）进一步从4个方面概括了公司财务危机——技术失败、会计失败、公司失败和法定破产。

国外学者大多将企业宣告破产或无法偿还银行债务定义为财务危机；我国1988年正式实施《企业破产法》，相比国外成熟的市场经济，目前我国将企业宣告破产作为企业陷入财务危机的标准，时机有待成熟。

① 根据证监会有关公告整理。

我国证监会要求，对于出现财务状况异常或其他异常情况的上市公司股票进行特别处理（Special Treatment），提示股票退市风险，并对经营不善的公司发出警告。其中，财务状况异常通常是指上市公司连续两年发生亏损或者每股净资产低于票面价值。一般来说，被ST的上市公司会表现出明显的财务能力下降，甚至发生严重的财务问题，引发可持续经营危机与财务危机。因此，我国学者通常使用是否被ST作为衡量上市公司发生财务危机的标志（顾晓安等，2018；李长山，2018；李秉成等，2019）。

财务困境与财务危机不同，根据Altman（1993）、Ross（2000）的经典观点，财务困境是由于公司现金流不足所导致的到期债务不足以抵偿，影响公司正常运作的状态。关于财务危机概念的界定，彭韶兵和邢精平①（2005）采用两阶段划分法，将轻微的资金管理技术性失败到大规模重组阶段视为财务困境阶段；将大规模重组到破产这一过程视为财务危机阶段。因此，财务危机可以被定义为：由公司外部与内部因素引起的，导致公司整体运营陷入危及生存的非常状态，其极端形式是破产。财务危机的实质是财务风险的外在显性和集中爆发，财务表现为长时间财务恶化、亏损且无扭亏迹象、净资产为负、资不抵债面临倒闭以及审计报告被出具无法表示意见或者否定意见等。财务危机是公司长期陷入财务困境的结果。刘勇②（2015）认为，财务危机是在嵌入利益相关者行为的前提下，其爆发后会形成企业支付能力不足的情况。大股东、债权人和政府是影响财务危机的3个来源。本教材趋同彭韶兵和邢精平关于财务危机的界定。财务困境与财务危机的界定比较见表8-1。

表8-1　　**财务困境与财务危机的界定比较**

比较	财务困境	财务危机
内涵及本质	现金流出量超过现金流入量，不能按期偿付债务；本质是现金流匮乏、负债过重、经营与理财不当所致，是财务危机的诱因	公司整体运营陷入危及生存的严重状态；本质是经营失败，是财务风险集中爆发的结果
风险类型	技术性失败，个别风险，偿债能力的丧失；某一时段的负债不能及时偿还；如果处理不当，对公司的后续经营会产生深度的负面影响	契约性失败，整体风险，整体偿债能力的丧失；是长期风险和终极风险，严重威胁公司的经营能力和永续生存
与公司盈利的关联	在一定程度上与公司当期是否盈利的相关性并不显著；公司盈利，并非当期有现金净流入，即使有净流入，也不一定能应对到期的全部债务	显著取决于公司的长期盈利能力和现金流实力；取决于公司的盈利质量和资产质量；取决于公司的竞争力和发展实力

① 彭韶兵，邢精平．公司财务危机论［M］．北京：清华大学出版社，2005．
② 刘勇．财务危机预警分析与框架重构［J］．北方经贸，2015（5）．

危机的本质是公司在发展过程中若干矛盾激化而导致的一种非常规状态，是事物矛盾的极致表现，因此，财务困境是财务危机前期的潜伏过程。

8.1.2　财务危机与经营危机的关系

提及财务危机，一般认为是由于公司财务管理水平低下，或者由于公司的财务失控、偿债无力、现金流量失控及其资金链断裂所导致的结果。就结果而言，只要出现财务危机，必然会导致上述各种不健康的财务状况，但是财务危机可能只是一个结果，而导致这种结果的原因来自大股东、债权人和外部环境。财务危机的发生一般表现为市场持续萎缩、投资失败、治理混乱、银行逼债等，即由于公司的经营不良，风险失控导致财务危机。众所周知“市场是龙头，资本是基础”，两者合理配置，才能正常营运。然而，当公司经营完全失败，公司的产品由于种种原因无法在市场上按合同约定的价格、数量销售的时候，恰逢公司既无必要的现金流入，又无良好的财务盈利状况支撑，那么出现财务危机就成为一种必然的后果，而试图通过财务本身来避免这种危机是徒劳的。因此，公司财务危机的发生不能局限于财务风险本身，而要充分关注公司不同时期的各种经营风险和经营危机，及时关注在营运过程中表现出来的各种非正常特征，以及它对财务危机所造成的直接或间接的影响。

经营风险引发财务风险，财务风险的不可控结果将引发财务危机，财务危机是公司陷入综合风险而失控的结果。

8.1.3　财务危机的宏观因素分析

公司财务危机的宏观因素是指公司外部对公司财务危机产生制约和影响的各类因素。宏观因素特别是宏观经济环境因素对公司运作的影响如同蝴蝶效应，同时二者存在互动制约，前者引发后者，后者强化前者，其影响结果可能是正面的，也可能是负面的。关于宏观因素对公司财务危机的影响，本章拟从经济环境因素、金融政策因素、法律法规制度因素及行业环境风险因素四个方面进行分析。

1）经济环境因素

经济环境因素是指影响公司财务状况的各种外部经济因素，主要包括经济周期、经济发展水平和速度、经济政策、国家产业政策的变化与倾斜、地区经济扶持政策的不平衡、行业政策出台与变化、GDP、CPI水平、汇率、竞争、消费信心指数及其变动、监督质量标准等。这些因素的变化与调整对公司财务预警变量的选择和公司财务预警系统的构建具有外部影响。

在市场经济下，经济发展与市场运行具有周期性规律，处于不同经济周期阶段的公司的战略和财务状况迥异。西方学者描述的关于经济周期与公司基本营运情况，见表8-2。

表8-2　经济周期与公司基本营运情况表

复苏	繁荣	衰退	萧条
增加投资 引入新项目 站稳市场 增加储备 增加劳动力	继续追加投资融资 扩充市场份额 提高价格 上下游共赢 增加劳动力	停止扩张 出售多余设备 停产不利产品 停止长期采购 削减存货 停止雇用员工	缩减投资 保持市场份额 缩减管理费用 放弃次要利益 削减存货 裁减雇员

公司在经济衰退时更容易陷入危机，经济增长情况、货币供给量和股价指数对公司陷入危机的概率有显著影响。公司处于不同的经济周期阶段，其财务危机的威胁程度显著不同，影响因素的特点和敏感度也有所区别。

同时，经济发展水平和速度因素也是影响公司财务预警的重要因素之一，经济增长促使需求扩张，利润的诱惑使得更多的公司加入新行业，投入新项目。公司纷纷通过举债、扩股等筹资方式获取资本支持，如此行为加大了投资规模及生产规模；某些经营管理不善、效益一般的项目和质次价高的产品也能暂时获得令人不解的利润。相形之下，当高速增长的经济势头开始走入拐点乃至下调时，原本膨胀的需求收缩，使得市场份额有限的公司之间竞争更为激烈，从而引起利润率的下降；不确定的经济走势和不利的经营局面促使原本处于临界淘汰边缘的公司不堪激烈的行业竞争而出现经营危机，并在维系的过程中逐步陷入更深的困境，资本的筹集、回收越发困难，最终使公司陷入财务危机的沼泽。同时，由于经济高速增长而扩大投资规模时所借入的大量资本面临偿还高额的利息甚至还本的境遇，这无疑是雪上加霜，从而加剧了困境公司的危机，甚至会使部分微利公司陷入破产境地。

2）金融政策因素

金融政策的变动对公司理财环境和财务危机产生直接或间接的制约作用，财务管理策略和财务危机受货币政策、信贷政策、风险控制、对公司信用监管的要求、金融交易的规范化运作等因素的制约。众所周知，国家宏观金融政策收紧，公司资本运作和筹资活动就会相对艰难，经营面临的挑战就会变得严峻，网罗了整个社会经济关系的资金链也会由此变得脆弱，一旦诱发，在多米诺骨牌效应下的公司财务危机即从可能变为现实。

3）法律法规制度因素

公司的财务活动在各项法律法规制度的规范和制约下有序进行，各项法律法规制度的出台与完善对公司经营和财务绩效产生的影响更直观。所有上市公司都在《公司法》《税法》《民法典》《证券法》《会计法》以及会计准则、股票上市规则等法律法规制度框架下运营。法律法规制度框架对公司的经营活动与财务活动既进行了规定和保护，又做了相应的制约，因此法律法规制度因素对公司的财务运作产生很大影响。

4）行业环境风险因素[1]

行业环境风险与公司财务风险的形成具有密切的关系。

（1）行业环境深刻影响公司经营环境。公司在一定的环境中经营、成长与变化。行业环境是公司最基础的外部环境，宏观环境对公司的影响一般是通过影响行业环境而波及具体公司的，企业内部环境的调整也是以行业环境的要求为基础的。因此，研究公司及其财务状况必须研究它的行业环境及同行业环境的相互作用。环境意识是系统思想的一个基本观点。

（2）行业环境不确定性间接导致公司的财务风险。行业环境总是处于一种不断变化的状态，具有高度的不确定性。这种不确定性必然引发行业环境风险，包括行业的政策风险、市场风险、技术风险等，这些外部风险因素通过影响公司内部的供、产、销等生产经营活动，最终导致公司利润变动的风险，即企业财务风险。

研究表明，宏观经济指标虽然是决定公司陷入财务危机概率大小的重要因素，但由于宏观经济变量对于公司财务危机属于系统性风险，因此宏观环境因素在公司财务预警变量选择中显著性有限。Rose和Giroux（1982）通过考察28个经济周期的相关指标发现，宏观经济变量的确对公司陷入财务危机有一定影响作用；Demirguc Kunt和Detragiache（1997）在其研究模型中运用了10个宏观经济变量，结论为只有4个变量具有显著性，具体是：GDP季度增长率、短期实际利率、通货膨胀率和货币供应（M2）。

8.1.4 财务危机微观因素分析

财务危机的微观因素是指诱发公司财务危机的各类内部因素。公司财务危机的微观因素较多，按其对财务危机影响的路径分类，主要有以下四个方面[2]：

1）公司特征因素

公司特征主要是指公司规模、经济性质、行业以及行业特征、行业生命周期、行业获利能力等，公司对市场变动的承受能力和抗风险水平在一定程度上取决于其规模和经济性质。不同规模和经济性质的公司，在资本市场实力、筹资渠道、贷款能力、投资规模、资本运作、管理规范度、价格策略、税收优惠和股利政策等方面都存在较大差异。

公司的经营和财务风险受行业特征的影响较大。就市场稳定但盈利空间有限的行业来说，在市场销售和顾客消费倾向没有发生重大变化前，公司的经营和财务状况稳定，风险较小，但是当市场消费和竞争对手发生较大变化时，公司可能会面临重大风险，而这类行业的公司大多抗风险能力较弱；而就市场多变、竞争激烈和盈利较高的行业来说，公司面临的风险通常较大，因公司对经营和财务管理的要求较

① 张友棠，黄阳．基于行业环境风险识别的公司财务预警控制系统研究［J］．会计研究，2011（3）．
② 秦志敏．基于我国上市公司的公司财务危机共性特征研究［J］．会计师，2007（2）．

高，所以对一般的风险具有较强的抗御能力，但在面临更大程度的风险时也可能会陷入财务危机。公司财务状况健康的重要原因是现金充足，公司核心竞争力的强弱往往会在财务数据中显现。Rosa（2017）等人对巴西银行业金融机构的财务危机事件，构建多变量逻辑回归模型进行预警分析，研究选取相关财务指标并基于142家金融机构的2014年至2016年的月度财务数据，结果显示资产负债表中典型的财务指标的变化可预测巴西银行是否面临财务危机。杨有红（2021）认为上市公司应熟悉退市新规，用底线思维对待退市风险，基于收入、收益、风险均衡控制来规避退市风险，同时注意市值管理与维护。

因此，公司特征因素直接作用于竞争实力与抑制风险。公司的竞争实力与财务数据的密切关联，仅从报表数据挖掘即可观测。HN公司属于航空运输行业，从短期偿债能力和长期偿债能力指标数据看，与同行业其他航空公司相比，其偿债能力好于部分同行。尤其在短期偿债能力分析中，HN公司实施了较为理想的OPM战略，在2022年实现了“两头吃”的资金占用策略，提高了本公司的资金使用效率，降低了资本成本并提高了综合竞争力，HN公司2022年、2021年的具体财务数据见表8-3、表8-4。

表8-3　　HN公司2022年应收应付数据　　单位：万元

项目	期末	期初	项目	期末	期初
应收账款	18 850	21 860	应付账款	114 500	98 700
应收票据	—	—	应付票据	—	500
预付账款	8 610	7 110	预收账款	—	—
存货	17 080	16 180			

2022年HN公司收回客户占用资金3 010万元，即：

应收账款期末余额-应收账款期初余额=18 850-21 860=-3 010（万元）

2022年HN公司占用供应商88 810万元，即：

应付账款期末余额+应付票据期末余额-预付账款期末余额-存货期末余额

=114 500-8 610-17 080=88 810（万元）

表8-4　　HN公司2021年应收应付数据　　单位：万元

项目	期末	期初	项目	期末	期初
应收账款	21 860	20 050	应付账款	98 700	90 580
应收票据	—	—	应付票据	500	1 040
预付账款	7 110	6 650	预收账款	—	—
存货	16 180	13 550			

2021年，HN公司增加客户占用资金1 810万元，即：

应收账款期末余额-应收账款期初余额=21 860-20 050=1 810（万元）

2021年，HN公司占用供应商75 910万元，即：

应付账款期末余额+应付票据期末余额-预付账款期末余额-存货期末余额

=98 700+500-7 110-16 180=75 910（万元）

2020-2022年HN公司实施了较为成功的OPM战略，各会计期间占用供应商大量资金，节省了筹资成本，尤其是2022年，HN公司的OPM战略优势显著，市场占有与竞争实力相对明显。2020—2022年的同业数据比较可以呈现HN公司的同业竞争优势，具体见表8-5。

表8-5 2020—2022年同业比较结果 金额单位：万元

指标	HN公司			HG公司		
	2022年	2021年	2020年	2022年	2021年	2020年
毛利率	15.32%	16.99%	19.57%	19.10%	21.05%	24.65%
存货周转率	51.67	51.77	47.93	72.34	74.44	65.48
核心利润	22 530	22 830	58 440	50 660	99 270	110 460
经营现金流量	133 840	134 850	128 580	124 190	216 400	196 670
经营现金流量/核心利润	5.94	5.91	2.20	2.45	2.18	1.78

2）公司治理因素

哈特（Hart，1986）在其发表的《一股一票与公司控制权市场》和《所有权的成本与收益：一种垂直合并的理论》中认为："代理问题和合约的不完全性是公司治理存在的条件和理论基础""代理问题之核心是组织成员之间的利益冲突"，并认为"公司所有权的核心是剩余权，即剩余索取权和剩余控制权。由于剩余索取权具有不稳定的期望，因此私有所有权就是剩余控制权"。德姆塞茨（Demsetz，1985）等认为，由于控股股东和外部小股东的利益冲突，公司财务风险与经营风险增加。Laessensc、Djankov、Lang（1999）的研究结果表明，公司治理机制不良是亚洲金融危机和许多公司危机的重要原因。Panayotis Kapopoulos 和 Sophia Lazaretou（2007）对希腊公司的研究认为公司绩效和股权集中度正相关。

国内很多学者也认为公司治理不力与公司危机有较强的相关性。姜秀华、孙铮（2001）研究了公司治理和财务危机的关系，结果表明治理弱化是财务危机的重要原因，财务危机是治理弱化的外在表现和最终归宿。治理机制的不健全导致公司剩余控制权的利益冲突，管理缺乏、低效则可能导致公司破产。姜国华、王汉生（2004）基于2000年的财务变量和股权结构数据对2003年的"ST"上市公司进行预测，结果发现，主营业务利润水平以及第一大股东持股比例对公司在2003年被"ST"具有显著性，并据此设计了上市公司"ST"的逻辑回归模型，结果显示出良好的预测能力。Tsun-SiouLee和Yin-Hua Yeh（2004）以中国台湾上市公司为样本，通过实证检验结果认为控制权以及现金流量要求权的偏离度与财务危机正相关。刘银国、高莹和白文周（2010）对机械、设备和仪表行业2005—2008年沪市数据的研究认为，股权集中度和公司绩效是倒“U”形的关系。赵昌林（2011）认为只有使用第一大股东持股比例来衡量公司股权集中度时，股权结构和公司绩效才会存在倒“U”形关系。这说明公司治理不佳、最终控制权与现金流权的分享程度越重，上市公司侵占小股东的利益倾向也越严峻，在公司失控的情况下，财务状况下滑乃至财务危机的产生顺理成章。

从发生的财务危机案例来看，由公司治理问题引发公司财务危机主要体现在以下几方面：

第一，股权结构不合理。中国上市公司绝大部分由国企改制而成。虽然我国的股权分置改革已于2005年正式启动并顺利推进，但是国有股占上市公司的股份总额比例过大的这一现象仍然广泛存在。理论界和实务界普遍认为，国有股的“一股独大”是我国股票市场出现各种问题的根本原因。上市公司所暴露出来的许多问题，如虚造业绩、盈余管理、市场操纵、虚假披露、“老鼠仓”（大股东利用关联方关系对业绩良好的上市公司进行掏空）等，都与国有股股权比例过大存在千丝万缕的关系。股权结构不合理的另一个表现就是流通股过于分散，机构投资者比例较小。机构投资者最大的优势是它能将众多小股东的资本和其他社会资本集中起来，形成强大的投资实力。美国的研究表明，机构投资者不仅提高了股东对公司的监控力度，同时，机构持股份额高的公司效益也高于其他公司。我国的流通股股权高度分散于小散之中，使得公众对上市公司的直接控制力匮乏，从而导致上市公司的治理机制薄弱，为其内部人控制制造温床。

2018年9月30日，证监会修订并正式发布《上市公司治理准则》（以下简称《准则》）。这是自2002年《上市公司治理准则》实施以来的一次重要修订。此次修订《准则》，在保留原《准则》对上市公司治理主要规范要求的基础上，适应境内外市场变化和公司治理发展趋势，增加了一系列新要求，如新增机构投资者参与公司治理规定、对独立董事履职行为提出了新的要求等。

第二，管理者寻租。我国上市公司多起财务危机案例的起因在于管理者（兼大股东）涉嫌挪用公司资金，违法炒作甚至中饱私囊，如此行为不仅危害整体金融的稳定及其公司本身的发展，而且对投资大众（小散）也存在严重的不公平。La Porta（1999）表示：在不对称信息下，小股东缺乏必要的信号判断公司的策略和业绩，大股东以此严重侵犯小散利益，而不是兢兢业业把公司做大做强，长此以往公司绩效将岌岌可危。

第三，财务呈报不实。失实财务呈报是现有一系列制度失衡下的产物，即上市公司的质量控制机制（外部监管）不健全引发上市公司管理者虚假披露乃至欺诈的动机，会计信息披露行为制度不健全给了管理者虚假披露的机会，而会计信息监控制度不健全降低了某些上市公司作假行为被发现或被处罚的概率。因此，虚假财务报告不被发现，加重了公司发生财务危机的风险。

我国会计信息的需求先天不足。在委托代理机制下，所有权和经营权的分离、信托责任的严重缺失使得所有者地位不断弱化，经营者地位不断强化，进而使经营者成为企业事实上的控制者。由此造成的后果是，经营者成为会计信息的垄断者。他们为了达到寻租预期，在会计准则允许的范围内适度博弈并选择最为有利的会计政策。盈余管理或者利润操纵由此产生。

吴联生等（2007）以非上市公司的盈余管理程度为比较基准，针对股市对公司盈余管理的强化作用予以研究，结论显示：根据1998—2004年的研究样本和数据，我国上市公司与非上市公司都存在避免亏损的盈余管理行为；但上市公司盈余管理频率大约为非上市公司的3倍，盈余管理的平均幅度大约为非上市公司的13倍，研究结论为股票市场对公司盈余管理的强化作用显著。孙亮、刘春（2008）采用2003—2005年证券市场的数据，借助调整的截面Jones现金流模型衡量操控性应计利润，对民营性质上市公司与国有性质上市公司盈余管理程度的差别及其决定性因素予以分析，研究显示：民营性质上市公司比国有性质上市公司盈余管理强度显著，决定盈余管理程度差异的因素来自经营绩效激励，而非公司治理制约。蔡伟（2010）研究表明，在上市公司中，即将发生财务危机的样本公司与不会发生财务危机的样本公司相比，在财务危机之前的盈余管理程度较高。在描述性统计中，对即将发生财务危机的上市公司和未来财务状况健康的上市公司的DA指标进行了描述性统计，从｜DA｜均值来看，在t-1年、t-2年以及t-3年即将发生财务危机的上市公司的｜DA｜均值均比未来财务状况健康的上市公司要大，并且通过Mann Whitney检验显示：上市公司在t-1年和t-2年的指标在1%的显著性水平上比未来财务状况健康的上市公司要大。Yisannis（2019）研究发现上市公司退市概率与收益操纵程度等因素正相关，与审计质量、信息透明度等因素负相关。Henry等（2019）和Lee（2019）研究表明有关无形资产信息不对称程度越高，证券交易所的成本可能会越大，公司会越倾向退市。Robert（2021）认为放松管制行业的上市、退市和兼并模式有助于企业的扩张和发展，但如果政策严格则会产生抑制作用。

3）经营战略与策略因素

引起公司财务危机的经营战略与策略因素很复杂，主要可归纳为制定战略及执行策略两方面。其中，发生财务危机的公司的战略制定常见为战略缺位、战略错位和战略越位。战略缺位通常是没有明晰的全盘思想；战略错位通常是战略与环境不相适应；战略越位通常是超越自身的资源和能力，盲目扩张和多元化。

“公司建立新形象要远比改善经营业绩容易”（Fridson和Alvarez，2009）。Sharma与Mahajah（1980）认为，公司经营受到内在与外在因素的交互影响，其中，内在因素着重于战略与执行；波特（1980）指出，一家公司经营的成败通常取决于

"策略"运用得是否妥当。当一家公司经营决策不当时，可能就会埋下财务危机的隐患。

在公司长期的经营和发展过程中，其经营状况的好坏及经营的稳定性往往是决定一家公司是否会出现财务危机的重要因素之一。公司经营战略的重大调整（如投资战略、融资战略、技术优势与品牌战略等），供产销的调整（如供应商的重大变更、订单计划的大幅调整、销售策略完善、重大促销政策的实施等），公司产品的特征与市场占有等，这些因素的变化与调整，都会对公司经营业绩及其稳定性产生影响，进而引发财务危机。公司因经营杠杆导致财务危机的案例很多，"秦池""五谷道场"广告费因引发经营风险进而诱发财务危机即是鲜活的佐证。原因在于固定成本的构成要素很多，在无法保证销售规模的前提下，固定成本过量导致较高的经营杠杆风险。公司经营策略失误情形具体集中在以下方面：

第一，跨行业多元化经营的失败。当公司在其所属行业面临高度成熟或强大竞争威胁时，经济学的理论解释的结果是无法赚取超额利润的，而通常该类公司会采取多元化的方式来维持营运。多元化作为经营战略和方式而言，其本身并无优劣之分，然而跨行业投资有可能因为决策的失当或对另一种产业不熟悉而拖垮公司主业的营运绩效，多元化经营的直接后果是新项目耗资巨大，若未来景气程度不确定，则使得原来的竞争优势难以确保。这也是对"多元化未必获得异常报酬"的论点较好的诠释。

第二，核心竞争力非核心。在利润、市场份额、核心竞争力等微观因素中，核心竞争力是公司保持竞争优势的主要因素，是公司竞争长期发展的支撑和优势的原动力。核心竞争力可能表现为先进的技术、服务理念或者应变能力，其实质就是核心竞争力的结合体，公司的竞争归根到底是核心竞争力的抗衡；核心竞争力的培养需要长期精心打造，公司首先应该在拥有集中的竞争能力的核心产品之后，再考虑是否围绕核心产品进行多元化经营。否则，多元投资的直接后果会使新项目挤占主业资金，使公司原来的竞争优势也丧失殆尽。

在我国上市公司中有些公司在长期经营中积淀了其独特的专长，具有良好的发展空间和较为集中的核心竞争力：国际星级服务的海尔品牌、特殊文化内涵的豫园商城、成本管理专长的邯郸钢铁、预算管理闻名的新兴铸管等。

【课堂拓展】　　制造业核心竞争力从何而来①

在今年的全国两会上，有关制造业的话题热度不减，特别是"增强制造业核心竞争力"首次被写入政府工作报告，更是引发了广泛关注。

制造业是立国之本、财富之源，是一个国家综合国力的体现。近年来，受全球产业链供应链运行不畅、部分核心环节和关键技术受制于人等影响，国内不少制造业企业面临着前所未有的风险和挑战。在此背景下，强化对制造业核心竞争力的提

---

① 节选自佚名.制造业核心竞争力从何而来［N］. 经济日报，2022-03-11。

升，既是制造业自身高质量发展的内在要求，也是我国制造业参与国际分工合作的必然选择。

总体来看，经过多年发展，我国制造业无论是经济总量还是结构质量，都取得了举世瞩目的成就，甚至被认为是世界制造业发展史上的奇迹。国家统计局数据显示，我国制造业增加值已连续 12 年位居全球首位，220 多种工业品产量居世界第一，是全球唯一拥有联合国产业分类中全部工业门类的国家。如今，“中国制造”不再是低质、廉价的代名词，而是逐步成为对全球产业链供应链影响最大的变量之一。但也要看到，与世界工业强国相比，与工业高质量发展的要求相比，我国制造业发展还存在不少短板与弱项，有些还成为影响我国经济高质量发展的掣肘。

稳增长首先要稳工业。当前，我国经济发展的外部环境更加复杂严峻，在需求收缩、供给冲击、预期转弱的三重压力下，我国经济发展面临的困难挑战明显增多。从 2021 年年底中央经济工作会议提出“提升制造业核心竞争力”，到 2022 年政府工作报告强调“增强制造业核心竞争力”，充分表明了党中央、国务院对振作工业经济、促进制造业高质量发展的决心和信心。

增强制造业核心竞争力，首先要把发展先进制造业摆在更加突出的位置。先进制造业是制造业的发展方向，也是推进产业链现代化的关键之举。

第三，盲目提速。公司在飞速发展时，经营者头脑容易发热，盲目提速，追求高速。事实上，高增长的关键是看公司是否具备快速发展的条件；速度过快，会使公司处于资金短缺困境，会付出进步的代价。有些公司为做大做强，常常不顾风险、不计成本、不择手段盲目进行融资而进行非理性投资，结果有的不得不进行价格战，使融资成本、营业成本升高而影响收益甚至收不抵支，这种非理性扩容的结果会带来财务困境的阵痛。

4）负债规模和财务弹性因素

从理论上讲，适度负债，公司可以获取财务杠杆效应，但过度负债将会使公司的支付能力变得极其脆弱，甚至出现支付危机。不同的负债结构，对处于不同的经营阶段、具有不同经营特征的公司，有完全不同的影响。假如负债结构与经营特征发生错位，尤其对负债期限结构没有合理规划，公司未来的现金流量将不确定，有可能引发公司的支付危机。与此同时，若大量举债用于投资，在投资规模大、战线长的情况下，投资项目一旦出现系统风险或者非系统风险，公司巨额的债务、较低的预期回报和艰难的融资渠道的共同作用，将必然导致公司的绩效状况恶劣，进而走向危机。

负债规模过度是财务危机的重要原因，过高的负债一方面会弱化公司的支付能力，蕴含着财务危机；同时，一旦公司信用链条上的某一环节出现运行不畅，或者实际现金流出超过预期，则影响即期债务的偿付，就必然会出现财务危机。德隆问题的原因在于，其经营策略和发展模式造成了资金链的紧张，外部金融环境的变化只能说是德隆问题爆发的催化剂而已。

财务弹性是指公司对市场机遇和市场逆境的适应能力和应变能力。其具体是指公司动用闲置资金，应对可能或无法预见的紧急事件，以及把握未来投资机会的能力，是公司筹资对环境的反应能力、适应程度及调整余地。财务弹性可以直接转换为经营弹性，最一般的行动是将现金“滞留”于有价证券，当紧缩的信用导致筹集所需的营运资金比较困难时，此行为将使公司较其“精干刻薄”的竞争者领先一步。

财务弹性来源于现金流入和现金流出需要的比较。这里着重考虑公司的造血机能即经营活动产生的现金流。如果市场突然出现理想的投资机遇，那么这种储备即可立即变为高回报；反之，当市场出现预想不到的逆境时，这种储备即化干戈为玉帛，可以防范逆境给还本付息以及股利支付带来压力。由此，财务弹性对公司面对逆境、迎接挑战起了重要作用，现金流量表中的要素不仅是风险厌恶型投资者的安全保障，而且是度量财务弹性最好的工具①。

公司财务危机的诱因是宏观环境与微观环境共同作用的结果，其中宏观环境为诱发危机的条件，微观环境为诱发危机的根据；就同行业内的不同公司而言，宏观变量为系统性风险变量，相较于微观变量对公司财务危机影响程度，其显著性相对有限。

8.2 财务危机的特征

8.2.1 基于阶段论的公司财务危机的共性特征

阶段论是指财务危机所处的阶段不同，其特征也各不相同。这种观点认为，财务危机具有客观积累性，它是公司在一定时期内的资金筹集、投资、占用、耗费、回收、分配等各个环节出现失误的综合体现，是各种营运活动行为失误的综合反映。大多数公司陷入财务危机都是一个逐步发展的过程，一般是一个从财务正常逐步发展成财务危机的过程。

1）Amy Hing-Ling Lau的五状态论

1987年，Amy Hing-Ling Lau在《五状态财务困境预测模型》一文中将公司财务状况分为5种状态：

状态1——财务稳定；

状态2——取消或减少股利；

状态3——技术性违约和债券违约；

状态4——处于破产法的保护之下；

状态5——破产和清算。

依据Amy Hing-Ling Lau的观点，取消或减少股利是公司财务危机开始的信号，

① FRIDSON，ALVAREZ. 财务报表分析［M］. 朱丽，译. 3版. 北京：中国人民大学出版社，2009：19.

破产和清算意味着公司的终结即财务危机达到最严重和最后阶段。

2）Donald和Richard的四阶段论

Donald和Richard（1988）认为财务危机的发生是一个渐进式的过程，通常包括4个阶段：

第一阶段是指公司发生财务危机的前10年。此时公司运行一切正常，但公司整体获利性已经不如以前。此时公司在日常运营上并无明显的异常事件发生。

第二阶段是指公司发生财务危机的前10年到前6年。这是公司早期遭受损伤的阶段。公司遭受大环境不确定性的影响而使其绩效下降，此时绩效下降的影响是潜在的，负面结果不会明显表现出来，但是此时公司的各种能力已经步入拐点。

第三阶段是指公司发生财务危机的前6年到前3年。这时公司的获利情况急剧下降，只能勉强维持在损益平衡的状态。处在这个时期的公司会有以下4种状态：

① 公司会对已经制定的决策进行复杂的变动或者完全不从事决策活动；

② 公司在策略行为上会出现摇摆不定的现象；

③ 外在大环境变得不确定，对公司产品的需求变化也不明确；

④ 运营资金没有出现不足的情况，与其他非危机公司相差不大，不会因为公司在这期间绩效表现不佳而造成无法支付短期负债的现象。

第四阶段是指公司面对财务危机时的挣扎阶段。在财务危机发生的前2年到危机发生时点，公司所面对的环境突然转差，进而使获利表现急速下降，公司丧失支付短期负债的能力，运营资金因而严重不足。

3）国内学者的四阶段论

第一阶段危机潜伏期，主要症状：盲目扩张、无视环境变迁并缺乏风险管理、无效经营；

第二阶段危机显示期，主要症状：过分依赖外部资本，自有资本严重不足，债务延期，利息负担沉重；

第三阶段危机恶化期，主要症状：经营混乱，资金周转困难，到期债务不能偿还；

第四阶段危机发作期，主要症状：资不抵债，丧失偿债能力，宣布破产。

四阶段论的观点认为：财务危机的发生过程为渐进式，识别不同阶段财务危机的特征可以归纳出财务危机的提示信号，有助于发现、预测公司财务恶化状况并判定其危机程度。

8.2.2　基于业务范畴论的公司财务危机共性特征

业务范畴论的观点认为，公司营运涉猎不同的业务领域，而当发生财务危机时，不同的业务领域会表现出不同的特征。公司运作不是单一环节，而是依赖多个环节的有机整合和协作，任何一个环节的失误都可能导致财务危机。不同业务范畴的财务危机共性特征表见表8-6。

表8-6 不同业务范畴的财务危机共性特征表

管理领域	财务领域	销售领域	生产领域
公司员工大幅变动	过分依赖某个关联方或某家银行贷款	订单非预期下跌	盲目扩充生产设备
拖欠借款和债务	关联方濒临倒闭	信誉恶化	存货异常变动
市场竞争力不断减弱	财务结构及财务效率明显恶化	平均收账期延长	规模过度扩张
盈利能力严重滑坡	财务报表不能及时公开		

8.2.3 基于性质论的公司财务危机共性特征

性质论认为，财务危机具有可预见性和突发性两种特性。财务危机之所以具有可预见性，是因为财务危机是由公司利益相关者的长期矛盾日积月累形成的，所以必然会表现为公司内部的一种逐步扩展或传导的过程，并且能反映在内部管理流程与管理行为的重要环节中；财务危机具有突发性的原因在于，尽管有些影响财务危机发生的因素是可控的或可视的，但也有很多诱因尚具有突发性和意外性。当这些突发性因素出现时，财务危机就可能被引爆。

财务危机的可预见性在阶段论已阐述，财务危机突发性的特征突出体现在两个方面：

1）现金极度匮乏

成功的公司，各有其成功秘籍，失败的公司，征兆大致相同，即现金流断裂。纵观发达国家破产倒闭企业的征兆，80%的企业表现为盈利但现金流极度匮乏使之破产，也可称为黑字破产；只有20%是亏损破产。可见，“现金为王”的理念在财务危机特征判断过程中仍不失魅力。

现金流量在公司的不同生命周期显示的特征有所不同并具有一定的规律性。1968年，波士顿矩阵理论的出现再次印证了市场成长性、市场占有率与公司现金流量的相互关系规律。现金流量信息的财务困境预测模型基于的原理是：公司的价值等于预计现金净流量的现值。公司现金流能不能持续、稳定，对投资者和债权人等利益相关者的决策来说都是重要参照。投资者会通过公司现金流的分布时间、金额和风险来对股价进行估值，不会因较低的或者非持续的现金回报而支付高股价；债权人在面临一家公司非持续稳定的现金流时，对其贷款风险的焦虑与担心远高于担保、抵押与质押，对此类公司的风险溢酬决策会因公司现金流的变化而调整，公司的现金流匮乏状态将雪上加霜。

在Gentry、Newbold和Whitford（1985）的研究基础上，Aziz、Emanuel和Lawson（1988）发展了现金流量信息预测财务危机的模型，在研究中根据破产企业和非破产企业的配对数据，发现在破产前5年两类企业的经营现金流量均值以及现金支付的所得税均值具有显著差异；Aziz、Emanuel和Lawson（1989）研究比较了使用现金流量模型、Z模型和ZETA模型预测企业发生财务危机的准确率，结果发现现金流量模型的预测效果最令人满意。

国内学者章之旺（2004）选取了2003—2004年度60家财务危机样本公司和2倍的非财务危机样本公司，分别用单变量和多变量Logistic模型验证现金流量信息在财务危机预测中的作用，研究发现：第一，我国上市公司在财务危机的前1年，经营现金流量的相对信息含量仅次于总资产报酬率和总资产周转率，其预测效率比应计制会计变量更有效；第二，公司财务危机的前1年或前2年，现金流量类变量在会计比率的基础上增量信息含量均具显著性。结果显示：从财务危机预测的角度看，充分挖掘现金流量信息的分析意义和预测价值应当成为未来此领域的研究方向。杨孝安（2010）针对上市公司存在盈余管理和利润操纵的行为，利用现金流对上市公司的盈余质量进行评价，使投资者准确分析上市公司的财务报表。通过列举在新会计准则下上市公司盈余管理的途径，并介绍用于盈余管理评价的主要财务指标，指出现金流量指标不受人为因素的影响，用于评价上市公司的经营业绩较为客观。国内学者普遍都结合我国资本市场特点筛选出了适用性高的预测指标，顾晓安等（2018）引入了盈余管理指标，杨贵军等（2019）引入了Benford定律，都有利于提高Logistic模型的预测准确性。

2）主营业务萎缩业绩下滑

公司主营业务萎缩业绩下滑的原因有多重，主要与公司经营战略密不可分。决策的失误是根本的失误，在共同的宏观因素和行业因素面前，有的公司在行业中稳健经营主营业务；有的公司为了防范并化解经营风险，开展多元化经营，以期不断开拓市场、培育多元化的经济增长点，但此种拓展的前提是公司保证主业持续稳定增长，否则，此举表面上看是注重外延性扩张、实施多元化经营，而实际上是投资分散导致凝聚力分散难以形成合力与市场抗衡，公司会因此丧失核心竞争力，从而影响公司的原本业绩。

公司价值取决于预计现金净流量的现值，预计现金净流量的重要组成部分为利润，利润源自主营业务。收入的实质一是净资产的增加，二是主业经营的持续。作为利润表的首行项目，其重要性毫不逊色于利润表的净利润项目。主营效益是公司创造经营活动现金流量的根本源泉，是衡量其核心竞争力、核心盈利质量的重要指标之一，同时在资本市场有效的前提下，主营效益及其成长性与波动性直接关系到公司的证券估值。林恩·特纳[①]（Lynn Turner）在对公司主营收入的重要性高度评价时称："主营收入的增减变动是投资者制定投资决策的重要判断指标，当投资者评价公司的历史业绩及其展望、收益前景时，主营收入的变化趋势和成长性总会左右着他们的思维。"更重要的是，它是判断经营风险与财务风险的可能性的重要依据。

① 美国证券交易委员会（SEC）会计师。

8.2.4 财务危机共性特征的财务表现

由于公司所处的行业、规模大小、经营特点各不相同，公司发生财务危机的征候也不尽相同。但是，经验证明，当公司可能发生财务危机时，总会具有某些共同的特征。财务危机的共同特征可以概括为以下5个方面[①]：

第一，运营能力方面。

① 非计划的存货积压。存货通常是公司重要的资产项目，存货项目对公司的资产状况和损益状况均能产生直接影响。产品销售不畅，必然导致存货的大量积压、存货周转率和变现率的降低、现金流短缺，当情况严重时，还会造成公司的巨额亏损，并产生严重的财务危机。

② 平均收账期延长。较长的平均收账周期会吸收许多现金。当公司的现金余额由于客户迟缓付款而逐渐消失时，较长的平均收账期就会为公司带来严重的财务问题。还有一些原因也会减少公司正常的营业现金余额，但管理人员更应重视公司的收账期，并从中找出主要问题，以免使问题变得更为严重。

③ 资产质量下降，经营资产运营效率下降。经营资产主要包括：存货类、债权类、固定资产类，这些资源的投入是公司自主经营的需要。如果公司这部分资源的投入在一定时期未见增量收益或者市场占有率未见扩大，周转相对缓慢，此时的基本结论是公司的经营资产质量不佳；以此推理，对外投资资产也应该形成预期投资回报或者是撬动效应，否则，对外投资资产令人怀疑。

第二，偿债能力方面。

① 负债过多。债务增加，造成资金结构失调。当公司的资产负债率超过一定比率时，可能引起公司的偿债能力和公司的融资信誉下降，导致到期债务难以清偿，从而使公司陷入严重的财务危机。适度负债，公司可以获取财务杠杆利益，但过度负债则会使其支付能力变得极为脆弱，甚至发生支付危机。偏高的负债一方面会弱化企业的支付能力，蕴含着财务危机；另一方面，一旦信用链条异常，必然会发生财务风险，从而引发财务危机。

② 财务结构不合理。首先，筹资结构不合理，长、中、短期债务搭配不当。表现为：一是筹资成本过高，导致公司盈利能力下降；二是偿债高峰过于集中或过早到来，造成偿债困难。其次，投资结构不合理，长、中、短期投资比例失当。有的项目选得不准，有的投资超过风险限度。表现为：一是投资回报率低，致使盈利能力减弱；二是变现困难，不能及时偿还到期债务。另外，在ST公司中，大股东占用资金并利用上市公司担保的现象极为严重，这是造成资本结构异常，进而影响公司经营业绩的重要原因。究其根源，这与我国上市公司非整体上市、公司治理结构不完善、银行经营机制欠缺以及证券市场监管与处罚效率不高等方面有紧密

① 除此以外，企业盲目多元化经营和扩张、信誉降低、市场竞争力不断减弱以及关联企业发生诉讼或倒闭等也是多数企业将要发生财务危机的表征。这里就不赘述了。

联系。

第三，获取现金流量能力方面。

国外从现金流的角度建立公司财务危机的预警模型早已取得显著成果。例如，Beaver（1966）在排除行业因素和公司资产规模因素的前提下，对1954—1964年的79家失败公司和相对应的79家成功公司的30个财务比率进行研究表明，现金流量/债务总额指标对财务失败的预测是最有效的；现金支付严重不足，是表明公司已面临财务危机重要的、最为直接的表现形式。聂丽洁、赵艳芳、高一帆（2011）以我国制造业上市公司2001—2008年被ST的41家公司和配对公司为研究对象，在引入传统财务预警指标设计的基础上，构建了基于现金流的危机预警指标体系。实证研究表明：现金流指标体系比传统财务指标体系有更高的预测精度和更低的错判率。众多研究表明，我国发生财务危机的公司的获取现金流量能力明显低于正常公司。获取现金流量能力主要表现为缺乏偿还即将到期债务的现金流，现金总流入小于现金总流出，特别是经营活动的现金净流量长期不佳，与核心利润以及净利润严重失衡，进而出现了经营现金净流量与核心利润以及净利润相背离的状态。

第四，盈利能力方面。

① 主营业务严重萎缩。销售量的非预期下降，公司销售额的下滑，成本的不断攀升，导致公司的盈利空间逐步缩小，甚至连年出现亏损。公司的主营业务发生严重萎缩，利润依赖关联方交易及外来补贴。由于主营业务比其他业务的稳定性强，因而主营业务是否经营得好是上市公司能否生存和发展的关键。有的投入无效益或者无利润质量，公司的核心利润明显下降，投资收益不佳，营业利润与公司规模严重脱节甚至出现严重亏损。

② 市场竞争力不断降低。市场竞争力的高低，主要体现在公司产品的市场占有份额和盈利能力上，如果公司产品的市场占有率很高，且盈利空间很大，那么说明公司的市场竞争力很强；相反，如果公司的产品出现压库现象，造成市场占有率明显下降，或公司产品的市场份额未变，但盈利空间却在明显缩小，那么说明公司的市场竞争力在减弱。公司的市场竞争力一旦由强变弱，公司就无法按计划、按目标生产、经营自己的产品。

③ 对外巨额投资无收益。在我国证券市场上，有不少上市公司在实施投资计划之前没有经过科学严谨的可行性论证，带有较大的盲目性，因而在投资项目实施后，不但没有给公司创造良好的经济效益，反而带给公司由巨额投资所形成的机会成本。

④ 公司的经营风险加大。市场对公司产品的需求缩小，公司产品销售价格偏低，公司对产品销售价格的调整能力下降，单位产品变动成本的增加，公司固定成本总额偏高，上述问题形成了公司经营方面的不确定性。

第五，发展能力方面。

①资产增长率较高。一般表现为投资资产、在建工程、固定资产等的异常增

加，其资金来源多为负债规模增大，而不是所有者权益增加。

随着我国市场经济的不断发展和完善，许多上市公司将证券投资组合理论运用到公司投资活动中，在公司财务资源有限的条件下，实行多元化投资，但并没能合理解决公司资产结构与资本结构的有机协调、盈利性与流动性的有机协调等财务问题。因此，公司往往遭受重大损失，严重时可能会导致公司破产，巨人集团的惨痛失败就是典型的例子。

②销售增长率萎缩。从上市公司历年年报中可以看出，一般主业经营好的上市公司都有良好且稳定的业绩，而且主营业务利润占利润总额的比例较高；而大多数的亏损公司是由于主营业务陷入困境，主业收入萎缩从而出现亏损的。主营业务严重萎缩，主要表现为销售增长率下降，主营业务利润无法抵补期间费用。上市公司为改善财务状况、维持股票市值，或为了达到配股条件，通常会采用诸如出售资产、与关联方交易、获得政府补贴、与控股母公司资产置换或债务重组等手法，增加公司的非经营性利润，来维持公司的账面盈利。这种由“报表重组”形成的公司盈利，不是公司盈利能力的真实反映，因而无法掩饰公司实际处于财务危机的窘况。

8.3 财务危机预警：经验研究与应用

8.3.1 财务危机预警的基本内涵和经典观点

1）财务危机预警的基本内涵

预警是指根据系统的外部环境和内部环境的变化对系统未来所带来的风险进行预测和警报。财务危机预警（简称“财务预警”）的概念界定为：以公开的财务会计信息为基础，其他相关信息为补充，以特定的敏感性变量或者数值为标识，对导致公司整体运营陷入财务危机的状态予以警示的行为组合。财务预警是风险控制机制的重要一环。

要有效预警必须借助预警变量。变量，原始的数学意义是：表示尚未清楚的值，即变数；或者是一个可代入函数的值。将数学意义引入预测功能时，变量可理解为解释要素或者解释因子。前已述及财务危机是各种因素诱发的结果，那么此类诱因量化后即可作为财务危机的解释要素或者解释因子，因此在财务预警过程中能够解释财务危机概率的要素或者因子在此界定为财务危机预警变量，简称财务预警变量。

根据财务危机的微观诱因与宏观诱因，可以将财务预警变量进行狭义与广义的界定。财务预警变量的狭义界定是：在财务预警研究中，依照一定的理论原则和实际经验，借助公司财务报告、战略决策、经营计划以及其他与预警相关的信息，采用与公司财务危机有直接和明确对应关系的，并能如实反映公司财务危机潜在风险的财务比率集合。财务预警变量的广义界定是：能够预测公司财务危机的财务变量与可计量的非财务变量的集合，即狭义预警变量与非财务预警变量的集合。本章将基于狭义财务预警变量的界定展开应用。

2）财务危机预警模型介绍

最早的财务预警研究始于信用预警研究，当时许多机构在采用预警定量方法衡量公司状况之前，已经用定性信息评估特殊商人的信用状况。1849年，美国辛辛那提市著名的Dun & Bradstreet公司负责组织提供独立的信用调查[①]。国外对公司财务状况的预警研究始于20世纪初，亚历山大·沃尔出版的《信用晴雨表研究》以及《财务报表比率分析》两部著作，开创了对公司财务状况综合检测和评价的先河。

Fitzpatrick于1932年运用单个财务比率以19家公司为研究样本进行了财务危机的判别。他将样本划分为破产组和非破产组，发现净利润/股东权益和股东权益/负债对财务危机的判别能力最高。此研究开创了基于财务危机预警的实证研究的先河。1935年Smith R F和Winakor A H的论文《不成功企业的财务结构变化》，及其随后的系列研究结论如下：濒临经营失败的公司与能够永续经营的公司相比有显著的财务比率差异。Beaver（1966）使用79对公司样本组，对反映公司不同财务特征的6组30个变量在公司破产前1年至前5年的具体变化分别做了检验，结果发现最好的判别变量是：营运资本/流动负债和净利润/总资产[②]；Beaver发现，越临近破产日，误判率越低，理论界对此研究俗称Beaver单变量判定模型。此后，研究者不断探索通过统计模型的方法来建立财务预警模型。这些模型的研究有助于挖掘最有预见性的研究变量和研究方法。截至目前，主流财务预警的定量分析模型包括：一元判定模型、多元线性判定模型、多元逻辑（Logit）模型、Probit模型和人工神经网络模型等；定性分析模型包括：标准化调查法、四阶段症状分析法、流程图分析法和管理评分法等。目前应用较多的是多元线性判定模型和多元逻辑模型，以下予以介绍。

（1）多元线性判定模型

多元线性判定模型，又称多变量模型，最早是由Altman（1968）开始研究的。他得到的最终预测方程包含5个判别变量，在破产前1年的总体判别准确度高达95%。多元线性判定模型现已成为财务困境预测最常用的方法。多元线性判定模型的基本原理是通过统计技术筛选出那些在两组间差别尽可能大，而在两组内部的离散度最小的变量，从而将多个标志变量在最小信息损失下转换为分类变量，并依此获得能有效提高预测精度的多元线性判别方程。当运用多元线性判定模型判定二元问题时，可以通过降维技术，仅以最终计算的Z值来判定其归属，其构造的线性方

① 在Altman（1968）的经典论文《财务比率，公司破产的判别分析和预测》中予以阐述。
② 营运资本/流动负债：在公司破产的前1年成功地判别了90%的破产公司。净利润/总资产：在公司破产的前1年判别的成功率是88%。

程简单易懂，同时具有很强的实际应用性。其判别方程的形式为：

$$Z=V_1X_1+V_2X_2+\cdots+V_nX_n \quad (8.1)$$

根据判别方程可以把单个公司的各种财务比率转换成单一的判别标准，或称为Z值。根据Z值将公司分为“破产组”或“非破产组”两类。其中，V_1，V_2，…，V_n是权数，X_1，X_2，…，X_n是各种财务比率。在实际运用时，需要将公司样本分为预测样本和测试样本，先根据预测样本构建多元线性判定模型，确定判别Z值（Z值的大小可以作为判定公司财务状况的综合标准），然后将测试样本的数据代入判别方程，得出公司的Z值，并根据判别标准进行判定。此方法还可以用于债券评级、银行对贷款申请的评估、子公司业绩考核及投资决策等。多元判定分析模型的典型代表包括Z模型和F模型。

第一，Z模型（Z-Score）。

1968年，Altman认为单变量分析的解释变量选择存在代表意义受限等诸多局限性，因此首次将多元线性判定模型引入财务危机预测领域。根据行业和资产规模，此研究对1946—1965年提出破产申请的33家公司和同样数量的非破产公司进行分析，并选用22个变量作为预测备选变量，根据误判率最小的原则，最终确定了5个变量作为判别变量，建立了企业破产预警分析的多变量模型，即著名的Z-Score模型。选取的5个变量是：营运资本/总资产（X_1），留存盈余/总资产（X_2），息税前利润/总资产（X_3），股东权益的市场价值/负债总额的账面价值（X_4），销售收入/总资产（X_5）。其多元线性判别模型为：

$$Z=1.2X_1+1.4X_2+3.3X_3+0.6X_4+X_5 \quad (8.2)$$

通过多元判定模型产生了一个总阈值，称为Z值，并依据Z值进行判断，认为Z值越小，企业破产的可能性越大，具体见表8-7。

表8-7 **短期破产概率的Z值**

Z值	短期出现破产的概率
Z≤1.8	存在严重的财务危机，破产概率很高
1.8<Z≤2.99	灰色区域，可能存在某些财务隐患和财务危机，处理不好则公司破产；接近1.8，很危险；接近2.99，有财务危机的可能
Z>2.99	财务状况良好，非常安全，无破产风险

近年来，澳大利亚、巴西、加拿大、法国、德国、爱尔兰、日本和荷兰都进行了类似的分析。尽管Z值的判断标准在各国有相当的差异，但各国“破产组”值的平均Z值都低于临界值1.8。

第二，F模型。

周首华（1996）等学者注意到Z模型没有充分考虑现金流量变动问题。为此，他对Z模型加以完善，并建立财务危机预测的新模式——F模型，其主要特点是：

第一，F模型中增添了现金流量预测变量；第二，F模型根据现代公司业绩评价的新理念及标准予以调整；第三，F模型使用的样本范围较广，此研究在使用4 100家公司的相关数据的基础上，检验了F模型的有效性，而Z模型的样本过小是否有普遍应用意义有待考证。F模型如下：

$$F=-0.1774+1.1091X_1+0.10742X_2+1.9271X_3+0.0302X_4+0.4961X_5 \tag{8.3}$$

式中：X_1、X_2、X_4与Z模型相同，X_3=（税后纯收益+折旧）÷平均总负债，X_5=（税后纯收益+利息+折旧）÷平均总资产。

张鸣（2004）在其国家级课题的研究中从静态和动态的角度分别构建了静态财务预警模型和动态财务预警模型，并进行了中长期的预测，同时分别从外部信息使用者和内部信息使用者的角度阐述了具体的应用过程，并构建了以财务预警模型为核心的财务预警系统和企业预警系统。张鸣等以1998—2000年之间因财务状况异常而被特别处理的公司（ST公司）44家以及按照行业分类和总资产规模选择相应的控制样本（非ST公司）44家组成的88家公司为样本，运用多元判别方法并引入逐步判别分析并建立了基于年报数据的预警模型。基于年报数据的预警模型，包含了12个预测变量，具体模型如下：

$$Z=0.1677+1.4029X_1-2.0601X_2-1.5686X_3+0.0443X_4-0.0726X_5-0.6276X_6-0.0711X_7-0.5608X_8+0.1640X_9+1.0648X_{10}-0.0412X_{11}-0.1346X_{12} \tag{8.4}$$

式中：Z是判别函数值；X_1=资产负债率；X_2=（利润总额+财务费用）÷总资产；X_3=主营业务利润÷总资产；X_4=负债÷股东权益合计；X_5=存货净额÷主营业务收入净额；X_6=非主营业务利润÷总资产；X_7=主营业务收入÷净资产；X_8=流动负债合计÷总资产；X_9=（本年度净利润-上一年度净利润）÷（|本年度净利润|+|上一年度净利润|）；X_{10}=留存收益÷总资产；X_{11}=每股净资产；X_{12}=每股未分配利润。

该模型将判别函数临界值设定为0.5，大于0.5的判为财务危机公司即ST公司，小于0.5的判为财务正常公司即非ST公司。通过实证研究，该模型的判定精度达到了100%，说明该模型对原样本的拟合程度很高，交互验证误判率仅为10.29%，预测精度达到85%，因此该模型为在ST前1年的预测最优模型。

张友堂、黄阳（2011）基于行业环境风险识别的企业财务预警控制机理，分析了行业环境风险的识别方法，并利用系统动力学原理构建企业财务预警控制模型，将行业环境风险划分为7个维度，分别为行业资源风险、行业竞争风险、行业生命周期风险、行业技术变革风险、行业信用风险、行业税率风险、行业利率风险，具体影响变量设计为：

① 行业资源风险，主要是指原材料资源的丰富程度，即原材料市场状况。它的主要衡量指标如下：第一，定量指标——原材料、燃料、动力购进价格指数，供应商集中度；第二，定性指标——上游产业依赖性。

② 行业竞争风险，主要描述行业内企业之间的竞争程度。它的主要衡量指标如下：第一，定量指标——行业集中度、行业内企业年增加率；第二，定性指

标——产品差异化程度。

③ 行业生命周期风险，是指行业所处的生命周期阶段给企业财务带来的影响。行业在不同的生命周期阶段会表现出不同的增长速度。它的主要衡量指标如下：第一，定量指标——销售增长率、行业固定资产投资增长率；第二，定性指标——行业所处的生命周期阶段。

④ 行业技术变革风险，是指技术发展速度过快或重大技术更新过于频繁，容易给行业内现有企业带来的巨大生存压力。它的主要衡量指标如下：第一，定量指标——行业技术投入比率；第二，定性指标——产品更新速度、本企业技术水平。

⑤ 行业信用风险，实质是影响行业整体偿付能力的各种风险因素。它的主要衡量指标如下：第一，定量指标——行业现金流动比率、行业坏账率；第二，定性指标——企业回收账款的难易程度。

⑥ 行业税率风险，不同的行业产品适用不同的税率政策。行业税率风险的主要衡量指标如下：第一，定量指标——行业税率水平；第二，定性指标——政策优惠程度、税率波动幅度。

⑦ 行业利率风险，利率的变动直接导致企业资本结构调整与财务费用变动。行业利率风险的主要衡量指标如下：第一，定量指标——行业利率水平；第二，定性指标——利率波动幅度和利率波动频率。

（2）多元逻辑（Logit）模型

多元逻辑模型的目标是寻求观察对象的条件概率，从而据此判断观察对象的财务状况和经营风险。这一模型建立在累计概率函数的基础上，不需要自变量服从多元正态分布和两组间协方差相等的条件。Logit模型假设公司破产的概率P（破产取1，非破产取0），并假设Ln［p/（1-p）］可以用财务比率线性解释。假定Ln［p/（1-p）］=a+bx，根据推导可以得出p=exp（a+bx）/［1+exp（a+bx）］，从而计算出公司破产的概率。判别方法和其他模型一样，先是根据多元线性判定模型确定公司破产的Z值，然后推导出公司破产的条件概率。其判别规则是：如果p值大于0.5，那么表明公司破产的概率比较大，可以判定公司为即将破产类型；如果p值小于0.5，那么表明公司财务正常的概率比较大，可以判定公司为财务正常类型。

Logit模型最大的优点是，不需要严格的假设条件，克服了线性方程受统计假设约束的局限性，具有更广泛的适用范围。目前，这种模型的使用较多，但其计算过程比较复杂，而且在计算过程中有很多的近似处理，因而不可避免地会影响预测精度。

Ohlson（1980）率先规范将多元逻辑模型运用到财务危机预警实证领域，他将美国1970—1976年的105家破产公司和2 058家非破产公司组成配对样本，采用9个变量建立了预测一年内破产、两年内破产和一年或两年内破产的3个Logistic模型，预测准确率都在90%以上，分别为96.12%、95.55%、92.84%。

吴世农、卢贤义（2001）以70家ST和1：1非ST上市公司作为样本，首先应用剖面分析和单变量判定，研究出现财务危机前5年两类公司的21个财务变量的差异，最后确定6个预测指标，同时应用Fisher线性判定分析模型、多元线性回归分析模型和逻辑回归分析模型，建立了3种预测模型分别进行预测，结论为：就同一信息集而言，逻辑回归分析模型的误判率最低，财务危机发生前一年的误判率仅为6.47%。

此外，对于财务危机预警模型的研究，代表观点还有：冯娟（2005）针对行业变量的加入对企业风险度量模型预测能力的贡献做了分析。陈娟（2008）通过论证行业生命周期对财务风险评估的重要性和必要性，进而将行业生命周期引入并购财务风险评估体系。于晓红、张立（2009）从财务理论和战略管理融合的角度，按照战略管理的研究范式，探讨行业环境因素对公司资本结构的影响。陆正华、钟燕华（2009）以中国上市公司2001—2005年的面板数据作为样本，运用环境变化程度指标对公司所处行业进行分类，对行业环境特征与现金持有量的相关关系进行了检验。黄晓波、高晓董（2014）在神经网络模型中引入了非财务指标，其以制造业公司为研究主体并使用因子分析对体系进行了完善。在研究中他们发现了盈利能力对该模型的影响程度最大。田宝新、王建琼（2017）以我国2011—2013年A股上市公司为研究样本，采用财务指标和非财务指标，运用主成分分析法和Logistic回归方法研究财务危机预警，研究表明，在财务危机发生前两年的预测是有效的，并且财务指标和非财务指标的交互作用对财务危机预警是有影响的。

8.3.2　Z模型的应用

1）应用样本说明

从理论上讲，破产企业样本应该是财务危机样本的首选。《中华人民共和国企业破产法》（以下简称《企业破产法》）于1986年12月2日第六届全国人民代表大会常务委员会第十八次会议通过，自1988年10月1日起施行；新修订的《企业破产法》于2006年8月27日第十届全国人民代表大会常务委员会第二十三次会议通过，自2007年6月1日起施行。新修订的《企业破产法》在第二条中规定：企业法人不能清偿到期债务，并且资产不足以清偿全部债务或者明显缺乏清偿能力的，依照本法规定清理债务。《企业破产法》的适用范围扩大到所有的企业法人，包括国有企业与法人型私营企业、三资企业、上市公司与非上市公司、有限责任公司与股份有限公司，甚至金融机构。破产不再是国有企业的“专利”，国有企业的破产从政策性破产走向市场化破产，意味着所有企业将受到同一“优胜劣汰”原则的制约。就大样本研究而言，到目前为止，我国上市公司真正破产的数据有限，因此以上市公司破产作为财务危机的标志予以个案研究基本可行。

1998年4月22日，沪深证券交易所规定将对财务状况和其他财务状况异常的上市公司的股票交易进行特别处理（Special Treatment，缩写为“ST”）。其中，异常主要指两种情况：一是上市公司经审计的两个会计年度的净利润均为负值，二是上市公司最近一个会计年度经审计的每股净资产低于股票面值。《上海证券交易所股票上市规则》（2019年4月底第十三次修订）规定，上市公司出现财务状况异常情况或者其他异常情况，导致其股票存在被强制终止上市的风险，或者投资者难以判断公司前景，投资者权益可能受到损害，存在其他重大风险的，本所对该公司股票实施风险警示。其中退市风险警示符合规定的11条情形之一即可被判定，包括：最近一个会计年度经审计的净利润为负值且营业收入低于1亿元，或追溯重述后最近一个会计年度净利润为负值且营业收入低于1亿元；最近一个会计年度经审计的期末净资产为负值，或追溯重述后最近一个会计年度期末净资产为负值；最近一个会计年度的财务会计报告被出具无法表示意见或否定意见的审计报告等。

我们认为，以首次被ST的公司为财务危机预警研究样本具有一定的科学性，因为财务危机观测点与财务异常公司的条件具有逻辑一致性。根据对财务危机的界定可知，财务危机是由公司外部与内部因素引起的，导致公司整体运营陷入危及生存的严重困难境地的状态，此状态可以表现为：财务恶化、亏损且无扭亏迹象、净资产为负、资不抵债面临倒闭以及审计报告被出具无法表示意见或者否定意见等。因此，从我国资本市场运行及其监管历程看，以ST公司作为财务危机研究对象具有较强的说服力。

2）Z模型应用过程与结果

研究样本随机选择了深圳证券交易所和上海证券交易所20×3—20×6年的23家6个行业的ST公司，包括20×3年被宣布为ST的8家，20×4年被宣布为ST的4家，20×5年被特别处理的6家以及20×6年被特别处理的5家，并根据行业相同等原则予以1:1配对。如此，上市公司财务预警模型应用研究所选取的随机样本资料见表8-8。

表8-8　　20×3—20×6年随机样本资料

行业名称	ST公司名称	非ST公司名称
综合业	ST金盘000572	华西村000936
	ST花雕600659	创兴科技600193
医药、生物制品业	ST中西600842	华东医药000963
	ST哈慈600752	东盛科技600771
机械、设备、仪表制造业	ST自仪600848	江钻股份000852
	ST松辽600715	重庆实业000736
	ST威达000603	四通高科000409
	ST天仪000710	长风特电000552

续表

行业名称	ST公司名称	非ST公司名称
机械、设备、仪表制造业	ST金马000980	思达高科000676
	ST常柴000570	江淮动力000816
	ST兰宝000631	美菱000521
	ST巨力000880	创元000551
	ST亚星600213	轻工机械600605
	ST天宇000723	长征电器600112
	ST托普000583	深桑达000032
	ST炎黄000805	领先科技000669
	ST科健000035	中兴000063
批发、零售业	ST昆百大000560	西安民生000564
	ST一投600515	天津劝业600821
金属、非金属业	ST东源000656	飞亚达000026
	ST屯河600737	福耀600660
	ST国瓷600286	福建水泥600802
房地产	ST海泰600082	天创置业600791

Altman的研究结论将被研究企业的Z值划分为3个区域：(−∞，1.8]、(1.8，2.99]、(2.99，+∞)，分别对应存在严重危机的企业、存在某些财务隐患的企业和财务状况良好的企业。结合我国上市公司的财务数据及其说服力程度，进行适用性检验后，对Z模型的变量设计进行以下调整：

X_1=营运资金÷总资产=（流动资产−流动负债）÷总资产

X_2=留存收益÷总资产=（未分配利润+盈余公积）÷总资产

X_3=息税前利润÷总资产=（税前利润+财务费用）÷总资产

X_4=资本市价÷总负债=（每股市价×流通股数+每股净资产×非流通股数）÷总负债

X_5=销售额÷总资产=主营业务收入÷总资产

拟合的Z模型为：

$$Z=0.1012X_1+0.1014X_2+0.1033X_3+0.1006X_4+0.1999X_5$$

模型选取的23家ST公司以及相对应的23家非ST公司的Z值见表8-9。

表8-9 Z值计算表①

ST公司	Z值			非ST公司	Z值		
	前1年	前2年	前3年		前1年	前2年	前3年
000656	0.928	1.55	2.15	000026	4.13	3.35	3.01
600842	-0.65	-0.134	0.86	000963	3.01	2.5	2.49
000603	-3.4	-0.8	0.72	000409	2.61	2.59	7.35
600715	-0.68	-0.012	0.22	000736	1.24	1.77	0.71
600848	-0.07	-0.56	0.132	000852	3.22	2.68	1.99
000723	-0.37	1.12	1.371	600112	3.21	3.03	2.68
000560	-0.78	0.17	0.7	000564	3.12	1.86	1.24
000572	-0.99	0.33	0.66	000936	3.69	4.78	6.61
000980	0.58	1.676	2.76	000676	3.05	1.85	2.55
000710	-0.44	0.27	1.77	000552	0.03	0.97	1.06
600082	2.25	2.46	0.15	600791	2.99	1.98	2.13
000570	-0.014	0.81	1.7	000816	1.7	2.92	2.73
000583	-0.08	1.92	1.88	000032	3.03	2.92	2.61
000805	0.73	1.61	1.18	000669	0.48	1.12	1.2
000035	1.75	2.36	1.12	000063	3.09	2.81	2.49
600659	-0.05	0.38	0.86	600193	3.38	3.09	1.84
600737	0.81	0.41	0.26	600660	3.41	3.04	2.99
600752	0.14	0.88	2.38	600771	3.17	2.3	1.22
000631	-1.08	0.24	0.61	000521	0.83	0.83	1.24
000880	-0.22	1.16	2.26	000551	3.42	3.06	2.08
600213	0.52	0.5	1.81	600605	3.22	3.07	3.02
600286	-1.12	0.27	0.87	600802	3.17	3.05	2.96
600515	-1.55	-0.74	1.48	600821	3.49	3.08	2.95

① 常艳．我国上市公司财务预警模型的实证分析［J］．金融经济，2008（2）．

为便于分析，将Z值结果整理得出“Z值分布表”（见表8-10）。

表8-10　　Z值分布表

公司状况		1.8以下	1.8～2.99	2.99以上	均值
ST公司	前1年	95.7%	4.3%	0	-0.16
	前2年	91.7%	8.3%	0	0.79
	前3年	78.3%	21.7%	0	1.19
非ST公司	前1年	21.7%	4.3	74%	3.28
	前2年	17.4%	30%	52.6%	2.67
	前3年	21%	52%	27%	2.57

从以上分析可以看出：

20×3—20×6年新增的ST公司在被特别处理前1年其Z值绝大部分小于1.8，有的甚至为负数，说明公司在特别处理前1年其财务状况已经发生严重恶化。被ST前1年该类公司的Z值在1.8以下的占95.7%，在1.8～2.99的占4.3%，不存在Z值大于2.99的公司，说明ST公司的Z值在概率分布上也支持了新增ST公司在特别处理前1年的财务状况极差，存在严重的财务危机，其Z值应低于1.8的结论。

由表8-10可以看出，ST公司在ST前2年和前3年，其Z值都在2.99以下，前2年Z的均值为0.79，前3年其均值为1.19，说明ST公司在特别处理前2年乃至前3年，已经出现一定程度的危机征候，且Z值呈逐年递减的趋势。其中被ST前2年Z值在1.8以下的公司占91.7%，在1.8～2.99的公司占8.3%；被ST前3年Z值在1.8以下的公司占78.3%，在1.8～2.99的公司占21.7%；在其概率分布上也支持新增ST公司在被ST前2年或前3年的财务隐患状况，其Z值应低于2.99，并且在被ST前3年内公司Z值呈逐年递减的走势。

在ST样本组中，ST海泰（600082）的Z值分布有其自身的特殊性。该公司在20×3年被ST，被ST前1年Z值为2.25。从表面看，这似乎不符合假设1。然而，从该公司提供的上市公司的公开资料可见，ST海泰在20×4年被获准摘帽。一方面，该公司被摘帽说明其财务状况有所好转；但由于之前的ST惯性，仍然存在一定的财务风险性，所以其Z值在1.8～2.99符合实际。总体来说，符合摘帽的公司最近年度的财务状况应较戴帽以来以往年度财务状况有所改善，但由于此前连续亏损仍存在较大的经营风险，其Z值应在1.8～2.99。

正常公司除特殊情况外，其Z值基本大于2.99，说明正常公司的财务状况良好，有一定的抵御风险的能力。

在非ST样本组的特殊状况：四通高科（000409）在20×3年被特别处理，重庆实业（000736）、长风特电（000552）、江淮动力（000816）分别于20×4年被特别处理，依据“ST公司在被特别处理前几年的财务状况就出现一定隐患，并且随着时间的推移逐步恶化”的结论，此类公司在作为非ST公司样本时，其财务状况呈现非正常趋势，其Z值均小于1.8是符合实际情况的。以上观察结果说明：Z模型在上市公司财务预警应用中具有一定的说服力：但就个案分析而言，由于其中个别指标的畸高或畸低，不排除导致Z值异常的情况。这可以通过用个案的描述性统计替换显著性变量的方式来完善模型判定的准确度。研究结果表明：离被ST的时间越近，模型的判断精度越高，被ST前1年的预测精度普遍较高。

8.3.3 预警模型的案例应用

1）案例公司简介

STBG是大型钢铁集团下属的子公司，拥有集团全部焦化、烧结、炼铁、炼钢、轧钢等整套现代化钢铁生产工艺流程及相关配套设施，并拥有与之配套的能源动力系统，从而实现了钢铁生产工艺流程的完整性、系统性。由于2020—2021年连续两年业绩巨亏（分别亏损21.46亿元、41.57亿元），按照深交所的相关规定，BG被实行退市风险警示处理，证券简称于2022年3月29日变更为*STBG。

2）STBG的Logit预警模型构建

模型构建的显著性变量为盈利能力指标、偿债能力指标、发展能力指标中的10个变量，并考虑了现金流量因素，其具体内容见表8-11。

表8-11 STBG的显著性预警变量

指标		2021年	2020年	2019年	2018年
盈利能力指标	销售净利率X_1	−5.63%	−2.58%	2.11%	11.45%
	销售毛利率X_2	2.72%	4.44%	10.53%	16.33%
	净资产收益率X_3	−8.54%	−4.09%	3.82%	5.57%
	每股净资产X_4	6.44	7.01	7.47	7.25
	每股经营活动现金流X_5	0.20	0.66	1.25	1.65
偿债能力指标	流动比率X_6	0.61	0.77	0.85	0.94
	速动比率X_7	0.37	0.38	0.49	1.01
	产权比率X_8	1.81	0.97	0.90	0.88
	利息保障倍数X_9	−1.14	−0.60	1.90	15.97
发展能力指标	总资产增长率X_{10}	−1.70%	−2.02%	4.09%	9.55%

主因子表达式为：

$$Z_1=-0.07X_1-0.79X_2-0.093X_3+0.239X_4-0.037X_5+0.313X_6+0.316X_7-0.17X_8-0.094X_9+0.27X_{10}$$

$$Z_2=0.394X_1+0.395X_2+0.392X_3-0.151X_4-0.02X_5-0.045X_6-0.042X_7-0.029X_8-0.009X_9-0.086X_{10}$$

$Z_3=0.075X_1-0.216X_2+0.022X_3+0.218X_4+0.515X_5-0.139X_6-0.142X_7+0.014X_8+0.445X_9+0.019X_{10}$

则STBG的Logit预警模型为：

$Y=6.120+4.147Z_1+0.862Z_2+4.062Z_3$

预警指标$P_i=\exp(Y_i)/[1+\exp(Y_i)]$

Logit预警模型的判定临界点P值确定为0.5，判定财务正常企业和财务危机企业的判断精确度最高。如果当P值大于0.5时，那么可判定该企业的经营已陷入财务危机；如果当P值小于0.5时，那么可判定该企业为正常企业。P值越大，企业步入危机的可能性就越大，将各指标代入，计算结果见表8-12。

表8-12 Logit预警模型的P值结果

年份	Z_1	Z_2	Z_3	Y	P_i
2021年	1.624875	-1.10511	0.877779	12.37189	0.999996
2020年	1.86864	-1.15197	1.444857	11.37099	0.832648
2019年	1.751196	-1.19364	2.932512	9.8945	0.724947
2018年	0.340321	-1.2742	8.867424	3.130389	0.4792

经过计算得知，2018—2021年，案例公司的财务预警P值不断升高，最后接近1，2018年企业的财务预警P值（0.4792）应该说还在警戒线范围内，但是到了2021年以后，预警值不断上升甚至接近1，说明公司财务状况恶化的程度很严重，这也与最终2022年该公司被ST处理的结果不谋而合。

本章小结

1. 财务危机是由公司外部因素与内部因素引起的，导致公司整体运营陷入危及生存的非常状态，其极端形式是破产。财务危机的实质是财务风险的外在显性和集中爆发，具体表现为长时间财务恶化、亏损且无扭亏迹象、净资产为负、资不抵债面临倒闭以及审计报告被出具无法表示意见或者否定意见等。财务危机是公司长期陷入财务困境的结果。

2. 财务危机是一个结果，导致此结果的原因可能是公司经营失败，即由于公司的经营危机所造成的财务危机。当公司经营完全失败时，公司的产品由于种种原因无法在市场上按既定的价格、数量销售的时候，公司既无必要的现金流入，又无良好的财务盈利状况支撑，出现财务危机就成为一种必然的后果，试图通过财务本身来避免这种危机是徒劳的。所以，公司财务危机的发生，不能局限于财务风险本身，而是要充分关注公司不同时期的各种经营风险和经营危机，及时关注在营运过程中表现出来的各种非正常特征，以及它对财务危机所造成的直接或间接的影响。

3. 经营风险会引发财务风险，财务风险的不可控结果将引发财务危机，财务危机是公司综合风险失控的结果。

4. 公司财务危机的特征依据其发展和恶化阶段的不同而显现出差异。由于财务危机具有客观积累性特点，因此财务危机是由于公司一定阶段各个环节失误的综合堆砌所致，是公司风险控制行为失误的综合反应。经验证明，当公司面对财务危机的威胁时，会具有某些共同的征兆，比如主营业务萎缩、业绩下滑、现金极度匮乏，以至于资本结构、债务压力、资产营运、经营成果、盈利水平、盈利质量、财务弹性等诸多方面都会有所反应。

5. 财务危机预警变量选择的范围较广，根据财务危机的诱发原因和表现，财务危机预警变量可以归为偿债能力、盈利能力、营运能力、发展能力、现金流量等类别；预警变量选择的基本前提是：预警变量具有良好的判别率、普遍适用性、成本效益性、良好的解释力与潜在相关性等。

6. 截至目前，主流的财务预警定量分析模型包括：一元判定模型、多元线性判定模型、多元逻辑（Logit）模型、Probit模型和人工神经网络模型等。财务预警定性分析模型包括：标准化调查法、四阶段症状分析法、流程图分析法和管理评分法等。目前应用较多的是多元线性判定模型和多元逻辑模型。

讨论题

1. 分析现金流量表与资产负债表、利润表的关系。判断当一家公司出现财务危机征候时，现金流量表的信息是否比资产负债表、利润表的信息更为重要？为什么？

讨论题指引

2. 上市公司的财务状况应该着重观测哪些方面，对于盈亏边缘和亏损公司应该如何预警，选择相关样本予以求证。

讨论题指引

3. 财务信息粉饰的动机和手段有哪些，一家公司资产质量如何判断？

讨论题指引

4. 结合公司的生命周期，如何看待公司的造血功能（经营活动现金流量）、输血功能（筹资活动现金流量）、献血功能（投资活动现金流量）的辩证关系。

讨论题指引

5. 选择某行业的上市公司为样本数据，观测连续5年以上该公司的财务状况及其他有用信息，运用多元判定分析模型、多元逻辑模型预测财务危机程度，并求证财务预警模型的有效性。

讨论题指引

案例分析

ST东电的财务危机预警信号分析[①]

东北电气的全称是东北电气公司发展股份有限公司，是1993年2月18日经重组后注册成立的外商投资企业股份有限公司。东北电气是中国输变电设备科研、制造、出口的主要基地，是国内输变电设备和特高压直流主要供应商之一。公司的主营业务为输变电设备相关产品的研发、设计、生产和销售及酒店餐饮和住宿业务。公司的主营产品主要为封闭母线及酒店业务，封闭母线业务主要应用于电力系统领域，用以提高输电线路的输电能效，支持大功率电能的传输，是电力系统的重要设备。

东北电气于1995年7月发售25 795万股H股并在中国香港联合交易所上市，同年11月29日发售3 000万股A股并在深圳证券交易所上市，成为国内输变电行业和辽宁省首家境内外上市公司。然而随着电力设备传统业务的没落，叠加新业务不及预期，导致公司持续经营能力存在重大不确定性，不断被风险警示，根据东北电气公司董事会退市风险警示的公告，退市前多达5次风险警示。具体时间整理见表8-13。

表8-13 东北电气风险警示公告整理

公告日期	实施日期	变更前	变更后
2000-04-29	2000-05-09	东北电A	ST东北电
2006-04-20	2006-04-24	ST东北电	东北电气公司
2009-03-31	2009-04-01	东北电气公司	*ST东电
2010-04-13	2010-04-14	*ST东电	东北电气公司
2012-03-30	2012-04-05	东北电气公司	*ST东电
2013-04-18	2013-04-19	*ST东电	东北电气公司
2018-03-30	2018-04-02	东北电气公司	*ST东电
2019-08-20	2019-08-21	*ST东电	ST东电
2020-04-30	2020-05-06	ST东电	*ST东电
2022-04-21	2022-04-28	*ST东电	东电退
2022-04-21	2022-04-28	东电退	退市整理期
2022-05-24	2022-05-24	退市整理期	终止上市

① 根据Wind金融终端、巨潮资讯网数据和东北电气公司董事会公告整理编写。

因ST东电2019年年末，经审计归母净资产为负值，根据原《深圳证券交易所股票上市规则》的相关规定，深圳证券交易所对公司A股股票交易实行“退市风险警示”，于2020年5月6日由“ST东电”变更为“*ST东电”。2020年退市新规发布，根据退市新规，*ST东电归属于上市公司股东的扣除非经常性损益的净利润为负值且营业收入低于1亿元人民币，且期末归属于母公司的净资产为负值，公司A股股票被继续实施退市风险警示，即2021年继续“*ST东电”。

2022年4月21日，深交所发布公告称根据被实施退市风险警示后首个年度报告显示，*ST东电2021年度经审计的扣非后净利润为负值且营业收入低于1亿元、期末净资产为负值因此股票终止上市。公司股票自2022年4月28日起进入退市整理期，经历交易15个交易日后，于2022年5月24日正式A股退市，深交所对该股票予以摘牌。2017—2021年*ST东电相关财务指标对比见表8-14和图8-1。

表8-14 *ST东电财务指标对比

时间	2017/12/31		2018/12/31		2019/12/31		2020/12/31		2021/12/31	
指标	行业均值	*ST东电	行业均值	*ST东电	行业均值	*ST东电	行业均值	*ST东电	行业均值	*ST东电
流动比率	1.4396	0.4	1.3711	0.46	1.3402	0.44	1.393	0.37	1.3585	0.41
速动比率	1.1572	0.37	1.1209	0.43	1.1015	0.4	1.157	0.29	1.0638	0.36
资本周转率	8.76	0.12	4.33	0.3	23.28	0.26	13.46	0.04	8.89	0.05
营业利润率	7.76	−1.39	4.65	−1.17	5.36	−0.18	7.57	−0.3	8.23	−0.3
成本费用利润率	11.55	−5.05	7.36	0.22	6.52	−0.33	8.82	0.64	9.23	0.16
存货周转率	3.43	2.25	3.55	2.79	3.94	3.3	4.18	3.1	4.09	3.02
应收账款周转率	2.63	2.86	2.67	3.37	3.04	6.05	3.51	4.79	4.35	5.66
营业收入增长率	12.74	−0.48	10.5	−0.02	12.22	2.17	15.06	−0.22	34.41	0.05
总资产增长率	14.82	−0.24	8.21	0.65	9.79	−0.06	14.39	−0.67	19.95	0.23

中国证监会主席易会满在谈到上市公司要着力提升“五种能力”时强调，资本市场既有大而优的行业“巨头”，也有小而美的细分市场冠军，无论哪种类型，都要聚焦主业。对于主业萎缩、不具备持续经营能力的“空壳公司”“僵尸企业”，严格执行强制退市制度，坚决推动出清。2020年年底，退市新规发布，财务类、交易类、规范类、重大违法类强制退市标准全面优化，常态化、多渠道的退市机制逐步形成。新规运行一年多来，“空壳公司”“僵尸企业”出清速度加快，进退有序、优胜劣汰的市场生态正日益完善。

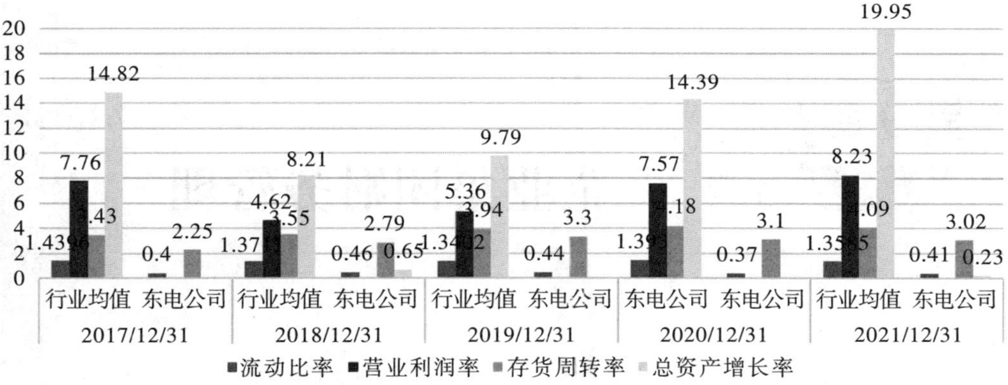

图8-1　*ST东电2017—2021年相关财务指标与行业均值对比图

专业人士称，退市制度的不断完善，退市监管的不断加强，也将有助于引导上市公司调整经营策略，树立专注主业意识，实现稳健发展。对于上市公司来说，只有聚焦主业、做强主业，着力提升发展的效率和效益，才能不断增强自身持续经营和造血能力，在资本市场的大海里乘风破浪。[①]

请根据ST东电上述数据与信息，思考以下问题：

1. ST东电步入财务危机的财务表现与非财务表现体现在哪些方面？请用财务预警Z模型予以判定与分析。

2. 能否将财务危机的非财务特征用财务数据加以描述？

3. 查阅2022年43家公司终止上市公司被ST之前3年的财务预警数据，用Z模型进行危机预警测试。

4. ST东电偿债能力指标资产负债率居高不下的主观原因与客观原因是什么？公司在发展进程中避免财务危机的对策有哪些？

案例分析指引

延伸阅读文献

① 节选自：21世纪经济报道2022年4月21日。

第9章 企业集团财务管理

学习目标

◇ 熟悉企业集团组织特征及财务管理体制
◇ 掌握企业集团投资管理的目标、动因及投资决策与过程管理
◇ 了解企业集团筹资的特点与方式，理解企业内部资本市场与外部资本市场的区别
◇ 掌握企业集团资金集中管理的模式，领会不同模式的区别及适用情况
◇ 掌握企业集团的预算控制与业绩评价

企业集团作为一种组织形式，自20世纪初期开始逐步登上世界经济的舞台，展示其特有的魅力。随着经济全球化的趋势不断增强，国际竞争日益激烈，企业集团作为一种高级组织形式，综合了企业组织形态的多种优势，促使企业组织形态和经营机制合理化，成为国民经济发展的支柱，是实现产业结构调整和升级的主导力量，同时还是发展外向型经济的中坚力量。正如伟大的企业史学家艾尔弗雷德·D.钱德勒所说：企业战略性增长，源于更好地利用现有资源或者扩张中的资源。作为市场经济和社会化大生产高度发展的产物，企业集团具有规模化、一体化、多角化和跨国化的优势，有利于企业更好地参与国际竞争。在更广泛的意义上，企业集团的数量和质量不仅决定了企业本身的长远发展，而且决定着企业所在国家的经济发展水平，并最终影响该国的国际竞争力。因此，世界各国都在积极发展并培育企业集团，以提高自己国家的综合国力。

近几十年来，我国的企业集团有了较快发展，但是在发展的过程中仍存在很多问题。尤其是相较于世界级企业而言，我国的企业集团表现出集团管控能力差、资源利用效率低、投资决策不科学、债务规模增长过快、亏损子公司多、整体运营水

平低下等一系列问题。这些问题不仅影响企业集团自身的发展，而且影响我国经济的整体与长期发展。由此可见，要提升、培育和发展企业集团，我们还需要解决一系列问题，例如，如何获得集团战略发展所需要的财务资源？如何配置不具有可比性的各类产业发展所需的财务资源？如何在多种业务中合理地分配资金，提高资本使用效率，并管控好扩张资产的规模与提升企业核心能力之间的关系？集团总部如何用简洁、直观的指标评价全集团和各业务板块的财务资源利用效率、投资资本效率等。

本章在阐述企业集团组织结构与财务管理体制基本特征的基础上，从企业集团投资管理、筹资管理和财务控制3个方面阐述了企业集团财务管理的重要内容，目的是解决企业集团投资决策的科学性、资源配置的效率性和控制评价的合理性等问题。

9.1 企业集团组织与财务管理体制

9.1.1 企业集团的含义与特征

1）企业集团的含义

“企业集团”这一概念于20世纪50年代首先出现在日本。1996年日本学者编著的《经济词典》将企业集团定义为“多数企业相互保持独立性，并相互持股，在金融关系、人员派遣、原材料供应、产品销售、制造技术等方面建立紧密关系而协调行动的企业群体”。我国复旦大学伍柏麟先生是中国较早研究企业集团的学者。他认为“企业集团是在现代企业高度民主发展的基础上形成的一种以母子公司为主体，通过产权关系和生产经营协作等多种形式，由众多的企事业法人组织共同组成的经济联合体”。目前，世界各国企业集团的具体形式不同，人们对企业集团的认识也不一致。中华人民共和国建立初期一直采用计划经济体制，不具备企业集团的产生条件，直至1987年“企业集团”这一术语才首次出现在国家的规范性文件中。我国国家市场监督管理总局颁布的《企业集团登记管理暂行规定》将企业集团定义为：“企业集团是指以资本为主要联结纽带的母子公司为主体，以集团章程为共同行为规范的母公司、子公司、参股公司及其他成员企业或机构共同组成的具有一定规模的企业法人联合体。企业集团不具有企业法人资格。”企业集团应具备的条件有：①企业集团的母公司注册资本应在5 000万元人民币以上，并至少拥有5家子公司；②母公司和其子公司的注册资本总和在1亿元人民币以上；③集团成员单位均具有法人资格。

经常与企业集团概念混淆的一个概念是“集团公司”。如前所述，企业集团是若干企业法人组成的联合体，而集团公司则是在这个“联合体”中的核心企业，通常被称为母公司、控股公司、集团总部等，分公司、子公司或其他企业则紧紧围绕在它的周围形成紧密层和松散层。在通常情况下，企业集团产生的方式有自我组建、空间扩张、业务扩张和资本运作。随着企业经营规模的逐渐扩大，资本积累丰富，企业可以通过自我积累组建新的子公司。还有的企业为了不断开拓市场，扩大产品的市场占有率，在其他地区设立子公司，进行空间扩张。更为常见的方式是，企业为了降低风险进行相关多元化经营，或者在行业机会的诱惑下进行不相关的多元化经营，或者是为了降低交易成本，通过控股、兼并等资本运作方式向上下游产业延伸，并不断进行业务扩张。企业集团产生的方式如图9-1所示。

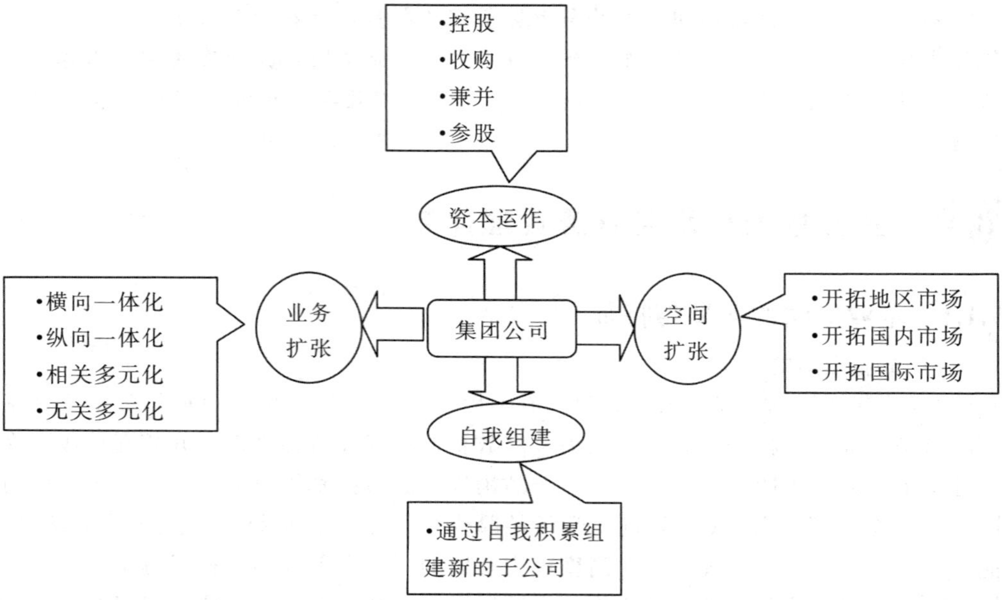

图9-1 企业集团产生的方式

企业集团之所以具有强大的生命力，一方面，在于其管控更多的资产和业务；另一方面，在于通过集团化的组织结构和管理模式，可以实现多项业务之间的战略协同，提高集团的核心竞争力，最终达到“1+1>2”的效果。

2）企业集团的特征

（1）主体多元性

企业集团是由若干具有独立法人资格的企业组成的联合体。企业集团本身并不是法人，不具备法人资格以及相应的民事权利，但是企业集团的成员企业都是具有独立法人资格的个体，它们有独立核算、自主经营、自负盈亏的权利和义务。即使核心企业对下属企业具有经营管理的特权，但每家成员企业的管理仍是自主的、自立的。这就使企业在瞬息万变的市场竞争中能及时、灵活、有效地处理各项生产、经营事务，同时有利于培养成员企业的独立竞争意识和市场风险意识。成员企业高效、合理的管理是企业集团的运作具有秩序性和凝聚性的基础。

（2）多层次性

现代企业集团主要表现为母子公司制，子公司对外投资会形成孙公司，由此在一个企业集团内形成多个企业层级。由于控股关系与控股比例等方面的原因，各成员企业与核心企业之间的紧密关系有所不同，从持股关系和依存度来看，可将企业集团的组织结构划分为核心层、紧密层、半紧密层和松散层等。核心层是指企业集团中的控股公司，通常具有母公司的性质；紧密层通常由核心企业的全资或控股的子公司组成；半紧密层一般由核心企业参股的企业组成；松散层一般由与核心企业无产权联系但有固定、长期协作关系的企业组成。

（3）以产权为主要联结纽带

企业集团不是企业的简单聚合，其内部各成员之间有着多重联结纽带，将各成员紧密联系在一起，包括资本、技术、人事、契约、管理等方面的联系。其中资本联结纽带应当是企业集团最基本、最主要的联结纽带，是企业集团得以稳定和发展的基础。以资本为纽带形成的企业集团，其组织形式是以集团公司为母公司，通过控股或参股的子公司构成紧密层或半紧密层；作为松散层的关联企业，则主要以契约为联结纽带。这种契约一般表现为集团章程、具有法律效力的互惠性合同或协议等。

（4）多元化经营方式

企业集团的经营方式通常都具有多元化、差异化的特点，经营范围比较广泛，不仅包括相关产品的多元化，而且包括不相关产品的多元化。这种经营方式有助于企业集团充分实现规模经济、分散经营风险、提高资源的综合利用率。

（5）资源配置效率化

由于集团内各成员企业拥有不同的投资机会，所以集团总部为了追求整体利益最大化，就需要在不同成员企业之间调配资本、人力和技术等内部资源，以提高整体的投资效率。企业集团的成员企业之间大都具有资金、产品或技术等方面的协作关系，这为集团内资源的重新配置提供了较大的活动空间和可行性。

9.1.2 企业集团的组织结构

1979年诺贝尔经济学奖的获得者西蒙教授认为：“有效地开发社会资源的第一个条件是有效的组织架构。”也就是说，组织架构是否合理和科学，直接影响组织能否高效运转。企业集团的组织架构大体可分为3种基本类型，即U形结构、H形结构和M形结构。

1）U形结构：过度集权的组织架构

U形结构（United Structure），又称“一元结构”，是由泰勒首先提出的，是现代企业最基本的一种组织结构形式。它将管理工作按职能划分为若干部门，各个部门只有很小的自主权，权力主要集中在企业的最高决策者手中，其基本架构可概括为图9-2。

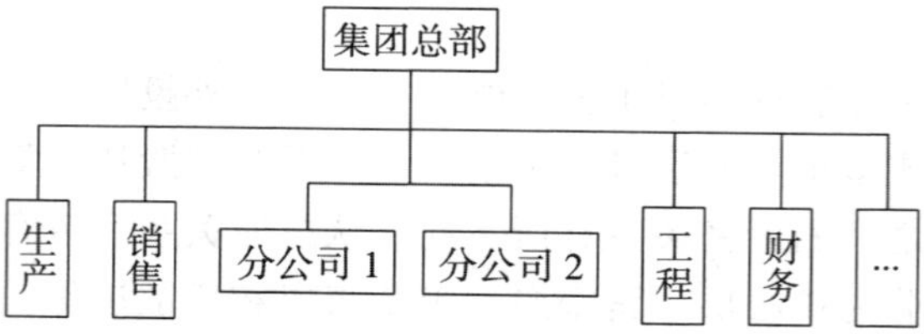

图9-2　企业集团的U形结构

U形结构的优点是：有利于集中领导，统一指挥，便于调配人、财、物；有利于落实总部的战略部署，加强对分部的控制，使整个企业有较高的稳定性。

U形结构的缺点是：高层领导者陷于日常的经营活动，无力顾及长期发展战略的决策与控制；由于企业的行政机构越来越庞大，因此各部门之间的协调也越来越困难，管理成本逐渐上升；下级部门的主动性、积极性不能有效发挥。

从企业集团的发展历程看，U形结构主要适用于初创期且规模相对较小的企业集团，或者业务单一型的企业集团。

2）H形结构：过度分权的组织架构

H形结构（holding company，H-form），又称“控股公司结构”，集团总部持有子公司部分或全部股份，下属各子公司具有独立的法人资格，所从事的产业一般关联度不大，从而形成相对独立的利益中心和投资中心。控股公司依据其所从事的活动内容，可分为纯粹控股公司（pure holding company）和混合控股公司（mixed holding company）。纯粹控股公司是指其控股目的只是掌握子公司的股份，支配被控股子公司的重大决策和生产经营活动，而本身不直接从事生产经营活动的公司。混合控股公司是指其控股目的是既从事股权控制，又从事某种实际业务经营的公司。H形结构是与U形结构形成鲜明对照的分权结构形式，其基本架构可概括为图9-3。

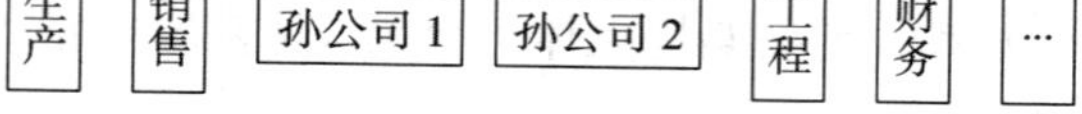

图9-3　企业集团的H形结构

H形结构的优点是：子公司作为独立的法人和利润中心，对其经营管理享有高度的自主权，有利于调动其积极性；子公司的经营业务可以分布在完全不同的行业，有助于分散集团的经营风险；集团总部可以摆脱日常经营管理事务，从而专注于整个集团发展战略的规划与推进。

H形结构的缺点是：集团总部不能直接对子公司行使行政指挥权，必须通过股东大会和董事会，这就加大了控股公司的管理成本；子公司拥有很大的独立性和自主权，集团总部在资源调配方面比较困难；母子公司作为独立的纳税单位，相互间的经济往来和盈利需双重纳税。

3）M形结构：集权与分权有机结合的组织架构

M形结构（multidivisional structure），又称事业部制或多部门结构，是U形结构和H形结构的进一步演化。在这种结构中，各个事业部都拥有一定的经营自主权，实行独立经营、独立核算，通常是半自主的利润中心，按产品、区域和服务等来设立。各事业部通常下设职能部门来协调、管理分部的生产经营活动。各事业部虽然以利润为中心，但其利润的计算并非完全依赖市场，而只能在企业统一发展战略的框架内谋求自我发展，其基本架构可以概括为图9-4。

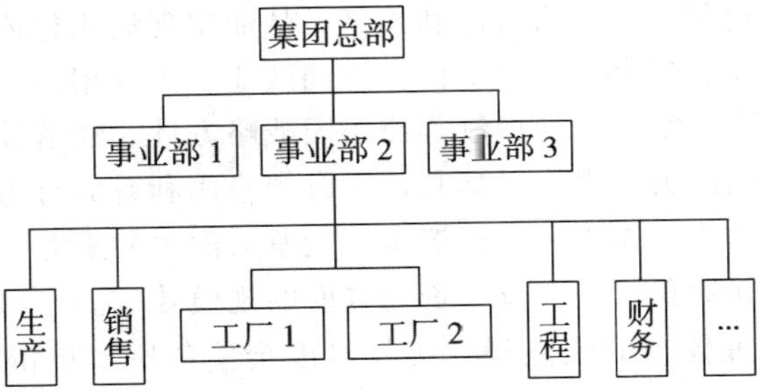

图9-4　企业集团的M形结构

M形结构的优点是：各事业部虽不是独立的法人，但却是相对独立的利益主体，在利润分配和投资决策等方面拥有较大的自主权，能灵活自主地适应市场变化；有利于高层领导者摆脱日常事务，集中力量决策重大事项；实现了集权和分权的适度结合，既调动了各个事业部发展的积极性，又能通过统一协调与管理，有效制定和实施集团公司的整体发展战略，能做到上下联动，互相有效配合，反应更加敏捷。

M形结构的缺点是：事业部之间的横向联系差，容易产生本位主义，影响各成员企业之间的协调；管理者增加，协调和信息传递困难加大，从而在一定程度上增加了内部交易费用。

M形结构有利于企业集团实行向前、向后一体化，对供应商和客户先前有可能在市场上完成的交易进行内部化，把越来越多的业务活动置于一家企业之中，从而扩大了生产线的规模和产业组织的范围。因此，这种结构适用于规模较大、多元化经营的控股公司。

由于现代企业集团的业务日益复杂，不同的组织架构又具有不同的优缺点，因此为适应不同的情况，企业集团多采用混合的组织架构，即U形、H形和M形的混合状态。

9.1.3　企业集团的财务管理体制

1）企业集团财务管理体制的类型

根据权力在母子公司配置的不同，企业集团财务管理体制分为集权型财务管理体制、分权型财务管理体制和混合型财务管理体制3种基本类型。

（1）集权型财务管理体制

集权型财务管理体制，是指企业集团的财务决策权几乎都集中于集团总部，集团总部对分部或子公司的人、财、物和产、供、销实行统一经营、管理、决策和核算，子公司的主要职责是严格执行集团总部下达的财务预算和业务规划。集权型财务管理体制突出母公司对子公司的过程控制，子公司虽然在法律上与母公司地位平等，但是实际上没有独立的决策权。采用集权型财务管理体制的集团一般从事大规模产品生产或自然垄断业务，如电力、电信、铁路、钢铁、煤炭等。

集权型财务管理体制的优点是：①有利于集团财务资源的整合。财权集中有利于母公司发挥财务调控功能，便于整体协调，使各子公司与母公司的总体财务目标保持一致，使财务资源变无序为有序和共享，从而实现集团整体利益最大化。②有利于提高财务资源配置效率，强化一体化协同效应。集权型财务管理体制通过强有力的资金控制、人事控制、审计控制等使集团战略方针、经营计划在集团成员之间得以实施，避免集团成员做出为局部利益而有损集团利益的行为。③有利于实现规模经济。规模经济是集团作为一个经济实体竞争力的主要来源。集权型管理体制的企业集团，可以很好地获取在产业、资金方面的规模效应。

集权型财务管理体制的缺点是：集权过度会使各所属单位缺乏主动性、积极性，丧失获利机会；集团总部不直接面对市场，决策信息依赖内部信息传递，从而造成市场应变能力差，容易丧失市场机会，同时也存在决策过程及信息传递效率低下甚至失误的问题。

（2）分权型财务管理体制

分权型财务管理体制，是指集团公司负责总部的资产运营、投资决策、财务情况，并对子公司的资产运营、投资决策、财务情况实施监控，基本不参与子公司的战略决策和运营，以控股股东的地位，获得对子公司的控制权，各子公司拥有完整的决策和经营自主权，子公司通过完成年度财务指标实现对集团总部的贡献。

分权型财务管理体制的优点是：①有利于企业集团高层将时间和精力集中于战略规划与重大财务决策，而财务决策权和管理权下放有利于调动成员单位的积极性；②把决策权下放到比较接近信息源的子公司层面，减少财务决策的盲目性和官僚化，具有较强的市场应变能力，提高决策的准确性与效率性；③成员单位拥有充分的理财权，有利于分散母公司的融资风险，提高经济效益。

分权型财务管理体制的缺点是：过度强调成员单位独立的财务决策权，很可能使集团的战略规划、经营方针难以得到贯彻和实施，集团财务资源整合成本加大，整合效率不高。同时，由于财权分割，集团公司难以统一指挥，不利于及时发现成员单位面临的风险和可能出现的重大经营问题；各所属单位大都从本单位的利益出发安排财务活动，易形成诸侯割据、各自为政的局面，从而失去集团财务整合优势，导致出现内部资源配置上的重复浪费。

(3) 混合型财务管理体制

混合型财务管理体制，是指集权和分权相结合的财务管理体制，集团总部负责企业集团的资产运营、战略规划以及整体的财务状况，子公司要制定子公司自己的业务战略规划，而且其规划必须经集团总部审批。各子公司业务之间有着较高的关联度，集团总部监督和协助子公司顺利完成集团总部下达的年度目标。集团总部为了实现集团整体战略目标，在一些重大问题的决策和处理上实行集权，但是子公司有一定的自主权，是“有控制的分权”。

混合型财务管理体制的优点是：①有利于综合吸收集权与分权的优点，克服或最大限度地消除过度集权或过度分权的弊端；②由集团公司对重大问题统一领导，有利于提高企业集团的整体经济利益，增强其在竞争中的实力和应变力；③各成员单位对其他经济活动拥有相对独立的自主权，能有效地调动其工作积极性并实现其自我约束。

混合型财务管理体制的缺点是：集团公司的管理链条较长，相关的监督成本较高，集权和分权的尺度较难把握。

2) 企业集团财务管理体制选择的影响因素

企业集团只有采用适宜的财务管理体制才能优化各方资源，激发各层级管理者及员工的积极性，从而实现集团的规模效益。影响企业集团财务管理体制选择的因素是多方面的，概括起来有以下几个方面：

(1) 企业集团的发展阶段

每家企业的发展都要经过一定的发展阶段。最典型的企业一般要经过初创阶段、成长阶段、成熟阶段和衰退阶段。在不同的发展阶段，企业集团的管理体制存在很大的变化。在初创阶段，集团的抗风险能力不高，对资金的筹集和投放要求更高的稳定性，同时初创阶段的企业集团还面临管理不规范、各成员企业对总部战略意图缺乏充分认识及市场竞争优势尚未确立等问题，因此这一阶段，企业集团多采取高度集权的财务管理体制。在成长阶段，为了追逐更多的利润，客观上要求企业集团牺牲部分控制权，以获得更大的灵活性，因此，财务管理体制的集权度降低，子公司获得充分的经营权、资金运用权和一定的决策权。处于这一阶段的企业集团适宜采用以集权为主，适当分权的财务管理体制。进入成熟阶段后，企业集团所经营的各项业务处于稳定状态，市场风险小，集团多样化经营对财务管理体制的效率性和灵活性提出更高的要求，因此，此阶段的企业集团分权度进一步扩大，集团总部仅关注整体战略规划，而子公司拥有更多的投资决策权。衰退阶段，企业集团一方面通过出售、剥离、分立子公司等以求生存，另一方面要选择进入新的行业以求发展，因此，处于这一阶段的企业集团适宜采用高度集权的财务管理体制。

(2) 企业集团的规模

不同规模的企业集团，在财务管理制度上有明显差别。根据管理幅度和管理层次论，管理者受其时间和精力等的限制，在企业规模扩大到一定程度后，就有必要实行分层次的授权管理。因此，当企业集团的规模不大，经营范围较小，业务比较单一，子公司数量不多，而集团内部关系较为简单时，财务管理就可以相对集权；若企业集团的规模较大、经营业务多样化，或子公司数量较多，则集团内部关系较为复杂，集团公司总部难以统一管理子公司财务或统一管理的效率过低，那么，就会采取相对分权的财务管理体制。

（3）企业集团的业务性质

企业集团按业务性质一般可以划分为专业化、关联型多元化和非关联型多元化3种。当集团从事专业化经营时，其各子公司的业务大致相同，母公司对各子公司实施集中经营和统一管理的集权型财务管理体制有利于企业集团发挥规模效应。针对从事多元化业务发展的企业集团，其各子公司跨行业发展，母公司很难对其进行统一管理与决策，应该适当地分权。

（4）子公司的管理成熟度

企业集团母公司对子公司进行财务管控的目的是降低子公司所面临的财务风险。如果子公司的管理成熟度很高，能够自我规避财务风险，那么母公司应当给予子公司更加宽松的经营管理空间，即子公司拥有更多的经营自主权；反之，子公司拥有较少的经营自主权。

（5）子公司对集团的重要性

资源依赖理论认为：次级单位在本质上是组织的一项资源，资源越重要，组织对其依赖性越强，组织越会对其进行控制。另外，根据Jaeger和Baliga（1984）的研究，如果企业集团内的某一子公司拥有相对于其他子公司的优势资源，那么其对企业集团的影响就会相对大一些，母公司对其集权程度会相对较高；而对于母公司来说地位不太重要的子公司，母公司对其集权程度会相对较低。这一方面可以减轻母公司的决策压力；另一方面，可以有效地调动子公司的积极性，促进其自主发展。

除了上述几项因素外，企业集团战略、信息化水平、管理者素质、企业集团文化、集团地理位置、市场竞争状况等也是影响企业集团财务管理体制选择的重要因素。企业集团应深入分析本集团的特点，综合考虑上述多种因素的影响，从而设计一套行之有效、切合实际的财务管理体制。

9.2 企业集团投资管理

9.2.1 企业集团投资管理目标

投资是拉动集团业务及规模增长的引擎，它决定着企业集团的扩张速度，因此投资管理是企业集团管理实践的重要内容。投资活动的成败关系企业集团的经营效益，甚至关系企业集团的生死存亡。任何投资都必须有助于整个企业集团的长远利益、核心竞争能力的形成以及整体价值的最大化。投资的目标具体而言主要有：

1）确保集团总体战略的贯彻执行

企业集团的投资战略是指在企业集团经营总战略的指导下，根据各项条件的分析及对未来的预测所选择的最佳资源组合和运用方案。企业集团的投资战略是总体战略的一个构成要素，它的实施进程和最终结果必然影响集团总体战略的贯彻执行。比如，企业集团确定了扩张型的总体战略，投资管理就需要考虑是通过多元化还是一体化来实现扩张战略目标，应选择进入哪些行业等。如果企业集团采用的是稳健型的发展战略，投资管理则需要考虑集团多余现金流量的投资方向。因此，对外投资管理的首要目标则是使企业集团的总体战略被有效贯彻执行。

2）保证投资规模与结构的合理性

集团投资整合自营资产可以维持并发展其竞争优势，延续企业的生命周期，但随着生产经营规模的不断扩大，更需要外部交易扩张型的发展战略使集团获得持续的、跳跃式的发展。由于集团的投资规模受到生产要素资源和市场容量的双重限制，不可能无限增大，因此，通过投资管理，可以使集团确定有效投资和无效投资甚至负投资的界线，从而选择合适的对外投资规模。

3）促使投资决策的科学性

科学的投资决策是投资战略目标得以实现的重要基础，是有效实施投资运作过程管理的前提条件。盲目做多做大，会造成集团偏离发展方向，资金周转陷入困境，管理鞭长莫及。因此，投资管理的目标是规范企业集团的投资决策程序，认真考虑国家的宏观政策导向和行业的竞争程度，评估投资风险，审视自身的资源结构和管理能力，考虑企业集团的经济规模和发展目标，合理确定投资战略，以有效地配置资产，从而实现企业价值最大化。

4）保证投资实施的有效性

投资实施是企业集团依据投资决策方案，通过制定一系列的管理流程与制度，对投资立项、实施、跟踪分析到最后投资退出进行全过程的规范、制约和保证，以实现投资战略，获得预期收益的过程。投资实施过程是投资战略得以落实的最终环节，也是对外投资管理战略效果的集中体现。如果企业集团没有有效地对投资过程实施管理，那么难以保证投资活动最终的成功。

5）有效地识别和控制投资风险

投资风险贯穿投资的全过程，投资管理通过开展风险评估，准确识别、控制与投资目标相关的内部风险和外部风险，确定相应的风险承受度，并结合风险分析的结果，权衡风险与收益，采取适当的控制措施，避免经营风险、财务风险、市场风险以及因个人风险偏好给企业集团经营带来的重大损失。

9.2.2　企业集团投资的动因与方式

从资产分类管理的角度出发，可以将企业集团的对外投资分为证券投资和实体投资。由于实体投资是作为企业集团对外投资最主要的内容被纳入企业整体战略而通盘考虑的，因此，这里重点阐述企业集团对外实体投资的动因与方式。

1）企业集团对外实体投资的动因

（1）实现集团外部扩张

实现企业集团外部扩张是企业集团开展实体投资的根本动因。企业集团进行外部扩张主要有两种形式：

第一，横向扩张，即通过对其他同类企业的投资，扩充现有产品或劳务市场的份额，使企业集团的规模不断扩大，从而取得市场定价或竞争的话语权，进而获取规模效益。例如，企业通过横向并购，对与本企业产销相同或相近产品的企业进行并购后，就可能在经营过程的任何一个环节和任何一个方面获取规模经济效益。大部分行业都存在规模经济现象，在公用事业、钢铁制造、制药业、化工业和航空制造业等具有极高固定成本的行业，其规模经济现象尤为明显。

第二，纵向扩张，即通过向主导产品上游企业或下游企业进行投资，实现上下游一体化经营，以此来解决主导产品的原材料供应问题和产品的市场销售问题，提高企业集团整体的市场竞争能力。例如，钢铁厂为了保证铁矿石的来源而兼并铁矿厂，纺织厂为扩大产品销路而兼并印染厂等。

（2）谋求其他特定的目的

除了实现集团外部扩张以外，集团进行实体投资还有其他一些目的：

① 通过对外实体投资，投资企业可以获取被投资企业的资金、技术、销售、品牌等优势资源，以优化自身的资源配置。例如，2016年美的收购东芝白色家电，通过收购东芝家电的控股权，美的可在全球使用东芝品牌40年，并获得一批技术专利，提升全球竞争力。同年，滴滴出行宣布与优步全球达成战略协议，滴滴出行将收购优步中国的品牌、业务、数据等全部资产在中国内地运营。

② 为内部产生的现金寻找更好的投资机会。当一家企业的产品生命周期处于成熟期、拥有充足的财务资源（如充足的现金流量、大量未被抵押的优质资产等）未被充分利用时，而另一家企业的产品生命周期处于成长发展期、拥有较多投资机会而急需现金的情况下，可以通过并购、联营、合营等形式，将企业内部多余的现金投入到被投资企业，从而寻找更好的投资机会，获得较高的投资回报。

③ 寻找新的利润增长点。对于投资企业来说，通过自己购买新设备、开发新产品来实现内部增长，不仅投资大、周期长，而且还有较大的风险，但是通过并购活动就可以快速进入某一垄断行业、某一地域、某一新兴市场，获得某一关键技术，取得某一品牌，打破行业、地域、市场、技术的封锁和限制，从而实现收益增值。例如，美国Philip Morris公司原为一家烟草公司，该公司为了进军食品业而收购了美国卡夫食品公司。

2）企业集团对外实体投资的方式

在实践中，企业集团可以通过合并收购、成立合营公司、联营等途径来实施对外实体投资。每一种投资方式都存在对投资公司特定的收益和成本。因此，公司必须对各种投资方式进行权衡，认真地分析每种方式的优缺点以及自身的需要和在特定竞争环境中的具体情况。

（1）并购

并购，即兼并与收购的统称。兼并是指一家企业以现金、证券或其他形式购买其他企业的产权，使其他企业丧失法人资格或改变法人实体，并取得对这些企业决策控制权的投资行为。与其他投资方式一样，并购也存在自身特有的优点和缺点。并购的主要优点是，它可以迅速确定投资企业在新业务中的位置。通过并购已经存在的竞争者，公司可以省去在新的业务领域重新构建自己势力所需的时间和精力，或节约公司开发从事该业务的资源所需要的时间，尤其是当这些关键性资源很难被模仿或积累时。除此之外，并购还可以获得市场协同效应、管理协同效应、财务协同效应和税收效应等。

尽管并购存在上述优势，但它也存在严重的缺点。例如，并购是一种相当昂贵的市场进入方式，这是并购最主要的缺点。通常，为了完成一项收购交易活动，收购方需要支付高于目标公司当前股票市值30%的费用甚至更高。所以，无论收购能创造出多少价值，“价值的升水”都有可能使这些价值在收购交易的竞争中损失殆尽。除了存在标价过高的可能性之外，并购活动还存在着并购后整合失败的问题。

（2）合营

合营是指由两家或多家企业或个人共同投资建立的企业，合营各方按合同约定对某项经济活动所共有的控制，被投资企业的财务和经营政策必须由投资双方或若干方共同决定。企业通过合营的形式对外投资而不采取并购或其他形式是由于合营各方均掌握着对方所必须依赖的优势（如资金、技术、营销网络），为了实现优势互补，不得不互相妥协，从而形成任何一方都可以控制但又无法完全控制合营企业的格局。例如，在20世纪70—80年代，许多生产高质量产品的日本公司都缺乏进入美国市场所必需的分销服务网络。但是，多数公司既没有收购美国公司，也没有建立自己的网络，而是设法合营，使自己的产品与美国本地公司的分销与服务网络结合，并取得成功。由此可见，合营最大的优点就是可以较低成本、迅速地获得本企业所需要的互补资源。但是合营企业也存在一系列问题，如可能援助了潜在的竞争对手、企业整合难度较大、长期有效性存在问题等，尤其是如何界定合营各方为企业所做的贡献以及如何监控这些贡献，公司的战略应该由谁来负责制定等，这些问题常常纠缠合营各方而使合营的最初设想与计划的功效大打折扣。

（3）联营

联营是指由有关单位共同出资，组成联合经营的对外投资活动。联合经营的各方协商签订章程或契约合同，履行相应的手续、程序，承担相应的经济、社会责任，参加联合经营的各单位一般都具有一定的协作关系。一般而言，投资企业直接或通过子公司间接拥有联营企业20%以上但低于50%的股权时，投资企业对联营企业的财务和经营政策就有参与决策的权力，但并不能够控制这些政策的制定。联营最主要的优势体现在融资方面，当有些大型项目涉及的流动资金金额巨大，而一家企业无法承担时，只能由数家企业组成联营体共同承担，而且通过联营也可以弥补企业自身在某些技术方面的不足从而增强竞争实力，或者无须购买某些昂贵的大型设备而节省大量资金。另外，通过多家企业组成联营体也可以分散风险。但是联营也存在一些缺点，如联营各方在经营观点和经营策略等方面可能存在差异，会导致意见的分歧，管理层次多，利害关系复杂，控制力度不大，并且在投资企业自身优势不明显时控制的有效性就值得怀疑等。

9.2.3 企业集团投资决策管理

企业集团投资的目标是最大限度地实现资源的有效配置，实现企业集团整体价值最大化。投资决策应围绕这个目标确定战略规划，进行投资规模与结构优化分析、投资对象选择等，同时要充分识别和评估投资风险，把握集团自身的投资能力和影响因素，以确保投资决策的可行性与科学性。

1）投资的战略规划

投资的战略规划应该属于企业集团总体战略的一部分，因为从形成性质看，投资战略是有关企业全局发展、整体性的、长期性的战略行为；从参与战略的人员看，制定与实施投资战略的人员主要是企业集团的高层管理人员。因此，对投资的战略规划可以依据企业的总体战略思路，按照公司的发展阶段划分为保守性投资战略、进取性投资战略和收缩性投资战略。

（1）保守性投资战略

保守性投资战略是一种维持现有投资水平的战略。一般在企业的生命周期处于萌芽期时，企业的规模实力往往不够大，核心竞争力不强，资本积累较少，如果盲目进行扩张，那么就会造成小马拉大车的现象，因此这一阶段的对外投资采取保守性投资战略，投资规模较小。

（2）进取性投资战略

进取性投资战略是一种不断扩大现有对外投资水平的战略。通过资本的外部扩张可以获得对企业发展有利的资源，而且从时间效率角度讲，外部扩张比内部扩张的速度更快，因此进取性投资战略是企业在成长时期最主要的投资战略。

（3）收缩性投资战略

收缩性投资战略是一种收缩现有对外投资规模的战略。收缩性投资战略是一种消极的发展战略，即企业从竞争领域退出，从现有经营领域抽出资金，缩小经营范围，收缩市场，撤出某些经营领域，减少生产经营的产品种类等。

2）投资规模与结构优化分析

投资规模是指一定时期企业集团投资的总水平或投资总额。投资规模与经济效益之间存在着密切的联系，如果投资规模设置不当，那么就很难实现效益目标，甚至会产生负效益。实体投资的规模应该是多少？实体投资与自营资产的最优结构比例是多少？这些问题很难用一个具体的数字来概括，但是企业集团在确定实体投资规模及结构时通常要考虑以下因素：

（1）企业的生命周期

在企业生命周期的不同阶段，企业发展、竞争的目标各不相同，为达到目标而制定的投资战略各有侧重，从而导致实体投资和自营资产投资的规模和结构的变化。一般而言，企业在萌芽时期的投资行为主要是整合内部资源，优化内部经济结构。在企业的成长时期，企业已积累了相当的规模实力和竞争实力，其生产能力、资金、技术、管理都日趋成熟，这些都为企业提高对外实体投资的比例提供了条件。

（2）企业的经营规模

企业进行实体投资必须具备的一个基本条件就是其生产经营必须达到一定规模，其净资产必须达到一定规模。实体投资所实现的生产要素优化配置或产权流动实质上就是资本关系的重新界定，企业的并购、合营等都依赖一定的资本规模。没有一定规模的生产经营和一定规模的净资产，企业的融资和投资策略都会受到限制，此时企业就不应该把自己的资金大量投向其他企业。

（3）企业的内部资源

企业进行实体投资必须有相应的资源与之配套，因此对企业的财力资源、物力资源和人力资源都有更高的要求。如果投资企业的自有资本有限，那么采用债务融资方式兼并其他企业或收购其他企业的部分股权和资产时，就会面临较大的财务风险，而在物力资源和人力资源不足的情况下，加大对外实体投资也难以保证投资目标的实现。

3）投资对象选择

在企业集团确立了对外进行实体投资的战略规划后，如何选择合适的投资对象呢？其最重要的标准就是要看被投资企业是否具有潜在价值。这种潜在价值主要表现在：①有助于集团公司战略转型，实现多元化发展。②投资对象与本企业的发展有互补性，增加对它的投资可以给企业带来更大的发展。③投资对象控制着本企业自身发展所必需的关键技术或人才。④投资对象生产本企业发展所必需的原材料。⑤被投资企业目前处于亏损状态，本企业有能力使其扭亏为盈，并获得资本增值。⑥投资对象将来可能成为集团的竞争对手。⑦投资对象在行业中有较高的市场占有率以及极高的品牌价值和商誉。例如，2016年6月三峡集团对外宣布以126亿元收购德国最大的海上风电Meerwind风电项目80%的股权。同时，美的集团发起了一笔高达292亿元对全球四大机器人公司之一的德国库卡要约收购。对于大量的制造、能源等传统企业而言，其当前发展转型已经步入深水期，单靠内部力量和手段已经很难继续引领和发展，必须借助全球化的平台和资源进行整合，从而推动自身的跨越式发展。在海外市场上，对优秀企业的并购将是最有效、最快捷的手段。收购德国等先进企业，正是为了弥补中国制造企业在生产自动化、机器人等方面的差距，使之在短时间内获得快速提升。

4）投资风险的识别与评估

投资风险是企业承受的主要风险之一，它直接影响企业的资金流向、发展趋势以及中长期发展规划的实施。实体投资的风险是指企业在投资活动中承受损失或不能获利的可能性。这种投资风险源自企业集团的外部和内部：外部风险主要源自客观经济环境的不确定性，如国家法律法规政策的变化、金融市场利率变化、通货膨胀程度、市场销售和生产技术、各种要素价格的变化等，这些都会造成对外投资收益的不确定性；内部风险主要体现在企业集团内部管理体制和经营水平上，而风险大小在很大程度上取决于管理者的素质和企业集团对投资对象、投资时机、投资方式、投资规模的选择、控制与决策能力。企业集团在对实体投资风险进行识别时，重点关注影响投资资产安全性以及投资利益不能实现的风险发生的可能性。在对这些风险的影响程度进行评估时要重点考虑以下因素：已识别的投资风险的特征、相关历史数据的充分性与可靠性、管理者进行投资风险评估的技术能力、投资成本与收益的考核与衡量等。

5）企业集团自身的投资能力分析

除了考虑企业集团的投资目标、投资行业以及投资风险以外，企业集团还要客观分析自身的投资能力，它是企业集团进行实体投资的先决条件，具体可以从以下3个方面分析：

（1）分析评价企业集团主营业务的发展水平

对于选择通过实体投资对外扩张的企业集团来说，稳定且具有相当优势的主营业务是实现扩张战略的前提。扩张战略的实施意味着企业集团规模要扩大，也可能要进入新的领域。如果是进入新的领域，由于对新领域的信息掌握不完全以及缺乏相应专长，进入的风险往往较高，至少要承担比在自己熟悉的主营业务领域更高的风险，因此在扩张之初企业集团格外需要稳定的保障和雄厚的实力支持，这不仅是实体投资成功的前提条件，而且是企业集团避免因对外投资的风险而受到致命打击的客观要求。因此，对外实体投资的一个最基本的原则就是：主营业务领域的发展是第一位的。对企业集团主营业务的发展水平应从国内、国外两方面进行评价。这样既便于确定企业集团在国内市场的竞争地位，又便于为其在国际市场进行定位。具体评价指标包括：第一，产品方面，主要包括产品差异性、产品质量、产品价格水平、成本水平、技术水平。第二，市场占有方面，主要包括产品销售额、市场份额。第三，盈利水平，主要包括销售利润率、资产利润率等。通过对以上指标进行定性、定量分析，可以评价出企业集团的主营业务是否精干、稳固，是否可以作为企业集团对外实体投资的基础。

（2）分析评价企业集团的资本能力

实体投资具有资金需求量大、周期长、变现能力差等特点，这对投资企业的资金周转能力提出了很高的要求，因超过自身能力而过量使用资金引发债务危机或者因资金周转不灵而错失投资机会都会造成投资计划的失败。因此，分析评价企业集团的资本能力非常重要。在分析评价企业集团投资的资本能力时不仅要考虑初期的投入，而且要考虑在正常运转中需追加的周转资本。除了考虑企业集团现有的资产外，还要考虑未来的资本变化情况，即根据企业的盈利记录，分析其目前的盈利状况并合理预测未来的盈利趋势。如果企业集团的自有资金不足，那么需要考虑其资本结构、筹资能力等问题。

（3）分析评价企业集团的营销能力

营销能力包括营销技能、营销渠道、市场反应能力及售后服务水平等几方面。营销能力的好坏将对企业规模起限制作用，也将对企业集团能否在新涉足的领域取得稳固地位以及能否扩大市场份额产生极大影响，从而成为判定企业可否进行投资的一个重要依据。

9.2.4　企业集团投资过程管理

在制定了投资决策之后，企业集团将面临更为复杂的管理过程，即通过制定一系列的管理流程与制度，从投资立项、实施、跟踪分析到最后投资退出进行全过程的规范、制约和保证，以规避风险，实现预期收益。

1）投资立项管理

投资立项管理的目标是确保投资行业选择符合集团发展的战略；地域选择具有政策优势、资源优势，符合集团业务的布局要求；投资规模适度，投资回报符合要求；如果是参股、控股，要确保其与股权相对应的控制权。对投资立项的可行性研究，要坚持实事求是的原则。通过对市场的分析，研究产品的销路、发展趋势、工艺流程和技术数据，预测产品的销售价格、成本、税金和利润，涉及外汇的还要考虑汇率风险，以及规避这些风险的措施。如果是借入资金进行项目投资，还必须考虑筹资成本。另外，还要从不同角度和不同意见中分析利弊得失，从而取得比较切合实际的可行性研究结论。投资项目通过可行性研究、论证后，应予以立项。立项的投资项目，应履行企业规定的审批手续。一般长期、重大投资项目及其决策，必须经过董事会集体决策、审批并实行联签制度。

2）投资实施管理

投资项目实施管理的目标就是建立合适的管理控制体系，保持企业集团对投资项目的控制力度，保证投资支出运作程序的规范性。例如，集团以数额较大的实物资产、无形资产对外投资，必须经过国家认可的评估机构进行资产评估，评估结果经国有资产管理部门确认后，才能作为投入资产入账价值的依据。投资部门还要跟踪检查投资项目的进度与投资资金使用量的匹配程度。如果是参股、控股其他公司，还涉及组织文化融合、各方股东关系理顺、财务体系接轨改制、冗员安排、制度体系改革等。

3）投资跟踪管理

项目投资以后，必须加强对投资项目的跟踪管理，不能以投代管，投资后不闻不问，放任自流。对企业集团投资的管理或资产投资管理的内容主要包括：对投资比例较大、控股权较高的企业，应考虑向被投资企业委派参与管理的人员，并对委派的管理人员建立相应的联系汇报制度；对投资的资产要建立、健全管理备查制度和会计核算制度；投资管理部门应对投资项目的经济效益及相关信息进行收集、整理、报告，企业财务部门应对投资项目的价值及增减、收益变动等情况进行跟踪管理；对被投资单位除了听其汇报、审阅其方案外，还应及时了解其经营情况，发现问题尽可能及时解决。这样既帮助了被投资企业，又维护了投资企业的合法权益。

4）投资退出管理

一般而言，如果集团总部的战略发生了调整，由于环境的改变导致子公司不再符合母公司的发展战略，子公司的经营绩效不佳，或者通过转让能比继续维持经营获得更大的经济价值，那么企业集团都可以考虑退出投资。通常退出的流程分为退出项目的确定、退出方案的制订、退出方案的实施、退出交接等步骤。

（1）退出项目的确定

退出项目的确定包括以下程序：①投资部门根据集团发展战略和投资回报率的要求，分析投资项目持续经营的可能性与必要性，在初步估算继续经营与处置收益对比结果以及评估退出成本后，提出退出项目名单。②财务部门在审核投资项目年度经营报告和财务报告的基础上，对退出项目名单给出初步意见。战略发展部门分析退出项目与企业战略的偏差程度，结合投资部门和财务部门的意见，对属于战略退出的项目给出退出时机的专业意见，对有战略意义的项目提出复评建议。③投资委员会对投资部门、财务部门和战略发展部门的意见进行审查，包括战略符合性审查、经济效益指标审查和非经济效益指标审查，并给予批复。

（2）退出方案的制订

项目退出方案制订的要点有：①投资部门根据投资委员会的批复，会同财务部门、战略部门和法律部门组成项目退出管理小组，分析市场环境、企业的经营状况与前景、接触潜在的受让者并进行协商谈判，提出退出时间、退出方式以及退出策略。②财务部门要审查财务报表，清理抵押、担保、应收应付款项，规范财务报表；分析项目退出的避税空间；聘请资产评估机构客观评估投资项目的投资价值。③投资委员会根据企业发展战略及行业现状、发展趋势，分析退出方案，报董事会或股东大会审核，并给予批复。

（3）退出方案的实施

退出方案的实施包括：①投资部门履行退出计划，保障退出后各种资源的合理利用，减少退出损失；评估员工安置方案，减少退出影响；协调供应商、客户资源的移交方式。②财务部门监督退出财务制度的执行，完善各种退出财务监管制度，如收回货币资金，应及时办理收款业务；收回实物资产，应编制资产回收清单并由相关部门验收；收回债权的，应确认其真实性和价值；核销对外投资，应审核因被投资单位破产等而不能收回投资的法律文书和证明文件，并报相关部门审议批准。③投资委员会审查投资、财务、法律等部门的报告资料，评估各职能部门的工作绩效和管理水平；对大额损失进行冲销审查。

9.3 企业集团筹资管理

9.3.1 企业集团筹资的特点与方式

1）企业集团筹资的特点

与单一企业筹资相比，企业集团筹资具有以下几个特点：

（1）筹资内涵扩大

对于单个企业而言，内部筹资主要是指企业的积累，而对于企业集团的内部筹资除了通常意义上的自我资金积累外，还包括集团内部企业之间的内部融资，即母公司与子公司、子公司与子公司之间相互提供资金的融通。集团内部企业之间相互提供资金融通的方式是多种多样的，可采取相互持股、发行债券、短期商业信用等形式。集团内部筹资可以更好地发挥内部筹资的优势，即筹资成本相对较低，交易费用减少，降低信息不对称，提高资金使用效率，优化资源配置等。

（2）筹资聚合效应显著

一个集团公司是否具有财务优势，最主要的不是业已占有或拥有财务资源的规模，而是是否拥有或创造出更多、更顺畅的融资渠道，以及有无足够的能力有效地利用这些渠道筹措资金。在这一点上，集团公司的能力要远远大于单一成员企业。

（3）筹资决策多层化

在集团公司中，母公司作为核心企业，与其属下各级子公司处于不同的管理层次，各自的融资决策权、内容大小不尽相同，从而导致集团公司内融资决策的多层次化。母子公司的融资决策权的界定，取决于集团财务管理体制的不同。集团公司在牢牢确立母公司主导地位的基础上，必须充分考虑不同产业、地区、管理层次的企业的不同情况，合理处理集权与分权的关系，从而最大限度地减少内部矛盾，真正调动集团各层次成员企业的积极性和创造性，保证集团发展规划和经营战略的顺利实施。

（4）财务主体多元化

集团公司的一个重要特点是母公司与被控股的子公司之间在法律上彼此独立的法人资格，并以资本的结合为基础而产生的控制与被控制机制。这是集团公司与事业部制的重大区别。事业部制虽然是大公司所采取的高度分权的体制，但是每个事业部一般都没有独立法人资格；集团公司的各子公司均为独立法人，都是利润管理中心或投资管理中心，是较为彻底的分权单位，各子公司具有独立的经营管理机构并独自负有利润责任，拥有独立筹资能力，从而形成“公司内的公司”，所以集团公司本身就意味着多个理财主体。

2）企业集团筹资的方式

企业集团的资金融通包括外部资金融通和内部资金融通两种方式。

（1）外部资金融通

集团公司与单一企业一样，对外融资的方式有股权融资、债权融资和混合融资3种形式，但是企业集团可利用的具体融资方式更为广泛，如企业债券、银行的集团统一授信、银行间交易商协会发行的短期融资券和中期票据等。依据筹资决策主体又可分为两种形式：集中型筹资，即由集团公司统一对外筹资，然后以一定方式投入各成员企业使用；分散型筹资，即由成员企业根据规定直接对外筹资。

（2）内部资金融通

内部资金融通是指集团公司利用自身拥有的资金和各成员企业的闲置资金在集团内部进行资金融通使用。具体来讲，集团公司内部资金的调剂和融通的主要方式有成员企业之间的借款、相互担保、股权转让或调拨、内部资产重组和内部产品交易等。利润留存也是集团内部融资的主要方式。在企业集团内部，不仅成员企业的内部留存会形成自身的资金来源，而且成员企业对母公司的利润分配，也会形成自身的资金来源。

9.3.2 企业集团内部资本市场

1）内部资本市场的含义与功能

（1）内部资本市场的含义与特征

内部资本市场（Internal Capital Market，ICM）是伴随着企业组织结构的创新和多元化经营浪潮的兴起而出现的一个新兴研究领域。内部资本市场的概念由Alchian（1969）、Wilmson（1970）等人最早提出，他们认为在M形的联合大企业中存在着内部资本市场，其在强化内部资本配置、缓解外部融资约束方面发挥着重要作用。20世纪90年代中后期，随着组织创新和内部资本市场研究视野的不断拓展，学术界将对内部资本市场的研究拓展到H形的控股企业集团（Khanna和Palepu，2001）。内部资本市场是指在企业集团内部形成的，由企业集团总部和各成员企业参加的集团企业内部的资本融通市场。在这个市场中，主要以企业集团总部为资本提供者，需要投资的成员企业为资本需求者。

内部资本市场的特征表现为：①内部资本市场是基于企业集团的内部资本配置机制，该资本配置机制是计划与市场的结合体，相比于外部资本市场，单一的市场价格配置机制显得更为灵活；②内部资本市场的资本配置基于信息对称的情况，因此资本成本低、效率高；③内部资本市场运作的主体是集团总部，而集团总部是筹资和投资活动的主体。

（2）内部资本市场的功能

企业集团的内部资本市场主要有三大功能：缓解融资约束、优化资本配置、监督激励。①缓解融资约束主要是指内部资本市场可以规避外部融资由于信息不对称等因素造成的高成本，可以通过资本整合缓解内部成员企业的投资对本部门现金流的依赖性，从而增强成员企业的融资承受能力，提高集团整体的财务协同效应，降低公司陷入财务困境的可能性；②优化资本配置主要体现在内部资本市场能根据市场环境变化调整资本配置方向及数量，将资本配置到效率最高的环节；③监督激励作用则体现在集团总部能通过有效的监督和激励降低股东和经理之间的代理成本，从而提高资本的使用效率。

【课堂拓展】　　内部资本市场效率与现金持有水平①

中国证券市场正处于新兴加转轨的阶段，投资者保护制度不完善、市场监督较弱、企业生命周期短等问题仍然存在，上市公司面临着被兼并收购的风险，为增强企业风险承担能力与市场竞争能力，具有特殊内部治理结构的企业集团数量与日俱增。企业集团通常具有金字塔形式的股权结构，集团总部通过层层控股的方式对成员企业进行监督控制。相比独立企业，企业集团所具有的规模经济、范围经济等优势使其更容易获得外来资金的支持。为提高资金利用效率，集团总部通过内部资本市场会对自有资金进行融集和再次分配。集团内单个成员企业投资项目的资金不仅来源于自身有限的现金流还可能来自于其他成员企业的现金流，这有利于集团内成员企业减少现金持有水平。

中国金融市场发展水平落后于西方国家，融资难问题一直是困扰企业发展的关键问题，尤其是对独立企业而言。由于独立企业的市场谈判力较弱、经营范围较窄、贷款担保抵押品较少等原因，造成了独立企业融资渠道狭窄。在发展中国家，由于金融市场不完善，企业集团的存在使得独立企业筹集资金更加困难，为缓解融资约束，企业趋于向规模化、集团化形式发展。考虑到融资约束问题，独立企业可能会持有较多的现金来避免陷入融资壁垒的困境。作为不完善外部资本市场的补充和替代，内部资本市场在新兴市场国家企业集团中的作用日益凸显。

集团总部利用内部资本市场可以将缺少投资机会但有充裕现金流分部的剩余现金流转移到有较佳投资机会但现金流匮乏的分部。内部资本市场通过权威机制与价格机制的有机结合，在资本集聚与分配过程中实施监督激励，改善了资本配置效率，具有挑选优胜者的功能。附属于企业集团的上市公司可向外界传递出高质量的信号，更容易获得外部资金的支持。内部资本市场可替代外部资本市场，当外源融资成本较高时，企业有动力构建内部资本市场，并以市场为导向来配置资本，内部资本市场有效运作提高了资本配置效率、缓解了融资约束。

---

① 节选自崔志霞，杨国莉，黄秋敏．内部资本市场效率、委托代理关系与现金持有水平——来自企业集团的经验证据［J］．投资研究，2021（7）：96-109.

2）内部资本市场与外部资本市场的区别

Gertner等（1994）认为，内部资本市场与外部资本市场的本质区别表现在：在内部资本市场中，公司总部是资金使用部门资产的所有者，拥有剩余控制权；在外部资本市场中，出资者不是资金使用部门资产的所有者。他们认为，正是由于这一本质的区别，导致内部资本市场在企业的监督、激励和资产的重新配置3个方面产生了不同于外部资本市场的后果。第一，内部资本市场增加了出资者的监督激励，即使内、外部出资者有相同的监督能力，内部出资者也会选择更加严格的监督，这是因为他们拥有对资产的剩余控制权，能从监督中获得更多回报；第二，内部资本市场降低了部门经理的激励，这是因为部门经理没有剩余控制权，他们容易受到公司总部机会主义行为的侵害；第三，内部资本市场有利于更好地重新配置企业的资产。

Stein（1997）进一步指出，内部资本市场解决资金在企业内不同分部之间的分配问题；外部资本市场则解决资金在不同企业之间的分配问题。由此可见，内部资本市场与外部资本市场的主要区别集中体现在对资产的剩余控制权上。对资产的剩余控制权不同导致内部资本市场和外部资本市场在激励、监督、重新配置资产等方面的能力和作用机制有较大差异。从本质上看，内部资本市场更多地依靠权威、等级制并配合使用价格机制来配置资源；外部资本市场则主要依靠价格机制来配置资源。配置手段的差异必然导致配置结果和配置效率的差异。与外部资本市场相比，内部资本市场可以使企业避免与外部资金提供者之间存在的信息不对称问题以及由此引发的融资成本，通过将资本在项目间进行再分配也创造了一定程度的投资便利。但将资源配置功能内部化也就意味着内部资本市场在运行过程中不得不面对企业内部不同权力主体和不同资金使用者之间的代理问题和利益冲突，解决这一问题的有效机制就是完善的公司治理机制。

3）内部资本市场交易

（1）交易主体

正如外部资本市场必须有投资者、筹资者、商业银行、投资银行、证券公司、保险公司、其他中介机构和证监会等参与一样，内部资本市场的运行也必须通过内部资源配置中心、内部资本市场中介、资源提供者与需求者等才能完成。其中，企业集团总部为内部资源配置的中心，内部结算中心或财务公司为内部资本市场的金融中介，集团内部的母公司、各分部或子公司为内部资源的提供者和需求者。

①集团总部。内部资本市场的核心功能是对内部资源进行配置。企业集团总部作为“剩余控制权”的拥有者，利用自身权威将一个分部的资源配置给另一个效率更高的分部，保证资源的使用符合集团总部的战略决策，因此集团总部是内部资源配置的中心。

第一，集团总部将分部的资源通过结算中心或财务公司集中起来，再按照战略决策为各分部提供资源，并通过对各分部的资源使用效率进行评价，决定对某个分部是增加资源供应还是减少资源供应，保证资源从低效率部门转移到高效率部门，从而使集团的经济资源配置到效率最高或效用最大的项目上，为此集团总部必须采取一定措施：其一，制定资源配置的标准，即通过量化指标对众多竞争性项目进行评价，选出最优项目。常用的资源配置标准是财务标准和战略标准。财务标准是在进行投资项目可行性评估时使用的净现值和内部收益率指标；战略标准以投资项目与公司战略的符合度作为项目取舍的依据。总部不仅要考虑项目本身的收益，而且要考虑项目在公司整体投资组合中与其他项目相比较所具有的相对优势。其二，配置投资决策权。不同的财务管理体制，其投资决策权的配置是不同的。在集权式的财务管理体制下，投资决策实行集中化，集团总部是集团唯一的投资中心；在分权式的财务管理体制下，各级投资中心享有一定的投资权，但必须执行集团统一的战略和投资政策。其三，制定借贷款内部利率、内部转移价格。集团总部通过设定内部借贷款的内部利率、内部转移价格等来传达集团的战略意图，再由各分部贯彻执行，从而规范并调控各分部的资金行为，推动集团整体目标的实现。

第二，集团总部还负责融资规划，建立集中的融资机制。资金集中融通包括两个方面：一是外部资金集中融通。其方式有两种：一种由集团总部负责集团内部所有公司的融资；另一种由集团总部统一规划和审批，由总部和子公司各自对外筹资，总部根据投资规划将资本配置到效率最高或具有投资机会的子公司。中国五矿集团公司采用的是第一种方式进行资金的集中融通。集团总部负责集团内所有公司的融资，与银行签署统一的授信协议，并依据全面预算保证各子公司的资金需求。除总部外，任何单位均无权对外融资。二是内部资金集中管理。内部资本市场的显著特征之一就是内部资本“并不是取之于谁就用之于谁”，集团总部需要对内部资金进行集中管理。子公司在经营过程中产生的现金流，以及在总部规划下从外部筹集的资金均需通过资金集中管理系统纳入内部资本市场。

②内部结算中心或财务公司。内部结算中心或财务公司是内部资本市场的金融中介，为成员企业的结算、融资、投资等提供一个操作或服务平台。它们为成员企业开立结算账户，统一拨付各成员企业因业务需要而必备的货币资金等。结算中心或财务公司按照市场机制和集团总部要求管理集团成员的资本需求，既减少了外部资本市场因信息不对称产生的交易成本，又避免了集团总部行政命令对下属成员企业激励不足的问题。此外，内部结算中心或财务公司还通过内部借贷款利率引导资源配置。结算中心或财务公司一方面吸收集团成员的存款，并按照内部存款利率计算其利息收入；另一方面根据成员企业的资金需求，对其发放贷款，计算贷款利息，并通过类似于外部资本市场中的银行，对成员企业的信用品质、偿债能力、资金用途等进行评价，再将资金贷放给资信高、收益好的企业，有助于资金从低效企业转移到高效企业，从而实现资金的优化配置。

③分部。分部是内部资本市场中资源的提供者和接受者。正是由于分部的存在，才使得内部资本市场有存在的必要和可能。一个分部向总部或其他分部提供资

源的方式包括：分配股利，对其他分部投资，将款项存入结算中心或财务公司，出售部分资产，将自身或其他分部的资金投向外部资本市场进行融资，为其他分部的融资提供担保，代其他分部支付款项，向其他分部提供借款及内部融资租赁，在内部商品交易中提供商业信用、内部资产交易等。上述交易的对方即内部资源的接受者。

（2）交易形式

内部资本市场交易分成下列两类：

第一类，内、外部资本市场之间的交易。这类交易包括两方面的内容：一是通过各种形式从外部资本市场筹集资金，如发行新股、债券或向其他财务公司拆借资金等。资金筹集的主体可以是集团总部（母公司），也可以是成员企业，但这种资金筹集通常是在集团统一规划下进行的。二是偿还借款、支付股利和利息等。

第二类，集团内部交易。集团内部交易是指集团总部与成员企业之间，以及成员企业相互之间的资本交换与分配，具体可分为以下3种：①由总部直接完成的交易，包括将一个项目（或分部）的现金流用于另一个项目（或分部），成员企业向总部（母公司）分配股利或提供贷款，将总部自身创造或筹集的现金流以股权投资或借款的形式配置给成员企业，为成员企业提供担保、租赁资产，出售成员企业财产或产权，资产在成员企业间的无偿划拨等。②由内部中介完成的交易，包括成员企业在结算中心或财务公司存、贷款业务，委托贷款业务等。③成员企业间的直接交易，包括成员企业间的直接借贷款、以资源转移为目的的产品或资产交易、相互担保、代垫款项等。

9.3.3 企业集团资金集中管理

在欧美国家，资金集中管理是跨国公司普遍采用的管理模式。有80%的世界500强公司采用资金集中管理的模式。西门子、GE、Intel、IBM和TNT等知名跨国公司都建立财务公司或资金结算中心，对集团内部资金和市场风险实行集中管理和控制。资金集中管理所带来的优势逐步为我国企业集团所认识。发达国家企业集团的成熟运作所产生的巨大效益为我们起到了示范作用。

1）集团资金集中管理的意义

集团资金集中管理是指将整个集团的资金归集到集团总部，在集团总部设立专职部门代表集团公司对资金实施统一调度、管理、运用和监控。通过资金的集中管理，企业集团能够实现集团范围内资金的整合与调控，充分盘活资金存量，有效提高资金使用效率，降低财务成本和资金风险，具体而言：

（1）集团资金集中管理可以发挥集团资源配置优势，实现集团整体利益的最大化

由于企业集团的各成员企业处于不同的行业或地域，因此面临的竞争形势和发

展机遇也不尽相同。有的企业由于业务增长迅逗出现资金短缺，有的企业由于业务水平增长平稳出现资金大量结余而无法有效利月。同时，由于处于不同生命周期的企业，其融资能力也不同，新兴产业处于初创阶段，资金需求量大，融资成本高，而处于成熟阶段的企业现金流充沛，融资成本低。企业集团通过资金集中管理中心统揽全局，可以使各成员企业服从总部对资源的一体化整合重组，进而充分发挥资源的聚合优势，从而降低财务成本，提高资金的使用效率，保障集团战略目标的实现以及整体利益的最大化。

(2) 集团资金集中管理可以强化财务监控力度，控制财务风险

集团公司通过对资金进行集中控制和管理，首先，可以获得成员企业重大财务事项的知情权；其次，通过对成员企业收支行为的有效监督，实现对企业经营活动的动态控制，保证资金使用的安全性；最后，可以规范成员企业之间的内部拆借行为，有效防范互相担保的风险，避免集团整体的信用级别下降，维护集团整体的外部信用形象。

(3) 集团资金集中管理有助于加速资金周转，提高资金使用效率

企业集团的成员企业通常会在不同的经营范围或地域范围进行内部交易，产生大量的内部资金结算业务。将集团资金集中管理，通过网络技术和资金管理系统，可以实现成员企业的内部网上结算。当交易发生时，直接在结算中心实现资金划拨，没有中间环节和时间间隔，划转效率高，能有效提高资金周转速度。由于使用内部结算系统，不需要支付任何额外费用，因此也能节约大量的财务费用。

2）资金集中管理的模式

企业集团资金集中管理有多种模式，包括传统的统收统支模式、拨付备用金模式，以及现代的内部银行模式、资金结算中心模式和财务公司模式等。

(1) 统收统支模式

统收统支模式是指企业的一切现金收付活动都集中在企业的财务部门，各分支机构或子公司不单独设立账号，一切现金支出都通过财务部门付出，现金收支的批准权高度集中在经营者或者经营者授权的代表手中。统收统支模式有助于企业实现全面收支平衡，提高现金的流转效率，减少资金的沉淀，控制现金的流出，但是不利于调动各层次开源节流的积极性，从而影响各层次经营的灵活性，以致降低集团经营活动和财务活动的效率。

(2) 拨付备用金模式

拨付备用金模式是指企业按照一定的期限统拨给所属分支机构和子公司一定数额的现金，以备使用。在各分支机构或子公司发生现金支出后，相关人员持有关凭证到企业财务部门报销，以补足备用金。与统收统支模式相比，拨付备用金模式使得集团所属的各分支机构有了一定的现金经营权。集团所属的各分支机构或子公司在集团规定的现金支出范围和支出标准之内，可以对拨付的备用金行使决策权，但是集团所属的各分支机构或子公司仍不独立设置财务部门，其支出的报销仍要通过

集团财务部门的审核，现金收入必须集中到集团财务部门，超范围和超标准的支出必须经过经营者或其授权的代表批准。拨付备用金模式的优点是有助于企业实现资金预算管理，从而达到减少内耗的目的。其缺点是资金整合力度偏弱，无法解决资金过多占用的问题。

（3）内部银行模式

内部银行模式是将社会银行的基本职能与管理方式引入企业内部管理机制，从而建立起来的一种内部资金管理机构，其主要职责是进行企业或集团内部日常的往来结算和资金调拨与运筹。该模式要求企业内部所有的单位都必须在内部银行设立账户，各单位遵照内部银行统一制定的结算制度进行日常现金结算及往来核算；内部银行实施银行化管理，对下属各单位统一发放贷款、对外统一筹措资金，实施对企业资金的统一监控。这种模式的优点是各子公司之间通过内部银行的资金调度解决了内部资金盈缺失衡的问题，使得集团整体的对外债务规模降低，从而提高了集团公司整体的信贷信誉等级。其缺点是内部银行不是独立的机构，集团内公司与集团外公司通过内部银行进行结算很不方便；内部银行只是模拟银行职能，与真正的市场化运作还有一定差距；相比投资职能，内部银行更关注融资职能，其投资管理职能有待加强。

（4）资金结算中心模式

资金结算中心模式通常是由企业集团内部设立的，办理内部各成员或分公司的现金收付和往来结算业务的专门机构。它通常设立于财务部门内，是一个独立运行的职能机构。在资金结算中心模式下，企业集团需要在银行开设一个集中账户，要求各成员企业在此账户下向其所在地的商业银行实名开设两个账户：一个收款账户、一个付款账户，用于收支两条线。成员企业还要在结算中心开设虚拟账户，用于内部往来结算及内部计息。集团总部、成员企业、开户银行应就账户的开设、管理及资金结算签订相关的协议。

资金结算中心模式通过账户管理，实现资金融通、资金流动和投资等决策过程的集中化，各子公司仍然拥有较大的经营权和决策权，母公司也能及时掌握子公司的资金状况和经营情况。该模式能够促进集团内部资金管理专业化，发挥规模优势，提高管理效率。该模式的缺点是，作为企业集团的内部管理机构通过行政手段约束子公司的行为，不是完全市场化的资金管理模式；同时资金结算中心缺乏丰富的融资手段，资金的投资管理力度较弱。因此，资金结算中心模式主要适用于成长速度较快、资金管理要求较低且集团管控力强的大中型企业集团。

（5）财务公司模式

财务公司是以加强企业集团资金集中管理和提高企业集团资金使用效率为目的，依托企业集团、服务企业集团，为企业集团成员单位提供金融服务的非银行金融机构。

我国企业集团成立财务公司的门槛较高，需经银保监会①审批，对集团公司资金管理经验、资产规模、财务状况、成员单位数量、法人治理等方面有较高要求。财务公司的经营范围包括：①吸收成员单位存款；②办理成员单位贷款；③办理成员单位票据贴现；④办理成员单位资金结算与收付；⑤提供成员单位委托贷款、债券承销、非融资性保函、财务顾问、信用鉴证及咨询代理业务。符合条件的财务公司，还可以向银保监会及其派出机构申请经营下列本外币业务：①从事同业拆借；②办理成员单位票据承兑；③办理成员单位产品买方信贷和消费信贷；④从事固定收益类有价证券投资；⑤从事套期保值类衍生产品交易；⑥银保监会批准的其他业务。

财务公司除了担任集团结算中心的职能外，还为集团提供多元化的金融服务，拓展多元化的投融资渠道。财务公司模式的优点是，实现了完全的市场化运作，资本运作能力和风险防范能力更强；运用多种融资手段，结合集团优势，可进一步优化融资结构，降低融资成本；通过合理的投资，可使集团的闲置资金得到充分、有效的利用。有利于企业集团规避资金风险，并合理调度使用资金，加强企业集团各子公司之间的资金有效流动运转。其缺点是，需要大量的高素质人才，且需要经过银保监会审批，设立比较困难。财务公司与企业集团的其他子公司属于等价交换的市场竞争关系。企业集团对各所属分支机构和各子公司的现金控制也是通过财务公司来实现的，企业集团经营者不再进行直接干预。财务公司资金管理模式主要适用于对集中控制程度没有过高要求的企业集团。

【课堂拓展】　　明确功能定位 引导合规经营②

2022年10月14日，银保监会官网正式对外发布了新修订的《企业集团财务公司管理办法》（以下简称《办法》），这也是继2000年发布，2006年修订之后，银保监会为引导财务公司依法合规经营和持续稳健运行，再次对《办法》进行修订，并于2022年11月13日起施行。

在业务范围部分，《办法》第二十条新增“从事套期保值类衍生产品交易”，允许符合条件的财务公司，向银保监会及其派出机构申请经营该项业务。

在监督管理部分，《办法》第三十四条进一步明确了财务公司应当遵守“贷款余额不得高于存款余额与实收资本之和的80%”。

与2006年旧版对比，此次新修订的《办法》发生了较大变化，明确一个企业集团只能设立一家财务公司，从申请人资产总额、营业收入、利润总额要求等方面提高了财务公司设立门槛，实现“优中选优”；重新划分业务类别并实施分级监管，给予市场主体正向激励；强化机构监管，增设了流动性比例不得低于25%，票据承兑余额不得超过资产总额的15%等多项监管指标。值得关注的是，《办法》还将公司治理单独列章，体现了加强财务公司治理监管的导向。

---

① 现为国家金融监督管理总局。

② 节选自李珮. 明确功能定位 引导合规经营［N］. 金融时报，2022-10-31.

《办法》规定，贷款、票据贴现、资金结算与收付、债券承销、非融资性保函、财务顾问、信用鉴证及咨询代理业务等为对内基础业务；同业拆借、票据承兑、买方信贷和消费信贷、固定收益类有价证券投资、套期保值类衍生产品交易等为对外专项业务。

此外，以往财务公司可开展的债券发行、融资租赁、资产证券化、委托投资、保险代理、延伸产业链金融、股权投资业务等业务资质被取消，财务公司此后不能再开展上述相关业务。

《办法》还着重要求财务公司应加强金融风险的监测、识别和预警，在第二十八条明确强调，财务公司应当建立涵盖各项业务、全公司范围的风险管理体系，采用科学的风险管理技术和方法，充分识别和评估经营中面临的各类风险，对信用风险、市场风险、流动性风险、操作风险、声誉风险等进行持续监控。

9.4 企业集团财务控制

9.4.1 企业集团财务控制概述

1）企业集团财务控制的内涵

财务控制作为现代企业管理水平的重要标志，它是运用特定的方法、措施和程序，通过规范化的控制手段，对企业的财务活动进行控制和监督。由于企业集团的特殊性，财务控制包括母公司自身的财务控制和母公司对子公司的财务控制。由于母公司自身的财务控制与单一企业的财务控制相同，所以这里重点讨论母公司对子公司的财务控制。

2）企业集团财务控制的意义

（1）实现企业集团理财目标的需要

企业集团的理财目标是集团价值最大化，但由于其下属成员企业有一定的决策权，出于自身的利益考虑，往往会做出与集团总体目标不一致的行为。为解决这一现象导致的资源浪费和效率低下问题，企业集团必须加强财务控制，使成员在企业确定理财目标时考虑集团的整体利益，协调好局部与全局的利益冲突，从而实现企业集团价值的最大化。

（2）实施集团战略决策的需要

集团资源与市场优势的生成，来自共同利益目标下聚合运行的协同性与有序性，集团发展战略的贯彻实施离不开集团成员的配合与努力，加强对子公司的财务控制，能够引导成员企业服从集团总体战略决策的需要，顾全大局，并确保必要的财力支持。

（3）解决母子公司信息不对称的需要

在两权分离的条件下，企业集团的母公司不直接管理子公司的日常财务活动，而是授权下属子公司的经营者进行日常管理，从而造成母子公司之间的信息不对称。这种信息不对称往往引发子公司道德风险和逆向选择问题。子公司可能出现出于眼前局部利益的追求而扭曲上报到母公司的财务信息，从而误导整个集团的经营决策。因此，母公司必须加强对子公司的财务控制，通过派驻财务总监或财务人员，对财务人员进行统一配置和管理；完善子公司财务决策的程序；对子公司的经营者进行业绩评价，并通过事后监督来减少经营者的机会主义行为。

（4）防范集团财务风险的需要

在财务实践中，企业集团依靠其在市场上的整体实力，能够对子公司的对外信贷提供担保或统一借贷资金给子公司，并负责统一偿还。众多的子公司贷款，不可避免地会增加企业的资本成本，使集团存在更多的现实与潜在的财务风险，因此预防控制财务风险也成为集团总部的重要职责。科学的财务控制体系无疑是防范和化解集团财务风险的有力措施。

3）企业集团财务控制的内容

依据不同的分类标准，企业集团财务控制的内容也不相同。

（1）按照集团财务控制的内容划分

按照集团财务控制的内容划分，集团财务控制通常包括组织结构控制、制度控制、人员控制、授权审批控制、预算控制、资金控制、业绩评价控制、内部报告控制、风险控制、信息技术控制等。

（2）按照集团财务活动的种类划分

按照集团财务活动的种类划分，集团财务控制包括投资控制、融资控制、资产控制和利润分配控制等。

（3）按照财务控制与财务活动的顺序关系划分

按照财务控制与财务活动的顺序关系划分，集团财务控制可分为事前控制、事中控制和事后控制。其中，事前控制包括预算编制控制、组织结构控制、授权控制；事中控制包括内部结算中心控制、预算执行控制；事后控制包括内部审计控制、业绩评价控制等。

随着现代企业集团的发展，预算控制和业绩评价在企业集团财务控制中的地位日益重要。这两种财务控制的方法在一定程度上解决了企业集团对子公司实施过程的控制和对子公司经营者的约束和激励问题，因此，这里重点探讨企业集团的预算控制与业绩评价。

9.4.2 企业集团的预算控制

1）预算控制的内涵与特征

（1）预算控制的内涵

预算控制是借助于特定的组织机构、制度和技术手段，把企业的全部业务、全部经营过程、全部财务会计信息和全部人力资源都纳入预算体系，从而形成一整套有关管理、控制、协调、监督、考核与激励的系统，其目标也从最初的控制支出、控制成本，向前延伸至内部资源、要素的配置和经营目标的落实，向后延伸至企业收入安排和经营成果的分配。

（2）预算控制的特征

预算控制的基本特征是以企业战略为出发点，以企业经营目标为导向。

第一，企业的战略目标是企业预算编制的依据和方向。1999年，《财富》杂志在总结了公司CEO失败的典型原因的基础上，得出结论："认为好的战略即代表了企业成功全部因素的理念误导了企业高层管理者。在绝大多数情况下，真正失败的原因并不是战略本身的问题，而是战略不能得到有效地执行的问题。"①可见，战略的有效实施对公司的成败至关重要。战略实施是将战略转化为实际行动并取得成果的过程。为确保战略的有效实施，需要将战略转变为年度预算，从而将战略指标转化为详细的预算目标和指标体系，并运用价值管理手段，实现企业内部资源的高度整合，同时将企业价值与各职能部门、各层级责任单位的具体目标、岗位职责相联系，强化业绩考核和业绩评价的战略导向作用。因此，预算管理是战略实施的重要保障，对企业战略具有全方位的支持作用。图9-5反映了预算管理与企业战略的内在联系。

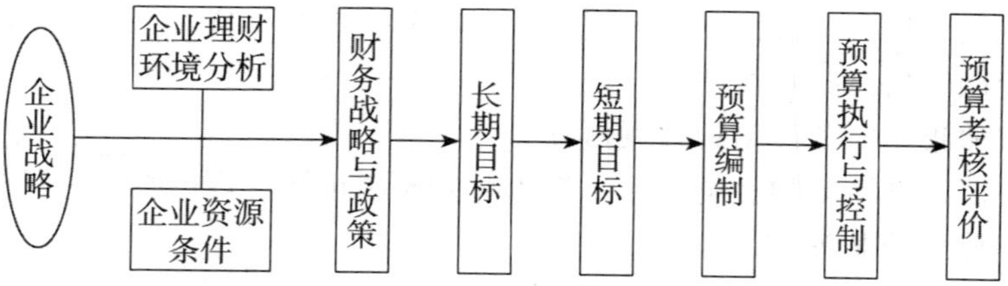

图9-5　预算管理与企业战略的内在联系

第二，企业预算是以企业经营目标为导向，运用目标管理的思想，通过预算的编制、执行和考核，对企业经营管理目标进行确定、分解并落实到各责任单位，进而延伸并细化到每位员工，从而在企业内部形成一个纵横交错、完整严密的目标连锁体系，将各职能部门、每位员工的工作目标都与预算目标联系起来。因此，预算控制是一个确定目标与实现目标的过程，企业目标通过预算的编制得以细化，预算执行为企业目标的实现提供了可靠保障，即以目标指导预算，以预算支持目标。

2）企业集团预算管理组织体系设置

集团多级法人制要求建立多级预算管理组织体系，具体包括集团公司股东大会、集团公司董事会（含预算委员会）、集团预算工作组、下属单位预算工作小组等。与单一法人企业不同的是，企业集团的预算管理组织更加复杂，主要体现在母子公司多级预算管理组织在上下之间的互动管理关系上。企业集团典型的预算管理

① CHARAN，GOLVIN．Why CEO fail［J］．Fortune，1999，6（21）．

组织架构如图9-6所示。其中，集团公司股东大会是预算审批机构，而集团公司董事会（含预算委员会）则是预算决策机构。预算委员会是集团公司董事会下设的专门委员会之一，要在董事会授权的范围内行使集团预算决策权或审议权。集团预算工作组是预算的综合管理机构，直接对集团公司董事会（含预算委员会）负责。各责任中心则是具体预算的执行机构。集团预算工作组成员一般由总部经营团队（集团总经理、副总经理、总会计师等）、集团总部相关职能机构的负责人（如战略规划部、财务部、人力资源部等）及下属主要子公司的总经理等组成。集团预算工作组的组长由集团总经理或主管财务的副总经理（集团总会计师）担任。作为常设机构，预算工作组可以单独设立，也可以附设在集团财务部名下。

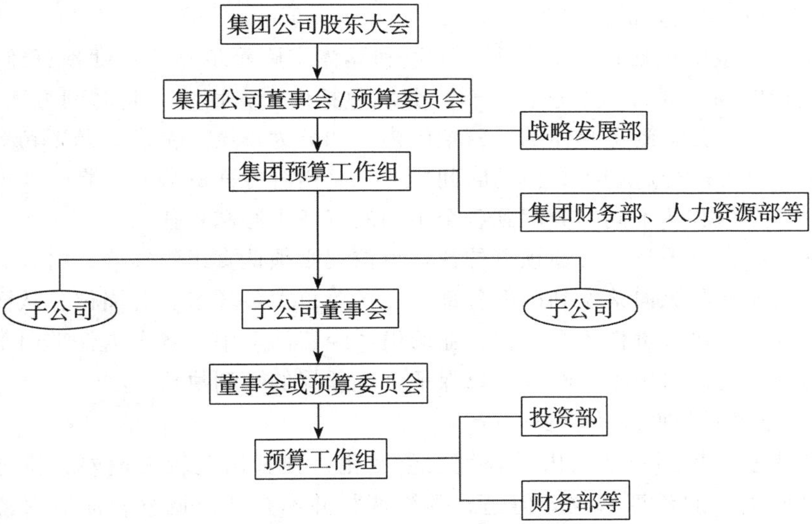

图9-6　企业集团典型的预算管理组织架构

下属成员单位预算工作组是集团下属成员单位所设立的预算管理机构。它应在集团公司董事会（或预算委员会）、集团预算工作组的统一指导下，组织开展本部门、本企业的预算管理工作。预算工作组一般由子公司的经营团队、主要职能部门的负责人等构成。其中，子公司的总经理或主管财务的副总经理（总会计师或财务总监）担任工作小组组长。同集团总部一样，它既可独立设置，又可附设在子公司的财务部下。

3）企业集团预算编制控制

预算的编制是整个预算控制体系的基础和起点。如果没有合理的预算编制依据、适当的预算编制程序和科学的预算编制方法，预算控制工作就无从开展。

通常，预算编制可以采用自上而下、自下而上或上下结合的主动参与式编制方法。整个过程为：①自上而下设置目标。先由集团总部根据集团战略、行业和市场分析报告以及当年经营总结，分析并制定总体经营目标、经营计划和预算大纲以及预算编制方法。②自下而上制定计划和预算。各部门和下属公司依据市场开发情况、内部资源能力分析以及当年计划的完成情况，编制下年度经营计划和预算。③汇总平衡。各子公司的目标汇总、平衡，子公司与总部共同讨论并解决目标设置中发生的冲突、重复和不协调等问题。④制定激励措施，公布预算目标。正式发布总体目标和实施计划，将目标分解到各子公司。子公司将目标分解到各个细分市场，分解到个人，同时制定与目标一致的激励措施。⑤跟踪执行进度监督评价。定期监督目标的执行情况，明确预算执行中的实际情况与预计的差异，定期讨论在执行中出现的问题和对策，将讨论要点反馈给子公司，以利于业务目标设置的改进，并根据新情况修改目标。

4）企业集团预算执行控制

预算执行主要包括预算的分解、下达和具体实施等步骤。年度预算经批准后，为保证执行顺利，通常需要进行分解。分解包括两个方面：一是时间方面的分解，需要把年度预算分解到更具体的经营期间内，如分为季度、月度，乃至旬等，有条件的企业甚至可以分解到更具体的时间段；二是内容方面的分解，将企业的年度总预算按照涉及内容的不同，分解到各个不同的责任中心和责任人。

预算一经批复下达，各项预算的执行单位就必须认真组织实施，将预算指标层层分解，从横向和纵向落实到内部各部门、各单位、各环节和各岗位，从而形成全方位的财务预算执行责任体系。在企业的生产经营活动中，各个责任部门都应当对照自己的预算目标组织生产经营，以保证企业预算的顺利执行。

5）企业集团预算调整控制

预算调整是指当企业的内外环境发生变化，预算出现较大偏差，原有预算不再适宜时所进行的预算修改。但是，预算调整并不是随意调整，而应保持预算的严肃性。预算调整只有在满足一定条件时才能提出，并由相应的责任单位提出申请，依照一定的程序，经预算管理部门批准之后，按照预算调整的权限与流程进行。

6）企业集团预算考评控制

预算考评是对企业集团内部各级责任单位和个人预算执行情况的考核与评价。俗话说："在管理活动中，如果没有监督与考核，再美丽的天使都会变成可怕的魔鬼。"没有预算考评，企业预算就会因失去控制力而流于形式，预算管理将变得毫无意义。在企业全面预算管理体系中，预算考评起着检查、督促各级责任单位和个人积极落实预算任务，及时提供预算执行情况的相关信息，以便纠正实际与预算的偏差，有助于企业管理者了解企业的生产经营情况，进而实现企业总体目标的重要作用。同时，从整个企业的生产经营循环来看，预算考评作为一次预算管理循环的结束总结，为下一次科学、准确地编制企业全面预算积累了丰富的资料和实际经验，是以后编制企业全面预算的基础。

9.4.3 企业集团的业绩评价

1）企业集团业绩评价的含义与特征

企业集团业绩评价是指评价主体（控股股东或母公司）运用一定的方法，采用特定的指标体系，对照一定的评价标准，按照一定的程序，对评价客体（被评价企业及其负责人等）在目标经营期间的经营业绩进行评价与考核，旨在改善集团内部管理、增强激励。

与单一法人企业相比，企业集团业绩评价具有以下3个特点。[①]

（1）多层级性

企业集团由多级法人构成，其控股结构复杂、控股链条长，在业绩评价中呈现出多层级特征：①分部业绩评价。它是集团母公司对下属成员企业的业绩评价。②集团整体业绩评价。它是集团股东对母公司业绩及集团总体业绩（以集团合并报表为基础）的评价。

（2）战略导向性

不同的企业集团、同一集团的不同时期、同一集团同一时期内的不同业务部，因其战略不同，而体现出业绩评价体系的差异性（尤其体现在指标体系及指标权重的设置上）。评价指标体系设计对未来管理导向具有诱导性。例如，集团以“做大”为导向，那么“营业收入”“市场占有率”等指标将可能成为业绩评价的主导指标；反之，如果集团以“做强”为导向，那么“净利润”“净资产收益率”“营业活动现金利润率”等将可能成为业绩评价的主导指标。

（3）复杂性

相对于单一的企业组织，企业集团的业绩评价更为复杂，这主要是因为：①关联方交易复杂。企业集团是交易内部化的产物，尤其是产业型企业集团。关联方交易业务及其关联方交易定价的复杂性，使集团内部“业绩切分”存在不确定性，甚至利益冲突。②业绩影响因素复杂。除关联方交易影响业绩因素外，还有很多其他复杂的业绩因素影响集团业绩评价。企业集团作为法人联合体，集团下属各成员单位因行业或产业属性、产品、成长周期和管理成熟度、资源占用等各种业绩影响的不同，存在较大的业绩差异，集团总部如何用“不同尺子、不同刻度单位”去衡量、评价其业绩成果，将是非常复杂的问题。

2）企业集团业绩评价体系

业绩评价是管理的重要内容，通过业绩评价，既可以了解企业集团战略的实施情况，又可以了解各种生产经营行为对集团价值的影响。有效的业绩评价能够促进集团激励约束机制的建立，从而有利于正确引导企业的经营行为，提高集团的竞争力。

---

① 王峰娟．企业集团财务管理［M］．北京：经济科学出版社，2012：174．

（1）绩效评价体系的设计思路

科学的绩效评价体系设计思路是从公司目标和战略开始，通过对关键成功因素的分析和对关键绩效指标的分解，把目标分解到各基层/部门和岗位，从而把岗位目标与公司整体发展战略联系起来。[①]企业集团绩效评价体系的设计思路如图9-7所示。

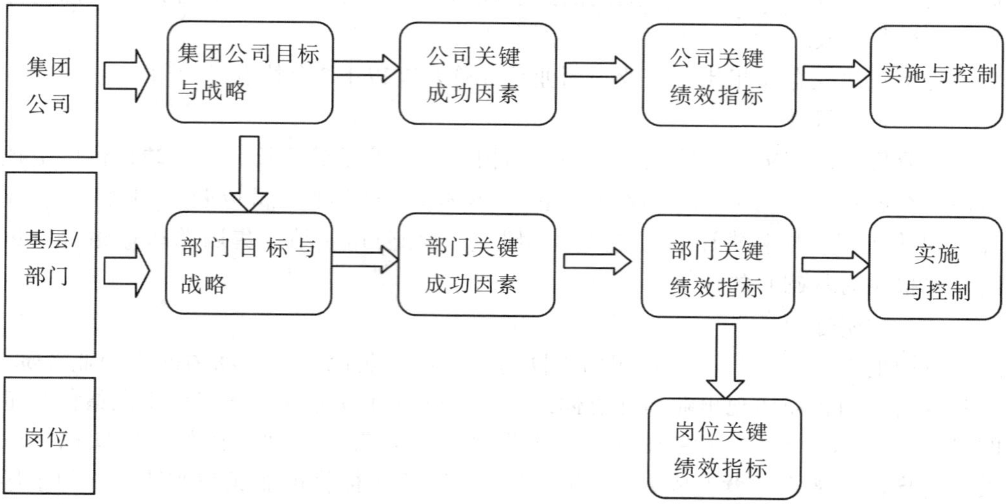

图9-7 企业集团绩效评价体系的设计思路

如图9-7所示，首先明确集团公司的战略目标，在此基础上分析实现这些战略目标的关键成功因素，并找出正确衡量这些关键成功因素的关键绩效指标，并在实践中实施控制。为实现集团战略目标，下属单位或部门要明确自身的目标与战略，并找出实现部门战略目标的关键成功因素，以及在部门层面衡量关键成功因素的关键绩效指标，再分解到具体岗位，实施与控制。

（2）绩效考核方法

企业集团采用何种绩效考核方法，需要对集团及下属单位进行全面分析。企业所属行业不同以及发展阶段不同，采用的绩效考核方法也不同。企业集团绩效管理的宗旨是要贯彻集团长期的发展战略，确保各子公司的目标与总部协调一致，关键绩效指标与平衡计分卡是较有代表性的两种绩效考核方法。

①关键绩效指标。

关键绩效指标（Key Performance Indicator，KPI）是为实现目标而设定的战略管理工具，也是衡量公司及各部门目标达成、组织和人员行为绩效的关键指标体系。关键绩效指标是依据企业组织、成员行为与战略目标之间的价值创造关系、因素因果关系建立起来的指标体系。

制定关键绩效指标应从企业集团的战略和愿景出发，关键绩效指标的制定过程

① 罗清亮，戴剑. 集团管控之道［M］. 上海：上海财经大学出版社，2015：103.

是对那些为实现战略愿景的经营目标进行分解，通过识别价值驱动因素，将经营目标转化为一套综合平衡的、可量化计量的指标体系，然后对这些指标周期性设定目标值并进行考核，为企业战略目标的实现建立起可靠的执行基础。

制定关键绩效指标应坚持以下原则：一是战略目标引导原则，即指标确定要从集团的整体发展战略出发。例如，当集团主要的战略目标是规模扩张时，很多企业会采用收购、并购和增加新业务的战略来实现目标，增长率是集团保持业绩的一个重要因素，但是同时还要考虑另一个关键因素就是良好的投资回报率，否则很难维持持续增长。二是综合平衡原则，即考核指标要在集团的长期目标和短期目标之间进行平衡。例如，集团短期内的利润数据好，股价上涨并不能说明企业是否能够维持现有业绩并在未来开拓能够盈利的业务。因此，需要评价企业业绩的持续性，以衡量其创造的实际业绩和潜在能力。三是责任中心差异性原则。由于各责任中心情况不同，因此要根据各责任中心的责任特点和实际情况来确定考核指标和所占权重。四是可控相关原则，即绩效考核指标是责任中心管理者能够控制的，且指标的导向与公司整体业绩改善是相关的。

②平衡计分卡。

Robert S. Kaplan和David P. Norton（1992）提出平衡计分卡思想。平衡计分卡（Balance Score Card，BSC）主要通过财务、客户、内部业务流程、学习与成长等四个维度，将抽象的企业战略目标通过具象的图表以及可操作的评价指标表现出来，是一种可操作性强、能够保障企业实现战略经营目标的新型业绩评价管理体系。

平衡计分卡强调，传统的财务会计模式只能衡量过去发生的事项，但无法评估企业前瞻性的投资（领先的驱动因素），因此，必须改用一个将组织的愿景转变为一组由四个维度组成的绩效指标架构来评价组织的绩效。这四个维度分别是：财务维度、客户维度、内部业务流程维度和学习与成长维度。其具体内容如下：

财务维度：主要关注如何满足股东的利益。企业在市场竞争中，必然要通过盈利获取生存和发展，因此公司财务性绩效指标能够综合地反映公司业绩，可以直接体现股东的利益。企业力争改善内部流程，关注学习和成长，获取客户的满意度最终都是为了提升财务方面的表现。

客户维度：主要关注客户如何看待企业。这一维度重点关注企业在多大程度上提供客户满意的产品和服务。这方面的指标主要有：客户满意程度、客户保持程度、新客户的获得、客户获利能力和市场份额等。

内部业务流程维度：主要关注企业在哪些流程上表现得优异才能实现战略目标，例如为获得客户的满意，为提高产品质量，在内部各个流程上分别应做到什么程度。

学习与成长维度：主要关注企业必须具备或提高哪些关键能力才能提升内部业务流程进而达到客户和财务的目标。从本质上来看，企业的学习与成长是基于员工的学习与成长，因而主要的评价指标有员工培训支出、员工满意程度、员工的稳定性、员工的生产率等。

平衡计分卡作为其中一项重要的业绩评价工具，能够反映财务与非财务指标、短期行为与长期目标、过程与结果、组织内部与外部之间的平衡，进而能够更加客观地反映企业的真实经营状况。但是，不同企业集团的实际情况和战略规划不同，因此还需要从静态、动态两个方面设计属于集团自身的业绩评价体系。

本章小结

1. 企业集团是由许多独立法人组成的经济联合体，它具有主体多元性、多层次性、以产权为主要联结纽带、资源配置效率化和多元化经营方式的特征。

2. 根据权利在母子公司配置的不同，企业集团财务管理体制分为集权型财务管理体制、分权型财务管理体制和混合型财务管理体制3种基本类型。

3. 企业集团可以通过合并收购、成立合营公司、联营等途径来实施对外实体投资。每一种投资方式都存在对投资公司特定的收益和成本。公司必须对各种投资方式进行权衡，认真分析每种方式的优缺点以及自身的需要和在特定竞争环境中的具体情况。

4. 企业集团投资的目标是最大限度地实现资源的有效配置，从而实现企业集团整体价值最大化。投资决策应围绕这个目标确定投资的战略规划、投资的规模与结构、投资对象的选择等问题，同时要充分识别和评估投资风险，把握集团现有能力和影响因素，以确保投资决策的可行性与科学性。

5. 在制定了投资决策之后，企业集团将面临的是更为复杂的管理过程，即通过制定一系列的管理流程与制度，从投资立项、实施、跟踪分析到最后投资退出进行全过程的规范、制约和保证，以规避风险，实现预期收益。

6. 内部资本市场是企业集团内部形成的，由企业集团总部和各成员企业参加的集团企业内部的资本融通市场。在内部资本市场中，公司总部是资金使用部门资产的所有者，拥有剩余控制权；在外部资本市场中，出资者则不是资金使用部门资产的所有者。

7. 资金集中管理是指将整个集团的资金归集到集团总部，在集团总部设立专职部门代表集团公司实施对资金的统一调度、管理、运用和监控。通过资金的集中管理，企业集团能够实现集团范围内资金的整合与调控，充分盘活存量资金，有效提高资金使用效率，降低财务成本和资金风险。

8. 企业集团资金集中管理有多种模式，包括传统的统收统支模式、拨付备用金模式，以及现代的内部银行模式、资金结算中心模式和财务公司模式等。

9. 企业集团的预算控制包括预算组织设置、预算编制控制、预算调整控制、预算执行控制和预算考评控制。业绩评价指标体系是集团业绩评价系统的核心部分。

讨论题

1.请讨论企业集团与集团公司的区别。

讨论题指引

2.集团总部既希望子公司发挥自身的积极性、能动性，又怕子公司失去控制，总是在集权与分权中反复，请讨论如何处理集权与分权的关系。

讨论题指引

3.请比较分析企业集团资金集中管理模式。

讨论题指引

4.“6S管理体系”是华润集团公司从自身实际出发探索出的管理多元化集团企业的一种系统化管理模式。请查阅资料了解6S管理体系产生的背景、内容及演变过程，讨论华润集团推行6S管理体系的价值，以及对我们的启示。

讨论题指引

5.以中石油为例，了解其资金集中管理的发展历程，探讨公司资金集中管理的效果及其经验，以及对其他企业集团的启示。

讨论题指引

案例分析

集团管理控制与财务公司风险管理[①]

集团管理控制是指企业集团总部为了实现集团战略目标，在集团发展壮大的过程中，通过对下属企业或部门采用层级的管理控制、资源协调分配、经营风险控制等策略和方法，使集团组织架构和业务流程达到最佳运作的管理体系（李延喜等，2011）。管理控制的最终目标是落实企业战略，而在落实战略目标的过程中，必须强调对影响战略目标实现的风险进行合理控制和管理。企业集团对成员单位统一的财权控制可以帮助集团总部对成员单位的投融资、利润分配等重大决策进行监管，通过财务资源的调配和考核机制管控成员单位的生产经营，从而确保集团战略和财务目标在成员单位的分解落实。财务公司作为集团资金管控平台，是集团构建集中管控体系的基础和保障，通过集团授权使财务公司对成员单位的资金结算和支付等

① 袁琳，张伟华. 集团管理控制与财务公司风险管理［J］. 会计研究，2015（5）：35-41.

活动进行监管，可以有效防范和管控集团的资金风险，提升集团财务风险管控能力，而实现优势的前提是集团对其风险管控制度安排的有效性。

袁琳、张伟华（2015）采用多案例研究的方法，选取10个设立财务公司的大型企业集团，试图通过考察企业集团对财务公司风险控制，判断集团管理控制对财务公司风险管理的影响。企业集团对其财务公司风险控制与考评的制度安排见表9-1。

表9-1 企业集团对财务公司风险控制与考评的制度安排

公司名称	企业集团对财务公司管理控制方式	企业集团对重大风险监测状况	风险考评状况
中国某电力集团	企业集团不定期间接了解财务公司信息，财务公司向企业集团的汇报机制随机	建立了风险预警制度，但是在执行过程中可能流于形式，尚未实现风险监控指标的自动实时生成	考评体系尚未建立，没有与薪酬挂钩
中国某科技集团	企业集团通过对财务公司董事会授权，参与财务公司决策。通过董事会和财务部门等职能部门了解财务公司信息，并开展现场检查和审计	财务公司定期向企业集团报告风险情况，对突发事件进行及时预警，自动生成银保监会监管的所有风险监督（控）指标	风险由财务公司自行管理控制，集团尚未将其与绩效挂钩
中国某工业公司	集团间接指导，风险管理部门通过定期报送“风险监控动态指标”等形式，及时向有关各方披露公司风险防控等情况	财务公司尚没有实现风险监控指标的实时生成	考评体系尚未建立，没有与薪酬挂钩
中国某能源集团	企业集团委托全资子公司——资本公司对财务公司进行管理	财务公司风险管理信息系统能够对各种风险进行计量和定量分析、定量测试；能够对超过风险预警上限的重大风险指标进行实时生成并报警	由企业集团下属资本公司负责考评财务公司绩效
中国某矿业集团	纵向接受企业集团董事会的授权和控制，接受企业集团风控部门指导；横向及日常监管接受金融板块的投资公司的考核及薪酬激励	针对一些重大决策，财务公司要执行企业集团的指令。企业集团制定了《风险监测报告制度》，对重大风险进行监测预警、报告和风险控制，但是尚未实现风险监控指标的自动实时生成	风险管理执行情况与薪酬未完全挂钩

续表

公司名称	企业集团对财务公司管理控制方式	企业集团对重大风险监测状况	风险考评状况
中国某冶金集团	财务公司受企业集团董事会的授权与控制。企业集团直接了解财务公司信息，对财务公司重大事项进行决策，主要通过重大事项集团高管、董事会审批来实现对财务公司的监管	企业集团制定了《风险监测报告制度》，对重大风险进行监测预警、报告和风险控制，但是尚未实现风险监控指标的自动实时生成	企业集团采用定期自评和集团考核评价相结合的方式，进行风险控制的自我评估。制定了责任追究和考核制度，风险管理执行情况与薪酬挂钩
中国某工程集团	企业集团间接指导财务公司风险管理及行为，不干预其日常及重大事项，通过董事会制度安排与内、外部独立审计制度，实现对财务公司的管控	企业集团制定了《风险监测报告制度》，对重大风险进行监测预警、报告和风险控制，但是尚未实现风险监控指标的自动实时生成	企业集团在全面风险管理体系中设置了"考评体系"，制定了责任追究和考核制度，风险管理执行情况与管理人员的薪酬挂钩
中国某化工集团	企业集团不干预财务公司的日常及重大事项，财务公司经营完全独立，但是遇到涉及集团层面的重大战略问题和风险时要通报企业集团	企业集团制定了《风险监测报告制度》，对重大风险进行监测预警、报告和风险控制，但是尚未实现风险监控指标的自动实时生成	目前还没有全集团完整的风险考评体系和制度
青海某矿业集团	企业集团间接了解财务公司信息，不干预其日常及重大事项，通过人员委派制度与内、外部独立审计制度，实现对财务公司的管控	企业集团制定了《风险监测报告制度》，对重大风险进行监测预警、报告和风险控制，但是尚未实现风险监控指标的自动实时生成	制定了责任追究和考核制度
某民营电子集团	企业集团统一授权财务公司董事会进行管理，财务公司重大事项需通过申报集团董事会进行决策	企业集团制定了《风险监测报告制度》，对重大风险进行监测预警、报告和风险控制，但是尚未实现风险监控指标的自动实时生成	制定了责任追究和考核制度，对因风险管理执行不到位而对公司造成了不良影响或产生损失的，会追究相关责任人的责任

针对财务公司风险管理效果评价，案例集团考评方式集中在：纳入集团预算考评、内审自评并上报董事会、聘请外部专业机构评价、银保监会评价。有6家集团（中国某矿业集团、某民营电子集团、中国某工程集团、青海某矿业集团、中国某

科技集团、中国某冶金集团）采用定期自评和聘请外部专业机构评价相结合的方式进行风险控制的自我评估，对风险管理的有效性进行检验，并根据变化情况和存在的缺陷及时加以改进，企业集团制定了统一的责任追究和考核制度，其中，部分集团的风险管理执行情况与管理人员的薪酬开始挂钩。其他4家企业集团对财务公司风险考评尚不完善，如中国某化工集团目前还没有全集团完整的风险考评体系和制度，仅在考核制度中明确了资金支付类业务的考评，并未将考评结果与薪酬挂钩。

根据以上分析资料，要求：

1. 请针对上述企业集团对其财务公司风险控制与考评的制度安排做一个总体评价。

2. 根据案例资料，总结上述企业集团对其财务公司风险控制与考评的制度还存在哪些问题？

3. 企业集团应如何加强对其财务公司的风险管控，你有何建议？

案例分析指引

延伸阅读文献

第10章 跨国公司财务管理

学习目标

◇ 了解跨国公司财务管理的环境和持征

◇ 了解外汇的含义及外汇汇率的决定理论

◇ 掌握跨国公司资本预算的程序和方法

◇ 掌握跨国公司融资的来源及计价货币的选择

◇ 熟悉跨国公司内部资本转移的一般方式

党的二十大报告明确指出："坚持高水平对外开放，加快构建以国内大循环为主体、国内国际双循环相互促进的新发展格局。""稳步扩大规则、规制、管理、标准等制度型开放，加快建设贸易强国，推动共建'一带一路'高质量发展，维护多元稳定的国际经济格局和经贸关系。"这说明我国未来仍然坚持"走出去""引进来"的双向开放战略。一方面积极利用外资，进一步扩大商品和服务贸易，实施市场多元化战略，巩固传统市场，开拓新兴市场，努力扩大出口；另一方面，支持本土企业进行全球布局，同时发展本国和国际市场。这种高水平对外开放的战略实施，离不开跨国公司的发展和壮大。以我国为例，2022年11月7日，商务部、国家统计局和国家外汇管理局联合发布《2021年度中国对外直接投资统计公报》（以下简称《公报》）[①]。《公报》显示，2021年，中国对外直接投资流量1 788.2亿美元，比上年增长16.3%，连续十年位列全球前三，对外投资大国地位稳固。2021年末，中国对外直接投资存量2.79万亿美元，连续五年排名全球前三。2021年中国双向投资规模基本相当。2021年，中国对外直接投资涵盖国民经济的18个行业大类，其中，八成投资流向租赁和商务服务、批发零售、制造、金融、交通运输领域，流量均超过百亿美元。2021年年末，租赁和商务服务、批发零售、金融、制

---

① 摘自中华人民共和国商务部官网http://www.mofcom.gov.cn/article/xwfb/xwrcxw/202211/20221103365310.shtml。

造等行业投资存量均超千亿美元，投资结构不断优化。《公报》提到，中国对“一带一路”沿线国家投资持续增长。截至2021年年底，中国在“一带一路”沿线国家设立企业超过1.1万家，约占中国境外企业总量的四分之一。2021年，中国对“一带一路”沿线国家直接投资241.5亿美元，创历史新高，占中国全年对外投资流量总额的13.5%；年末存量2 138.4亿美元，占存量总额的7.7%。地方企业对外投资方面，2021年，中国地方企业对外非金融类投资877.3亿美元，占57.7%。2021年年末，地方企业在境外设立非金融类企业数量占比达86.3%，广东、上海、浙江名列前三。2021年，中国对外投资带动货物出口2 142亿美元，比上年增长23.3%；带动货物进口1280亿美元，增长44%。当年境外企业向投资所在地纳税555亿美元，比上年增长24.7%；为当地提供约395万个就业岗位，互利共赢效果显著。

本章首先介绍跨国公司财务管理的环境及特征，在介绍外汇的相关概念及汇率决定理论的基础上，从跨国公司角度出发，说明跨国公司资本预算的方法、跨国公司的融资管理以及跨国公司内部资本转移管理的相关内容。

10.1 跨国公司财务管理环境及特征

10.1.1 跨国公司财务管理环境

根据联合国“跨国公司行动准则政府间工作组”提出的定义，跨国公司是一个由经济实体构成的工商企业，其主要内容包括：由一系列企业在两个或两个以上国家开展经营活动；这些企业推行总公司的全球战略，并且共担风险、共享资源；这些企业在一个共同控制体系下开展经营活动。该控制体系以股权、合同或其他安排为依据。所以，跨国公司是在一定程度上通过集中控制，并且在两个或两个以上的国家从事跨国界生产经营活动的现代经济实体①。

按照环境内容的不同，跨国公司面临的财务管理环境可分为政治环境、法律环境、经济环境和社会文化环境四大类。

1）政治环境

任何一个独立的国家都拥有允许或禁止国外企业在其政治边界内开展业务的正当权利，因此跨国公司要想在其他国家进行经营和财务管理，就必须认真考虑东道国的政治环境，包括东道国政府对国外企业的政策态度以及东道国的政治稳定性等。

（1）东道国政府对国外企业的政策态度

各国政府对待在本国领域内进行经营的跨国企业可能采取不同的政策态度。有的国家政府认为，国外企业与国内企业的自由竞争会对国内企业产生促进作用，可以维护市场公平，因此对国外企业与国内企业一视同仁，不干涉国外企业的经营和

① 毛付根，林涛. 跨国公司财务管理［M］. 4版. 大连：东北财经大学出版社，2023.

资本运作；有的国家政府则认为国外企业在本国的经营会损害本国企业的利益，或者危害本国的文化和价值观念，因此采取禁止或严格限制的政策，比如进口管制、严格限定企业的形式和股权比例、限制借款、限制利润汇出等。东道国政府对国外企业的政策态度直接影响跨国公司的经营和财务管理决策，尤其会对跨国公司的现金流量、资本成本、资本结构等财务决策的重要指标产生直接影响。

（2）东道国的政治稳定性

政治稳定性包括政权的稳定、社会的稳定，如有没有暴乱、政治性罢工或恐怖活动等，以及政策的连续性和稳定性。东道国政治稳定可以使跨国公司财务决策所需的变量变化较小，企业决策的准确性更高。但是，对于跨国公司的经营和财务管理来说，政治稳定到底是利还是弊不能一概而论。政治稳定不一定意味着跨国公司经营的经济利益高，因为当前稳定的政府或政策并不一定是对跨国公司有利的政府或政策。因此，对东道国政治变化的预测以及分析和判断政治变化会给企业带来何种影响是跨国公司经营和财务管理的一项非常重要的内容。

政治环境中其他的一些政治因素，如东道国的政治制度是公有制还是私有制、政府形式是民主共和还是军人专政等，也会给跨国公司的财务管理带来风险和机会，因此也要纳入考虑范围之内。另外，政治环境决定了法律环境和经济环境，因为政体和社会制度往往决定了该国法律的原则和内容，政府的政策本身都是通过各种法律法规、文件条例等形式颁布，并经执法和检察部门落实的，政治体制决定了经济体制和经济运行规则，决定了经济中各种关系的处理方式。因此，政治环境、法律环境和经济环境在很多方面是相互作用、相互影响的。

2）法律环境

跨国公司的经营和财务管理活动涉及多个国家和地区，其面临的法律问题不仅局限于本国的有关规定，而且东道国、国际社会的法律也会对它的活动产生效力。实际上，东道国政府对待国外企业的很多政策措施都是通过法律形式颁布的。因此，跨国公司的财务人员不仅需要了解东道国的法律特征、国际法和东道国法律对跨国公司的法律管制内容、国际经营活动中的司法权管辖权等问题，而且需要了解东道国的法律状况以及有关经营和财务管理方面的法律条文，因为遵循这些法律法规是跨国企业在东道国取得经营资格和顺利经营的前提，同时，熟悉并利用这些法律法规可以保护跨国企业在东道国的利益。

3）经济环境

与政治环境和法律环境相比，经济环境变化更快，对跨国公司财务管理的影响也更直接。例如，东道国的经济制度往往会影响跨国公司财务管理活动的灵活性；经济周期、经济发展水平和发展速度能够决定跨国公司投资的规模；金融体系会影响跨国公司资金筹措的渠道和方式；税收制度会对跨国公司财务管理的资本成本、现金流量产生最直接的影响；东道国的通货膨胀、国际收支状况还可能导致跨国公司现金流量汇率的改变等。

（1）通货膨胀

通货膨胀或通货紧缩都可能会给跨国公司的经营带来风险。东道国的通货膨胀主要会对跨国公司的现金流量、国外子公司的财务状况产生影响，另外还会通过汇率和利率对财务管理产生综合影响。

（2）经济状况

东道国的经济状况包括其经济发展水平及发展速度，以及所处的经济周期的阶段。经济发展水平较高的国家或地区市场细分程度高，产品需求呈现多样性，人们的购买力也相对较高；经济发展速度快的国家，产品市场、投资需求会迅速扩大，从而给跨国公司提供了更多的销售和投资机会。经济周期会对一国或一个地区甚至世界范围的产品需求规模和投资需求规模产生重要的影响。例如，在经济周期的繁荣阶段，产品市场的需求量扩大，企业的销售和投资需求旺盛，那么跨国公司在该国可以扩大收入、扩大投资；在经济周期的衰退和萧条阶段，产品市场萎缩，企业销售减少，投资需求减少，甚至现金流量急剧减少可能会导致资金短缺，引发财务困难。

（3）金融市场

跨国公司在全球范围内进行资金的筹集和投放。如果某个国家金融市场具有优势，那么可以吸引跨国公司在其中进行融资和投资。比如是否具有丰富或特殊的金融工具可供跨国公司选择，是否有足够大规模和高流动性的股票市场吸引跨国公司筹集大额资金，投资者对收益率要求的高低等。跨国公司的财务管理人员可以根据不同国家金融市场的特点设计融资和投资战略。

（4）税收制度

投资者最为关心的是税后收益的多少，因此，每家企业对税收制度的内容和变化都非常敏感。研究各国的税收制度对于跨国公司而言具有更加重要的意义，因为与非跨国公司相比，跨国公司的财务管理人员可以在世界范围内利用不同的税收制度，通过更多的途径和方式进行税收筹划，从而可以最大限度地减少税收支付。

4）社会文化环境

各国的社会文化环境不尽相同，这将直接影响东道国消费者的生活方式、消费倾向、购买动机和购买种类，从而影响跨国公司投资的国别与项目的选择等。社会文化因素包括宗教制度、教育和劳动力的素质、社会心理因素、国民感情和民族意识等。如果跨国公司所处的文化环境与投资地的文化环境存在较大冲突，那么会给跨国公司带来很多不便，在投资过程中也会产生种种不协调的现象，从而对投资的经济效益产生不良影响。

10.1.2 跨国公司财务管理特征

跨国公司财务管理是企业国际化与金融市场一体化的必然产物，其研究的领域涵盖了一般财务管理的范围，但研究的角度却与一般财务管理有所不同。跨国公司财务管理从全球的角度探讨各个问题，并且还要考虑公司跨越不同的文化、政治、经济背景以及由于国际形势变化所导致的利率、汇率、商品价格等因素的变动，但同时这些也有可能为跨国公司带来更多的经济机会。与非跨国公司相比，跨国公司财务管理具有以下特征：

1）面临外汇风险

外汇风险是指由于汇率发生变动而对企业财务收支和成果产生影响的风险。浮动汇率制度的引入和汇率的波动增加了跨国公司经营环境的不稳定性，它会对跨国公司的经营活动和国际投资组合的收益产生影响。跨国公司面临的外汇风险主要可以分为三大类①：

（1）交易风险

交易风险是指公司在以外币计价的各种交易过程中，由于汇率变动使折算为本币的数额增加或减少的风险。交易风险具体又可以分为：商品进出口交易的外汇风险，即公司在进行商品、劳务进出口的交易过程中用外币计价结算，由于从成交日到结算日的汇率变动，使公司以外币计算的收入、支出可能增加或减少而导致的风险，又可以分为出口交易的外汇风险和进口交易的外汇风险等；外汇借款的汇率风险，即公司借入某种外汇，由于从借入日到偿还日的汇率变动，使公司还本付息折合本币数额增多或减少的风险；外汇买卖的汇率风险，即公司买入某种外汇，持有一段时间后卖出，由于从买入到卖出这一期间汇率发生变动从而使本币数额增多或减少的风险；远期外汇交易的汇率风险，即在远期外汇交易中，由于合约规定的远期汇率与合约到期日的即期汇率不一致，使按远期汇率付出的货币数额多于或少于按即期汇率付出的货币数额而发生的风险；对外投资中的外汇汇出、利润汇回和原本撤回的汇率风险，即公司以外汇对境外投资，在外汇汇出到汇回利润和投资本金撤回这一期间内由于汇率的变动使公司发生的外汇风险；其他获得外币资产或带来外币债务的交易活动的汇率风险。

（2）会计折算风险

会计折算风险又称折算风险。折算是指将国外子公司的外币会计报表，采用一定的方法，按照一定的汇率进行折算，以母公司所在国的货币来表示，以便汇总编制整个公司的合并会计报表。折算风险是指由于汇率变动，报表的不同项目采用不同汇率折算，因而产生损失或利得的风险。

（3）经济风险

经济风险是指由于汇率变动对公司的产销数量、价格、成本等经济指标产生影响，从而使公司未来一定时期利润和现金净流量减少或增加，引起公司价值变化的一种潜在风险。

上述风险对公司的影响程度是不同的。就交易风险来说，汇率的变化随时间的

① 罗菲．公司理财［M］．2版．北京：经济科学出版社，2015．

推移而不断对交易过程产生影响；就折算风险来说，汇率的变化只对某一变动点之前或到这一变动点时的过去情况产生影响；就经济风险来说，汇率的变化只对变动后的情况产生影响。在这3种风险中，按其影响的重要性不同，排序依次应为经济风险、交易风险和会计折算风险。

2）面临政治风险

政治风险是指因东道国发生政治事件或者东道国与跨国公司所在国甚至与第三国政治关系发生变化而引起的对跨国公司价值产生影响的可能性。跨国公司面临的政治风险的主要原因有以下两项①：

（1）跨国公司与东道国政府之间目标上存在冲突

从历史上来看，跨国公司与东道国政府在目标上的冲突主要集中在：跨国公司是否对东道国经济的发展、东道国国际收支状况以及东道国货币的外汇价值产生影响；跨国公司是否侵犯了东道国的国家主权；跨国公司是否拥有股权并对当地股权形成控制；东道国政府是否应该对出口进行控制；跨国公司应该使用当地还是外国经理及员工，以及对自然资源的掠夺等问题。

（2）跨国公司经营可能与东道国政府的法规产生冲突

各国政府为达成其战略目标所实施的一些法规通常会限制跨国公司的经营。例如，规定最高管理职位和董事会的成员必须由本国人担任；出口行业的产品或服务在国内必须按规定价格销售；对外国投资企业征收额外的税费；要求外国公司必须通过政府有关机构招收员工，并按高于本地企业的标准发放工资等。

3）市场机会增加

企业的财务活动如果跨越国界，就会有更多的市场机会。这些机会产生的主要原因体现在：

（1）国际金融市场的快速发展和金融工具的不断创新

货币市场和资本市场全球一体化进程的发展使企业可以在不增加风险的情况下，在全球范围内进行融资或投资。国际金融市场上有充沛的资金，企业在国内融资困难的情况下，可以比较容易地从国外筹集到大量资金。同时，企业向多个国家进行直接投资或证券投资也能够为股东在世界范围内提供分散风险和增加收益的机会。

（2）各国资本的供求状况以及获取资本的难易程度不同

跨国公司在全球范围内进行经营，而在全球范围内，货币有软硬、税种有不同、税率和利率有高低、劳动力和商品价格有差距、外汇和外贸管制有宽严，因此企业在经营和财务管理方面有很多可选择之处，从而可以获得更多的市场机会。例如，企业可以利用国外众多的资金市场，从资本成本较低的国家筹集资金，向利润率较高和税率较低的国家投资；可以从原材料价格较低的国家进口原材料，生产出

① 毛付根，林涛．跨国公司财务管理［M］．4版．大连：东北财经大学出版社，2023．

产品后再运到价格较高的国家销售；还可以到劳动力和原材料价格低廉的国家建厂，就地生产和销售，以获取更多的利润。

以上3个特征是相互联系的。正是由于跨国公司能够在新的环境下进行经营，因而才会面临外汇风险和政治风险，同样也是因为这些新的环境才能够给跨国公司带来新的市场机会。总之，机会和风险是并存的。

10.2 外汇与汇率决定理论

10.2.1 外汇与外汇汇率

跨国公司财务管理与外汇管理密切结合，外汇管理会渗透于财务管理的各个方面。因此，了解跨国公司财务管理的首要前提就是理解有关外汇的内容。本节将对外汇及汇率决定理论的有关内容进行简要的阐述。

1）外汇的含义及其内容

外汇（foreign exchange）是“国际汇兑”一词的简称。其动态的含义是指把一个国家的货币兑换成另一个国家的货币，借以清偿国际债权债务关系的一种专门性的经营活动；其静态的含义是指以外币表示的用于国际结算的支付手段。财务管理中的外汇一般都是采用其静态含义。

外汇一般需要具备3个条件：必须是以外币表示的资产；必须可以兑换成其他形式的资产或以外币表示的支付手段；必须能被实行一定货币制度的一国政府所控制。

按照我国外汇管理条例的规定，外汇的具体内容包括：外国货币，包括纸币、铸币；外币支付凭证，包括票据、银行存款凭证、邮政储蓄凭证；外币有价证券，包括政府债券、公司债券、股票等；特别提款权（SDR）、欧洲货币单位（ECU）；其他外汇资产。

2）外汇汇率

汇率是两种货币兑换的比率，即一国货币用另一国货币表示的价格。汇率又称为汇价或外汇行市。通过银行用本国货币按汇率购买外汇或将外汇按汇率兑换成本国货币，就是进行外汇买卖，汇率是外汇买卖的兑换标准。

(1) 外汇汇率的标价方法

国际外汇市场上有两种不同的外汇汇率标价方法。

第一，直接标价法。直接标价法是指以一定单位（1个单位或100个单位）的外国货币作为标准，折算成若干本国货币来表示其汇率的标价方法。在直接标价法下，外国货币数额固定不变，汇率涨跌都以相对的本国货币数额的变化来表示。一定单位外币折算的本国货币增多，说明外币汇率上涨或本币汇率下跌，即外国货币币值上升，或本国货币币值下降；相反，一定单位外币折算的本国货币减少，说明外币汇率下跌或本国货币汇率上涨，即外国货币币值下降，或本国货币币值上升。

除英国和美国外，世界上绝大多数国家和地区都采用直接标价法。同国际上绝大多数国家一样，我国的人民币外汇牌价也采用直接标价法。

第二，间接标价法。间接标价法是指以一定单位的本国货币为标准，折算成若干数额的外国货币来表示其汇率的标价方法。在间接标价法下，本国货币的数额固定不变，汇率涨跌都以相对的外国货币数额的变化来表示。一定单位的本国货币折算的外国货币数量增多，说明本国货币汇率上涨或外国货币汇率下跌，即本国货币升值或外国货币贬值；相反，一定单位的本国货币折算的外国货币数量减少，说明本国货币汇率下跌或外国货币汇率上涨，即本国货币贬值或外国货币升值。

英国一向采用间接标价法，美国在第二次世界大战之前长期使用直接标价法。在第二次世界大战以后，美元在国际收付和国际储备中逐步取得统治地位，从1978年9月1日开始，除对英镑继续使用直接标价法外，对其他货币一律改用间接标价法公布美元汇率。英国和美国使用间接标价法的目的是与其他国家外汇市场上各国货币对英镑和美元的标价一致。

（2）外汇汇率的种类

按照不同的标准，汇率可以分为许多不同的类型，主要有以下几种：

从银行买卖外汇的角度划分，可以分为买入汇率、卖出汇率、中间汇率和现钞汇率；按照制定汇率的方法划分，可以分为基本汇率与套算汇率；按照外汇交易的期限划分，可以分为即期汇率与远期汇率；按照银行外汇汇兑的方式划分，可以分为电汇汇率、信汇汇率与票汇汇率；按照外汇管制的宽严程度划分，可以分为官方汇率和市场汇率；按照国际汇率制度划分，可以分为固定汇率与浮动汇率；按照外汇市场营业时间划分，可以分为开盘汇率和收盘汇率；按照外汇买卖对象划分，可以分为银行同业汇率和商业汇率等。

10.2.2 汇率决定理论

从理论上说，一种货币对其他货币的汇率取决于外汇市场上对该货币的供给和需求关系，但外汇市场上同时还存在着一些基本的等价关系。这些等价关系表现为：购买力平价理论、费雪效应、国际费雪效应、利率平价理论和无偏差理论等。

1）购买力平价理论

购买力平价理论讨论的是汇率变化和货币购买力变化之间的关系。这一理论的基本思想是：某一种货币之所以被需要，是因为它具有购买力。一个国家的货币价值由其在该国国内所能购得商品及劳务的量，也就是购买力来决定，因此对本国和外国货币比价的衡量主要取决于两种货币的购买力。如果一国发生了通货膨胀（假设为中国），而另一国（假设为美国）的物价水平保持不变，那么，人民币的购买力就会相对降低。如果两国都发生通货膨胀，那么两国的货币购买力都下降，此时人民币与美元的相对购买力的变化取决于两国物价上涨的幅度。如果美元物价上涨幅度小于人民币，那么人民币的价值相对于美元下降；反之则上升。

以上原理可以用公式表示如下：

$$\frac{S_t}{S_0}=\frac{1+P_d}{1+P_f} \tag{10.1}$$

或 $$S_t=S_0\frac{1+P_d}{1+P_f} \tag{10.2}$$

式中：S_0表示以直接标价法表示的当前的即期汇率；S_t表示一段时间以后的即期汇率；P_d表示当前本国的通货膨胀率；P_f表示当前外国的通货膨胀率。

假设中国的通货膨胀率为3.6%，美国的通货膨胀率为2.3%，则（10.1）式的右边等于1.013，即$S_t=1.013S_0$，这说明年年末时一单位美元所能兑换的人民币数将为年初时的1.013倍，意味着年末时人民币相对于美元贬值了。也就是说，通货膨胀的提高引起货币购买力的降低，从而导致了货币贬值。

如果将△定义为0～t期间汇率的预计变化率，则有：

$$\Delta=\frac{S_t-S_0}{S_0}=\frac{P_d-P_f}{1+P_f} \tag{10.3}$$

（10.3）式左边是直接标价法下的汇率变动百分比，而右边的分子是两国通货膨胀率之差。这一公式就是购买力平价理论的基本公式。如果外国通货膨胀率很小，那么可以忽略分母项。简化后，可以得到购买力平价理论的近似公式为：

$$\Delta=\frac{S_t-S_0}{S_0}=P_d-P_f \tag{10.4}$$

从（10.4）式可以看出，汇率的预计变化率应等于两国通货膨胀率之差。

通过购买力平价理论能够很好地理解汇率的变动，各国的中央银行经常按照这一理论制定新的汇率平价，很多公司也常使用这种方法对未来的汇率进行预测。

2）费雪效应

费雪效应是以美国经济学家Irving Fisher命名的。这一理论论述的是利率与通货膨胀率之间的关系。其基本思想是：各国的名义利率可以简单地分为投资获得的真实利率和预期通货膨胀率两个部分。在资本可以在国际市场上自由流动的条件下，两国名义利率的相对差别可以大体上反映两国一般价格水平的预期相对变动，也就是说，名义利率（i）与真实利率（r）和预期通货膨胀率（P）之间具有如下的关系：

$$1+i=(1+r)(1+P) \tag{10.5}$$

费雪效应认为，世界上每个国家的真实利率都是相同的，即世界上只有一个真实利率，记作r_w。这是因为，如果一个国家货币的真实利率高于其他国家，那么大量的资本就会流入这个国家。只要政府不加干涉，这种套利活动就会持续进行，直到与真实利率相等为止。因此根据（10.5）式，两国（本国记为d，外国记为f）之间就会存在下列关系：

$$1+r_w=\frac{1+i_d}{1+P_d}=\frac{1+i_f}{1+P_f}$$

也就是：$\frac{1+i_d}{1+i_f}=\frac{1+P_d}{1+P_f}$ （10.6）

（10.6）式说明费雪效应所表明的两国名义利率与通货膨胀率之间的关系是成立的，也可以对费雪效应进一步简化。（10.5）式也可以表示为：

$i=r+P+rP$ （10.7）

由于真实利率和通货膨胀率都小于1，两者相乘之积（rP）就更小，因此可以忽略（10.7）式中的最后一项，则可以得到以下公式：

$r=i-P$ （10.8）

同样，由于各个国家的真实利率相等，因此可有：

$r_w=i_d-P_d=i_f-P_f$

即：$i_d-i_f=P_d-P_f$ （10.9）

（10.9）式表明，两国名义利率之差等于两国通货膨胀率之差。

3）国际费雪效应

把购买力平价理论和费雪效应结合起来就可以得到一个新的平价理论：国际费雪效应。购买力平价理论建立了汇率与预期通货膨胀率之间的关系，而费雪效应反映的是名义利率与预期通货膨胀率之间的关系，它们之间存在着一个共同因素，即预期通货膨胀率。根据（10.1）式和（10.6）式则有：

$$\frac{S_t}{S_0}=\frac{1+P_d}{1+P_f}=\frac{1+i_d}{1+i_f}$$

如果上式中的中间项忽略不计，那么可以得到国际费雪效应的公式：

$$\frac{S_t}{S_0}=\frac{1+i_d}{1+i_f} \quad (10.10)$$

还可以推导出：

$$\Delta=\frac{S_t-S_0}{S_0}=\frac{i_d-i_f}{1+i_f} \quad (10.11)$$

如果（10.11）式中的i_f相对较小，那么可以得到国际费雪效应的近似公式为：

$$\Delta=\frac{S_t-S_0}{S_0}=i_d-i_f \quad (10.12)$$

根据（10.12）式，国际费雪效应的含义是：即期汇率的变化率（直接标价法下的外币升值率或贬值率）应等于两国的利率之差。

4）利率平价理论

不同国家的利率差异必然引起利息套汇，大量的利息套汇者不断地进行利息套汇，就会出现利率平价。利率平价说明的是外汇市场与货币市场的平衡关系。根据利率平价关系，如果以证券代表金融资产，那么两国风险与期限相同的证券的利率差别（本国利率减外国利率）在扣除交易成本后应等于外币的远期升水或贴水[①]。

如果S_0表示即期汇率，F_0表示一年期远期汇率，那么利率平价理论可用公式表

---

① 远期升水是指一种货币的远期汇率高于即期汇率，在直接标价法下表现为远期汇率的具体数值大于即期汇率的具体数值；远期贴水反之。

示如下[①]：

$$\frac{1+i_d}{1+i_f}=\frac{F_0}{S_0} \tag{10.13}$$

如果（10.13）式两边都减去1，那么可以得到：

$$\frac{i_d-i_f}{1+i_f}=\frac{F_0-S_0}{S_0} \tag{10.14}$$

（10.14）式右边就是在直接标价法下外币的远期升水或贴水。如果该公式中的i_f相对较小，那么可以忽略（10.14）式左边的分母项，因而可以得到：

$$\frac{F_0-S_0}{S_0}=i_d-i_f \tag{10.15}$$

（10.15）式就是利率平价的近似表达式，式中左边表示外币的远期升水或贴水，右边表示本国利率与外国利率之差。

5）无偏差理论

无偏差理论说明了远期汇率与未来即期汇率之间的关系。将国际费雪效应公式（10.10）和利率平价公式（10.13）结合起来，就可以得到：

$$\frac{F_0}{S_0}=\frac{1+i_d}{1+i_f}=\frac{S_t}{S_0} \tag{10.16}$$

由上式可得：$F_0=S_t$　（10.17）

（10.17）式表明，目前的远期汇率等于一定时期（1年）后预计的即期汇率。上式也可以表示为：

$$\frac{F_0-S_0}{S_0}=\frac{S_t-S_0}{S_0} \tag{10.18}$$

（10.18）式表明，外汇远期升水或贴水等于预计的外汇升值或贬值。无偏差理论说明，在没有干扰的情况下，当前的远期汇率应等于未来的即期汇率。也就是说，根据远期汇率可以无偏差地预测到期时的即期汇率。上述5种汇率决定理论可用图10-1表示[②]：

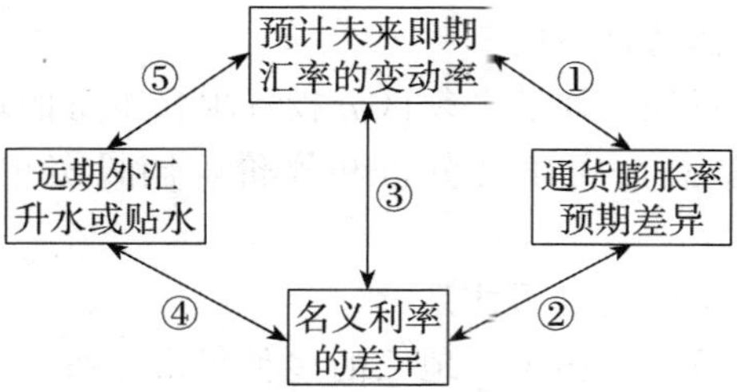

图10-1　汇率平价关系图

注：

①购买力平价理论 $\frac{S_t}{S_0}=\frac{1+P_d}{1+P_f}$　公式（10.1）

---

① 具体推导过程略。

② 刘淑莲. 公司理财［M］. 北京：中国金融出版社，2005.

②费雪效应 $\frac{1+i_d}{1+i_f}=\frac{1+P_d}{1+P_f}$ 公式（10.6）

③国际费雪效应 $\frac{S_t}{S_0}=\frac{1+i_d}{1+i_f}$ 公式（10.10）

④利率平价理论 $\frac{F_0}{S_0}=\frac{1+i_d}{1+i_f}$ 公式（10.13）

⑤无偏差理论 $F_0=S_t$ 公式（10.17）

在图10-1中，尽管每一种平衡关系强调的都是某一对因素的相互关系，但实际上，它们之间是相互交叉相互影响的。例如，根据无偏差理论，可以利用当前的远期汇率预测未来的即期汇率，但名义利率差值率、通货膨胀率差值率都会对即期汇率产生直接影响。同时也应注意，上述这几种平价关系是在外汇市场充分发达和完全开放情况下外汇汇率变化的规律，这些平价关系完全由市场调剂作用完成，因此在实际中，外汇可自由买卖的程度对这些平价关系可以应用的程度起到决定性作用。

10.3 跨国公司资本预算

10.3.1 跨国公司资本预算基本特性及主体选择

1）跨国公司资本预算基本特性

跨国投资项目是否可行，关键的一步是对投资项目的经济可行性进行科学的评价。跨国投资项目的经济可行性评价，其原理类似于国内投资项目的经济评价，但由于跨国投资项目处于其他国家，其面临的政治、经济、社会环境等与国内有所不同，涉及的可变性因素很多，更加复杂，因此其经济可行性评价也具有其自身的特殊性。

与国内投资项目的经济评价相比，跨国投资项目经济评价具有以下基本特性：

（1）项目评价的主体选择不同

对跨国投资项目进行经济评价必须区分投资项目本身的现金流量和母公司的现金流量，从而有助于从总公司角度分析和评价跨国投资项目对公司整体所做的贡献。

（2）项目评价涉及不同的货币体系

跨国生产经营会涉及不同国家、地区的多种货币体系，这些货币体系在各自的资本市场上会形成不同的利率水平、不同的通货膨胀率水平以及不同的汇率水平，并都具有不同程度的变动情况。因此，跨国投资项目的经济评价，必须考虑各国不同的通货膨胀率水平及外汇汇率水平变动对公司竞争地位的影响，以及由此引起的公司现金流量的变动。

（3）项目评价涉及不同的税收制度

跨国生产经营会涉及不同国家和地区的不同税制。这些国家和地区的关税、所得税税率等有所不同，同时，其实施的外汇管制、进出口管制等也有所区别。因此在对项目进行评价时必须考虑到，跨国投资项目的实际现金流量可能受到汇回母公司的现金形式，如利息、本金、管理费、股利等的影响，同时还会受到当地政府干预程度及金融市场财务功能的影响。

（4）项目评价涉及不同的风险

在不同国家和地区进行投资会有不同的投资风险和经营风险，因此跨国投资还必须考虑不同国家或地区投资风险及经营风险等因素对现金流量的影响。

2）跨国公司资本预算主体选择

由于受税制、外汇管制、汇率变动、跨国公司内部的财务结算制度以及出口替代等因素的影响，在对跨国公司投资项目进行可行性分析时，以子公司为主体和以母公司为主体进行评价，其现金流量差异可能会很大，因而评价结果也可能有所不同。例如，假定东道国政府规定，子公司收益的一定百分比必须留在该国，那么在这类国家进行投资的项目可能对母公司没有吸引力，因为母公司可能永远也无法得到这笔被留在东道国的投资资金。但该项目对子公司可能却是非常不错的。因此，主体的选择至关重要。

（1）以子公司为评价主体

通过跨国投资在国外形成的子公司是具有较强独立性的经济实体。因此，从子公司这一主体出发，对投资项目本身建成投产后能否取得相应的经济效益进行独立的经济评价，是必不可少的。以子公司为主体进行经济评价，其所用的方法和原理同一般国内投资项目的经济评价基本相同。

（2）以母公司为评价主体

经济理论认为，一个投资项目的价值取决于投资者可以得到的未来现金流量的现值，而跨国公司及其股东是进行跨国投资的投资者，因此从母公司的角度分析和评价跨国投资项目，即在国外创建一家子公司对公司整体收益的影响也是非常必要的。

10.3.2　跨国公司资本预算程序及方法

跨国投资可以分为直接投资和间接投资两种基本方式。间接投资是指投资者在国际金融市场上购买外国公司的股票、债券等，其目的是获取证券投资的股息或债息。直接投资是指投资者在国外经营公司，并通过直接控制或参与其生产经营管理以获取利润的投资。直接投资的结果通常是建立子公司或分公司。本节以跨国公司为例介绍与直接投资有关的几个问题。

1）跨国投资环境分析

跨国投资环境是指在跨国投资过程中影响跨国资本运行的东道国（资本输入国）的综合条件。与国内投资环境相比，跨国投资环境更为复杂、多变，对投资的效益和风险产生的影响更大、更直接。为了正确地做出投资决策，首先必须对有关国家的投资环境进行分析和评价。关于跨国投资环境分析方法的研究，国外已进行多年，常见的跨国投资环境分析方法主要有以下两种：

（1）冷热分析法

这种方法是由美国学者伊西阿·利特法克和彼得·班廷二人通过对美国、加拿大等国的大批工商界人士进行调查和对大量资料进行综合分析后得出的。在这里，把一国投资环境的好坏归结为以下7个因素：政治稳定性、市场机会、经济发展和成就、文化一元化、法令阻碍、实质阻碍（指一国的自然条件、气候等）、地理及文化差距。根据上述7个因素进行分析，一国的投资环境好，即为“热国”，反之则为“冷国”[①]。

（2）投资环境评分法

对跨国投资环境的“冷热”分析，主要是从宏观因素进行的，对于干扰跨国投资环境的微观因素考虑得较少。为此，美国学者罗伯特·斯托鲍夫于1969年提出了“投资环境评分法”。这种评价方法是从东道国政府对外国投资者的限制与鼓励政策出发，对影响投资环境的八大微观因素及若干子因素进行具体分析，并根据各子因素对投资环境的有利程度给予评分，以表格的形式逐级评分，并相加得出总分。分数越高，表明该地投资环境越好；分数越低，表明该地投资环境较差，当低到一定程度时则不适宜在该地进行投资。

2012年，我国学者张碧琼、田晓明在此基础上，又将该指标体系进行了扩展，将指标体系扩展到了12项指标：资本抽回、外资股权、对外商的管制程度、货币稳定性、政治稳定性、给予关税保护的意愿、当地资本可供程度、近五年的通货膨胀率、基础设施情况、劳动力供给水平、市场需求度、商务成本（包括水、电、气、土地、房屋价格及环境保护费用等）。该指标体系综合了现有主要评价方法的指标，并将其分类同时设定分值，然后根据具体某个国家（地区）的相关信息进行各因素打分，加总即可得出该国（地区）投资环境的总分，其分值排序可供投资者参考。投资环境评分法的指标体系及评分标准见表10-1[②]。

表10-1　**投资环境评分法的评分标准**

投资环境因素	评分
一、资本抽回	0～12分
无限制	12
只有时间上的限制	8
对资本有限制	6
对资本和红利都有限制	4

① 夏乐书，李琳. 国际财务管理［M］. 5版. 大连：东北财经大学出版社，2020.
② 张碧琼.国际财务管理学［M］.北京：北京大学出版社，2020.

续表

投资环境因素	评分
限制繁多	2
禁止资本抽回	0
二、外资股权	0~12分
准许并欢迎全部外资股权	12
准许全部外资股权但不欢迎	10
准许外资占大部分股权	8
外资最多不得超过股权半数	6
只准外资占小部分股权	4
外资不得超过股权的三成	2
不准外资控制任何股权	0
三、对外商的管制程度	0~12分
外商与本国企业一视同仁	12
对外商略有限制但无管制	10
对外商有少许管制	8
对外商有限制并有管制	6
对外商有限制并严加管制	4
对外商严格限制并严加管制	0
禁止外商投资	0
四、货币稳定性	4~20分
完全自由兑换	20
黑市与官价差距小于一成	18
黑市与官价差距在一成至四成之间	14
黑市与官价差距在四成至一倍之间	8
黑市与官价差距在一倍以上	4
五、政治稳定性	0~12分
长期稳定	12

续表

投资环境因素	评分
稳定但因人而治	10
内部分裂但政府掌权	8
国内外有强大的反对力量	4
有政变和动荡的可能	2
不稳定，政变和动荡极有可能	0
六、给予关税保护的意愿	2～8分
给予充分保护	8
给予相当保护但以新工业为主	6
给予少许保护但以新工业为主	4
很少或不给予保护	2
七、当地资本可供程度	0～10分
成熟的资本市场，有公开的证券交易所	10
少许当地资本，有投机性的证券交易所	8
当地资本有限，外来资本不多（世行贷款）	6
短期资本极其有限	4
资本管制很严	2
高度的资本外流	0
八、近五年的通货膨胀率	2～14分
小于1%	14
1%～3%	12
3%～7%	10
7%～10%	8
10%～15%	6
15%～35%	4
35%以上	2

续表

投资环境因素	评分
九、基础设施情况	2 ~ 8分
基础设施便利且维护良好	8
基础设施便利但老旧	6
基础设施不够便利	4
基础设施几乎没有	2
十、劳动力供给水平	0 ~ 8分
劳动力素质高、供给充足，工资水平低	8
劳动力素质较高、供给充足，工资合理	6
劳动力素质较低、供给充足，工资水平低	4
劳动力供给不足，工资水平较高	2
十一、市场需求度	6 ~ 12分
当地消费水平高且供给不足	12
当地消费水平高且有供给	10
当地消费水平一般	8
当地消费水平很差	6
十二、商务成本（包括水、电、气、土地、房屋价格及环境保护费用）	0 ~ 8分
供给充足，价格低廉	8
供给尚可，价格较低	6
价格与国际持平	4
供给不足，价格略高	2
供给不足，价格昂贵	0
总计	16 ~ 136分

用总分来揭示投资环境的优劣，其评判大致可分为以下几种情况：

（1）120分以上，投资环境为“优”，表明非常适合投资；

（2）101 ~ 119分，投资环境为“良”，表明比较适合投资；

（3）91 ~ 100分，投资环境为“中”，表明应谨慎投资；

（4）81 ~ 90分，投资环境为“差”，表明不太适合投资；

（5）80分及以下，投资环境为“很差”，表明很不适合投资。

投资环境评分法是目前国际较为流行的投资环境的定量评价方法，投资者只需要将表10-1中的各项评分进行比较，即可对不同投资环境做出合理评估，以确定投资环境的优劣，从而做出正确的投资决策。

2）跨国投资现金流量分析应注意的问题

从方法论上讲，跨国投资现金流量分析与国内投资现金流量分析并无差别，但国外投资面临的实际情况更为复杂。在分析时，应注意以下几个问题：

（1）资本预算主体不同

从不同的资本预算主体出发，现金流量可能会有较大差别。跨国公司对外直接投资后形成了分处两个国家的不同经济实体：母公司的现金流量和国外投资项目（即子公司）的现金流量。两种不同的现金流量因其国别不同，性质也不同，因此投放在项目上的现金流量与流向母公司的现金流量必须严加区分。

（2）跨国投资具体环境的影响

在分析时要充分认识各国的税收体系、金融机构、外汇管制、会计准则以及金融资产流动的限制等方面对现金流量的影响。同时，汇率变化、利率变化、通货膨胀率变化不仅会改变国外投资项目的竞争地位，而且会改变母公司与子公司之间的现金流量的价值，因此在投资分析中应给予充分重视。

（3）政治风险的影响

在跨国投资中，政治风险的高低会使对外投资的价值发生很大变化。

3）国外子公司资本预算分析

国外子公司投资现金流量表与国内一般项目现金流量表编制方法的基本原理是一样的，但必须考虑以下两点：第一，在估计投资项目的成本和收益时，要充分考虑由于汇率变化、通货膨胀率变化引起的货币贬值、东道国干预等因素；第二，对外投资发生的有关成本和收益的货币与母公司的货币不同。

确定国外投资项目的净现值一般有两种方法：第一种方法是以子公司所在国货币估计现金流量，并按计划汇率换算成母公司所在国货币，然后按母公司所在国货币的资本成本折现，从而得出以母公司所在国货币表示的投资净现值；第二种方法是为了避免进行外汇汇率预测，跨国公司完全以子公司所在国的货币计算净现值，然后按现行汇率将计算结果换算成母公司所在国货币。

假设我国某跨国公司在美国建立一子公司，其净现值的计算方法见表10-2。

表10-2 **国外投资项目净现值计算方法**

第一种方法	第二种方法
第一，以美元估计未来的现金流量； 第二，根据预测汇率将美元换算成人民币； 第三，根据人民币的折现率计算现值	第一，以美元估计未来的现金流量； 第二，根据美元的折现率计算现值； 第三，根据即期汇率将美元换算成人民币

这两种方法的差别在于外汇汇率的预测是否准确，如果各国的利率、汇率、通货膨胀率之间存在着简单的平价关系，那么这两种方法得出的结论应该是一致的。

［例10-1］某中国跨国公司在美国的子公司期望现金流量见表10-3。

表10-3 **美国子公司期望现金流量表** 单位：万美元

年份	第1年	第2年	第3年	第4年	第5年
现金流量	80	95	102	115	130

假设该跨国公司要求以15.5%的投资收益率从美国的投资中收回人民币，经母公司财务经理预测，名义投资利率在美国为8%，在中国为10%；美国的预期通货膨胀率为5%，中国的预期通货膨胀率为7%；假设第1年年初的即期汇率为1美元=7.07元民币元。试根据上述资料按两种方法计算投资项目的净现值。

首先，计算未来即期汇率。根据购买力平价理论，未来的即期汇率（第1年年末）为：

$$S_1 = S_0 \cdot \frac{1 + P_d}{1 + P_f} = 7.07 \times \frac{1 + 7\%}{1 + 5\%} \approx 7.205\text{（元人民币/美元）}$$

据此可依次计算各年年末的即期汇率，借以预测以人民币表示的各年现金流量，见表10-4。

表10-4 **现金流量预测表**

项目	第1年	第2年	第3年	第4年	第5年
现金流量（万美元）	80	95	102	115	130
预测的即期汇率（元人民币/美元）	7.205	7.342	7.482	7.624	7.769
现金流量（万元人民币）	576.4	697.49	763.16	876.76	1 009.97

其次，将以人民币表示的各年现金流量按要求的最低收益率或风险调整折现率（无风险利率+风险补偿率）进行折现。其有关指标计算如下：

1+风险调整折现率=（1+名义利率）（1+风险补偿率）

假设预测风险补偿率为5%，则：

以人民币计算：1+风险调整折现率=（1+10%）×（1+5%）=1.155

以美元计算：1+风险调整折现率=（1+8%）×（1+5%）=1.134

根据上述计算结果，采用第一种方法将以人民币表示的现金流量按最低收益率15.5%进行折现，则投资现值（PV）为：

$$PV = \frac{576.4}{1.155} + \frac{697.49}{1.155^2} + \frac{763.16}{1.155^3} + \frac{876.76}{1.155^4} + \frac{1\,009.97}{1.155^5} = 2\,501.22\text{（万元人民币）}$$

当采用第二种方法时，由于美元的名义利率低于人民币的利率，因此调整后的折现率为13.4%。以这一折现率对美元表示的现金流量进行折现，则：

$$PV = \frac{80}{1.134} + \frac{95}{1.134^2} + \frac{102}{1.134^3} + \frac{115}{1.134^4} + \frac{130}{1.134^5} \approx 353.23\text{（万美元）}$$

将美元现值按1美元=7.07元人民币的即期汇率折算为人民币：

PV=353.23×7.07≈2 497.34（万元人民币）

如排除计算误差，那么这两种计算结果相同。根据以上计算结果，即可按一般方法计算投资项目的净现值或内部收益率。

4）母公司资本预算分析

国外投资项目的评价不但应从投资项目本身进行评价，而且要站在母公司的立场上评价该项目。在评价时应考虑以下几个问题：净现金流量从子公司转换到母公司的可能性；子公司所在国有关汇兑资本方面的税收规定；两国外汇汇率变化等。

从母公司角度进行分析，其现金流入量主要来自子公司的净现金流量、许可证收入、监管费收益等。现金流出量主要是从子公司获得股利收入而应向本国政府缴纳的各种税款等。现金流入量减现金流出量的净现金流量是母公司可以运用的净收益。据此可以按最低收益率计算母公司进行国外投资的净现值和内部收益率。

5）跨国投资风险

跨国投资风险是指在特定的环境和特定的时间内，各种不确定因素的存在，客观上导致跨国投资项目的实际收益与预期值之间发生偏差或造成国际投资的经济损失。一般可以将跨国投资风险划分为两类：一类为商业风险；另一类为国家风险。

跨国投资的商业风险是指由于经营环境、企业经营战略、经营决策等的变化导致的投资经济损失，通常包括自然风险、外汇风险、利率风险和经营风险。而国家风险是指由于国家主权行为的不确定性造成经济主体损失的可能性。在跨国投资活动中，国家作为交易的一方，可能通过其违约行为（如停付外债本金或利息）直接构成风险，也可能通过经济政策和法规的变动（如调整汇率和税率政策等）间接构成风险。根据引发风险的事故性质，可将国家风险划分为政治风险和经济风险：政治风险是指东道国发生的政治事件或东道国与其他国家的政治关系发生的变化对跨国公司造成不利影响的风险。经济风险是指东道国经济上的因素对跨国公司造成不利影响的风险。

近年来，跨国公司在发展中国家和发达国家遇到的国家风险，不论是类型还是程度都有显著的增加。对于国家风险，最主要的防范办法就是要做好投资前的国家风险评估，国家风险的评估[①]是采用科学的方法量化测评国家风险事件或事物可能带来的影响或损失程度。目前，国家风险的评估已形成一个巨大的行业，国际上被市场普遍认可的有三家信用评级机构的国家主权信用评级机构，这三家机构分别是：穆迪（Moody’s Investors Service）、标准普尔（Standard & Poor’s）和惠誉（Fitch IBCA）；国内比较有影响力的有中国社会科学院世界经济与政治研究所公布的中国海外投资国家风险评级体系（Country-risk Rating Overseas Investment from China，Institute of World Economics and Politics，CROIC-IWEP）、大公国际资信评估有限公司的国家信用评级指标体系、中国出口信用保险公司的《国家风险分析报告》和中国短期出口贸易信用风险指数等。

---

① 严格来讲，“国家风险”和“主权信用风险”是不同的，但因为国家风险是国家主权行为所引起的，或与国家社会变动有关，二者都是从国家或政府的角度出发，因此本文对二者不做区分。

【课堂拓展】 **投资必须关注被投资方的感受**

要想在其他国家或地区的投资中取得成功，必须考虑对方的感受。当我们说一句话、做一件事的时候，是否考虑过它的负面作用？海外投资往往是利益对冲的过程，任何一个不经意的行为都有可能引起对方的反感和质疑。

本世纪初，蒙古国开始实行放开资源开发的政策，世界各大国闻讯纷纷加入对蒙古国资源的开发行列，为从中分得一杯羹而奋力一搏，其中以奥优陶勒盖铜矿项目最为引人注目。该矿是全世界迄今为止最大的铜金矿，包括紫金、中铝在内的六七家中国公司积极参与到了奥优陶勒盖项目的开发当中。

然而，就在中国企业踌躇满志的时候，事情却节外生枝。当时很多国内媒体为了突出报道主题，在措辞方面很不注意，这让蒙古国觉得奥优陶勒盖项目的背后还有着强烈的政治色彩。另外，政府层面的介入，让他们很反感，也伤了蒙古国人的自尊心。2009年10月初，在连续数年的冗长谈判后，澳大利亚矿业巨头力拓矿业集团、加拿大艾文雷矿业与蒙古国政府签署了在该国南部戈壁沙漠开发奥优陶勒盖铜金矿工程的协议。如今控制奥优陶勒盖项目的4家公司为澳大利亚力拓、日本三井、住友以及蒙古国本土的一家企业。中国企业的海外投资计划失败①。

10.4 跨国公司融资管理

跨国公司融资管理主要包括以下3个方面，即跨国公司的资本来源、跨国融资计价货币的选择以及跨国融资风险管理。

10.4.1 跨国公司资本来源

1）跨国公司内部融资

跨国公司内部融资是指资本从母公司流向子公司或从一家子公司流向另一家子公司。其形式主要有：

（1）股权融资

股权融资是母公司通过购买子公司股票，即向子公司投资，使资本流向子公司。通过母公司来源取得的股票融资，其主要优点是能够加强母公司对子公司的所有权和控制权、能够加强海外子公司的举债能力，便于其筹措资本；缺点是外汇风险较大、汇付利润和偿还投资资本的风险较高、财产被没收和国有化的风险较大。

（2）举债融资

举债融资就是母公司利用自有资本或从银行取得的借款向子公司放贷。通过母公司来源的举债融资，优点是支付利息可以获得税收利益，易于得到较低成本的资本，易于汇付利润和偿还资本；缺点是子公司从国外借入资本的外汇风险较大。

① 引自搜狐新闻，2017年3月24日。

（3）其他子公司向某一子公司放贷或公司内部转移

跨国公司内部融资是跨国公司最主要的资本来源，而在以上3种来源中，前两种是最主要的。

2）东道国融资

东道国是跨国公司补充资本的重要来源。跨国公司可以根据东道国的经济状况和金融环境筹集所需要的资本，如通过当地证券市场进行股权融资或债券融资，或通过当地银行取得借款等。

通过东道国融资的优点是政治风险低、支付利息扣税、外汇风险小、可与当地公司或其他金融机构建立良好的关系；缺点是东道国的资本可供量有限、母公司对子公司的控制权较弱。

3）国际代理机构和第三国来源融资

跨国公司可以通过各种国际机构，如世界银行、国际开发协会、亚洲开发银行、进出口银行等筹集所需要的资本，也可向第三国银行借款或向第三国资本市场发行股票或债券等进行融资。

跨国公司通过各种金融机构贷款可以分为两种情况：一种是意向贷款，即贷款与一定的目的（例如商品出口、工程项目招标）相联系，这种贷款一般利率低、期限长，有时带有一定的优惠条件。另一种是自由外汇贷款，即由国际金融市场上的外国商业银行提供。这种贷款与其他国家贷款方式相比：优点是贷款方式灵活、手续简便，资本供应充足，允许借款者选择借款币种，贷款可以自由使用，不受贷款银行限制；缺点是贷款利率较高，期限较短。

4）国际贸易融资

跨国公司在对外贸易结算中，通常会有融资活动伴随发生，如远期汇票折现、出口押汇、保理账款（出售应收账款）、进口押汇、信托押汇等，这些都可以作为跨国公司的资本来源。

10.4.2 跨国融资计价货币的选择

跨国公司在举债融资过程中面临的一个重要问题就是如何权衡利率水平和外汇风险水平之间的关系。

1）无风险条件下计价货币的选择

无风险条件下计价货币的选择是指在借款利率不变，未来汇率变动已知的情况下进行计价货币的选择。在这种情况下，一般可以通过比较两种货币借款成本的大小进行选择。

[例10-2] 假设某公司年初准备借入一笔1年期借款供美国子公司使用，当时国际金融市场上有美元和欧元两种货币可供选择，两种货币当时的汇率为1欧元=1.110美元。该公司可以直接从银行借入500万美元，假定1年期借款的利率为4.45%；也可以先借入450.45万欧元，1年期借款的利率为6.5%，然后兑换成500

万美元。假设借款在年末1次还本付息。如果公司借入欧元，那么年末还须用美元兑换欧元以偿还欧元借款本息479.73万欧元（450.45+450.45×6.5%）。公司将选择哪一种计价货币呢？

在利率不变的情况下，期末汇率（1年后的即期汇率）的变动相对于期初汇率（现行的即期汇率）来说，有3种情况：

第一，如果期末汇率仍然为：US$1.110/EUR，那么该公司显然应选择美元借款，因为美元借款的利率低于欧元借款利率。如果借欧元，那么1年后还本付息数为479.73万欧元，相当于532.5万美元，其借款成本为32.5万美元（532.5-500）；如借美元，那么1年后还本付息数为522.25万美元，其借款成本为22.25万美元。

第二，如果期末汇率为：US$1.116/EUR，即欧元升值。如果借欧元，那么1年后需还本付息数仍为479.73万欧元，按期末汇率换算成美元数为535.38万美元，这表明公司必须支付535.38万美元认购479.73万欧元，借款成本为35.38万美元；如借美元，借款成本为22.25万美元。因此，当欧元升值时，该公司需要用更多的美元才能购得等额的欧元。在这种情况下，公司仍应选择以美元作为其债务的计价货币。

第三，如果期末汇率为：US$1.077/EUR，即欧元贬值。如果借欧元，那么1年后还本付息数为479.73万欧元，按期末汇率换算成美元数为516.67万美元，这表明公司只需用516.67万美元便可以认购479.73万欧元。因此，当欧元贬值时，公司可用较少的美元购入等额的欧元。在这种情况下，公司应选择欧元作为其债务的计价货币。

如果公司的管理者能够准确地预测1年后的汇率，也就是贷款偿还时的汇率，计算并比较预测汇率下的美元或欧元借款成本，那么就可以做出正确的融资决策。但事实上，汇率受各种因素的影响，无法确切预知，所以大多数情况下公司都要在风险条件下进行计价货币的选择。

2）风险条件下计价货币的选择

虽然借款人不可能事先得知未来的确切汇率，但可以在充分分析汇率未来走势的基础上，对汇率的不确定性进行量化。

［例10-3］假设上例中该公司对未来汇率变化情况进行分析测算，得到资料见表10-5。

表10-5　**汇率变化情况分析**

汇率（US$/EUR）	1.077	1.116	1.138	1.149
概率	0.25	0.20	0.45	0.10

汇率期望值=1.077×0.25+1.116×0.20+1.138×0.45+1.149×0.10=1.1195（US$/EUR）

根据以上资料，可以采用两种方法比较每种贷款方案的预期成本：

（1）公式分析法

这种方法是将借款方案的成本表示为期末汇率的函数。假设期末汇率用X_1表示，则欧元的借款成本为：

C_{EUR}=借款本金×（期末汇率-期初汇率）+借款利息×期末汇率

$=450.45(X_1-1.110)+29.28X_1$

$=479.73X_1-500$

假设1年后期末汇率为1.1195，则当X_1=US$1.1195/EUR时，代入上式可得欧元借款的预期成本为37.06万美元。如前所述，美元借款成本为22.25万美元，由于$C_{EUR}>C_\$$，即欧元借款成本高于美元借款成本，因此该公司应选择成本较低的美元借款。

（2）临界分析法

临界分析法是先将期末汇率的不确定性量化为X_1，然后通过预期成本与汇率的函数关系求出欧元借款成本。临界分析法不必用特定的概率将风险量化，只需要求出在两种借款成本相等时的汇率X_b就可以进行决策。按上例，当$C_{EUR}=C_\$$时，可以得到下式：

$479.73X_b-500=22.25$

$$X_b=\frac{500+22.25}{479.73}=1.0886$$

上式中的US$1.0886/EUR是两个借款方案成本相等时的汇率，又称成本重合点。如果期末汇率X_1<US$1.0886/EUR，那么欧元借款便宜；反之，美元借款更合适。上述结果如图10-2所示。

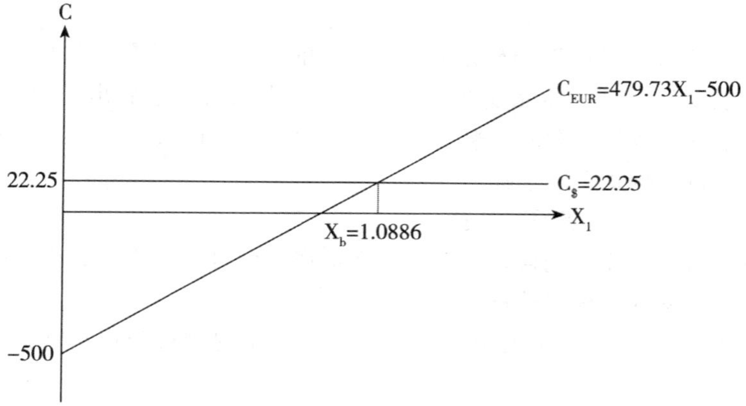

图10-2　计价货币选择临界图（万美元）

图10-2中C_{EUR}线是根据函数$C_{EUR}=479.73X_1-500$绘制而成的；$C_\$$线表示函数式$C_\$=22.25$万美元。两条直线的交点所决定的均衡汇率为$X_1=X_b=1.0886$。从图中可知，当$X_1>X_b$时，欧元借款成本高于美元借款成本；当$X_1<X_b$时，美元借款成本高于欧元借款成本。因此，公司可以根据预期汇率做出正确的融资决策。按上例，当

期望汇率 X_1=US$1.1195/EUR时，由于 $X_1>X_b$，则该公司应选择美元借款。

除此之外，借款的计价货币与投资项目的收益货币保持一致也是选择计价货币的一个重要原则，这样可以直接使用投资项目的收益偿还借款本息，避免不必要的汇率风险。

10.4.3　跨国融资风险管理

1）跨国融资风险管理的原则

融资风险管理主要是控制与防范在对外融资过程中以及所融资本在使用和偿还过程中发生的利率和汇率风险。当进行风险管理时，应坚持以下原则：

（1）均衡原则

均衡原则主要是指融资币种、使用币种和偿还币种相平衡，软货币与硬货币相平衡；融资长短期限相平衡；总体利率结构（固定利率与浮动利率）相平衡；融资市场结构相平衡；融资成本结构（利率、汇率、费用）相平衡等。

（2）保值原则

融资管理的目的是防范并减少因汇率和利率等变化所引起的对外债务的增加，而不是获利。由于一些防范风险的金融工具，如掉期交易，既可以用来保值，又可以用作投机性交易，因此在使用时应明确使用目的。

（3）全过程原则

风险管理要贯穿始终，包括借、用、还3个环节，即不仅在筹措阶段要采取防范风险的措施，在融资资本使用阶段和偿还阶段同样应注重风险的防范。

2）跨国融资风险管理中的保值工具

国际比较流行的保值工具主要有以下几种类型：远期合约套期保值、期货合约套期保值、货币互换、利率互换以及期权合约套期保值等。因大部分内容已在第6章中进行了详细的论述，在此不再赘述。

10.5　跨国公司内部资本转移管理

10.5.1　跨国公司内部资本转移的类型和作用

在跨国公司内部，由于存在着投资关系、借贷关系、服务关系和买卖关系而形成了种类繁多、数额庞大的跨国公司内部资本的转移。跨国公司内部资本转移管理，在很大程度上影响着资本的配置和使用效益。

1）跨国公司内部资本转移的类型

跨国公司内部资本转移大体有3种类型：

（1）母公司向子公司转移资本

这种方式主要包括母公司对子公司的股权投资，母公司向子公司提供贷款，母公司按转移价格从子公司购进商品等。

（2）子公司向母公司转移资本

这种方式主要包括子公司偿还母公司的贷款本息，子公司向母公司支付股利，子公司向母公司支付的各种专利权使用费、许可证费、管理费及出口佣金等，母公司从子公司抽回部分投资的资本等。

（3）子公司之间转移资本

子公司之间转移资本包括相互间贷款的发放与回收、利息的收入与支付、按转移价格买卖货物时转移资本等。

2）跨国公司内部资本转移的限制因素

在跨国经营中，公司会面临大量的资本转移障碍或限制。这些限制因素包括：

（1）政治限制

东道国政府实行外汇管制，使该国货币不可兑换，将资本转移完全封锁；对外资公司的股利汇回征收带有没收性质的税款；通过各种制度拖延向外资公司发放必要的许可证明；实施索要高额费用等法律性限制等。

（2）税收限制

在税收方面，一方面，东道国政府可以对资本流出课以重税；另一方面，许多国家税种繁多，税务部门重叠交叉，纳税程序错综复杂，也使得资本流出十分困难，有时甚至出现同一笔外资收入被多次征税的情况。

（3）交易成本

交易成本不但包括通过银行进行外汇交易和资本转移时所需要支付的费用，而且包括当地管理部门的一些规定，比如，要求国际资本的转移必须交由当地指定银行办理，或禁止跨国公司对内部成员公司之间应收账款、应付账款的国际冲兑等。

（4）流动性限制

在跨国经营中，母公司通常对子公司或分公司资本的流动性提出要求，以确保母公司将来及时收回自己的贷款。这种流动性要求在很大程度上降低了子公司或分公司将自己的流动资本以最佳的币种存放于最安全的项目上的能力。

3）跨国公司内部资本转移的套利效应

虽然跨国经营给公司内部资本转移带来了很多不利影响，但也可能给跨国公司带来获利的可能。跨国公司可以通过建立资本内部转移机制获取3种新的套利机会：

（1）税收套利

跨国公司可以将利润从高税率国家的子公司转移到低税率国家的子公司，或从那些处于应税状态的子公司转移到处于亏损状态的子公司，这样可以减轻其总的税收负担。

（2）金融市场套利

内部资本转移可使跨国公司绕过外汇管制，为母公司或子公司的过剩资本寻找投资场所、为资本不足的子公司寻找新的资本来源。

（3）管理体制套利

当跨国公司子公司的利润不受市场影响，而受政府或工会的影响时，跨国公司可以通过内部转移价格等方式重新分配利润，进而粉饰其真实的获利水平，这样可以使跨国公司在与当地政府谈判时占有一定的优势。

另外，内部资本转移管理还可以让跨国公司的子公司不受东道国信贷管制的影响。如果政府对当地的借款有限额，那么子公司利用内部资本转移管理获得外部资本，就可能给子公司带来较高的短期利润，并且能使其在长期竞争中占据良好的市场地位。

10.5.2　跨国公司内部资本转移的一般方式

跨国公司内部资本转移的方式有很多，以下将介绍几种常用的方法。

1）股利

股利是跨国公司的子公司向母公司转移资本的最重要方式。股利将影响母公司与母公司所在国、子公司与子公司所在国以及股东的利益，所以跨国公司应详细考察各种因素，对各方的利益进行平衡，认真制定股利政策。股利支付率是股利政策中的核心要素。例如，母公司规定子公司的股利支付率为30%，那么国外子公司就应将30%的利润交给母公司。跨国公司采取股利汇出资本时，应着重考虑以下几个因素：

（1）税收因素

东道国与本国的税法都会对跨国公司的股利政策产生重大影响。因此跨国公司应该了解各国的实际税率，通过调整各子公司的股利支付率可以大大降低跨国公司的整体税负水平。

（2）外汇风险因素

如果可以预计汇率变动的趋势，那么跨国公司就能通过股利政策的调整将资本从弱币区转至强币区。也就是说，当子公司所在国的货币将发生贬值时，跨国公司可以通过增加股利汇出的数量，从而达到减少当地的货币资产的目的；反之，当子公司所在国的货币将升值时，跨国公司则可以采用减少股利汇出数量或推迟股利发放时间的策略等。

（3）外汇管制因素

在通常情况下，国际收支发生困难的国家会采取一定措施限制外资公司支付股利，如只允许按注册资本的一定百分比汇出股利等。为了降低外汇管制的危害，一些跨国公司会采取相对稳定的股利支付率，以表明股利支付是既定股利支付计划的一部分，而不是对东道国货币的投机，即使股利不能汇出，也照常宣布分配。这样就可以建立一个将来放松或取消管制时汇出股利的基础。如果当一国发生政局变动或外汇危机时，母公司就会要求子公司尽快转移剩余资本，那么这时一般可以通过增加股利汇付来实现资本的转移。

（4）融资因素

在确定股利支付政策时还应考虑各子公司资本的机会成本和融资能力。例如，与持有剩余资本的子公司相比，一家必须借入资本的子公司通常具有更高的机会成本。也就是说，有些子公司拥有低成本的融资来源，而另一些子公司则只能按相对较高的利率借入资本。在一般情况下，母公司要给资本机会成本相对较低的子公司确定一个较高的股利支付比例，同时只从借入成本较高或面临有利投资机会的子公司提取较少的股利。

（5）子公司具体状况

在通常情况下，小型子公司很少制定股利汇出的基本原则，往往是随机应变；中型子公司在运用股利政策配置资金方面具有较大的灵活性；大型子公司一般在确定股利汇出政策后就不再随意变更。同时，跨国公司在制定股利政策时还应考虑子公司的建立时间：如果子公司的建立时间较长，一般会将利润的很大一部分作为股利汇回给母公司；反之，建立时间不长的子公司向母公司转移的资金相对少些。

（6）其他股东的态度

国外子公司中的当地股东也会影响跨国公司股利政策的制定和调整。与当地股东相比，跨国公司更多的是从长期全球战略出发，所以当地股东追求的是较短的投资回收期，而跨国公司更关心的是全球范围内资金的最佳配置。

2）特许权费、服务费及管理费

子公司向母公司支付或子公司之间支付的特许权费、服务费与管理费，也是跨国公司内部转移资本的一种基本方式。因为各种服务、管理建议、专利等基本没有市场参考价，所以这种方式给了跨国公司更大的调节空间，子公司所在国一般难以控制。

（1）特许权费

特许权费是指子公司为获取技术、专利或商标的使用权而向拥有该技术、专利、商标权的母公司或子公司支付的报酬，通常是通过签订许可证合同的方式进行的。特许权费可以用每单位产品支付一定金额的方法进行支付，也可以按提成方式进行支付。如果使用提成方式，一般不需要规定提成费的具体金额，但要约定提成年限、提成基础、提成比例、交费币种和时间。提成的具体金额取决于子公司引进技术、专利或商标使用权后所产生的实际经济效果。

子公司以支付特许权费的方式向母公司转移资本主要有以下优点：第一，因为特许权费在许可证合同中具有明确的支付标准，故当由此形成的资本从子公司向母公司转移时，东道国一般无法施加限制。拉丁美洲等实行严格的外汇管制，当地子公司经常以支付特许权费的名义打破东道国政府的资金封锁。第二，特许权费属于子公司的正常运营费用，因此可以抵减子公司应在东道国缴纳的所得税，同时该所得税可以在母公司所在国得到抵免。如果子公司不是以特许权费的方式，而是以股利的形式向母公司转移资本，那么不仅在分派股利之前需要在东道国缴纳所得税，而且在股利汇出时还要缴纳股利预扣税。在这种情况下，如果包括东道国所得税税率和预扣税税率在内的联合税率高于母公司所在国的所得税税率，那么该项股利已在东道国缴纳的税金就可能无法在母公司得到完全抵免，从而加重跨国公司整体的税收负担。

（2）服务费

服务费是指由于母公司向子公司提供修理、安装、人员培训、技术指导和咨询等专业性服务而向子公司收取的补偿费。由于服务费是针对向某子公司提供的特定服务而收取的，因此一般按照服务的类型、时间和等级确定费用的支付标准。

（3）管理费

管理费是母公司对跨国经营活动进行全面管理而发生的一般性费用，如现金的集中管理成本、宣传或公关费用、最高管理者的工资费用等。管理费通常按规定的标准或比率在各子公司之间平均分摊。

由于服务费和管理费不像专利权、商标权、版权和专有技术的特许权费那样明确和具体，因此通常会受到东道国政府和当地合作经营者的密切监督，过高的收费标准必然会遭到他们的反对。但是，这些费用的收取一般没有可比的外部标准做参考，因此只要母公司与子公司事先为此签订明确的书面协定，并且前后一贯地执行，东道国政府也就很难提出反对意见。

3）内部信贷

内部信贷是跨国公司在全球范围内转移资本的一种主要方式。内部信贷是指境内母公司与境外子公司之间以及各子公司相互之间提供的信贷。内部信贷主要有4种形式：直接贷款、背对背贷款、平行贷款及存贷调换等。

（1）直接贷款

它是母公司向子公司、子公司向母公司或子公司向另一子公司直接提供贷款的方式。借贷的货币可以是任何一方或第三国的货币。直接贷款的优点是简便易行，并且由于贷款利息率可以高于或低于市场利息率，使得跨国公司可以有效利用转移价格的优势。其缺点是可能存在资金汇回限制和外汇风险。

直接贷款方式适用于资金移动不受限制或很少受到限制以及外汇风险较小的情况。当预测资金移动将受到限制，并且外汇风险较大时，跨国公司可以选择使用以下各种间接贷款的方式。

（2）背对背贷款

背对背贷款是指两个国家的企业（母公司）通过协议分别向对方在本国的子公司发放贷款，如图10-3所示。

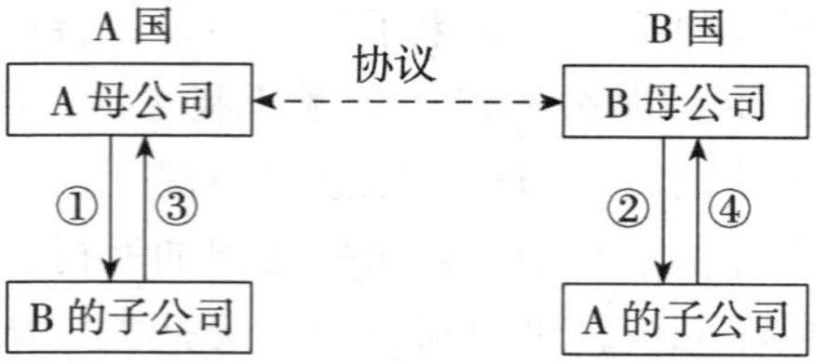

图10-3 背对背贷款

注：

①A母公司给B的子公司提供A元贷款；

②B母公司给A的子公司提供B元贷款；

③到期时，B的子公司用A元还本付息；

④到期时，A的子公司用B元还本付息。

在上例中，A国的A母公司在B国有一子公司，B国的B母公司在A国有一子公司。A的子公司和B的子公司都需要一定数量的资金。假如母公司对自己的子公司提供直接贷款，由于贷款和还本付息要涉及两个国家、两种货币的汇兑，因此可能发生由于汇率变动引起的外汇风险以及本息汇回受限制的转移风险。于是，经过这两家母公司协议，双方可以采用背对背贷款的方式给对方的子公司提供贷款。采用这种贷款方式，贷款与还本付息的货币相同，货币收付不跨越国界，因而避免了上述的外汇风险和转移风险。

（3）平行贷款

平行贷款是在两家母公司之间、两家子公司之间分别贷款，解决资金余缺的问题，如图10-4所示。

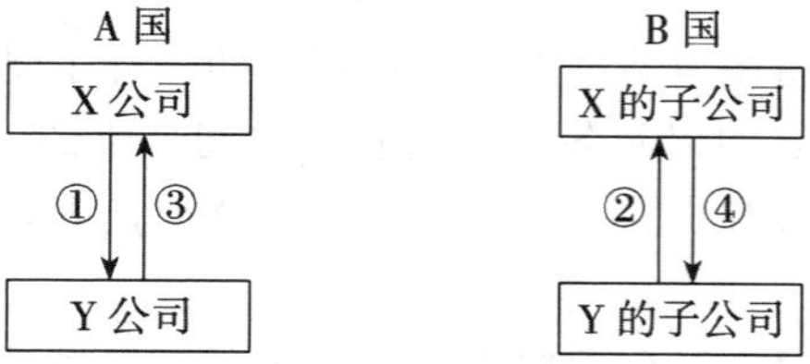

图10-4 平行贷款

注：

①X公司给Y公司提供A元贷款；

②Y公司的子公司给X的子公司提供B元贷款；

③到期时，Y公司用A元还本付息；

④到期时，X公司的子公司用B元还本付息。

在上例中，A国的两家母公司都在B国有子公司，它们的资金余缺刚好相反，X公司的资金有多余，而它在B国的子公司资金短缺；相反，Y公司资金短缺，但它在B国的子公司资金有多余，但由于东道国实行外汇管制，使这些多余的资金无法汇回。在这种情况下，经第三方介绍，A国的两家母公司就可以商定采用平行贷款的方式，两笔贷款期限相同，利息率由借贷双方商定，到期时，借方向各自的贷方还本付息。从图10-4可以看出，平行贷款的资金不跨越国界，因而可以避免外汇风险和转移风险。

（4）存贷调换

各国政府冻结资本的重点对象是外国的跨国公司，而对银行，特别是有国际威望的金融机构，一般不会严加限制。因此，当母公司预计向境外子公司贷款，其本息汇回将受到限制时，可以采用存贷调换的方式。也就是说，母公司向境外子公司提供资金时，不是由母公司直接贷款给子公司，而是由母公司事先在某国际金融机构存入一笔资金（等于是向该国际金融机构提供贷款），再由该国际金融机构向子公司提供相应金额的贷款。期满时，先由子公司向该国际金融机构还本付息，再由该国际金融机构向母公司归还存款的本金和利息。存贷调换的具体过程如图10-5所示。

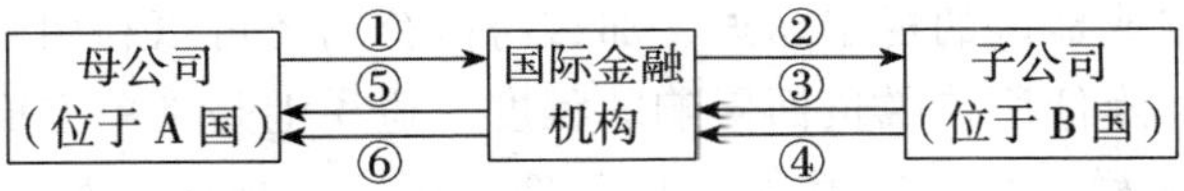

图10-5 存贷调换

注：汇率为1A元=8B元。

①母公司向国际金融机构存款200万A元，存款利率5%；

②国际金融机构为子公司提供贷款1 600万B元，贷款利率7%；

③子公司定期向国际金融机构支付112万B元贷款利息；

④到期时，子公司向国际金融机构偿还本金1 600万B元；

⑤国际金融机构定期向母公司支付10万A元存款利息；

⑥到期时，国际金融机构向母公司归还本金200万A元。

通过上述贷款方式，既能及时满足境外子公司对资金的需求，又保障了母公司的资金本息能够顺利收回，避免受到子公司所在国的限制。由于上述存贷款都不经过外汇市场，因此也避免了外汇风险。由于在向子公司提供贷款之前国际金融机构已有母公司的存款作为保证，因此这种贷款也叫作前向贷款。这种贷款方式也可以不通过金融机构，而是通过子公司所在国的银行，或该银行在母公司所在国的分行来进行。

4）转移价格

转移价格，是指跨国公司管理当局从全球经营战略出发，为谋求公司整体利益最优，在母公司与子公司、子公司与子公司之间购销商品以及提供劳务时所采用的内部价格。对于跨国公司来说，转移价格既可以加速跨国公司内部的资本转移，又可以降低整个公司的税负并保持外汇平衡。其作用主要表现在：

（1）优化资本配置

母公司或其他子公司为了能从某一子公司吸收或转移资本，可以通过转移价格将其所赚取的利润调回母公司或其他子公司。如果母公司要从某国转出资本，那么可以提高卖给该国子公司产品的价格；反之，母公司也可以通过压低价格的方式来为该子公司提供资本。同样，资本的这种配置方式还可以通过调节子公司卖给母公司产品的价格以及各子公司之间的交易来实现。

（2）降低整体税负

降低公司整体税负是跨国公司在制定转移价格策略时需要考虑的一个主要问题。跨国公司希望利用转移价格尽可能地减少或逃避有关主权国征收的所得税和关税。

第一，降低所得税。当产品在不同的国家转移时，出口国和进口国企业的所得税都将受到影响。在出口国的企业中，转移价格是应税收益；在进口国的企业中，转移价格是可抵税的费用。跨国公司应在税法允许的范围内制定出能使这两个国家的整体税负最小的价格作为转移价格。各国的税率是不一样的，跨国公司通过转移价格降低所得税负担的原则是：将尽可能多的利润转移到税率较低的国家。

如果有关国家或地区的税率相近，那么跨国公司还可以利用避税港来进一步提高转移价格，从而降低所得税负面影响的程度。避税港是指单方面向其他国家和地区的投资者提供无税、低税或其他优惠条件的国家和地区，如百慕大群岛、卢森堡、中国香港等。除了税负很低，甚至不需要纳税外，避税港的当地政府对外国公司的法律管制也较松，公司的资金调拨与利润分配比较自由。跨国公司可以在避税港设立象征性的分支机构，利用转移价格，将其他子公司的利润调入避税港，从而能够最大限度地降低公司的整体税负。

第二，降低关税。进口关税一般采用从价计征的比例税率，也就是按照进口货物的到岸价格乘以进口关税税率计算。跨国公司可以通过转移价格调整进口产品的到岸价格。在关税税率既定的前提下，调整到岸价格就可以调整进口国子公司的关税负担。比如对位于高关税国的子公司销售产品时，就可以采取低价出售的策略以减轻关税负担。

（3）调节利润水平

跨国公司可以根据经营需要，通过调高或调低转移价格来影响子公司的利润水平。如果某一子公司在当地获得较高的利润，那么不但会引起东道国政府的注意或反感，而且可能会导致更多的竞争对手进入同一市场，因此跨国公司可以利用调整转移价格、降低利润的方法，掩盖子公司获利的真实情况。又如，跨国公司为使其在某国新建的子公司在竞争中具有较高的资信水平，在东道国树立良好的形象，易于在当地出售股票、债券或获取信贷，可以通过调整转移价格的方法使该子公司显示出较高的利润水平。

10.5.3 资本冻结条件下的资本转移策略

当一国政府遇到外汇短缺而又不能通过借债或吸引外国投资获得资本时，就会限制外汇从该国流出。有的国家政府会要求一切外汇流出都需要报经当地外汇管理部门审查批准，有的可能只允许资金部分汇出，而更严重的，有的国家政府可能强行规定本国货币不能自由兑换，从而完全封锁资金转移。因此，当东道国推行较为严格的外汇管制政策时，跨国公司就很有可能会遭遇资本被冻结在东道国而无法调回国内使用的风险。冻结资本长期滞留在国外，不但使其无法得到充分利用，而且其实际价值很可能因东道国的货币贬值而受到侵蚀。因此，在跨国公司财务管理中，一项区别于国内公司的特殊工作就是要想方设法对冻结资本采取各种可能的预防和善后措施。根据实施的时间不同，这些措施可以分为投资之前的策略、冻结之前的策略和冻结之后的策略3种。

1）投资之前的策略

跨国公司在向海外子公司投资之前，就应充分考虑资本被冻结的可能性及其程度，并在投资资本预算中进行敏感性分析。某项海外投资是否可行取决于考虑到资本冻结后的期望净现值是否大于零。一旦母公司决定在当地投资，就应事先采取措施对该项投资的各个重要方面做出安排，以增加未来资本转移的弹性，并且削弱资本被冻结的潜在危害。

公司可采取的措施主要有：第一，与其他子公司建立贸易关系。这样做可以使跨国公司在日后能够通过内部转移定价机制从该国转移资本。第二，尽量在当地借款。这样做可使该子公司降低当地货币贬值的风险。此外，当地融资比例越大，需要向母公司汇回的利润就越小，这样即使在东道国政府禁止股利汇回的情况下，跨国公司的损失也不会过大。第三，利用特殊的融资方式，如背对背贷款、平行贷款、存贷调换等。第四，投资前与东道国政府谈判达成特殊协议。例如投资项目属于东道国优先鼓励发展的高科技行业项目，对东道国很有吸引力，则跨国公司可以以此为砝码与东道国政府事先进行协商，达成允许资本汇回和防止冻结的协定。第五，母公司资本以债务方式投资代替股权方式投资。与股利汇出和股本返还相比，东道国可能更愿意允许贷款的偿还，因此如果母公司初始资本全部为股权资本，那么日后投资的收回就可能会遇到困难。

2）冻结之前的策略

进入生产经营期以后，跨国公司必须密切注意东道国的国际收支状况和宏观金融政策的变化。当有迹象表明该国政府可能会采取严格的外汇管制手段来改善其日益恶化的国际收支状况时，跨国公司就必须尽快采取一切可行的直接或间接的资本转移手段，将多余资本从该国调出，只保留最低限度的维持生产经营所必需的资金。其中，直接转移手段包括利用转移价格调整、特许权费、提前或延迟结汇以及支付股利等；间接转移手段包括平行贷款或背对背贷款，为向外转移资本购买商品，为整个公司范围内的使用而购买资本商品和当地的服务，进行研究和开发工作以及举行公司大会、度假等消费性活动等。当然，跨国公司在从该国抽逃资本时，最好以隐蔽的方式进行，否则很可能会增加其面临的政治风险，或招致资本的提前冻结。

3）冻结之后的策略

如果跨国公司在采取上述各种方法进行资本转移后，仍有相当多的现金无法汇出，那么，在这种情况下，跨国公司就只能考虑将资本留在当地进行再投资，以确保这部分资金的实际价值不会因当地货币贬值而遭到侵蚀。这种被迫进行的再投资可以分为短期投资和长期投资两种：

（1）短期投资

如果预计资本冻结只是暂时性的，那么就应该在当地进行短期投资，以便在资本解除冻结后迅速将它们撤回。可供选择的短期投资方式有：第一，投资于当地货币市场工具，如购买企业债券、国库券、定期存单等，但在通常情况下，在实行外汇管制的国家，其金融市场往往不健全，货币市场工具种类和数量较少，流通性也较差，某些货币市场工具的实际收益率甚至还有可能低于当地的通货膨胀率。在这种情况下，跨国公司应选择其他的短期投资方式。第二，大量购买存货。在通货膨胀情况下，存货可以起到保值的作用。虽然大量购买存货会导致资金占用成本和仓储费用的增加，但在当地货币大幅贬值后，存货的价值增值一般会弥补这些成本和费用。第三，向当地的公司提供短期贷款。在通货膨胀率较高和实行外汇管制的国家，政府往往会严格控制银行放款的规模，因此会令当地公司融资困难。如果跨国公司可以将冻结的资本贷款给当地的其他公司使用，那么有可能赚取较高的利息收入。

（2）长期投资

如果跨国公司无法在资本被冻结的国家进行短期投资，或者跨国公司仍然希望能够在东道国进行长期经营，那么它可以考虑将冻结资本进行长期投资，例如扩大现有的生产规模、兴办新的生产投资项目、收购濒临破产的企业，或购买公司并不需用的土地、写字楼或通用厂房等，以达到资本保值增值的目的。

本章小结

1. 跨国公司面临的财务管理环境与非跨国公司环境有所不同，具体可以分为政治环境、法律环境、经济环境和社会文化环境四大类。与非跨国公司相比，跨国公司财务管理要面临外汇风险和政治风险，但也会有更多的市场机会。

2. 外汇是“国际汇兑”一词的简称。汇率是两种货币兑换的比率，即一国货币用另一国货币表示的价格。汇率的决定理论包括购买力平价理论、费雪效应、国际费雪效应、利率平价理论和无偏差理论等。

3. 跨国公司资本预算涉及不同的货币体系、不同的税收制度以及不同的风险。通常在进行资本预算时，应首先进行环境分析，然后可以站在母公司和子公司的角度分别进行现金流量的预测，同时还应注意对跨国投资的风险进行调整。

4. 跨国公司资本来源包括跨国公司内部融资、东道国融资、国际代理机构和第三国来源融资以及国际贸易融资等；在举债融资中，要权衡利率水平和外汇风险水平之间的关系，还要对跨国融资风险进行管理。

5. 跨国公司内部资本转移管理在很大程度上影响着资本的配置和使用效益。跨国公司内部资本转移的方式有很多，主要包括股利、特许权费、服务费及管理费、内部信贷及转移价格等。

讨论题

1. 中国和美国货币当前的即期汇率为1美元=7.07元人民币。预测中国的通货膨胀率为2.2%，实际利率为6%；美国的通货膨胀率为2.5%，实际利率也是6%。假设利率平价理论是成立的，那么中、美两国货币间的一年期远期汇率应为多少？

讨论题指引

2.1993年7月15日，第一只H股，青岛啤酒H股，在中国香港上市；1994年8月4日，第一只N股，山东华能发电股份有限公司股票在美国纽约证券交易所挂牌上市；1997年3月21日，第一只L股，北京大唐发电股份有限公司股票成功在英国伦敦证券交易所挂牌上市。之后我国陆续有企业成功发行H股、N股、S股等，实现了在中国香港、美国和新加坡等地进行股权融资的目的。

讨论题指引

同时，近年来，中国对外直接投资迅猛增长，仅2019年1月—3月，我国境内投资者共对全球143个国家和地区的2 060家境外企业进行了非金融类直接投资，累计实现投资252.1亿美元。

请问，跨国公司利用这种东道国融资来源，以及进行这种对外直接投资有什么好处？

3. 什么是转移价格？举例说明跨国公司如何利用转移价格中的低价出售策略和高价出售策略调整跨国公司的资本配置？如何利用这些策略降低应支付的所得税和关税？如何调整利润水平？除上述作用外，转移价格可能还有哪些作用？

讨论题指引

4. 登录一家你感兴趣的跨国公司的网站，查看近期的年度报表。总结年度报表中关于以下问题的讨论[1]：

（1）该跨国公司的国际销售水平如何？

（2）该跨国公司未来有没有继续向外扩展的计划？

（3）该跨国公司的国外经营业务是否获利？获利水平如何？

5. 北京奥林匹克饭店是一家三星级涉外宾馆，占地面积8 500多平方米，总建筑面积27 000多平方米，是国际奥委会在北京唯一正式考察的饭店。1987年饭店在成立初期申请了一笔50亿日元的贷款，利率很优惠。放贷时的汇率水平是1美元兑换约240日元，而此后不久，

讨论题指引

① 本题没有确定的答案。由于每位同学查找的公司不同，因此答案有所不同。但题目中要求回答的问题均可以从报表数据或报表附注中查找到相应的答案。

日元就开始不断升值，最高时达到1美元兑换80日元。1994年人民币汇率也进行调整，从1美元兑5.7元人民币调到8.7元左右。也就是说，人民币对日元的汇率贬值了近6倍。奥林匹克饭店的经营收入基本都是用人民币或美元计价，却要用日元还贷，日元的升值令其蒙受了巨大的损失。2003年该饭店作为中国银行的不良资产以2.25亿元的价格公开拍卖[①]。

请问，北京奥林匹克饭店经历的是什么风险？这种风险是由什么因素构成的？跨国公司可以采取什么措施防范这种风险？

案例分析

埃塞俄比亚撤侨[②]

2020年11月3日晚，埃塞俄比亚北部提格雷州，枪声刺破夜晚的宁静。“提格雷人民解放阵线”（简称“提人阵”）武装人员突然袭击埃塞俄比亚国防军在该州的军事基地。埃塞俄比亚国防军随后空袭了提格雷州一些目标。

此时，中国能建葛洲坝集团埃塞俄比亚马克雷供水开发项目部（简称马克雷项目部）常务副总经理王跃鹏也依稀听到了枪声。

4日早上，王跃鹏发现政府已经切断了提格雷州所有网络和手机通信。他通过项目上唯一的卫星电话向上级部门报告了当地局势。

提格雷州的火药味越来越浓。针对“提人阵”的袭击，埃塞俄比亚总理阿比4日表示政府要对“提人阵”采取军事行动。阿比说，空袭针对的是“危险集团”的军事目标，同时呼吁提格雷州民众向政府交出“危险集团”成员。

一时间，在提格雷州冲突地区，埃塞俄比亚国防军对“提人阵”目标的轰炸接连不断。

此时，在提格雷州的工程项目和工业园区工作的600多名中国同胞日夜难眠，他们在国内的亲人也焦急万分。

军事冲突可能造成生活物资采购困难，马克雷项目部决定增加食物和饮用水储备。冒险前往当地市场采购的中资机构人员发现，街上人车稀少，很多商铺已大门紧闭。

为防止军事冲突扩大危及中国同胞安全，中国驻埃塞俄比亚大使馆果断决定组织中国公民撤离，并指定马克雷项目部负责组织撤离方案的演练、完善和更新。

当地时间11日清晨6时，在使馆协调下，马克雷项目部联合中交、中铁等单位集合了第一批402名同胞、60多台车辆，开始从提格雷州撤离，前往埃塞俄比亚首都亚的斯亚贝巴。沿途关卡林立，为顺利通关，使馆联系埃塞俄比亚联邦警察帮助协调关卡放行。经过交战区、封锁区和重重关卡，11日晚，在阿法尔州塞梅拉工

① 选自外汇110网https：//www.fx110.com/case/121。
② 根据中国青年报官网资料整理，http：//news.youth.cn/gj/202208/t20220825_13948035.htm、http：//news.youth.cn/js/202011/t20201129_12596395.htm。

业园区中交项目营地，撤离人员终于吃上了可口的饭菜。12日晚，第一批撤离人员全部安全抵达亚的斯亚贝巴。

随后，使馆又着手组织提格雷州的其余中国同胞撤离。这批同胞基本都在提格雷州西部，那里也是国防军和“提人阵”交火较为激烈的地区。中国驻埃塞俄比亚大使馆联系埃塞俄比亚国防军护送中国同胞撤离。19日，在埃塞俄比亚国防军的保护下，204名中国同胞乘坐19辆车撤离提格雷州。自此，除少数留守人员外，在提格雷州的中国同胞大都已经成功撤离。

阅读以上案例，回答以下问题：

1. 中国能建葛洲坝集团经历的是什么风险？跨国公司应如何防范这种风险？

2. 除上述中国能建葛洲坝集团经历的风险外，跨国公司还有可能遇到哪些风险？

3. 近年来，越来越多的国内公司进入国外市场成为跨国公司。你认为与非跨国公司相比，跨国公司这样做的好处是什么？它们的目标有可能包括哪些方面？

案例分析指引　　　　延伸阅读文献